CUBA: FUNDAMENTOS DE LA DEMOCRACIA

ANTOLOGÍA DEL PENSAMIENTO LIBERAL CUBANO
DESDE FINES DEL SIGLO XVIII HASTA FINES DEL SIGLO XX

CUBA: FUNDAMENTOS DE LA DEMOCRACIA

ANTOLOGÍA DEL PENSAMIENTO LIBERAL CUBANO
DESDE FINES DEL SIGLO XVIII HASTA FINES DEL SIGLO XX

COMPILACIÓN Y ESTUDIO INTRODUCTORIO
BEATRIZ BERNAL

PRÓLOGO
CARLOS A. MONTANER

FUNDACIÓN LIBERAL
JOSÉ MARTÍ

Reservados todos los derechos.
Ninguna parte de esta publicación puede ser reproducida,
almacenada, o transmitida de manera alguna ni por ningún medio,
ya sea eléctrico, químico, mecánico, óptico, de grabación o de fotocopia,
con fines comerciales o de otro tipo,
sin permiso escrito del editor.

CUBA: FUNDAMENTOS DE LA DEMOCRACIA

© FUNDACIÓN LIBERAL JOSÉ MARTÍ
Santa Clara, 4   28013 Madrid
Diseño gráfico: Rogelio Quintana
ISBN: 84-88402-05-8
Depósito legal: M-38.728-1994
Impreso en España • Printed in Spain
Talleres Gráficos Peñalara
Ctra. Villaviciosa-Pinto, km 15,180 Fuenlabrada (Madrid)

A la memoria
de Mario Villar Roces,
quien dedicó su fecunda vida
a luchar por la libertad y
la democracia de los cubanos.

A la memoria —también—
de cuantos han muerto
en el exilio o en las prisiones
—a lo largo de dos siglos—
intentando que prevalezcan
la tolerancia, el estado de derecho,
el respeto a la ley y la sensatez
en la cosa pública.

ÍNDICE

11
Carlos Alberto Montaner
PRÓLOGO
Cuba: una aproximación liberal

23
Beatriz Bernal
ESTUDIO INTRODUCTORIO
Dos siglos de pensamiento liberal cubano

45
FRANCISCO DE ARANGO Y PARREÑO
Discurso sobre la Agricultura de La Habana y medio de fomentarla

68
MERCEDES SANTA CRUZ, CONDESA DE MERLIN
Párrafos dedicados a Francisco de Arango y Parreño en una carta enviada al Conde de Saint-Aulaire

72
JOSÉ AGUSTÍN CABALLERO
15 proposiciones de un proyecto de gobierno autonómico para Cuba

77
FRANCISCO RUIZ
Sobre Holbach y el sistema de la naturaleza

81
MANUEL GONZÁLEZ DEL VALLE
Más sobre el principio de utilidad

84
JOSÉ DE LA LUZ Y CABALLERO
El principio de utilidad en el Elenco de Carraguao

88
FÉLIX VARELA
Carta segunda. Cómo usa la política de la superstición

98
FRANCISCO DE FRÍAS, CONDE DE POZOS DULCES
De qué modo pueden consolidarse la riqueza y la prosperidad de la agricultura cubana

102
ANTONIO BACHILLER Y MORALES
Elementos de la Filosofía del Derecho

106
DOMINGO DELMONTE
Mejoras de que es susceptible la enseñanza. Exposición de nuestro plan: conveniencia y justicidad

113
JOSÉ CALIXTO BERNAL
De la libertad de la palabra

120
JOSÉ ANTONIO SACO
La política absolutista en las provincias ultramarinas

128
IGNACIO AGRAMONTE
Sobre las libertades individuales

134
CARLOS MANUEL DE CÉSPEDES
Proclama
Sobre la forma en que ha quedado constituida la República de Cuba

139
JOSÉ ANTONIO CORTINA
Partido Liberal vrs. Partido Nacional

141
RAFAEL MONTORO
Fragmentos políticos

147
ANTONIO GOVÍN
Sobre el Partido Liberal Autonomista

151
NICOLÁS HEREDIA
Sobre el Partido Liberal Autonomista

157
JOSÉ MARTÍ
La República Española ante la Revolución Cubana
Libertad. Ala de la Industria
Sobre un libro de Rafael Castro Palomino

167
MANUEL SANGUILY
El monumento a los estudiantes fusilados

174
LEOPOLDO CANCIO
Sobre el libre cambio y la protección

176
ENRIQUE JOSÉ VARONA
Desde mi Belvedere
No smoking
Humorismo y tolerancia
A Plutarco, fabricante de grandes hombres

182
RAMÓN ROA
Con la pluma y el machete
Siempre la escuela
La responsabilidad del sufragio

185
JOSÉ DE ARMAS
Justicia
La libertad y la ley

189
RAFAEL PORTUONDO
Sobre el derecho de las minorías

191
JOSÉ ALEMÁN
Sobre el sufragio universal

195
ELISEO GIBERGA
Sobre los extranjeros perniciosos

198
JUAN GUALBERTO GÓMEZ
Sobre las relaciones entre el Estado Cubano y la Iglesia Católica
Carta a Tomás Estrada Palma

206
ORESTES FERRARA
Sobre el divorcio

212
JOSÉ ANTOLÍN DEL CUETO
Sobre la jurisprudencia como fuente de Derecho

217
MANUEL MÁRQUEZ STERLING
El Caballo de Naipe

220
FERNANDO ORTIZ
La crisis política cubana: sus causas y remedios

230
JORGE MAÑACH
La crisis de la alta cultura en Cuba
Algunos remedios a la crisis de la cultura en Cuba

248
MARIO GARCÍA KOHLY
Del excesivo poder del Presidente de la República

252
ALFONSO HERNÁNDEZ-CATÁ
Un cementerio en las Antillas

255
CARLOS MÁRQUEZ STERLING
El proteccionismo y el libre-cambio
El Capital y el Trabajo Social
Soluciones

264
ROBERTO AGRAMONTE
La biología contra la democracia

273
FRANCISCO ICHASO
El nuevo absolutismo político
Un Estado de intimidación
Hacia un nuevo humanitarismo

279
GOAR MESTRE
El espíritu de empresa en el cubano de hoy

284
LEVÍ MARRERO
Nuestros bosques: revisión crítica
El árbol: poesía y explotación
Hoy y mañana
Suplicio de la soledad
La misma piedra

291
GASTÓN BAQUERO
La isla donde nunca muere la esperanza

300
OCTAVIO COSTA
Americanismos

306
ILEANA FUENTES
La erradicación del machismo en la vida cubana

311
MARIO PARAJÓN
El pensamiento liberal

ÍNDICE

314
UVA de ARAGÓN CLAVIJO
La Cuba soñada
El lado feo de la democracia
La opción liberal

319
ANDRÉS REYNALDO
El precio de los puentes
Exilios
El dólar de la discordia

324
MIGUEL GONZÁLEZ PANDO
El rol histórico de la Revolución
A la búsqueda de una conciencia generacional
Cultura y fortuna en la reconstrucción de Cuba

330
ADOLFO RIVERO CARO
La angustia de la libertad
Xiaoping y la fría contrarrevolución de China

334
JUAN MANUEL CAO
La democratización de la privatización
De la economía libre, las hadas y las brujas

338
CARLOS VARONA
La visión liberal de la Sociedad y el Estado

343
CARLOS ALBERTO MONTANER
La palabra. Entre la libertad y el totalitarismo
El socialismo, el mercado y la naturaleza humana

356
FERNANDO BERNAL
La moneda. Un problema urgente del poscastrismo

359
MIGUEL SALES
La agonía del castrismo

363
LUIS AGUILAR LEÓN
Cuba como proyecto
La crisis ética del pueblo cubano
Nacionalismo y soberanía

371
BEATRIZ BERNAL
Las constituciones liberales de Cuba en armas

376
ARMANDO DE LA TORRE
Ética y libertad

386
ARMANDO RIBAS
La Revolución Francesa desde el año 2000

399
RAFAEL ROJAS
Viaje a la semilla. Instituciones de la antimodernidad cubana

PRÓLOGO
CUBA: UNA APROXIMACIÓN LIBERAL

POR
CARLOS ALBERTO MONTANER

ESTE texto fue escrito para otra publicación y para otra oportunidad, pero a Beatriz Bernal, editora de esta Antología, le pareció útil incluirlo como prólogo. Al fin y al cabo, resultaba conveniente intentar definir lo que entendíamos como *liberalismo* en general y, en cierta medida, como liberalismo cubano.

Comencemos. La primera observación que hay que hacer en torno al liberalismo tiene que ver con su imprecisión, su indefinición y lo elusivo de su naturaleza histórica. En realidad, nadie debe alarmarse que el liberalismo tenga ese contorno tan esquivo. Probablemente ahí radica una de las mayores virtudes de esta corriente ideológica. El liberalismo no es una doctrina con un recetario unívoco, ni pretende haber descubierto leyes universales capaces de desentrañar primero, y luego de ordenar con propiedad, el comportamiento de los seres humanos. Es un cúmulo de ideas y no una ideología cerrada y excluyente.

El liberalismo, ya puestos a la tarea de su asedio, es un conjunto de creencias básicas, de valores, y de actitudes organizadas en torno a la convicción de que, a mayores cuotas de libertad individual, se corresponden mayores índices de prosperidad y felicidad colectivos. De ahí la mayor virtud del liberalismo: ninguna novedad científica lo puede contradecir, porque no establece verdades inmutables. Ningún fenómeno lo puede desterrar del campo de las ideas políticas, porque siempre será válida una gran porción de lo que el liberalismo ha defendido a lo largo de la historia.

La tolerancia

Pero descendamos a unos niveles más concretos de comunicación. Si en pocas líneas hubiera que decirle a un auditorio curioso en qué consiste el liberalismo tan en boga, podríamos decir que las creencias jurídicas que le dan forma establecen que la sociedad suele ser más dichosa cuando actúa dentro de un Estado de Derecho que cuando es regida por la arbitraria voluntad de un hombre o de un grupo de hombres. Y ese Estado de Derecho, por supuesto, debe de ser el producto de la voluntad libremente expresada de la mayoría de los adultos que conforman el grupo.

Pero, al margen de esa vaga definición que tiene que ver con las leyes, los liberales también tienen una forma peculiar de estructurar y jerarquizar los valores. Para los liberales, en la cúspide de la tabla de valores se inscribe la libertad, y luego le siguen la justicia y el orden. Pero la libertad es lo fundamental. Y la libertad, alcanzan a definirla como esa capacidad que deben ejercer los seres humanos de tomar la mayor cantidad posible de decisiones en la mayor cantidad posible de instancias y situaciones que no comprometan la libertad del prójimo para hacer exactamente lo mismo.

De manera que esa libertad, concebida dentro del espíritu liberal, es una libertad generalmente erguida frente a un Estado al que hay que ponerle límites para que no acabe por aplastar nuestra capacidad de luchar por un mejor destino individual.

Todo eso, evidentemente, es bastante abstracto, y parece tener poco que ver con la política, o con la economía, o con el ejercicio del poder, pero al inicio de estas líneas ya advertimos que el liberalismo no es una fórmula cerrada, sino un conjunto de elementos totalmente vinculados al mundo imaginario de las ideas.

Por supuesto, estas creencias, para que sean puestas en práctica, requieren de una actitud sin la cual el liberalismo no es posible: la tolerancia. Los liberales, para serlo genuinamente, tienen que estar siempre dispuestos a convivir con aquello que no les gusta, a aceptar lo que les resulta adverso y a admitir que nada hay sobre la faz de la tierra que se pueda expresar con total certidumbre. Y hasta en eso es moderno el liberalismo porque, si algo realmente paradójico nos ha enseñado la ciencia del siglo XX, es que ni siquiera el comportamiento de la materia puede explicarse con arreglo a normas rígidas preestablecidas por un incomprensible Creador. Heisenberg ya nos aclaró, hace unas cuantas décadas, que en la materia también impera ese inquietante principio de incertidumbre que parece instalado de forma inequívoca en la entraña misma de la realidad.

La historia difusa

Pero, ¿dónde comienza la historia de esta tendencia política, de esta flexible y antidogmática ideología que es también deontología? Se pudiera decir, rizando el rizo, que algo había de liberal en aquel Sócrates que recorría las calles de Atenas dialogando con sus compatriotas en busca de verdades y definiciones precisas. Pero me parecería más razonable dar un gran salto en el tiempo y en el espacio y situarnos en la mesa de trabajo de un judío holandés de origen español a quien mucho debe la historia de las ideas. Me refiero a Baruch Espinoza, hombre y nombre clave del siglo XVII. A Espinoza, todos lo conocemos por su *Ética*, libro en el que postula una fusión del hombre con la naturaleza y el cosmos, de la que se deriva de una manera totalmente natural la necesidad de la libertad. Porque la libertad, para Espinoza, nunca es una manifestación de rebeldía contra el orden, sino su más delicada expresión. Pero si bien es la *Ética* lo que le dio fama a nuestro Benito Espinoza, es el *Tratado político*, publicado el año mismo de su muerte, en 1677, lo que de una manera explícita vincula a este pensador con la tradición liberal. Igual que su antecesor británico Hobbes, Espinoza piensa que el egoísmo es un factor básico de la conducta humana, y por lo tanto el Estado debe admitir que la lucha del individuo por la realización de un proyecto personal y propio es un derecho fundamental.

De Holanda nos vamos a otro espacio biográfico y a otra patria, ésta sí cuna y permanente trinchera del pensamiento liberal: Inglaterra. La Inglaterra donde el constitucionalista James Harrington, muerto el mismo año en que desapareció Espinoza, en 1656 publicó un libro que pasó inadvertido para sus compatriotas, pero que tuvo una importante consecuencia en las nuevas colonias americanas. Como era propio de la época, Harrington escribió una *Utopía*. Un manual para explicar los entresijos del buen gobierno y de la buena sociedad. Un manual como el que antes habían publicado Moro y Bacon. El de Harrington se titulaba *The Commonwealth of Oceana* y llegó a inspirar las constituciones de New Jersey, Pennsylvania y Carolina.

Más conocido fue el aporte de un famoso escritor inglés, John Milton, cuyo *Paraíso perdido* aún en nuestros días continúa siendo una lectura obligatoria en las escuelas de habla inglesa. No obstante, la raíz liberal de Milton poco tiene que ver con su gran poema épico, y mucho, en cambio, con un discurso pronunciado en el Parlamento en defensa de la libertad de expresión. Ese texto ha pasado a nuestros días bajo el muy griego nombre de *Areopagítica*.

Milton se movía y escribía con ardor panfletario en una época singularmente revuelta de Inglaterra. Esa segunda mitad del siglo XVII, en la que los ingleses tuvieron que elegir entre el Estado de Derecho o el poder omnímodo del rey: en la disputa rodó la cabeza del monarca, y surgió para la historia la figura contradictoria de Oliver Cromwell. Milton estuvo junto a Cromwell y contra la autoridad arbitraria del rey. Y tal vez si hubiera que dar una fecha oficial del parto del primer Estado liberal moderno, 1688 sea la menos equívoca, porque ahí se consolida la nueva monarquía británica, sujeta, supervisada y controlada con mayor rigor que antes por otros poderes soberanos que emanaban de la voluntad popular.

Afortunadamente, ese minuto histórico, esa Revolución Inglesa, tuvo un pensador que la defendiera: John Locke, cuya obra constituye algo así como los evangelios de una secta que no cuenta con libros sagrados. Su *Carta sobre la tolerancia*, su *Ensayo sobre el entendimiento humano* y sus dos *Tratados sobre el gobierno civil*, todo eso publicado en el fecundo año de 1690, consagran los derechos del individuo frente al Estado, la importancia de la propiedad privada como un derecho natural, la limitación y la separación de los poderes del Estado, la preeminencia del poder legislativo y una mutua vigilancia para impedir la imposición arbitraria de la fuerza. En sus papeles, cosa que no dejaba de ser temeraria en la época de las guerras religiosas, propugnaba la separación entre la esfera religiosa y la pública y la necesidad del consentimiento frecuente de la comunidad para legitimar los órganos del Estado.

Para los liberales, el siglo siguiente ya no sólo fue inglés, sino, además, francés, y nos remite a Charles-Louis de Secondat, Barón de Montesquieu, quien a los 60 años, en 1748, publica uno de los libros que han dado forma y fondo a nuestra modernidad: *El espíritu de las leyes*.

Para Montesquieu, era básica la limitación y la separación de poderes como marco para preservar las libertades individuales. Su teoría, apuntalada por numerosos antecedentes, entre los que estaba el mencionado Locke, intentaba equilibrar intereses, fuerzas y derechos conflictivos. Simultáneamente, el mismo razonamiento que le llevaba a proponer un Estado que funcionaba como un sistema de fuerzas que tendían al equilibrio, pretendía que la religión debía apartarse de las funciones públicas y ocupar un lugar estrictamente personal.

Y luego nos queda ese extraño y contradictorio personaje que fue Juan-Jacobo Rousseau. Hay en su *Contrato Social* ideas y elementos de los que luego se nutrió el liberalismo. Esa suposición de que los hombres han establecido un pacto de una manera más o menos racional para poder vivir en sociedades, contiene algunos de los más importantes ingredientes de la cosmovisión liberal.

Si bien en materia filosófica el siglo XVIII fue para los liberales el siglo de los franceses, en ese período los ingleses continuaron aportando elementos esenciales al pensamiento liberal, pero ya en el estricto marco de la economía. Y fue el filósofo inglés David Hume quien defendió de una manera coherente y por primera vez la doctrina del *laisser faire* frente al mercantilismo imperante en la época. Para Hume no había duda de que la intromisión del Estado en las actividades económicas traía como consecuencia un empobrecimiento general de la sociedad, mientras que una libertad que abarcara la esfera de la producción y el comercio, garantizaba un mayor y mejor desarrollo de los individuos, y por lo tanto del conjunto de la nación.

En esta hipótesis le acompañaron los fisiócratas, y sobre todo Adam Smith. Así, en 1776 se produjeron dos grandes acontecimientos en el mundo: la Revolución Norteamericana y la publicación en Inglaterra del *Ensayo sobre la naturaleza y las causas de la riqueza de las naciones* de Smith. Con dicho ensayo, el liberalismo adquiere un aparato teórico todavía vigente que explica el papel de la competencia como motor de las actividades económicas, la necesidad de la especialización y, por encima de todo, el cometido del mercado como insustituible mecanismo para la asignación de precios y para estimular la creación de bienes y servicios.

La era de las revoluciones

Sobre esta trama de ideas y creencias tuvieron lugar dos hechos de enorme interés, dos hitos en el desarrollo de la sociedad liberal: la Revolución Norteamericana, que tiene como fecha señera el 4 de julio de 1776, y la Revolución Francesa que se declaró el 14 de julio de 1789.

Con la Revolución Norteamericana se organizó el primer Estado moderno concebido sobre creencias y reflexiones esencialmente liberales. Cuando Thomas Payne defendía y publicaba su ensayo sobre los *Derechos del Hombre*, respondía a una tradición política que ya tenía más de un siglo. Cuando Thomas Jefferson, redactor de la *Declaración de Independencia* norteamericana, defendió con ardor la atomización del poder, y la extensión del ejercicio democrático, también se insertaba en el *corpus* ideológico surgido a partir de los papeles de Espinoza, Locke o Montesquieu.

Al mismo tiempo, ya en la forja del nuevo Estado americano, tendría lugar un debate que luego se daría en todo Occidente y en el que acabaría por triunfar la tesis liberal. Me refiero al debate entre los partidarios del federalismo y los partidarios del Estado unitario. *Grosso modo*, y aunque existen excepciones notables, como ocurrió en Argentina a mediados del siglo pasado, los liberales siempre han defendido el poder local y la autoridad de la comunidad pequeña sobre quienes propugnan un Estado centralista con una capital fuerte y hegemónica. Ese debate, ni era ni es ocioso, y continúa estando en la raíz de las querellas sobre la organización idónea de la sociedad.

Sin embargo, pese a compartir ciertos fundamentos ideológicos, no sería justo mezclar a la Revolución Norteamericana con la Francesa como si fueran dos fenómenos políticos semejantes. Es cierto que ambos movimientos le negaron a la monarquía el derecho a dirigir a su voluntad los destinos de sus pueblos, pero es la Revolución Norteamericana la que más se adapta a la ideología liberal. Esa vocación por construir un Estado de Derecho en el que quedaran a salvo las personas de carne y hueso, en el que se protegiera la propiedad, y en el que se proclamara —como quería Jefferson— que el objetivo de la República debía ser la creación de una gran nación de pequeños propietarios, encaja mucho mejor con las ideas liberales que cuanto ocurrió en Francia a partir de la Toma de la Bastilla.

La Revolución Norteamericana fue, en esencia, un movimiento en defensa de los derechos conculcados de los colonos avecindados en tierra americana. Fue una revolución para conseguir el total dominio del destino local frente al control que los ingleses querían ejercer en la distancia. Fue una revolución hecha para la libertad. La Francesa, en cambio, quizás puso la justicia y la búsqueda de la igualdad por encima de la vocación libertaria. Y esto explica que la muerte de Luis Capeto y de su augusta familia no trajera la libertad a la nación, sino el terror revolucionario primero, y luego la irrupción en la historia de Napoleón Bonaparte. En cierto sentido hay pocas cosas más antiliberales que el jacobinismo, esa fuerza autoritaria que le dió al poder central, radicado en París, toda la autoridad, y que sirvió para borrar la enorme variedad cultural de los franceses. El jacobinismo centralizador e intolerante hizo la Francia que todos conocemos y que admiramos, pero también deshizo en el trayecto la vieja Francia de las regiones, los dialectos y aun las costumbres diferentes.

El liberalismo en el mundo hispánico

Como era de esperarse, la Revolución Norteamericana y la Francesa dejaron su honda herencia en la cultura española e hispanoamericana. Los ilustrados españoles e hispanoamericanos, cercanos en su formación a sus homólogos de Francia y de Inglaterra, también habían leído los grandes libros del liberalismo y también querían sacudirse las formas más arbitrarias del ejercicio autoritario del poder real.

En España y en América, y por vías parecidas, transitaban las ideas liberales. El liberalismo entonces habitaba en las logias masónicas, en las Sociedades

Económicas de Amigos del País y en otras instituciones en las que se trenzaban la filantropía y la vocación por la libertad política, religiosa y económica.

Inevitablemente, el fermento liberal a medio o largo plazo iba a producir grandes cambios tanto en España con relación a la monarquía borbónica, como en Hispanoamérica con relación a los vínculos que unían a las colonias y a la Metrópoli. Sólo que la oportunidad vendría por una causa no tan insólita en aquellos tiempos. Vendría de la mano de Napoleón. Un Napoleón que, siendo él un autócrata incorregible, sirvió como nadie para diseminar a todos los vientos la semilla liberal.

En 1808, los ejércitos franceses entraron en España y poco después depusieron la monarquía española, sustituyéndola por otra basada en la peregrina realeza de José, hermano de Napoleón. No vale la pena detenerse en este hecho histórico tan conocido, pero sí es conveniente hacer algunas observaciones con relación a la suerte del liberalismo español, porque con la invasión de los franceses comenzó en la cultura iberoamericana una cadena de contradicciones lógicas e ideológicas que tal vez no nos ha abandonado del todo en nuestros días.

En el momento en el que los franceses cruzan la frontera, los liberales españoles son una minoría que no consigue dominar del todo a la inepta monarquía española de Carlos IV. Son los liberales Jovellanos o Floridablanca los que saben que hay que reformar el Estado, extender la educación, limitar las fatídicas prácticas mercantilistas y restarle poder económico al clero —ideas tenidas todas por afrancesadas—, pero cuando las tropas de Francia irrumpen en la patria, esos liberales tienen que elegir entre la coincidencia ideológica, en muchos aspectos, con el invasor francés, o el rechazo nacionalista al extranjero que ha hollado el suelo de la nación.

Ese agónico dilema divide cruelmente a la inteligencia española. Un genio como Goya tendrá que morir en el exilio. Un talento como Larra allí pasará parte de su infancia. Los afrancesados son los liberales que se van, pero también son liberales los que se quedan y asumen la defensa de España frente a la cobardía y la ineptitud de la Corona, creando aquellas Juntas Patrióticas que unos años más tarde hicieron posible en Cádiz, en 1812, la redacción del primer texto constitucional liberal que conocía nuestra lengua. La Constitución de Cádiz, o *La Pepa*, nombre que se le dio por la fecha —San José— en que fue promulgada.

Oficialmente ahí, en el Cádiz de 1812, surgía la palabra liberal, y de alguna manera cuajaba el concepto político que llega a nuestros días. Los liberales eran entonces antiabsolutistas, querían limitar los poderes del rey y del clero, y pretendían que las libertades consignadas en la *Declaración Universal de los Derechos del Hombre* que los franceses redactaron, sirvieran como modelo para entender el papel del individuo dentro del Estado. Al otro lado del Atlántico, las paradojas no eran menores. De la misma manera que los liberales españoles hicieron su revolución en defensa de una monarquía tan poco presentable como la que encarnaban Carlos IV y, sobre todo, su hijo Fernando VII, los revolucionarios liberales de Hispanoamérica se lanzaron a la conquista del poder con el pretexto de defender a unos reyes y unas instituciones a los que, corazón adentro, detestaban.

El vacío de poder que provocó en Madrid la entrada de los franceses era una oportunidad dorada para que los liberales hispanoamericanos pudieran defender a sangre y fuego su concepción del Estado. Es cierto que en casi todos los grandes hombres de la Revolución Hispanoamericana como Bolívar, San Martín o Miranda, hay elementos contradictorios, que a veces apuntan hacia posiciones y soluciones realmente poco liberales, pero el signo final de aquellas generaciones de principios del XIX era, sin duda alguna, de carácter liberal. De carácter liberal y de sentimiento romántico, porque en esas fechas el liberalismo y el romanticismo se mezclaron de una manera inextricable.

El caso cubano

Por aquellos tiempos Cuba no era ajena a estos conflictos políticos e ideológicos ni a las consecuencias que tuvo en España la evolución del liberalismo.

Liberales fueron, en gran medida, casi todos los criollos importantes de la primera mitad del siglo XIX cubano. El Padre Varela, Arango y Parreño, José Agustín Caballero, más tarde su sobrino José de la Luz, José Antonio Saco, los reformadores de la economía y de la conciencia nacional, todos repetían fórmulas sacadas de las reflexiones liberales: autogobierno, libertad de comercio, libertad de imprenta, Estado laico, leyes equitativas, y un largo etcétera.

Pero varias circunstancias parecían alejar a los liberales cubanos del liberalismo español. Y la primera de ellas es que difícilmente los liberales cubanos podían identificarse con sus correligionarios españoles, cuando fueron los más destacados liberales españoles quienes con mayor rigor ejercieron el despotismo en la Isla.

Liberales eran Tacón, O'Donnell, Serrano, Domingo Dulce, y todos gobernaron a Cuba con la punta de la fusta. Fue Tacón quien persiguió a Heredia, primer poeta nacional del país, o quien, en 1836, reprimió las manifestaciones liberales de Manuel Lorenzo en Oriente. ¿Cómo iban a sentirse o llamarse liberales los cubanos, cuando Leopoldo O'Donnell en 1844 fue quien puso en marcha la más feroz represión contra los supuestos encartados de la llamada *Conspiración de la Escalera*?

Anexionismo y liberalismo

Esta contradicción, sin duda, era difícil de salvar por los liberales cubanos. Pero había otras. De la misma forma que muchos liberales españoles simpatizaron y se sumaron a la invasión francesa a su país, porque entendían que su ideología estaba mejor resguardada bajo la espada *progresista* de Napoleón que bajo la carcomida monarquía borbónica, muchos liberales cubanos llegaron a pensar que el modelo de Estado que defendían sólo iba a poder progresar bajo la protección de la ley norteamericana. De ahí que la burguesía liberal cubana de mediados de siglo haya sido, fundamentalmente, anexionista. Querían la vinculación de la Isla a los Estados Unidos. Habían visto cómo medio México, incluido el estado de Texas, había pasado a ser territorio norteamericano, con lo que los tejanos se beneficiaban de inmediato con la llegada de las líneas férreas, las escuelas, los jueces y la civilización moderna.

Narciso López, aquel venezolano, ex oficial del ejército español, que a mediados del siglo XIX intentó independizar a Cuba de España por medio de expediciones filibusteras, era, en esencia, un liberal imbuído por todas las ideas que entonces bullían en los corazones liberales. López forjó sus conspiraciones en las logias, y aprendió del ejemplo tejano lo que quería hacer en Cuba. De ahí que su bandera, que es la de los cubanos, lleve, como la de Texas, la Estrella Solitaria y un triángulo que revela el origen masónico de la enseña cubana.

Se podría argüir que los liberales cubanos de entonces eran muy contradictorios, puesto que no sólo tenían esclavos, sino que muchos de ellos defendían con ardor esa nefasta institución. Y, en verdad, casi no hay forma, en nuestros tiempos, de explicar esa tremenda contradicción. ¿Cómo quienes defienden la libertad por encima de todos los valores pueden, simultáneamente, querer la esclavitud para otros seres humanos? Tampoco era nuevo el equívoco. El liberal Jefferson y el liberal Washington tenían esclavos. La esclavitud seguiría viva en América todavía por muchas décadas, hasta bien entrados los años 80, cuando Brasil y la propia Cuba abandonaron esa práctica horrible.

Por supuesto, el hecho de que los liberales norteamericanos o los brasileros todavía mantuvieran la esclavitud, no resuelve el drama moral de los liberales cubanos. Volvamos a la pregunta: ¿cómo se podía defender la libertad y la esclavitud al mismo tiempo?

La respuesta es cruel y hay que buscarla en la valoración que entonces se hacía del hombre negro. El liberalismo no hablaba de colores, pero era un cúmulo de ideas, o una cosmovisión surgida en el continente blanco y europeo. Y por aquel entonces, desgraciadamente, no era extraño pensar que los ciudadanos de otras razas no tenían los mismos derechos ni prerrogativas que los blancos. Por otra parte, al margen de cualquier disquisición filosófica, estaba el crudo asunto de los intereses. Para los blancos, los esclavos negros eran un bien económico, una posesión, una cosa con la que se producía riqueza, y preferían asumir la contradicción moral antes que sacrificar sus intereses pecuniarios. Evidentemente, era un caso patente de inmoralidad, pero quien ha vivido lo suficiente, sabe que ese tipo de situación no es tan infrecuente.

Liberalismo y reformismo

Sin embargo, ese agónico dilema no sería eterno. La Guerra Civil norteamericana, acaecida entre 1861 y 1865, vendría a poner fin tanto a la voluntad del anexionismo como a la existencia misma de la esclavitud. Los anexionistas cubanos querían ser parte de Estados Unidos, pero no de todos los Estados Unidos, sino de aquella peculiar sociedad americana, avecindada en el sur de la Unión, en la que convivían la libertad para los blancos y la esclavitud para los negros. Los anexionistas cubanos soñaban con parecerse a Louisiana o a las Carolinas, no a New York o Massachusetts, donde la esclavitud estaba prohibida.

Naturalmente, cuando se produjo la derrota del Sur, desapareció también uno de los estímulos básicos de los anexionistas. La incorporación a los Estados Unidos, a partir de 1865, hubiera significado el fin de la esclavitud en la Isla.

En todo caso, ese fin era inevitable, y los liberales anexionistas de mediados de siglo se fueron acostumbrando a la idea de que los esclavos tenían que dejar de serlo. De ahí la transformación de los anexionistas en reformistas, incluso en abolicionistas, protagonizada, muchas veces, por los mismos nombres distinguidos: los Aldama, los Echevarría, los Pozos Dulce. Ya no se trataba de defender la esclavitud, sino de buscarle una salida, una compensación económica, mientras se batallaba por las reivindicaciones permanentes de los liberales cubanos: autogobierno, libertades públicas, Estado de Derecho, *habeas corpus* y el resto de los signos externos que exhibían las naciones modernas.

Liberales contra liberales

Sólo que el curso de los acontecimientos en Cuba y en España iba orientado más hacia el conflicto que hacia la búsqueda de soluciones negociadas. A lo largo de todo el siglo XIX, Cuba había sido extraordinariamente importante como fuente de riquezas para la Corona española. El azúcar había convertido a la Isla en una de las colonias más ricas del mundo, y de las arcas cubanas salieron no sólo las riquezas personales de muchos funcionarios españoles deshonestos, sino también el caudal con el que la Corona española sufragó las guerras carlistas y gran parte de los gastos del gobierno central.

De manera que los liberales españoles estaban dispuestos sin grandes conflictos espirituales a asumir la contradicción de defender en España lo que combatían en la lejana Cuba. De ahí que nadie viera como un hecho éticamente monstruoso, o cuando menos sorprendente, que el 3 de octubre de 1868 el general Serrano entrara en Madrid y depusiera al gobierno en nombre de las ideas liberales, mientras sólo una semana más tarde, el día 10, las tropas españolas y criollas, pero al servicio de la Corona, situadas en la Isla de Cuba, se dedicaran a combatir a los liberales criollos separatistas que entonces habían puesto en marcha la primera guerra de independencia que conocieron los cubanos. Un pavoroso conflicto que duró nada menos que una década, y que se saldó con más de 200.000 muertos probables y una cierta y espantosa desolación. Mientras en Madrid gobernaban los liberales, el liberal cubano Carlos Manuel de Céspedes y el liberal Ignacio Agramonte y todos aquellos criollos enardecidos por el patriotismo, combatían en una guerra anticolonialista que desdibujaba por completo los perfiles ideológicos del conflicto.

Poco tiempo después, cuando se declaró la Primera República española (1873), y unos espíritus liberales e incluso federalistas asumieron el control del gobierno en Madrid, tampoco pudieron hacer las paces con sus correligionarios cubanos del lado de allá del mar Atlántico. Por eso, la cólera del joven José Martí, exiliado en España cuando el advenimiento de la Primera República, ante la sorda indiferencia de los republicanos liberales de la Península. Martí era, en gran medida, un liberal cabal y convencido, y no podía entender que sus homólogos españoles siguieran combatiendo a sangre y fuego a los liberales y republicanos de su patria.

Liberalismo en la República

Fue esta suma de contradicciones lo que hizo que cuando se inicia el siglo XX en Cuba, y en 1902, cuando se establece la República, el liberalismo cubano hubiera perdido casi toda su coherencia ideológica.

¿Qué fue en aquellos años el liberalismo que defendían José Miguel Gómez, a veces Alfredo Zayas o luego Machado? Realmente nada más que un nombre tras el que militaba una gran masa popular de los grupos más desposeídos del país. Pero sería incorrecto decir que tras ese liberalismo había una ideología congruente, una forma de pensar el Estado o una manera de entender el papel de los individuos en la sociedad. No creo que hubiera nada de eso. Por los testimonios que conocemos y los papeles que nos han llegado, apenas podemos afirmar que aquel liberalismo primitivo era poco más que una bandería política con cierto tinte nacionalista a la que se sumaban muchas personas por simpatías puramente emocionales, por intereses de grupo o, en los peores casos, por la avidez de convertir los recursos del Estado en un botín personal. Quizá lo que unía a muchos liberales no era la devoción por la libertad, sino el deseo de ser *salpicado* (beneficiado) cuando el *tiburón* José Miguel Gómez *se bañaba* (robaba), como rezaba el desfachatado *dictum* popular, pese a que el Partido Liberal fue el heredero directo del Partido Revolucionario Cubano que fundara José Martí y en el que militara la mayor parte de los mambises que con tantos sacrificios contribuyeron a crear la nación cubana.

Algo parecido, lamentablemente, puede decirse de Zayas, uno de los más perniciosos tránsfugas de la política cubana, y probablemente cosas peores habría que afirmar del *liberal* Machado. Ninguno de ellos era liberal en el sentido profundo y digno del término. Como probablemente tampoco eran conservadores los seguidores de Menocal. En Cuba, esas etiquetas no reflejaron nunca lo que se entendía por ellas en otras latitudes. José Miguel Gómez no tenía nada que ver con Lord Acton, y Menocal probablemente nunca leyó una letra de Burke. El debate, entonces, no se daba entre ideologías que competían por persuadir a los electores con razones, sino entre grupos adversarios que recurrían a la violencia frecuentemente, y ni siquiera al son de himnos marciales, sino al ritmo de charangas desalentadoramente vulgares y estridentes.

Castro y el liberalismo

Como es sabido, con la caída de Machado en 1933 terminó también una época política en Cuba. La vieja pugna entre liberales y conservadores dio paso a nuevas formaciones políticas en las que ya se adivinaba el signo ideológico de los tiempos. El marxismo había hecho su aparición en Cuba a partir de los años 20, como en el resto del mundo occidental, y los cubanos estrenaron otra forma de interpretar sus conflictos o de diagnosticar los males que aquejaban a la sociedad. Es el momento en que el antiimperialismo empieza a apoderarse de la imaginación política del país, y suben de tono las protestas contra la presencia de capital foráneo en la Isla, casi siempre norteamericano. En esos años se empieza a hablar con mayor insistencia de reformas agrarias y reivindicaciones nacionalistas, no sólo inspiradas en el modelo soviético, sino también en la turbulenta Revolución Mexicana que tan importante fue para todos los países de América Latina.

Asimismo, aunque en menor escala, el facismo dejó alguna huella en la política cubana de esos años. Y una de ellas fue la superstición, suscrita por el partido ABC y por otras formaciones y grupos, de que las virtudes castrenses y el adiestramiento militar convenían a una juventud y a un país encharcados en una especie de permanente desorden. De esta creencia sugieron luego los institutos cívico-militares y cierto respaldo con que contó Batista a partir de 1934 hasta que desapareció de la República la noche del 31 de diciembre de 1958.

Ocho días después entró Fidel Castro en La Habana a bordo de un tanque de guerra, vitoreado por decenas de miles de personas y rodeado por su Estado Mayor. Con él llegaba al poder el más antiliberal de cuantos gobernantes ha tenido la Cuba republicana.

En realidad, los cubanos pudieron adivinar el tipo de gobierno que se avecinaba: Castro, durante el período insurreccional, había dado numerosas muestras de poseer un temperamento intolerante y autoritario. En la Sierra Maestra había dictado leyes a su antojo, y tanto él como su hermano habían fusilado a numerosos campesinos acusándolos de traición, sin concederles un mínimo de garantías procesales. Y de esta antidemocrática conducta tampoco se habían salvado los otros grupos oposicionistas. Quienes no coincidían puntualmente con la estrategia del *Máximo Líder*, inmediatamente eran tildados de traidores y de enemigos de la patria, como les sucedió a los grupos antibatistianos que intentaron buscar una solución política electoral que liquidara a la dictadura.

A poco de llegar al poder, Castro mostró su total desprecio con la concepción liberal del Estado. En uno de sus primeros y más famosos discursos, lanzó una pregunta retórica que desde entonces ha reiterado periódicamente: *¿Elecciones, para qué?* Y luego hizo y deshizo leyes a su antojo, teniendo como único norte "la supervivencia de la Revolución frente a sus enemigos y la lucha contra el imperialismo yanqui".

En estos 30 años, como corresponde a una dictadura comunista, Castro eliminó cualquier vestigio del modelo liberal de gobierno, y —de acuerdo con la peor tradición del caudillismo latinoamericano— entronizó su tiranía personal, apoyándose desde entonces en un partido único que le sirve de instrumento para desarrollar sus más locos proyectos individuales, sus fantasías y sus ansias de protagonismo internacional.

Naturalmente, no es éste el lugar para hacer el análisis de la fallida revolución cubana, pero sí es razonable advertir que el castrismo, como ha ocurrido en casi todos los regímenes comunistas en Occidente, está condenado a desaparecer en un plazo no muy lejano.

El liberalismo en la Cuba futura

Cuando eso ocurra, habrá que preguntarse en qué medida la cosmovisión liberal puede servir para reordenar la sociedad cubana y devolverle al país un sentido histórico coherente con los tiempos.

Hay que tomar en cuenta que el castrismo no sólo ha desacreditado al marxismo en su torpe ejercicio del poder durante más de tres décadas, sino también ha hecho tabla rasa de los valores, creencias, actitudes, e incluso esperanzas que los cubanos albergaban desde la consolidación de la identidad nacional.

El castrismo les ha demostrado a los cubanos que el comunismo es una calamidad terrible, pero después de tantos años de propaganda pertinaz en contra del capitalismo, la economía de mercado y el mundo occidental, es muy probable que esa sociedad se encuentre bastante desorientada sobre sus metas y los medios para alcanzarlas. Es muy posible que esa sociedad haya perdido el sentido de proyecto nacional que siempre se requiere para los esfuerzos colectivos.

Tal vez el liberalismo de hoy traiga muchas respuestas y muchas ilusiones para esos cubanos desesperanzados. Porque el liberalismo propugna exactamente lo que los cubanos echan de menos en el castrismo: un Estado regido por leyes justas y no por los caprichos de un dictador carismático; un gobierno sujeto al escrutinio de los ciudadanos y no al revés, tal y como ocurre en el modelo comunista; la posibilidad de una vida rica por la pluralidad y por la diversidad, y no esa existencia gris y monocorde que ofrece el comunismo.

Pero ¿en qué consiste hoy ese liberalismo que puede rescatar a la sociedad cubana de su desesperanza? Consiste en la certeza de que el bienestar colectivo puede conseguirse a través del bienestar individual. La ética de los liberales de hoy no se basa en la defensa a dentelladas de los derechos individuales, sino en la convicción de que los derechos colectivos se defienden mejor a través de la protección de los derechos individuales. Y esa ética, que en modo alguno está divorciada de la justicia social, proclama que es una responsabilidad de la sociedad liberal buscar por encima de todo la igualdad de oportunidades para que los individuos puedan, realmente, luchar por su destino personal. Y eso quiere decir que una sociedad verdaderamente liberal siempre dará su apoyo y pondrá su acento en el respaldo de los más pobres y desfavorecidos, hasta que puedan erguirse sobre sus miserias y competir con un mínimo de oportunidades de alcanzar el éxito.

El liberalismo es hoy algo muy útil para desmontar el totalitarismo marxista, precisamente porque las disciplinas sobre las que los liberales han reflexionado con mayor profundidad son las que hay que tener en cuenta en la remodelación del Estado colectivista y en la puesta en práctica de formas de privatización del sector público. Los liberales propugnan un modelo de ordenamiento jurídico que prive al Poder Ejecutivo de las facultades omnímodas que tiene en el Estado totalitario, e incluso que limite sustancialmente las facultades que a ese Poder Ejecutivo le concede la tradición presidencialista americana. Los liberales creen que es en el Poder Legislativo, institución que recoge los múltiples y plurales representantes elegidos por el pueblo, donde debe radicar el corazón de la autoridad democrática. Los liberales sustentan que, frente a la pobreza y la escasez que suele provocar la economía centralizada y planificada por burócratas y funcionarios, es en el libre juego del mercado, regido por el consumidor soberano, donde más y mejores oportunidades surgen para todos, porque, como ha señalado Alan Minc, "el mercado es el mecanismo desestabilizador que obliga a la sociedad a cambiar... un instrumento verdaderamente revolucionario".

Eso no significa, por supuesto, que el Estado deba ser débil o inexistente, sino que su fuerza debe volcarse para evitar los monopolios, los abusos y los privilegios de los poderosos. Por otra parte, el liberalismo se caracteriza no sólo por intentar despojar al sector privado de privilegios injustos, sino, además, por hacer exactamente lo mismo con el sector público. De ahí las valiosísimas reflexiones de los monetaristas sobre los peligros de la inyección artificial de moneda *inorgánica* en la economía de los países, o las constantes advertencias contra la superstición de que un aumento permanente de la demanda, estimulado desde el aparato de gobierno, sirve a los mejores fines de la sociedad. Y es en este campo de las ideas político-económicas en donde el liberalismo se ha refinado extraordinariamente en el siglo XX. Los liberales creen, con Von Mises, con Hayek, con Popper, que el tipo de marco legal y de legislación electoral son notoriamente importantes a los efectos de conseguir no sólo un gobierno y un Estado más eficaces, sino también más adecuados a las debilidades de la naturaleza humana. Porque los liberales, que tanto deben a Rousseau, han perdido casi todo su optimismo acerca de las intenciones y las motivaciones últimas de los seres humanos, y hoy suscriben melancólicamente que la sociedad debe mantener un ojo muy alerta tanto sobre los posibles excesos del Estado como sobre los posibles excesos de los empresarios del sector privado.

Por eso, uno de los premios Nobel de Economía mejor otorgados últimamente es el de Buchanan. El servicio que le está prestando la escuela de pensamiento de la *Elección Pública* a la conducción de los asuntos nacionales es vital. Hoy, las sociedades mejor gobernadas del planeta son las que saben, con total precisión, que cada decisión de los políticos tiene un costo económico que afecta al conjunto a través de la presión fiscal o del endeudamiento, y en consecuencia exigen una rigurosa explicación de la cuenta de gastos. Pero, junto a esa verdad de Perogrullo, las sociedades que han leído a Buchanan y a su Escuela de Virginia, saben otra cosa mucho más importante, y es que las decisiones de los políticos, como las de todos los demás seres humanos, no suelen tomarse en beneficio del bienestar común, sino de los propios intereses personales y partidaristas de quienes las toman. De ahí que sea función de la colectividad, a través de las instituciones competentes, vigilar con ojo prudente cuanto hace, es decir, cuánto gasta, el gobierno.

¿Podrá algún día ser útil en Cuba este valioso cúmulo de reflexiones liberales? Probablemente, sí. Pronto los cubanos se enfrentarán a la tarea de desmontar la monstruosa burocracia centralizada que Castro implantara a imagen y semejanza del desacreditado modelo soviético. Para ese minuto, será vital recurrir a las indagaciones y observaciones sobre el Estado y el gobierno que durante las últimas décadas han hecho algunas de las cabezas más ilustres de este siglo. El liberalismo tendrá entonces su mejor momento en la Isla.

Madrid, otoño de 1994

ESTUDIO INTRODUCTORIO
DOS SIGLOS DE PENSAMIENTO LIBERAL CUBANO

POR

BEATRIZ BERNAL

EL propósito de esta Antología es mostrar el ideario liberal en la obra escrita de más de medio centenar de pensadores cubanos. Lo es también demostrar que el liberalismo como corriente filosófica —así como sus manifestaciones más concretas en los campos económico, político y jurídico— se arraiga en la tradición cultural cubana desde los albores del siglo XIX y llega hasta nuestros días. Con ello pretendo dar un mentís a quienes —con mala fe o con total desconocimiento de nuestra historia— opinan que el liberalismo nos es ajeno.

Hacer una antología es tarea difícil. Implica coordinar, sistematizar, metodizar el material con que se trabaja. También seleccionar, elegir, optar por unos textos —los que el antólogo considera más dignos de ser destacados para los fines que se ha propuesto— discriminando o apartando otros, sin que ello signifique restar valor a los autores omitidos y a sus obras. Ardua labor cuando se trata de textos filosóficos, políticos, económicos, históricos, jurídicos y de otras temáticas, de gran envergadura y de compleja edición y organización. Labor arriesgada cuando se cuenta con un vastísimo cuerpo documental como el que refleja, desde sus orígenes, el pensamiento liberal cubano. No hay que olvidar que en la Cuba del siglo XIX la élite intelectual —fuera ésta de orientación autonomista, reformista, anexionista o separatista— se agrupó en torno al liberalismo, doctrina sociopolítica y económica imperante en Europa y en los Estados Unidos de Norteamérica, dejando el espacio conservador en manos de los peninsulares y unos pocos criollos partidarios de continuar con el *statu quo*.

Tampoco es tarea fácil presentar un libro. Esta lleva consigo introducir, dar a conocer, enseñar al lector lo que el libro contiene, así como ayudarle a comprender, interpretar y valorar lo que sus líneas expresan. Para lograrlo, he dividido este Estudio en tres partes y varios epígrafes. En la primera, hago una exposición que pretende situar a los autores en su contexto histórico; en la segunda, reseño brevemente los textos y establezco algunas conclusiones; y en la tercera, explico las normas que he seguido para la edición de la obra, y doy cuenta sumaria de las fuentes y la bibliografía que he utilizado.

Ambas actividades —edición y presentación— me fueron encomendadas por la Fundación Liberal José Martí y a ambas —a pesar de la dificultad y el riesgo— me aboco. Espero que el lector obtenga, a través de la consulta de esta Antología, un amplio panorama del liberalismo cubano en sus dos centurias de existencia.

Los autores y su formación

Toca ahora referirse a los autores, situarlos en el mundo en que vivieron y, a través de él, explicar su pensamiento. Antes, una advertencia previa al lector. La selección se basa en el contenido de los textos, no en la filiación política de quienes los escribieron. Por tal razón, no he seleccionado sólo autores que pertenecieron o pertenecen —en el siglo pasado o en el presente— a partidos liberales, sino textos que reflejan en su contenido un evidente ideario liberal.

¿Quiénes son estos autores? ¿En qué mundo vivieron? ¿Por qué los he elegido? ¿Cuál fue su formación? ¿Qué actividades desarrollaron? ¿A qué corriente de pensamiento pertenecieron? ¿Dónde escribieron? Contestar estas preguntas, creo, ayudará al lector a adentrarse en el pensamiento liberal cubano. Y demostrará, espero, su arraigo en nuestra más profunda y continuada tradición cultural.

Los autores —mencionados aquí por orden cronológico atendiendo a su fecha de nacimiento— son: Francisco Arango y Parreño, José Agustín Caballero, Mercedes Santa Cruz (condesa de Merlín), Félix Varela, José Antonio Saco, Manuel González del Valle, Francisco Ruiz, José de la Luz y Caballero, Calixto Bernal, Domingo Delmonte, Francisco de Frías (conde de Pozos Dulces), Antonio Bachiller y Morales, Carlos Manuel de Céspedes, Ignacio Agramonte, Ramón Roa, Manuel Sanguily, Enrique José Varona, Antonio Govín, Leopoldo Cancio, Rafael Montoro, Nicolás Heredia, José Antonio Cortina, José Martí, Eliseo Giberga, Juan Gualberto Gómez, José Antolín del Cueto, José de Armas (Justo de Lara), José Alemán, Rafael Portuondo, Manuel Márquez Sterling, Orestes Ferrara, Mario García Kohly, Fernando Ortiz, Alfonso Hernández Catá, Jorge Mañach, Carlos Márquez Sterling, Francisco Ichaso, Roberto Agramonte, Leví Marrero, Goar Mestre, Gastón Baquero, Octavio Costa, Carlos Varona, Luis Aguilar, Mario Parajón, Armando Ribas, Adolfo Rivero Caro, Beatriz Bernal, Armando de la Torre, Fernando Bernal, Carlos Alberto Montaner, Miguel González Pando, Uva de Aragón Clavijo, Ileana Fuentes, Miguel Sales, Andrés Reynaldo, Juan Manuel Cao y Rafael Rojas.

Aunque la coordenada temporal de esta Antología es amplísima, ya que abarca exactamente dos centurias —en 1792 está fechado el primer texto de Arango y Parreño y en 1992 el último de Rafael Rojas— el mundo en que vivieron los autores representados en ella, salvo breves intervalos, cuenta con un denominador común: la violencia. En efecto, entre guerras, revoluciones y exilios han vivido Cuba y sus hijos desde que se comenzó a forjar la nación cubana en las primeras décadas del pasado siglo. Ahora bien, no es objeto de este estudio narrar los múltiples acontecimientos violentos que durante casi doscientos años han conformado la historia de Cuba y marcado su destino como nación. Lo único que pretendo destacar en él es que los textos de la Antología —ya sea que propongan a España reformas por la vía pacífica o que las exijan por la insurreccional a lo largo del siglo XIX; ya que critiquen con tono ácido o conciliador la vida republicana en la primera mitad del siglo XX; ya que arremetan contra el totalitarismo comunista o busquen una solución conciliadora para la Cuba futura en su segunda mitad— reflejan todos una atmósfera de conflicto y tensión. Y, muchos de ellos —los escritos desde el exilio— un estado de ánimo indicativo de tristeza, nostalgia y desencanto. Eso no quiere decir que expresan una visión pesimista de la Cuba del pasado. Mucho menos que dejen de augurarle un futuro promisorio. A pesar de los múltiples avatares y sinsabores que ha sufrido la Isla desde que se concibió como nación hasta el momento actual, el espíritu de sus hijos no ha decaído jamás. Tampoco su deseo de reconciliación. Ni su capacidad de lucha.

¿Por qué he elegido éstos autores? ¿Por qué sus escritos y no los de otros? La razón es clara y se define con la palabra equilibrio. He pretendido, en todos los textos, equilibrar temáticas. Y en los del siglo XIX e inicios del siglo XX, señalar las corrientes de pensamiento filosófico, político y jurídico a las cuales se adhirieron sus autores. Estas corrientes —en los textos del XIX— van íntimamente ligadas a la visión del problema cubano que tuvieron sus autores y a la solución que pretendieron aportar; esto es, luchar contra el dominio español, fuera por vía pacífica o revolucionaria. En los textos del XX, van unidas a la manera en que sus autores concibieron la vida republicana. Unos y otros —en sus distintos momentos de nacimiento, consolidación y decadencia— demuestran el gran aliento que tuvo en Cuba el debate filosófico que se produjo en Occidente durante el siglo del progreso, heredero del racionalismo dieciochesco. En cuanto a los autores que publicaron y publican actualmente desde el exilio, es difícil determinar su filiación filosófica. Esto no es de extrañar: la irrupción de los totalitarismos —fueran estos de tinte fascista o comunista— en la primera mitad de nuestra centuria, fragmentó, desde un punto de vista filosófico, la unidad de Occidente. Quiero destacar, sin embargo, que dichos autores mantienen —tanto en sus concepciones políticas, como en las sociales, jurídicas y económicas— una visión eminentemente liberal. Y que, además, tienen todos un ideal común: lograr un cambio político que convierta a Cuba en una república democrática donde impere la tolerania, se salvaguarden las libertades y se respete en forma irrestricta la dignidad del hombre.

La temática es variada y en muchos casos los escritos combinan más de una. Así, hay en la Antología documentos eminentemente filosóficos (Ruiz, González del Valle, Luz y Caballero, Parajón); filosófico-jurídicos (De la Torre); filosófico-políticos (Enrique J. Varona, Montaner); histórico-filosóficos (Ribas, Rojas); histórico-jurídicos (B. Bernal); políticos (Caballero, Céspedes, Gómez); jurídicos (Del Cueto, Ferrara); jurídico-políticos (Bachiller y Morales, Agramonte, Alemán, Portuondo, C. Varona); económicos (Arango y Parreño, Pozos Dulces, Saco, F. Bernal, Mestre); sociológicos (Ortiz, Mañach, Manuel Márquez Sterling, Aguilar León); sobre educación (Delmonte), feministas (Fuentes), ecologistas (Marrero), o del exilio (Clavijo, Reynaldo, González Pando), por ejemplificar con algunos nombres. Además, están representadas las múltiples tendencias filosóficas del siglo pasado y de la primera mitad del actual con la presencia en la Antología de racionalistas pragmáticos como Arango y Parreño, racionalistas éticos como Varela, racionalistas positivistas como Luz y Caballero y Domingo Delmonte, utilitaristas como Francisco Ruiz, positivistas como José Antonio Saco, idealistas kantianos como Rafael Montoro, y liberales sicologistas y sociologistas como Ichaso, Mañach, Portuondo y Ortiz. Y las corrientes políticas —desde el punto de vista de su enfrentamiento con España— con reformistas como Saco y Pozos Dulces, autonomistas como Montoro, Heredia y Cortina y separatistas como Céspedes, Agramonte y Martí. También la escuela jurídica propia del liberalismo decimonónico, a través de los textos iusnaturalistas de Bachiller y Morales, Calixto Bernal y el propio Montoro y del liberalismo de nuestro siglo en los trabajos de Francisco Ichaso, Octavio Costa, Armando de la Torre y Carlos Varona.

En cuanto a la formación de los autores y a las diversas actividades que éstos desarrollaron la gama es amplia, y varía según la época. En la primera mitad del siglo XIX hay un buen número de clérigos y juristas (Arango y Parreño, Caballero, Ruiz, González del Valle, Luz y Caballero, Bachiller y Morales, Saco, Céspedes) quienes —acordes con la corriente racionalista heredada del Siglo de Las Luces— escribieron sobre temas filosóficos, económicos, pedagógicos y científicos. Algunos de ellos obtuvieron grados en la Real y Pontificia Universidad de San Jerónimo de La Habana, sin embargo, su formación la deben, todos, al Real Colegio Seminario de San Carlos y San Ambrosio. Esto no es de extrañar: la Universidad, aunque fundada en el siglo XVIII (1728) se había quedado anclada en el XVI. En efecto, hasta la segunda mitad de la pasada centuria se seguían enseñando en ella, con métodos escolásticos, los principios derivados de la doctrina aristotélica. Era, pues, ajena al método cartesiano y al estudio de las ciencias naturales y experimentales que se impartían ya en los centros superiores europeos (entre ellos los de Madrid) en la centuria de la Ilustración. Por el contrario, el Seminario, —que fue también Colegio donde se cursaban, junto a los teológicos, otros estudios— nació medio siglo despúes (1773) y pronto se integró a *la modernidad*; esto es, a la orientación ilustrada de signo liberal propia de la época. Esta temprana liberalización del Seminario se debió a la obra reformadora de dos grandes educadores cubanos: José Agustín Caballero y su discípulo Félix Varela. Así, fue el Seminario el primer centro de estudios superiores en la Isla que contó con una cátedra de Economía Política y con otra de Derecho Político (cátedra de Constitución), a cargo esta última del propio Varela. Más tarde, algunos de nuestros autores continuaron su formación en centros universitarios de los Estados Unidos y de Europa —principalmente de Francia y España— donde vivieron por largos períodos, a consecuencia de ocupar cargos en la Metrópoli, unos, o de sufrir destierro, otros, por oponerse al absolutismo que imperó en la Isla durante el reinado de Fernando VII después del Trienio Liberal (1820-1823). Y la culminaron en Cuba, dentro de la Sociedad Patriótica y, sobre todo, de la Sociedad Económica de Amigos del País, institución que fue arquetipo del iluminismo dieciochesco en Cuba, y de la cual fueron todos miembros activos.

La Sociedad Económica de Amigos del País vió también pasar por sus aulas, oficinas y salones de conferencias, a la mayor parte de los intelectuales de la segunda mitad del XIX. Pero hay algo en la formación de estos últimos que los diferencia de los de la primera mitad. Ahora vendrían (Agramonte, Montoro, Cancio y Sanguily son ejemplos de ello) de cursar sus estudios en el Colegio del Salvador, fundado por José de la Luz y Caballero en 1848 siguiendo los más modernos métodos de enseñanza. Y de la Universidad de La Habana, que secularizó y reformó sus planes de estudio en 1842. También de universidades extranjeras, sobre todo españolas (Barcelona y Madrid), donde estudiaron durante las temporadas que pasaron en el destierro cuando las sucesivas guerras de independencia libradas contra España en las tres últimas décadas del XIX (1868 a 1898), los separaron —por voluntad o por la fuerza— de la isla que los vio nacer. Tal fue el caso de José Martí, de Enrique José Varona, de Justo de Lara, de Orestes Ferrara, y de quienes integrarían la Asamblea que elaboró y promulgó la Constitución liberal de 1901. En cuanto a la actividad que desarrollaron, además de la política, la mayoría de estos autores fueron abogados, pero destacaron más en los campos de la literatura, la oratoria y el periodismo.

Otro rasgo que caracterizó a los hombres de esta época —sobre todo a los separatistas— fue su filiación masónica. Desde la frustrada conspiración que en 1823 organizó la sociedad secreta *Los Soles y Rayos de Bolívar* para que Cuba se independizase de España, hasta la guerra de independencia del 1895, muchas fueron las logias masónicas involucradas en el proyecto separatista. Y muchos, los cubanos liberales que pertenecieron a ellas. Ejemplo de esta aseveración fue Carlos Manuel de Céspedes, quien desde la logia *Buena Fe*, constituida en Manzanillo, Oriente, en abril de 1868, comenzó la conspiración que daría lugar meses después (10 de octubre) al estallido de la Guerra de los Diez Años.

Abogados también fueron Ortiz, Mañach e Ichaso, máximos exponentes —junto a Leví Marrero— de la generación que se formó en las primeras décadas de la República: abogados y doctores procedentes de la Facultad de Filosofía y Letras de la Universidad de La Habana, donde recibieron su formación. Destacaron como periodistas, sociólogos, antropólogos, historiadores y ensayistas políticos en un período convulso marcado por las dictaduras de Machado y Batista y —en el caso de los más longevos— por la instauración en Cuba del totalitarismo comunista.

Los autores cuyos textos se publicaron en la segunda mitad de nuestro siglo corresponden a diversas generaciones y se caracterizan por su heterogeneidad, aunque tiene como denominador común el haber escrito desde el exilio. Un largo exilio que se ha producido en varias oleadas: la de 1961 después de la invasión de Bahía de Cochinos, la que trajo consigo la *crisis del Mariel* en 1980 y la dramática estampida de los balseros, en agosto de 1994, y que presumiblemente continuará a pesar de las drásticas medidas tomadas por el Presidente de los Estados Unidos el pasado verano. En este grupo, que ha dado a luz la *literatura del exilio*, hay abogados, economistas, sociólogos, historiadores, periodistas y poetas. Su formación la obtuvieron en las universidades de La Habana, Madrid, México, Miami, así como en otros centros de estudios superiores de Estados Unidos, Europa y América Latina, donde estudiaron sus carreras y donde algunos de ellos (Marrero, C. Varona, Costa, Aguilar, Parajón, Montaner, De la Torre, Ribas, B. Bernal) ocuparon u ocupan todavía cátedras en sus respectivas especialidades. Otros, como González Pando, Sales y Cao, deben parte de su formación al presidio político.

La prensa escrita

Las más recientes investigaciones demuestran que la imprenta se introdujo en Cuba en 1720. Pero fue a fines de la centuria cuando apareció la primera publicación. En 1782 vio la luz *La Gaceta de la Habana*, publicada por la Capitanía General de la Isla, y en 1790 el *Papel Periódico*, auspiciado por la Sociedad Económica de Amigos del País, boletín que en 1805 cambió de nombre y se tituló *Aviso*, y un lustro después, *Diario*. Si se le compara con México o el Perú, el origen y establecimiento de los medios de información escrita en Cuba fue lento y tardío. Sin embargo, a partir de 1811 la situación cambió radicalmente. En el primer cuarto del siglo XIX se publicaron más de una docena de revistas dedicadas a temas generales y literarios. A partir de entonces, la actividad de las prensas fue aumentando —tanto cuantitativa como cualitativamente— y sus intereses se hicieron más científicos y más *cubanos*. Las revistas reflejarían ahora, no sólo las inquietudes intelectuales de la minoría ilustrada nacida en la Isla, sino también su cubanidad. Así, en la década de los treinta, la famosa *Revista Bimestre Cubana*, prohijada también por la Sociedad Económica, publicaba los estudios filosóficos, políticos, económicos y científicos de Varela, Ruiz, González del Valle, Luz y Caballero, Frías, Delmonte y Saco. Y a mediados de siglo, la *Revista de la Habana* y la *Revista Habanera*, además de los trabajos de aquellos autores, insertaba los de Bachiller y Morales. Y en 1877 la *Revista de Cuba*, fundada por Cortina, los de Govín, Montoro, Sanguily y Enrique José Varona, quien —continuando el esfuerzo de Cortina— fundó en 1885 la *Revista de Cuba*. A ella se unieron nuevos autores como Lara, Cancio y Gómez. Ya casi terminado el siglo XIX Manuel Sanguily dio vida a *Hojas Literarias* y Manuel Pichardo a *El Fígaro*, revistas dedicadas ambas a la política cubana y a la crítica literaria. Y comenzado el XX se fundaron las revistas *Letras* y *Cuba Contemporánea*, que aportaron sustanciales contribuciones a la incipiente vida republicana. El ciclo se cerró con la publicación que le dió origen, la *Revista Bimestre Cubana*, cuya edición reanudó la Sociedad Económica en 1910.

La Ley de Libertad de Imprenta, vigente durante el Trienio Liberal, ayudó al desarrollo del periódico-diario. Y aunque éste fue panfletario y desmesurado a veces —y de corta duración como en el caso de *El Liberal Habanero*, que tuvo que cerrar al abolirse dicha Ley—, sin duda sentó las bases para que en la segunda mitad del siglo se tuviera una prensa gráfica de alta calidad. Tres de los diarios de este período: *El Siglo*, *El Triunfo* y *El País*, fueron portavoces del pensamiento político liberal. *El Siglo*, fundado en 1862 y publicado con un subtítulo que lo catalogaba como *periódico político, literario, agrícola, económico y mercantil*, estaba destinado a hacendados e industriales. En su primera época se interesó más por los temas económicos y técnicos que por los políticos. Según sus editorialistas, había que educar a la población para el progreso, propugnando reformas económicas y técnicas. Trató, además, temas eminentemente liberales como la libertad de culto, la emancipación de la mujer y la abolición de la pena de muerte. A partir de 1865, su tono y su contenido cambiaron. En un ambiente prebélico, y creyendo realizada ya la labor educativa que se habían propuesto, los columnistas del *El Siglo* se abocaron a solicitar de la Metrópoli reformas políticas. Aunque sus demandas eran moderadas, desagradaron al elemento peninsular del país, que forzó su clausura en 1869. *El Siglo* fue dirigido por el conde de Pozos Dulces y escribió en él Enrique José Varona, quizás la mente más preclara del Partido Reformista. *El Triunfo* y *El País*, órganos de difusión del Partido

Liberal Autonomista, aparecerían —sustituyendo uno al otro— después de la Paz del Zanjón (1878). De contenidos políticos, fueron concebidos ambos como instrumentos de propaganda del Partido. Eso los convirtió en doctrinarios y polémicos. El editorial de *El Triunfo* del 21 de mayo de 1881, titulado *Nuestra doctrina* y el artículo *Los deberes constitucionales y la Autonomía* aparecido en *El País* el 29 de julio de 1885, son prueba de la primera aseveración. La polémica que *El País* sostuvo en 1885 con el periódico conservador *Diario de la Marina*, prueba de la segunda. En estos diarios escribieron Govín, Giberga, Sanguily, Cortina, Montoro, Heredia, Lara y otros representantes de la corriente liberal autonomista. Mientras tanto, en Nueva York fundaba Martí el periódico *Patria*, y en dicha ciudad y en París, se publicaba el diario *La América*, donde escribían, desterrados entonces, Lara, Montoro, E.J. Varona y el propio Martí, como décadas antes lo habían hecho Varela y Saco, en el diario *El Habanero* y el semanario *El mensajero semanal*, desde Filadelfia y Nueva York, respectivamente.

Instituciones culturales

La época republicana produjo en Cuba un movimiento intelectual que se caracterizó, no sólo por su vigor, sino también por su extensión. Si bien es cierto que la obra escrita de los autores de la primera mitad de nuestro siglo no alcanzó los altos vuelos obtenidos en el anterior, también lo es que la vida democrática les permitió una expresión más libre y les ofreció mejores y más novedosos medios de difusión. Esto fue el resultado de una intensa y continuada labor educativa que se puso en práctica durante la primera intervención norteamericana y que se sostuvo, a pesar de intervalos de estancamiento (los gobiernos de Zayas y Machado) hasta mediados del siglo. A pesar de la crisis de la *alta cultura* que señala Mañach en el ensayo que aparece en esta Antología, durante este período proliferaron —como nunca antes— las instituciones culturales públicas y privadas. Ejemplo de ellas fueron el Ateneo de La Habana (1902), la Academia de la Historia de Cuba (1910), la Academia Nacional de Artes y Letras (1910), la Sociedad de Estudios Literarios (1912), donde colaboró Juan Gualberto Gómez, la Academia Cubana de la Lengua (1926), la Institución Hispano-Cubana de Cultura (1926), el Lyceum y Lawn Tennis Club (1936), la Sociedad de Estudios Afrocubanos (creada por Fernando Ortiz en 1936), la Sociedad de Estudios Históricos e Internacionales (1940), y otras. También los colegios de profesionales universitarios (Colegio de Abogados, Colegio Médico, Colegio de Ingenieros, Colegio de Pedagogos, Colegio de Doctores en Filosofía y Letras) que tuvieron a su cargo el control ético de sus miembros en el ejercicio de la profesión. Estas academias, sociedades y colegios fundaron bibliotecas y promovieron publicaciones. Así, vieron la luz, entre otras, las revistas *Cuba Pedagógica*, *Cuba Libre*, *Cuba Nueva*, *Revista de Educación*, *Revista de la Sociedad Geográfica de Cuba*, *Revista de la Facultad de Letras y Ciencias*, *La Reforma Social*, *Revista del Archivo Nacional*, *Revista de la Biblioteca Nacional*, *Cuba Económica y Financera*, *Revista de La Habana*, *Revista de la Universidad*, *Jurisprudencia al Día*, *América*, *Social*, órgano de expresión del Grupo Minorista, *Chic*, *Lyceum*, la *Revista de Avance*, fundada, entre otros, por Francisco Ichaso y *Cuadernos de la Universidad del Aire*, dirigida por Jorge Mañach; los *Anales* de las academias de la Historia de Cuba y la Nacional de Artes y Letras; y un número infinito de boletines y gacetas editados por dichas instituciones. En muchas de estas publicaciones —independientemente de su orientación ideológica—, quedarían contenidos los textos de los liberales de la primera mitad de nuestro siglo. También en los periódicos *La Discusión*, *Heraldo de Cuba*, *El Sol*, *Acción*, *La Prensa*, *La Nación*, *El Mundo*, *Prensa Libre*, *Información* y el viejo y conservador *Diario de la Marina*. Y en sus páginas literarias y suplementos de los domingos y lunes. Y en el semanario *Bohemia* y en el mensual *Carteles*. Cabe también mencionar la Editorial Trópico, que publicó buena parte de la obra de los liberales de este período.

Dos editoriales (Playor y Universal), una agencia de prensa (Firmas Press) y varios periódicos publicados fuera de Cuba han difundido el pensamiento liberal de los cubanos en el exilio. Entre estos últimos destacan *The Miami Herald*, *El Nuevo Herald* y, en cierta medida, *El Diario de las Américas*, los tres radicados en Miami, ciudad que se ha convertido en la capital del exilio. También la revista *Próximo*, órgano de difusión de la Unión Liberal Cubana (ULC) que se publica en Madrid. En ellos han escrito y escriben Aguilar, Clavijo, Reynaldo, Sales, Rivero Caro, C. Varona, F. Bernal y, por supuesto, Carlos Alberto Montaner. La intensa labor periodística de este último, quien es, además, el Presidente de la ULC, lo ha llevado a publicar, además, en múltiples diarios y revistas de Europa, Estados Unidos y América Latina. Sus artículos y ensayos aparecen con frecuencia en las revistas *Perfiles Liberales* (Bogotá), *Vuelta* y *Nexos* (México D.F.), *Cambio 16* (España) y *Society* (New Jersey) y en los periódicos *The Miami Herald* y *El Nuevo Herald* (Miami), *The Wall Street Journal* (New York), *Diario 16*, *ABC* y *El País* (Madrid), *El Caribe* (Santo Domingo), *La Nación* (San José de Costa Rica), *El Tiempo* (Bogotá), *El Comercio* (Lima) y *La Prensa* (Buenos Aires), por citar sólo algunos.

Una breve reseña de los textos

Antes de reseñar los documentos seleccionados es menester hacer varias consideraciones. La primera gira en torno a su organización. Esta podía haberse hecho atendiendo a la materia: textos filosóficos, políticos, jurídicos, históricos, sobre educación, etc., pero muchos de ellos inciden en varias temas a la vez. Por tal razón, he decido agruparlos por orden cronológico, teniendo en cuenta el momento de la publicación del manuscrito. De esa forma, el lector podrá percatarse de cómo fue evolucionando el pensamiento liberal cubano a lo largo de sus dos siglos de existencia. Aunque debo advertir que a veces la unidad temática u otras causas me han hecho variar ligeramente la cronología. Tal es, por ejemplo, el caso de la carta de la condesa de Merlín, que sitúo junto al informe de Arango y Parreño —a pesar de que se publicó mucho después— porque es la alabanza de Arango el objetivo principal de la epístola de la condesa; o el de los textos de Cortina, Montoro, Govín y Heredia, escritos en el siglo XIX —entre finales de los setenta y principios de los noventa— por referirse todos al Partido Liberal Autonomista; o los de Manuel Márquez Sterling, Fernando Ortiz, Jorge Mañach, Mario García Kohly y Alfonso Hernández Catá —publicados entre 1916 y 1933— por tratar todos de la crisis socio-política acaecida en las primeras décadas de nuestra vida republicana; o los de Francisco Ichaso y Roberto Agramonte, publicado este último en 1927, seis años antes que el de Hernández Catá, que incluyo juntos porque ambos denuncian los incipientes totalitarismos que se instalaron en Europa en los años veinte, y comentó después para no romper la unidad temática de los textos anteriores; o los de Miguel González Pando, Uva Clavijo, Andrés Reynaldo, Alfonso Rivero Caro y Juan Manuel Cao por uno lado, y los de Fernando Bernal y Miguel Sales, por el otro, porque —independientemente de la fecha— tienen en común la fuente y el lugar de sus respectivas publicaciones (los periódicos *Diario de las Américas* y *El Nuevo Herald* —ambos de Miami— los primeros; la revista *Próximo*, de Madrid, los otros dos); o el de Armando de la Torre, todavía en prensa, que coloco antes de los textos de Armando Ribas y Rafael Rojas, publicados ambos en 1992, por contener el primero un análisis histórico-filosófico del origen del liberalismo, y el segundo una interpretación de las dos grandes corrientes de pensamiento liberal que se dieron en Cuba a través de su historia, y que quedan demostradas con la selección de los textos de esta Antología.

La segunda consideración atiende a los tipos de trabajos que componen la Antología. Hay informes, circulares, proclamas, tesis de grado, debates de la Asamblea Constituyente de 1901, comentarios radiales, monografías y libros, aunque la mayoría son cartas, discursos, conferencias, ensayos y artículos recogidos en revistas y periódicos de nuestro siglo y el pasado. En resumen, una amplia gama de impresos que se incluyen —completos o fragmentados— indicando a pie de página su primera fecha de publicación y la fuente de donde provienen.

El primero de los textos elegidos es una monografía de Francisco de Arango y Parreño: *Discurso sobre la Agricultura de La Habana y medio de fomentarla y* está fechada el 14 de enero de 1792. Se trata de un discurso totalmente racionalista. Está dividido en dos partes y estructurado al estilo de la época. En la primera parte, Arango y Parreño presenta un diagnóstico del desarrollo agrícola de la Isla que —a pesar de las medidas aperturistas y liberalizadoras implantadas por los Borbones, en especial por Carlos III— el autor considera todavía deficiente Al diagnóstico sigue una exposición denominada: *Los remedios*, que le permite a Arango aportar sus ideas para el óptimo desarrollo de la agricultura en Cuba. Son todas ideas liberales en materia económica que van, desde la invitación a erradicar formas de cultivo obsoletas para sustituirlas por las nuevas técnicas extranjeras —para lo cual propone enviar a jóvenes agricultores a Inglaterra y Francia— hasta la preparación más *científica* del agricultor común, pasando por la búsqueda de nuevos mercados, la liberalización de los precios, la eliminación de los monopolios y el fortalecimiento del principio de la libre concurrencia. Ideas liberales que afloran también en la segunda parte del discurso que contiene el *proyecto* ofrecido por Arango y Parreño a Carlos IV para potenciar el desarrollo agrícola de la Isla, y aprovechar así la caída de otros mercados azucareros del Caribe, en especial el de Jamaica.

El fragmento de una carta de Mercedes Santa Cruz, condesa de Merlín, enviada —de La Habana a París— al conde de Saint-Aulaire, es el segundo documento que incluyo en la Antología. En ella, la condesa hace una semblanza de Francisco Arango y Parreño, alabando sus ideas liberales. Contiene, además, muchos datos sobre la vida en Cuba a mediados del pasado siglo.

El tercero —primera expresión política del pensamiento liberal cubano— fue un proyecto de gobierno autonómico para la isla de Cuba, elaborado por el presbítero José Agustín Caballero y enviado a las Cortes Generales y Extraordinarias, convocadas por la Junta Central que se creó en España cuando la invasión napoleónica. El proyecto está fechado en 1811, un año antes que las Cortes de Cádiz promulgaran *La Pepa*, nombre que el pueblo dio a la primera y más famosa de todas las constituciones que se promulgaron en España en el siglo XIX. Consta de 45 consideraciones y 15 proposiciones. En estas últimas se encuentra contenido el plan de gobierno autonómico. En ellas Caballero —quien se inspiró en un informe anterior de Arango y Parreño— solicita la creación de unas Cortes y un Consejo provinciales que legislarían para la isla de Cuba y que tendrían competencia en materia de comercio, hacienda y seguridad públicas. En el aspecto político, Caballero, a tono con el liberalismo naciente en la Península, apuesta por la soberanía popular y el principio de la división de poderes, proponiendo un sistema de sufragio indirecto, limitado y censatario para la elección de los diputados a dichas Cortes.

En el verano de 1839, los filósofos y educadores cubanos Francisco Ruiz, José de la Luz y Caballero y Manuel González del Valle se enfrascaron en una singular polémica de carácter ético en torno al *principio de utilidad*, sustentado en Europa por Helvecio, Holbach y Jeremías Bentham. Conforme a dicho principio, la actividad del ser humano debía quedar supeditada a la utilidad que *el actuar bien* le reportaba a él y a la sociedad de la cual formaba parte. El presbítero Ruiz fue partidario acérrimo del utilitarismo; creía que el hombre se movía por razones de intereses, y que basarse en éstos le haría siempre actuar mejor. González del Valle era detractor del mismo; partidario del filósofo francés Cousin, Valle entendía que había valores más altos —el deber y la justicia— que quedaban fuera del círculo de los intereses y la utilidad. Luz y Caballero terció con brillantez en la polémica, publicando una serie de cartas en las que reflexionó sobre los mundos del *ser* y del *deber ser*, las situaciones *de facto* y *de iure* (realidad y derecho) y los principios del interés (utilidad) y del bien común, para llegar a la conclusión de que las esferas del moralista y del jurisconsulto no siempre coinciden. Sin embargo —opinaba Luz— éstas podían, no sólo encontrarse sino también complementarse. Debido a ello, pidió a sus colegas que dieran fin a la polémica y se mostró partidario de aceptar el principio de utilidad, siempre que al mismo se le añadiera un adjetivo: utilidad general o comunal. Tres de las varias cartas que se enviaron Ruiz, González del Valle y Luz —publicadas todas en el

Diario de La Habana— constituyen los textos, cuarto, quinto y sexto de esta Antología.

El séptimo es un ensayo filosófico-político en forma epistolar del padre Félix Varela, contenido en sus famosas *Cartas a Elpidio*. Trata sobre las relaciones entre la Iglesia y el Estado y tiene como propósito delimitar los ámbitos de vigencia de los poderes eclesiástico y secular. El tema le da pie al autor —partidario del *pactismo*, doctrina política que derivaba la soberanía de un pacto entre el pueblo y el monarca— para arremeter contra la idea del origen divino del poder real, pilar ideológico de la dinastía de los Borbones. Arremete también contra el dogmatismo, el fanatismo y la superstición que, según dice, "es fomentada por los tiranos para contrarrestar la opinión que es la que anima la sociedad y la religión que es la que rectifica la conciencia". En resumen, Varela apuesta por un Estado de Derecho, a la manera liberal, que limite los poderes absolutos de los reyes y de los papas.

También de estilo epistolar es el octavo de los textos elegidos. Se trata de un ensayo de Francisco de Frías y Jacott, conde de Pozos Dulces, fechado en el otoño de 1857 y titulado: *De qué modo pueden consolidarse la riqueza y la prosperidad de la agricultura cubana*. En él, el conde atribuye el estancamiento de la agricultura en Cuba a los excesivos latifundios que en ella existían, y a la utilización, también excesiva, de la mano de obra negra, fuera ésta libre o esclava. Propone, para remediarlo, dar mayores estímulos al pequeño propietario y desarrollar una política que incentive la inmigración de colonos de raza blanca.

En ese mismo año (1857) se publicó la obra: *Elementos de la Filosofía del Derecho*, también conocida como *Curso de Derecho Natural*, del erudito bibliógrafo cubano Antonio Bachiller y Morales. Tres fragmentos de dicha obra —didácticos y jurídicos por estar destinados a estudiantes de leyes— componen el noveno texto de esta Antología. Uno trata sobre la propiedad, otro sobre la sociedad y el tercero sobre la libertad. En ellos, Bachiller critica la utopía socialista y defiende, en el clásico estilo decimonónico, la propiedad privada y las garantías individuales.

A mediados del siglo XIX debe situarse el informe que el humanista y educador cubano Domingo Delmonte hizo al rey —a solicitud de éste— con vistas a mejorar la enseñanza primaria en Cuba. Siguiendo una estructura y estilo racionalistas en el aspecto formal, e inspirándose en reformas educativas ya realizadas en los Estados Unidos en cuanto al fondo, Delmonte comienza señalando los vicios del sistema educacional cubano. Pasa después a exponer sus muchas propuestas: la conversión de la enseñanza primaria en gratuita y pública, aunque sin excluir las escuelas privadas; la creación de un Instituto de Segunda Enseñanza para el estudio de las matemáticas y las ciencias naturales y el establecimiento de la enseñanza obligatoria en las cárceles y cuarteles. Esto le da pie para proponer también avanzadas medidas de carácter penitenciario, entre las cuales destaca la fundación de reformatorios para menores delincuentes. Contiene además —en conexión con sus ideas sobre la educación— un interesante alegato en contra de la esclavitud. En él sostiene que ésta hace daño tanto al esclavo porque lo envilece, como a su dueño porque lo vuelve irresponsable e indolente. El informe de Delmonte se inserta en el décimo lugar de la Antología.

A la misma época corresponde el libro de Calixto Bernal: *Teoría de la autoridad aplicada a las naciones modernas*, uno de cuyos capítulos, *De la libertad de palabra*, es el siguiente texto de esta Antología. El argumento que lleva a Bernal a defender esta incuestionable garantía individual, típica también del pensamiento liberal del XIX, es que la libertad de palabra sirve para que la sociedad se entere de cómo piensan sus miembros, y así pueda tomar medidas preventivas en caso de que dicho pensamiento la perturbe.

En la primavera de 1865, uno de nuestros más eminentes pensadores, José Antonio Saco, escribió a Seijas —a la sazón Ministro de Ultramar— una carta donde criticaba duramente la actitud seguida por el Ministerio, al negar de forma reiterada a Cuba y Puerto Rico las libertades políticas, que gozaban las provincias peninsulares. En dicha carta —modelo de pensamiento liberal— Saco sostiene que no hay desarrollo económico si no viene acompañado de una apertura política. Por su indiscutible actualidad, así como por su brillantez tanto en la forma como en el fondo, opino que este texto —el décimo segundo de la Antología— es uno de los más relevantes.

Liberales separatistas y liberales autonomistas

Los textos hasta aquí expuestos reflejan, tanto en lo político como en lo económico, las ideas autonomistas y reformistas de los pensadores de la primera mitad del siglo XIX. Toca ahora referirme a otros que —por su contenido y por su autor— se enmarcan dentro del movimiento separatista. Son los textos de Agramonte y Céspedes, los dos próceres de la Guerra de los Diez Años.

El primero en el tiempo es el de Ignacio Agramonte. Se trata de un discurso que el camagüeyano pronunció en 1866 ante el Claustro de la Universidad de La Habana y que fue, probablemente, su tesis para obtener el grado de Licenciado en Derecho. El discurso se encuentra dividido en dos partes. En la primera, Agramonte —a la manera clásica del racionalismo iusnaturalista— defiende las libertades individuales, el principio de igualdad, la propiedad privada y el *derecho de resistencia a la opresión*. En la segunda arremete contra el intervencionismo estatal (que él denomina centralismo absoluto) y contra los males que trae consigo la burocracia (que él llama excesiva administración). Esto lo lleva a proponer, como conclusión, un Estado con ejecutivo fuerte, pero no intervencionista, que deje gran parte de la economía en manos de la iniciativa privada.

De Carlos Manuel de Céspedes he elegido dos documentos que reflejan su pensamiento separatista. El primero es una *Proclama* al pueblo de Cuba —fechada en abril de 1869— incitándolo a la insurrección. En ella, después de criticar con acritud al gobierno de España, Céspedes se confiesa admirador de los Estados Unidos y de Inglaterra, nación esta última que, a pesar de estar constituida como monarquía, el autor considera que es la *depositaria* de la libertades europeas. El segundo es una carta que Céspedes, a la sazón Presidente de la República de Cuba en Armas, envió a su representante en los Estados Unidos (Morales Lemus), explicándole cómo había quedado establecida la República. En dicha carta —fechada el mismo año— Céspedes le habla también de la Constitución de Guáimaro y le dice que en ella han quedado contenidos todos los principios del liberalismo.

Finalizada en 1878 la Guerra de los Diez Años con la derrota de los separatistas, resurgió en Cuba, con ánimo nuevo, el pensamiento liberal autonomista. A este resurgimiento corresponden cuatro discursos que, por su unidad temática, comentaré conjuntamente. Los dos primeros están fechados en 1878 y fueron pronunciados por José Antonio Cortina y Rafael Montoro. Ambos tratan sobre el Partido Liberal Autonomista (PLA), aunque Montoro es el único que explica su programa. Basándose en los presupuestos del liberalismo, defiende Montoro las libertades individuales —en especial los derechos de reunión, asociación y prensa— e incita a la tolerancia y a la libre expresión de las ideas. Los otros dos discursos, fechados en 1887 y 1892, fueron pronunciados por Antonio Govín y Nicolás Heredia respectivamente, y tratan también sobre el PLA. Para Govín, éste tenía como finalidad crear un sentimiento de *patria cubana* a través de la evolución y no de la revolución; por eso, aunque apostó por la libertad, lo hizo dentro de un contexto de *paz y orden*. Cinco años después, en un discurso de propaganda del partido, Heredia propuso la promulgación de leyes para el desarrollo de la agricultura, el libre comercio y la industria, y se mostró partidario del equilibrio de las fuerzas políticas y de la igualdad en el voto. Ideas todas liberales en los ámbitos político y económico.

Pero el separatismo no había muerto. Su salud, precaria después de la derrota del 78 y el Pacto de Zanjón, fue inmediatamente revitalizada gracias a la acción, la palabra y la obra escrita de José Martí. De nuestro Apóstol he elegido tres artículos publicados en diversos momentos de su largo y peripatético exilio. Ellos reflejan, no sólo sus ideas independentistas, sino también su pensamiento republicano y liberal. El primero, de 1873, es un alegato dirigido a la Primera República española. En él, previendo que España concediera a Cuba la autonomía u otras libertades, Martí le exigía a la República que fuera congruente consigo misma y le otorgara a Cuba la independencia. El segundo, publicado en Nueva York en 1883, contiene una defensa de las libertades de industria y comercio, así como una fuerte crítica al proteccionismo económico al censurar las trabas aduaneras que imponían los Estados Unidos a determinadas mercancías. El tercero —del mismo año— es un comentario sobre un libro de cuentos de Rafael Castro Palomino (editor de *La América*, periódico neoyorkino donde Martí escribía) en el que Martí reflexiona sobre el ingenio y la voluntad del hombre y las bondades de la iniciativa privada. El último cuento de Palomino le da pie para narrar cómo surgió y decayó el Partido Comunista en los Estados Unidos.

El siguiente texto, *El monumento a los estudiantes fusilados*, se debe al verbo y a la pluma de Manuel Sanguily. Se trata de una oración fúnebre que pronunció ante un grupo de jóvenes liberales con motivo de cumplirse el décimo aniversario del cruel y absurdo fusilamiento —ordenado y ejecutado por la autoridades españolas en 1871— de ocho estudiantes de Medicina acusados de profanar unas tumbas. En este discurso, Sanguily critica severamente a España por no aplicar en Cuba su propia legislación liberal.

De Leopoldo Cancio, destacado economista y uno de los fundadores del PLA, he elegido un breve fragmento de su libro: *Sobre el libre cambio y la protección*, publicado en 1892. En él, Cancio apuesta por el libre comercio y propone que cada nación se concentre en elaborar y exportar una mercancía —la que mejor produzca— con el fin de situarla con los mayores beneficios en el mercado internacional, pero sin someterla a un régimen de monopolio estatal. Cancio era un crítico acerbo del proteccionismo económico.

Tres brillantes artículos periodísticos de Enrique José Varona recogidos en su famosa obra: *Desde mi Belvedere*, componen el siguiente texto de esta Antología. Sus títulos son: *No smoking, Humorismo y tolerancia* y *A Plutarco, fabricante de grandes hombres*. Publicados en la década de 1890 y escritos en clave de humor, cada uno de ellos refleja un principio liberal. *El derecho de cada individuo acaba donde empieza el derecho de otro*, es el corolario del primer artículo; *en los pueblos democráticos se respeta en forma irrestricta el derecho de opinión*, el del segundo, y *las naciones* —en este caso Cuba— *no necesitan genios, sino hombres del común, laboriosos y cumplidores de las leyes*, el del tercero.

Siguen a continuación dos artículos de Ramón Roa: *Siempre en la escuela* y *La responsabilidad del sufragio*. El primero, publicado en 1899, cuenta cómo se enseñaban las primeras letras a los soldados del Ejército Mambí. El segundo —que vio la luz en 1904 cuando Cuba era ya República— es una llamada a los ciudadanos para que ejerciten su derecho al voto con el mayor grado de responsabilidad posible. Contiene también algunos párrafos sobre la necesidad de fomentar la inmigración de colonos para el trabajo agrícola. Roa consideraba que un desarrollo rápido de la agricultura resultaba indispensable para la consolidación de la nueva República.

De la misma época son los artículos *La justicia* y *La libertad y la ley*, del periodista José de Armas, más conocido por su seudónimo, Justo de Lara. Ambos plantean el problema del divorcio entre el derecho positivo y la justicia, en el periodo de la intervención norteamericana. En el primero Lara defiende el *habeas corpus* —institución eminentemente liberal— mediante el análisis de un caso concreto. En el segundo, reflexiona sobre un decreto que indultó a los voluntarios peninsulares de la guerra del 98, y en torno a la contradicción que implica el que se sigan aplicando en Cuba las leyes españolas. Ambos artículos están fechados en 1899.

La República

El 25 de julio de 1900, el general Wood, en aquel entonces Gobernador Militar de la Isla de Cuba, convocó a la elección de los delegados que integrarían la Asamblea que habría de elaborar la primera Constitución de la República de Cuba. Dicha Constitución, de corte liberal, se promulgó el 21 de febrero de 1901. Del *Diario de Debates* de la Asamblea Constituyente provienen los textos que —conjuntamente— comentaré a continuación. Se trata de cuatro fragmentos de sendos discursos pronunciados ante la Asamblea por los constituyentes Rafael Portuondo, José Alemán, Eliseo Giberga y Juan Gualberto Gómez

Portuondo sostuvo en su discurso que para la elección del Presidente de la República, los compromisarios no debían tener *mandato imperativo*. Debían, pues, actuar en conciencia y contar siempre con la opinión de las minorías. Alemán habló sobre el sufragio. Sostuvo que éste debía ser *universal* sin más limitaciones que la edad, ya que así se había otorgado en las constituciones de la Cuba en Armas. Giberga disertó sobre una enmienda que se pretendía incluir en la Constitución, a través de la cual el Ejecutivo podía expulsar del país a los extranjeros si éstos eran considerados *perniciosos*. El constituyente se opuso a ella argumentando que generaba desigualdad y que atentaba contra el derecho internacional. Además, dijo, llevaría la Constitución a casos concretos, generaría desconfianza y coartaría la inmigración. Por último, Juan Gualberto Gómez debatió sobre las relaciones entre el Estado cubano y la Iglesia católica. Partidario del Estado laico, Gómez se opuso a que dichas relaciones quedaran reguladas en la Constitución. También se opuso a una enmienda de los librepensadores más radicales, quienes pretendían impedir futuras reformas constitucionales en cuestión de relaciones Iglesia-Estado. Gómez consideró que se trataba de una enmienda antiliberal porque coartaba la libertad de las futuras generaciones de constituyentes. De Gómez se incluye también una carta a Tomás Estrada Palma fechada en 1901, donde le solicita que acepte la candidatura a la presidencia de la República. En ella, Gómez analiza y aprueba, desde una óptica liberal, los puntos fundamentales del programa de gobierno de quien llegaría a ser el primer Presidente de la República de Cuba.

A continuación se inserta un texto sobre el divorcio, debido al verbo de quien fuera en su época el liberal por antonomasia: Orestes Ferrara. Se trata de fragmentos de un discurso que pronunció en marzo de 1914 ante la Cámara de Representantes, en cuyo recinto debatió con el jurista conservador José Antonio González Lanuza, sobre la pertinencia de promulgar una Ley de Divorcio. Ferrara asumió la posición liberal a favor de dicha ley. Es interesante destacar lo temprano de esta propuesta en relación con el resto de las repúblicas latinoamericanas.

El 2 de septiembre de 1918, José Antolín del Cueto, en aquel entonces Presidente del Tribunal Supremo de Justicia, pronunció un discurso con motivo de la solemne apertura de los tribunales de la República de Cuba. Eminentemente jurídico, el discurso explica el origen y desarrollo de la jurisprudencia en Francia y en los Estados Unidos, y resalta su importancia como fuente del Derecho. Del Cueto pretendió con su discurso que la jurisprudencia, factor indiscutible de dinamismo y equidad en la administración de justicia de un país, quedara equiparada a la ley —antes de la costumbre y la doctrina— en la jerarquía de las fuentes formales del derecho cubano.

Toca ahora el turno a cinco textos que tienen una temática común: exponer la crisis socio-política que sufrió la joven República de Cuba durante las primeras décadas de su establecimiento. Liberales todos en su contenido, fueron escritos -entre 1916 y 1933- por Manuel Márquez Sterling, Fernando Ortiz, Jorge Mañach, Mario García Kohly y Alfonso Hernández Catá. Además, hay gran semejanza en sus conclusiones, ya que la mayoría de sus autores apuestan por una solución de carácter ético. Los he incluído por orden cronológico en esta Antología.

El texto de Manuel Márquez Sterling data de 1916. Se trata de un artículo periodístico que el autor publicó bajo el título *El caballo de naipe*, donde critica el carácter del cubano y la actuación de la joven República. Consideraba que ambos seguían anclados en el régimen colonial, sufriendo de excesivo individualismo, autoritarismo e intolerancia, vicios que Márquez Sterling estimaba que los cubanos y Cuba habían heredado de España.

La monografía de Fernando Ortiz, publicada en 1919, se titula *La crisis política cubana: sus causas y sus remedios* y consta de dos partes. En la primera Ortiz hace un diagnóstico de la crisis y analiza sus causas, que clasifica en sociológicas, políticas, sicológicas y de relaciones internacionales. En la segunda da los remedios para superarla. Estos pueden resumirse en tres grupos de medidas: 1) reformas a la Constitución y a la legislación secundaria; 2) creación de instituciones culturales y económicas novedosas que aceleren el desarrollo del país; y 3) acatamiento —tanto por los gobernantes como por los gobernados— de una nueva ética socio-política que estimule e ilusione a los sectores más jóvenes del país. A pesar de que el diagnóstico resulta demoledor, Ortiz se muestra optimista sobre el futuro de Cuba. Su discurso cobra gran actualidad, si se tiene en cuenta el estado de apatía y desencanto que sufre hoy nuestro pueblo.

De Jorge Mañach he elegido una conferencia que pronunció en 1928 ante los miembros de la Sociedad Económica de Amigos del País y dos artículos complementarios publicados ese mismo año en el *Diario de la Marina*. La conferencia —al igual que la monografía de Ortiz— contiene un diagnóstico, sólo que en este caso se limita a la crisis de la alta cultura en Cuba. También Mañach analiza la crisis desde los puntos de vista social, político y sicológico. Los artículos contienen *los remedios* que el autor propone, y que habían quedado apuntados ya en la conferencia. Estos remedios pueden resumirse en la siguiente oración: para superar la crisis, hay que lograr una intención colectiva y sostenida de desarrollo cultural.

Del libro *El problema constitucional de las democracias modernas*, publicado por Mario García Kohly en 1931, he tomado varios fragmentos que tratan sobre el poder excesivo de los jefes de Estado y Gobierno en las repúblicas de América Latina. García Kohly comienza enumerando los presidentes que habían sido depuestos en dichas repúblicas en lo que iba del siglo, y acaba achacando al *presidencialismo* el fracaso de las democracias latinoamericanas. Del texto se infiere también una crítica al presidencialismo vigente en la República de Cuba.

Fragmentos de *Un cementerio en las Antillas*, larga monografía publicada en 1933, componen el texto de Alfonso Hernández Catá. En él, una dura crítica al régimen dictatorial de Gerardo Machado da pie al autor para arremeter contra los poderes excesivos que la Constitución de 1901 otorgó al Presidente de la República. También Hernández Catá, en los convulsos años treinta, consideraba que la sociedad cubana sólo podía salvarse mediante un profundo cambio ético.

A la década de los treinta corresponde, asímismo, una conferencia de Carlos Márquez Sterling. Se trata de un texto eminentemente económico, donde el autor propone una reforma en el ámbito de la agricultura para superar el monocultivo; y otra de carácter tributario donde sugiere que se establezcan impuestos directos a los bancos y a las sucesiones hereditarias. Aunque Márquez Sterling se considera librecambista, reconoce la tendencia de su época hacia el proteccionismo económico y trata de contemporizar con él.

A continuación comento dos textos que respondieron a una misma problemática: la instauración de regímenes totalitarios en Europa. Fueron escritos por Roberto Agramonte y Francisco Ichaso y tuvieron como finalidad la defensa de los derechos y garantías individuales en América, en una época en que se gestaron y desarrollaron idearios que propugnaban y justificaban el totalitarismo. Estos idearios —distintos en su origen y en su base filosófica, pero análogos en su nefasta concepción del hombre y de su posición frente al Estado— habían legitimado el comunismo en Rusia, y acabarían legitimando el fascismo en Alemania e Italia.

La obra de Agramonte, *Biología contra la democracia*, fue la rápida respuesta que su autor dio a un ensayo de Alberto Lamar Schweyer, publicado en 1927 y titulado: *Biología de la democracia*. En él, Lamar —partidario de la teoría del *super hombre* de Federico Nietzsche— justificaba las dictaduras desde un punto de vista doctrinal, y alababa a ciertos dictadores *ilustrados* latinoamericanos como Francia en Uruguay y Rosas en Argentina. En el texto que aparece en esta Antología puede observarse cómo Agramonte, en defensa de la democracia liberal, arremete contra Lamar siguiendo un método de trabajo que consiste en rebatir su argumentación punto por punto, frase por frase, con el objeto de desmontarla.

Poco después vería la luz en forma de ensayo uno de los más bellos alegatos a la libertad y la tolerancia escritos en lengua castellana. Su nombre: *Defensa del Hombre*. Su autor, Francisco Ichaso. He elegido tres fragmentos del ensayo de Ichaso que demuestran —además de su decantada prosa— cómo se defendieron en Cuba las garantías y libertades individuales. En el primero, *El nuevo absolutismo político*, Ichaso expone la *gran tragedia* del hombre de su época ante el riesgo de vivir en naciones que, basándose en *el interés colectivo* o *la razón de Estado*, exterminan a sus adversarios. En el segundo, *Un estado de intimidación*, ataca el colectivismo y el estadismo en boga y se declara partidario de los presupuestos *relativistas* del liberalismo. En el tercero, *Hacia un nuevo humanitarismo*, propone organizar *la defensa del hombre*, pero no del hombre *objeto* de la filosofía, de la ciencia, de la religión o de la política, sino del *hombre individuado*, de cada hombre con sus valores propios, peculiares e insustituibles. El hombre que, según Ichaso, había *que salvar*.

Un comentario radiofónico de Goar Mestre —padre de la televisión en Cuba y pionero de su desarrollo en el mundo— leído en *La Universidad del Aire* en el otoño de 1956, aparece a continuación. Se trata de un discurso donde Mestre, luego de definir las cualidades que debe tener un hombre de empresa (iniciativa, valentía e ingenio) señala los inconvenientes que había en la Cuba de los años cincuenta para que éstas se desarrollasen con plenitud: excesivo intervencionismo estatal, trabas burocráticas, corrupción de la clase política, envidia solapada entre los empresarios y, sobre todo, ausencia de una política económica que potenciara la labor empresarial. A pesar de ello, Mestre se mostraba optimista respecto al futuro de Cuba por considerar que *el cubano* contaba con las cualidades inherentes para convertirse en miembro de la clase empresarial.

De la década de los cincuenta son también los cinco artículos —publicados todos en el diario *El Mundo*— escritos por el geógrafo e historiador Leví Marrero. Los tres primeros versan sobre un tema ecológico: la protección de la reserva forestal cubana. Marrero denuncia en ellos el daño que se ha hecho —y que presume se seguirá haciendo— a la Isla con la incontrolada tala de sus bosques, sobre todo en la provincia de Oriente. "No se trata de paralizar el progreso, dice, sino de racionalizar el uso de las materias primas del país". Los otros dos alaban la democracia y el liberalismo, y critican severamente a los países comunistas por la violación sistemática que estos hacen a los derechos humanos.

Liberalismo y exilio

La isla donde nunca muere la esperanza, prólogo de Gastón Baquero al libro de Aurelio Martínez de Arizala: *Un infierno rojo en el Caribe* (Madrid, 1961), abre la serie de textos escritos por autores que se encuentran en el exilio a consecuencia de la instauración en Cuba del castrismo. En él, Baquero narra los acontecimientos que dieron lugar al triunfo de la revolución castrista y expone sus causas: el infantilismo del cubano al creer que los males cesan cuando cesan los malos gobiernos, su tendencia a buscar los cambios por la vía violenta o revolucionaria, su poca memoria histórica y su afición al mito de Robin Hood que le hizo ver en Fidel Castro —a pesar de sus antecedentes de *porrista* universitario— al valiente que *daba la cara*. Analiza también las causas que provocaron la simpatía que tuvo la revolución en España y América Latina: el ver a Cuba encarnada en David, frente al Goliath representado por los Estados Unidos; así como el tradicional antiyanquismo español e hispanoamericano.

Le siguen dos artículos de Octavio Costa, publicados en la ciudad de Los Angeles en 1965 y 1984, respectivamente. Los destinatarios del primero son los pueblos de América Latina. Costa les señala sus vicios y defectos con el fin de hacerles ver que no son los Estados Unidos de Norteamérica los culpables de todos los males de sus vecinos del sur. El fácil recurso de decir *la culpa es de los americanos* —opina Costa— además de ser falso, es perjudicial porque impide a los latinoamericanos comprometerse con su propio destino. El segundo contiene una breve exposición de los principios del liberalismo, que le da pie para arremeter contra los *liberales* norteamericanos que tácita o expresamente apoyan los totalitarismos de izquierda.

A continuación se incluye una ponencia de Ileana Fuentes, *La erradicación del machismo en la vida cubana*, publicada en 1989, donde la autora critica, desde una óptica feminista, el *machismo* que —basado en una cultura paternalista, caudillista y militarista— ha sufrido y sufre hoy Cuba, y cuyo máximo exponente es el propio Fidel Castro. Pero Fuentes va más allá, pues estima que la cultura machista afecta también la conducta de ciertos grupos políticos cubanos radicados en los Estados Unidos.

"Ser liberal es ser hombre, ser radical es ser bestia emergente". Con estas contundentes palabras termina el breve discurso de Mario Parajón, leído en París con motivo del centenario de Gabriel Marcel, el 18 de mayo de 1989. En él, Parajón plantea la dicotomía entre el hombre *quién* y el Hombre *qué*, basándose en la distinción hecha por Julián Marías en su *Antropología Metafísica*. El *quién* es el hombre cotidiano, al cual se le habla, se le escucha, se le estrecha la mano; el *qué* es el Hombre con mayúsculas, el que radicales e iluminados, fanáticos y detentadores de la *verdad absoluta* (Parajón cita a Torquemada, a Hitler y a Stalin) pretendieron construir sin lograrlo. Para ser liberal, concluye Parajón, hay que subordinar el *qué* al *quién*, utilizar la razón y tener conciencia de que el futuro es siempre incierto, de que lo humano es precario, insuficiente, relativo, aproximado. En resumen, para ser liberal hay que ser hombre.

En dos periódicos de la ciudad de Miami, *El Nuevo Herald* y el *Diario de las Américas*, y en la emisora *Radio Martí*, que transmite desde Washington, vieron la luz los doce artículos y el comentario radiofónico que aparecen a continuación en la Antología. Fueron escritos por Uva de Aragón Clavijo, Andrés Reynaldo, Miguel González Pando, Adolfo Rivero Caro y Juan Manuel Cao. Aunque su temática es disímil, tienen en común la fuente de donde provienen y el que reflejen el pensamiento liberal de buena parte de los exiliados cubanos que habitan en Miami.

Los tres artículos que he escogido de Uva Clavijo (aparecidos en el *Diario de las Américas*) son profundamente liberales. En el primero, *La Cuba soñada*, la autora imagina, para el futuro, una Cuba democrática y liberal. En el segundo, *El lado feo de la democracia*, reflexiona en torno a una sentencia del Tribunal Supremo de los Estados Unidos que absolvió a un joven que quemó la bandera de su país. Dicha sentencia da pie a la autora para hacer un alegato a favor de la tolerancia y la libertad. En el tercero, *La opción liberal*, apuesta por el liberalismo como única doctrina capaz de resolver los problemas de Cuba cuando se produzca la caída del régimen comunista.

El precio de los puentes, *Exilio* y *El dólar de la discordia*, son los títulos de tres artículos de Andrés Reynaldo, aparecidos en *El Nuevo Herald* entre 1989 y 1993. En el primero el autor apuesta por tender puentes entre los intelectuales cubanos del exilio y los que todavía quedan en la Isla. El segundo —nostálgico y pragmático al mismo tiempo— versa sobre la Cuba *ideal* y la Cuba *real*. En él, Reynaldo hace un paralelismo entre la Cuba que veía Martí con su mirada de exiliado y la que vivió Maceo en la cotidianidad de la lucha interna. Esto le lleva a plantear, como tesis, el riesgo que asume todo exiliado cuando regresa a la Isla. Puede encontrarse, dice, con una Cuba que ya no existe. En el tercero, el autor reflexiona sobre las medidas tomadas por el gobierno cubano en el verano de 1993, permitiendo la libre circulación del dólar en la Isla. Para Reynaldo, ese dólar que él llama *de la discordia*, dificultará un cambio pacífico cuando se produzca el fin del castrismo. Son tres artículos muy liberales, en la medida en que fluye en ellos el principio de tolerancia.

Con los títulos de *El error histórico de la revolución*, *A la búsqueda de una conciencia generacional* y *Cultura y fortuna en la reconstrucción de Cuba* aparecieron en *The Miami Herald* estos artículos de Miguel González Pando. En el primero, el autor aboga por una solución pacífica para la crisis que actualmente sufre Cuba. En los dos siguientes, relacionados entre sí, González Pando sostiene que el problema de Cuba estriba en el divorcio que siempre ha existido entre su élite económica y su élite intelectual. Esta, dice, se gestó a fines del siglo XIX, maduró en los albores del XX, hizo crisis en los convulsos años treinta, y persiste todavía en la comunidad cubana del exilio. Se pregunta, asimismo, qué pueden y deben hacer los hombres de su generación (hoy en la década de los cincuenta) por la reconstrucción de Cuba, además de aportar ayuda económica.

De Adolfo Rivero Caro he escogido dos textos. El primero es un comentario que el autor leyó en *Radio Martí*. Lo tituló *La angustia de la libertad* y en él expuso lo difícil que resulta al ser humano ejercer este derecho —con su carga añadida de toma de decisiones— cuando nunca antes lo ha hecho. El segundo, *Xiaoping y la fría contrarrevolución de China*, es un artículo publicado en *El Nuevo Herald* en 1989. En él, Rivero Caro trata sobre el ya conocido *modelo chino*. Esto es, el paso de la economía planificada a la de mercado bajo un férreo control político.

En 1992 fueron publicados dos artículos de Juan Manuel Cao, analista político de *El Nuevo Herald*. El primero, *La democratización de la privatización*, contiene una propuesta que consiste en dar participación a los trabajadores en las empresas que, según el autor, deberán ser privatizadas cuando Cuba cambie. En el segundo, *De la economía libre, las hadas y las brujas*, Cao critica el régimen de economía mixta que imperó en la mayoría de los países de América Latina durante medio siglo, y que culminó en los años ochenta con el endeudamiento y bancarrota de dichos países. De ahí que a estos años se les haya denominado *la década perdida*.

La Unión Liberal Cubana (ULC) se fundó en Madrid, en 1990. Ese mismo año, Carlos Varona —uno de sus miembros fundadores— publicó una especie de *Declaración de Principios* de la ULC que ocupa el siguiente lugar de la Antología. En ella, el autor expone sumariamente en qué consiste la filosofía liberal del siglo XX desde un punto de vista jurídico-político (democracia representativa, garantía de las libertades individuales, Estado de Derecho, etc.), y también económico (libertad de empresa y de comercio, desarrollo de la iniciativa privada, etc.). Además —y en eso estriba la *Declaración de Principios*— Varona explica, en el preámbulo de su trabajo, las ideas básicas que han dado nombre a la ULC. Es Unión porque concibe la sociedad cubana —hoy fragmentada por el castrismo— como única e indivisible. "En Cuba hay socialistas, individualistas, liberales y conservadores, cristianos, judíos, musulmanes y ateos, y lo mismo ocurre en los países en los que se encuentran diseminados los que han salido de la Isla —dice—. Pero todos tienen en común el conjunto de características culturales que convierten a un pueblo en nación". Es liberal porque sigue los principios del liberalismo social moderno —contenidos en las Cartas de Oxford y Roma— doctrina que, revitalizada, ha adquirido una fuerza creciente en el mundo de hoy y que llegará, según el autor, a gobernar el de mañana. Y es cubana, no sólo porque su tradición arraiga en nuestro siglo pasado (como lo demuestra, dicho sea de paso, la riqueza de textos incluídos en esta Antología), sino también porque pretende reunir en un partido político a los liberales cubanos de hoy día, tanto a los que viven en la Isla como a los que se encuentran en el exilio.

De la abundante obra escrita de Carlos Alberto Montaner, Presidente de la Unión Liberal Cubana (ULC), he escogido dos ensayos publicados en 1991 y 1994, respectivamente. En el primero, *La palabra: entre la libertad y el totalitarismo*, de contenido filosófico, Montaner reflexiona sobre una de las actitudes más perversas que se han dado entre quienes han sufrido los regímenes totalitarios: el divorcio entre su pensamiento y su palabra. "El totalitarismo —dice— lleva al hombre y a los pueblos, a través del miedo, a la hipocresía ... o al silencio". "La batalla por la libertad —añade—, se da en el terreno de la palabra. Es ésta la mejor vacuna contra el totalitarismo". Para ejemplificar lo dicho, Montaner expone el caso del Departamento de Orientación Revolucionaria (DOR), institución de la Cuba castrista generadora de *verdades absolutas*, que él denomina *Ministerio de la Verdad*. La tesis de este ensayo es que, a mayor libertad de expresión, análisis y crítica, mayor es también la posibilidad de desarrollo individual y colectivo de cualquier pueblo. El segundo, *El socialismo, el mercado y la naturaleza humana*, comienza con el relato de una conversación que sostuvo el autor con Alexander Yakolev, el teórico más importante de la *perestroika*, quien —a la pregunta de Montaner sobre la causa del fracaso de la utopía socialista—, contesta: "El comunismo no se adapta a la naturaleza humana". Esto da pie al autor para analizar al hombre como tal, con sus vicios y virtudes, sus deseos y apetencias, su necesidad de competir, su iniciativa y su energía creadora. Todo ello en relación con el libre mercado, que Montaner considera la principal fuente de estabilidad y progreso de las naciones y, además, "el único sitio donde se lleva a cabo una revolución permanente". Como es ya habitual en sus ensayos, Montaner ilustra sus aseveraciones con ejemplos que facilitan al lector la comprensión del texto.

Corresponde ahora comentar dos ensayos que tienen en común el haber sido publicados en *Próximo*, órgano de difusión de la ULC, entre 1990 y 1992. Sus autores son Fernando Bernal y Miguel Sales.

El artículo de F. Bernal contiene dos propuestas de caracter financiero. La primera consiste en dar un valor real al peso cubano, para lo cual estima pertinente regresar al régimen de libertad de cambio que existió en Cuba antes de la promulgación, en 1958, de la llamada *Ley Martínez Sáenz*... La segunda propuesta está supeditada a la obtención de una unidad monetaria en el continente americano mediante la extensión del Tratado de Libre Comercio (TLC) —sancionado ya entre Estados Unidos, Canadá y México— al resto de los países de América Latina. Bernal sugiere incorporar la moneda cubana a la regional, si ésta última llegara a crearse.

Bajo el título *La agonía del castrismo*, Miguel Sales escribió un ensayo en el que analiza las causas por las cuales los cubanos no se rebelan contra el régimen de Fidel Castro. ¿Son los cubanos cobardes, apáticos, incapaces de enfrentarse a la dictadura que hoy en día los oprime? La respuesta es no. Por el contrario, Sales considera que Cuba ha padecido lo que él llama una *cultura revolucionaria y violenta* desde el siglo XIX hasta nuestros días. Es más, dice

que ha pretendido siempre —en forma errática— resolver por la fuerza sus conflictos sociales y políticos; y que se ha negado al diálogo, a la negociación y a la vía pacífica. Las causas, pues, para Sales, son otras: insularidad, desconexión entre los grupos disidentes, militarización de la población, proximidad a los Estados Unidos bajo una amenaza imaginaria de invasión, desconfianza respecto a ciertos grupos radicales de Miami y, sobre todo, represión, un alto grado de represión. El final del ensayo es optimista. Sales espera que la revolución de Castro haya inmunizado al pueblo cubano de sus ímpetus violentos y revolucionarios. Dicho en sus propias palabras, que haya *herido de muerte al revolucionarismo*.

Tres capítulos del libro de Luis Aguilar León, *Reflexiones sobre Cuba y su futuro*, publicado en 1992, componen el texto que se inserta a continuación. En el primero de ellos, *Cuba como proyecto*, el autor aboga por un futuro basado en tres principios liberales: nacionalismo, democracia y reconciliación. En el segundo, *La crisis ética del pueblo cubano*, plantea uno de los problemas más álgidos por los que atraviesa la sociedad cubana actualmente. El cubano se ha visto precisado a disimular, mentir, ser hipócrita: en resumen, a colocarse una máscara, para poder sobrevivir. Dónde encontrar una reserva moral que insufle ánimos a un pueblo sometido y quebrantado, se pregunta Aguilar. Difícil es la respuesta, pero hay que encontrarla. En el tercero, *Nacionalismo y Soberanía*, reflexiona sobre ambos conceptos a la luz del nuevo orden internacional, para concluir que la soberanía no se defiende perpetuando la miseria de un pueblo.

El artículo *Las constituciones liberales de Cuba en armas*, de quien este estudio escribe, ocupa el siguiente lugar en la Antología. Se trata de un texto histórico-jurídico donde se hace una exégesis de las constituciones de Guáimaro, Jimaguayú y La Yaya, destacando en ellas su contenido liberal.

Le sigue el artículo *Ética y Libertad* (todavía en prensa) de Armando de la Torre, quien, partiendo de las ideas de Sumner, Popper, Hayek y Toennies, aboga por una libertad individual sin coacciones externas, subsumida a un ideal ético de *responsa-*

bilidad personal, como principio rector en el paso de una ética *categórica* a otra *prudencial*. Esto se deriva, según el autor, del paso histórico de un mundo arcaico, basado en las vivencias de la *comunidad* que producía relaciones primarias o afectivas, a otro moderno que, conformado como *sociedad civil*, se fundamenta en relaciones de utilidad y racionalidad. De la Torre lamenta en su artículo el abandono progresivo en que ha caído el derecho natural en Occidente en beneficio del derecho positivo, lo que, opina, ha contribuído a relativizar el sentido de responsabilidad individual. Este texto, de carácter filosófico-jurídico, se enmarca dentro la corriente iusnaturalista más actual.

Del libro de Armando Ribas, *Entre la Libertad y la Servidumbre*, publicado en 1992, he elegido el ensayo *La Revolución francesa desde el año 2000*. Se trata de un interesante y novedoso análisis histórico-filosófico de los acontecimientos que dieron lugar a la revolución más famosa de la historia, así como de las ideas que la sustentaron. En este análisis, excelentemente construido, el autor llega a la conclusión de que la gesta francesa, lejos de haber sido la fuente de libertad y bienestar de las democracias occidentales como siempre se ha dicho, fue el origen del pensamiento totalitario que ensombrecería a Europa en la primera mitad de nuestro siglo. Para Ribas, el liberalismo, tanto en su expresión política como económica, fue consecuencia de la Revolución Gloriosa de Inglaterra y, más tarde, de la Revolución Norteamericana. La Revolución Francesa confundió la historia, opina Ribas. Y su "República proyectada —dice—, se escapó entre las notas de *La Marsellesa* y la bandera tricolor".

Histórico-filosófico es también el texto que cierra la Antología. Se titula: *Viaje a la semilla. Instituciones de la antimodernidad cubana*, fue publicado en 1993 y su autor es Rafael Rojas. ¿Cuáles fueron las causas que hicieron fracasar la democracia liberal moderna en la Cuba republicana? A responder esa pregunta dedica Rojas su extensa monografía. La respuesta, según el autor, está en la tensión existente en Cuba desde el siglo XIX, por el enfrentamiento de dos corrientes filosófico-políticas, racionalistas y liberales ambas, pero encontradas. Por un lado, la que

propugnaba una racionalidad ética emancipatoria (Varela, González del Valle, Luz y Caballero, Martí), por el otro, la que se adheriría a una racionalidad técnica instrumental de carácter pragmático (Arango y Parreño, Saco, Ruiz, el conde de Pozos Dulces). Esto dio lugar, en la segunda mitad del siglo, a un choque entre separatistas y autonomistas que impidió la consolidación del *modelo liberal*, como había sucedido en la mayoría de las repúblicas de América Latina. Cuba, en medio de esas tensiones, quedaría así como una utopía insular antimodernista.

El choque de estas corrientes puede observarse con claridad a través de la lectura de los textos que componen esta Antología. También el ideario liberal básico que, cual *edicto traslaticio*, se desliza de un siglo a otro. Así, individualismo y liberalismo —a la manera de la Constitución norteamericana de 1776 y de la *Declaración de los Derechos del Hombre* dictada en Francia en 1789— son constantes en los textos políticos y jurídicos de los autores cubanos a partir del siglo XIX. Todos defienden las libertades de pensamiento, expresión, prensa, reunión, asociación, locomoción, etc., en las relaciones del individuo frente al Estado; propugnan la libertad de culto; y son partidarios de la igualdad de todos los hombres ante la ley, así como de la división de poderes y de la independencia del Judicial, única forma de garantizar el Estado de Derecho. Principios todos que quedaron contenidos en la Constitución liberal de 1901 y en la socialdemócrata de 1940, demostrando así que nuestra tradición política y constitucional antes de la llegada del comunismo, tuvo su origen en el liberalismo de Occidente. Defienden también los autores en sus textos económicos la propiedad privada, la libre empresa, la iniciativa individual y la libertad de comercio.

Hay, sin embargo, preocupaciones e inquietudes en torno al problema cubano, que varían dependiendo de la época. Los hombres de la primera mitad del siglo XIX se preocupaban por el desarrollo de la agricultura, el fomento de las ciencias y de la técnica y la modernización de la enseñanza. Eran hombres-puente entre el racionalismo y el liberalismo. Estas inquietudes continuaron presentes en los hombres de la segunda mitad del siglo, pero surgieron y se intensificaron otras como la crítica al régimen esclavista (no sólo desde un punto de vista humanitario, sino también económico y migratorio), el fomento de la inmigración blanca europea y el logro de los derechos políticos (sufragio universal, respeto a las minorías, etc.) Fueron hombres-puente entre la Colonia y la República. Ahora bien, unos y otros, fueran reformistas, autonomistas o separatistas, tuvieron una preocupación común heredada de sus mayores: la creación de la nación cubana.

Los hombres de la primera mitad del XX eran ya independientes y tenían República. No había que luchar, pues, por conseguirla, pero sí por preservarla en tiempos de regímenes totalitarios y guerras en Europa, y dictaduras y golpes de Estado en América Latina. Eso hicieron: de ahí sus críticas y sus propuestas de un cambio ético. Por otra parte, sus inquietudes se inclinaron hacia la sicología y la sociología. Ya no se trataba de concebir una nación, sino de entender a aquellos que la habitaban. Por eso, la tónica de sus discursos va más encaminada a entender *lo cubano* y al cubano.

Por último, los hombres de la segunda mitad del XX perdieron la República. Por eso sus cavilaciones —además de reflejar preocupaciones de la sociedad de nuestros días como el feminismo, los derechos humanos, la conservación del medio ambiente y el nuevo orden económico internacional— giran en torno a las causas de esa pérdida, y a plantearse el *qué hacer* cuando la República se recupere.

Normas de edición, fuentes y bibliografía sumaria

Como se trata de textos impresos, las normas que he seguido para editarlos son pocas y muy simples. Pueden resumirse en las siguientes:

- Todos los textos van precedidos de una breve bio-bibliografía del autor.
- Aunque hay textos que se reproducen completos, hay otros que sólo contienen fragmentos del original. En tales casos, se separan dichos fragmentos con tres puntos entre paréntesis, a la manera tradicional.
- La antología contiene un buen número de discursos sin título. Cuando eso sucede, se advierte a pie de página que el título ha sido puesto por la antóloga.
- La mayoría de los textos carecen de notas. Cuando las hay, he optado por dos soluciones: *1)* eliminar las que no aportan ideas nuevas a la esencia del discurso, y *2)* integrarlas en el texto si se refieren a otros autores mencionados dentro del mismo o si reproducen literalmente párrafos de él.
- En los impresos del siglo XIX se mantiene el estilo de la época. Sólo se han cambiado algunas palabras cuando es evidente que se trata de un error tipográfico, o algunos signos de puntuación cuando dificultan en exceso la comprensión del documento.

Con respecto a las fuentes que he utilizado, éstas quedan señaladas —como ya he dicho— en nota a pie de página en cada uno de los textos antologados. Debo hacer mención, sin embargo, de las más importantes colecciones que he manejado, donde se encuentran contenidos gran parte de los escritos correspondientes al siglo XIX. Se trata de tres colecciones publicadas por la Dirección de Cultura de la Secretaría de Educación de Cuba: *La oratoria en Cuba*, en *Evolución de la Cultura Cubana* (La Habana, 1928), recopilado por José Manuel Carbonell, *Cuadernos de Cultura* (La Habana, 1936-38), y *Grandes periodistas cubanos* (La Habana, 1935-37); de otra colección publicada por la Universidad de La Habana: *Biblioteca de Autores Cubanos* (La Habana, 1948); y de una compilación de textos históricos del Instituto Cubano del Libro, *Documentos para la Historia de Cuba* (La Habana, 1971-80), recopilados por Hortensia Pichardo. También debo mencionar que para la elaboración de las biografías de los autores del siglo XIX he utilizado el *Diccionario Biográfico Cubano* de Francisco Calcagno (Imprenta y Librería de N. Ponce de León, Nueva York, 1878), el que realizó en varios tomos Fermín Peraza, también bajo el título de *Diccionario Biográfico Cubano* (Anuario Bibliográfico Cubano,

La Habana, 1951-55); y para los de la primera mitad del siglo XX, el *Diccionario de la Literatura Cubana*, que publicó en 2 tomos la Academia de Ciencias de Cuba (Editorial Letras Cubanas, la Habana, 1980).

Los papeles hablan, es el principio que he seguido al elaborar este estudio. Por consiguiente, me he basado en lo dicho por los propios autores en los *papeles* que aparecen en esta Antología. Sin embargo, esta exposición es también resultado de lecturas previas. Por tal razón —sin pretender enumerar una bibliografía exhaustiva— quiero destacar varias obras que me fueron indispensables para su elaboración: el tratado en 15 volúmenes de Leví Marrero, *Cuba: sociedad y economía* (Editorial Playor, Madrid 1971-1992); la *Historia de la nación cubana* (La Habana, 1952), obra de conjunto en 10 volúmenes, redactada por instrucción del entonces Presidente de la República, Carlos Prío Socarrás, y en la cual intervinieron los connotados historiadores Ramiro Guerra, J.M. Pérez Cabrera, J.J. Remos y Emeterio Santovenia; el libro de Medardo Vitier en 2 volúmenes, *Las Ideas en Cuba* (Editorial Trópico, La Habana, 1938); el *Panorama Histórico de la Literatura Cubana*, de Max Enríquez Ureña, también en dos volúmenes (Ediciones Mirador, Puerto Rico, 1963); la *Cuba* de Hugh Thomas (Ediciones Grijalbo S.A., Barcelona-México, 1973) en 3 volúmenes; la *Historia de Cuba* de Fernando Portuondo del Prado (La Habana, 1965); la *Historia de Cuba en sus relaciones con los Estados Unidos y España* de Herminio Portell Vilá (La Habana, 1938-1941) en 4 volúmenes; las *Constituciones Cubanas*, recopilación de textos constitucionales hecha por Leonel A. de la Cuesta (Ediciones Exilio, Madrid, 1974) y el estudio *La independencia de Cuba* (Editorial Mapfre, Madrid, 1992), del historiador sevillano Luis Navarro García.

Sólo me resta desear que esta presentación sirva para demostrar que Cuba, además de ser un país de chispa, ingenio y gracia —como los tópicos la han encasillado—, lo es también de grandes pensadores. Y que dentro de ellos, los de más raigambre y tradición fueron aquellos que, antes y ahora, se han colocado en las filas del ideario liberal.

Agradecimientos

Varias fueron las personas e instituciones que me brindaron su apoyo para la realización de esta Antología. En primer lugar, Carlos Alberto Montaner. El fue el *padre de la idea* y su más entusiasta impulsor. A él debo, además, la confianza que depositó en mí para realizarla, el tiempo que me dedicó para reflexionar en torno a ella y el préstamo de muchas obras que se encuentran en su espléndida, aunque desordenada biblioteca. Mi segundo agradecimiento está destinado a Mario Parajón. Bastaron un par de conversaciones con él para darme cuenta de la necesidad de incluir algunos textos fundamentales. Ellas me sirvieron también para aclarar ciertas dudas respecto al origen, desarrollo, eclipse y renacimiento del pensamiento liberal cubano. El tercero va destinado a Alejandro Medina. Con él discutí en múltiples ocasiones las normas de edición, y gracias a él —a su acuciosa revisión de estilo— se han mejorado en gran medida la Introdución y el cuerpo documental de la Antología. También debo dar las gracias a Madeleine Cámara por la preselección y acopio de un buen número de los textos, a Uva Clavijo y Fernando Bernal por la localización y envío de otros, a Silvia Caunedo, Mercedes Díaz y Elena Díaz, por la correcta y limpia transcripción de todos, y a Rogelio Quintana por el diseño.

Agradecer algo a una institución es tarea imposible. Pero no lo es hacerlo a quienes las dirigen o laboran en ellas. Por tal razón, agradezco a Linda Montaner, alma de la Fundación Liberal José Martí, el apoyo que brindó siempre a este proyecto. Asimismo, agradezco a Lesbia Varona y Ana Rosa Nuñez, historiadoras y bibliotecarias de la biblioteca central de la Universidad de Miami, su invaluable ayuda para localizar y consultar en breve lapso gran parte de los documentos antologados. Muchas gracias, a todas y a todos.

Madrid, otoño de 1994

I
FRANCISCO DE ARANGO Y PARREÑO

Nació en La Habana en 1765 y murió en esa misma ciudad, en 1837. Cursó estudios de Humanidades en el Real Seminario de San Carlos y San Ambrosio, y de Derecho Civil en la Universidad de La Habana, donde fue lector de la cátedra de Prima de Cánones. Continuó más tarde sus estudios en España, y allí se graduó de abogado en 1789. Destacó por sus dotes para la oratoria y sus conocimientos de jurisprudencia. Ocupó numerosos puestos como representante de Cuba ante el Gobierno español y desde ellos luchó por reformas económicas y sociales para la Isla. Fue miembro fundador y director de la Real Sociedad Patriótica de La Habana, diputado a las Cortes Ordinarias en 1814 y síndico perpetuo del Real Consulado de Agricultura y Comercio, institución creada a instancias suya. Fue también Consejero de Indias, miembro de la Junta Real para la Pacificación de las Américas y académico de la Real Academia de Derecho Patrio y Común de Madrid. Como resultado de esta ingente labor, la Corona española le concedió el título de marqués de la Gratitud y lo condecoró con la cruz de Isabel la Católica. Arango escribió un *Extracto* del *Espíritu de las Leyes*, de Montesquieu, y dejó una importante contribución al ensayo cubano en el campo del pensamiento económico. Sus mútiples ensayos sobre temas políticos, sociales y económicos, así como su amplio epistolario, han sido recogidos en: *Obras de D. Francisco de Arango y Parreño*, La Habana, 1952

Discurso sobre la Agricultura de La Habana y medio de fomentarla[*]

NADA es tan falible y equívoco, como las esperanzas humanas. ¿Cuáles mejor fundadas que las que lisonjearon a España, cuando descubrió el Nuevo Mundo? ¿Quién no temió su poder? ¿Quién no envidió su fortuna? Y ¿quién no confiesa ya que este precioso aumento ha

---

[*] Discurso enviado al rey de España cuando Arango y Parreño era apoderado General de la ciudad de La Habana. El Discurso está fechado el 14 de enero de 1792. Se envió a través de la Junta Suprema del Estado y fue publicado en Madrid, el 17 de enero de 1793. Se encuentra contenido en *Obras de D. Francisco Arango y Parreño*, T.I, Dirección de Cultura, Ministerio de Educación, La Habana, 1952.

tenido mucho influjo en la debilidad y decadencia de esta grande Monarquía? Todos los españoles lloran con amargura lo que celebraron sus mayores con tanta alegría y entusiasmo: pero la diferencia está en que unos maldicen la América, y otros, los desgraciados principios con que se empezó a gobernar, aquéllos hablan a ciegas, y sin buscar el remedio gastan todo su tiempo en llorar y declamar. Estos, por el con- trario, tratan de buscar las raíces de los males que sentimos: suben a la dichosa época de nuestros Reyes Católicos, y corriendo desde allí la dinastía Austríaca, nos van descubriendo en ella los males y sus remedios. Sigamos los ilustres pasos de los verdaderos patriotas, y llenemos los deseos de nuestro sabio Gobierno.

Verdadero origen de los males que nos ha traído el descubrimiento de la América

Por los desvelos de aquéllos logramos hoy la ventaja de que pasen por verdades, y aun por verdades eternas, las cosas que en el siglo anterior apenas se habían elevado a la clase de problemas. Ya nadie niega ni duda que la verdadera riqueza consiste en la agricultura, en el comercio y las artes y que si la América ha sido una de las causas de nuestra decadencia, fue por el desprecio que hicimos del cultivo de sus feraces terrenos, por la preferencia y protección que acordamos a la minería, y por el miserable método con que hacíamos nuestro comercio.

Remedios que se han aplicado desde que reina la casa de Borbón en España

Gracias a la casa de Anjou que ha sabido despreciarlo, y que en prueba de su desprecio nos ha quitado de encima los galeones y las flotas; que estableció los correos marítimos; que abrió la comunicaciones entre los reinos de América; que subdividió los gobiernos de aquellas vastas regiones; que facilitó la entrada en todas las provincias de España a las embarcaciones que vienen de nuestras posesiones ultramarinas; y que, por último, trata de animar por todos los medios la industria de la nación, adoptando con prudencia los sólidos y justos principios.

Obstáculos que encontraron los buenos deseos e ideas del Señor Felipe V

Según ellos, consiste nuestro interés, siguiendo el sistema actual de la Europa, en sacar de aquellos dominios la mayor porción de frutos posibles para tener una balanza ventajosa de comercio, es decir, para vender a las demás naciones más géneros que los que recibimos de ellas. Ocupado de esta idea, el Sr. Felipe V hubiera tal vez llevado al mayor punto de aumento la agricultura en América, si el melancólico estado en que se encontró la metrópoli no hubiese necesitado del todo de su atención, y si por otra parte no hubiese desconcertado sus luminosas máximas la crasísima ignorancia del comercio nacional. Sin embargo, alguna vez alzó sus benignos ojos sobre aquella vasta porción de su imperio, e hizo en diversos lugares ensayos muy oportunos.

Cuba, esa preciosa alhaja que por sí sola bastaba para vivificar la nación, para hacerla poderosa, debió a sus paternales desvelos la consideración y memoria que no se le había prestado en los anteriores siglos: olvidada y despreciada como las demás colonias en que no se satisfacía de repente *auri sacra fames*, sólo servía para gastar el situado que le iba de la ciudad de Méjico. De sus primordiales poblaciones, la única que se conservaba con un cierto aire de importancia era la de la Habana, que por su feliz situación fue desde muy temprano el principal punto de defensa de la Isla, y logró que los galeones y flotas entrasen en su anchuroso puerto cuando regresaban a España, y dejasen una parte de sus inmensas riquezas.

Sus providencias en favor de la isla de Cuba

A impulso de estos auxilios, caminaba lentamente su población e industria, pero condenados a vivir sin saber de la metrópoli, sin ropa para vestirse, sin vino para celebrar el Santo Sacrificio de la Misa, y sin embarcación alguna que en cambio de estos objetos les extrajese el sobrante de sus frutos. Tuvieron por grande bien que el Sr. Felipe V consintiese en la erección de una Compañía exclusiva que mantuviese el comercio. Con poca diferencia de tiempo, mandó formalizar allí un arsenal para la construcción de navíos; vino consecutivamente la guerra de 1729, y marchó a aquel puerto una escuadra considerable al mando de los generales Regio y Espíndola; se aumentó la guarnición, y se trató de enviar situado para la compra de tabacos. Continuaron las visitas de las flotas y galeones, y con todos estos medios, con todos estos canales de riqueza abiertos por aquel Soberano para su felicidad, la Habana había adelantado muy poco en 1760, víctima del monopolio de la Compañía exclusiva, que encadenaba su industria y le daba dura ley en la compra y la venta de las cosas comerciables. Los males llegaron al colmo, y por último apuraron la paciencia del vecindario. Todos clamaron a la vez contra un Cuerpo semejante, y reunieron sus voces para elevarlas al Trono.

Verdadera época de la resurrección de la Habana

Más, en el mismo momento de esta fermentación, se encendió la infeliz guerra del año de 1760, guerra para siempre sensible a todo buen habanero, pues le puso en contingencia de salir del suave yugo de la Monarquía Española, pero que puede señalarse como la verdadera época de la resurrección de la Habana. El trágico suceso de su rendición al inglés, dio la vida de dos modos: el primero fué con las considerables riquezas, con la gran porción de negros, utensilios y telas que derramó en un solo año el comercio de la Gran Bretaña; y el segundo, demostrando a nuestra corte la importancia de aquel punto, y llamando sobre él toda su atención y cuidado. Apenas se recobró de las manos enemigas, cuando se comenzaron a trazar los medios de su perpetua conservación en el dominio de España. Esta obra no consistía solamente en el establecimiento de soberbias fortificaciones, ni tampoco en la existencia de soldados o navíos. Era menester población y riquezas permanentes que sufriesen estos gastos, y ayudasen a la Corona en sus demás urgencias.

Toda la felicidad que hoy tiene la debe a las sabias y benéficas providencias del Sr. D. Carlos III

El magnánimo, el generoso Carlos, conoció con claridad que para efectuar su plan no bastaba que se abriesen nuevos canales a la entrada del numerario. La larga experiencia de sesenta años había hecho ver la insuficiencia de este medio; que el dinero que se da a un pueblo que tiene encadenada su industria, o se estanca, o no es más que un metal (*inutile pondus*) o se escapa de sus manos con la mayor presteza; que con sus negros y su libre comercio, habían hecho más en un año los ingleses que nosotros en los sesenta anteriores, y que en fuerza de estas lecciones, todo nuestro asunto se reducía a hacer que los inmensos caudales que iban a entrar en La Habana para la construcción de los cuatro castillos, etc., se empleasen en el cultivo de tierras. Se necesitaba para esto facilitar la entrada de brazos y utensilios, y animar la ambiciosa industria del colono, dando ventajosas salidas a sus frutos.

La existencia de estas verdades, era incompatible con la de la Compañía exclusiva. Se la dio el golpe mortal; se la desnudó de su privilegio opresor; se abrió un comercio libre y franco entre La Habana y España con derechos moderados; se estableció un correo mensual para su comunicación con la metrópoli, y se hizo una contrata con ciertas casas para que llevasen negros.

Otras causas de los progresos de la agricultura habanera

A tan sabias providencias se unieron otros agentes ocultos: otras mil casualidades conspiraban en favor de la agricultura de La Habana. Se sabe cuál fue la afluencia de registros luego que se abrió el comercio, y cuánto se equivocaron los que sostenían la Compañía con la miserable razón de que para el consumo de La Habana bastaban dos embarcaciones cada año. Tantos consumos nuevos fueron poderosos estímulos para la aplicación y el trabajo, y el comerciante además tenía que recibir en pago la plata macuquina que no se podía extraer, no sólo por estar prohibido, sino porque la gran diferencia que había entre su valor intrínseco y corriente detenía cualquier especulación; pues, para reducirla a fuerte, había que pagar un gran premio, y después tenía que exhibir el 9% de derechos Reales, con que de ninguna manera le convenía preferir la moneda al fruto. Se veía en precisión de traerlo y de alentar, sin querer, la industria de la colonia.

El comercio de Veracruz tenía entonces libertad de derechos para pasar a La Habana el dinero que quisiere, y hacía gruesas remisiones para que se empleasen en frutos, sabiendo que estaban en aprecio en la Península, y que se iban a ahorrar cuando menos los crecidos derechos que se le habían de exigir si traía dinero.

En auxilio de estas ventajas concurrió también la casualidad de no haber otra colonia española que trajese a la metrópoli los mismos frutos, y por último, el cuidado del Gobierno en recargar de derechos los de igual clase que pudiera conducir el extranjero, con lo cual se evitó una concurrencia que hubiera arruinado en su infancia la agricultura de La Habana. El justo y piadoso autor de tan sabia precaución y de las demás providencias que acaban de referirse vio recompensados sus desvelos con los más felices efectos, sintiéndolos por momentos, si se puede hablar así. La Habana en el año 1763 estaba casi en mantillas, y en el de 1779 ya era una gran plaza de comercio, ya hacía cuantiosas remisiones de cera a Nueva España, ya proveía a la Península de todo el azúcar que necesitaba, y que tomaba del extranjero, le daba muchos cueros al pelo, alguna porción de café y el tabaco necesario para la Real Factoría.

Las cosechas iban llegando a un punto que era menester pensar en proteger sus salidas al extranjero

Pero este maravilloso incremento nos acercaba al punto de tener un sobrante que se debía despachar en las ferias extranjeras y ya nos ponía en precisión de fomentar nuestra industria por principios más extensos, y de mayor relación. No sé si por ellos fue que se hizo el sabio arancel de 1778 en que se exime de todo derecho a su introducción en la Península, los principales objetos de extracción de La Habana; lo cierto es que no hubo lugar de entrar en las grandes consideraciones que trae consigo la concurrencia de nuestros frutos con los de otras naciones en el mercado extranjero, ni de ver si eran suficientes los alivios que proporcionaba el referido arancel. La guerra de 1779 cortó el hilo de estos cálculos y en lugar de llevar a La Habana la desolación y miseria, le trajo grandísimos bienes y por ella solamente pudieran haberse sofocado los males que había causado la recolección de la moneda macuquina.

Es cierto que, mientras duró, no hubo extracción segura y contínua de azúcares; que se escasearon los utensilios, que se encarecieron los negros otro tanto de lo que valían en la paz y que por la misma causa no prosperó el ramo, ni los demás de extracción; pero con la llegada del ejército de operaciones y escuadras que allí se reunieron, tomaron un vuelo increíble los otros ramos de agricultura. Treinta y cinco millones de pesos que entraron para la subsistencia del ejército, después de llenar el vacío de la macuquina, envilecieron el numerario, dieron un precio exorbitante a todas las cosas vendibles y proporcionaron recursos a los mismos azucareros para recompensar con ventajas el estanco de sus cosechas. ¡Ojalá que a tantos bienes se hubiese unido la ventaja de saber aprovecharlos! Pero cuando volvió la paz, cuando zarpó la escuadra, cuando se ausentó el ejército, cuando nos vimos solos y ajustamos nuestras cuentas, fue cuando conocimos que apenas quedaban en nuestro poder el diezmo de las riquezas que allí se habían derramado. Las demás se escaparon a el extranjero en cambio de bagatelas, y lo peor es que aun de este corto resto, la mayor parte se había empleado en el fomento de haciendas que no daban los costos cuando faltó la abundancia de consumidores.

La decadencia con explicación de los motivos

En este estado tomaron su antiguo curso las cosas y los agricultores de los ramos de extracción encontraron sus haciendas sin adelanto alguno, desprovistas de negros y escasas de todo utensilio. Tenían algún numerario de la inundación pasada, y se deshacían por emplearlo en mejora de sus ingenios, creyendo que estas haciendas seguirían prósperamente. ¡Incautos, que no advertían la notable diferencia de los tiempos; que las principales causas de su felicidad pasada faltaban y que un nuevo orden de cosas les anunciaba su ruina! En efecto, la isla de Cuba, en los seis años que corrieron desde 1779 hasta 1785, perdió todos los protectores secretos de su felicidad, lejos de deber ir adelante hubiera encontrado su ruina en el aumento de sus cosechas. La plata macuquina faltaba y con ella el único freno de la codicia mercantil, y el mejor fomento de la agricultura habanera; corría la fuerte, y, además de esto, se habían minorado sus derechos al introducirse en España. Se habían cerrado las puertas a la libre entrada del dinero que antes remitía el comercio de Veracruz; se había recargado el azúcar con el crecido derecho de una peseta en cada arroba, y el consumo de la metrópoli estaba ya completo. ¿Para qué, pues, se pretendían medios de fabricar ingenios? Pues qué, ¿era menester mucho cálculo para ver que, completo el consumo de la metrópoli, y no pudiendo sostener la concurrencia en el extranjero, iban a decaer los frutos?

Ello es que, a pesar de todo, los habaneros continuaron sus clamores porque se les enviasen negros. La corte por aquel tiempo no conceptuó conveniente concederle los favores que les franqueó después por la benéfica Real cédula de 28 de febrero de 1789 y los dejó vivir en todo el espacio intermedio con los debilísimos auxilios que proporcionaron algunas licencias particulares y la contrata de Baker y Dawson. No crecieron, pues, las cosechas, y no se sintió por eso todo el peso de los males que amagaban.

Revolución de la Francia favorable a los frutos de La Habana

Cuando empezaban a incomodar fue cuando la Providencia descargó sobre la Francia el azote que hoy la aflige. La confusión y desorden que reinaba en sus colonias disminuyó sus producciones y dando valor a las nuestras, hizo que no nos fuese nociva la abundancia de negros que nos trajo la citada Real cédula de 1789. Hoy, en más feliz situación, por el funesto incremento que han tenido las desgracias del vecino, vendemos nuestros azúcares a un precio ventajosísimo; pero mañana ¿qué habrá? He aquí el verdadero cuidado que debe tener la isla de Cuba.

Ocasión favorable para aumentar sus cosechas

El labrador aplicado bendice al Omnipotente el año que le prodigan las lluvias y los demás favores que hacen estimar sus cosechas; pero por esto no olvida los males radicales y ciertos que padecía su heredad en el año antecedente. Aplica para su remedio los bienes que está disfrutando, y reflexiona y calcula, en medio de la abundancia, para el tiempo regular. Imite este ejemplo La Habana: acuérdese de que decayeron sus cosechas desde el año 1779 por diferentes causas. Y ahora que las va a acrecentar por los favores que le hace su piadoso Soberano en la Real cédula de 24 de noviembre último, y por el abatimiento temporal de los franceses, y de hacer presente a su buen Rey todo lo que es necesario para lograr en el extranjero la permanente salida de sus frutos.

No lo pueden conseguir si no se le facilita en el extranjero una salida ventajosa

Es dueño cualquier Monarca de imponer la ley que mejor le parezca en las mercaderías que vienen de fuera para el consumo de su Reino. No se excluyen de esta regla los frutos de sus mismas colonias, siempre que en la metrópoli puedan consumirse todos. Si le es posible evitar el contrabando, puede recargar los derechos sin perjudicar sus intereses, teniendo, por supuesto, el cuidado de aumentar los aranceles en los frutos de igual clase que vengan del extranjero. El consumidor paga más caro el fruto; pero el agricultor de América tiene salida de él. Mas esto no tiene lugar cuando de lo que se trata es de formar un sobrante que llevar al extranjero o cuando en realidad ya le hay. En ese mercado concurre con igual privilegio el café de España, v. g., que el de Francia y aquél se venderá primero (siempre) que se dé a precio más cómodo. Si el nuestro nos es más costoso, en vano lo llevan; porque, o no le venderán o le venderán con pérdida. De todo lo cual se infiere que, si el Gobierno quiere fomentar la industria de sus colonias y tener una balanza ventajosa, debe seguir en sus producciones la marcha política de las demás naciones: cotejar el costo que les tiene a ellos la agricultura de cada ramo, con el que tiene a sus vasallos; ver lo que cuestan los transportes y fletes hasta llevarlos al mercado de consumo, y si la comparación nos fuese desventajosa, lejos de imponer derechos, lejos de coartar las salidas y de pensar en trabas, es menester dar premios, conceder franquicias, en una palabra, ocuparse en igualar nuestra economía e industria a la de nuestros rivales.

Nadie negará estas verdades. Nuestro Gobierno las publica como dogmas en el prólogo de la traducción de los aranceles de Francia del año de 1786. Esto supuesto, veamos si se han observado para fomentar la exportación de los frutos de la isla de Cuba. Contraigámonos por ahora a el ramo de azúcar que es el más floreciente, o por mejor decir, el único que se puede llamar de extracción.

Inconveniente que hay para eso, ejemplificando en el ramo de azúcar

Del azúcar que da América se provee hoy la Europa entera y la cultivan allí los franceses, los ingleses, los portugueses y nosotros.

El orden natural pedía que los poseedores de los terrenos más fértiles fuesen los legisladores en este ramo; pero sucede lo contrario exactamente. Los franceses fueron los peor situados y son los más adelantados. Los ingleses les siguen en la misma proporción. Entra después Portugal y últimamente nosotros y ¿por qué este trastorno? Porque les cuestan menos los utensilios y negros; porque gastan menos en mantenerlos y les trabajan más; por la mayor perfección de sus conocimientos en agricultura; porque tienen mejor orden y economía en sus fábricas; porque sus salidas son más libres y más protegidas; porque sus aranceles en lugar de detener, alientan su aplicación; y últimamente, porque no están afligidos como nosotros del enorme peso de la usura.

Primer inconveniente

Porque les cuestan menos los utensilios y negros. El diferente estado de felicidad y vigor en que los franceses e ingleses tienen el comercio y las artes, hacen que sus colonos logren a mejor el precio que nosotros, todos los géneros y herramientas que puedan necesitar. Esta es una ventaja notoria que nadie osará negar. Los mismo digo de los negros: ahora es cuando hemos puesto los medios de que en nuestras Américas se compren con alguna comodidad, y aun todavía ¿cuánto nos falta que andar para que los alcancemos? Los portugueses, como más vecinos a la Costa de Oro, y como que el mismo Brasil les da frutos los más a propósito para este comercio, introducen anualmente en Pernambuco, Río Janeiro y Bahía cerca de veinte mil de todas clases. El agricultor toma parte si quiere en estas expediciones; y si no, encuentra los negros que necesita al precio cómodo de 130 a 140 pesos cuando más.

Los ingleses son los señores de este comercio y proporcionan los mismos bienes a sus colonias. Los franceses son los más atrasados en él, sin embargo de que tienen factorías en Africa y lo hacen directamente (...) Pero para que su agricultura no se resintiese de esta diferencia, señaló el exorbitante premio de veinticuatro pesos por cada negro que se introdujese, y esto ¿en qué tiempo ...? cuando ya tenían cerca de cuatrocientos mil dentro de Santo Domingo.

Nosotros, aun ahora, que no vamos a Guinea, apenas llegaremos a 50.000 negros en toda la isla de Cuba. No prometemos premios, al contrario, cerramos a una nación el puerto y sujetamos a las demás a la dura ley de no dejar apoderado de su confianza, y salir dentro de ocho días después de verificada la venta ¿cómo, pues, hemos de tener con la misma comodidad y abundancia los negros que necesitamos? Nos llegarán los rezagos y siempre seremos los últimos.

Segundo inconveniente

Porque gastan menos en mantenerlos y trabajan más. Los ingleses, franceses y portugueses en la mayor parte tienen un mismo modo de alimentar sus esclavos. No les dan ni dinero, ni alimento (aunque esto último se lo prevengan sus leyes), sino un pedacito de terreno para que lo cultiven, y el tiempo que cada nación ha juzgado conveniente. Nosotros damos el mismo terreno y el mismo tiempo para el cultivo al que se quiere aplicar; pero sin perjuicio de la ración diaria de carne y menestra. Los ingleses y los franceses tienen menos días festivos y por consecuencia sacan mayores tareas de sus esclavos.

Tercer inconveniente

Por la mayor perfección de sus conocimientos en la agricultura. Esta proposición no necesita de ser ilustrada para merecer asenso. No es menester pasearse por los campos de La Habana para saber que en ellos son forasteros absolutamente desconocidos, hasta por sus nombres, los útiles conocimientos de Física Natural, de Química y Botánica; pero, aun prescindiendo de estos auxilios, no hay más que pararse en un punto para conocer el diferente estado de una y otra agricultura. En La Habana dura un ingenio 60 años; cuando más, el tiempo de la juventud y lozanía de las tierras; pasado éste se abandona, se dice que ya las tierras no sirven para aquel fin, y se trasplanta a otra parte el tren con indecibles gastos. En el Guarico y Jamaica no tienen término. Se hacen para que duren a la voluntad de Dios; y esto que, en cuanto a terreno, los suyos se componen respectivamente de la mitad de los nuestros. Ellos plantan de diferente manera las cañas: cogen en el propio terreno cosechas de varias menestras, y otras muchas diferencias que no se expresan aquí por evitar fastidio.

Cuarto inconveniente

Porque tienen mejor orden y economía en sus fábricas. Este punto se resuelve por los mismos principios que el anterior; pero merece que se diga algo sobre él. Para la fábrica de azúcar hay cuatro oficinas. En la una está el molino de la caña, llamado trapiche; la otra sirve para colocar unas grandes ollas de cobre o de hierro en que se cuece el caldo hasta darle el temple necesario; la tercera es el depósito de las formas o el lugar en que se purga o blanquea el azúcar, y la cuarta sirve para secar el azúcar, o extraer el agua que ha recibido en la oficina anterior, porque su purificación se hace a beneficio de una porción de barro húmedo, puesto sobre la superficie de azúcar.

¿Es menester mucha reflexión para ver que en esta diversidad de operaciones industriales nos llevará el extranjero una ventaja incalculable? Podría hacerlas todas demostrables, si no me extendiera demasiado (...)

Quinto inconveniente

Porque sus salidas son más libres y más protegidas. Ninguna nación europea con dominios en las Indias dejó de adoptar la máxima de tenerlos en la metrópoli. Los ingleses fueron los únicos que quisieron singularizarse, cuando conquistaron la Jamaica, hasta que la famosa acta de navegación de 1651 despojó a aquellos colonos de la facultad de comerciar con las demás naciones, y los obligó a llevar directamente sus frutos a la Gran Bretaña; pero también es verdad que todas estas colonias tienen su compensación. La Jamaica, v. g., que gozó por mucho tiempo del privilegio de entera libertad, aun después de haberla perdido, conservó el derecho de vender una parte de sus frutos en las que se llaman hoy Provincias Unidas de América; y viendo el Parlamento británico que el acta de navegación había atrasado infinito la felicidad de la colonia, le permitió otra vez en el año 1739 que llevase en derechura sus azúcares a ciertos mercados extranjeros. Conociendo que no bastaba esto, estableció el *drawback* para libertarlos de todo derecho en caso de que se extrajese del Reino, y últimamente nos dice nuestra Gaceta en el capítulo de Londres, de 29 de marzo de 1791, que se han señalado premios a los extractores de refino.

Los franceses permiten a sus colonos que traigan en derechura su refino a España, que lleven adonde puedan su tafia o aguardiente de cañas; y por lo que respecta a los demás frutos, son obligados a conducirlos a Francia, pero ¿para qué? Para depositarlos, si quieren, en los cuatro puertos de Dunkerque, Marsella, Nantes y San Malo, desde donde pueden sacarlos sin pagar derecho alguno, al paraje que mejor les parezca.

Los portugueses emplean mucho tabaco, aguardiente y azúcar en el comercio de negros, tanto en comprar los que necesitan, como en vender a las demás naciones para el mismo fin. El resto de sus producciones es verdad que traen precisamente a Portugal; pero si no las embarcaciones, ahorran en primer lugar 37 reales de vellón en cada caja por el derecho que se llama de valdeación, y si la sacan al extranjero, se les devuelve la mitad de los derechos Reales.

Y nosotros ¿qué salidas tenemos para nuestro azúcar? Las de la Península y nada más. Lo traemos a los puertos habilitados y se nos exigen iguales derechos del que se consume en el Reino, que el que va al extranjero. No se diga que ahora con el comercio libre de negros tendremos algún desagüe: convengo en que así sucederá, mientras dure la escasez; pero pasada ésta, todo ello será una miseria. Los americanos llevarán alguno; pero los ingleses, ni pueden llevarlo a su país, porque les está prohibido, ni introducirlo, ni pueden quererlo teniéndolo más barato en Jamaica. Estas naciones logran en el ramo del azúcar otra ventaja considerabilísima. El azúcar en la operación de la purga, suelta una miel espesa, que era la que lo ennegrecía. De ella hacen los franceses el caldo que llaman tafia: los ingleses el rom; los portugueses y nosotros el aguardiente de cañas. Todos saben los considerables productos que rinde a aquéllos su rom, o sea, su aguardiente, y no necesita demostrarse que éste ceda en gran ventaja del azúcar; pues debe considerarse que se aligerarán mucho sus costos con la buena venta de la miel. Lo que resta averiguar es si en este ramo hemos gozado nosotros de igual ventaja. Hasta que comenzó la libre introducción de negros, puede decirse con verdad que no había dónde llevarlo. En el reino de Nueva España está prohibida su introducción. En el de Mérida lo tiene estancado el Rey. En la Nueva Orleans teníamos que sufrir una concurrencia ruinosa con el tafia de los franceses. Y a Europa no le podemos traer, porque a causa de estos inconvenientes, y de los fuertes derechos que se le exigen, no se han perfeccionado las fábricas y no es posible que guste.

Sexto inconveniente

Porque sus aranceles en lugar de detener, alientan su aplicación. Este es asunto de hecho y así con echar una ojeada sobre el papel que va marcado con el número 2 se conocerá la grande diferencia que hay entre nosotros y ellos.

Séptimo y último inconveniente

Y últimamente, porque no están afligidos como nosotros del enorme peso de la usura. Ventaja considerabilísima que en realidad existe, sin embargo de que parecerá quimérica a todo el que considere que la usura es hija de la escasez del dinero, y que en ninguna parte de la América debía sentirse menos ésta que en La Habana. Se extrañará con razón verla reinar en un pueblo en donde han entrado tantos y tan inmensos tesoros, cuando en el Cabo Francés y particularmente en Jamaica (que casi no tienen otro signo que los que fraudulentamente nos sacan) viven los agricultores, libres de esta opresión. La razón de diferencia es muy obvia.

La mayor parte de las haciendas del Guarico y de Jamaica o pertenecen a comerciantes, o tienen a sus propietarios residiendo en la metrópoli. Una u otra situación los exime de la doble tiranía del comerciante, pues ni se hallan en precisión de pedirles dinero a interés para hacer los fuertes suplementos que es preciso anticipar para cada cosecha, ni tienen que pagarles caros los renglones que les son necesarios. Negros, máquinas, herramientas y aun los lienzos para vestir sus esclavos, les vienen de la metrópoli, o por remisión del propietario, o por el cuidado del comerciante compañero; y así les importa muy poco o nada que ande escaso el numerario.

El habanero, al contrario, ni tiene propietario en la metrópoli, ni compañía con el negociante y, además de esto, los más de ellos emprenden el establecimiento de sus haciendas con poco capital. Se empeñan para concluirlas y no les queda otro recurso que el de ser tiranizados por los que tienen dinero y almacenes de los utensilios precisos (...)

Reflexiones sobre estos inconvenientes

Ahora bien; si en nada sobrepujamos la industria de nuestros rivales; si en cada punto del cuadro comparativo que acabo de delinear estamos en igual distancia que la que hay de 10 a 1 ¿cómo podremos dar salida a nuestro sobrante luego que se llene el vacío que hoy tenemos, por la desgracia del Guarico? ¿De qué manera podremos sostener la concurrencia en el mercado extranjero?

Demostración de que son mayores los que hay para el cultivo del algodón, café y añil

No se diga que estos males son peculiares al azúcar y que en los demás frutos la ventaja es por nosotros; pues sucede todo lo contrario y de ello dan irrefragables testimonios los registros de las aduanas del Reino y de la isla de Cuba. ¡Quién lo creería! Esta Isla que tiene excelentes terrenos para el cultivo del café y añil, que da el mejor algodón del mundo (al decir de los ingleses), tanto por su finura y tamaño como por ser de varios colores, no ha formado todavía un objeto de extracción de estos ramos, mientras que los franceses sacan de un paño de tierra inferior, un millón de quintales de café, otro de libras de añil, y doce de algodón, ¿para qué se busca más prueba? ¿Puede haberla más convincente de que en estos renglones debe ser mucho menor la utilidad que nos resulta en su cultivo?

La misma demostración sobre el tabaco

Y ¿qué diremos del tabaco habano? El mejor que hay en el orbe, el que se estima más, y el que sólo por nuestro descuido, ha podido perder la preferencia en el gusto de toda la Europa. Yo no entro en la intrincada cuestión de si convendría más al Real Erario la Libertad de su comercio que el estanco en que lo tienen, sin embargo de que veo que las naciones que más han hecho, es estancarlo en la metrópoli, y nunca en la misma colonia; pero no debo omitir las quejas que con ternura he oído infinitas veces a sus miserables cultivadores.

Todos los que lo son de pequeños territorios están condenados a vivir entre afanes y trabajos; pero si el cielo les da una cosecha abundante, y llegan a recogerla dentro de sus almacenes, gustan y disfrutan al menos del dulce consuelo de tener asegurada la subsistencia de aquel año. No así el tabaquero de La Habana; a pesar de que no hay planta que cause más sobresalto, ni tenga mayores riesgos en su cultivo y abono; a pesar de que una noche basta para destruir el más hermoso sembrado, no son éstos los peligros que más aflicción le causan. Los que en la Factoría le esperan, son todavía mayores. Allí debe llevar la cosecha y esperar su estimación del juicio que quiera formar el oficial llamado reconocedor. De la probidad o integridad de un mortal, depende la suerte de tantos infelices; porque los demás recursos que les quedan sirven para empeorar el lance; y lo más doloroso es que el reconocedor, si quiere ser malo, tiene un vastísimo campo en La Habana. En las demás factorías de la isla, excepto San Juan y Martínez, se divide en tres clases solamente el tabaco; pero en aquella hay siete, cada una con precio diferente, desde cuatro y medio duros la arroba hasta seis reales. Conjetúrense ahora los daños que son posibles en esta graduación.

Yo no alcanzo la razón de dar tanto campo a la maldad. ¿Por qué hay en La Habana siete clases, en San Juan y Martínez cinco y en las demás factorías tres? ¿Por qué esta novedad, cuando en la antigüedad sólo se conocía una? ¿Por qué en La Habana y Matanzas si se declara alguna parte del tabaco inservible por el reconocedor, se ha de condenar a las llamas y en las demás factorías se entrega al cultivador? Vuelvo a decir que no alcanzo la razón de la diferencia.

Pero después de todo esto, ¿salió ya el agricultor de dudas? ¿Lleva a su pobre casa el fruto de sus tareas? Nada menos. Concluído el reconocimiento, la graduación y peso de sus cargas, si el situado de México no ha llegado, se le da una papeleta que se forma sin su presencia, en que se explica lo que se le debe, y el dinero no se le paga hasta que llega el situado, que unas veces tarda más y otras menos. El hombre infeliz que ha de volver a su campo; que tiene contraídos empeños, que tal vez carece de lo que necesita para comer, ¿qué ha de hacer? Cambiar el papel por dinero en casa del usurero.

Les está prohibido vender a los particulares. Hay un visitador que va a reconocer sus plantíos para saber lo que puede dar cada uno y por otra parte se sabe que no hay más que situado fijo para la compra de todo el que se produzca; conque así no hay mejor remedio que acortar la siembra y de aquí resulta su ningún aumento, su decadencia.

Bien ha conocido el Gobierno este tropel de males y otros muchos que se omiten: bien ha querido evitarlo y nunca lo ha conseguido, sin embargo de tocar que todo el perjuicio es sobre la clase privilegiada de labradores pobres. Los ricos han abandonado un cultivo tan ingrato. Y el pobre es el que lo hace, porque es muy poco costoso: necesita de cuidado, pero no de capital.

Algunos creerán intempestivo que pidamos el remedio de estos males en la presente época: se engañan

Descubiertas ya las causas reales y verdaderas de la decadencia de los diferentes ramos de la agricultura habanera; conocidos todos los males que la atormentan y abaten, temo que al proponer sus remedios se me trate de temerario y se me quiera decir que no teniendo lugar estas quejas en las circunstancias presentes, es extemporáneo y ridículo el pretender favores cuando sin necesidad de ellos, por el vacío que ha dejado el incendio del Guarico, podemos vender nuestros frutos al precio que nos acomode; pero esta reflexión miserable no nos perjudicará. Habaneros, la obra de vuestra felicidad no se desconcertará por tan débil objeción.

El suceso de Cabo Francés causa muy contrarios efectos en el modo de pensar del político sabio y sensato. Por lo mismo que al presente os halláis sin enemigos; por lo mismo que ahora duerme la industria del que os ha arruinado, se os debe dar todo auxilio para ver si se consigue lo que nunca se esperó; esto es, que os elevéis a un grado de poder y de riqueza capaz de sostener la competencia, aún cuando vuestro rival vuelva en sí. Alentaos, que ésta es la idea de vuestro sabio Gobierno. Aprovechad el momento de pasar a nuestro suelo las riquezas que el estrecho territorio del Guarico daba a la nación francesa.

Parecerá a muchos impracticable y ridículo este pensamiento; pero será a aquéllos que nada sepan de la agricultura de América, ni de su orden y progreso; que acostumbrados al lento paso de la Europa, piensen que la plantación de un ingenio, de una algodonería, cafetería, etc., necesita para fructificar tantos años como los moreras de Granada y que, para que haya hombres que hagan estos cultivos, es menester esperar la tardía reproducción de la especie. Por toda respuesta, los remitiré a la Historia. Vean en ella a Jamaica crecer en poquísimos años; a Santo Domingo francés, formar en menos de treinta todo el fondo de riquezas que poseía antes de la insurrección de sus esclavos, y a nosotros como, sin tantos auxilios, en sólo dieciséis años, desde 1763 hasta 1779, dimos a nuestras cosechas todo el ser que tiene hoy.

El que supiere algo de estas clases de plantaciones dirá conmigo que si hubiese caudales para comprar y posibilidad de introducir en los puertos de Cuba, en sólo un año, todos los negros que necesita para el cultivo de sus tierras, dentro de tres años llegarían sus producciones al doble si se quiere, de lo que nos dice nuestra *Gaceta*, de las de la parte francesa de Santo Domingo. No hay que dudarlo: la época de nuestra felicidad ha llegado: el tiempo de nuestro desengaño, el tiempo de oír a un autor francés que hace muchos años que nos está diciendo: "El azúcar, la más rica e importante producción de la América bastaría sola para dar a la isla de Cuba toda la felicidad que está ofreciéndole la madre Naturaleza. La fertilidad increíble de sus tierras nuevas la pondrían en estado de dejar atrás todas las naciones que la han precedido en esta clase de cultivo. Todos los trabajos que han empleado aquéllas en el espacio de medio siglo para perfeccionar sus fábricas, serían para esta colonia rival que con adoptar su método excedería o destruiría en menos de veinte años toda su felicidad." ¿Qué esperamos? ¿Cómo nos detenemos en proponer los medios de realizar ese consejo, cuando nuestro Superior Gobierno desea oírlos y adoptar los que contemple justos?

Es muy fácil conseguirlo siempre que se remedien prontamente los inconvenientes expuestos

He dicho y he demostrado que los extranjeros nos toman el paso desde antes de entrar a labrar la tierra, *porque les cuestan menos los negros y los utensilios*. Pues es menester trabajar en destruir esta ventaja. Nada será más útil que alentar con premios y con ensayos nuestro comercio directo a las costas de África, y para esto convendría fundar establecimientos en la misma costa o en su vecindad. No es difícil, diga lo que quiera la ignorancia. Muchas personas sensatas me han asegurado que en las inmediaciones del Brasil pudiéramos formar con poco gasto nuestras factorías, proveernos desde allí de frutos del mismo Brasil para hacer el comercio de negros con ventajas; no como lo hizo la Compañía de Filipinas, cuyas expediciones en la mayor parte fueron al río Gabón, donde compraba más caro y peor que nadie; y sin embargo, no hubiera perdido el treinta por ciento que perdió si no hubiera tenido una mortandad extraordinaria, y si no hubiese hecho para dos o tres expediciones los costos de barracas, etc., que debían servir para siempre (...)

Sobre los utensilios también hemos adelantado mucho, habiéndosenos permitido su introducción de fábricas extranjeras; pero la exacción de derechos en los de éstas, carga al agricultor y ni es un objeto de utilidad para el Rey, ni un estímulo para las ferrerías de Vizcaya, que tienen sobrada ocupación y que por ahora no pueden llevar los más de estos utensilios, porque ni los han visto. Las máquinas y primeras materias, se libertan de derechos en todas las naciones ilustradas. Y la nuestra siguió este principio en igual caso al presente, esto es, tratando de fomentar la agricultura de Santo Domingo.

Más animada la concurrencia de negros (...) y protegida la entrada de todo utensilio y máquina de labranza con la libertad de derechos, estaremos en estos dos puntos poco más o poco menos al nivel del extranjero.

Examen de los remedios oportunos para el segundo, tercero y cuarto inconvenientes

El agricultor habanero ya tiene franqueado el paso hasta el sitio de su plantío. Mi imaginación se entusiasma y se llena de alegría al verle emprender el desmonte con armas y fuerzas iguales a las de sus competidores; pero, apenas caen los árboles, apenas se allana el terreno, apenas se trata de darle el beneficio oportuno, cuando mi abatimiento renace, viendo que el francés y el inglés son conducidos por Ceres, y que mis compatriotas destituídos de todo principio, depositan su confianza en una práctica ciega y quedan por consecuencia expuestos a los más crasos errores.

Pero no es esta diferencia la que me atormenta más. Si hubiese docilidad, si no estuviésemos preocupados, si lo poco que sabemos lo hubiésemos aprendido por principios, me quedaría la esperanza de que nuestro propio interés preparase nuestra atención y nos obligase a oír la voz de la razón; pero la desgracia es que lo que hacen mis isleños lo ejecutan así, porque lo vieron hacer a sus padres, a los primitivos agricultores de la isla, a los ingenieros que fueron de Motril y de Granada, y contra una vieja costumbre, constante y uniformemente observada, vale el razonamiento muy poco.

La misma experiencia suele ser desairada aun cuando se presenta a los ojos con resultados favorables: queda mucho que vencer para obligar a la generalidad de los hombres a que abandonen un método que conocen y de que siempre han usado. Hay muchas personas en mi patria, de sobresalientes luces y muy capaces de todo. He oído a algunas declamar contra nuestros errores; pero a ninguna he visto que los haya abandonado. Quiero suponer, sin embargo, que algunos se presten gustosos a exponer su subsistencia, abrazando nuevos métodos; pero estos agricultores osados no pueden obrar por sí solos, necesitan oficiales y subalternos hábiles que realicen sus deseos. Y ¿dónde los encontrarán? El interés de los que hay, los empeñará en ridiculizar, desacreditar e imposibilitar cualquiera invención extraña o nueva; y aun cuando se llegue a hacer un ensayo, ¿cómo cundirá el ejemplo? Se sabe cuál es el tirano imperio de la ignorancia. ¡Cuántos interesados hay siempre en su perpetuidad! y ¡cuántos recursos buscarán para desacreditar las obras del vecino!

Concluyamos, pues, con decir que los grandes males necesitan grandes remedios; que por todas partes les hagan la guerra; que la ignorancia de los agricultores subalternos de La Habana, no puede ser derribada, si no se arman contra ellos el Gobierno, la razón y los vecinos ilustrados de aquel pueblo. Esto no se puede hacer ni por medio de los actuales Consulados ni de las Sociedades Patrióticas. Aquéllos no sirven para otra cosa, que para dar de comer a sus ministros; para traer consideración al cuerpo útil de comerciantes, y para cortar entre ellos suave y sencillamente algunos de los ruidosos pleitos que a menudo se originan. Eso de propagar las luces, no digo de agricultura, pero ni aun mercantiles, es asunto muy ajeno de su instituto y de sus ocupaciones.

Las Sociedades Patrióticas en su presente organización, no pueden traer los bienes de que son susceptibles: sin autoridad, sin fondos y sin estímulos para mover al trabajo a sus miembros, influyen flojísimamente en el bien común. Y además, hablemos con lisura y verdad: si las que hay en la Península apenas sirven para reedificar, ¿cómo hemos de persuadirnos que la que se establezca en La Habana ha de ser capaz de hacer desde los cimientos tan complicado edificio?

Designación del único remedio proporcionado a estos males

(...) El proyecto que va adjunto, combina todos los extremos; ofrece otras muchas ventajas, y es, en mi concepto, el único que puede sacarnos del abatimiento en que nos tiene la superioridad de los conocimientos extranjeros, y de mantenernos en el estado de vigor y de protección necesario, para que no volvamos a vernos en el triste caso en que nos hallamos desde que se siembra el fruto hasta que se deposita en los almacenes urbanos.

Lo que se debe hacer sobre el segundo inconveniente

No quiero proponer arbitrios para que les igualemos en el punto de *gastar menos en mantener los negros, y de hacerlos trabajar más*. La humanidad y la religión sellan mis labios, y en lugar de inflamar mi envidia por esta triste ventaja, excitan mi compasión. Lejos de mis compatriotas tan inhumano estudio. Aprendan en hora buena el modo con que aquéllos reparten las tareas para evitar la confusión y desorden en el trabajo de los esclavos; pero nada de buscar medios de aumentar la aflicción a la más desgraciada porción de toda la especie humana. Si con conocimiento de causa, y con vista de las utilidades que esto pudiera traer al mismo servicio de Dios, hubiere algunos días festivos que convenga habilitar para el trabajo, el tiempo nos dirá cuáles son, y las potestades legítimas determinarán lo más justo.

Examen de los remedios adecuados al quinto y sexto inconvenientes

Hemos proveído hasta ahora de todos aquellos medios que deben proteger nuestras cosechas, hasta ponerlas en los almacenes del agricultor. Se trata ya de embarcarlas y llevarlas a la aduana, y éste es el punto en que el cosechero pregunta: ¿dónde llevo yo mi fruto? ¿qué derechos se me exigen? Pregunta que no se puede responder por reglas generales y constantes. El señalamiento de éstas depende de la situación y clase de cada fruto considerado en todas sus relaciones. Si está naciente, si tiene rivales poderosos que se oponen a su aumento, si usando de todas sus fuerzas no puede competir con aquéllas, ¿por qué se les han de coartar las salidas? No digo yo en aquel caso, pero ni aun en el de igualdad de fuerzas, es útil detener los progresos cargándolos más y más con derechos y leyes prohibitivas que le impidan una ventajosa concurrencia en el extranjero. Estas trabas deben reservarse para el tiempo en que no le sean pesadas, para cuando pueda llevarlas, sin perjuicio suyo y sin beneficio del rival, que va a disputarle la ventaja en el mercado extranjero (...)

Males que deben tenerse presentes

Yo quiero que en la infancia no nos acordemos de ellos, sino para ayudarlos; que en los tiempos inmediatos les demos ocupación, pero que sea más propia para aumentar sus fuerzas que para enervarlas; y por último, que cuando llegue el caso de tener toda la robustez deseada para presentarse en la lid, o en el gran mercado de la Europa a disputar la palma, deseo que el Estado le exija todas las recompensas posibles; pero sólo las posibles, cuidado con esta palabra. Es menester que el peso no los agobie, que les deje las fuerzas y libertad necesarias para vencer en la lucha.

Se infiere de lo dicho que, pues que ningún fruto de los de La Habana ha llegado ni con mucho a la perfección de que es capaz, y que todos tienen poderosos enemigos con quienes combatir, es menester que tratemos como niños a los que están en esta situación y como adolescentes a los que tengan más fuerzas; que demos a aquéllos una absoluta libertad, que lejos de pedirles derechos y de coartarles las salidas, los auxiliemos, y que a éstos les pidamos proporcionalmente y con prudencia.

Los ramos nacientes y que antes se han señalado como incapaces de formar un objeto de extracción deben ser comprendidos en la absoluta libertad que crezcan y lleguen a tener la robustez necesaria para sostener el fardo de los derechos y leyes prohibitivas. Este en realidad no es un favor. La utilidad es del Estado, que sin perder cosa alguna ni ponerla de su parte, se encuentra al cabo de cierto tiempo con una renta que no tenía, y con una porción de vasallos en aptitud de ayudarle.

Esta verdad tan obvia, todavía no ha conseguido el triunfo de un convencimiento completo. El que más la atiende toma un medio, y, o da salidas libres exigiendo algún derecho, o libertad de derechos limitando las salidas. No basta: el café, el añil y el algodón de La Habana, como todos los demás de América, se libertan de derechos a su entrada en el Reino por el reglamento y aranceles citados de 18 de octubre de 1778, y ¿qué provechos han hecho? Ninguno.

Bien advierto que a esto habrán contribuido también las causas que dejo indicadas como perjudiciales en general a los ramos de extracción, y que nuestra ignorancia en el cultivo de aquellas tres producciones y la asombrosa superioridad a que las habían llevado los franceses nos quitaban toda utilidad en estas empresas; pero contando yo con la adopción del proyecto adjunto y con sus saludables efectos, supongo allanado el inconveniente de nuestros diferentes conocimientos, y para vencer los otros propongo como medio indispensable, sin el cual no puede conseguirse el fin, que —además de la absoluta exención de derechos inclusos los de alcabala y diezmos por el tiempo de diez años para todo cultivador de algodón, café y añil, como S. M. lo concedió en general a los vecinos de Santo Domingo y Trinidad—, sea también libre para cualquier puerto del mundo la extracción de estos frutos; que no sólo se puedan sacar por los extranjeros en cambio de negros, sino que también tengan libertad los españoles para llevar en derechura estos renglones donde quieran, donde sepan que se venden a mejor precio, dándose para esto tiempo indefinido en lugar de los cuatro meses que señala para todos los frutos la última Real cédula de 24 de noviembre, bien entendido que los cargamentos han de completarse de estos renglones y del aguardiente de cañas, y han de tener obligación de retornar a la Península con géneros que sean de libre entrada, o si no, volverse a La Habana con negros, utensilios o dinero, y para que así se verifique y no haya fraude, se tomarán las precauciones convenientes.

Se coloca en esta clase el aguardiente de caña

He colocado en esta clase el aguardiente de caña, porque su decadente estado, sus escasas salidas, y sobre todo las ventajas que su fomento traerían al azucarero, piden esta consideración. Merecen también un alivio en los crecidos derechos que paga antes de salir de La Habana, o al menos que se excluya de ellos al rom. La metrópoli que hoy paga algunas sumas al inglés por el rom que le traen, tiene particular interés en fomentar este ramo naciente de la industria habanera. Acordémonos de que el derecho del aguardiente fue establecido por un falso principio de política. Se creyó que en él se protegía indirectamente el cultivo del azúcar, siendo todo lo contrario. No soy yo el descubridor de este error, ni el inventor del remedio. Con menos palabras y más energía se hallará uno y otro en la gracia décima de la Real orden de 18 de abril de 1786 expedida en beneficio de los vecinos de Santo Domingo.

Aplicación de las mismas reglas a los ramos que ya tienen algún poder, cuales son el azúcar y el tabaco

El azúcar y el tabaco nos quedan; los dos ramos principales o únicos de extracción, los que tienen ya poder para verse colocados en un rango medio. No hay un motivo para excusar el azúcar de venir en derechura a España.

Salidas del azúcar y sus derechos

De lo que debemos tratar es de los derechos que corresponde exigirle. Aunque en su lugar he dicho todo lo necesario para ilustrar este punto y creo que de mi raciocinio resulta que lejos de poder nuestro azúcar soportar mayores derechos que los extranjeros, merece, más bien que el inglés, ser premiado a su extracción del Reino, yo no puedo calcular con fijeza ni señalar exactamente la rebaja o gratificación que debe darse, siendo preciso para esto adquirir una noticia puntual de los costos que nos tienen esta producción, hasta llegar al paraje de su consumo y de los que tiene la misma producción presentada en concurrencia por nuestros rivales; más claro, de lo que tiene de costo una arroba de azúcar de La Habana y otra de Jamaica llevadas a Hamburgo; pero esta noticia no es necesaria para mandar devolver a su extracción los derechos que ha pagado ese fruto a su introducción. En esto nada pierde S. M., pues siempre ha de quedar en el Reino la porción que necesite para su consumo. Y por lo que toca al sobrante, estamos en la precisión de imitar a las demás naciones en la devolución de derechos, o de abandonar una concurrencia que no se puede sostener. Si esto es justo hablando de los derechos Reales, ¿con cuánta mayor razón lo será con respecto a los provinciales y municipales? Quien los causa es la acción de consumir y no la de depositar. ¿Por qué, pues, se han de cobrar de un género que ha estado en deposito? Bien veo que no es ésta la ocasión oportuna de hacer un arreglo fundamental en nuestros aranceles; porque subidos los precios del azúcar exorbitantemente con la desgracia del Guarico, todo está fuera de su nivel, y el vendedor y no el consumidor es el que pone la ley; pero lo cierto es que las demás naciones siguen con sus ventajas, y que si nos descuidamos, podremos llegar a tiempo que nada nos aprovechen las medidas que tomemos, esto es, cuando los franceses hayan recobrado sus fuerzas y cuando los ingleses hayan tomado en este ramo la superioridad decidida que les deben procurar sus conocimientos y cuidados en protegerlo, tanto por sus providencias para facilitar la extracción al extranjero, como para fomentar establecimientos en la costa de África: empresa la más bien concertada y cuyos felices principios anuncian que va a pasarse a la Gran Bretaña el derecho preferente de proveer de azúcar al mundo europeo.

La misma ventaja que hoy logramos en la venta de los azúcares puede sernos muy funesta, si no la sabemos aprovechar. Ya he dicho y repito que si se quiere fomentar este ramo, es menester que obremos como si estuviésemos en los tiempos anteriores a la insurrección de los negros del Guarico, para que, cuando vuelva, no nos encontremos en el triste caso en que estábamos. Todos saben que el derecho de peseta establecido el año de 1785 acabó de arruinar nuestra concurrencia en el extranjero, que se había sostenido débilmente protegida de la larga guerra que afligió a la Inglaterra y Francia, que por esta causa antes se hacían algunas extracciones; pero que desde entonces ni un grano ha salido del Reino. Esto lo publicarán los registros de las aduanas y lo dirán los negociantes con la misma franqueza que a mí me lo han afirmado Mr. de Ganh, Cónsul General de Suecia en Cádiz y el Marqués de Casa Enrile, —dos personas de las más instruídas y de las más imparciales en este comercio. Conque ¿por qué detenernos? ¿qué inconveniente hay para mandar devolver a los extractores de azúcar al menos este derecho con los municipales y provinciales? Quede para después del arreglo formal de los aranceles y sea uno de los primeros encargos de los Comisionados de que se habla en el proyecto, adquirir en el extranjero las noticias que el gobierno necesite sobre este particular.

La misma cuestión sobre refino

Las dificultades que he hallado para fijar las franquicias que deben concederse al azúcar, no las tengo con relación al refino: éste es un ramo naciente de la Isla que se debe proteger para libertar a la metrópoli de pagar al extranjero las sumas que por él le paga hoy. Los franceses no están en este caso, porque tienen muchas refinerías en Europa, y sin embargo permiten que se extraiga en derechura para España el que se fabrica en sus colonias. Nosotros, que ninguna tenemos en la Península, que dependemos absolutamente del extranjero y que por fomentarlo en nuestras colonias no nos puede faltar azúcar común; supuesto que ya nos sobra, debemos trabajar con empeño en que nos venga de allá el refino necesario. No hay otro medio de conseguirlo que trasplantar a nuestro suelo el método de las refinerías extranjeras y darles la absoluta libertad de derechos que a éstas conceden sus respectivas naciones.

Remedios para el tabaco

Sobre el tabaco no me atrevo a proponer. Es asunto muy oscuro y de demasiado interés para ser tratado y resuelto de repente. Me reduciré, pues, a llamar la atención Soberana sobre este interesante ramo, recordándole las sumisas quejas que he dado a nombre de los agricultores que ofrecen como prueba de su justicia la decadencia del cultivo, demostrada por la comparación de los situados y haciendo también presente que desde que se prohibió a particulares la fábrica del tabaco en polvo fino, han dejado de consumirlo las naciones extranjeras. Y no es porque se ha extinguido el gusto. Los nombres de Pedro Alonso, Jústiz y Peñalver son todavía preciosos a los apasionados del tabaco. Pagan a peso de oro todo el que se les presenta de estas fábricas antiguas y apenas quieren regalado el de nuestras factorías. Y ¿qué significa todo esto? Que el Estado ha hecho una pérdida conocida en prohibir las fábricas particulares, que nada aventuraría en permitirlas en La Habana para extraer al extranjero, y que éste era el único medio de resucitar un ramo que fue tan pingüe para nuestro comercio. Pensar que las fábricas Reales pueden hacer ese milagro, y llegar a perfeccionar sus conocimientos, es un error combatido por la experiencia y el orden natural de las cosas. Es lo mismo que esperar que sea igualmente feliz la agricultura de un país, encargándose a jornaleros lo que se desempeña por los mismos propietarios.

Si estas consideraciones tienen tanta fuerza para el Gobierno como para mí, poco tardaremos en ver que se darán licencias para moler tabaco y llevarlo al extranjero, pagando los debidos derechos; pero si esto no puede ser, me contentaré, por ahora, con que a lo menos, se manden facilitar al sujeto que se nombra Fiscal de la Junta de Agricultura todas las noticias que pida de las factorías de La Habana, que se le encargue estrechamente examen de este punto, para que, oído su parecer, el de la Real Junta de Tabacos de La Habana, que deberá darlo en consecuencia, y el de la nuestra Real Junta de Agricultura, venga con la mayor prontitud a S. M. el expediente y se resuelva lo mejor.

Examen sobre el séptimo y último inconveniente.

Todos los frutos de la Isla tienen ya aplicados sus particulares remedios; resta tratar ahora del mal que a todos comprende. De los medios de extinguir la usura; de poner a nuestros agricultores gozando del desahogo que en esta parte disfrutan sus vecinos.

Para conseguir el fin no basta hacer apreciables las cosechas como yo espero que sean, si se adoptan las medidas que he propuesto. Esto será excelente para los agricultores ricos y desahogados, que pueden poner la ley y no para los que se han presentado (...)

Todo el punto de la dificultad consiste en sacar al agricultor de las manos del comerciante, de la dependencia en que vive desde que se extinguió la moneda macuquina, y desde que se imposibilitó la concurrencia de los comerciantes de Veracruz. Mucho se ha hecho para esto en permitir el cambio de frutos por negros y por utensilios; pero todavía quedan en pie dos medios muy poderosos para su ruina. El uno, en estos mismos renglones, porque se pueden necesitar cuando no hay frutos libres para hacer el cambio, y entonces lo más sencillo es recibirlos al fiado de la casa del usurero; y el otro consiste en el numerario que es menester adelantar para las demás atenciones de la hacienda. Este es rarísimo desde que se acabó la guerra. El poco que hay va a manos del negociante, y no pasa a las del agricultor sin exorbitantes usuras.

Son, pues, dos las causas radicales de este mal: la escasez del numerario y la naturaleza de las haciendas que piden tan grandes suplementos. En mi opinión nunca se remediará completamente, si los mismos agricultores no reúnen sus fondos y forman para sí una caja de créditos en los términos que Federico II la estableció en Silesia o en los que sean más acomodables a aquél país; pero esta pía e interesante fundación no se puede verificar desde aquí, ni por medio de encargados ni de órdenes. A la Junta propuesta de Agricultura sólo es dado promoverlas y facilitar este inexplicable bien a su patria, con el cual tal vez se podría emprender en derechura el comercio de África y también se cortaría en gran parte la plaga de pleitos que allí padecen.

Por lo pronto, lo que se debe hacer para poner al agricultor en más independencia del comerciante, y para que al propio tiempo se queden en la nación las ganancias que ofrecen en estas circunstancias los frutos de La Habana, es aumentar el número de compradores nacionales. Nada más útil a la agricultura habanera y al Estado en general que derogar la orden que se dio en Veracruz desde el virreinato de D. Antonio Ma. Bucareli, mandando que se exigiesen los mismos derechos a la plata que se extrae para La Habana, que a la que sale para España, con el agregado de que aquéllos se paguen anticipadamente.

No tuvo otra razón para esto aquel honrado Virrey, que la de creer que beneficiaba a la metrópoli, facilitándole mayor introducción de numerario, como si la nación tuviese más interés en hacerse feliz en una parte que en otra, y como si le viniesen mayores ventajas de recibir moneda que azúcar, algodón, añil o café. Las miras de aquel Virrey fueron demasiado estrechas en este particular. Debió haber considerado que con esta providencia sólo ganaban los comerciantes de La Habana; que la nación, por el contrario, perdía en la balanza de su comercio; pues si desde La Habana hubiese empleado en frutos alguna porción del dinero que salía de Veracruz, además del fomento de nuestra marina mercantil, crecía la masa de nuestras producciones coloniales, y con ella, la riqueza nacional; y al fin de la especulación, o se había gastado en La Habana lo que se debía gastar en España para el consumo de la Península, o se recibía con aumento de manos del extranjero lo que se había dejado en la colonia.

Este error pudo haber sido disculpable en aquellas circunstancias, porque La Habana, además de la masa de moneda macuquina que tenía para su circulación interior, recibía anualmente de México cuantiosas sumas de pesos fuertes para fortificaciones, ejército, marina, etc.; pero hoy que se han disminuído considerablemente estos situados, que se vuelven a extraer casi íntegros para la Península o para la compra de negros y que se ha recogido la plata macuquina, por los desórdenes que se introdujeron, es de rigurosa justicia suspender aquella providencia que nunca fue conveniente. Es menester acordarse de que no puede haber grande extracción, si no hay grande movimiento en el comercio interior, y que no puede lograrse ese movimiento si no hay abundancia de numerario puesto en circulación. Es menester no olvidar que disminuída ésta en La Habana por la abolición de la plata macuquina, es preciso que se sientan los males que son consecuentes, como lo sabe el Gobierno por las repetidas instancias que se le han hecho, pidiendo moneda provincial y atribuyendo a su falta la escasez de numerario que se experimenta.

No entro en la discusión de que sea necesaria o no la moneda provincial para la felicidad de La Habana; pero sí a seguro que la máxima fundamental que ha tenido el Gobierno para negarse a esta solicitud, a saber, que de la balanza ventajosa de su comercio, y no del establecimiento de un signo particular, resulta la abundancia del numerario, aunque es de eterna verdad, no es aplicable en toda su extensión a aquella colonia. Se hizo para los pueblos que tienen abierto su comercio a todas las naciones; pero para el que lo tiene limitado a la metrópoli, en la mayor parte, desde donde no se le envían sino telas y frutos; desde donde es contra el orden natural hacer volver el dinero a América (...), donde además de esto la agricultura, por la naturaleza de los trabajos, necesita de cuantiosas sumas para su subsistencia, las reglas deben ser otras. Convengamos, por lo menos, en conceder a La Habana la libertad de derechos que gozan las demás colonias para recibir de Veracruz el dinero que quiera remitirse, ya que no se restablece la moneda provincial.

El método de abasto por pesas es perjudicial para la agricultura habanera

Otro favor justísimo tiene que pedir todavía. El mismo que S. M. concedió a los vecinos de Santo Domingo en la cláusula undésima de la Real cédula citada. Que se libre de la dura carga de la pesa actual a las haciendas de criar ganado. Si hubo razón para hacerlo en Santo Domingo, mayores las hay en La Habana. Si allí, que es un pueblo sin comparación menor, se creyó que era muy bajo el precio de veintiún cuartos para cada cinco libras de carne, ¡cuánto más perjudicial debe ser esto en La Habana! Agréguese a esta consideración la de que nosotros pagamos la de veinticuatro por ciento antes de consumir la res, y nadie dudará decir que somos más acreedores que ellos a semejante gracia; y lo cierto es que si sobre esto no se toma providencia, vamos a perder un ramo tan interesante y precioso para el fomento de la agricultura.

Al presente necesitamos comprar algunos cientos de miles de arrobas de carne salada a los vecinos de Tampico y Buenos Aires, cuando en tiempos pasados podíamos proveer a otros pueblos. Este mal es ciertísimo, es urgente: se está reclamando hace dieciséis años, merece por todas razones el remedio que ha pedido; pero sin antecedentes y sólo sobre mi palabra, es regular que el Gobierno no quiera aventurar su resolución y particularmente siendo interesada la guarnición de la plaza en la existencia de esta clase de abasto. Por lo tanto quedaré muy satisfecho en que sea el examen de este asunto uno de los principales encargos del fiscal, de cuyo parecer, del de las demás personas o Cuerpos interesados, y del suyo formará la Junta de Agricultura un expediente con la instrucción y se elevará a S. M. lo más pronto que se puede.

Nada se hará con fomentarla si no se precaven los movimientos sediciosos de los negros y mulatos

Esta sería en otro tiempo mi última pincelada, con ella creería haber concluído el cuadro de la felicidad de mi patria; pero la insurrección de los negros del Guarico ha agrandado el horizonte de mis ideas. Al ruido de este funesto suceso, he despertado y he visto que toda mi obra se sostenía en el aire; que nada había trabajado para darle subsistencia, que el sosiego y reposo de todos mis compatriotas, el goce de las felicidades que iban a conseguir estaba pendiente de un hilo: de la subordinación y paciencia de un enjambre de hombres bárbaros. No es hoy cuando más me espanta esta desagradable advertencia. La suerte de nuestros libertos y esclavos es más cómoda y feliz que lo era la de los franceses. Su número es inferior al de los blancos, y además de esto debe contenerlos la guarnición respetable que hay siempre en la ciudad de La Habana. Mis grandes recelos son para lo sucesivo, para el tiempo en que crezca la fortuna de la Isla y tenga dentro de su recinto quinientos mil o seiscientos mil africanos. Desde ahora hablo para entonces, y quiero que nuestras precauciones comiencen desde el momento.

Delicadeza de esta materia. Modo con que debe tratarse.

El punto es muy delicado y temo precipitar mi dictamen. Creo que no se puede dar con fundamento sin acercarse al sitio de la sublevación para conocer sus causas; pasar después a Jamaica y examinar también el orden que allí se observa y se ha observado con estas gentes; y con vista de todo estudiar los medios de asegurarnos de los movimientos sediciosos de los nuestros sin ofender la humanidad ni faltar a la compasión que merecen estos infelices.

La seguridad interior de la Isla padece mucho con el establecimiento de milicias de libertos

No es menester dar este paso para conocer que hay un establecimiento en La Habana digno del mayor cuidado. En las demás colonias vecinas no se conocen las milicias de negros y mulatos libertos que nosotros tenemos y en caso de una insurrección de parte de la gente de color, tienen los blancos la ventaja de la disciplina militar de que carecemos nosotros. Cuando se establecieron las milicias, se crearon dos batallones de negros y mulatos libertos, y estos hombres acostumbrados al trabajo, a la frugalidad y subordinación, son sin disputa alguna los mejores soldados del mundo. Este establecimiento, considerado militarmente y con relación a la seguridad exterior, sería un recurso necesario en aquellos tiempos; pero hoy que hay suficiente número de blancos, no se debe aventurar la seguridad interior. No son los dos batallones armados los que amedrentan más. Los veteranos, los licenciados del servicio que se retiran a los campos se presentan a mi idea con más formidable aspecto.

Refutación de las razones que puedan darse en contrario. Cuando menos es preciso examinar el asunto del modo que se propone

Dirán algunos que la diferencia de libres y esclavos separará sus intereses y será para nosotros en cualquier caso una barrera respetable. Todos son negros: poco más o poco menos tienen las mismas quejas y el mismo motivo para vivir disgustados de nosotros. La opinión pública, el uniforme modo de pensar del mundo conocido los ha condenado a vivir en el abatimiento y en la dependencia del blanco y esto sólo basta para que jamás se conformen con su suerte, para que estén siempre dispuestos a destruir el objeto a que atribuyen su envilecimiento. Prevengamos este lance y ya que por nuestra desgracia no podemos excusarnos del servicio de estos hombres, los únicos a propósito para sufrir el trabajo en aquellos ardientes climas, cuidemos de combinar las miras políticas y militares, examinando el negocio del modo que se explica en el proyecto.

Causas de la despoblación de los blancos. La utilidad de su fomento para contener los negros. Medios para conseguirlo

La dureza de la vida campestre en aquellas regiones; el descuido con que hasta ahora se ha vivido y la larga extensión de los curatos han hecho que la población de blancos no esté en el pie ventajoso que debía, y lo que es más doloroso, que la mayor parte de ella se halle entregada al ocio o a ocupaciones poco útiles, dentro de las ciudades y villas. Las aldeas, que situadas convenientemente serían un poderoso freno para las ideas sediciosas de los esclavos campestres, son raras, y las pocas que hay, en sitios nada a propósito. Este es otro objeto vastísimo para la ocupación de la Junta de Agricultura. El arreglo de la policía de los campos y el establecimiento de medios que, al paso que hagan agradable esta vida inocente, faciliten la propagación de la especie. Nada se ha hecho hasta ahora sobre estos particulares (...)

Proyecto

Se trata de trasplantar a nuestro suelo las ventajas que han proporcionado al extranjero sus mayores conocimientos, de dar medios para propagarlos, y de establecer otros que perpetúen este bien y los demás posibles: tres cosas que tienen un estrechísimo enlace, que tienen un propio objeto y vienen de un mismo principio. A vista de la prontitud con que caminan los ingleses en los establecimientos de Sierra Leona, y la que emplearon los franceses en reparar las pérdidas del Guarico, nosotros no debemos perder un momento.

1. Saldrán, pues, con la mayor brevedad de Madrid dos sujetos, naturales de La Habana, conocidos y bien conceptuados en su país. Que ambos tengan las calidades de talento y de corazón que se necesitan para esta empresa; que el uno sea de los hacendados más ricos y el otro un hombre desocupado y capaz de entregarse a todas las tareas que se señalaren, que sepa de economía política y rústica, y que para desempeñar los demás encargos que deben hacérsele, sea profesor de Derecho y tenga una plaza togada o la merezca por sus méritos anteriores.

2. Se dirigirán a las ciudades de Francia e Inglaterra en que se haga el comercio directo de negros y se fabriquen las máquinas y utensilios precisos para la labranza de América. Procurarán saber el precio fijo de todos los artefactos de estas fábricas, en qué consiste su bondad y si se hacen en las colonias; tomarán una noticia exacta de los aranceles que gobiernan en las aduanas de ambos reinos para la exacción de derechos de todos los frutos de América, con expresión del régimen y método que se observa en ellas; adquirirán una noticia circunstanciada del modo con que se han de hacer las expediciones de negros a la costa de Africa para conocer sus ventajas, y por último, servirá también este viaje para ocultar sus posteriores indagaciones, procurando embarcarse para el Guarico o Jamaica con la mayor prontitud, en calidad de viajeros, de contrabandistas o de lo que parezca mejor para ser desconocidos.

3. La visita de las dos colonias debe hacerse con la mayor prolijidad y circunspección, y de ella ha de resultar un conocimiento profundo del modo con que se cultivan allí todos los frutos de caña, café, algodón y añil, etc., y de las diferentes máquinas que se emplean; en una palabra, de todo lo que conduzca a saber lo que practican los extranjeros desde que se siembra cualquiera de dichas plantas hasta que se envasa el fruto y se coloca en los almacenes urbanos, para lo cual se formará una instrucción menuda, si pareciere conveniente.

4. Examinarán también con igual atención el orden que observan en el repartimiento de las tareas de sus esclavos, los medios de que se han valido para hacer los excelentes caminos que tienen, las pensiones y derechos municipales que pagan, sus economías y métodos de construir las oficinas correspondientes a cada habitación; su autoridad sobre los esclavos, las alteraciones que ha habido en este punto y los efectos que ha producido cada una en su tiempo; su método de gobernarlos económicamente y los arbitrios que emplean para aumentar la población de blancos.

5. Llevarán modelos de todas las máquinas que conceptuaren convenientes y además de la completa instrucción que adquieran, del modo con que están colocadas, harán todo lo posible por ir acompañados de aquel número de operarios (...) que conceptuasen convenientes para hacer los primeros ensayos y propagar estos nuevos conocimientos entre los operarios habaneros.

Como no es regular que aquéllos quieran hacer este viaje sin una asignación segura, tendrán facultad los comisionados para efectuar con ellos el ajuste más conveniente; debiendo proceder en este caso con la mayor detención y madurez, tanto en la elección de los oficiales, como en los términos de formalizar el contrato del cual será primera cláusula la obligación de enseñar sus conocimientos a un cierto número de jóvenes.

6. Concluída con este paso la visita de las colonias, y habiendo de pasar al instante a La Habana los

Comisionados para verificar la reforma que se desea, estamos en el caso de insinuar los medios de conseguirlo.

7. Tendrán obligación los Comisionados de instruir próvidamente al Gobernador de los efectos que haya producido su comisión y de escribir para ello una *Memoria* exacta de todas las observaciones sobre los puntos sometidos a su examen que convenga publicar; pues las observaciones sobre el trato de negros, derechos de aduana, concejiles, etc., deben reservarse en silencio para su caso oportuno.

Se contraerán en cada una al estado respectivo de nuestra agricultura y harán ver la diferencia favorable o adversa de la extranjera. Esta *Memoria* se imprimirá a nombre de los dos Comisionados y al tiempo de publicarse, se publicará también y del modo que mejor parezca la intención y fines de S. M. en dar esta comisión, los bienes que espera de ella y las demás gracias que tenga a bien conceder a la Isla para el fomento de su agricultura y cosechas.

8. Entusiasmados los habaneros por la bondad del Rey, es preciso que lean con gusto las observaciones de sus dos juiciosos compatriotas y que el interés y la curiosidad exciten sus deseos de ver las máquinas y los operarios que han venido del extranjero.

Este es el precioso momento de que el gobernador los convoque a junta general con todo el aparato posible. Se compondrá esta Junta del mismo Capitán General, Obispo, Cabildo e Intendente y de los agricultores que quepan en el sitio destinado, siendo preciso que haya de todas clases y de todos los ramos de agricultura en gran número.

9. El Capitán General abrirá la Junta por la lectura de las Reales órdenes en que se explican las nuevas gracias que antes se habían publicado y que S. M. dispensa a la agricultura de la Isla, y la particular atención que ha merecido este asunto, a su Soberana piedad, y que no contento de derramar sobre la Isla tan distinguidos favores, quiere cuidar también de establecer medios para su perpetuidad, para lo cual manda fundar una Junta particular que proteja interior y exteriormente la agricultura; y como sus interesantes funciones no pueden describirse, desde ahora quiere S. M. que por el pronto se forme una provisional, compuesta de las personas siguientes: un Presidente, que lo sea nato el Capitán General, y tendrá voto de calidad; el Intendente de aquel ejército; un Vice-Presidente que parece justo lo sea el hacendado que haga el viaje; un Fiscal, que tendrá plaza de tal en la Audiencia del distrito y doce vecinos agricultores los más condecorados, ilustrados y acreditados en el público.

Estos doce hacendados deben elegirse en aquella Junta misma a pluralidad de votos entre veinticuatro que propondrá el Gobernador, que serán los mismos que haya acordado el Vice-Presidente y el segundo fiscal de la Real Audiencia.

10. (...) Después se hará la elección de los doce vocales, y verificada ésta, se disolverá la junta general y quedará formalizada la particular compuesta de los individuos citados y del Secretario del Ayuntamiento, que hará allí el oficio de tal mientras se da otra providencia. Tomará el título de Real Junta Protectora de Agricultura y tendrá sus sesiones los días que crea necesario.

11. Desnudos ya del carácter de Comisionados los dos individuos que han hecho el viaje insinuado, comenzarán a ejercer las funciones de sus nuevos encargos. El Fiscal, o llámese el promotor de la felicidad pública, propondrá, y la Junta decidirá a pluralidad de votos lo que mejor parezca.

12. La Junta no tendrá por ahora jurisdicción ordinaria ni contenciosa. Su primera ocupación ha de ser buscar los medios más exquisitos de propagar las luces sobre la agricultura y de examinar cada una de las ventajas que, según la *Memoria de los Comisionados*, tiene la agricultura extranjera sobre la nuestra, para demostrar al público su verdadero interés y llevarlo a que abandone sus rancias preocupaciones, para lo cual se emplearán las armas de la razón en conversaciones y en manifiestos; las del ejemplo dado particularmente por los dos Comisionados y por el resto de la Junta, y las promesas de premios en los casos que se juzguen necesarios, y si acaso no se juzguen bastantes los operarios que han de ir del extranjero, podrá la Junta enviar por más o habilitar de sus fondos jóvenes idóneos, que vayan a instruirse donde mejor parezca: al propio tiempo se

tratará de formalizar los estatutos que describan las funciones y prerrogativas de este Cuerpo. El Fiscal debe proponerlos con arreglo a los que gobiernan en las Juntas de Agricultura y Comercio del Cabo Francés, a lo que ejecutó Federico II en Silesia, acto que sus luces y sus observaciones en el viaje de Francia a Inglaterra le sugieran y al conocimiento que debe tener del carácter e índole de sus paisanos; todo lo cual se acordará por la pluralidad de la Junta y se remitirá con la posible brevedad a manos de S. M. para su aprobación.

13. Entre tanto se ocupará la Junta de examinar los interesantes asuntos de las mejoras de que es susceptible el ramo de tabacos, siguiendo para estos el orden propuesto en el párrafo (correspondiente) del discurso, y el de si conviene, o no, la existencia de las milicias negras; pero este punto como tan delicado no se tratará en Junta. Si el Vice-Presidente fuere militar hará por sí una inspección de estos cuerpos, reconocerá su estado, verá si hay gente blanca con que sustituir la milicia negra, y como militar y político comunicará las resultas al Gobernador con su parecer y éste con la audiencia del Sub-Inspector General de la Isla, remitirá a S. M. el expediente con su dictamen, encargándose extremadamente el silencio y reserva en todos estos pasos.

14. Examinará también los demás obstáculos que quedan que vencer para igualar nuestra agricultura e industria a la del extranjero y todo lo que pueda conducir para nuestro mayor fomento. En lo que no hubiere inconveniente, decidirá a pluralidad lo que mejor le parezca; y en lo que lo hubiere, esto es, en aquello que tenga puesta la mano S. M. o algún otro cuerpo privilegiado se consultará a la Corte con prolijidad e instrucción.

15. Será, asimismo, obligación del fiscal examinar los estatutos y rentas del Seminario de San Carlos que hay en aquella ciudad para ver si es posible mantener con ellas una cátedra de Física Natural, una buena Escuela y Laboratorio Químico y un Jardín Botánico y en todo buscar los medios de hacer unos establecimientos tan útiles y tan necesarios a la perfección de los conocimientos de la agricultura.

16. Examinará asimismo la Junta con intervención de las personas o cuerpos interesados en el asunto del abasto por pesas, siguiendo para esto los principios que se han dado en el discurso y enviará a S. M. el expediente con la mayor instrucción y entonces buscará medios de aclarar la confusión que hay en los límites de las haciendas de ganado y que dan lugar a infinitos pleitos, cuidando asimismo de dar reglas para cortar los excesos que comienza a haber en la vinculación de grandes territorios.

17. Se ocupará igualmente la Junta en proponer los medios de aumentar la población de blancos en los lugares de la Isla, que juzgue más convenientes (...)

Se reformará también la policía de los campos y se establecerán arbitrios de hacer honrosa y agradable la vida campestre, siendo éste uno de los puntos principales de las constituciones fundamentales de la Junta.

18. El fiscal, además de las citadas ocupaciones, tendrá la de representar a su Cuerpo en todos los demás de la Isla para reclamar en ellos las providencias que se tomen en perjuicio de la agricultura, pues en todo lo que tenga relación han de oírle y tenerle como parte, advirtiéndose que sólo tiene el derecho de representar y que esta especie de protección ha de ser una protección racional, pues no por amparar la agricultura, se ha de perjudicar a las rentas Reales, el interés del comercio o la propiedad particular.

Todos estos ramos deben formar una masa y sin predilección por ninguno, debe tenerse presente que se busca la protección de la agricultura porque resulta de ella el bien de todo el Estado, que no se trata de defender una parte sino de promover la felicidad pública o sus verdaderos principios.

19. Siendo muy conveniente concluir todos estos pendientes con la mayor brevedad, lo tendrá entendido la Junta para que no se pierda un momento; y con el mismo objeto de excusar dilaciones se les prevendrá que en los casos en que sea necesario consultar a S. M. lo haga en derechura por mano del Secretario de la Junta Suprema de Estado, o, si esto no puede ser, se señalará una de las secretarías del despacho universal que corra privativamente en este negociado, advirtiéndose que en todos los expedientes que vengan a S. M. debe estar íntegro el parecer fiscal.

Los papeles de la Junta vendrán autorizados por el Secretario y firmados por el Presidente o Vice-Presidente y por los dos vocales más antiguos.

20. Estas serán las funciones y ocupaciones de la primera Junta de Agricultura y del nuevo Fiscal que se crea en la Audiencia del distrito.

En cada parte de este pensamiento se presentan mil utilidades y ningún inconveniente. Prescindiendo del milagro de trasplantar a nuestro suelo los conocimientos de nuestros rivales, que sólo se podrá obrar completamente por este medio, y de las demás comisiones que se insinúan, había suficiente motivo para su creación, sólo con el encargo de proteger la agricultura. Este Cuerpo privilegiado ha existido hasta ahora en la Isla por su propia virtud, sin conocer otra protección que la accidental, que puede proporcionarle un buen jefe, cuando en todos tiempos, en todas edades, éste ha sido el primer cuidado de todos los sabios legisladores.

21. Esta Junta es necesaria por otros respectos. La distancia en que aquellos vasallos se hallan les hace vivir privados de los auxilios que proporciona la inmediación al Trono.

En el caso de un huracán, o de una inundación igual a la que acaban de sufrir (...), tienen un cuerpo o una persona pública encargada particularmente de su protección. El Gobernador, el Intendente, no tienen fondos para esto. Es cierto que se enternecerían en los primeros momentos, y que desearían muy de veras el remedio de la miseria; pero estos sentimientos de humanidad pronto se evaporan, por estas ocupaciones de la mayor importancia, y el desdichado agricultor queda reducido a sí mismo, y a sus miserables recursos, y por último, S. M., en Real cédula de 12 de abril de 1786, confiesa la utilidad de estas Juntas, y promete establecerlas en la isla de Santo Domingo.

22. Ya oigo que se pregunta por los fondos que destino para esta obra, la más pía y útil que se puede inventar. Al presente no puedo pedir que se establezca alguna carga concejil.

Esta será una de las partes que se propondrán en las constituciones fundamentales de la Junta, cuando se fijen sus funciones y sus miras.

Estoy seguro de que los habaneros consentirán con más gusto en que se destine a este objeto, que a la creación del Consulado del Comercio el medio por ciento de averías y resta de penas de Cámara.

23. Los únicos gastos que hasta el presente se ofrecen, es el sueldo del nuevo fiscal, en caso de que no sea togado, y los demás que tengan las máquinas y operarios, que lleven del extranjero los comisionados. Lo primero no puede considerarse como un gasto. Se ha propuesto para este empleo un hombre que cuando menos lo tenga merecido, y a quien S. M. haya ofrecido una plaza correspondiente a aquélla, conque nada importa pagarle aquí o allí, y más cuando este ministro en comisión, pues ni aun para esto, ni para el pago de las máquinas y operarios tiene necesidad de grabarse el Real Erario. Por fortuna hay un fondo público de bastante consideración que, en parte, puede destinarse en este objeto. En consecuencia de Real orden de S. M. para que se estableciese un arbitrio de donde saliese el vestuario de milicias, se decretó la exacción de tres reales de aquella moneda en cada barril de aguardiente, vino, vinagre y harina que entrase, y la de dos reales en cada caja de azúcar que se entregase, creyendo que de aquí se sacarían los 20,191 pesos anuales para el intento.

Después se vio que completada esta suma, sobraban en cada año 30 ó 40 mil duros, y el Gobernador D. José Espeleta obtuvo Real orden de S. M. fecha en Madrid a 21 de diciembre de 1786, para que aquel sobrante se destinase a la construcción de varias obras públicas. Reclamó el comercio diciendo que mejor sería que se invirtiesen estos caudales en hacer un fondo que, con sus réditos, diese para el vestuario de milicias, y llegase a libertarnos del impuesto.

Mientras se examinaba el asunto, se mandaron suspender, por la vía de Hacienda, los efectos de la Real orden que alcanzó Espeleta, y el Consejo, sin duda, conoció que aunque lo mejor sería abrazar el pensamiento del comercio, si las obras que se proyectaban eran necesarias, había de costearlas el público, y que lo mismo era quitar aquel impuesto que establecer otro, ha pedido al Gobernador de La Habana una noticia puntual de lo que costarían las obras para dar sus providencias, de modo que no haya abusos y perpetuidad en el gravamen.

24. En este estado se halla el sobrante del vestuario de milicias. Hay caídos tres o cuatro años y, persuadido de que antes es enriquecer La Habana que adornarla y asearla, ninguna obra pública me parece más útil e interesante que el pago del sueldo del fiscal, de los operarios, máquinas y demás gastos que se libren por la pluralidad de la Junta para el fomento de la agricultura.

Quedando a su disposición estos caudales, el Consejo puede seguir en conocer del expediente, y S. M. dar comisión a la misma Junta para que examine si conviene que se emprendan luego estas obras, u otras de mayor interés.

25. Lo único que falta para la perfección de la Junta es animar a sus vocales con la esperanza de premios. El patriotismo no basta, y aunque es verdad que estando obligado el Fiscal a examinar los puntos que se le han señalado, ha de darle movimiento, no es solamente éste el fin.

Es menester hacer apreciable esta ocupación, darle valor a estas plazas, y ponerlas en estado de que sean un estímulo para la aplicación de los demás hacendados.

El sueldo no es lo mejor, porque se ha dicho que han de ser gentes acomodadas: conque así, por ahora, lo más conveniente será darles representación; alentarlos con promesas de parte de S. M. y con la expresión de que los que más se distinguen, según los informes que hagan el Presidente con audiencia del Vice-Presidente y Fiscal, tendrán un premio correspondiente a su mérito, y que desde luego declare S. M. como un honor el nombramiento a estas plazas.

26. Otro inconveniente puede ofrecerse para la adopción del proyecto, que es el encontrar, con la brevedad que se desea, sujetos con las cualidades necesarias para desempeñarlo. Si la fortuna protegiera mis ideas hasta llegar a este punto, yo habría completado mi triunfo, poniendo a la vista del Gobierno un hacendado recomendable que, ni aun en La Habana, pudiera hallarse mejor; de los más ricos, más condecorados, más ilustres y mejor conceptuados en su patria, y que por casualidad se halla en esta corte, sin familia ni obligación alguna. Este es el Conde de Casa-Montalvo. Del otro no puedo hablar: no soy hipócrita, y confieso que tengo los más vivos deseos de servir a mi Rey, a mi nación y a mi patria; que me alientan para ser candidato de una plaza tan honrosa, mi nacimiento, la circunstancia de ser profesor de Derecho, y la de tener calificado mi mérito por una resolución de S. M. que me promete colocación correspondiente a ésta; pero también conozco que me faltan las demás cualidades precisas, yo desnudo de ella, voy a dar un paso que, además de no ser seguro, puede ser interpretado con perjuicio de los sentimientos patrióticos que abriga mi corazón. Dios sabe que con ellos solos he consultado mi plan y que mis únicas miras han sido el bien del Estado.

Por él han sido mis afanes, por él son todos mis votos y a él sacrificaré con gusto mi interés particular, siempre que S. M. o sus ilustrados ministros no me contemplen idóneo para la ejecución de mi plan.

II
MERCEDES SANTA CRUZ,
Condesa de Merlín

Nació en La Habana en 1783 y murió en París en 1852. Su madre, la condesa de Jaruco y Mompox, fue de los cubanos vecinos de Madrid que dieron la bienvenida a los aires liberalizadores que entraron en España con los Bonaparte. Cuando José I, hermano de Napoleón, tuvo que abandonar el trono de España, ambas mujeres marcharon con él a París. Allí, la condesa de Merlín instaló uno de los salones más cultos y refinados de la época. En 1840 se trasladó a Nueva York. Más tarde visitó su ciudad natal desde donde envió una serie de cartas a sus amigos parisinos que luego fueron recogidas en un libro y publicadas en francés bajo el título de *La Havane*, y escribió en los periódicos *El Colibrí*, *El Siglo XIX* y *Faro Industrial de La Habana*. En *La Havane*, la condesa de Merlín denunció el daño que la administración española, *rabiosamente* intervencionista, hacía al desarrollo de la isla de Cuba. Escribió también: *Mis doce primeros años*, *Memorias y recuerdos* y *Los esclavos de las colonias españolas*.

Párrafos dedicados a Francisco de Arango y Parreño en una carta enviada al conde de Saint-Aulaire [*]

Si el germen de la civilización habanera se debió al guerrero que fue Velázquez, su moderno desarrollo es la gloria de un hombre, de un patriota de carácter dulce y apacible y de inteligencia clara, consagrado a su obra: Don Francisco Arango, muy poco conocido en Europa.

¿Puede usted creer, mi querido Conde, que en el mismo momento en que los filósofos de Francia destruían la sociedad con la esperanza de una regeneración imposible y de un ideal que siempre les huiría, ya había al otro lado del mar hombres sabios que asociaban el orden al perfeccionamiento y sacrificaban toda su vida al bien de sus semejantes, sin

---

[*] Se trata de la carta núm. XVIII, fechada en La Habana en 1842, y contenida en *La Habana* (Madrid, 1981. Prólogo y traducción de Amalia Bacardí). Título de la antóloga.

alardes ni beneficios, sin codicias ni ambiciones personales?

Tal fue Don Francisco de Arango, nacido en La Habana de una familia noble, el 22 de mayo de 1765. La naturaleza había hecho esta alma pura en el molde de los Fenelón, de Malesherbes y de Las Casas. No puedo evitar una emoción que usted comprenderá y compartirá conmigo sin duda alguna, ante estas existencias a las cuales les ha faltado el marco de la perspectiva de otro país y de otra época, para competir con las más grandes glorias que honran a la humanidad. Europa indiferente, absorta en sus intereses, no sabe que esta colonia española ha producido hombres comparables a Guillermo Penn, a Malesherbes y a Guillermo Howard, ella no sabe que la abolición de la trata de negros fue reclamada por primera vez por el habanero Arango.

Esta precocidad de talento y de actividad intelectual, que parece ser el signo particular de las naturalezas criollas, lo distinguió desde los catorce años, y uno de sus biógrafos dice que al quedarse huérfano a esta edad, administró los intereses de su casa paterna con tanta madurez y prudencia como si hubiera tenido cuarenta. En 1787 fue a España, donde a los veintidós se graduó de abogado en el Consejo Real. No tardó en rodearse de gran estimación y el cargo de Delegado, que le fue concedido por el Ayuntamiento de La Habana, no le sirvió más que para protestar sucesivamente contra todos los abusos que retardaban la prosperidad de la Isla, y en favor de todos nuestros intereses. Su conducta, su vida entera fueron consagradas, así como el empleo de su considerable fortuna, a una sola obra, la civilización, el engrandecimiento agrícola y financiero de su patria.

Debido a la larga tiranía que se había ejercido sobre el país, faltaban brazos para cultivar los campos. Sus productos eran devorados por los monopolios; la prosperidad territorial no existía ya que el propietario no podría ni siquiera cortar un árbol sin el permiso de la Marina Real; la población se encontraba reducida a ciento setenta mil trescientas setenta almas, la producción de azúcar había disminuído tanto que solamente se exportaban por el puerto de La Habana cincuenta mil cajas de azúcar al año; en fin, la Isla sólo tenía deudas y México debía ayudarla en los gastos naturales de su administración y de su agricultura. Desde el fondo de este caos comercial y político, Arango fue poco a poco sacando a la colonia que lo había visto nacer, para elevarla a la prosperidad que le estaba reservada. Ante su actitud, las cadenas de la Metrópoli fueron cayendo sucesivamente, y el último bien que hizo a su patria este ciudadano tan rico que murió pobre, fue dar la libertad a nuestros puertos, madre de nuestra opulencia, fuente fecunda de tesoros para España.

Arango vió que la necesidad más imperiosa de Cuba era el trabajo, que si le faltaban brazos a su agricultura todavía en la infancia, la desgracia de la colonia sería un hecho; así que lo primero que pidió fue protección para la trata, pues faltaban negros para el azúcar y los cafetales. Luego, en cuanto tuvimos suficientes brazos para nuestros cultivos, solicitó que se reemplazara progresivamente el trabajo de los africanos por el de una población blanca y libre. Con este informe se adelantaba a las ideas de su siglo; pero al reclamar la supresión futura de la trata africana no quería exponer a la Isla a los peligros de la emancipación, ni dejarla desposeída de sus medios de explotación industrial. Al principio de su misión administrativa, Arango aceptó la trata como un medio temporal e indispensable; la rechazó luego y pidió sustituírla por un trabajo civilizado. El trabajo de los esclavos levantó nuestra agricultura moribunda y pronto el porvenir demostró lo acertado del punto de vista de Arango. La insurrección de Santo Domingo vino a confirmar, a su vez, lo útil de su opinión en cuanto a la instrucción de la población blanca. La publicación de un excelente ensayo sobre la agricultura de La Habana y sobre los medios de favorecer sus progresos, llamó la atención a la Corte de Madrid y obtuvo para La Habana varios privilegios de los cuales todavía nos estamos beneficiando. El algodón, el índigo, el café y el aguardiente fueron declarados libres de impuestos por diez años, así como la exportación de productos agrícolas y la importación de utensilios necesarios a la industria. Además de estos privilegios, que hicieron la fortuna comercial de La Habana, pero que luego le fueron arrancadas, Arango propuso establecer una Junta de Fomento, un Tribunal de Comercio y hacer un viaje de investigación por Europa y el resto de América para recoger y aplicar según las necesidades de nuestra Isla, los documentos relativos al progreso industrial.

Todas estas instituciones fueron creadas gracias a la confianza que Arango había inspirado. El Conde de Casa Montalvo, mi tío materno, nombrado Jefe del Consulado recientemente establecido, emprendió con su amigo Arango nombrado Síndico del mismo Tribunal, este viaje de investigación.

Arango tenía entonces solamente veintinueve años. A su regreso a La Habana en 1795, publicó la relación de este viaje (*Relación del viaje que hizo el señor Arango con el Conde de Casa Montalvo*); varios agricultores y mecánicos les acompañaron. Fueron ellos los que trajeron la caña de azúcar de Otaití. Las observaciones de Arango, los nuevos procedimientos de los cuales habían recogido los detalles, y los hombres de experiencia que vinieron a establecerse en nuestra Isla, dieron nuevo impulso a la prosperidad agrícola.

La Isla estaba gobernada por un hombre de bien, cuyo recuerdo ha quedado grabado en el corazón de los habaneros: Don Luis de Las Casas. Los esfuerzos y éxitos de Arango fueron acogidos por este Gobernador con verdadero entusiasmo, y escribió a la Corte: "que este joven era una verdadera joya para la gloria nacional, un apoyo para La Habana y un hombre de estado para España". Identificarse con los intereses y el honor de la colonia, así como a la hombría de bien y al talento de este joven criollo, era a la vez generoso y político.

El sucesor de don Luis de Las Casas, el marqués de Someruelos, muy celoso de su autoridad, sentía sin embargo gran respeto por los méritos y servicios de Arango. Lo consideró ya maduro para recibir honores y le hizo dar la Cruz de Carlos III.

Después de haber cumplido con éxito una misión diplomática en la provincia de Guarico, Arango tuvo la ocasión de desplegar su firmeza de carácter, ya que durante los primeros acontecimientos de su vida apacible no la había puesto en juego. El príncipe de la Paz se hizo nombrar protector del comercio de La Habana y creyó poder disponer del producto de los impuestos para su bolsa privada. El Síndico del Consulado, Arango, opuso a esta pretensión injusta una valiente resistencia. Invencible en la lucha a pesar de los disgustos y las persecuciones que le prodigaron, no tardó en tomar la ofensiva haciéndole ver al Gobierno los vicios que existían en la administración del tabaco, arriesgando su posición social y aún intereses personales. Sus ensayos sobre *El cultivo y explotación del tabaco en La Habana,* es una obra de arte, así como el *Medio de mejorar la agricultura en la Isla y de aliviar su comercio.*

Gracias a él las contribuciones sobre nuestro tabaco, esencialmente viciosas, fueron suprimidas, y la exportación de los productos de la Isla, que la guerra con Inglaterra retenía en nuestros almacenes sin esperanza de hallar salida, no tardaron en colocarse con ventaja en el mercado.

Virtudes arraigadas de antiguo, un desinterés heroico y silencioso, se unían a una perseverante actividad en sus servicios públicos.

Arango renunció a los derechos judiciales que nuestras leyes conceden a los miembros de los Tribunales, cedió en varias ocasiones al Tesoro Público los emolumentos que le correspondían por los múltiples cargos que había desempeñado, contribuía con gran liberalidad a sufragar los gastos de varios festejos públicos e hizo donación al Estado de 26.380 piastras, sin contar el valor de los libros que donó a la biblioteca de La Habana, que se elevaba a la suma de 4.000 piastras. Todas estas obras benéficas fueron hechas en el más profundo silencio y veladas por la constante modestia de Don Francisco de Arango.

No era de extrañar que un tal ciudadano fuera elegido representante de la colonia que le debía tanto y tan numerosos beneficios. Partió en 1813 para la Península y obtuvo como coronación a sus servicios la libertad de nuestros puertos, el derecho de la naturalización para los extranjeros y algunas medidas relativas al crecimiento de la población blanca. Se casó en 1816 con Doña Rita de Quesada, hija del Conde de Donadío. Regresó a La Habana en 1817, fue nombrado Consejero de Estado, Intendente Interino de la Isla, y recibió la Gran Cruz de Isabel la

Católica. Se solicitó por el Ayuntamiento para él, un título de Castilla, y cuando el Rey se lo concedió, lo rechazó, testimoniándole su agradecimiento por este Real favor. Trabajo me costaría contar con detalles las mejoras que se introdujeron durante los últimos años de esta administración verdaderamente gloriosa. Murió el 21 del marzo de 1837 a los setenta y dos años. Fue una de las almas más puras, uno de los espíritus más inteligentes y de carácter más firme, así como una de las vidas más generosas de la cual nuestra época debe de enorgullecerse. Las últimas palabras que pronunció fueron verdaderamente conmovedoras: "Me llevo en mi conciencia el no haber hecho llorar nunca a nadie".

La Habana debe dos estatuas, una a Velázquez, su fundador, tipo lleno de fuerza y resolución caballeresca; y la otra a su benefactor Arango, símbolo más dulce de las costumbres modernas y del perfeccionamiento progresivo de la humanidad. Dedicado en cuerpo y alma, pensamiento y fortuna a su patria bien amada, no hizo más durante toda su vida que estrechar los lazos entre la Metrópoli y la colonia, al darle salida a todos los gérmenes de nuestra prosperidad que permanecían ahogados, así como un ejemplo y una enseñanza a nuestros gobernantes.

Usted me perdonará, mi querido Conde, por haber distraído su atención tan largamente sobre (...) este habanero del cual ni su nombre ha traspasado los límites de nuestra Isla, y que sus claras virtudes e inteligencia hubieran hecho la gloria de las naciones más civilizadas de Europa. En vez de separar a los hijos del país de los empleos públicos, sería justo y político a la vez aprovecharse de sus inteligencias y animarlos en sus esfuerzos. Hoy mismo más de un habanero marcharía sobre los pasos del gran ciudadano del que acabo de esbozar el relato de su vida, si una política sabia y paternal les permitiera mezclarse a los intereses nacionales. No son, ni la inteligencia ni el valor ni el entusiasmo lo que les falta, sino la libertad y la posibilidad de actuar.

III
JOSE AGUSTÍN CABALLERO

Nació en La Habana en 1771 y falleció en la misma ciudad, en 1835. Desde muy joven demostró vocación eclesiástica y tomó los hábitos. Estudió en el Real Seminario de San Carlos y San Ambrosio, donde fue Director y catedrático de Filosofía. También en la Real y Pontificia Universidad de La Habana, donde obtuvo el grado de Doctor en Derecho Canónico. Educador destacado y típico hombre de la Ilustración, Caballero fue el primero en plantear la reforma universitaria en su opúsculo: *Memoria sobre la necesidad de reformar los estudios universitarios* (1795), donde criticaba el excesivo escolasticismo de la enseñanza universitaria en Cuba. Fue también el primero en llevar a las aulas las doctrinas de Locke, Condillac, Verulamio y Newton, y en hablarles a sus alumnos de experimentos y de física experimental. Además, ocupó varios cargos públicos y honoríficos en el periodo de gobierno de su amigo Luis de Las Casas, fue miembro fundador y director de las secciones de Artes y Ciencia y de Educación de la Sociedad Patriótica de La Habana, redactor de *El papel periódico* —semilla del periodismo en Cuba—, colaborador de las publicaciones: *El Lince* y *El Observador Habanero*, y autor de unas *Lecciones de Filosofía Ecléctica* (1797), escritas en latín. Caballero formó discípulos de la talla de Félix Varela, José Antonio Saco y su sobrino José de la Luz y Caballero.

Quince proposiciones de un proyecto de gobierno autonómico para Cuba [*]

1. CUÁL sea la forma de Gobierno que nos convenga, (...) nos lo diría el mismo Instituto Nacional de las Cortes Generales y extraordinarias. ¿De dónde le ha venido la grande opinión que disfrutan, de dónde la autoridad no disputada que en ellas reside, sino de que fueron electas por el pueblo? Ante esta autoridad plena directa, universal, desaparecen o, al menos, se someten todas las corporaciones, todas las caballerías, todas las demás autoridades. Ninguna otra que no

[*] Contenido en la compilación de Hortensia Pichardo: *Documentos para la historia de Cuba* (t.I, Instituto Cubano del Libro, La Habana, 1971). El título y la numeración de las proposiciones son de la antóloga.

sea dimanada del pueblo, se cree podrá ejercer el poder legislativo con más acierto, como que siendo el objeto de las leyes el constituir la felicidad del pueblo, y disponer de los haberes públicos que salen de él, parece más conforme a la razón que se consulte por los mismos representantes del pueblo, electos por él en número proporcional y suficiente para disponer, reunidos en período legislativo las mejores luces y conocimientos de la Nación. No así con el Poder Ejecutivo, encargado de la ejecución de las leyes y de la defensa del Estado. Su operación está cifrada en la unidad, prontitud y vigor de la acción, que ese otro poder exige una sola y visible cabeza dotada de una acción que desembarace para obrar con arreglo a la voluntad nacional, y la ejecute por medio de los miembros que le están subordinados. El Poder Legislativo representa, en el cuerpo político, lo que la voluntad o intención mental en el cuerpo humano: el Ejecutivo, la acción y movimiento corporal de donde dimana.

2. Debemos, por consecuencia, de conformidad con el sistema general que netamente se ha manifestado ser el más arreglado a los presentes intereses y situación de nuestros negocios, suplicar al Congreso Nacional que constituya aquí una Asamblea de Diputados del Pueblo con el nombre de Cortes Provinciales de la isla de Cuba, que estén revestidas del poder de dictar las leyes locales universales de la Nación, ya sean dictadas nuevamente por el Congreso Nacional, ya sea por el antiguo establecimiento de la Legislación Española en todo aquello que no sea en ella derogado.

3. Debemos asimismo suplicar que al primer Jefe de la Isla, único y eficiente representante del Monarca o sea del Poder Ejecutivo, se le dé un Consejo, con cuyo acuerdo y conocimiento pueda imprimir a la gobernación general de este país la serenidad de acción y energía de que carece.

4. El Cuerpo Legislativo podría componerse, vista la extensión de la Isla y de su presente población, de 60 Diputados; los 30 correspondientes a la jurisdicción territorial más necesaria por su opulencia, población e ilustración, quizás menos iguales al resto de la Isla. Los otros 30, en esta proporción: 9 de la jurisdicción de Santiago de Cuba; 6 de Villa de Puerto Príncipe y 3 por cada una de las jurisdicciones de Trinidad, San Juan de los Remedios, Sancti Spíritus, Villa Clara y Matanzas.

5. En cuanto al modo de las Instrucciones, conviene, antes de proponerlo, analizar el método que se ha adoptado en España para la elección de Diputados en Cortes por la Instrucción del mes de enero de 1810. En ella el derecho del sufragio que ejerce el pueblo está trasmitido por cinco escalas o elecciones intermedias de unas manos a otras, hasta llegar a la ulterior de los Diputados en Cortes. Después de que los vecinos cabezas de familia han usado de su derecho del sufragio en cada parroquia para elegir en cada una doce electores, la segunda elección es que estos doce electores se reducen a uno solo por cada parroquia. La tercera consiste en que congregados tantos electores como parroquias haya en cada Partido, en la carencia de éste, reducen su número a uno proporcional que no baje de doce electores. La cuarta es que estos electores de Partido elijan un corto número, también proporcional, que concurren juntamente con los de los demás Partidos de la Provincia a la Capital de ella, donde en quinto lugar hacen en las formas indicadas la elección del número de representantes que corresponde a la Provincia. La instrucción dada no exige para los vecinos del primer sufragio y los electores, de cualquier clase que sean, otra calificación que la que sigue:

Que sean mayores de 25 años y que tengan casa abierta, comprendiendo en esta clase los eclesiásticos seculares: y sólo incluir el derecho activo y pasivo del sufragio a los que estuvieron procesados por causa criminal, los que hayan sufrido pena corporal aflictiva o infamatoria, los fallidos, los deudores a los caudales públicos, los dementes y los sordo-mudos, y también a los extranjeros, aunque estén naturalizados, cualquiera que sea el privilegio de la naturalización. La calificación para Representante en Cortes se reduce a que se puede ser persona natural del Reino o Provincia, aunque no venda ni tenga propiedades en ella, como sea mayor de 25 años, cabeza de casa, soltero, casado o viudo, que sea noble, plebeyo o eclesiástico secular, de buena opinión y fama, exento de crímenes y reato; que no haya sido fallido, ni sea deudor a los fondos públicos, ni en la actualidad doméstico asalariado de cuerpo o persona particular.

6. Nos parece que en país donde existe la esclavitud y tantos libertos como tenemos, conviene que el derecho primitivo de sufragio descanse exclusivamente en la calidad de español de sangre limpia, con bienes de arraigo en tierras o casas urbanas y rurales, sin que para ello sea suficiente la propiedad en mercancías, ganados, esclavos, u otros bienes muebles, que la cuota sea fijada en tres mil pesos para los pueblos de Ayuntamiento o lugares y Partidos del campo, y en tres mil pesos para las Capitales de la Habana y Santiago de Cuba.

7. Creemos que el derecho del sufragio, así amarrado, no conviene que tenga en esta Provincia más que una sola escala o elección intermedia entre el sufragio del pueblo y la elección de los Representantes en las Cortes Provinciales; y suponiendo que tengamos, lo que se puede dudar, cien mil cabezas de familia en toda la Provincia, se podría establecer la escala intermedia a un elector por cien vecinos con derecho del sufragio; y con respecto a la gran desigualdad de población en los Partidos o Parroquias dedicados a la crianza de ganado, en comparación de los ocupados en cultivo, se podrían establecer las reglas siguientes: que pasando los vecinos de cincuenta, aunque no llegasen a ciento, tuviesen un elector, y lo mismo en pasando de ciento hasta llegar a ciento cincuenta; y tuviesen desde ciento cincuenta a doscientos cincuenta; entendiéndose que todo Partido que tuviese menos de cincuenta, se reuniese con el más inmediato para las elecciones primarias.

8. Los electores se juntarían en los territorios de Justicias ordinarias o señoriales en el pueblo donde éstos residiesen, y en cada uno de éstos habría una Junta de Presidencia a la manera de las indicadas en la Instrucción Octava; y respecto a que en la parte de Sotavento de la Habana y otros Partidos populosos no hay pueblo alguno de Ayuntamiento, podría comunicarse a una Junta de Presidencia en los pueblos principales del campo para presidir las elecciones primarias y segundas, como verbigracia: Guane en Pinar del Río, Guanajay y Güines. Para arreglar últimamente la proporción que se hubiese de guardar en el número de electores con respecto al de Representantes por elegir, convendría se formasen de antemano, aunque con breve término se remitiesen a las siete capitales citadas como Provincias o Distritos principales de la Isla, para que con vista de ellas se arreglase la distribución de electores con proporción al cupo respectivo de representantes en cada Distrito, a fin de evitar a los electores la demora, fatigas y gastos de más largo viaje a las dos capitales de Cuba tan remotas de las demás partes de la Isla.

9. Se ve que por la notable desigualdad que hay entre la población y la extensión de terrenos en las Parroquias y el corto número actual de éstas en la Isla, no se puede guardar el orden establecido en España, donde cada Partido contiene varias Parroquias; siendo aquí a la inversa, que hay Parroquias tan extensas en territorio no en población, que ha sido preciso que el Gobierno para la comodidad del servicio las divida en varios partidos pedáneos.

10. Siguiendo el mismo principio de arraigo como historial esencial del derecho de sufragio pasivo de vecinos y el de sangre limpia, además, para que los electores den la forma referida, nos parece todavía mas necesario asignar una considerable cuota para los Representantes. Está en nuestro sentir, en país como éste, que debía ser, cuando menos, de doce mil pesos en bienes raíces, que en un caudal mediano aun entre los ganaderos de reses menores, o sean corrales de cerdos. En cuanto a la calificación de estas cuotas, a fin de evitar trámites judiciales y dilatados, convendría que saliera de la misma comisión de los vecinos en las Juntas de elecciones en que los Magistrados que presidan, entre las recomendaciones (...) agregasen la de denunciar cualquiera falta que se notara en la cuota de propiedad ya conocida (...)

11. Estos son los medios provisionales que en las primeras elecciones se podrían usar para remediar la falta de fórmula de padrones regulares, que no tardarían en hacerse después, así como se estudiarían las demás perfecciones asequibles en esa nueva Constitución luego que tuviésemos un Gobierno Provisional.

12. El Consejo Ejecutivo que hubiese de asistir al Gobernador Capitán General en sus deliberaciones, como segundo brazo de la Legislación Provincial, podría componerse de doce vocales, y para asegurar mejor su buena opinión en el concepto público, convendría que por cada una de las plazas nombrase el Cuerpo Legislativo o Cortes Provinciales una terna entre los sujetos más recomendables del país, eligiendo el Gobernador en cada terna al individuo que más le acomodase.

13. Constituídas las Cortes Provinciales, serían soberanas en el recinto de la Isla, y se refundirían en ellas todas las funciones gubernamentales de la Intendencia, de la Junta de Derechos de la de Maderas, la de temporalidad y demás gubernativas que hubiese en la Isla. Elegirían su Presidente y demás Miembros necesarios para la división y despacho de las tareas. Y respecto a que las Audiencias tienen el tratamiento de Alteza, debía ser el mismo el de las Cortes Provinciales, en consideración a sus altas y soberanas facultades.

14. Las disposiciones acordadas por esta Asamblea a pluralidad no absoluta, sino de los dos servicios de sus votos, no tendrían fuerza de Ley Provincial hasta que estuviesen aprobadas por el Gobernador Capitán General, Regente nato a nombre del Monarca, o sea del Poder Ejecutivo constituído por las Cortes Nacionales. Este la habría de dar con precisa deliberación en el Consejo Ejecutivo, en el espacio de tres semanas después de la remisión a sus manos, con obligación, en contrario evento, de explicar por escrito a las Cortes Provinciales los fundamentos de la discrepancia, a fin de que en tal caso se pudiese, por ambas partes, dar cuenta de la Ley pendiente al Gobierno Supremo, según pareciese conveniente o necesario. Al Gobernador en Consejo pertenecería la promulgación y publicación de todas las Leyes y Reglamentos Provinciales.

15. Con arreglo a la división de poderes promulgados por las Cortes Nacionales, sería condición constitutiva de las Provincias de esta Isla no entremeterse en las atribuciones que haya tenido o tuviese el Gobernador como cabeza única y central del Poder Ejecutivo en esta Isla, ni menos en la Administración de Justicia. No obstante, y para mejor asegurar esta última, considerando que las diferentes investiduras del Gobernador, como Juez de diversos Tribunales civiles, le quitan mucho tiempo, empleándolo, sin utilidad alguna al público, en poner simples firmas, distrayéndolo de las altas atenciones que merecen los negocios militares y legislativos o económicos, conserve sólo como Capitán General el Juzgado militar, y trasládense las demás investiduras judiciales a un Corregidor independiente, a quien también se encargue especialmente el Juzgado de la Policía criminal, conforme el plan promovido por este Cabildo secular.

Este plan es el mismo que la Nación ve planificado en sus Cortes generales. Estas, con establecerlo aquí, recogerían todas las ventajas que antes hemos anunciado. Podrían contar con la constancia y armonía que guardaría un Cuerpo subalterno, que se consideraría como hijo de los mismos principios, rama del mismo tronco; estaría seguro el Gobierno de encontrar en éste un instrumento fiel de sus voluntades, un ejecutor obediente y celoso de sus preceptos, que le facilitaría con eficacia la cuota de socorros que nos cupiese mandar a España en proporción de las demás Provincias. Por otro lado, por la íntima unión y concierto de los brazos de la autoridad provincial, las operaciones generales que dictara el Poder Ejecutivo Nacional, adquirirían un grado de acción y energía hoy desconocido.

Nosotros, en el círculo de nuestro territorio, bendeciríamos la magnanimidad del Supremo Gobierno, a quien deberíamos creer capaz de remediar los males existentes, y de poner en movimiento una multitud de manantiales de pública y privada felicidad. Nacería en la Hacienda la economía y el buen orden que en ella debe haber; se haría respetable a poca costa la fuerza pública, y la defensa de la Isla, en caso de futura invasión, tanto por las tropas regladas mejor mantenidas, como por el establecimiento de una milicia que ya sin inconveniente ni recelo se podría establecer. Se significaría nuestro comercio por la claridad y sencillez de las ejecuciones, y desaparecerían los subterráneos ataques que contra él dirige un brazo interesado y preocupado. Se fomentaría en nuestras costas el cabotaje, la pesca, la construcción de embarcaciones, y en medio de la valla de nuestro poder marítimo, conservaríamos aquel que bastara a mantener nuestra defensa, quizás no despreciable, y útil a la marinería, que vendría a ser ocupación tan favorita de estos naturales como la agricultura. Veríamos, después de tres siglos de estudiado abandono, nuestros hijos recibir en su patria una educación adecuada a su nueva situación, con importancia en el orden político; se poblarían en breve tiempo nuestras tierras yermas, con grandes creces de la fuerza y opinión pública; se perfeccionarían nuestra agricultura y nuestras artes; se ejecutarían por la protegida unión y natural espíritu de individuos particulares, en asociaciones que siempre ha desanimado el poder arbitrario; multitud de caminos, puentes y otras obras públicas y piadosas; en fin, la fe y el crédito público, sentado sobre bases respetables y permanentes, no serían por más tiempo el juguete de la inconsecuencia y de la inmoralidad de unas Cortes corrompidas y unos Ministros arbitrarios en sus operaciones. Presentaría, en fin, nuestra Isla, un teatro vivificado por la industria, la buena fe y la confianza, en lugar de la apatía, de la desconfianza y del desaliento.

IV
FRANCISCO RUIZ

Nació en La Habana en 1817 y falleció en esa misma ciudad, en 1858. Estudió en el Real Seminario de San Carlos y San Ambrosio donde más tarde fue profesor de Filoscfía. También impartió cátedra de Filosofía en el Colegio de San Cristóbal, y de Física en el Liceo. Fue miembro de la Sociedad Económica de Amigos del País y de la Academia de Literatura. Su obra más destacada fue el elenco de 1841: *Proposiciones deducidas de la doctrina que enseña en la clase de Filosofía del Real Colegio Seminario de San Carlos en Ideología, Lógica y Moral el Presbítero Ruiz*. Fue también asiduo concurrente a las tertulias de José de la Luz y Caballero, José Antonio Saco y Domingo del Monte donde destacó como polemista. Escribió en la *Revista Bimestre Cubana*, donde apareció su ensayo *Economía aplicada a España*, y dirigió la publicación *El Amigo de la Constitución*. Sostuvo con González del Valle una larga polémica sobre la *moral utilitaria* que recogió la prensa de la época.

Sobre Holbach y el sistema de la naturaleza [*]

RESUELTA, como acabamos de ver, en mi favor la cuestión principal, porque fué la que dió motivo a esta polémica, pudiera en dos palabras contestar al resto de su elegante artículo, diciendo que puesto que V. en él ataca a Helvecio, Bentham y otros autores, cuya defensa, ni por poder ni de oficio he querido admitir, quedaba terminada nuestra discusión, pero en obsequio del importante objeto que nos ocupa, y por la utilidad que pueda redundar al público, me encargo de presentar algunas de las observaciones que me han ocurrido con la atenta lectura del artículo que contesto (...)

Explicado el principio de utilidad en los términos que llevo expuestos, y que con mayor extensión se encuentran en mi anterior artículo, deben desapa-

---

[*] Carta de Ruiz publicada en el *Diario de La Habana* el 30 de agosto de 1839, dirigida a Manuel González del Valle. Está contenida en el capítulo *La moral utilitaria* de la obra: *La Polémica Filosófica* (t.II, Biblioteca de Autores Cubanos 13: José de la Luz y Caballero, vol. III, Editorial de la Universidad de La Habana, La Habana, 1948).

recer esos vanos temores que tanto alarman su exaltada imaginación, y en lugar de suponer, partiendo de falsas premisas, que los hombres guiados por este racional principio habían de encontrarse en abierta pugna con sus hermanos, y preparados a cometer hasta el horrendo crimen de atentar contra la existencia de aquel que creyesen que no contribuiría a su bienestar, que verían con envidia los goces ajenos y se alegrarían de las miserias y desdichas de sus semejantes; en lugar de todo esto, y mucho más que presenta el recargado cuadro que V. ofrece, resultaría todo lo contrario, y muy de otro modo que V. lo supone. Va V. a verlo muy en breve.

Estudiando el hombre, su naturaleza, según la posición que ocupa en el Universo, y las relaciones que le ligan con todos los seres, descubre desde luego que las tiene muy íntimas con sus semejantes, y advierte que de estas relaciones derivan ciertas leyes constantes e invariables que sirven de norma a sus operaciones; la experiencia le enseñó que el fuego, v.g., atacaba con energía su existencia, produciendo un intenso dolor, se alarmó el instinto de su conservación, y rehuyó del fuego por evitar el dolor y la muerte. Del mismo modo y por el mismo idéntico principio evitó ofender a sus semejantes, hiriéndoles v.g., porque notó que tal acción ejecutada por otro en él había producido, no sólo el daño físico, sino cierta reacción interna de su ánimo que le impulsó a rechazar con energía la causa inmediata del daño, no menos que a ofender al que lo causó. Fácil le fué, pues, entonces descubrir el canon, o establecer la ley de *no hagas a otro lo que no quisieras que te hiciesen a ti*; es decir, no te olvides, no desatiendas, no pierdas un momento de vista la utilidad que se te ha de seguir de no dañar a tu prójimo, que desde luego, y prescindiendo de otras mil consideraciones *evitarás el mal o daño que por represalia pudieran causarte. Hazle a otro todo aquello que quisieras te hiciesen a ti.* Este canon, como se advierte, adelanta mucho más la acción del principio poniendo en ejercicio el sentimiento de la benevolencia, y haciéndola efectiva. Sigue, pues, la razón discurriendo por lo que en nosotros pasa, y nos enseña la experiencia sernos conveniente, y provechoso, esto es, útil, aplicar tan bello sentimiento en favor de nuestros semejantes, cuando las circunstancias lo exijan. Que es recíproca esta utilidad no necesita demostrarse, pues quien ejerce la beneficencia labra la fuente más pura y abundante de felicidad, y quien dice felicidad tiene forzosamente que reconocer utilidad en los objetos o medios que la causen.

¿Y cómo podría el hombre, sociable por naturaleza, cumplir con el bello instinto de mejora y perfectibilidad, si no arreglase también su conducta de tal modo que al comparar la suma de bienes y males que le ofrece la existencia, encontrara un gran excedente de la primera partida sobre la segunda? Para esto ha de procurar disminuir en cuanto sea posible, si no todos los males porque los hay inherentes a nuestra naturaleza, al menos aquellos que resultan de nuestra ignorancia, la cual nos impide arreglar de un modo conveniente nuestros encontrados intereses y opuestas relaciones sociales, al paso que ha de trabajar de consumo en el aumento de los bienes, que se componen y constituyen de cuanto por su cualidad utilitaria pueda asegurar nuestra felicidad, que consiste en vivir según los designios de nuestro benévolo Autor. (...)

Los que consulten debidamente este principio han de poseer conocimientos no vulgares acerca de la naturaleza e índole de nuestras pasiones para darles la conveniente dirección, a fin de que coadyuven con su poderosa acción a que el hombre llene los altos designios de su Autor. Y helo aquí como uno de los mejores correctivos de las pasiones. ¿Y no se dispensará V. la demostración de que quien lo conozca, y sepa usarlo, lejos de sentir esas congojas que tan donosamente supone V., por la pérdida de su juventud, permanezca tranquilo, viendo acercarse la rugosa vejez, porque con bastante anticipación haya sabido prepararse acopiando cosas muy útiles, que así contribuyan al dulce recreo de su ánimo en los últimos términos de su vida, como al consuelo y resignación en los achaques y dolencias que pueda sufrir su enferma y quebrantada naturaleza?

Como que nunca debe desamparar al hombre que con sinceridad procura perfeccionar su naturaleza, no pierde ocasión de enseñarle a preparar el campo de la vida, de tal modo que encuentre su felicidad y ventura en cuantas situaciones pueda colocarle su destino, porque como he dicho en mi anterior artículo, le está encomendada la preciosa joya de nuestra felicidad. Esta se disfruta no sólo gozando de los placeres físicos, morales e intelectuales, sino privándonos de ellos, y hasta sacrificando unos a otros, si así lo reclama el principio, y por eso el cónsul Bruto cuando inmoló a sus hijos en las aras de la patria, ejecutó un acto de heroica virtud, y cumplió con un doloroso deber, pero quien no esté muy preocupado descubrirá desde luego la razón de inmensa mayor utilidad que obligó al cónsul romano a pasar por tan duro trance.

Desengáñese V., amigo mío. El principio utilitario, según los términos en que lo establezco yo, no sólo concilia el cordial afecto de las virtudes y deberes que nacen de nuestras relaciones, sino que creará o descubrirá muchas nuevas, al paso que cancelará otras de su catálogo; porque como he dicho en mi anterior contestación, "todas estas clasificaciones (voy hablando de las acciones buenas y malas, virtuosas, etc.) las ha formado el hombre ensayando antes sus acciones en la piedra de toque, que es el principio utilitario", y por eso se han hecho algunas rectificaciones en dicha clasificación; de donde han resultado excluídas del rango de las virtudes ciertas acciones que lo habían alcanzado por usurpación, hasta que a la irresistible prueba del principio, se descubrió la impostura, quedando así más depurada la Moral.

Aunque Dios se dignó dotar al hombre de razón y libertad, fué su benévolo designio que se conformase en el uso de tan preciosas facultades a ciertas leyes que derivan de su misma naturaleza, y de las relaciones en que se encuentra con los seres que le rodean, leyes que tienen por objeto concurrir todas a la perfección de su ser, a fin de que llegue al supremo grado de dicha y felicidad que le es dable gozar sobre la tierra. De aquí resulta que si se cambiara nuestra naturaleza, cambiarían también nuestras relaciones y con ellas nuestras leyes.

Veo que este artículo ya es demasiado largo, y que se irán fastidiando los lectores, pero así es menester que sea si he de exponer una mínima parte de las ideas que me ocurren en contestación al de usted. La descarga que en él hace a los hipócritas, que afectando virtud sólo buscan su vil y mezquino interés, lejos de tocar al principio en los términos que lo entiendo, lo favorece en grado eminente: él es su más irreconciliable perseguidor, y el que mejor desenmascara no sólo a los hipócritas de todas ralas, sino a los pedantes y charlatanes. Todas las acciones, como hemos dicho tantas veces al respecto, tienen que reducirse a su intrínseco valor; por consiguiente, sería arrojado del número de los virtuosos el que sin merecerlo hubiese osado colocarse entre ellos, cual le sucediera al charlatán que quisiese ocupar un puesto distinguido entre los sabios. Respecto a esta escoria de la sociedad (hablo de los hipócritas) usted convendrá conmigo en que es canalla que inficiona con su aliento lo más sagrado, invadiendo no sólo el campo de la religión y la moral, sino el de la política, si éste le ofrece más rica mina que explotar, haciendo que le paguen a buen precio el ferviente amor a la patria, que sólo existe en sus labios.

Yo conozco otros que afectando la mayor austeridad de principios, subliman tanto sus contemplaciones que nada encuentran perfecto bajo el sol, y hacen sus jeremiadas cuando comparan lo que es el hombre con lo que debiera ser: de suerte que a muy poco apremio, se les tomaría por unos verdaderos profetas, y si aquellos tiempos volvieran, no dudo que se presentaran con su prolongada barba, descompuesta cabellera, túnica puesta y báculo empuñado, afectando mesura y gravedad en su porte, y sin embargo no son profetas, no son filósofos, no son sabios, no son virtuosos, no son sino unos hipócritas embusteros. Pero consolémonos con que a proporción que el modesto principio utilitario vaya adquiriendo popularidad, irán cayendo todas esas máscaras.

Si el moralista utilitario no desdeña las riquezas, el poder y otras consideraciones que le dan posición ventajosa en la sociedad, es porque ve que estas cosas contribuyen también a la mejora del hombre, y por consiguiente forman parte de los agentes de la dicha. Tampoco afecta despreciar los goces que tan espontáneamente le ofrecen los sentidos; semejante conducta argüiría o solapada malicia o falta de reconocimiento y gratitud a nuestro benévolo Autor por estos beneficios con que ha querido favorecernos.

Lo que detesta el moralista utilitario es la afectación, de cualquier naturaleza que sea, porque lo que le complace es presentar con modestia el fruto o resultado de sus trabajos, para que se les juzgue y aprecie, no por timbres y sellos, sino por lo que en sí valgan; las lisonjas y adulaciones le apestan a leguas, porque no quiere que se le tenga en menos, pero tampoco en más de lo que es, hallándose conforme y satisfecho con su título de hombre. Fuera de esto ama con predilección la sinceridad, la ingenuidad, la verdadera franqueza, la cordial amistad y todas las virtudes, porque llenan su ánimo de los más dulces consuelos, y porque siente que en ellas se encuentra un activo colaborador en la obra de la providencia, respecto a la perfección y felicidad del hombre. Bienes son éstos, mi doctor, que no se cambian por ningún precio, y por consiguiente es infinita su utilidad para el que tiene la suerte de gozarlos.

Lo que si me ha parecido extraño de su buen juicio es que haya usted tachado los raciocinios que formé para probar el sistema de la utilidad, con la nota técnica de *petitio principii* (petición de principio): *porque repito lo que he debido probar*. ¿Pues qué, no he probado mi proposición cuando digo "que siendo el objeto de la Moral la perfección del hombre como ser físico, moral e intelectual, para que se proporcione la mayor suma de felicidad, ha de procurar que los medios adecúen y correspondan a tan santo fin, y que esta cualidad no puede de ningún modo tenerla si les falta la utilidad, esto es, la circunstancia que produce la dicha y felicidad del hombre, supremo bien y fin de la moral?" ¿Qué otra clase de demostración se conoce en Lógica que difiera esencialmente de explicar los términos, fijar la acepción de las voces que determinan y constituyen la proposición, y presentar los hechos que testifiquen su verdad? ¿Ha faltado por ventura alguna de estas condiciones en mi demostración? ¿No he fijado la acepción en que tomo la palabra utilidad? ¿No he presentado varios hechos tomados de los que prescribe nuestra misma religión, y de fuera de ella, los cuales si causan nuestra verdadera felicidad, como efectivamente la producen, es porque nos son útiles? Acaso querría usted, cuando alego que la justicia, los preceptos del Decálogo, la caridad, que sirve de base a nuestra augusta Religión, y otras virtudes, que produciendo inmensos bienes a la sociedad han de proporcionarle por lo mismo la suprema utilidad, me hubiese detenido en la demostración de cada uno de estos asertos. No lo hice porque el buen método, en obsequio de la brevedad, prescribe que las verdades obvias no se demuestran, y porque hay cosas tan claras y tan evidentes que el empeñarnos en demostrarlas sería oscurecerlas. Creo que con lo que acabo de decir se convencerá usted que no solamente he probado en mi anterior artículo la verdad de mi proposición, sino que he demostrado que la que usted establece o sea la Ley del deber, si no quiere extraviarnos y hacernos incurrir acaso en los más extravagantes y funestos absurdos, necesita acogerse a su bandera, y no mandar que se ejecute nada sin que antes ponga su visto bueno el principio utilitario.

¡Ya se ve! Usted se ha preocupado de tal modo contra el principio, que por más esfuerzos que hago para hacerle entender, que no lo aplico con la estrechez que usted supone, que en él incluyo no sólo el hombre físico sino al moral e intelectual, que lejos de sacrificar los goces y puras delicias de estos elementos, los más nobles del hombre, a los apetitos y goces sensuales, exijo, porque lo demanda el principio, que les estén subordinados; pero usted nada oye y sigue imperturbable en su impugnación, no contra mi doctrina, sino contra los que propalen o se imaginen semejantes absurdos. Sí he de decir a usted lo que en mí pasa: las ideas de dicha, felicidad y utilidad las veo con la misma relación que tienen las de círculo, redondez y centro del círculo(...)

V
MANUEL GONZÁLEZ DEL VALLE

Nació en La Habana en 1802 y falleció en la misma ciudad, en 1884. Abogado y filósofo, estudió en el Real Seminario de San Carlos y San Ambrosio, donde fue discípulo de Félix Varela. Pasó luego a la Universidad de La Habana, donde se doctoró en Derecho y en Filosofía. En ella desarrolló su principal labor educativa, pues fue profesor interino de Prima de Leyes, catedrático de Lógica y de Ética, y decano de la Facultad de Filosofía. Fue también profesor en la Academia Teórico-Práctica de San Fernando. Como casi todos los intelectuales cubanos de su época, González del Valle ocupó importantes cargos públicos, fue miembro activo, secretario de Educación y director de la Sociedad Económica de Amigos de País, presidente de la Sociedad Patriótica y académico de la Academia Cubana de Literatura. Publicó en conocidas revistas como *Bimestre Cubana*, *Brisas de Cuba* y *Revista de La Habana*. Aunque escribió varios libros de poesía, González del Valle debe su fama a sus ensayos de temática filosófica, entre los que destacan: *Programa de materias filosóficas* (1839), *Artículos publicados sobre Psicología, según la doctrina de Cousin* (1840) y *Estudio de la Moral* (1843)

Más sobre el principio de utilidad *

LA VERDAD: antes que yo, un estimable patricio (José de la Luz y Caballero) dio en prenda de su amor acendrado a la Moral y para aviso de la juventud que va al Colegio de Carraguao por buena educación, aquel *Elenco de 1835*, que fue para los inteligentes la aurora de un nuevo adelantamiento filosófico en el país, y un consuelo en la ausencia del ilustre sabio y ejemplar sacerdote que nos inició en los conocimientos de Bacon, Descartes y Newton (José Agustín Caballero). Oigamos, entre las delicias de la gratitud que nos acompañan en estos momentos, las

---

* Fragmento de una carta dirigida a Francisco Ruiz y publicada en el *Diario de La Habana* el 7 de septiembre de 1839. Se encuentra contenida en el capítulo *La moral utiulitaria* de la obra *La Polémica Filosófica* (t. II, Obras de José de la Luz y Caballero, en Biblioteca de Autores Cubanos vol. III, Universidad de La Habana, La Habana 1948).

bien meditadas proposiciones del moralista del colegio de Carraguao. Aquí está:

> *141.* Los partidarios del principio de utilidad han confundido el hecho con el derecho, sustituyendo una sátira del vicio a un análisis de nuestros principios naturales.
>
> *142.* La veracidad ilimitada que se observa en la infancia no puede ser el resultado de la experiencia. ¿Cómo podrá explicarse este fenómeno por el principio de la utilidad?
>
> *143.* La moral del interés nos abre un abismo de males: he aquí sus consecuencias forzosas: 1ª, el olvido de nuestros derechos; 2ª, la pretensión de contentar al hombre sólo con goces físicos; 3ª, la degradación del carácter nacional.
>
> 144. Aunque se ha dicho con mucha verdad que los pícaros son unos malos calculadores, de ahí no se infiera que los buenos no sean más que unos hábiles especuladores.

Después, allá en la proposición 148, de un rasgo sale definida la virtud con estas palabras de verdadera unción moral: la obediencia al deber. Al que puso entre nosotros tan caras y transparentes las tendencias perniciosas del sistema utilitario, a él la palma y a mí la ocasión de que se reconozca que es suya.

Y no se lamente V. de la indefensión de Helvecio, Holbach, Bentham y compañía; que textos legaron a la historia de la ciencia, y discípulos le sobran pregoneros de que el principio campeador por excelencia en moral y legislación ha de ser el acomodaticio de la utilidad. Lo que sucede es que los tales textos pasan ya por testamentos de la doctrina que desahuciada y moribunda en la moral, por haberse querido levantar con los dominios del soberano deber, confesándose ya subordinada a la aprobación de la justicia, va a vivir en su paraíso terrenal de la Economía política.

En efecto: antes se aplicaba el concepto de la utilidad a las relaciones del hombre con las cosas materiales y los animales, y mejor se entiende así por todos, que con respecto a las anomalías sagradas de derechos y deberes (...)

En los tribunales se está a derecho, se está a justicia y no a lo útil. Allí se administra justicia que no utilidad, por más vueltas que dé el prurito de hipótesis para no quedar desairado. Lo útil se consume, varía, caduca y perece. ¿Y lo justo? Nunca, jamás. La utilidad es una contingencia, un accidente, y la justicia no. Son las cosas más o menos útiles, pero las intenciones, los hechos libres no son más o menos justos. No hay alternativa: o son justos o no lo son ante la ley del deber.

Cumple la calificación de útil al caballo que tira del carro, al buey que ara dócil el campo, a la columna que sustenta un edificio: útiles sean en paz los rápidos barcos de vapor: útiles los caminos de hierro a la prosperidad: útiles los vientos, útil el mar... la civilización lo proclama; pero sólo al hombre, imagen y semejanza de Dios, le toca participar la gloria de lo justo.

Luego una cosa es la utilidad y otra y muy otra la justicia. ¿Qué más? La utilidad, como de inferior categoría, ha menester para legitimarse y hacerse lícita, de la bendición de la justicia, mientras que la justicia reina por sí y ante sí, poderosa, soberana y absoluta sin necesidad de otro título que el de su divina virtud. Y V., dispénseme la cita, pone la ley del deber mendigando consejos a la utilidad, y en (...) su segunda misiva agrega que necesita del visto bueno del principio utilitario. ¿La justicia? ¡A los pies de la utilidad! ¡A los pies! No, mil veces no. Ni a la palabra siquiera.

Desacredítase la filosofía que no llega hasta donde va la creencia de la humanidad. Receloso el género humano de que a confundirse fuera la justicia con la conveniencia, el bien con el mal, el desprendimiento generoso con el solitario egoísmo, señaló términos distintos para lo uno y para lo otro. Consúltense todas las lenguas, espejos vivos de la conciencia humana. ¿A que no faltan las palabras del deber y de lo bueno en contraste y oposición a las de utilidad y negocios de propio provecho? ¿A que no? Y puede que la vida de un hombre, en todo y por todo siga una conducta perpetuamente contrapuesta a su lenguaje. Pase por ahora...pero que así mienta el género humano ¡imposible! Hablen las religiones y poesías, los monumentos de legislación; certifique la historia; regístrense los sistemas filosóficos ¿qué enseñan y ensalzan? El deber cumplido con sacrificio. Pues si la humanidad no miente, cayó el sistema de la utilidad. Humildes serán las acciones humanas y pálidos reflejos de la grandeza ideal que intima la razón. Pero ¿no hay un dechado, un ejemplo, un rasgo siquiera de virtud? ¿Ni uno? Sí hay... responde la historia. Pues entonces el deber no es inferior a las fuerzas humanas y plausible disculpa abona a los que se duelen del poco valor que se halla a veces para cumplirlo... a aquellos moralistas que V. apunta con el dedo en (...) su segunda perorata.

Yo me prometía del juicio imparcial de V., y no de su sistema, una explicación, al justo, de los dos casos morales propuestos a su criterio. En el primero confiesa V. que la utilidad magnífica de la salud alcanzada por el enfermo moribundo con la herida que le dio su implacable enemigo, fue un *rectum ab errore* (dirigido por el error). ¡Aquí de la verdad! Luego se atiene V. a la intención y no más que a la intención sin hacer caso ¿para qué? del principio de la utilidad ni de su regla de oro. ¡Albricias por el homenaje a la ley del deber!

Segundo caso. Aquejado el labriego del hambre y de la miseria, halló el tesoro de un avaro egoísta o de un derrochador vicioso en lo espeso del bosque. Util le era al infeliz el proveer al sustento de cuatro hijos y una esposa; útil poner en fecundo movimiento un dinero que sólo servía de tormento al avaro o para vicios y crímenes al derrochador opulento; útil emplear el tesoro en la subsistencia, bienestar y educación de los amados hijos, para sacarlos del borrador oscuro de la miseria; útil la seguridad de que se daba por perdida la bolsa hallada; útil su inversión, y más útil por el número de los socorridos en cotejo de un avaro achocador o de un pródigo vicioso a quienes se les cayó el talego de oro. ¿Y dónde el blasón del labriego? El resistir a tantas tentaciones y sacrificar tantas utilidades y darle el tesoro a su dueño, aunque no se lo agradeciera y lo reputase por ladrón arrepentido. *Ubi virtus ibi caelum* (donde está la virtud allí está el cielo). Se conforma con haber cumplido su deber ante Dios, para quien no hay escondrijos ni secretos. Si no le luce ni una aurora de dicha en el mar de sus penas y tribulaciones, echa el ancla de la resignación. Así explica el caso la escuela a que correspondo, escuela de solar conocido.

Hízole a V. eco mi cortés llamamiento sobre (...) su primer comunicado, en cuanto aquello de que la bondad o maldad de las acciones dependía de su juicio u opinión particular. Acordóse V. (...) de Marco Tulio, y ha enmendado la plana. Muy bien: mas como en (...) su postrer artículo invoca V. al público en honor de su moralidad, que nunca he negado, pues sólo le impugno la teoría del sistema utilitario, ahí va el pasaje original de V.

Mi conciencia no me acusa por la ejecución u omisión o por el consentimiento de un acto voluntario y libre, ínterin mi juicio no lo haya condenado como malo, y no lo condenará mientras no tenga motivo para ello, es decir, mientras no se oponga próxima o remotamente a mi bienestar y felicidad.

Esto es de V. Aquí no hay nada de intenciones, nada de remordimientos.

En fin, a la luz de esta discusión ¿qué está V. viendo? El principio de utilidad a los pies de la ley del deber. Levántelo.

VI
JOSÉ de la LUZ y CABALLERO

Nació en La Habana en 1800 y falleció en esa misma ciudad, en 1862. Estudió en el Real Seminario de San Carlos y San Ambrosio, donde se graduó de Bachiller en Leyes y recibió las órdenes menores, pero enseguida abandonó los hábitos y ocupó la cátedra de Filosofía en dicho centro. Más tarde viajó durante largos periodos por Europa y los Estados Unidos y fue amigo de los más importantes intelectuales de ambos continentes. Uno de los más eminentes educadores que ha dado Cuba, Luz y Caballero dirigió el Colegio de San Cristóbal (también llamado de Carraguao), fundó el colegio El Salvador, famoso por sus avanzados métodos de enseñanza y publicó en diversos medios periodísticos como *Brisas de Cuba, Faro Industrial de La Habana* y *Diario de la Marina*, y en las afamadas revistas *Bimestre Cubana* y la *Revista de La Habana*. Fue Vicedirector de la Sociedad Patriótica y miembro emérito de la Sociedad Económica de Amigos del País, donde fungió como presidente de la sección de Educación. Destacó como filósofo, polemista y pedagogo. Su labor en dichos campos quedó recogida en sus famosos *Elencos* y en su *Texto de lectura graduada para ejercitar el método explicativo*. Sus estudios y ensayos han quedado recogidos en: *Obras de José de la Luz y Caballero*, publicadas por la Universidad de la Habana en la colección *Biblioteca de Autores Cubanos*.

El principio de utilidad en el Elenco de Carraguao *

AL CASO. Laborando en la última inopia un desgraciado que hace de juez, sin tener un mendrugo de pan que llevar a la boca de los hijos de sus entrañas; traspasando su corazón al contemplar la reprimida congoja de su esposa, sin esperanzas para el porvenir, se aparece un malvado

---

* Se trata de una carta dirigida a Manuel González del Valle, firmada el 11 de septiembre de 1839 y publicada en el *Diario de La Habana* dos días después, donde Luz y Caballero tercia en la polémica que González del Valle sostuvo con el presbítero Francisco Ruiz sobre la moral utilitaria. Está publicado en el capítulo *La moral utilitaria* de la obra: *La Polémica Filosófica* (t. II, *Obras de José de la Luz y Caballero*, Biblioteca de Autores Cubanos, Universidad de La Habana, La Habana, 1948).

a cohecharle con una gruesa cantidad seduciéndole con las ventajas de que va a disfrutar, elevándose de golpe del lodo de la miseria a la altura de la opulencia; pero este hombre resiste: es heroico, es sublime: así opina Valle, así opina Ruiz; luego Valle y Ruiz no difieren en cuanto a la norma para juzgar las acciones, única diferencia que sería funesta para la santa causa de las costumbres. Pero no sólo opinan así los dos contendientes, sino todos los hombres a una, los interesados y los desinteresados. ¿En qué consiste, pues, la divergencia? Héla aquí. Todos han de rendirse a la ley del deber: éste es el primer grado de las cuestión. ¿Y por qué? Aquí está el segundo: porque así lo pide el orden. Tercero: ¿Y qué quiere decir el orden? Las leyes de la naturaleza y del hombre, en que se cifra la armonía del universo y de la humanidad. Cuarto: ¿Y a qué se encaminan estas leyes? A asegurar el bien general, o llámese utilidad de la especie, hasta con detrimento del individuo. Así, pues, el que infringe el orden falta precisamente a su deber, porque ataca el bien, o las ventajas de la comunidad. Ahora veremos con cuanta soltura se exponen por este preliminar las proposiciones de mi elenco de 1835 citadas por V. en su último artículo al Sr. Ruiz.

Vamos con la primera (proposición 141 del *Elenco de 1835*). "Los partidarios del principio de utilidad han confundido el hecho con el derecho, sustituyendo una sátira del vicio a un análisis de nuestros principios naturales." Antes de pasar adelante debo advertir que cuando he combatido el principio utilitario lo he hecho siempre en el concepto de tomarlo por el principio del interés, como bien se evidencia por las palabras y espíritu de la proposición 143 del mismo elenco citada por Vd., donde asiento:

"La moral del interés nos abre un abismo de males, etc."; y tan es así, que Vd. mismo recordará que en las últimas conclusiones sostenidas por el Sr. Ruiz en el Colegio Seminario impugnando yo la doctrina utilitaria al ver el aspecto bajo el cual él la presentaba, y el sentido en que la entendía, le contesté al fin que entonces teníamos el sacrificio del placer al deber, que era cabalmente lo que yo sustentaba: así, pues, he sido consecuente cuando habiéndome consultado este amigo con el mayor candor, a consecuencia de la polémica empeñada por Vds., le manifesté que en mi humilde concepto me parecía inexpugnable el principio según él lo explicaba. Pero vengamos a la explicación de la primera tesis. Dije que los partidarios del principio de la utilidad habían confundido el hecho con el derecho, por parecerme Bentham todavía falto de observación y de fisiología cuando afirmaba que la utilidad era el móvil de todas las acciones humanas sin exceptuar una: al paso que yo veía al hombre proceder muy a menudo contra su utilidad, y hasta faltando a su deber en muchos actos llamados espontáneos, y que con más propiedad se denominarían impulsivos o instintivos. Así, v. g., si un individuo contando con numerosa familia, y sin saber nadar, se arroja a salvar la vida a un miserable que se está ahogando con la casi seguridad de ser también víctima, y aun de serlo en vano, no sólo procede contra su utilidad peculiar, sino contra la de su familia, contra la de su patria, y por consiguiente contra su deber. Así, pues, este hombre no debería por ningún motivo haberse arrojado al agua, pero sin embargo se arrojó, y éste es un hecho de la naturaleza humana, y todos le aplauden como generoso, aunque le condenen como imprudente, pero nuestro hombre no se puso a calcular, no pudo dejar de echarse al líquido elemento: así es que la ciencia debe distinguir entre lo que es, y lo que debe ser. Se escapó pues a Bentham observar que hay hombres que se echarán al agua al instante por cualquier extraño, y hombres que no lo harían jamás ni por su padre.

Ahora bien, ¿por qué aplauden todos la acción? Porque conspira al bien general: y si el que se arrojó al agua por sacar a otro hombre se hubiese lanzado por furor, lejos de haber obtenido el lauro de heroicidad, hubiera sólo alcanzado una lágrima de compasión. Luego la naturaleza crea hombres valientes porque crea hombres cobardes: en ella todo es armonía: el que no la ve en la relación no puede verla en la realidad. Ella se ha ocupado más de la especie que de los individuos; cumple a su plan que el desvalido se salve y para ello hace impertérrito hasta al mismo sexo que creó pusilánime: una madre aunque tenga cien hijos se lanza al fuego por un solo hijo que haya caído sobre el voraz elemento: luego el plan de la naturaleza es que todo ceda a la utilidad del mayor número, y hasta con detrimento de la utilidad individual. No es otro ni puede ser otro el sistema de la sociedad. Luego la teoría del deber depende forzosamente del conocimiento que tengamos de las leyes de nuestra naturaleza, y sólo así puede explicarse la diversa moralidad de los pueblos según su diferente grado de civilización, no menos que su uniformidad en ciertos principios fundamentales de las acciones, que descansan en hechos o impresiones comunes a toda la humanidad. Porque tratar de ideas o principios innatos, ni por pienso; sólo nuestras facultades nacieron con nosotros, y tanto hasta para conseguir todos los fines de la moral. Si los hombres nos hemos de uniformar precisamente respecto de ciertas máximas fundamentales, así físicas como morales, en virtud de nuestra misma constitución, ¿a qué viene suponer que tenemos ideas preexistentes? ¿No se nos ha dado la luz de la razón para formarlas sobre los materiales suministrados por los sentidos? *Erat lux vera quae illuminat omnem hominem venientem in hunc mundum.* Tan cierto es que los principios de la moralidad penden de las ideas adquiridas, que sin salir de nuestro propio suelo, educados bajo la misma religión y costumbres, hallamos hombres y no de los interesados sino de los más desprendidos y aun timoratos, que tienen por buenas o indiferentes aquellas mismas acciones que Vd. y yo tenemos por pecaminosas y detestables. Su imaginación de Vd. le representará los ejemplos a docenas, excusándome así de especificarlos. Por esta razón cuando queremos que cambien las acciones de los hombres, nos empeñamos en cambiar sus ideas; todo es armónico en este mundo, los sentimientos producen ideas y las ideas producen sentimientos que son los padres inmediatos de las acciones. Basta de comentarios para la primera proposición.

La segunda (proposición 142 del *Elenco de 1835*) aun es más fácil de exponer. En efecto, no pudiendo ser resultado de la experiencia la ilimitada veracidad que se observa en la infancia, ¿cómo ha de explicarse este fenómeno suponiendo un principio de cálculos en el individuo operante? Luego no puede darse cuenta de él por el principio de la utilidad, que presupone un avalúo de ventajas y desventajas; por esto he dicho que el principio de la utilidad bien entendida no es el que siempre gobierna a los hombres, sino el que debe gobernarlos: nueva prueba de que se había confundido el hecho con el derecho, y prueba perentoria de la armonía en que está esta segunda proposición con la primera. En fin, bien podría afirmarse respecto de esta propensión de la infancia a la veracidad, que la naturaleza nos inclina al bien, aun cuando no podamos todavía calcular sus ventajas: aquí están los oficios de una madre próvida y afectuosa, supliendo a la antorcha de la razón, que aun no ha aparecido en el horizonte de la ciencia.

La tercera proposición (143 del *Elenco de 1835*) citada declara demasiadamente mi ahinco por combatir la doctrina del interés, para que necesite de más comentario que reproducirla textualmente. Héla aquí: "La moral del interés nos abre un abismo de males; éstas son sus consecuencias forzosas: 1a. el olvido de nuestros derechos: 2da. la pretensión de contentar al hombre sólo con goces físicos; 3ra. la degradación del carácter nacional". Se ve, pues, a las claras que mi empeño es refutar hasta el extremo esa fatal escuela del egoísmo a cuyos partidarios he designado repetidamente con el epíteto de materialistas de la política, pero no en manera a los hombres que predican la teoría del sacrificio y de la abnegación en obsequio del pro-comunal, que es la divisa de mi corazón.

¿Qué duda puede quedar sobre la inteligencia de la última proposición? (144 de *Elenco de 1835*). "Aunque se ha dicho con mucha verdad que los pícaros son unos malos calculadores, de ahí no se infiere que los buenos no sean más que unos hábiles especuladores." Y así es en realidad por más de un motivo, pues hay hombres buenos por su propia naturaleza; en cuyo sentido se dice en uno de los libros sapienciales: *Sortitus sum animan bonam,* los cuales jamás calculan para obrar el bien porque no pueden menos de hacerlo, y otros que aunque prevean los males que les acarrean ciertos actos, prefieren la utilidad ajena a la propia, por ser aquella la mayor para la sociedad, preferencia que no es más que otro nombre para decir justicia: así, pues, habiendo una gran diferencia entre lo útil tomado en general y lo justo, no media ninguna entre lo más útil y lo justo: útil es un ferrocarril pero más útil es la justicia. La palabra útil se aplica a cuanto puede aprovecharse así en lo físico como en lo moral, y por lo mismo contraída ya a lo moral, no puede decir relación sino a la bondad o malicia de las acciones. Estoy por afirmar, que si en vez de la palabra utilidad se hubiesen valido algunos moralistas de la expresión pro-comunal, o bien general, mucho altercado inútil se hubiera ahorrado en la materia que nos ocupa. Para despejar esa incógnita se extendieron las mencionadas proposiciones en los términos que constan en el *Elenco de 1835* del colegio de San Cristóbal. En confirmación de que no fué otra mi mente reproduciré la proposición 139 que no ha citado Vd. y que al parecer hacía aún mejor a su propósito. "Los hombres —dice— jamás gradúan el mérito o demérito de las acciones por la utilidad que produzcan"; donde sin embargo, sólo traté de alzarme contra los que osasen prescindir de la intención para graduar el mérito de las acciones.

Tan es así, que continúo allí en estos términos: "Entonces habría una moral para cada caso y los medios, cualesquiera que fuesen, quedarían justificados como se consiguiera el fin." Aquí se nota como un deslinde entre la esfera del moralista y la del jurisconsulto: la ley no puede penetrar hasta la intención, pero la moral sí. Lo que yo he querido dar a entender es que si un acto se practica en razón de bien, es bueno, aunque se malogre, y por tal le tienen los hombres; y si se ejecuta para hacer el mal, es malo, aunque rinda bien, y por tal le tiene la humanidad entera. Ahora, pues, seamos francos: ¿se oponen estos principios a la doctrina del Sr. Ruiz? ¿O no se ve antes bien que la naturaleza misma nos fuerza a probar el deber en el crisol de la ventaja general? ¿Cómo puedo yo saber lo que es el deber, si ignoro lo que piden los casos y las cosas? ¿No es esta exigencia de las circunstancias en lo que se cifra el orden y concierto del mundo moral? ¡Qué! ¿Por ventura la humana naturaleza no tiene leyes como toda la naturaleza? Luego la ley del deber lejos de oponerse al principio de la mayor utilidad encuentra en éste su más firme apoyo. La una es el precepto. El otro es la teoría. En resolución, los artículos de Ruiz son el comentario legítimo de la doctrina de Valle. Creo, pues, que debe cesar toda discusión, una vez determinado el sentido de las palabras y determinadas las consecuencias del principio del interés, y del principio del bien general; quedándome tan sólo el sentimiento de que mis explicaciones no sean tan favorables al modo de ver de Vd. como yo quisiera, pues discrepando nosotros tan ampliamente en otras cuestiones fundamentales de filosofía, como es público y notorio, habría sido para mí de la mayor satisfacción aprovechar esta coyuntura para acreditarle mi imparcialidad. Vd. conoce algo de mi carácter, y para nueva prueba de su ingenuidad, aun cuando atraiga sobre mi entendimiento la nota de inconsecuencia, le digo francamente que si Vd. no conceptúa conciliable mis tesis con las explicaciones aducidas, déme V. por retractado de las primeras y por atenido a las segundas. Y aquí tiene Vd. a mi amor propio a los pies de mi deber, que es confesar siempre la verdad tan luego como la columbro.

VII
FÉLIX VARELA

Nació en La Habana en 1787 y murió en San Agustín de la Florida, en 1853. Estudió en el Seminario de San Carlos y San Ambrosio, donde se licenció en Teología. Allí tomó los hábitos, impartió las cátedras de Constitución, Latinidad y Retórica y Filosofía, y destacó como orador sagrado. Educador por antonomasia, Varela introdujo la modernización de la enseñanza en Cuba, y fue el primero que utilizó el español en sustitución del latín en sus clases y en sus libros. Fue miembro de la Sociedad Económica de Amigos del País, institución que lo nombró Socio de Mérito. Fue diputado a las Cortes españolas, donde presentó un proyecto de ley proponiendo la representación permanente de Cuba en ellas. La vuelta al absolutismo en España en época de Fernando VII lo hizo emigrar a los Estados Unidos, donde permaneció el resto de su vida. En Filadelfia publicó el periódico independiente *El Habanero*, que entraba clandestinamente en Cuba. Más tarde, en Nueva York, fundó, junto a José Antonio Saco, *El mensajero semanal*. Allí libró importantes polémicas en defensa de la fe católica frente a los ataques de los protestantes, alcanzó gran prestigio por su labor humanitaria y le fue concedido el nombramiento de Vicario General de la ciudad. De su importante obra política y filosófica destacan sus trabajos: *Cartas a Elpidio, Miscelánea filosófica* y *Observaciones sobre la Constitución de la Monarquía española y otros trabajos*, recogidas en: *Obras de Félix Varela y Morales*, (1945).

Carta segunda
Cómo usa la política de la superstición *

LA POLÍTICA, que jamás se para en los medios si convienen a sus fines, se vale a gusto de la superstición como el mejor apoyo de la tiranía, que es el ídolo de casi todos los gobernantes. Esta entrada, Elpidio, acaso te ha hecho olvidar quién soy, y en un momento de sorpresa me habrás confundido con los espíritus inquietos y mal contentos que creen no poder ser libres mientras

---

* Contenida en *Cartas a Elpidio* (t.II, Biblioteca de Autores Cubanos, vol. VI, Ed. Universidad de la Habana, 1945).

sean gobernados. Vuelve en ti, acuérdate de mis principios, y óyeme.

Por más protestas que hagan los gobernantes, el placer de mandar es una miseria de la naturaleza humana de que no pueden librarse. De aquí la tentación de infringir las leyes y las especiosas razones que encuentran para hacerse superiores a ellas. Fórmase, pues un *ídolo* del *Poder*, que como falsa deidad no recibe sino falsos honores y el que lo ejerce es el primer miserable a quien cautiva. Ofrece sus inciensos a este Numen tutelar y muy pronto el temor congrega otros muchos sacrificadores, que teniendo parte en la acción gubernativa procuran extender el imperio de la arbitrariedad, cuya consecuencia necesaria es la tiranía. Esto ha sucedido, sucede y sucederá en todos los pueblos y en todos los gobiernos, sea cual fuere su forma. Son, pues, los buenos gobernantes unos hombres justos, que resisten y vencen una tentación muy poderosa, y ya se echa de ver que son muy raros, por desgracia del linaje humano. La generalidad de los mandarines, si no son tiranos desean serlo, y sólo esperan encontrar un pretexto para dar pábulo a su pasión de dominar sin leyes o de frustrarlas si el decoro exige reconocerlas. He aquí por qué he dicho que la tiranía es el ídolo de casi todos los gobernantes, y a la verdad que las excepciones son tan pocas, que bien podría yo con muy poca hipérbole omitir el *casi* dejando la proposición general.

Están por tanto en lucha las leyes con los mandarines y no debiendo emplearse la fuerza contra ellos, sólo quedan dos principios protectores: la opinión que anima la sociedad y la *religión* que rectifica la conciencia. Los tiranos elogian y entronizan la superstición para destruir uno de estos principios, cuya ruina causa la del otro, y se quedan sin barrera alguna que los contenga en sus atentados. Es evidente que las ideas religiosas forman la opinión popular, y si se sustituye a la pura doctrina un fárrago de supersticiones, queda el pueblo sin religión y sin opinión rectificada; de modo que la tiranía no encuentra obstáculo en su marcha. He aquí por qué la política protege la superstición, he aquí el origen de tanta perfidia y de tanta hipocresía.

Dirás acaso que si todos pensasen como yo, quedaría desvirtuado todo gobierno, haciéndose sospechosos todos los gobernantes. ¡Ah, mi Elpidio! Te escribe un hombre que jamás ha desobedecido una autoridad, pero te escribe un hombre franco y firme, que no sacrifica la verdad en aras del *Poder*, y que sea cual fuere el resultado de sus esfuerzos los dirige todos a presentar las cosas como son en sí y no como hipócritamente se quiere que aparezcan. Yo deseo dar a los gobiernos su verdadero apoyo, que es el amor del pueblo, la justicia de sus leyes y la virtud de los gobernantes. El confesar una propensión de la naturaleza humana, no es hacer sospechosos a los que la tienen, antes la sospecha resultaría de un astuto e infame ocultamiento. ¡Sería hacer sospechosos a todos los hombres el decir que todos sienten los ataques de la vanidad! ¡Sería sospecharlos todos de disolutos el decir que todos sienten los estímulos de una carne corrompida! Los gobernantes son los padres del pueblo y sería muy extraño que un ministro del Evangelio, que siempre se ha presentado como tal, viniese ahora a predicar desobediencia y a inspirar sospechas injustas, que no serían lícitas a un respecto de individuos particulares. Yo siempre he tenido por máxima de conducta pensar que los hombres son buenos mientras no me conste que son malos y precaverme como si fuesen inicuos, aunque me conste que son santos. Sabiendo ya la norma que sigo, juzga de mis intenciones, y si fallas contra mí, no tengo defensa. He abierto mi pecho —nada más tengo en él— juzga de lo que observas y juzga como quieras, pero también permíteme que juzgue según el testimonio de una conciencia que siempre me ha sido fiel y que me dicta perseverancia en mis sentimientos.

Un gobernante que respeta las leyes, aun cuando aumenta errores, está seguro del aprecio popular; mas si se erige en árbitro de la suerte de los hombres debe esperar las maldiciones de éstos. Los míseros que se hacen acreedores a ellas, procuran acallarlas llamando en su auxilio la superstición, que siempre encuentra medios de cohonestar y santificar las injusticias. Decláranse protectores de la religión los mismos que la profanan y al momento hallan ilusos que de buena fe los defiendan y pícaros que los elogien por especulación. Este es el origen de varias máximas perniciosas que sancionan la tiranía y califican de favor o gracia el cumplimiento de las leyes y la conservación de los derechos más sagrados.

Entre otras doctrinas escandalosas, ¿no has oído, mi Elpidio, sí, no has oído la blasfemia moral y política de que los *reyes son señores de vidas y haciendas*? Lo son, sin duda, respecto a los delincuentes, y entonces es la ley la señora de esas vidas y de esas haciendas, cuyos indignos poseedores castiga justamente; mas creer que los reyes puedan matar cuando les dé gana y coger la propiedad que mejor les parezca, es un error funesto, que tiene su origen en la más horrenda superstición. Para sostener este absurdo han procurado los supersticiosos llamar a los reyes Dioses sobre la tierra y por una sacrílega analogía han dicho que en virtud de tales participan del poder del Dios del cielo, y como la vida y los bienes son dones gratuitos del Ser Infinito, quieren que también lo sean de sus vicegerentes terrenos. Parece, pues, que estos ilusos llevan su locura hasta el punto de pensar que es un favor de los reyes dejar que vivan sus súbditos y permitirles asimismo que posean. ¡Qué distinta es la doctrina de los Padres de la Iglesia! Yo me detendría en exponerla si ya no lo hubiera hecho en las cartas que te escribí sobre la impiedad. Acuérdate, sí, acuérdate que San Agustín llama *ladrones* a los reyes que toman sin justicia la propiedad de sus vasallos.

Toda potestad, mi Elpidio, viene de Dios, como toda paternidad, según nos dice el Apóstol; mas de aquí no se infiere que los padres puedan matar a sus hijos o robarles lo que legítimamente poseen y menos se infiere que los potentados pueden proceder como locos o furiosos, destruyendo a su placer, sin más razón que su voluntad. Creer que Dios puede autorizar a semejantes infames es no creer en realidad que hay Dios y declararse unos *ateos disimulados*. Es verdad que, como nos dice el sagrado texto: por la sabiduría de Dios *reinan los reyes y los legisladores decretan lo justo* (Prov., VII., 15.), pero *reinar* no es matar sin ton ni son, orden o concierto, sino gobernar un pueblo de un modo justo para conducirlo a la felicidad, según las máximas de la sabiduría divina; y el *decretar* lo justo no es infringir los derechos de sus súbditos por medio de decretos arbitrarios. Los supersticiosos siempre han confundido la cuestión de la *obediencia* con la de la *justicia*. Una cosa es decir que debe obedecerse por evitar males mayores y otra cosa es legitimar la injusticia. Permite a un clérigo que use de ejemplos eclesiásticos y que recuerde que la misma Iglesia sanciona esta doctrina, siendo la de todos los teólogos que una censura injusta debe obedecerse, mas el individuo sobre que cae no debe considerarse censurado, sino perseguido.

Pero ¿qué han hecho los supersticiosos? Declamar constante y furiosamente contra todo el que se atreva a indicar las injusticias cometidas por los reyes, o mejor dicho, por los pícaros que los engañan y tratar de revoltosos e impíos a los verdaderos amigos del orden y de la religión. Luego que los mandarines encuentran estos atletas del dominio, que peleen contra la justicia y santifiquen la infamia, les prodigan a manos llenas honores, consideraciones y a veces *oro* aunque de un modo indirecto. Elevada de este modo la superstición, se llena de soberbia y empieza a extender sus conquistas de un modo prodigioso, pues muy pronto se atrae un gran número de pícaros que van, como suele decirse, al sol que más calienta, y también corren a sus banderas muchos ilusos, que sólo perciben la apariencia de santidad con que se disimula el cúmulo de crímenes más inauditos.

¿Cuál crees que es el resultado? Aprisionar a los reyes. Sí, mi amigo, los reyes son los primeros cautivos y las primeras víctimas de la superstición manejada por los mandarines, o sea, *reyezuelos*. Para demostrarlo pongámonos en una disyuntiva necesaria y saquemos las consecuencias. O el rey es cristiano o es impío. Si es cristiano le hacen entender que la religión peligra, que él debe dar el primer ejemplo de obediencia a sus divinos mandatos y que éstos le prohiben tal y tal y tal cosa... y aquí entra el catálogo de necedades o de picardías, apoyadas con informes y autoridades sin número, como el fruto del más profundo estudio teológico. Créese, entonces, un *buen rey* obligado por una humildad cristiana a no preferir su juicio al de tantos varones sabios y virtuosos y al clamor de los pueblos, que así procuren persuadírselo. He aquí un rey esclavo. Mas supongamos la segunda parte de la disyuntiva, supongamos que el rey es impío. Al verse rodeado por la superstición, teme que se descubra su impiedad, y creyendo que ya el enemigo es muy fuerte y no importándole mucho el conquistarlo, porque no se cuida de la religión y lo que quiere es mandar, transige fácilmente y da pábulo a los sentimientos que pueden sostenerlo en el trono. He aquí otro rey esclavo. ¿Qué tal, mi Elpidio? ¿Quiénes son los amigos de los reyes? ¿Seránlo acaso los supersticiosos que procuran reducirlos a una esclavitud ominosa o los hombres francos y verdaderamente religiosos, que quieren darles todo el esplendor de una suprema autoridad justa y racional? ¿Por quiénes son respetados: por los que los consideran como padres benéficos del pueblo, y para que puedan serlo les indican los precipicios a que quiere conducirlos una multitud de pérfidos e hipócritas? ¿Quiénes los aman: los que procuran degradarlos y atraer sobre ellos las maldiciones del género humano, que las más veces no merecen, porque están muy lejos de saber las injusticias que se cometen a su nombre; o los que guiados por la verdadera religión, jamás les ocultan la verdad, y siempre les aconsejan que, respetando los derechos de todos y cada uno de sus súbditos, aseguren para sí mismos el mayor de todos sus derechos, que es el que tiene al amor de los pueblos? Mas ya advierto, mi Elpidio, que me voy desviando de mi objeto principal, y así, dejando a los reyes, cuyas bondades o injusticias no pienso experimentar, pasaré a hacer algunas observaciones sobre otro de los modos con que la política hace uso de la superstición.

Cuando creen los falsos políticos (pues la verdadera política debe ser justa) cuando creen, repito, que el siglo ilustrado no sufrirá los elogios que se tributan por los gobiernos a la superstición, toman un camino contrario y declaman contra ella; presentándose estos políticos como los primeros despreocupados; mas al mismo tiempo tienen buen cuidado de exagerar el poder que ha adquirido y lo arriesgado que sería excitar su favor. Propónese una reforma. En el momento la aprueban y aun recomiendan a sus autores que den todos los pasos necesarios para plantearla, pero con un fingido sentimiento pronostican que será imposible conseguirlo, teniendo que habérselas con los supersticiosos, cuyo número dicen es casi infinito; y de este modo preparan los ánimos para que no se extrañe mucho un resultado contrario a la esperanza de los buenos y a las fingidas intenciones del gobierno. Pasan después estos pérfidos políticos a engañar a los supersticiosos y para ello dejan, aunque con precaución, traslucir el secreto, indicando que el gobierno nunca ha estado por la reforma propuesta, por considerarla peligrosa y que sólo condesciende que se den algunos pasos por vía de *tentativa*. La consecuencia que forman los supersticiosos es que, o el gobierno los teme, o los protege, aunque disimuladamente, o quiere averiguar si debe protegerlos y si tiene por qué temerlos. En cualquiera de estos casos es claro que, según sus principios, deben esforzarse cuanto puedan para conseguir la victoria, o por lo menos evitar la ruina. He aquí la superstición puesta en ejercicio por una política astuta.

Constitúyense, entonces, los políticos en unos simples observadores de la batalla en que entran los partidos engañados y con gran tacto pulsan *ciertas teclas*... para animar y desanimar... para el *tira y afloja*... Ya me entiendes... El resultado siempre es favorable para ellos, por más funesto que sea para la patria. Si vencen los supersticiosos, se atribuyen los gobernantes la victoria, indicando que se debe a su prudencia en no manifestar los medios de que en secreto se han valido para contener a los *enemigos de la religión*, a quienes siempre procuraron desalentar y quienes sin duda hubieran conseguido sus perversos fines bajo un gobierno menos religioso que los hubiera protegido. Si la victoria se declara por el partido contrario también la atribuyen los gobernantes a sus esfuerzos, sin los cuales la superstición hubiera sido invencible; y también se dan el aire de *prudentes* en no haber arrostrado con precipitación, y sí de un modo oculto, pero mucho más suave y eficaz.

Quedan, pues, los políticos siempre en pie, y en disposición de manejar los partidos a su arbitrio, pues tienen mucho cuidado de unir a las congratulaciones por la victoria la astuta insinuación al partido vencido de que el gobierno opera por necesidad, que todas sus expresiones son *meras fórmulas* y que como suele decirse *besa manos que quisiera ver quemadas*. Esto es lo que llaman política, mi amigo, y no viene a ser más que un sistema de *infamia astuta*. Los políticos, mi amigo, no tienen más regla que *salir con el intento* o por lo menos quedar bien con todos si no se consigue. Dijo con acierto Madame Staël, hablando del lagarto Talleyrand: "El buen Mauricio es como los monigotes que se hacen para que jueguen los niños, que tienen los pies de plomo y la cabeza de corcho y así caen siempre de pie." Sí, mi amigo, los políticos siempre quedan *boyantes* en el naufragio de la patria y viven con todos los partidos, sin que se ruboricen de ello, antes fundan su gloria en este cálculo si lo sanciona el buen éxito. No extrañes, pues, que aun los más despreocupados fomenten la superstición y se valgan de ella para sus intentos.

Aun van más adelante los políticos, pues con oprobio de la naturaleza y de la religión, procuran hacer creer que el mal es inevitable, pero al mismo tiempo muy útil y aun necesario, pues sin la superstición es imposible gobernar los pueblos. Para esto exageran la ignorancia de la plebe y el peligro en instruirla. Confiesan la necesidad de la religión, pero al mismo tiempo dicen que es una quimera pretender que la muchedumbre bárbara pueda conservarla en su pureza. Pretenden igualmente que la superstición es mucho más análoga al carácter del vulgo y que por tanto conviene fomentarla y protegerla como medio de manejar una gente indómita. Para ponerse a cubierto lamentan la necesidad en que se ven de operar de un modo abominable y ridículo; protestan que sus deseos son destruir la superstición y con éstas y otras ficciones consiguen su intento, que es gobernar sin leyes y con buena reputación. Hacen el papel de *llorones* y nada fuera si con su hipocresía no produjesen males enormes, que son causa de muchas lágrimas justamente derramadas.

Por más infundados y ridículos que sean estos discursos, encuentran muchos que los creen exactísimos y quedan los políticos justificados en su conducta y aplaudidos por su moderación y prudencia. Radícase, pues, la superstición, que ni aun teme ser molestada después de decidirse que es no sólo útil sino necesaria a los gobernantes para poder manejar los pueblos sin que éstos opongan resistencia alguna. ¿Crees que paran aquí los males? No, mi Elpidio; otra calamidad mayor se sigue como consecuencia necesaria y bien quisiera yo evitar el dolor de referirla, pero ya que me he propuesto indicar los estragos de la superstición en la sociedad, preciso es no omitir el más funesto de todos ellos, *por más que el alma se horrorice al recordarlo y huya adolorida*. Empezaré, sí, Elpidio, la triste historia de los sufrimientos de la Iglesia bajo el pretexto de respetarla y protegerla.

Como la superstición es un vicio introducido en la Iglesia, pues no hay supersticioso que no sea o no se finja creyente, conocieron los políticos que presentándose como defensores de la religión estaban seguros del aprecio de los supersticiosos; y para halagarlos mucho identificaron el *trono* y el *altar* como dos cosas tan dependientes una de otra, que vienen abajo ambas si cae una de ellas. Verdad es que el culto público empezó con la conversión de Constantino, pero también lo es que la religión estaba ya difundida y por todas partes se habían elevado altares a pesar de todos los tronos. Ya desde el siglo segundo argüía Tertuliano (*Apolog.*, cap. 37), con la propagación del cristianismo, diciendo a los romanos:

> Somos extranjeros y ya hemos llenado todo cuanto os pertenece; las ciudades, las islas, las villas, los municipios, las juntas, los mismos ejércitos, las tribus, las decurias, el palacio, el senado, el foro, y solamente os hemos dejado los templos.

No fue, pues, la protección de los imperios la causa de propagarse el cristianismo, que se hallaba entonces mucho más puro y sus partidarios mucho más fervorosos, unidos y potentes. Los hipócritas que fingiendo respeto por la religión quieren hacerla depender de los tronos, verdaderamente la atacan y calumnian, dando a entender que es obra del poder humano, cuando por el contrario Dios *eligió los más débiles para confundir a todos* los fuertes.

Por otra parte, los tronos de ningún modo dependen de los altares, puesto que (omitiendo otros pasajes de la historia) derribados todos en la poderosa Inglaterra, lejos de disminuirse, creció el poder del monarca. Yo espero que los alucinados, que hablan de la unión del trono y del altar, no se declararán defensores de una falsa religión y no se atreverán a decirme que mi argumento no tiene fuerza porque Inglaterra conserva un simulacro de religión, que es a lo que equivale el protestantismo. Si tal dijesen, conseguiríamos quitarles la máscara, pues claramente se conocería que es la superstición y no la religión la que pretenden defender, puesto que un *falso culto* no es más que una verdadera superstición. Por el mismo principio defenderían el mahometismo y todos cuantos sistemas religiosos quieran inventarse, pues todos pueden ser sostenidos por los reyes y amistarse con ellos. Resultaría, pues, el gran absurdo de creer que la religión es inseparable y depende enteramente del principio que la destruye, o mejor dicho, que existe cuando está destruida. Una religión *falsa* es *nula* y sólo sirve de signo lamentable de la pérdida de un don divino y de la sustitución de una obra del orgullo humano; es un cadáver, para valerme del bello símil de San Agustín, es un cadáver, mi Elpidio, cuyas facciones nos dan todavía a conocer el hombre cuyo espíritu ya ha desaparecido.

No es trono sino cadalso el que no eleva al que lo ocupa sino para hacerlo detestable. No es tampoco verdadero altar, mi Elpidio, el que sólo se erige para ser profanado y en vez de recibir las puras ofrendas de la virtud y de la paz, sólo recibe los funestos dones con que el crimen siempre astuto fomenta la discordia. Un trono envilecido y un altar profanado sólo pueden hacer liga para esparcir tinieblas propagando el crimen.

Aun prescindiendo de intenciones perversas, ¡a cuántos errores no ha dado lugar esta decantada alianza del trono y del altar! ¿No ha habido Papas que se han atribuído el imperio del mundo, o por lo menos pretendido extender su autoridad de un modo indirecto sobre todos los reinos de la tierra? ¿Quién ignora las pretensiones de Inocencio III y Bonifacio VIII? ¿Quién ignora los delirios de los teólogos italianos, por otra parte eminentes, para sostener este poder indirecto, llegando el célebre Cardenal Belarmino a tanto extremo, que la misma sede apostólica condenó su obra en este punto mandándola poner en el Indice? En sentido opuesto sabemos hasta dónde han avanzado los teólogos franceses, principalmente desde que el célebre Pedro de Marca escribió su concordia del sacerdocio y del imperio y el incomparable Bossuet se presentó en la arena como defensor de las libertades de la Iglesia galicana. Vemos, sin embargo, los teólogos de la Francia moderna amistarse con los italianos, reprobando abiertamente las doctrinas de Bossuet, hasta llegar un célebre escritor (bien que no teólogo de profesión) a decir que espera que Dios en su misericordia haya perdonado a Bossuet sus errores en consideración a otros escritos suyos famosos en defensa de la religión. ¿No ha habido en España infinitas disputas sobre regalías y derechos pontificios, disputas que tanto perjudicaron a Melchor Cano y tan célebre hicieron a Campomanes? ¿Qué diremos de nuestros modernos Llorente y Villanueva? A todas estas desavenencias ha dado motivo la superstición y con ellas ha causado infinitos males a la Iglesia y a la sociedad. Sí, mi querido Elpidio, por una y otra parte ha habido mucha superstición y fanatismo, aunque al parecer sólo se ha tratado de corregir estos vicios. Si los contendientes hubieran sido más francos acaso hubieran confesado el influjo que en su espíritu ejercía el interés de partido. Pero ¡ah! otros realmente perversos se han valido de estas interminables controversias para poner en choque el trono con el altar y conseguir debilitarlos antes y esclavizar los reyes, al paso que vejaban la Iglesia por defenderlos.

No faltará quien diga al leer esta carta que yo trato de privar a la Iglesia del gran beneficio de la protección del trono y a éste del gran apoyo que puede encontrar en la Iglesia. Creo que mi respuesta puede deducirse de lo que en esta misma carta llevo ya expuesto; mas la acusación me sería tan injuriosa y desagradable que bien merece me detenga algún tanto para evitarla o por lo menos desvanecerla. Tratemos esta cuestión por partes considerando primeramente lo que la Iglesia debe esperar del trono y después lo que éste puede recibir de aquélla.

La Iglesia es el conjunto de los creyentes bautizados, que guiados por la luz de la fe, unidos con el vínculo de la caridad, animados por la consoladora y bien fundada esperanza y nutridos con los santos sacramentos, corren por la senda de la virtud y de la paz hacia el centro de la felicidad, bajo el eterno pastor que es Cristo y su vicario que es el Papa. Esta es la verdadera idea de la Iglesia, mas suele también darse este nombre al cuerpo eclesiástico o al conjunto de los ministros del santuario con cierta jerarquía, sujetos a ciertos cánones y con ciertas prerrogativas civiles por concesión de los príncipes.

Tomada la Iglesia en el primer sentido, sólo espera del trono que remueva todo *obstáculo civil* que pueda oponerse a tan elevados fines: mas no depende del trono el que los consiga, antes al contrario, a veces para conseguirlos se ve la Iglesia en la dura necesidad de oponerse al trono, para corregir sus demasías, como lo hizo San Ambrosio con el Emperador Teodosio y lo han hecho otros muchos santos prelados. Ves, pues, mi Elpidio, que no quiero privar a la Iglesia de la protección que debe recibir; pero sí quiero sacarla de una esclavitud en que no debe estar, haciéndola juguete del trono, sólo por suponer que le debe su existencia. Quiero quitar esta arma de las manos de la cruel, hipócrita y astuta política, que tantos estragos ha causado.

Tomada la Iglesia en el segundo sentido, esto es, por el cuerpo eclesiástico, no hay duda que depende del trono en cuanto a prerrogativas civiles; mas no en el uso del sagrado ministerio. Deben apreciarse aquéllas en cuanto influyen en el desempeño y decoro de éste; mas cuando sólo sirve para halagar la vanidad, deben considerarse como una de las muchas miserias humanas y entonces dependen de los tronos, y allá se las partan los reyes con sus clérigos cortesanos. Si llaman estas *farándulas* derechos del altar, confieso que éste depende del trono enteramente. Sí, mi amigo, *concedo totum*, y vaya esta respuesticа escolástica para que rías o me burles acordándote de lo mucho que he combatido las fórmulas de las escuelas. El trono rara vez concede prerrogativas al cuerpo eclesiástico para honrar la Iglesia, por lo regular se intenta esclavizarla comprando los eclesiásticos perversos y engañando a los tontos. Estoy muy lejos de oponerme a las demostraciones de aprecio que los príncipes religiosos han hecho en todo tiempo a la Iglesia y menos repruebo los honores civiles que han tenido a bien conceder a los ministros del santuario; mas, repito, que es materia peligrosa, pues generalmente no es la piedad sino el crimen la fuente de estas hipócritas distinciones. Queda al fin la Iglesia oprimida, cuando se considera más privilegiada. Sí, mi amigo, es preciso hablar francamente y demostrar que la política de los cortesanos produce los males para después lamentarlos y justificar todas la medidas que tienden a su remedio.

Después de inducir a los príncipes a que concedan a manos llenas prerrogativas y privilegios que elevan a los eclesiásticos, empiezan astutamente a inspirar desconfianza en el ánimo de los mismos príncipes, hablándoles siempre del peligro de *formar un estado en el estado* y de la necesidad de precaverse contra la ambición y los *talentos* de los eclesiásticos. Estos, por ignorancia o por miseria, luego que les tiran de este *ropaje mundano* se enfurecen y aun a veces cometen atentados inauditos, en vez de despojarse del tal ropaje y tirárselo a la cara a los pérfidos que piensan comprar ministros de Dios con las dádivas de un hombre. Entran las contestaciones desagradables y aun escandalosas, desencadénanse las pasiones y sus escenas afean al ministerio, hácenlo sumamente odioso y acaban los príncipes por considerar al cuerpo eclesiástico como una hidra, que ellos mismos han nutrido, pero que es preciso destruir.

Dispuestos los ánimos de esta manera, sólo falta ponerlos en operación y entonces calcular fríamente la política que conviene hacer para sacar partido. Unas veces exagera las *sacrílegas demasías* de los príncipes (que acaso consisten sólo en evitar sacrilegios) y casi compele al cuerpo eclesiástico a una atrevida oposición a los mandatos del soberano y otras veces induce al príncipe a tomar medidas violentas contra la Iglesia. En ambos casos entra el robo más completo. Bajo el lema de que el rey es amo de todos los bienes, se enriquecen los que no son reyes con todos los bienes eclesiásticos, a título de *fidelidad* o de *patriotismo* según el viento que sopla, pero, al fin... con algún título..., cuyos poseedores no se cuidan ni del rey ni de la patria. ¿Qué dices de la alianza del trono y del altar? La tienen, sí, pero muy distante de la que han formado los satélites de aquél y los profanadores de éste para conseguir sus miras ambiciosas.

En cuanto al trono, créeme, Elpidio, que son enemigos de los reyes los que les aconsejan que sigan la falsa política de presentarse a los pueblos como oráculos de la divinidad, sostenidos por la Iglesia. Esta enseña que los reyes son hombres como todos los demás y muchas veces peores que todos los demás, por cuyo motivo son objeto de compasión y no de envidia. Sin embargo, esta doctrina de la Iglesia, o es ignorada o no quieren recordarla los inicuos para hacer daño al mismo trono, que pérfidamente suponen que intentan proteger, y así consiguen que aun los reyes más justos se hagan odiosos a los pueblos, que llegan a creer que no tiene otro apoyo para reinar. Luego que el trono pierde su verdadera base, que es el aprecio y confianza del pueblo, de poco puede servirle el influjo que algunos eclesiásticos ignorantes o degenerados puedan tener en la opinión de la muchedumbre; pues viene a parar en un objeto de temor y de tentación y ya no es aquel puesto elevado en que la *justicia poderosa* se sienta para distribuir las riquezas de las virtudes y contener los vicios que degradan la especie humana. He aquí el terrible sacudimiento que experimenta el trono por las maquinaciones de la política, valiéndose de la superstición. ¿Sacudimiento? No; es preciso llamar las cosas por sus verdaderos nombres, no es sacudimiento, es destrucción; pues como ya he observado, no existe el trono en su *verdadera naturaleza*, aunque exista en todos su esplendor y poder. Desplómase el trono y sus ruinas caen sobre el altar, lo empuercan y profanan.

Otras veces finge la política varios ataques contra la superstición, pero mal dirigidos de propósito, pues el verdadero objeto es que salgan infructuosos y sólo sirvan para exasperar los ánimos. Esta es una de las maquinaciones más infames de la política, pues consiste en producir los males fingiendo aplicar el remedio para curarlos. Disimula, pues, y aun permite que la superstición sea atacada de una manera imprudente, dando pábulo al ridículo sarcasmo y a la injusticia; y después toma el gobierno medidas al parecer *muy severas,* pero en realidad *nulas,* porque no cuenta con fuerza ni moral ni física para sostenerlas. Pero, ¿qué objeto, me dirás, puede tener un gobierno en ponerse en ridículo, apareciendo débil e imprudente? El objeto del gobierno en estos casos, mi Elpidio, es probar de todos modos que sus circunstancias son las más difíciles y peligrosas y que los buenos deben conformarse con lo que *puede hacerse* (que es nada) y no exigir imposibles. Fórmase entonces de la superstición un fantasma, que atemorizando ya a unos, ya a otros, franquea el paso al gobierno para continuar en la carrera del despotismo, dando a veces *palos de ciego.* Y haciendo otras veces retiradas de cobarde, según conviene a sus miras políticas.

Entre tanto la Iglesia sufre infinitos ataques por atribuírsele maliciosamente todos estos males; y nada prueba más su origen divino que el sostenerse entre tantas tempestades y conservar una autoridad que hubiera perdido mil veces si fuera de un origen humano. Sí, mi Elpidio, las pretensiones de la política, ya *civil,* ya *eclesiástica,* han puesto a prueba la esposa de Jesucristo y no puedo menos de transcribirte una parte muy notable del elocuentísimo y sabio discurso preliminar del Abate Ducreux a su preciosa y metódica *Historia eclesiástica,* en que se presenta como signo evidente el inequívoco de la protección del cielo, "la conservación de la centralidad a pesar de los celos y desconfianzas perpetuas del sacerdocio y el imperio; a pesar de los golpes dados a la jurisdicción legítima de los pontífices por príncipes ambiciosos y a pesar del abuso que pontífices todavía más ambiciosos han hecho muchas veces del poder espiritual, que no puede ser útil y respetado sino conteniéndose en sus justos límites; en fin, la conservación de la verdadera piedad a pesar de los escándalos de todas especies, que han alterado la doctrina, desnaturalizado las reglas antiguas, consagrado, por decirlo así, los vicios nacionales, deshonrado la santidad del sacerdocio mismo y algunas veces llevado la audacia hasta hacer sentarse el crimen en la Cátedra Pontifical".

Sí, mi Elpidio, la miseria humana fortalecida y adornada con la corona o con la tiara, muchas veces se ha servido de una y otra para debilitar la autoridad misma que indican tales insignias; y acaso los reyes y los papas han sido los principales enemigos de la autoridad regia y pontificia. La superstición ha encontrado en esto un gran apoyo y la política no se ha descuidado en sacar todo el partido posible. En tales casos, lo repito, mi amigo, la religión es la que más pierde por ser la más perseguida y calumniada, pues se la atribuyen todas las demasías cometidas por estos condecorados y fingidos protectores suyos. ¡Terrible persecución la que tiene por corifeos a los mismos que debieran serlo en las filas de las huestes del Dios vivo!

Sin entrar en la cuestión (inútil a mi ver, aunque no es de este momento el dar mis razones), sin entrar, repito, en la cuestión de la infalibilidad del Pontífice romano, podemos asegurar que ninguno de ellos ha enseñado jamás doctrina errónea alguna por más esfuerzos que se hayan hecho por presentar a Marcelino idólatra, a Honorio monotelista y a otros tildados de diversos errores. Ha habido sin embargo muchos papas cuyos crímenes han dado pábulo a la superstición que siempre afecta *santidad* y viene siempre acompañada de la soberbia; y así es que bajo el pretexto de lamentar y detestar las miserias de la cabeza de la Iglesia se han permitido muchos hipócritas desconocer los verdaderos principios de la religión, confundiendo la dignidad pontificia con el hombre que la ejerce. He aquí otra ocasión que se presenta a la política para conseguir su intento, que es *debilitar la autoridad fingiendo fortalecerla*. No te admires de mi proposición; si reflexionas sobre lo que ya has escrito, encontrarás mis pruebas. Jamás quiere la política que la autoridad sea tan fuerte que no pueda *ser manejada* y jamás permite que se presente tan débil que no sirva de instrumento *para manejar los pueblos*.

De esta lucha entre la religión y la superstición ha resultado la disputa sobre la *obediencia pasiva*, que bien considerada es un juego de voces inventado modernamente para suponer que se dice mucho cuando nada se dice y aterrar los pueblos con un fantasma ridículo. Para que percibas los fundamentos de mi aserto es preciso que recuerdes que no considero ahora la superstición bajo su aspecto religioso, sino únicamente en sus relaciones con la sociedad. Hablo sólo de la política, y en este concepto, pregunto: ¿qué quiere decir *obediencia pasiva*? ¿Obedecer sin pensar? ¿Y qué derecho tiene la política para manejar los pensamientos? Si pretende gobernarlos serán nulos sus esfuerzos, pues los hombres pensarán del modo que mejor les parezca. ¿Es la obediencia pasiva una *obediencia por fuerza*? Entonces no hay más sino conseguir la fuerza y está conseguida la obediencia sin necesidad de discutir sobre ella. No hay más sino quitarse la máscara y decir, *mando porque puedo*, y es claro que ya no es un acto de una virtud sino de una necesidad efecto de una fuerza. Quédanos, pues, el mero nombre de *obediencia*, y he aquí el juego de voces viniendo a ser un término equívoco, que ya no significa como antes una virtud sino una desgracia. Mas la política, conociendo en este caso su impotencia, quiere salir de su línea y entrar en la provincia de la moralidad y en el sagrario de la conciencia. Bien podríamos repelerla como intrusa, y para evitarlo se acoge a la superstición, que siempre está pronta para proteger picardías. Dejémosla, pues, entrar para darla un nuevo golpe de muerte. ¿Qué se nos quiere decir? ¿Qué estamos obligados a obedecer, aunque el mandato sea injusto, por evitar mayores males? Esto ya lo haremos, pero sólo por evitar *mayores males*, que tendremos escrúpulo de conciencia de producir, sólo por no hacer un sacrificio de mucha menor trascendencia. Venimos, pues, al mismo resultado en el orden moral que en el político, esto es, que cedemos a la fuerza y, repito, no hay más que conseguirla y triunfa la superstición. Será, pues, una obediencia supersticiosa, si tenemos la tontada de creer que es justo todo lo que manda un superior, sólo porque lo manda; y ya se echa de ver que una obediencia supersticiosa no es una virtud.

¿Qué han hecho los políticos auxiliados por teólogos de *acomodamiento*... y puramente rutineros? Suponer que estas ideas son revolucionarias, calculadas sólo para desobedecer a los superiores, cuando sólo se dirigen a tributarle la verdadera obediencia que es la única que les honra. Los príncipes justos nunca temen revoluciones que son efectos de la desesperación y ésta siempre lo es de la injusticia. Observa, Elpidio, que esta distinción de obediencia *activa* y *pasiva* es moderna y fue un efecto de la degradación de los gobiernos, como el juramento de no defender el regicidio y el tiranicidio. Yo siempre he considerado estas precauciones como unos verdaderos insultos hechos a la autoridad regia, suponiéndola, por el mero hecho, capaz de la tiranía. Cuando los tiranos han muerto por la furia del pueblo, no ha sido excitado éste por doctrinas sino por sufrimientos, y la desesperación nunca reflexiona.

Sin embargo, la superstición saca gran partido de estas *sutilezas políticorreligiosas* y la política a su vez no se descuida en aplicarlas. Los amantes de la verdad son perseguidos bajo el vago y mero pretexto de ser *sospechosos*. Este terminito funestísimo es el signo de exterminio para que se ceben sobre víctimas inocentes los satélites de la tiranía y de la superstición, mientras la religión y la justicia lamentan la pérdida de sus defensores.

Siento haberme detenido en un asunto tan desagradable y temo haberte fastidiado con mis observaciones, que acaso te parecerán meros delirios. Me alegraría que lo fueran; pero la poderosa voz de la experiencia me impide el consuelo de un engaño halagüeño. Yo sería feliz si no viese unos males que no puedo remediar y a veces envidio la suerte de los que nunca meditaron sobre ellos. No pueden serme indiferentes: mis ideas, mis sentimientos, mi estado, mi carácter, todo, sí, todo me llama a la lid de la pura religión contra el más funesto de los abortos del abismo; y bien conoces que nada es tan sensible como reconocer y confesar las ventajas del enemigo. Reconozco, sí, las ventajas que consigue la infame superstición y confieso su inmenso poder; mas no me acobarda, y por débiles e infructuosos que sean mis esfuerzos, la mera resistencia al crimen es un placer de que no me privaré sino cuando me falte la vida. Espera, pues, otra carta, y entre tanto recibe mi afecto.

VIII
FRANCISCO DE FRÍAS,
Conde de Pozos Dulces

Nació en La Habana en 1809 y falleció en Passy, Francia, en 1877. Partió de pequeño a los Estados Unidos de Norteamérica donde cursó sus estudios en un colegio de Baltimore. Regresó a Cuba en 1829 y en 1932 viajó a España donde vivió un año. De vuelta a la patria se dedicó a estudiar la agricultura cubana. En 1842 viajó a Francia con el propósito de especializarse en ciencias fisicoquímicas, agricultura aplicada y geología. En 1849, de regreso en la Isla, el Liceo Artístico y Literario premió su memoria: *La industria pecuaria en Cuba*. Poco tiempo después, en 1852, acusado y condenado por conspirar contra España, fue encarcelado y desterrado a la Metrópoli con expresa prohibición de volver a Cuba o Puerto Rico. El Conde de Pozos Dulces fue miembro de la Sociedad Económica de Amigos del País y Presidente de su Sección de Agricultura y Comercio. Dirigió el periódico *El Siglo*, órgano de expresión de la corriente liberal reformista, y escribió ensayos de carácter científico que publicó en periódicos y revistas de Cuba y el extranjero. Entre sus ensayos destacó: *Sobre el origen de las especies*, que vio la luz en la *Revista de Cuba*. Llevó a cabo una importante campaña para lograr reformas socioeconómicas y políticas en Cuba, que culminó con la creación de la Junta de Información. Colaboró con la Real Academia de Ciencias Médicas y fue diputado en las Cortes españolas.

De qué modo pueden consolidarse la riqueza y la prosperidad de la agricultura cubana [*]

LOS MEJORES años de mi juventud se pasaron en los hermosos campos de la isla de Cuba. Amé sus bosques y sus praderas, sus arroyos, sus pájaros y collados, con todo el fervor de la entusiasta poesía. Más tarde sucedió a esa admiración la codicia del propietario, y yo también derribé los gigantes árboles y apliqué la tea encendida a sus despojos esparcidos. Y vi como se

---

[*] Se trata de la Carta XXII, fechada en París el 30 de octubre de 1857, contenida en su obra: *Reformismo agrario* (Cuadernos de Cultura, Cuarta Serie 1, Publicaciones de la Secretaría de Educación, Dirección de Cultura, La Habana, 1937).

siembra la caña, y como se exprime el jugo, y de qué manera cristaliza el azúcar.

Yo también cultivé los cafetos y pasé horas enteras recogiendo sus rojas cerezas. Nadie madrugó más que yo por ver, al despuntar del alba, la tendida vega, y cómo se refracta en mil prismáticos colores el naciente sol en sus gotas de rocío. ¡Cuántas veces contemplé en silenciosa admiración doblegados los frondosos *platanales* con el peso de sus apiñados racimos! Y vi agrietarse y abrirse las tierras al empuje de la *yuca* o del *ñame* feculentos que se desarrollan en sus entrañas encerrados. Paso a paso seguí a la yunta *atrojada* cuando abría el surco, y mil veces arrojé en éste el grano reproductor del millo o del arroz. También aprendí del rústico guajiro cuándo se corta el *bejuco de buniato*, y le enseñé a mi turno por qué se le quitan las hojas antes de sembrarlo. Y lo que él cree y piensa y ejecuta lo sé yo, que no me contenté nunca con mirar solamente, sino que puse la mano al arado y afrenté intrépido los rigores del sol tropical.

Ahora bien, si esto lo saco a plaza, no es por hacer alarde de tan variada y múltiple experiencia, que nada tiene por cierto de meritoria ni de fenomenal, sino que llamado hoy por otras circunstancias a ocuparme, lejos del país, en materias referentes a nuestra agricultura, quisiera prevenir la objeción que alguno intentara suscitar a mi práctica local. Tantas veces oí a la rutina invocar la tacha de teóricos contra sus adversarios, que no me pesa en estas circunstancias el poner mi propaganda al abrigo de esa banal argumentación.

Estudié, pues, primero en los campos que en los libros, y antes en mi patria que en estas apartadas tierras, llegando por fin a la conclusión de que en ninguna parte del mundo pudiera ser más rica, más próspera y duradera la agricultura que en nuestra Isla, si a ella se aplicasen todos los resortes y conocimientos que a tanta altura pusieron la industria rural de otros países menos favorecidos.

Al hablar así debo explicar cómo entiendo yo esos calificativos, puesto que no faltaría quien quisiese redargüir con que nuestra producción agraria llena hoy cumplidamente todos los requisitos que pudie-

ran apetecerse. Yo no llamo ni rica, ni próspera, ni duradera nuestra agricultura actual por muchas razones. ¿Cómo puede ser ella rica, cuando hace siglos se viene practicando sin que le fuera posible hasta ahora pocos años pagar salarios a sus trabajadores? ¿Cómo será rica ni próspera, cuando para sostenerse tiene hoy que recurrir a la contratación de los brazos más baratos que se encuentran por el mundo, aunque traigan aparejados muchos inconvenientes y peligros? ¿Cómo será próspera ni duradera, cuando no depende de sus propios recursos sino que apela a los extraños y distintos? ¿Cómo ha de ser buena ni duradera cuando es migratoria y trashumante, cuando esquilma y esteriliza por donde quiera que pasa? ¿Y puede llamarse útil, ni beneficiosa, ni envidiable una agricultura que necesita de razas determinadas para ejercerla, y que entre todas excluye precisamente a la que tiene a su favor la inteligencia, el saber y la civilización? ¿Será ni siquiera agricultura la que no puebla el país, sino que recluta extrañas legiones para desolarlo?

(...) no deben confundirse las especies ni prodigarse títulos inmerecidos. Siempre que se quiera investigar el fondo de las cosas, se verá que no pertenece a nuestro sistema agrícola ninguno de los caracteres con que hemos acostumbrado a engalanarlo, y que es real y urgente la necesidad de variar de rumbo en nuestros métodos agrarios, como no queramos permanecer siempre contentándonos con apariencias y usurpando dictados que no nos corresponden.

He dicho que de la experiencia y de la comparación puede deducirse la posibilidad de ser nuestra Cuba el país más rico y próspero de la tierra, considerado bajo el punto de vista de sus aptitudes naturales y de la excelencia de los frutos sobre los que trabaja su agricultura. Esto mismo dicen y repiten cuantos conocen el país, no siendo nuestros hacendados los menos afirmativos en este orden de apreciaciones y de elogios. Pero véales V. a la obra y se desengañará de que en el fondo creen y piensan otra cosa. Creen que el clima de su país es mortal para los trabajadores, y así es que se afanan por elegir entre las razas existentes de la humanidad las que más robustas aparecen y más refractarias al clima de los trópicos. Aseguran que la caña de azúcar no puede cultivarse sin las fuerzas musculares de los africanos, o las de los otros pueblos que más se les acercan en rusticidad y vigor. Sin duda están convencidos de que el terreno no vale gran cosa, como no sea el que se acaba de descuajar, cuando se van recorriendo, hacha en mano, toda la superficie de la Isla para asentar temporalmente sus nómades penates. Y tan poco se fían, aun así, de la celebrada fecundidad de nuestras tierras, que lo mismo para el azúcar, como para el café y el tabaco, no se conforman con la extensión que en todo otro país constituiría la gran propiedad agrícola, sino que no llaman verdaderas haciendas a las que no cuentan las *caballerías* por decenas y centenas.

Esa misma unidad agraria de *caballería* que prevalece en nuestra aritmética rural, está pintando el crédito que nos merece la riqueza limitada de nuestros terrenos. Hábleles V., por otra parte, de yuca, de plátanos, de maíz, arroz y otros frutos tropicales, y ya verá V. el caso que hacen de esos ponderados tesoros de nuestro repertorio agrícola. Extienda V. la vista por todo el país; examine V. los terrenos que hay eriales o abandonados; preste V. oídos a las conversaciones y a los rumores de la pública opinión; vea V. a nuestra juventud apiñada en las ciudades y solicitando puestos o empleos en todas las demás carreras, y conocerá entonces que la excelencia y los primores de la agricultura cubana no pasan de ser una leyenda que hemos recibido de la tradición, y que repetimos como artículo de fe sin ajustar nunca nuestra conducta a sus dictados.

Pero la leyenda tiene razón, y los que carecen de ella son los que se empeñan en desmentirla con su práctica y con sus usanzas. Ninguna otra comarca del mundo posee tierras más feraces, ni producciones más variadas y remuneradoras; en ninguna otra parte rinde más el esfuerzo de un solo hombre, ni encuentra más numerosos auxiliares. Allí sobran poco terreno y poco trabajo para producir mucho, con lo que se refuta el sistema exclusivo de las grandes propiedades y la exageración de las fuerzas explotadoras. Con tantos elementos, más se necesita de la inteligencia del blanco que de la fuerza muscular del hombre de color; más de la industria y del saber que de la acción de los grandes capitales y la robustez corporal. Cuba debiera ser por excelencia la patria de la pequeña propiedad y de los cultivos en escala menor. Allí hay seguro refugio y tranquilo puerto para la preponderante población de algunas regiones europeas. Hasta las mujeres y los niños encontrarían en sus campos fácil y asegurada remuneración. Sin exceptuar la caña de azúcar, todas sus labranzas convidan al trabajo y a la inmigración.

Pero todas estas ventajas e incentivos permanecen estériles e improductivos, porque nuestros sistemas y nuestros hábitos tienen levantado un valladar a sus útiles y posibles efectos; porque persistimos en mantener indivisa la principal industria agrícola del país, compuesta de dos granjerías que aunadas son inasequibles a la pequeña propiedad y repugnan al trabajo de nuestra raza; porque estamos siempre demostrando con nuestro ejemplo que sólo a fuerza de brazos, de terreno, de capitales y del más ímprobo trabajo se puede medrar en la agricultura del país; porque lo decimos entre nosotros y publicamos en el extranjero, que nuestro sol mata al hombre de los climas templados e imposibilita la labor de los campos por colonos de nuestra estirpe, porque lejos de abrazar nosotros mismos una carrera que en el lenguaje habitual colmamos de elogios y de celebraciones, la tenemos abandonada y entregada en brazos de la ignorancia y de la fuerza brutal; porque, en fin, la hemos degradado, envilecido y desprestigiado, confiándola exclusivamente a razas extrañas y antipáticas a nuestros hábitos y a nuestra cultura.

En nombre de la práctica y de la teoría, debemos pronunciarnos contra semejantes usos y creencias. En nombre del patriotismo alcemos la voz contra la perpetuidad de un orden de cosas tan contrario a los verdaderos intereses del país. En nombre de la civilización a que nos jactamos de pertenecer, apelemos de semejantes máximas y tendencias que acabarían por sumirnos en un abismo de males sin cuento. Haga lo que le parezca la agricultura constituída; que para ello le sobran el derecho y desgraciadamente también el poder; pero suscitémosle un concurrente y un rival, un émulo y un vencedor en la nueva agricultura que venimos proponiendo, la agricultura de nuestra raza y de la pequeña propiedad, la de la inteligencia y el saber, la que nos dará pobladores verdaderos y verdadera riqueza y la perenne prosperidad del país.

Constituyamos la pequeña propiedad agrícola, demostremos con el ejemplo que la caña, el maíz, el tabaco, el plátano, la yuca, pueden cultivarse en escala menor con grande utilidad para los que concentren en pequeño espacio los trabajos que hoy se prodigan en aniquilar las riquezas naturales del país; probemos que con ese sistema, lejos de agotarse la feracidad de la tierra, cada día irá en aumento, cada año producirá más pingües resultados, y que cada nueva generación encontrará disminuído su trabajo y acrecido el atractivo que fije y consolide su dedicación a nuestros campos, y regenerará con su ardimiento y su superior saber la agricultura despreciada y envilecida que hoy poseemos.

Pero, ¿por qué se me deja a mí solo en esta propaganda y predicación? ¿Por qué no encuentro en la prensa cubana colaboradores más elocuentes y autorizados? ¿Será acaso que esté yo abogando por el error o proponiendo una utopía? En ese caso, ¿por qué no se me contradice? ¿Por qué no se inicia la discusión y se decide la materia? ¿Por qué no se fijan de una vez la verdadera teoría y la mejor práctica de nuestra agricultura?

Dios quiera que ese silencio y ese abandono no sean síntomas todavía más perniciosos y temibles, los de la indiferencia, que en materias agrícolas, como en otras más grandes, es la ruina de las sociedades. En ese caso me quedará el consuelo de no haber pertenecido al partido de los mudos, y de haber dejado consignada mi protesta.

IX
ANTONIO BACHILLER Y MORALES

Nació en La Habana en 1812 y falleció en la misma ciudad, en 1889. Estudió en el Real Seminario de San Carlos y San Ambrosio y en la Universidad de La Habana, donde obtuvo el título de Licenciado en Derecho Canónico. En el Seminario fue catedrático de Economía Política, y en la Universidad lo fue de Derecho Natural y de Fundamentos de la Religión, así como decano de la Facultad de Filosofía, donde fundó la cátedra de Filosofía del Derecho. Obtuvo el título de abogado mediante examen en la Audiencia de Camagüey. Fue también concejal del Ayuntamiento de La Habana, primer Director del Instituto de Segunda Enseñanza de dicha ciudad, miembro y socio emérito de la Sociedad Económica de Amigos del País, e intervino activamente en la reforma universitaria de 1842. Emigró a los Estados Unidos de Norteamérica en 1869, a consecuencia de la persecución de que fue objeto por firmar, junto a otros liberales, un documento pidiendo amplia autonomía para Cuba. Regresó a la Isla en 1878 y a partir de entonces realizó una intensa labor como escritor. Cultivó la novela, el drama, el ensayo y la investigación literaria y sociocultural. Destacó como jurista, periodista, profesor universitario y bibliógrafo, y publicó en casi todos los periódicos y semanarios de la época, entre ellos: *Bimestre Cubana, El Faro Industrial, Cuba Literaria, Revista de Cuba* y *Revista de La Habana*. Entre sus libros cabe mencionar: *Elementos de la Filosofía del Derecho*, también conocido como *Curso de Derecho Natural* (1857), donde revela su pensamiento iusnaturalista, y *Apuntes para la historia de las letras y la instrucción pública en la isla de Cuba* (1859-1861).

Elementos de la Filosofía del Derecho *

LA LIBERTAD

La voluntad ilustrada por la reflexión es propiamente el concepto de la libertad filosófica: la voluntad es la facultad moral del hombre; pero sin la libertad no habría imputación. Si el acto de la voluntad es reflexivo, es únicamente imputable. Rosmini, que ha tratado con mucha sagacidad de la fuente de la libertad y de la propiedad, en el sentido que ha dado a estas facultades, ha consustanciado la libertad con la *personalidad*: esta facultad es para él en su acepción jurídica una

---

* La Habana, 1857.

facultad suprema de obrar. La fuente y fundamento de ella es la *persona humana*; los derechos *materializados*, o sea, la propiedad, tienen por base la *naturaleza humana*. Nosotros vamos a considerar a la libertad como una condición y como una faz de la facultad moral; es decir, como la voluntad ilustrada por la reflexión, como hemos anotado al principio.

Si fuésemos a estudiar la libertad bajo todas las fases, tendríamos que examinar las condiciones que pueden ser necesarias para el ejercicio de la autoridad humana. Veríamos que hay una libertad que puede llamarse física, pero que realmente es de acción física, una moral y otra intelectual. Dirigiera a la primera a veces la espontaneidad; y no puede ni aun llamarse libertad; en la segunda predomina la reflexión, y en la última la *verdad* o la razón. La historia de la humanidad está trazada en ese cuadro: en los pueblos salvajes el derecho es la fuerza; reina la acción física; en los pueblos en donde hay sociedades civiles y principios religiosos impera la reflexión, y cuando la influencia moralizadora de la religión y el hábito de la justicia se extienden a crear instituciones políticas sobre la base de la libertad, entonces ésta es inteligente y armónica: su tipo es la verdad. Jesús dijo, como ha observado un célebre alemán, seréis libres por la verdad. Efectivamente, el bien moral debe hacerse desinteresadamente; debe hacerse el bien por cumplir la ley del deber. Cuando se conoce que hay leyes armónicas universales que deben cumplirse, porque es la voluntad de la Providencia, entonces la libertad es armónica y brilla con todo su esplendor.

Todavía está húmeda la tierra de Francia con la sangre derramada a nombre de la libertad y regada por la tiranía feroz de los hombres que no la comprendieron. La libertad no es la licencia; no es un fin: es un medio. Cuando hablemos de la sociedad, nos ocuparemos del funesto error de Rousseau que ha extraviado a sus discípulos. La libertad, como facultad de acción, está limitada por la libertad ajena. Consiste en hacer cuanto convenga al desarrollo del hombre, sin perjuicio a los demás hombres.

La libertad, como facultad, es *interior* o *exterior*; aunque lo que atañe al pensamiento es tan libre como el deseo, no obstante, el derecho debe consagrarlo. En cuanto a la *libertad exterior*, el derecho debe respetarla en todas las esferas de acción; así la libertad de conseguir los fines que marcamos al principio, es una condición de existencia. La libertad toma tantas calificaciones como son los diferentes fines sociales; fines que aquí son medios de felicidad: así la libertad del comercio y las demás que se mueven sin perjudicar (...)

La libertad es el carácter más notable de la especie humana: sin él no habría imputación. ¿Quién podría aspirar a premio? ¿Quién ser castigado sin ser libre? Las escuelas panteístas y escépticas destruyen la obra de toda legislación al negar el principio que es su fuente única (...)

Sociabilidad y perfectibilidad

Como no hay ningún instinto que no tenga un medio de definirse, el de sociabilidad debe tener por base, refiriéndose al hombre, una facultad. La sociedad no es hija de un pacto, pero como tendremos ocasión de probar en su oportunidad, como hecho individual, el hombre es un ser necesariamente sociable y social. Este principio no quita al hombre sus derechos individuales: la sociedad es un hecho que no contradice ni aniquila los derechos hasta aquí indicados. El hombre tiene relación con la sociedad, con el Estado, con todas las manifestaciones de la humanidad: las leyes de la asociación deben surgir de la armonía del hombre-individuo con el hombre-social, veremos, y ya lo indicamos, que la exageración de la ley de la igualdad ha creado muchos de los extravíos del comunismo, ese sueño dorado de los tiempos modernos y que lleva a sus ilusiones una nube preñada de males para el mundo. Hay, a no dudarlo, una relación de *conformidad* en la vida del hombre que debe poner de acuerdo la *asociación* con la *individualidad*.

Como ser físico, moral e inteligente, la sociedad es una necesidad para el hombre: su débil infancia, los cuidados que exige su educación, prueban que necesita de la atención de su madre, de un padre, en los días de la lactancia y de la educación. Como ser inteligente y moral, ve y conoce esta verdad innegable y la acata, la sigue y respeta como un mandato de Dios, como una ley de la organización del universo.

Derecho de propiedad. Relaciones de los hombres con las cosas

La propiedad puede considerarse bajo diferentes aspectos, en su más amplia expresión nadie la ha descrito con más oportunidad que nuestro Jovellanos (*Obras,...*, VII, Ley agraria):

> El hombre ama a la propiedad como una prenda de su subsistencia porque vive de ella; como un objeto de su ambición, porque manda en ella; como un seguro de su duración y si puede decirse así como un anuncio de su inmortalidad, porque libra sobre ella la suerte de su descendencia.

En nuestros días las cuestiones sobre su origen y títulos, sus límites y extensión dan una grandísima importancia a esta materia. La propiedad es para el filósofo un hecho necesario y como tal es una de las esferas de la libertad humana aplicada a las cosas externas: los alemanes han distinguido entre el derecho de propiedad y la propiedad jurídica. Al primero lo consideran como la facultad residente en el hombre para apropiarse los objetos exteriores que pueden ser una explicación de su existencia en la cantidad necesaria; la segunda es la propiedad misma ya creada y existiendo fuera del hombre. Esta distinción facilita mucho la resolución de las cuestiones que hemos apuntado y que nos van a ocupar; pero no son por cierto desatendibles los trabajos emprendidos sobre el mismo asunto por Bastiat, Carey y Rosmini. Examinados los elementos de la propiedad en sus diferentes formas han llegado a proporcionar armas incontrastables contra las utopías que recientemente han amenazado la sociedad.

Como es de presumirse, la propiedad raíz y principalmente la que se refiere a la tierra ha sufrido los ataques más repetidos; aun economistas tan sabios como nuestro Florez Estrada, honra de nuestra literatura, han incurrido en errores que él llamó *cuestión social*. La doctrina que hace consistir el derecho de propiedad en una condición primitiva de la ley natural, y da al Estado el derecho de garantirla y el de intervenir con este solo objeto; es la más filosófica. En la noción de la propiedad hay que huir de dos extremos: el desarrollo exagerado del principio individual o el común. La mayor o menor extensión de ese derecho lo limita no el acto moral por el cual el hombre se asimila o apropia las cosas exteriores, sino la misma naturaleza de estas: ni el mar, ni el aire podrán ser patrimonio de una persona, mientras que una casa para que sea útil es necesario que su poseedor excluya a los demás hombres de su uso.

¿Será cierto que la propiedad es de derecho natural? Vamos a examinar en que sentido han tomado los escritores la palabra naturaleza cuando han creído que todas las cosas eran comunes al principio, y que el *mío* y el *tuyo* corresponden a la edad de hierro: ese error que heredaron los modernos de los antiguos y que así han repetido tanto los novelistas como Cervantes, como los utopistas, como Rousseau.

La sociedad es un hecho de la voluntad, según Rousseau: es claro que antes, el estado de naturaleza debe tener algo de salvaje y bestial para él. La propiedad es un producto de esa sociedad hija de la voluntad, y el único hecho positivo es que la comunidad es la única propiedad del hombre. Es cierto, como observa Bastiat, que hay en esa hipótesis una comunidad; pero es de ignorancia, miseria y nulidad. El derecho bestial de Rousseau y sus antepasados y sucesores en opinión, no es el derecho natural cuya noción hemos dado.

Aun suponiendo al hombre en su estado natural con todas sus facultades e instintos bajo la consideración individual; o lo que es lo mismo sin relación con los otros hombres, no tendríamos los elementos de relación necesarios e indispensables para que haya derecho. El egoísmo no es el estado natural del hombre. La relación de dos seres por lo menos es un elemento indispensable.

La propiedad no es un derecho que puede explicarse por el sistema de Rousseau ni el egoísta; pero en el armónico de Krause, de Ahrens y Rosmini se comprende fácilmente. Aún puede decirse más, la sociedad es inexplicable sin el derecho de propiedad. Las cuestiones acerca de su extensión y origen, de sus garantías y término únicamente pueden admitir discusión en cuanto al principio, el derecho de propiedad es uno de los más sagrados e imprescriptibles: el hombre por su *yo*, por su personalidad es el único ser propietario, porque puede llamar *suyo* lo que no es uno de uno de sus miembros, por la libertad. Esa voluntad no es sin embargo arbitraria: aquí viene bien repetir lo que ha dicho con tanto acierto en otra parte y a otro propósito el insigne Santo Tomás: *Voluntas ut natura non voluntas ut voluntas.*

La propiedad como derecho, ha dicho Ahrens con oportunidad, es un derecho elevado a la segunda potencia, porque es un derecho para la realización de todos los derechos. El hombre tiene por excelencia el derecho de aspirar a todas las condiciones necesarias para su desarrollo; para lograrlo tiene que apropiarse los objetos materiales necesarios a su conservación. El comunismo es una consecuencia del panteísmo que ya hemos impugnado. El hombre tiene una personalidad cuya conservación es un derecho y su libertad no tiene más límites que la personalidad ajena: en ningún caso debe olvidarse que existen esos elementos que constituyen la humanidad: el individuo y la especie. La propiedad no está exceptuada de esa ley, su título es el mismo de los demás derechos en cuanto a su origen histórico (...)

X
DOMINGO DELMONTE

Nació en Maracaibo, Venezuela, en 1804, y falleció en Matanzas, en 1883. Desde niño vivió en Cuba, donde cursó las carreras de Leyes y Filosofía y Letras en la Universidad de La Habana. Más tarde partió a España para estudiar la licenciatura en Derecho Civil. Visitó otros países de Europa y también los Estados Unidos de Norteamérica, donde colaboró con Varela y Saco en *El Mensajero Semanal*. De regreso a Cuba, fundó *La Moda o Recreo Semanal del Bello Sexo* y colaboró en: *La aurora de Matanzas, Album de lo bueno y de lo bello, El trueno, Diario de Matanzas y Revista de La Habana*. Educador, poeta y dramaturgo, la influencia de Delmonte en el movimiento literario del país cristalizó en sus famosas tertulias que fueron cátedra orientadora de las tendencias predominantes en la época. Profundizó también en los estudios económicos y trabajó en la Sociedad Económica de Amigos del País, donde fue presidente de la Sección de Educación, y colaboró intensamente en la *Revista Bimestre Cubana*. Fue defensor de los esclavos y simpatizante de la causa de la independencia. De su obra poética destacan: *Elegía a la muerte de Milanés, A una joven madre y A Matilde Díaz*. También la obra de teatro *El último sábado* y la novela *La loca de Canímar*. Sus ensayos —entre los cuales destaca *La isla de Cuba tal cual está*— fueron recogidos en *Humanismo y Humanitarismo* (La Habana, 1936).

Mejoras de que es susceptible la enseñanza Exposición de nuestro plan: conveniencia y justicia de él *

NO ES nuestro ánimo escribir un tratado de educación; ya esta tarea ha sido plausiblemente desempeñada por los ingenios más brillantes y profundos de Europa; y aun en nuestra Isla no han faltado personas instruídas y celosas de nuestros adelantamietos que hayan, a invitación de la Real Sociedad Económica de La Habana, concretado con tino sus observaciones en

---

* Contenido en: *Humanismo y Humanitarismo* (Cuadernos de Cultura, tercera serie, II, Publicaciones de la Secretaría de Instrucción Pública, Dirección de Cultura, La Habana, 1936).

este particular a nuestro propio suelo. Nos limitaremos, por tanto, a apuntar ligeramente los medios que, según nuestra humilde opinión, pudieran adoptarse para mejorar la enseñanza primaria en Cuba, y para que, si no en el todo, en la parte posible, se comunique vida moral a las escuelas que hasta ahora se han circunscrito solamente a cultivar la memoria, y cuando más, al entendimiento de los alumnos (...)

Las faltas y vicios de la enseñanza en nuestras escuelas (...) provienen, entre otras causas principales, de su mala constitución, de su escasez, pues debiera haber dos tantos más de las que hay; de los defectos que adolecen sus métodos —efecto de la poca o ninguna preparación científica y moral con que los maestros, por lo común, empiezan su carrera—; trayendo por consiguiente cada uno a la escuela intactas sus pasiones, sus manías, sin que la lima del cultivo, en una escuela normal, les haya quitado las asperezas y genialidades de sus diversos caracteres, ni hayan aprendido por principios el arte de enseñar; de donde resulta después la especie de escolástica behetría, en la cual confusamente sigue cada uno la senda que se abre a su empirismo, desperdiciando de esta manera unas fuerzas preciosas que bien combinadas y dirigidas a un fin, producirían efectos maravillosos en la mejora completa de nuestro pueblo.

Todos estos inconvenientes se evitarán con una sola, pero grande y radical medida: con que el gobierno general de la Isla se apoderase, como de derecho le pertenece, de la educación primaria, y enlazándola con un buen sistema de cárceles *penitenciarias*, formase un vasto plan general de corrección y de mejora pública, cuyo primer eslabón fuese la escuela de primeras letras y el último el *panóptico*. Este plan, como una inmensa red cuyos fuertes hilos se formasen de inteligencia y virtud, rodearían al hijo de esta Antilla o al forastero que viene a avecindarse en ella, desde que empieza la razón a alborear en el alma del primero, o desde que el segundo pone los pies en estas playas; les impediría que fuesen presas de pasiones ruines o bravías, y si acaso se rindiesen a las embestidas del vicio, la sociedad ejercería en ellos su jurisdicción, no castigándolos y corrompiéndolos despiadadamente y sin provecho de nadie por la mano de aquel fantasma iracundo a quien llamaron *vindicta pública* los sañudos jurisconsultos de la Edad Media, sino purificándolos y corrigiéndolos para el procomún en una prisión digna del siglo XIX.

¿Será hacedero y fácil este plan, o será dorado ensueño de una imaginación tropical? Tan practicable lo juzgamos, que no depende su ejecución sino de la voluntad del mismo gobierno de la Isla. Con esta persuasión examinaremos primero su justicia y conveniencia; después, los medios de que debe valerse el gobierno para realizarlo, y, por último, de los arbitrios de que puede echar mano para costearlo.

Ventajas para el gobierno

Todos convienen en que la enseñanza primaria es en el día un bien tan apetecible y una condición tan precisa en los pueblos cultos modernos como el mismo alimento material con que se nutren. Es también el instrumento más poderoso de atraso o de adelanto moral e intelectual que se conoce, según sea mala o buena la dirección que se le dé. Nadie más interesado, por lo tanto, que el gobierno de los pueblos en evitar las pésimas consecuencias que acarrearía la enseñanza primaria si se apoderase de ella, como ha sucedido ya, la perfidia y la mala fe, o si, por falta de recursos, cayese, como sucede hoy entre nosotros, en un mortal desmayo y dejase en la ignorancia y con los aborrecibles resabios que la acompañan, cuando se aduna con la miseria, a los hombres a quienes deberían sacudir las potencias mentales siquiera, ya que no les mejorase la voluntad. Y, he aquí una ventaja incalculable para el gobierno: el prevenir las revoluciones. Porque no hay gente más levantisca y ocasionada a revueltas y alborotos que un pueblo ignorante, y por supuesto pobre y probablemente corrompido; en Constantinopla es donde más soberanos degüellan. De aquí nace el grande interés conque los gobiernos previsores y avisados, sean cuales fueren sus formas constitutivas, se apresuran a dar norma y dirigir por sí al ramo de las escuelas primarias, costeándolas con los fondos con que cuentan para las demás urgencias del Estado —pues así consiguen imprimir un orden de ideas favorables a ellos en toda una generación, y por lo mismo compran y aseguran a poco precio la estabilidad y pujanza de su imperio—; que no hay apoyo más firme de gobierno que el que estriba en los entendimientos y en los corazones de los súbditos. Por eso, políticos y sagaces no dudan asegurar que la enseñanza primaria es condición tan provechosa al Estado como la formación de los ejércitos mismos que lo defienden.

Con un plan de enseñanza pública primaria, formado y costeado exclusivamente o en su mayor parte por el gobierno, puede éste inculcar desde temprano en el ánimo del pueblo ideas y sentimientos nacionales, en armonía con las instituciones reinantes, evitándose con esto aquel conflicto duro y doloroso en que se han visto y se ven en este siglo provincias y naciones enteras en abierta contradicción por sus opiniones con las leyes y los sistemas políticos que las gobiernan: espantable y repugnante divorcio, origen fecundo de las calamidades y desventuras de nuestra época. ¡A cuán poca costa se hubieran evitado estas desgracias si con tiempo se hubiera establecido con la centésima parte de los tesoros que después se desperdician en las revoluciones, un plan de escuelas y colegios, o llámense universidades, servidas por maestros honrados y discretos, que fuesen propagando con amor y persuasiva eficacia sus mismas ideas morales y políticas en todos sus alumnos! (...)

Ventajas para el público

Muy lejos está de nosotros, al pretender que el gobierno se encargue de costear y dirigir a un fin cierto y decidido la enseñanza primaria, la idea absurda de que haga de ella un monopolio mezquino, prohibiendo a los particulares que se dediquen a este ramo de instrucción, si se consideran capaces de enseñarlo. Nos privaríamos de las ventajas de la concurrencia, y sin el poderoso acicate de la emulación se amortiguaría el espíritu de las escuelas públicas y no surtiría la mitad de los buenos efectos que se debía esperar de ellas. El gobierno, estableciendo escuelas primarias gratuitas servidas por maestros de antemano preparados en escuelas normales bien constituidas, proporciona generosamente a la muchedumbre popular que se compone de la modesta medianía y de la clase ínfima proletaria de la población, el pasto espiritual de la enseñanza, no crudo o mal sazonado para que le haga más daño que provecho, sino preparado hábilmente por hombres buenos y sabios, cuyo destino es formar los corazones y alumbrar las mentes de sus alumnos. Mas no les impone con tiranía la obligación de que asistiesen a alguna, o pública o privada. Si hubiere quien prefiera esta última, por cualquier motivo o consideración, séales lícito aprender como gusten; que no serán muchos por cierto los que tal hagan, y los pocos que deserten de las escuelas gratuitas, no perturbarán el orden de los grandes y trascendentales resultados que debemos esperar del establecimiento de ellas.

Libre nuestro plan de la odiosidad del monopolio, no hay que hacer muchos esfuerzos para imaginarse la utilidad que producirá al público en general. Hay inconvenientes peculiares de nuestra Isla, que se oponen al sostenimiento y medros de las escuelas privadas, por la pobreza e ignorancia de la generalidad de su población. En exceptuando escasamente las ciudades de La Habana, Matanzas, Trinidad, Puerto Príncipe (...) en sus barrios más centrales y ricos, en todos los demás puntos habitados, sea de las costas o de lo interior, del Occidente o del Oriente, del Norte o del Sur, hasta de zapatos es preciso proveer a los niños, cuanto más de enseñanza gratuita, de libros, pluma y papel, para que asistan a buen grado a las escuelas. Por donde se notará la equivocación de algunos sujetos, de conocido saber por una parte, que aplicando a nuestra gente pobre e ignorantísima las observaciones hechas en otras tierras de muy diverso modo constituídas, presumen que puede y debe exigirse a los campesinos una corta retribución por la enseñanza de sus hijos, para que la tengan en más, costándoles el conseguirla algún sacrificio, aunque pequeño: lo cual presupone que nuestros guajiros conocen ya el mérito de la enseñanza, suposición que por desgracia no se apoya en la realidad de lo que pasa. Ahora bien, con las escuelas gratuitas del gobierno no se quedará un solo niño pobre del campo o de poblado sin recibir su porción competente de enseñanza, sin que sus padres se graven para ellos con el desembolso de un maravedí. La moralidad vendrá en pos o acompañada de la instrucción, con este sistema de escuela; y cada una de ellas vendrá a ser un foco, aunque pequeño, vivo y permanente, de virtud y de ilustración, que irá esparciendo paso a paso, junto con otros recursos de que luego hablaremos, y por las clases más menesterosas y por todos los ángulos y rincones de nuestra Isla, las ideas más sanas y conservadoras de la civilización moderna.

Olvidábasenos hablar de la ventaja que sacarán los maestros, y por lo tanto el público, de este orden que proponemos: esta ventaja es la total independencia en que se encontrarán los preceptores de las escuelas gratuitas, del capricho o de la ignorancia de los padres de sus alumnos. Hoy un maestro de escuela privada se ve condenado a enseñar a la merced de gente vulgar y menguada, o presumida y altanera, porque su subsistencia depende necesariamente de la cuota que le han de pagar aquellos. Si es hombre pundonoroso, enemigo de hacer tregua con la estulticia o el orgullo ajeno, se morirá de miseria (...)

Prohibición del servicio de esclavos en las escuelas

Ya por varios pasajes de este informe se habrá conocido la viva persuasión en que estamos de que las escuelas primarias no significan nada inmoral, cuando la enseñanza derechamente no se dirige a la disciplina de los afectos e inclinación del ánimo, no menos que al cultivo de las potencias mentales. Así no dudamos afirmar ahora, que todos los admirables efectos que tendríamos razón de esperar de las escuelas públicas gratuitas, establecidas conforme a los requisitos que hasta aquí hemos ido indicando, se perderían, si se permitiese en las escuelas normales, y en las comunes, el servicio doméstico de esclavos. Porque a los grandes inconvenientes que traen consigo el trato y comunicación de los niños con los criados en general, ya denunciados al mundo en las famosas obras de Locke y de Rousseau, hay que agregar, cuando los sirvientes son esclavos, otros mil, que darían al traste, no digo con el inerme candor y la desprevenida inocencia de los niños de las escuelas, si no aún con la entereza de corazón de una cofradía de escrupulosos y rígidos *puritanos*.

El hombre que nace y se cría esclavo, sea del color y raza que fuere, tiene por precisa condición de su estado que ser ruin, estúpido, inmoral (...) Se observa también en justa contraposición de aquella irrevocable ley, que si el esclavo en el ejercicio de su esclavitud envilece su alma en los términos lastimosos expresados, no menos padece el alma del amo en el ejercicio de su potestad domínica absoluta; por lo común se hace holgazán, vanaglorioso hasta rayar en sandio, sensual y concupiscente por extremo, amén de lo arrojado que es a la ira, de lo ofuscado y vaporoso que trae siempre su entendimiento (...) No hay remedio donde hay la esclavitud doméstica; no hay moralidad, ni en el siervo ni en el señor. Así es porque es: nada tiene que ver esta verdad eterna e impasible como las demás verdades del orden físico y moral, con los intereses momentáneos y miserables de los hombres (...)

Por lo tanto, pues, no consintamos en manera ninguna en las escuelas del gobierno la peste de la esclavitud, de este *tifus* peor que el de Asia, que infecta y corroe con su letal influjo cuanto toca. Sírvanse en lo más posible los pupilos de las escuelas normales por sí, para que sean laboriosos, saludables, y por consecuencia, fuertes de cuerpo y espíritu: los menesteres indispensables de la casa, desempéñenlos criados libres de cualquier color, pero si son niños, adviértase a los niños que estos hombres no son esclavos, sino que trabajan por un sueldo convenido, como trabajarán después ellos mismos cuando alcancen por sus merecimientos el honor de ser maestros de escuela.

No se permita tampoco que estos se sirvan de esclavos, pues estando destinados a servir de modelos a otros, de tipos de virtud y sabiduría, mal les viene para la práctica de tan noble destino el exponerse a cada hora del día a los embates de la cólera. No se diga que todas estas precauciones parciales son inútiles, cuando al salir a la calle el maestro y al entrar en la casa de cualquier vecino, se encontrará con el espectáculo de la esclavitud; grande es, sin duda, el poderío del mal ejemplo, pero en personas educadas con las máximas de la religión y de la moral con que deben ser educados los maestros de las escuelas normales, no haya medio que prenda el contagio; por el contrario, estamos persuadidos que se afincarán más en sus opiniones, y más firme y profunda se hará la convicción de los principios en que se les ha criado, al ver por sus propios hijos las escenas que pasan entre los amos y los esclavos, y al observar con estudio cómo influyen mutuamente entre ambos en su común desdicha y empeoramiento (...)

Publicación de periódicos y libros

Las juntas departamentales o provinciales de educación, imitando el ejemplo de los gobiernos de Prusia y de Francia, procurarán promover con el mayor empeño, en su respectiva capital, la publicación de periódicos semanales o mensuales, bien escritos, y cuyo precio sea el ínfimo posible, para que esté su subscripción al alcance de las clases más inferiores de la sociedad. Uno de ellos podría destinarse exclusivamente para tratar asuntos tocantes al arte de la enseñanza: en él se examinarían científicamente los métodos conocidos: se anunciarían las mejoras y adelantamientos que se hiciesen en este ramo; se publicarían *remitidos* de algunos preceptores estudiosos y de otras personas inteligentes en la materia, o que se interesasen en su progreso; se escribirían juicios críticos compendiosos de las obras nuevas de educación que se dan a la luz en la Isla o fuera de ella, tanto nacionales como extranjeras; se extractarían de otros periódicos de la misma clase los artículos más interesantes... en fin, se darían todas las noticias que tuviesen relación y contacto con la enseñanza. Uno de los efectos más provechosos de semejante periódico sería generalizar en todos los que se dedican a enseñar, y principalmente en los padres de familia, las nociones e ideas más exactas acerca de los métodos de enseñanza, con los cuales los unos plantearán en sus escuelas las reformas, apenas se inventen, y los otros aprenderán a conocer y apreciar la instrucción, y sobre todo distinguir a los charlatanes de los hombres de verdadero mérito.

Mucho, muchísimo —dice el señor Luz a este propósito en su *Informe* citado— hay que decir y hacer en un ramo sobre el cual pocos hay competentes para juzgar y donde todos se creen aptos para decidir: cuando se rectifique la opinión, se hará justicia de todo, y se dará a cada uno lo que es suyo: se señalará a los padres, a los maestros y al gobierno el lugar que corresponde a cada cual en la obra de la educación.

Las mismas juntas harán publicar cuadernitos de más tomo; pero a manera de periódicos, por entregas o mensuales, escritos con lisura, amena variedad y estudiada ligereza, que contengan nociones exactas y entretenidas de ciencias naturales, de artes y oficios, de moral, de historia, de economía doméstica, de religión y de literatura. Tanto los libritos como los periódicos circularán francos de una a otra parte de la Isla, para que se comuniquen mutuamente con rapidez entre los tres departamentos y por todos los puntos por donde pasa la postal, las luces y adelantamientos particulares de cada uno.

Con estas publicaciones, que son una especie de continuación de la enseñanza primaria, se apacentarán los entendimientos de los alumnos, ya avezados en las escuelas públicas gratuitas a los placeres y necesidades del estudio. En vez de folletos o novelacos inmundos e insignificantes, o de periódicos que no respiren más que el calor y la furia del espíritu de los partidos políticos, cuya lectura ofusca, muchas veces, el juicio, y enferma el corazón, encontrará el pueblo cubano en los libros y cuadernos de las *Juntas Directivas de Educación* reproducidas, bajo formas más positivas y halagüeñas, las teorías científicas, morales y literarias, que aprendió con tanto gusto en la escuela. No se diga que esta empresa sería muy costosa, porque toda tendría que pagarla el fondo de instrucción primaria. Un hecho bastará para desvanecer tales temores: cuando esto escribimos cuenta con más de mil subscriptores de a 4 reales de plata por cuaderno, la *Biblioteca selecta de amena literatura*, que en La Habana publica el infatigable don Mariano Torrente. ¿Por qué no habrían de contar con igual afluencia de subscriptores los periódicos y libros indicados?

Establecimiento del Instituto Cubano

Si no fuese dado al gobierno de la Isla abarcar en sus planes la reforma de los estudios o facultades mayores, convendría que se estableciese un colegio, en que se enseñasen con detenimiento y profundidad las ciencias matemáticas, la física, la química y los idiomas vivos. Esto se conseguiría cumplidamente realizándose el proyecto que, para lustre de su nombre, concibió el Excmo. señor Conde de Villanueva, de fundar en el edificio de la extinguida Real Factoría de Tabacos, y con los fondos de la Real Junta de Fomento, el Instituto Cubano, en vez de la *Escuela Náutica* de Regla. Coadyuvaría poderosamente semejante fundación a los progresos de la enseñanza en las escuelas primarias, como ya lo indicamos. Aquí nos vemos precisados (...) a citar el Informe del señor Luz:

> Lejos de coartar la educación secundaria, los progresos de la primaria, es por el contrario el móvil principal que más las auxilia, la fertiliza y la fomenta. Donde no hay hombres que se dediquen a las ciencias, tampoco hay muchos que sientan las ventajas de la educación primaria, ni, por consiguiente, quien se ocupe de formar planes de enseñanza. Obsérvese si no la historia de lo que ha pasado en todas partes: mientras no se difunden y aprecian las nociones científicas en un país, no hay quien promueva la causa de la educación primaria. Echemos no más de una mirada sobre nuestros vecinos norteamericanos. Ellos nos suministrarán el mejor de cuantos ejemplos son imaginables, puesto que en ningún país del mundo civilizado han sido más extensivos los beneficios de la educación primaria; y sin embargo, en ninguno han sido más a la par las medras de este ramo capital y la aplicación de conocimientos útiles.
>
> Y ¿quiénes —dice en otra parte— sin salir de nuestra propia tierra, quienes dieron el primer impulso a las escuelas de La Habana?. ¿Fue, por ventura, la reunión de algunos honrados, pero ignorantes labradores, o la flor y nata de la ilustración habanera? ¿No fue la Sociedad Patriótica? ¿Y quién fundó la Sociedad Patriótica? Un hombre que estaba animado por las vastas miras que sólo las ciencias saben inspirar. ¿Quiénes son hoy, y han sido siempre, los miembros más activos de esa misma corporación? Los que cultivan las ciencias y las letras, los que bebieron sus doctrinas en las fuentes purísimas de la naturaleza. En la actualidad, más que nunca, si recordamos las ventajas del *sistema explicativo* en la educación primaria, nos convenceremos de que sólo valiéndonos de las ciencias naturales es dable sacar todo el partido posible de tan admirable método, y digámoslo de una vez, sólo el genio de las ciencias naturales, y el método adoptado por ellas pudieran haber sugerido semejante sistema.
>
> Lo expuesto —concluye— es suficiente para patentizar que los institutos científicos, prescindiendo de las incalculables ventajas materiales que reportan a la industria de las naciones, son los templos donde se mantiene perenne la lumbre sagrada de Minerva, para encender las luces que han de difundirse por horizontes más tenebrosos.

Escuelas de artes y oficios

A todos los medios indicados puede añadirse la introducción de la enseñanza de artes y oficios en algunas escuelas de las ciudades y villas principales, y la de la agricultura, y el aprendizaje y el oficio de mayordomo y maestro de azúcar de los ingenios de fabricar este fruto en todas las del campo. Con esto se conseguiría abrir las puertas de las mayordomías a los niños pobres de los partidos rurales, y proveer a los futuros maestros de azúcar de conocimientos científicos preparatorios, con los cuales pueden después agrandar el círculo de sus ideas en el desempeño de su oficio, e ir adelantando en el arte de fabricar aquel fruto. Todo lo que diríamos para la planta de estas escuelas mixtas sería ocioso e inconveniente, pues nos faltan los conocimientos locales indispensables para discurrir con acierto en esta materia. A las juntas directivas, de distrito y de parroquia, tocaría de derecho el calcular el modo con que pudieran establecerse aquéllas para que produzcan los beneficios que son de suponerse.

Otros medios

Hay en algunas ciudades de los Estados Unidos de Norteamérica ciertos institutos, conocidos bajo el nombre de *Casas o Asilos de corrección para adolescentes*, que forman una especie de eslabón entre la escuela de primeras letras y la cárcel pública. Establecidos y gobernados por el espíritu de la más acertada caridad, se recibe en ellos a todos los muchachos que no pasen de veinte años de edad, y que se hayan hecho merecedores de algún castigo por la policía, para evitar que vayan a las cárceles comunes a aprender, en la compañía de otros culpables, nuevos vicios, y quizás nuevos delitos, cuya existencia ni aún la sospechaban. Allí, bajo un sabio régimen, en que se combina a la vez el castigo de sus faltas con la instrucción moral y literaria, y el aprendizaje de algún oficio, se les hace adquirir hábitos de laboriosidad y de economía, y se les inspiran por medio de pláticas religiosas sentimientos honrados y de vergüenza, con lo cual se consigue arrebatar del borde del precipicio a una infinidad de mozos descarrilados, y se previene de una manera más cierta y segura que cuantas puede imaginar la más sagaz policía, la perpetración de un sinnúmero de infracciones de la Ley, que luego sería preciso castigar con penas no menos funestas para la sociedad que para los mismos criminales. Pues bien, si el gobierno de la Isla quiere cortar de raíz la muchedumbre de calamidades que arrastran consigo la ignorancia y la miseria de los individuos de la clase proletaria, que se escapan del influjo moral de las escuelas primarias, erija en cada capital de departamento, y si fuere dable en cada cabeza de partido, uno de estos benéficos institutos de corrección, con lo que pondrá el más acabado complemento y la más exquisita corona al edificio de la educación pública que trata de levantar. Los pormenores interesantes de estos establecimientos pueden conseguirse con facilidad, en cuanto se desee la fundación de otros semejantes en esta Isla; así no nos detendremos en enumerarlos.

Y para que ninguna clase de la sociedad se quede sin participar del beneficio de la instrucción primaria y de la educación moral y religiosa que debe proporcionar a cada uno de los individuos de que se compone, puede disponer también el gobierno que en los cuarteles y fortalezas se establezcan escuelas de primeras letras, para que en ellas aprendan los soldados a leer, escribir y contar, las nociones más indispensables de moral religiosa y de la historia de España. Los capellanes de los cuerpos de línea y los de los castillos de aquellos oficiales de más suave condición y entendimiento más despejado y culto podrían hacerse cargo, a falta de maestros pagados, de esta noble tarea, y aún podría ofrecerse a los oficiales por honorífico galardón de su trabajo el que se les anotara en sus hojas de servicio, como inminente, esto que hacían a sus soldados, para que en lo futuro les sirviese para sus proposiciones. Tenemos entendido que el gobierno de S. M. expidió real orden, para que así se hiciese, y aún nos consta que en algunos cuerpos del ejército de la Isla se enseña a leer a la tropa, mas esta sabia medida no se ha extendido todavía, como era de desearse, a todos los regimientos y batallones.

Respecto a las escuelas de las cárceles y presidios, necesariamente habrá que establecerla en cuanto se piense en la reforma radical de nuestras cárceles actuales, y se adopten en ellas las mejoras con que el espíritu filosófico y eminentemente social de nuestro siglo las ha convertido de sentinas asquerosas de miseria, crápula y delitos, que han sido hasta aquí, en asilos de penitencia racional, en que se castiga al delincuente, corrigiéndolo.

Suficientes nos parecen los medios indicados en este capítulo para conseguir con ellos la mejora de la enseñanza primaria y de la educación pública de la Isla de Cuba (...) ¿Y quién duda que también podrán influir grandemente, si se adoptan todos, en la corrección de nuestras estragadas costumbres, y en el adelantamiento progresivo de la cultura moral e intelectual de nuestro pueblo, y por consecuencia, en su bien entendida prosperidad y ventura?

XI
JOSÉ CALIXTO BERNAL

Nació en Camagüey en 1804 y murió en Madrid en 1886. Se licenció en Derecho en la Universidad de La Habana y ejerció la abogacía en su ciudad natal. En 1841 abandonó Cuba y viajó por Europa, hasta establecerse finalmente en la capital de España, donde vivió casi medio siglo y realizó la mayor parte de su obra política y literaria. En Madrid, colaboró intensamente en periódicos y revistas. Entre ellos, la *Revista Hispano-Americana*, *La América*, *La Discusión*, *La Reforma*, *El Jurado*, *El Demócrata* y *El Sufragio Universal*, y fundó el periódico *Las Antillas*. Fue también uno de los fundadores del Ateneo de Madrid. Bernal fue varias veces diputado a las Cortes españolas, tomando partido por los autonomistas cubanos, que exigían reformas, pero sin llegar al rompimiento con España. Claro exponente de la corriente del iusnaturalismo racionalista en el ámbito del derecho, Bernal fue, además, uno de los tratadistas de ciencia política más distinguidos de la España decimonónica. Entre sus obras resaltan: *Teoría de la Autoridad* (1846) y *Pensamientos sobre reformas sociales* (1847), traducidas ambas a varios idiomas.

De la libertad de la palabra *

ASÍ COMO una organización defectuosa en el interior de un Estado y la presencia de ejércitos permanentes pueden ser un defecto que vicie o un vicio que arruine las instituciones democráticas, así la represión de la libertad de decir puede ser un obstáculo que obstruya el libre desarrollo o la marcha franca de esas instituciones.

Es verdad que la libertad de decir será siempre una consecuencia lógica de la práctica de la democracia; porque así como todos los otros sistemas producen la represión de esa libertad, porque no pueden vivir con ella, así las democráticas producirán esa libertad, porque no pueden vivir sin ella. En las democracias, al pueblo le conviene y necesita saberlo todo; porque tiene que estatuir y decidir

---
* Fragmento del Capítulo XXV de la obra de Bernal: *Teoría de la Autoridad, aplicada a las Naciones Modernas* (t. II, Editorial Playor, Madrid, 1993).

sobre todo, y necesita y le conviene que cada uno diga lo que le parezca para poder obrar con el debido conocimiento; de suerte que puede asegurarse que el establecimiento del sistema democrático irá siempre acompañado de la libertad de decir; pero como se dice que esta libertad, como todas las otras, debe tener su límite allí donde comienza el daño de los otros, y de aquí se toma pretexto para toda clase de represiones, creemos necesario examinar detenidamente estas cuestiones por todas sus distintas fases.

La libertad de decir es una de aquellas verdades naturales que no pueden oscurecerse con nada; una de aquellas libertades que no pueden reprimirse con ninguna clase de leyes.

El hombre nace con la facultad de pensar. El pensamiento es ilimitado, impalpable, irreprimible. Las regiones en donde puede extenderse el pensamiento son infinitas. Ningún poder humano puede señalarles límite. Ninguno puede decir al hombre *no pensarás en esto*. Y si lo dice, el pensamiento se burlará del mandato y remontará su vuelo, tan libre, tan expedito, tan desembarazado como antes del precepto insensato.

El hombre nace también con la facultad de hablar y con la cualidad de ser eminentemente sociable; y aquella facultad y esta cualidad la ha recibido de la naturaleza, sólo para expresar sus ideas, para trasmitirlas y comunicarlas a los otros; y como el pensamiento o la concepción de ideas es ilimitado, la expresión o comunicación de ellas no puede dejar de ser lo mismo.

Privar al hombre de su facultad de pensar sería privarlo de su entidad de hombre: privarlo de la libertad de comunicar su pensamiento, sería privarlo de su cualidad de sociable. Ambas cosas, además de ser injustas, son contrarias a la naturaleza, y como tal imposible.

Injusto, porque sólo es justo el precepto que impide el daño de los otros, y la palabra no daña. La palabra no sirve sino para expresar el pensamiento, y el pensamiento no daña nunca. Ni el pensamiento ni la palabra dañan: lo que daña son los hechos.

Un individuo puede pensar en matar a otro: esto no es delito. Puede decirlo, manifestar ese pensamiento por medio de la palabra: esto tampoco constituye delincuencia, ni puede, ó a lo menos no debe reprimirse: lo que es delito es llevar a cabo el mal pensamiento, ó todo lo que tienda a poner en práctica los medios de ejecutarlo.

La palabra es la *expresión*, no la *ejecución* del pensamiento: la ejecución es lo que puede ser punible: la expresión, lejos de serlo, debe ser lícita, para que pueda ser reprimido *el acto*.

Así es que la ley que prohíba la emisión de las ideas, por más malas que éstas sean, de lo menos que puede ser calificada es de torpe; porque, privándose de saber lo que piensa el que puede o quiere ser delincuente, se priva de los medios de impedirlo.

La expresión de un mal pensamiento es útil a la sociedad, porque la pone en guardia contra el peligro y en aptitud de prevenirlo. Cuando es peligroso el mal pensamiento es cuando no se expresa: cuando el que lo concibe lo calla y medita su cumplimiento en secreto.

El que madura en silencio la idea de matar a otro es el que debe ser temido: el que la expresa ya está burlado: muy torpe ha de ser el señalado si deja consumar el crimen. El gobierno, el juez, la sociedad, el interesado, lo que deben desear es que se manifieste el pensamiento para prevenirlo: pero prohibir que se manifieste un pensamiento, sólo porque su realización es dañosa, es la torpeza más insigne.

Por lo mismo que es dañosa, mientras más dañosa sea, más ancho debe abrirse el camino a su manifestación, porque su manifestación es el medio de evitar el peligro. Las consecuencias de la represión de esa manifestación son contrarias al objeto que se quiere alcanzar.

Los gobiernos prohíben que se hable contra ellos, y se conspira. No se habla en público, pero se trama en secreto. Así, no saben de lo que se trata, desconocen a sus enemigos, ignoran sus planes y sus recursos, son minados por la revolución, y vuelan cuando estalla la mina. Si permitieran hablar, conspirar a cielo descubierto, lo sabrían todo, y para todo podrían prevenirse.

La isla de Cuba quizás pertenece hoy a España porque en los Estados Unidos hay libertad de decir. Allí cada uno explica sus pensamientos, buenos o malos. El gobierno y todos lo saben: se trata hasta una invasión públicamente. El gobierno federal trata de evitarla, y si no puede, el español se previene y toma sus medidas. Si la Unión Americana fuera una monarquía; si fuera allí ley la voluntad del rey o del presidente, y no la pública, la isla de Cuba ya no pertenecería a España, o hubiera estallado ya una guerra entre ambas naciones. La libertad de decir y la voluntad de la mayoría de aquel pueblo, que por la ley tiene voluntad, son las que han evitado la catástrofe.

Así, el dicho, la simple y sola expresión del pensamiento, nunca es dañosa: siempre, aunque sea malo el pensamiento, su expresión es saludable. De consiguiente, los gobiernos que tratan de reprimir la expresión del pensamiento, son torpes, como hemos dicho, y además de torpes, ridículos; porque se esfuerzan en conseguir un imposible. Imposible, porque el pensamiento, por impalpable, no puede reprimirse, y la palabra, como expresión del pensamiento y como impalpable también, tampoco es reprimible.

La palabra es impalpable e irreprimible, porque los modos de decir son infinitos. La ley puede prohibir, por ejemplo, que se hable contra el gobierno, y se puede hablar contra el gobierno, fingiendo que se habla a su favor y que se le alaba, y hacérsele más daño de esta manera que de la otra, porque más que la represión justa daña el elogio inmerecido. Al empleado concusionario se le hiere en el corazón con llamarlo probo, y proferís el sarcasmo más amargo si alabáis la castidad de una mujer corrompida. La palabra se escapa resbaladiza por entre todas las prohibiciones, y además, como el escorpión, se vuelve, lacera y ensangrienta la mano que quiere comprimirla (...)

Se prohíbe denigrar una cosa, y elogiándola se le denigra. Entonces se prohíbe publicar periódicos, y se publican hojas clandestinas: se prohíbe escribir, y en lugar de escribir se habla: entonces se prohíbe hablar en público, y se habla en privado; y el resultado de todo es que la idea que así se quiere reprimir, se extiende más y más de esta manera; porque no se puede prohibir hablar en privado, y lo que se habla en privado a muchos, es lo mismo que si se hablara en público.

Todos nos acordamos de los días en que era prohibido escribir y hablar contra el trono, y no se escribía ni se hablaba, pero todos sabían de memoria versos que nadie había visto y en los cuales se arrastraba al trono por los lodazales más inmundos. Pero nada se aprende con esas lecciones elocuentísimas, y se vuelve a las mismas prohibiciones inútiles, a las mismas persecuciones irritantes y a las mismas compresiones, que sólo sirven para hacer que la explosión sea después más terrible.

Así, pues, en tesis general, la palabra no es dañosa ni reprimible; pero vamos, sin embargo, a contraernos a los argumentos que se hacen para justificar su represión.

Se dice que la palabra puede dañar a la sociedad en general y a los individuos en particular; y que no siendo lícito dañar a nadie, no debe ser permitida, o debe ser castigada la emisión de ideas o palabras que puedan dañar a la sociedad o a los individuos. Pero en este particular hay que tener presente una circunstancia, y es, que no basta que una cosa sea dañosa al individuo para que se prohíba, si es provechosa para la sociedad; porque toda pena que se impone es dañosa al delincuente, pero provechosa a la sociedad, y se impone por esto sin tener en cuenta para nada, o mejor dicho, teniendo en cuenta el daño que sufre el individuo y con el cual también se beneficia la sociedad.

Por tanto, lo que hay que examinar en esta cuestión es: primero, si la palabra, la idea expresada, puede ser dañosa a la sociedad, en cuyo caso debe ser prohibida su emisión; segundo, si puede ser dañosa para el individuo, y tercero, si en caso de ser dañosa al individuo, reporta o no de ello beneficio a la sociedad; porque, en caso de beneficiarse la sociedad, no debe haber prohibición, y sí en el caso contrario.

Leyes constitutivas

Comenzaremos, pues, a examinar la primera cuestión, relativa a si la sociedad puede ser perjudicada con la emisión de ideas, y nos encontraremos desde luego a las que se juzgan más dañosas, que son las que se refieren a los defectos de sus leyes fundamentales.

En este caso se dice que no debe ser permitido hablar contra las leyes establecidas, señalar de ninguna manera sus vicios o defectos, ni hacer la menor alusión contra objetos tan dignos de respeto, como son las leyes fundamentales del Estado, porque se atenta así contra el gobierno, contra la autoridad, que es la base de la sociedad, y que por tanto se la ataca en sus más profundas raíces.

Pero nada de esto es cierto. Hemos dicho ya, hablando del derecho de representación o petición que tienen todos los individuos, que para que se pueda ejercer este derecho, es absolutamente necesario que haya libertad de decirlo todo: que esa libertad sea tan ilimitada como la misma autoridad; porque pudiendo ésta abrazarlo todo, y pudiéndose representar y pedir acerca de todo lo que ella abrace o pueda abrazar, es evidente que no sería esto posible sin que fuera lícito explicarse cada uno libremente acerca de todos esos particulares. Es decir, que la libertad de la palabra debe extenderse a todo aquello a que pueda extenderse la autoridad, y que sólo aquello que esté vedado a la autoridad es lo que debe estar vedado a la libertad de decir.

Donde quiera que haya una ley que enmendar, un delito que castigar, un vicio que corregir, allí debe ser libre la facultad de decir, para llamar la atención de la autoridad, a fin de que la ley se enmiende, el delito se castigue y se corrija el vicio.

En los sistemas que no son democráticos, en donde no hay libertad de decir, las leyes malas se perpetúan: los vicios, lejos de corregirse, se aumentan y desarrollan a la sombra del secreto: los delitos quedan con frecuencia impunes, y la sociedad, corroída en sus entrañas, desfallece.

En los sistemas democráticos, sólo con la libertad de decir, todo lo defectuoso cae bajo el ariete de la palabra, y la sociedad se regenera, rejuvenece y adelanta incesantemente, a impulso de las nuevas ideas que constantemente se reproducen. En las democracias, el campo de la libertad de decir es tan inmenso como el de todas las otras libertades; no tienen más límite que allí donde comienza el daño de los otros.

Además, atacar las leyes malas y pedir que se corrijan, no es atentar contra la autoridad, sino antes al contrario, reconocerla e invocarla, cuando se le pide un acto de su ejercicio; y no se ataca a la sociedad, sino que por el contrario, se le hace un bien tratándose de mejorarla. Cuando se hace un daño a la autoridad y a la sociedad, es cuando se callan sus vicios para que se perpetúen. A un enfermo no se le ataca cuando se le muestra su mal y el remedio que debe usar, sino cuando se le oculta aquél y éste, porque entonces la ignorancia puede llevarlo al sepulcro.

Mientras más sagrada y respetable sea una cosa, debe ser más digna de respeto; porque en el momento en que se haga indigna de ser respetada, no lo será indudablemente. Si la autoridad debe ser respetada siempre, ella debe conservarse digna de ese respeto, no manifestándose sino por medio de actos justos; porque en el momento en que se haga indigna con actos injustos o perjudiciales, ya no será respetada, y entonces es cuando la sociedad está minada por sus raíces. Así, por lo mismo que la autoridad debe ser tan respetada, es por lo que debe ser lícito a todos señalarle los medios de conservarse siempre recta y digna.

Si no, veamos. Ese gobierno atacado por la palabra, ¿es verdaderamente vicioso, imperfecto, dañoso y digno de ser derrocado, o no lo es? Si lo es, debe ser derrocado, cambiado o modificado, de modo que llene su objeto, y en este caso el ataque de la palabra, lejos de ser perjudicial, es benéfico: y si no lo es, la sociedad estará contenta y satisfecha, y no lo variará, y lo sostendrá con todas sus fuerzas, a pesar de todo lo que se diga y escriba contra él, y en este caso, el ataque de la palabra será completamente inútil, enteramente inofensivo.

Objeciones

Contra este raciocinio se hacen dos objeciones: primera; que el gobierno atacado puede ser bueno, y que, inculcada la idea contraria un día y otro, puede seducir y engañar a la muchedumbre, y hacerla creer que es malo lo que no lo es. Segunda; que aunque sea malo el gobierno, puede de ese modo excitarse a las masas a una insurrección violenta que trastorne el orden y la tranquilidad pública.

En cuanto a lo primero, diremos que nos parece de todo punto infundado y hasta pueril ese temor; porque si no es fácil convencer a un individuo de una falsedad evidente, mucho más difícil es convencer a una sociedad entera. Pues ¿qué tan débil e imperfecta se considera la inteligencia humana, que una sociedad entera pueda ser seducida y engañada por la simple palabra de cualquiera a quien se le antoje dirigírsela? ¿Es tan fácil convencer a un individuo de que le perjudica una cosa que por el contrario le aprovecha? Si la sociedad reporta grandes beneficios de su gobierno, si cada uno lo conoce y lo toca por sí mismo, que es lo que debe suceder cuando el gobierno es bueno, ¿estará en el arbitrio de un escritor infundir el pensamiento de lo contrario en la muchedumbre, y derrocar por medio de la calumnia la base del orden y de la tranquilidad pública? De ninguna manera lo creemos, ni es, ni puede ser así. Si el gobierno es bueno y la sociedad reporta de él todos los beneficios que debe reportar, serán enteramente inútiles las palabras y los escritos de sus detractores.

Pero si es malo, se dice, pueden ser así impelidas las masas a una insurrección violenta y trastornadora. Esto tampoco es cierto, porque si el público conocía los vicios del gobierno, el escritor no haría más que repetir lo que estaba grabado en la conciencia de todos; y si no eran conocidos los vicios de ese gobierno y permanecían ocultos, él los denunciaría, y si eran ciertos el gobierno se apresuraría a enmendarlos, o la opinión pública obligaría al gobierno a corregirlos. Cuando las leyes son viciosas y no se permite la libre emisión del pensamiento acerca de este particular, es cuando sobreviene ese peligro que se teme, y cuando no se pueden evitar sus consecuencias. Cuando no se permite hablar contra el sistema de gobierno establecido; cuando se declara ilícito y criminal señalar los vicios y defectos de que adolece, entonces es cuando pueden quedar ocultos esos vicios, aunque se sientan sus consecuencias; entonces, cuando se impide la expresión de la voluntad pública, es cuando el gobierno se cree dispensado de conformarse con ella, porque la niega cuando sólo se halla muda, y entonces es cuando, careciendo de medios lícitos y pacíficos de manifestarse, acude para su manifestación a los medios violentos e ilícitos.

Cuando todos y cada uno de los individuos puedan manifestar en público los vicios o defectos del sistema de gobierno establecido y su voluntad de que se enmienden o corrijan; si todos los señalan y manifiestan esa voluntad, ningún gobierno podrá resistir a ésta y enmendará y corregirá aquéllos con la lentitud, estudio y madurez necesaria, y sobre todo, acertada y pacíficamente.

Pero si se prohíbe esa manifestación, que mientras más clara y vigorosa sea será más eficaz y provechosa, el gobierno, o ignorará lo que no debe ignorar nunca, que es la exigencia de la opinión pública, o si la sabe, sólo porque la adivina puede permitirse la resistencia, y entonces la insurrección y la violencia serán una consecuencia precisa.

Sin embargo, se dirá que siempre deberá ser prohibido y castigado, a lo menos, la excitación que se haga a las masas para sublevarse; bien porque éstas, apelando a la fuerza, aunque sean una minoría, pueden sobreponerse a una mayoría pacífica; bien porque, aunque constituyan una mayoría, pueden así precipitar al gobierno en la práctica de reformas que no estén bien maduradas por el estudio en la teoría. Pero esto no puede suceder sino en los sistemas viciosos, en donde la opinión pública no pueda manifestarse sino por medio de las sublevaciones, y cabalmente para evitar esto es que debe permitirse lo otro.

Cuando no es permitida la libre manifestación de la opinión particular, y por consiguiente la pública, el gobierno no está obligado, ni puede obedecerla, porque la ignora; y entonces, ignorándola y no obedeciéndola, y no pudiendo ella manifestarse legal y pacíficamente, es cuando puede ser y es temible la excitación a la rebelión; porque la rebelión ilegal y la violencia es el único recurso que se deja a la sociedad para manifestar y hacer cumplir su voluntad. Pero cuando se permita a cada uno, y por consiguiente a todos, la libre manifestación de su opinión; cuando todos o la generalidad manifiesten una misma, y el gobierno tenga el deber de conformarse y se conforme con ella, y se apresure a acatarla y cumplirla, la excitación a la rebelión por la fuerza sería imposible, por la sencilla razón de que sería innecesaria, pudiendo la sociedad hacer cumplir su voluntad pacífica y legalmente, sin necesidad de acudir a la violencia.

¿Qué se diría de un escritor o de un individuo que de palabra o por escrito exhortara, aunque fuera públicamente, a un juez a que acechara a un criminal, y le diera muerte con su propia mano en una encrucijada, como un asesino? ¿Qué efecto produciría esta excitación? Seguramente no habrá quien la haga; pero si alguno la hiciera sería un insensato, y no produciría efecto ninguno; porque el juez tiene facultades y medios legales para librar mandamiento de prisión contra el reo, apoderarse de su persona, formarle causa y hacerle sufrir la pena merecida.

Pues lo mismo sucedería en el otro caso. Si la sociedad tiene, como debe tener, medio legítimos y eficaces para manifestar su voluntad y hacerla cumplir legal y pacíficamente, no habrá quien la excite a la rebelión, y si hay alguno será un insensato, su tentativa no será seguida de ningún resultado.

Los gobiernos personales que son o aspiran a ser despóticos, los que dirigen mal a los pueblos, los que malbaratan sus riquezas y sus recursos, los que oprimen las personas y usurpan las fortunas, ésos son los que prohíben la libre emisión del pensamiento; porque saben que todos los pensamientos y todas las palabras se reunirían unánimemente para acusarlos. En esto creen que son lógicos y que aseguran así su existencia, pero no son sino torpes; porque aunque podrán vivir algo más, lo que se procuran es una muerte desastrosa. Oyendo la opinión pública y siguiéndola, serían eternos: proscribiéndola y desdeñándola se ofrecen por víctimas a las revoluciones.

Pero ni aun en este caso sería dañosa para la sociedad la libre emisión del pensamiento. Si en ese sistema despótico se arrojara este libro, por ejemplo, en medio de un pueblo pésimamente gobernado, ¿sería dañosa su lectura? Nosotros creemos que por el contrario haríamos un gran servicio al gobierno y al país. A éste, porque le daríamos a conocer lo que le faltaba y lo que debía pedir: a aquél, porque le señalaríamos la senda que debía escoger para trocar en amor el odio de los pueblos y para evitar conmociones y trastornos que podrían terminar en una catástrofe.

Y si, a pesar de todo, el pueblo, cansado de aguardar, se lanzaba a la rebelión y a la violencia, ¿sería nuestra la culpa? Es claro que no. Sería solo la culpa del gobierno, que cerrando voluntariamente los ojos a la luz y negándose a tomar una saludable iniciativa, aguardó a que el pueblo la tomara de la única manera que le era posible.

Y he aquí cómo en ningún caso es dañosa ni punible la libre emisión del pensamiento; antes al contrario, es precisa y beneficiosa, aun en las más arduas cuestiones políticas, para que el gobierno sepa y acate la opinión pública, y evite así las sublevaciones y las violencias, las cuales de esta manera, *y sólo de esta manera* pueden evitarse.

De todo lo que se deduce, que hasta ahora se ha prohibido la libre emisión del pensamiento con respecto a las materias políticas, porque esa facultad sería dañosa, no a la sociedad, sino a los gobiernos; porque los gobiernos que no son democráticos son una cosa distinta de la sociedad, y porque siendo una cosa distinta, pueden tener y tienen intereses distintos y aun encontrados.

En estos casos, la libre emisión del pensamiento puede dañar y daña a los malos gobiernos, porque denuncian sus abusos, y no a la sociedad, que gana con conocerlos; pero como no es la sociedad, sino el gobierno, el que dicta las leyes, de aquí resulta que se prohíba lo que favorece a la sociedad, sólo porque perjudica al gobierno; pero cuando el gobierno y la sociedad sean una misma cosa, o cuando se hallen identificados, porque el uno no pueda mandar una cosa distinta de lo que quiera la otra, entonces la libre emisión de la idea será fecunda y su restricción imposible.

Ser el gobierno una cosa distinta de la autoridad social, es la fuente de todos los males y de todos los trastornos. Cuando el gobierno personal es la autoridad, el gobierno manda y la sociedad obedece, y no debe ser así. La sociedad, la opinión pública es la autoridad, la que debe mandar: al gobierno no le toca sino obedecer, porque es el comisionado por la autoridad para que cumpla sus preceptos. Y no que cuando el gobierno es la autoridad están trocados los frenos, la significación de las palabras, y el caos es completo, el trastorno radical. A la oscuridad se le llama luz, a la luz oscuridad, y no hay razonamiento posible.

Pero, de todos modos, la publicidad no es dañosa sino al que no procede bien. Si el gobierno procede o puede proceder mal, debe ser lícita su demostración para que sea corregido; y si procede bien y puede ser siempre obligado a ello, la publicidad, lejos de dañarle, ha de favorecerle. Lo mismo sucederá cuando se trate de cualquiera otra cuestión, incluso la de la religión misma (...)

XII
JOSÉ ANTONIO SACO

Nació en Bayamo en 1797 y falleció en Barcelona en 1879. Estudió el Bachillerato en el Seminario de San Basilio el Magno de Santiago de Cuba. Más tarde, radicado en La Habana, fue alumno destacado del Seminario de San Carlos y San Ambrosio. En 1824 viajó a los Estados Unidos de Norteamérica y allí fundó, con Varela, *El Mensajero Semanal* —publicación declarada subversiva por el Gobierno español y prohibida en Cuba— del cual fue redactor y colaborador. Posteriormente dirigió la *Revista Bimestre Cubana*. Fue premiado por la Sociedad Económica de Amigos del País por sus ensayos: *Memoria sobre los caminos de la isla de Cuba* y *Memoria sobre la vagancia en la isla de Cuba*. En 1834 fue deportado de Cuba por el despótico gobierno de Miguel Chacón. Durante años viajó por Estados Unidos y Europa, ejerciendo una brillante actividad académica. En ese período fue comisionado por Cuba a la Junta de Información y designado diputado a Cortes. Máximo exponente de la corriente reformista en Cuba, Saco dejó una copiosa obra ensayística recogida en libros y publicada en revistas, tanto en la Isla como en el extranjero. Entre sus ensayos sobre Cuba destacan: *Ideas sobre la incorporación de Cuba a Estados Unidos*, *La situación política de Cuba y su remedio*, *La cuestión de Cuba* y *Paralelo entre la isla de Cuba y algunas colonias inglesas*. Dicha obra ha sido recogida en tres volúmenes bajo el nombre de: *Colección de papeles científicos, históricos y políticos, y de otras ramas, sobre la isla de Cuba, ya publicados, ya inéditos*.

La política absolutista en las provincias ultramarinas [*]

EXCMO. SR.: En medio de mis habituales dolencias y del oscuro retiro en que vivo en esta capital, han llegado a mis manos, aunque tarde, algunos números del *Diario de las Sesiones de Cortes* que contienen los discursos que sobre las cuestiones de Ultramar ha pronunciado V. E. en el

---

[*] Carta fechada el 22 de marzo de 1865 y dirigida a Manuel Seijas Lozano, Ministro de Ultramar, refutándole unos discursos que pronunció en las Cortes españolas, sobre cuestiones de las provincias ultramarinas. Fue publicada por primera vez, censurada, en la revista *La América*, el 12 de abril de 1865. Un año después apareció, completa en la *Revista Hispano-Americana*, el 27 de abril de 1866. Ambas revistas se publicaban en Madrid. Está contenida en la sección de obras póstumas de la *Colección de papeles...* (ver *Papeles sobre Cuba*, Ed. Nacional de Cuba, La Habana, 1962-63).

Congreso el 17 de febrero, y en el Senado el 25 y 26 de enero y el 6 de marzo del presente año (...)

Cuando en su discurso en el Senado, el Sr. duque de la Torre objetó al actual Gabinete la falta de unidad en los elementos de que se compone, V. E. contestó: "El Sr. duque de Valencia, conoció perfectamente la situación del país y quiso responder a ella. Quizás en la elección de personas no anduvo acertado (al menos *respecto de mí confieso que no acertó.*)"

Yo tengo a V. E. por hombre de delicadeza, y como tal no creo que de la boca de V. E. saliesen esas palabras para elogiarse públicamente, cubriéndose con el velo de una fingida modestia. No, señor; yo creo que V. E. dijo candorosamente lo que sentía; pero esta franca confesión que V. E. hace de su incapacidad para desempeñar el ministerio de Ultramar, si bien honra al caballero, no exime por cierto al ministro de la más grave responsabilidad. Si V. E. reconoce que no entiende los negocios de Ultramar, ¿por qué aceptó ese ministerio? ¿No será responsable V. E. de cuantos males puedan sobrevenir a la nación con las desatinadas medidas que necesariamente ha de dictar en materias que no están a su alcance? Permítaseme decir que V. E. ha invertido los papeles, empezando por donde debió acabar: esto es, que el estudio debió haber precedido al ministerio, y no el ministerio al estudio. La conducta de V. E. en este caso es semejante a la de un hombre que se mete a curar enfermos o a defender pleitos, antes de haber estudiado la medicina o las leyes. ¡Infelices pueblos de Ultramar!

Si yo me propusiera calificar los discursos de V. E., los llamaría *discursos de miramientos, de circunspección, de circunstancias, de peligros, de estudios, de plazos para estudiar y resolver*, aunque a término indefinido, las urgentes cuestiones de Cuba y Puerto Rico, cuestiones que tantos años ha que se están resolviendo, y nunca se resuelven. Todo se aplaza para el porvenir, y cuando ese porvenir llega, se pide nueva prórroga para que las cosas queden siempre en el estado que hoy tienen, pues así es más fácil recoger el esquilmo de esas Antillas.

Achaque no es éste de sólo el ministerio en que V. E. milita; que otros muchos que le han precedido han seguido la misma táctica; y como no acrimino las intenciones de nadie, debo atribuirla en gran parte a la ignorancia de nuestros gobernantes en los asuntos de Ultramar. ¿Y cómo es posible que no la haya, cuando los ministerios se suceden unos a otros, y a veces con tanta rapidez, que apenas se sientan unos en sus sillas, cuando ya otros los desalojan? En otros países, y sírvame de ejemplo Inglaterra, los ministros duran largos años, y teniendo tiempo cada uno para enterarse perfectamente de los ramos que están a su cargo, la máquina del Estado marcha con acierto y majestad. Cuando caen los ministros, sube al poder el partido que los ha derribado; pero los ministerios siempre se desempeñan, no por hombres nuevos e inexpertos, sino por los mismos que ya han gobernado en repetidas ocasiones. En nuestra desgraciada España sucede lo contrario, y esto me trae a la memoria una *estadística ministerial*, que cumple mucho a mi propósito, que publicó *La Época* de Madrid en su número de 11 de abril de 1863. De ella aparece, que en sólo los treinta años que a esa fecha habían transcurrido del actual reinado, hubo una tercera parte más de ministros que en los 133 años que mediaron desde el advenimiento de Felipe V. a la muerte de Fernando VII (...)

Con tanta movilidad, ¿cómo es posible que anden bien los negocios de nuestra nación? Pero si en la Península andan mal, a pesar de que hay una imprenta vigilante que denuncia los abusos, una tribuna que libremente truena contra ellos, y donde por lo mismo es más fácil remediarlos, ¿cuál no será la suerte de los infelices pueblos de Ultramar que gimen bajo de un régimen absoluto?

V. E. elogia pomposamente ante el Senado la fidelidad y sacrificios que han hecho en la guerra de Santo Domingo, las islas de Cuba y Puerto-Rico, sobre todo la primera, pues ella sola había consumido de sus cajas hasta el mes de Septiembre de 1864 la enorme suma de 280 millones de reales, que son 14 millones de pesos. Este comportamiento, dice V. E., da a Cuba un derecho a la *gratitud* y reconocimiento del Gobierno; y no contento con ésto, añade todavía:

La isla de Cuba ha hecho más. Mientras nuestros soldados han tenido que luchar en Santo Domingo; mientras que ha tenido que quedar casi desguarnecida para cubrir las bajas del ejército que estaba en la guerra; miéntras que ha quedado tan sólo confiada a la *lealtad* de sus habitantes, no ha habido *ni un conato ni una querella, ni una voz siquiera* que tienda a relajar los vínculos que sostiene con el resto de España. *Esta fidelidad*, señores, quizás no tenga ejemplo en la historia; lo que es en la *historia de las Colonias*, de seguro *no lo tiene*.

V. E. pudo haber ahorrado toda esa verbosa retórica, porque debe estar muy convencido de que Cuba no le agradece en lo más leve los elogios que le dispensa. Ella sabe bien a que atenerse, y las lisonjeras palabras de V. E. podrán alucinar o adormecer a los pueblos ignorantes; pero no a los ilustrados, y que sienten la fuerza de sus derechos. V. E., sin pensarlo, ha clavado el puñal en las entrañas de Cuba, y sin pensarlo también tendrá la triste gloria de haber hecho a la causa de España el daño más grande que ministro alguno hasta ahora. ¿Qué contraste tan terrible no presentan las palabras de V. E.? ¡Santo Domingo empuña las armas para repeler la dominación española, y el ministerio de que forma parte V. E. se presenta ante las Cortes con un proyecto de Ley, para que a esa misma Isla sublevada se le devuelva su independencia y libertad; Cuba, esa Antilla fiel y leal, esa Antilla, que por sostener levantado en Santo Domingo el pabellón español, derrama de su seno millones y millones de pesos, esa Cuba no merece en recompensa de tanta lealtad y de tantos sacrificios, sino los golpes con que V. E. remacha más y más sus cadenas! ¡Funesta y tremenda lección para las Antillas españolas!

Para no darles instituciones liberales, V. E. se escuda con las diferentes circunstancias en que ellas se encuentran, pues siendo la condición de las Filipinas muy distinta de la de Cuba y Puerto Rico, y aún algo de semejante la de ésta a la de aquélla, no es posible dar a todas la misma organización. Cierto es, que hay grandes diferencias entre las Antillas españolas y las islas Filipinas; pero, ¿se infiere de aquí, que tanto éstas como aquéllas deben estar sometidas a un gobierno despótico? Lo que dictan la razón, la justicia y la buena política, es que a todas se les dé la libertad, modificándola según las circunstancias en que cada una se encuentre.

No me parece que anda V. E. muy acertado, cuando se quiere prevaler de las diferencias que V. E. cree descubrir entre Cuba y Puerto Rico, para negarles derechos políticos. Suponiendo que existan esas diferencias, ¿por qué ellas no son obstáculo para que en ambas islas se haya entronizado el mismo despotismo, y sí lo son para que se establezca la libertad? Ésta, Sr. Excmo., es muy flexible y elástica; puede llevarse a todos los climas y países, y ninguna colonia ni provincia ultramarina es más digna de recibirla que Cuba y Puerto Rico.

Las diferencias que haya entre las dos, y de las que V. E. hace tanto mérito, ni tienen la importancia que V. E. quiere darles, ni aún cuando la tuviesen, son el más leve motivo para que se les niegue libertad. Grande, grandísima es la semejanza que hay entre la condición de esas dos islas. Ambas tienen el mismo clima; ambas las mismas producciones; ambas los mismos elementos de población; ambas la misma lengua, religión, costumbres y despóticas instituciones: ¿por qué, pues, no ha de poder dárseles las mismas en un sentido liberal? Si puede haber entre esas dos Antillas alguna diferencia, es tan insignificante que en nada puede afectar los principios fundamentales de la libertad.

A V. E. le gusta más imitar el sistema que se sigue en las colonias francesas que en las inglesas. Pues bien, las islas de Guadalupe y la Martinica tienen entre sí la misma analogía que las de Cuba y Puerto Rico; y por eso en 1827 el Gobierno francés les dió, como a las demás islas dependientes de la primera, una misma organización política. Aún es más notable la diferencia que hay entre esas islas francesas y la Guayana que entre Cuba y Puerto Rico, y muchísimo más todavía la que existe entre aquellas tres colonias y la isla de la Reunión o Borbón, situada en los mares de la India cerca del Africa Oriental; pero esto no obstante dióseles a todas ellas en 1833 la misma constitución política. Hoy mismo, a pesar de los cambios profundos que han sufrido la Francia y sus posesiones de Ultramar, aquellas tres islas están sometidas al *mismo régimen político* sancionado por un Senado-consulto.

Tienda V. E. la vista sobre la misma Península que habita, y al golpe descubrirá que entre algunas provincias de ella hay desemejanzas mucho más grandes que entre Cuba y Puerto Rico. Cataluña y Valencia, Galicia y las provincias Vascongadas ofrecen diferencias notables y profundas respecto de las Andalucías y de otras partes de España. Háblanse en ellas idiomas y dialectos distintos; han existido bajo de fueros y leyes diferentes; sus usos y costumbres varían mucho entre sí: mas a pesar de esto, todas, todas viven bajo de las mismas instituciones. No se funde, pues, V. E. por más tiempo en imaginarias diferencias para mantener en Cuba y en Puerto Rico el ominoso sistema que las rige.

V. E. dice, que el Sr. duque de la Torre pidió derechos políticos para Cuba por *reconocimiento a la distinción y consideraciones que aquellos habitantes le dispensaron.*

El Sr. duque de la Torre no necesita de mi débil apoyo para defenderse, y brillantemente lo hizo en el Senado, en sus réplicas victoriosas a V. E. Pero usando yo de mi derecho, quiero terciar en el debate, no para entrar en largas consideraciones, sino para poner ciertos hechos en su verdadero punto de vista.

Si los habitantes de Cuba se mostraron benévolos hacia el Sr. duque de la Torre, fue por la conducta noble y liberal que tuvo con ellos. Capaz su corazón de sentimientos generosos, no fueron éstos, sin embargo, los móviles que lo impulsaron a pedir reformas políticas para Cuba; fuéronlo tan solo el conocimiento que tiene de las necesidades de aquel país, y la íntima convicción en que está de que la tardanza en restituirle sus derechos, ha de ser funesta a España. En este punto él es mejor juez que V. E., pues ha gobernado a Cuba durante algunos años, mientras que V. E., por desconocer los negocios de Ultramar, está a merced de las influencias de toda especie, sin poder discernir el error de la verdad ni lo bueno de lo malo.

Tratóse también en ese debate del exorbitante derecho que las harinas extranjeras pagan en Cuba, y del que grava el azúcar que de ella se importa en la Península.

La primera cuestión se agita más de 35 años há, y es tanto lo que sobre ella se ha escrito, que yo no fatigaré a mis lectores repitiendo lo que todos están cansados de oír. Si ella no se ha resuelto todavía, es por favorecer los egoístas intereses de algunos interesados harineros de Castilla; pero es forzoso confesar, que provincia por provincia, Cuba produce y consume más, importa y exporta más, y rinde al real Erario mucho más que Castilla; y como toda la justicia está de parte de aquélla, títulos muy sagrados son éstos para que la balanza se incline a su favor. Castilla puede vender sus harinas a las naciones extranjeras: puede también derramarlas por las provincias de la España europea; y si no pudiese hacerlo, por falta de caminos y canales, esto no es culpa de Cuba.

Danos a entender V. E. que los derechos que pesan sobre los azúcares de ella, introducidos en la Península, no causan ningún perjuicio, puesto que la importación de ese artículo, lejos de disminuir, ha duplicado. Pero ¿no es verdad, que si ese derecho no existiera, el consumo habría sido mucho mayor, y mayor por consiguiente la importación del azúcar cubano?

V. E. nos quiere consolar con la noticia de que el refino que de Marsella se empieza a introducir en España, es el que perjudica a la importación del azúcar bruto de Cuba, y que para impedir la introducción de aquel puerto francés, es preciso establecer fábricas de refino en la Península. Pero V. E. debe percibir que esos derechos encarecen en ella el azúcar de Cuba, y que ese encarecimiento es un obstáculo para que se establezcan esas mismas fábricas de refino que V. E. desea, pues los empresarios que a ellas dediquen sus capitales, no sólo tendrán que luchar con la rivalidad de la fabricación extranjera que tan adelantada está, sino con el gravamen que pesa sobre el azúcar de Cuba.

Pero apartémonos de estas materias económicas que sólo por incidencia he tocado, y volvamos nuestra atención a otros puntos de importancia más vital.

Para negar a Cuba diputados, o sea derechos políticos, fúndase V. E. en que todas las opiniones no están allí en consonancia con esas ideas. Transcribamos las palabras (...)

> Hay otras, en verdad, no desconozco que son ideas políticas más avanzadas, con otro espíritu diverso, que están excitando la realización del pensamiento que acogía el Sr. duque de la Torre; pero repito que también hay, *no personas, sino clases enteras* en Cuba misma, que contrarían ese pensamiento, queriendo que se fomenten los intereses materiales, pidiendo que se les proteja, pero aconsejando que en la parte política se ande con mucho tiento, no sea que por satisfacer una *aparente* necesidad, se seque la fuente de la riqueza en el país y acabe la seguridad que reclaman todos los propietarios y capitalistas.

Este párrafo no es más que la cansada repetición de la viejísima cantinela, tantas veces refutada. Si es cierto que hay personas en Cuba que no quieren reformas liberales, también lo es que suspira por ellas, no ya una inmensa mayoría, sino casi todo el país. Entre las personas que no las quieren, es preciso hacer una distinción. Unas, en corto número, son de buena fe, y yo conozco algunas muy dignas de aprecio y de respeto. Otras, sin ser hipócritas ni de mala fe, pero tímidas al exceso, más por efecto de las instituciones en que viven, que por su carácter y sentimientos, prefieren aparecer como absolutistas, aunque realmente no lo son. Otras, en fin, aborrecen toda innovación liberal, pero la aborrecen tan sólo porque encuentran su provecho en el régimen actual de Cuba. V. E. afirma, que no personas, sino *clases enteras*, se oponen a esas reformas. V. E. se equivoca altamente. En la isla de Cuba no hay clases ni *enteras* ni en *fracciones*, que combatan la libertad; y el grave error de V. E. consiste en que toma allí por clases lo que en ningún país debe tomarse, a no ser que tal nombre merezcan la pandilla de contrabandistas negreros, y el conjunto de espúreos españoles que medran a la sombra de los abusos que todos los buenos deploran.

V. E. vive en una región de tinieblas. V. E. no sabe lo que pasa en Cuba, ni tiene medios de saberlo. Allí la imprenta gime bajo de una estrecha censura: no existe ni se permite el derecho de reunión, para que pobres o ricos, grandes o pequeños puedan expresar sus opiniones; carecen de diputados en las Cortes españolas, y allá en la Antilla que habitan, no tienen ninguna junta o corporación que de órgano les sirva para exponer sus quejas ni reclamar sus derechos. V. E. debe comprender que los enemigos de las reformas políticas, por corto que sea su número, tienen una gran ventaja sobre el pueblo que las desea, porque siendo ellos de las misma opinión que el Gobierno, están seguros de poder acercarse a él con toda confianza, y de ser gratamente escuchados; pero los que piden derechos políticos, saben por una triste experiencia que incurren en el desagrado del Gobierno, y temen con razón que se les persiga, como desgraciadamente ha sucedido muchas veces. Cuando a Cuba se le ha presentado alguna ocasión favorable para expresar sus sentimientos liberales con toda seguridad, entonces se ha visto, que lejos de abogar por el régimen absoluto, ha pedido francamente algún alivio a su dura condición. Esto aconteció bajo el mando del Sr. duque de la Torre, cuando los cubanos y peninsulares más notables de entre todas las clases del país firmaron una carta de despedida, que fue entregada a aquel ilustre general por una comisión de ocho personas muy respetables, presidida por el esclarecido patricio el Sr. D. José Ricardo O'Farril y O'Farril. Este digno caballero, órgano en aquel acto solemne de los sentimientos de Cuba, pronunció palabras que V. E. debe oír:

> Excmo. señor: Tenemos la honra de presentar a V. E. esta carta suscrita por un número considerable de individuos. Sentimientos de aprecio y gratitud por V. E., y el amor al país y a su progreso, son los caracteres de este documento. V. E. con su distinguida inteligencia, sabrá apreciar en lo que valga esta espontánea y legítima expresión de los sentimientos de un

pueblo, que al par que experimenta un vivo pesar por la separación de un jefe querido, tiene la esperanza de que su noble corazón y acendrado patriotismo *harán llegar al Gobierno de S. M. los votos del país y su deseo claramente formulado de reformas, que a la vez que sirvan para robustecer los vínculos de unión con la metrópoli, resultado indudable de la igualdad de derechos e instituciones, abran a Cuba nuevos caminos de felicidad, que su situación reclama y su cultura exige.* V. E. ha hecho cuanto es posible por arraigar en el país el amor a la madre patria, y el deseo de ver realizada una completa unificación entre dos pueblos, cuyo origen es el mismo y una su historia. Esta noble conducta es la que ha inspirado a los individuos que tienen el honor de hablar a V. E., la idea de expresar los sentimientos de aprecio y gratitud, y *al mismo tiempo suplicarle sea nuestro intérprete con el Gobierno de S. M., para que apresure el momento feliz en que idénticos derechos e idénticos deberes hagan que dos pueblos separados por la distancia se identifiquen aún más de lo que están por la felicidad, que a ambos procure un Gobierno inteligente y progresivo.*

Si de esta significativa alocución pasamos a la carta, léense en ella algunos pasajes que debo también poner ante los ojos de V. E.:

...Justo, franco y liberal ha sido V. E. en la época de su gobierno, y el país ha visto con gratitud, que sin la menor modificación en las instituciones, reinase la más completa seguridad personal y el mayor respeto a la opinión, debido principalmente al carácter personal del digno jefe que ahora nos abandona, ofreciendo por resultado esa política justa y conciliadora, la más perfecta tranquilidad *y las más vivas esperanzas de ver realizado en las leyes lo que hasta ahora ha sido la obra de un hombre.*

...Sin duda, Excmo. Señor, al renunciar V. E. con tanta previsión como hidalguía de sentimientos a todo exceso de poder, ha prestado a la nación y al país un inmenso servicio, pues hoy los hijos de éste comprenden que pueden asociar el amor a la madre patria con el sentimiento de patriotismo local; en una palabra, hoy, gracias a V. E. *se puede ser liberal sin merecer la calificación de revolucionario.*

...Intérprete hábil de una política de asimilación, se ha visto a V. E. llamando siempre a dignos hijos de este hermoso suelo a tomar parte en su administración, conociendo muy bien que la humanidad es siempre la misma, que *las ideas de exclusivismo no son conformes al espíritu de la época; que gobernar no es resistir, sino dirigir; no es oprimir, sino proteger.*

Este documento se publicó en Madrid en *La América* del 12 de enero de 1863; y la carta a Serrano con más de veinte mil firmas y la exposición a la Reina; y así por el gran número, como por la ilustración, riquezas y posición social de las personas que lo firmaron, representa la verdadera opinión del país.

Otro documento que V. E. puede también consultar con provecho para que rectifique su equivocado juicio sobre el estado de la opinión en Cuba, es la representación que las personas y clases más distinguidas de ella hicieron en 1864 al Excmo. Señor marqués de Castellflorite, su actual gobernador y capitán general con motivo de ciertos artículos que algunos periódicos de Madrid publicaron, creyendo equivocadamente que se había prohibido la introducción de ellos en Cuba, o por lo menos sometido a la rigurosa censura de aquel país.

Pero estas ocasiones son raras en Cuba; y como el absolutismo es muy suspicaz y celoso en conservar lo que el juzga que son sus prerrogativas y derechos las cosas forzosamente han de marchar por la senda que se les traza. En prueba de que así es, cinco meses habrá que no jóvenes aturdidos, ni revoltosos proletarios, sino muchas personas ricas y caracterizadas trataron de hacer al gobierno de Cuba una respetuosa exposición, para que se dignase de acogerla y elevarla al trono de Isabel II, a fin de que el Gobierno de S. M. tomase en consideración el importantísimo objeto a que se refería. Pero, ¿cuál fué el resultado de tan patriótica gestión? De respondernos se encarga el orgulloso representante del absolutismo en Cuba, el *Diario de la Marina* de La Habana del 6 de noviembre de 1864:

> Estamos plena y competentemente autorizados para declarar que no es exacto que la primera autoridad de la Isla haya prestado su apoyo ni dado su beneplácito a ninguna clase de proyecto de la alta propiedad de Cuba, a que se ha aludido en estos días, cuyo proyecto ni ha llegado a formularse, ni mucho menos se ha dirigido a dicha primera autoridad. Así pues, cuantos han podido encontrar algún motivo de alarma en ciertas especies que han circulado, sin duda bastante abultadas, pueden estar tranquilos, *en la inteligencia de que sobre cuestiones de gran trascendencia para esta provincia española, sólo toca la iniciativa al Gobierno de S. M., el que en todo caso sabrá resolver lo más conveniente para los verdaderos intereses de todos sus habitantes.*

He reimpreso el articulillo anterior, para edificación del señor ministro de Ultramar, y que acabe de conocer el gran derecho de iniciativa de que gozan los habitantes de Cuba para pedir reformas políticas.

Reflexione V. E., que si pudiéramos trocar las circunstancias poniendo a la Península en lugar de Cuba, y a ésta en lugar de aquélla; y si siguiéramos la lógica de V. E., el sistema político que rige en España, de seguro que ya no existiría, porque como aún hay en ella tantos absolutistas que combaten la libertad, éstos habrían pedido y alcanzado que enmudeciese la prensa, se abatiese la tribuna, se cerrase el Parlamento, se condenasen tantas teorías y doctrinas peligrosas, y que se volviese a los tiempos de bienandanza en que la voluntad de un monarca o el capricho de un ministro eran la única ley del Estado.

Se dice que lo que a Cuba conviene no son derechos políticos, sino el desarrollo de los intereses materiales. Cabalmente, por eso es indispensable que a las Antillas se den instituciones liberales. Estas son las que han elevado la Inglaterra al grado envidiable de prosperidad que disfruta, y las que en pocos años engrandecieron a los Estados Unidos del modo más prodigioso. La experiencia enseña que los progresos materiales de un país están en razón directa de los grados de libertad de que goza; y raro fenómeno es en la historia el pueblo que se ha encumbrado con despóticas instituciones. Aun en el caso en que esto se ha visto, ha provenido de causas independientes del despotismo, y muy superiores a él, pues su influencia es tan maléfica, que donde no mata la iniciativa individual, la encadena y paraliza, y sólo a fuerza de constancia y de paciencia es como se puede alcanzar algún progreso; pero progreso que siempre está sujeto a los golpes arbitrarios del poder. Sin libertad no hay base sólida para los intereses materiales, porque ella no sólo es su principio más fecundante, sino la única garantía que puede mantenerlos y asegurarlos.

Por otra parte, téngase muy presente que entre los progresos materiales y los morales y políticos hay un íntimo enlace, y que toda mejora en el orden material conduce infaliblemente a un progreso en el orden moral y político: de manera, que aquellos que sólo piden para Cuba adelantos materiales, piden también, sin saberlo, reformas políticas, las cuales cada día serán más urgentes en razón de los progresos que hagan esos mismos adelantos materiales. Negarse, pues, por más tiempo, a conceder a Cuba libertad, es correr desbocadamente al abismo donde todos podemos perecer. El progreso de las sociedades modernas, y del que aquella Isla también participa, ha creado nuevas necesidades y nuevos sentimientos; y si hubo un tiempo en que los cubanos vivieron contentos con las ideas que heredaron de sus padres, hoy se consideran desgraciados, porque carecen de toda libertad.

Los que para privarnos de ella hacen el argumento que estoy refutando, no reparan en las armas terribles que ofrecen al despotismo: porque si bajo su acción e influjo los pueblos pueden ilustrarse y engrandecerse, ¿por qué se clama entonces contra él? ¿Dónde están los males que se le achacan? Si él da lo mismo que la libertad, ¿qué necesidad hay de cambiar la forma de los gobiernos? Las naciones que viven subyugadas por el absolutismo, deberían seguir bajo su cetro, y pecarían contra sus intereses, si intentasen salir, aun por los medios más legítimos, de un estado que tan venturoso se supone.

Cuba, por su riqueza, por su ilustración y por su importancia política, tiempo ha que imperiosamente reclama instituciones liberales. En torno suyo resuenan los cánticos a la libertad, y a sus ecos late y se inflama el corazón de sus hijos. España misma con su ejemplo los enseña a ser libres y a odiar la tiranía. Libres son las islas Baleares y Canarias, que por cierto no valen tanto como aquella Antilla. Aun entre las provincias de nuestra Península, ¿hay muchas que puedan compararse con Cuba? ¿No hay algunas, que sin ofensa ni orgullo, podré yo decir que son inferiores a ella?

Y no se pretenda que esa *riqueza* y esa *ilustración* de que goza, se deben al despotismo, pues son muy al contrario, conquistas que ella ha hecho luchando mañosamente contra él. ¿Quién podrá negar con razón, que si Cuba hubiese sido libre, hoy estaría incomparablemente más ilustrada y más rica? Su ilustración proviene de que un número considerable de sus hijos han sido educados desde el siglo anterior en países extranjeros; de que otros muchos, solos, o con sus familias, han viajado por ellos, y viajan más cada día con la facilidad de las comunicaciones marítimas y terrestres; de que vueltos a su tierra han derramado en ella las luces que han recogido por el NorteAmérica y Europa; de los esfuerzos hechos por algunos buenos patricios para mejorar la pública enseñanza; del contacto en que el comercio ha puesto a aquellos habitantes con las naciones más civilizadas del mundo; y en fin, de aquel instinto o fuerza interna que llevan en sí las sociedades, sobre todo las nuevas, para mejorar su condición a pesar de las trabas que se les pongan. No afirmaré yo que nada se debe al Gobierno, porque esto sería una falsedad y una injusticia; pero más falsedad e injusticia sería considerar como resultado del despotismo la ilustración que tenemos.

La prosperidad material de Cuba no es tan grande como se pregona, y la que tenemos, debida es a sus fertilísimos terrenos, a los brazos africanos que los han cultivado, a la excelencia de sus frutos, y a los buenos precios que han tenido en los mercados extranjeros. De estas cuatro causas, tres son absolutamente independientes del Gobierno, y la única que ha emanado de él, ojalá que nunca hubiera existido; pues aunque sin negros fuésemos hoy menos ricos, o más pobres, también estaríamos libres de las inquietudes que ya empezamos a sentir.

El Gobierno no conoce todo el peligro que envuelve la teoría que sostiene. Cuando un pueblo sólo piensa y se ocupa en los intereses materiales, ése es un pueblo *materialista* en el sentido social, porque no tiene principios morales ni políticos que lo muevan. Para él es desconocida la voz *patria*, pues su *patria* está únicamente en los *intereses materiales*. Siendo éstos su único impulso y su guía, él se inclinará siempre hacia aquel lado, a donde se crea que estarán mejor asegurados; y en cualquier conflicto que se presente, ellos, y sólo ellos, serán la bandera que seguirá. En la vecindad de Cuba, existe un Estado poderoso que ambiciona su posesión: otros nuevos quizás se levantarán; y bien cierta puede estar España de que con el sistema y principios que practica su Gobierno, el pueblo cubano, *que no tiene libertad que conservar, ni patria que defender,* no vacilará en echarse en los brazos que él juzgue bastante fuertes para salvar lo único que puede perder, los *intereses materiales*.

Es de V. E. con la mayor consideración, su atento y respetuoso servidor que S. M. B.

XIII
IGNACIO AGRAMONTE

Nació en Camagüey en 1841 y murió combatiendo, en Jimaguayú, en 1873. Estudió en el colegio San Salvador y en la Universidad de La Habana donde, en 1867, se graduó de Licenciado en Derecho Civil y Canónico. Excelente jurista, fue Presidente de la Academia de Jurisprudencia de su ciudad natal. Aficionado a las letras desde su juventud, colaboró en la *Crónica del Liceo de Puerto Príncipe*. Patriota y hombre de acción, en 1868, al iniciarse la primera guerra de independencia, se incorporó al campo de batalla. Allí, su valor y pericia militar fueron puestos a prueba en más de cien combates, que fueron elevando su rango militar hasta llegar a ser General en Jefe en la guerra del 68. También durante la guerra, figuró en el Comité Revolucionario, trabajó como secretario en la primera Asamblea de Representantes a la Cámara de la República de Cuba en Armas, firmó, como diputado, el *Acta de Abolición de la Esclavitud* y redactó, junto con Antonio Zambrana, la *Constitución de Guáimaro*. Su nombre es símbolo del más depurado pensamiento liberal y de los más genuinos sentimientos democráticos dentro de quienes integraron la dirigencia de la Guerra de los Diez Años.

Sobre las libertades individuales [*]

LA ADMINISTRACIÓN que permite el franco desarrollo de la acción individual a la sombra de una bien entendida concentración del poder, es la más ocasionada a producir óptimos resultados, porque realiza una verdadera alianza del orden con la libertad.

Vive el hombre en sociedad, porque es su estado natural, es condición indispensable para el desarrollo de sus facultades físicas, intelectuales y morales, y no en virtud de un convenio o de un pacto social, como han pretendido Hobbes y Rousseau.

La sociedad no se comprende sin orden, ni el orden sin un poder que lo prevenga y lo defienda, al mismo tiempo que destruya todas las causas perturbadoras de él. Ese poder, que no es otra cosa que el Gobierno de un Estado, está compuesto de tres

---

[*] Discurso pronunciado en febrero de 1866 ante el Rector y Claustro de la Universidad de La Habana. Se encuentra contenido en: *Patria y mujer* (Cuadernos de Cultura, serie 5 núm. 5, Dirección de Cultura, Ministerio de Educación, La Habana, 1942). Título de la antóloga.

poderes públicos, que cuales otras tantas ruedas de la máquina social, independientes entre sí, para evitar que por un abuso de autoridad, sobrepujando una de ellas a las demás y revistiéndose de un poder omnímodo, absorba las públicas libertades, se mueven armónicamente y compensándose, para obtener un fin determinado, efecto del movimiento triple y uniforme de ellas.

Me ocuparé de uno de esos poderes: del Poder Ejecutivo o administrativo; y sólo él, porque tal es el terreno en que me coloca la proposición que defiendo. En ella se ha tomado la palabra administración en una de sus diversas acepciones, en la del ejercicio del Poder Ejecutivo en toda la extensión de sus atribuciones.

La divina mano del Omnipotente ha grabado en la conciencia humana la ley del progreso, el desarrollo indefinido de las facultades físicas, intelectuales y morales del hombre; y para llegar a ese fin, ciertas condiciones que constituyen en él deberes de respeto a Dios, porque tienen que someterse a ellas, para llegar al cumplimiento de su destino, destino grandioso, sagrado, marcado por la Providencia; y derechos con respecto a la sociedad que debe respetarlos y proporcionar todos los medios para que llegue a aquel desenvolvimiento.

> Detener la marcha del espíritu humano —ha dicho un célebre escritor— privándole de los derechos que ha recibido de la mano bienhechora de su Creador, oponerse así a los progresos de las mejoras morales y físicas, al acrecentamiento del bienestar y felicidad de las generaciones presentes y futuras, es cometer el más criminal de los atentados, es violar las santas leyes de la Naturaleza, es propagar indefinidamente los males, los sufrimientos, las disensiones y las guerras, de que los pueblos no han cesado de ser las víctimas.

Estos derechos del individuo son inalienables e imprescriptibles, puesto que sin ellos no podrá llegar al cumplimiento de su destino; no puede renunciarlos, porque como ya he dicho, constituyen deberes respecto a Dios, y jamás se puede renunciar al cumplimiento de esos deberes. Se ha dicho que el hombre, para vivir en sociedad, ha tenido que renunciar a una parte de sus derechos; lejos de ser así, contribuye con una porción de sus rentas y aun a veces con su persona al sostenimiento del Estado, que debe defendérselos, que debe conservárselos íntegros, que debe facilitar su libre ejercicio. Bajo ningún pretexto se pueden renunciar esos sagrados derechos, ni privar de ellos a nadie sin hacerse criminal ante los ojos de la divina Providencia, sin cometer un atentado contra ella, hollando y despreciando sus eternas leyes. "La ignorancia, el olvido o el desprecio de los derechos del hombre son las únicas causas de las desgracias públicas y de la corrupción de los Gobiernos", como en Francia la Asamblea Constituyente de 1791.

La justicia, la verdad, la razón, sólo pueden ser la suprema ley de la sociedad; decir: *salus populi suprema lex est* es tomar el efecto por la causa. El derecho para ser tal y obligatorio, debe tener por fundamento la justicia.

Tres leyes del espíritu humano encontramos en la conciencia: la de pensar, la de hablar y la de obrar. A estas leyes para observarlas, corresponden otros tantos derechos, como ya he dicho, imprescriptibles e indispensables para el desarrollo completo del hombre y de la sociedad.

Al derecho de pensar libremente corresponden la libertad de examen, de duda, de opinión, como fases o direcciones de aquél. Por fortuna, éstas, a diferencia de la libertad de hablar y obrar, no están sometidas a coacción directa; se podrá obligar a uno a callar, a permanecer inmóvil, acaso a decir que es justo lo que es altamente injusto. Pero ¿cómo se le podrá impedir que dude de lo que se le dice? ¿Cómo que examine las acciones de los demás, lo que se le trata de inculcar como verdad todo, en fin, y que sobre ellos formule su opinión? Sólo por medios indirectos; la educación, las preocupaciones, las costumbres, influyen a veces coartando el franco ejercicio de ese derecho, que es la más fuerte garantía para la sociedad y el Gobierno de un Estado que se funda en la verdad y la justicia.

A pesar de que la razón y la experiencia nos demuestran que no podemos formarnos una opinión exacta en ninguna materia sin examinarla previa y detenidamente, no han faltado hombres y aun clases enteras en la sociedad, que con miras interesadas y ambiciosas, han querido despojar al hombre de esos derechos revelados por la razón a todos, pues son universales, y monopolizarlos ellos. En cuanto a nosotros, siempre diremos como san Pablo: *Examinémoslo todo y atengámonos a lo que es bueno.*

Consecuencia de la libertad de pensar es la de hablar. ¿De qué servirían nuestros pensamientos, nuestras meditaciones, si no pudiéramos comunicarlos a nuestros semejantes? ¿Cómo adquirir los conocimientos de los demás? El desarrollo de la vida intelectual y moral de la sociedad sería detenido en medio de su marcha.

De la enunciación de los diversos exámenes, de las contrarias opiniones, de las diferentes observaciones, de la discusión, en fin, surge la verdad como la luz del sol, como del eslabón con el pedernal, la ígnea chispa.

Pero la verdad, se ha dicho, no siempre conviene exponerla; en realidad no conviene; pero es al poderoso que oprime al débil, al rico que vive del pobre, al ambicioso que no atiende a la justicia o injusticia de los medios de elevarse; lejos de ser perjudicial, es siempre conveniente al ciudadano y a la sociedad, cuyas felicidades estriban en la ilustración y no en la ignorancia o el error, y a los gobernantes cuando lo son en nombre de la justicia y la razón.

La prensa con razón es considerada como la representación material del progreso. La libertad de la prensa es un medio de obtener las libertades civil y política, instruyendo a las masas, rasgando el denso velo de la ignorancia, hace conocer sus derechos a los pueblos y pueden estos exigirlos.

No carece de inconvenientes la prensa completamente libre, pero ni contrapesan sus ventajas, ni son de tanta importancia como se ha tratado de hacer creer.

> Se puede abusar de la prensa —dice un autor inglés— por la publicidad de principios falsos y corrompidos; pero es más fácil —añade el mismo— remediar este inconveniente combatiéndolo con buenas razones que empleando las persecuciones, las multas, la prisión y otros castigos de este género.

También se ha dicho que puede ser perjudicial por las infamaciones; a esto respondemos con Ovidio: *Conciamens recti famae mendacia ridet*; o con el emperador Teodosio, en una ley que promulgó en 393, en la que dice:

> Si alguno se deja ir hasta difamar nuestro nombre, nuestro gobierno y nuestra conducta, no queremos que esté sujeto a la pena ordinaria, marcada por las leyes, ni que nuestros oficiales le hagan sufrir una pena rigurosa, porque si es por ligereza, es necesario despreciarlo; si es por ciega locura, es digno de compasión; si es por malicia, es necesario perdonarle.

Por otra parte, no es fácil que se expusiera un escritor a que el calumniado entablase contra él, ante el tribunal competente, la acción de calumnia, y sufrir las consecuencias.

La libertad de obrar consiste en hacer todo lo que le plazca a cada uno en tanto que no dañe los derechos de los demás. No puede darse, empero, demasiada latitud a esa restricción; hay casos en que, obrando libremente el individuo, causa un daño a los demás y a veces a la sociedad entera; y sin embargo, no puede impedírsele el ejercicio de su derecho, sin causarlos mayores atacando la libre acción individual. Así sucedería cuando un hombre imprudentemente invirtiera su capital en empresas ruinosas; en tal caso los abastecedores de un consumo sufrirían un menoscabo, pues que esa menos salida tendrían sus frutos; perjudicaría económicamente a la sociedad, porque ese capital se pierde para la circulación y una cantidad equivalente de industria perece. El único remedio a males de esta clase, es fomentar la instrucción y estimular los sentimientos nobles y generosos. Por punto general, nadie conoce mejor los intereses de uno como él mismo; y cuando la opinión general está bien dirigida y por la conservación de la individualidad tiene energía, es un freno bastante poderoso contra el egoísmo, la avaricia, la prodigalidad, la envidia y demás carcomas del bienestar individual y social.

El individuo mismo es el guardián y soberano de sus intereses, de su salud física y moral; la sociedad no debe mezclarse en la conducta humana, mientras no dañe a los demás miembros de ella. Funestas son las consecuencias de la intervención de la sociedad en la vida individual; y más funestas aún cuando esa intervención es dirigida a uniformarla, destruyendo así la individualidad, que es uno de los elementos del bienestar presente y futuro de ella. Debe el hombre escoger los hábitos que más convengan a su carácter, a sus gustos, a sus opiniones y no amoldarse completamente a la costumbre arrastrado por el número. Es muy frecuente ese deseo de imitar ciegamente a aquellos que se hallan a igual altura que nosotros en la escala social, cuando no en una mayor. De este modo el hombre libre, convirtiéndose en máquina, va perdiendo esa tendencia a examinarlo todo, a querer comprender y explicarse cuanto ve, a comparar y escoger lo bueno, desechando lo malo. Tendencia tan natural como necesaria en él. Así llega a ser capaz de grandes sentimientos, de esa voluntad fuerte, invencible, que se ha comparado a un torrente que arrastra cuanto encuentra a su paso y que caracteriza a los grandes genios. Una sociedad compuesta de miembros de aquella índole, en la que por la uniformidad de costumbres, de modo de pensar, no hay tipos distintos donde poder entresacar las perfecciones parciales, que reunidos en un solo todo pueda servir de modelo, se paralizará en su marcha progresiva hasta que otra parte de la humanidad, que haya ascendido más en la escala del progreso y de la civilización, sacándola del estado estacionario en que se encuentra, le dé nuevo impulso para que continúe en la senda de su destino. Dígalo si no la China, el Oriente todo.

Que la sociedad garantice su propiedad y seguridad personal, son también derechos del individuo, creados por el mero hecho de vivir en sociedad. El olvido o el desprecio de ellos, si bien no es más criminal que los demás, sí es más a menudo causa de revoluciones y conflictos en que a cada paso se ven envueltas las naciones.

Estos derechos, lo mismo que los anteriormente expuestos, deben respetarse en todos los hombres porque todos son iguales; todos son de la misma especie, en todos colocó Dios la razón, iluminando la conciencia y revelando sus eternas verdades: todos marchan a un mismo fin; y a todos debe la sociedad proporcionar igualmente los medios de llegar a él.

La Asamblea Constituyente francesa de 1791 proclamó entre los demás derechos del hombre el de la resistencia a la opresión.

Demostrado ya que el gobierno debe respetar los derechos del individuo, permitiendo su franco desarrollo y expedito ejercicio, creemos haber llenado nuestro deber con respecto a la primera parte de la proposición. Pasaremos a la segunda, o sea a demostrar que sólo la administración centralizada de una manera bien entendida o conveniente deja expedito el desarrollo individual.

La centralización llevada hasta cierto grado, es por decirlo así, la anulación completa del individuo, es la senda del absolutismo; la descentralización absoluta conduce a la anarquía y al desorden. Necesario es que nos coloquemos entre estos dos extremos para hallar esa bien entendida descentralización que permite florecer la libertad a la par que el orden.

Frecuentemente se confunde la unidad con la centralización; pero la *unidad* es: la uniformidad de intereses, de ideas y sentimientos entre los miembros del Estado, y la *centralización:* la acumulación de las atribuciones del Poder Ejecutivo de un gobierno central. Las más de las veces existen juntas, sin embargo la Historia nos la muestra separadas en Roma cuando estaba en su apogeo de grandeza; en ella, al paso que sus Emperadores habían concentrado en sus manos todo el poder, no había unidad en el Imperio; y en la moderna Inglaterra, donde hay unidad de sentir y de pensar al mismo tiempo que descentralización administrativa.

La centralización limitada a los asuntos trascendentales y de alta importancia, aquellos que recaen, o que por sus consecuencias pueden recaer bajo el dominio de la centralización política, es indudable que es conveniente; más que conveniente, necesaria; pero es abusiva desde el momento en que, extralimitándose de la inspección y dirección que en aquellos negocios le corresponde, interviene en otros que no tienen esos caracteres.

Por fuerte que sea un gobierno centralizado, no ofrece seguridades de duración, porque toda su vida está concentrada en el corazón y un golpe dirigido a él, lo echa por tierra. Los acontecimientos palpitantes aún y que han tenido lugar en Francia a fines del siglo pasado, confirman esta verdad.

La centralización no limitada convenientemente, disminuye, cuando no destruye la libertad de industria, y de aquí la disminución de la competencia entre los productores, de esta causa tan poderosa del perfeccionamiento de los productos y de su menor precio, que los pone más al alcance de los consumidores.

La administración, requiriendo un número casi fabuloso de empleados, arranca una multitud de brazos a las artes y a la industria; y debilitando la inteligencia y la actividad, convierte al hombre en órgano de transmisión o ejecución pasiva.

A pesar del gran número de empleados que requiere la dicha administración, los funcionarios no tienen tiempo suficiente para despachar el cúmulo de negocios que se aglomera en el Gobierno por su intervención tan peligrosa como minuciosa en los intereses locales e individuales, y de aquí demoras harto perjudiciales, y lo que es peor aún, su despacho, tras dilatado, es encomendado por su número a subalternos, cuya impericia o falta de conocimientos locales no ofrecen garantía alguna de acierto.

Mientras, los sueldos de los empleados son demasiado mezquinos para sostenerlos con dignidad en la posición que sus funciones demandan, obligándolos a descuidar aquella algún tanto y recargándose con otras ocupaciones, aquellos por su multitud forman una suma altamente gravosa para el Estado.

La centralización hace desaparecer ese individualismo, cuya conservación hemos sostenido como necesaria a la sociedad. De allí al comunismo no hay más que un paso; se comienza por declarar impotente al individuo y se concluye por justificar la intervención de la sociedad en su acción destruyendo su libertad, sujetando a reglamento sus deseos, sus pensamientos, sus más íntimas afecciones, sus necesidades, sus acciones todas.

Lejos de tener todos esos inconvenientes una concentración bien entendida, disminuyendo el número de empleados, se les pagaría de un modo proporcionado a su trabajo y suficiente a satisfacer dignamente sus necesidades. Sólo así podrían dedicarse exclusivamente y con entusiasmo al cumplimiento de sus deberes. Este es el gran secreto para que la administración esté bien servida, dice Jules Simon, observando la administración inglesa.

Estableciendo cierta independencia entre ellos, su dignidad en vez de humillarse estando sometidos a los caprichos de un superior, crecería hasta llegar a su correspondiente altura, con una responsabilidad legal y no arbitraria. Lejos de ser convertidos en máquinas de ejecución o de transmisión, necesitarían desplegar su actividad e inteligencia, que redundaría en provecho de él mismo y de la sociedad.

El individuo, con esta organización, podría tener garantizado el libre ejercicio de sus derechos contra los excesos y errores de los funcionarios, con acciones legales y entabladas ante los tribunales competentes.

Un código único, arma regular y recursos financieros reunidos en la mano de un poder central para ser empleados conforme a la ley, sería una garantía bastante contra el federalismo y para poder dejar a los habitantes de una localidad repartir sus impuestos, administrar sus propiedades, construir sus vías de comunicación, gobernar, en una palabra, sus asuntos locales, que solamente ellos conocen y más directamente les interesan.

Si me fuera permitido mayor extensión yo aglomeraría más razones y los hechos que apoyan una concentración bien entendida del poder, porque es una organización dictada por los sanos y eternos principios y confirmada por la experiencia; pero fuerza es que concluya esta parte y lo haré copiando un trozo de Maurice Lachatre:

> Así como los antiguos romanos no usaban de la dictadura sino por cortos intervalos y solamente cuando la patria corría grandes peligros, es necesario tener en ellos una acumulación tan enorme de poder, como la de una máquina que permite a un solo hombre atar una nación y someterla a su voluntad. En tiempo de paz, la centralización (limitada como lo hemos hecho nosotros), es el estado natural de un pueblo libre y cada parte de su territorio debe gozar de la mayor suma de libertad, a fin de que siempre y por todas partes, los ciudadanos puedan adquirir el desenvolvimiento normal de todas sus facultades.

Demostrado que sólo una administración concentrada convenientemente puede dejar expedito el desarrollo de la acción individual, quédalo también que sólo a la sombra de aquélla puede realizarse esa alianza del orden con la libertad, que es el objeto que debe proponerse todo gobierno y el sueño dorado del publicista, porque aquélla es la representación del orden; de esa armonía de los intereses y acciones de los individuos entre sí, y de los de éstos con el gobierno en su más perfecta concurrencia de libertad, representada por ese franco desarrollo de la acción individual.

El Estado que llegue a realizar esa alianza será modelo de las sociedades y dará por resultado la felicidad suya, y en particular, de cada uno de sus miembros; la luz de la civilización brillará en él con todo esplendor, la ley providencial del progreso lo caracterizará y perpetua será su marcha hacia el destino que le marcó la benéfica mano del Altísimo.

Por el contrario, el Gobierno que con una centralización absoluta destruya ese franco desarrollo de la acción individual y detenga la sociedad en su desenvolvimiento progresivo, no se funda en la justicia y en la razón, sino tan solo en la fuerza; y el Estado que tal fundamento tenga, podrá en un momento de energía anunciarse al mundo como estable e imperecedero, pero tarde o temprano cuando los hombres, conociendo sus derechos violados, se propongan reivindicarlos, irá el estruendo del cañón a anunciarle que cesó su letal dominación.

XIV
CARLOS MANUEL DE CÉSPEDES

Nació en Bayamo en 1819 y murió en combate, en el campamento de San Lorenzo, Oriente, en 1874. Estudió primero en el Seminario de San Carlos y San Ambrosio de La Habana, y después en España, donde terminó la carrera de Derecho. Más tarde viajó por Europa y realizó estudios sobre las instituciones políticas de varios países del viejo continente. El inicio de la lucha de Céspedes en pro de la independencia cubana se remonta a 1852. En efecto, el 27 de noviembre de dicho año fue enviado a la cárcel de Santiago de Cuba por orden del gobernador Toribio Gómez Rojo, a consecuencia de un discurso que pronunció en un banquete. Pasada más de una década, el 10 de octubre de 1868, Céspedes se levantó en armas contra el gobierno español en su ingenio de La Demajagua. Allí liberó a sus esclavos, suscribió la *Declaración de Independencia* y marchó al frente de un grupo de rebeldes hacia el pueblo de Yara. Comenzaba así la llamada Guerra de los Diez Años. El 10 de abril de 1869 Céspedes fue proclamado, en Guáimaro, Presidente de la República en Armas. Poco después fundó el periódico *El cubano libre*. Cuatro años más tarde, en Jiguaní, fue separado de su cargo de Presidente y de todos sus mandos en la Revolución. Un año después se refugió en el campamento de San Lorenzo, bajo la protección del general Calixto García. Allí fue alcanzado por las balas de una columna española. Céspedes escribió ensayos políticos y algunos textos de ficción, sobre todo de teatro y poesía. Sus manifiestos, proclamas, informes, comunicaciones, partes y demás papeles fueron recopilados bajo el título de *Escritos*.

Proclama *

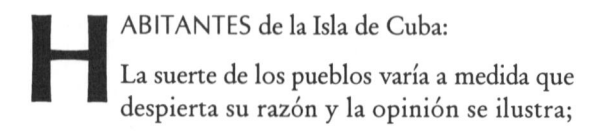

HABITANTES de la Isla de Cuba:
La suerte de los pueblos varía a medida que despierta su razón y la opinión se ilustra; pero no olvidéis, cubanos, que el despotismo oprime la razón e intenta ahogar las manifestaciones de la opinión.

---

* Se trata de una *Proclama* expedida por la Capitanía General del Ejército Libertador de la Isla de Cuba y el Gobierno Provisional de la misma, publicada en *La Revolución* (Nueva York, el 28 de abril de 1869). Se encuentra contenida en: *Carlos Manuel de Céspedes, Escritos* (t. I, Editorial de Ciencias Sociales, La Habana, 1974).

Todas las naciones del mundo, desde la más poderosa hasta la más atrasada; desde la naciente Unión Americana, bajo su brillantísima forma de gobierno, égida de todas las libertades modernas, modelo de cultura y civilización, hasta el bárbaro e inquieto Otomano, con sus costumbres y su civilización de pasadas edades, desde la tranquila y próspera Helvecia, uno de los pueblos gloriosos de la Europa, hasta la vieja y escarnecida España, vieja y escarnecida siempre por la ciega obstinación de sus gobiernos de origen divino, que casi abrumados por la ambición de oro y un egoísmo criminal, no atinan sino a despedazarla y abrumarla, sacando todo el partido posible de sus desgraciadas colonias, que ni siquiera de rodillas pueden hacer llegar allí su voz; todas las naciones del mundo, repito, tienen su historia y su tradición; historia y tradición que se conservan inalterables al través de los tiempos, de las revoluciones y de los diferentes gobiernos que las rijan.

Y no se diga que nos engaña nuestro bello ideal: la República. Inglaterra, bajo la monarquía, es la depositaria de la libertad europea. Ella presenta cada día a la faz de la moderna idea nuevas señales de la poderosa influencia que ejercen las enseñanzas de la historia en los pueblos cultos. Bajo su régimen liberal; bajo su gobierno para las colonias, algo restrictivo en la forma, altamente democrático en el fondo, prosperan las colonias y viven despidiendo bendiciones que llegan surcando inmensos mares, hasta la tranquila morada de aquel humanitario y paternal gobierno. España, sin embargo, presenta cada día en el suyo dolorosos ejemplos. Lástima grande que la nación que pudo conquistarse con una política prudente y suave las simpatías del mundo civilizado, viva olvidada de la historia y maldecida de sus hijos, a quienes llama ingratos. Ella ignoraba, y en su obcecación no quiere aprender, que los pueblos que abandonan la senda del buen procedimiento para entregarse a sus caprichos, no obtienen otro premio a sus desvíos que la miseria y la relación de las costumbres.

Por otra parte, España es un gobierno de dudas, de engaños, de fluctuación. Y un gobierno como éste es un gobierno servil que sólo inspira desprecio a sus mezquindades. La conducta con nuestra pobre Cuba explica claramente hasta dónde llega el encono y la maldad de sus déspotas. No creáis, que sea éste o aquel partido, éste o aquel gobierno. Para Cuba no hay más que dos leyes, la de opresión, barbarie y oscuridad: la de cadenas y el cadalso. Lo demás es un engaño, es efímero. ¿Queréis una prueba? Cuando el impotente gobierno español creyó que Cuba no estaba perdida del todo para España y vio en algunos lugares de la Isla, enarbolada la tricolor bandera, concibió el necio pensamiento de ofrecernos reformas. ¡Idea torpe, hija de la pobreza de sus decisiones, emanada de la ruindad de su política! ¡Como si para el pueblo que se levanta eléctricamente al grito de libertad, bálsamo que cicatriza todas las heridas, pudieran ser un consuelo las capciosas, mentidas promesas del treinta y seis, renovadas maliciosamente el sesenta y ocho! ¡Como si los cubanos no recordaran, impresas dolorosamente en su memoria, y estampadas en su corazón, todas las crueldades de ese Gobierno! ¡Como si los cubanos hubieran olvidado su historia, que sólo respira sangre, luto y lágrimas! No: los cubanos recuerdan las decepciones pasadas, la farsa de las leyes especiales para Cuba y de los comisionados llamados a Madrid. ¿Y cómo exige el gobierno español la gratitud de Cuba, la consecuencia de Cuba? ¿Qué virtudes, qué hechos presenta? Ah ¡la pluma se resiste a trazar la dolorosa historia del gobierno español en Cuba! ¿Queréis otra prueba? Acordaos del decreto de libertad de imprenta publicado en nueve de enero. Pues en doce de febrero ya la política del Gobierno español en Cuba deja sin efecto ese decreto, ya los cubanos gimen, como antes, bajo la opresión de la idea. ¡Ha muerto por última vez el pensamiento! ¿Y seremos tan débiles que seguiremos dando crédito a las promesas de ese Gobierno?

Cubanos ¡vivid tranquilos y tened confianza en la revolución! Fijad en ella los ojos y no le seáis hostiles. Convenceos de los repetidos engaños de ese Gobierno, y aspirad a vuestra independencia. Ella os devolverá a vuestros hogares satisfechos, serenos y velará por vuestra fortuna. No os presentéis al mundo ni como imbéciles ni como volubles. Haceos dignos de vuestro nombre, de una patria y de una nacionalidad. ¡Viva la independencia de Cuba!

Sobre la forma en que ha quedado constituída la República de Cuba *

COMO UNA consecuencia natural del constante progreso de nuestra revolución, los diferentes gobiernos locales que se habían erigido sucesiva y aisladamente en diversos puntos a medida que iniciaban su movimiento, han dejado de existir desde el día diez del corriente quedando en su lugar un Gobierno único y regular, basado en los principios democráticos republicanos. Dueños los patriotas de la mayor parte del territorio, confinadas las fuerzas españolas en las poblaciones que han podido fortificar, no poseyendo materialmente sino el terreno que pisan, nuestras comunicaciones se han hecho fáciles y constantes de un extremo a otro de la Isla, y había llegado el momento de reunir todos los esfuerzos y todos los elementos dispersos armonizándolos de manera que sus efectos sean en adelante notables y decisivos.

Los ciudadanos Salvador Cisneros, Miguel Gutiérrez, Arcadio García, Eduardo Machado, Antonio Lorda, Tranquilino Valdés, Jesús Rodríguez, Antonio Zambrana, Ignacio Agramonte y Loinaz, Miguel Betancourt, nombrados por el sufragio universal representantes del pueblo cubano por los distintos departamentos insurreccionados, se reunieron en Asamblea Constituyente el diez del corriente mes de abril en este pueblo libre de Guáimaro, a cuyo punto concurrí también como Jefe de los Departamentos Oriental y Occidental.

Abierta la sesión, los ciudadanos Agramonte y Zambrana presentaron a la asamblea un proyecto de constitución política con el carácter de provisional, para mientras dure la guerra y basada en la que rige en los Estados Unidos de América. Puesto a discusión el proyecto, primero en conjunto y después en cada uno de sus artículos, fue aprobado con algunas ligeras enmiendas. Más tarde remitiré a usted íntegra esa ley fundamental de nuestra República. En ella se reconocen y garantizan los derechos de todos los hombres sin distinción alguna de raza o condición; se establece la independencia completa entre los tres grandes poderes de la nación. El legislativo reside en una Cámara de Representantes elegidos por todos los ciudadanos que hayan cumplido veinte años, divide la Isla en cuatro estados, cada uno de los cuales debe enviar a la Cámara igual número de Diputados. Esos cuatro estados se denominarán Oriental, Camagüey, Las Villas y Occidental. El ejecutivo será ejercido por un Presidente responsable de sus actos ante la Cámara. Esta es la encargada de nombrarlo, así como al General en Jefe. Auxiliarán al Presidente en su despacho cuatro Secretarios de Estado, nombrados por aquél, previa la aprobación de la Cámara. El poder judicial será objeto de una ley especial, quedando consignada su completa independencia de los otros. Esta constitu-

---

* Se trata de una carta-comunicación suscrita por Céspedes en calidad de Presidente de la República en Armas, enviada al ciudadano Morales Lemus, Ministro Plenipotenciario de dicha República en los Estados Unidos de Norteamérica. Está fechada en Guáimaro, el 15 de abril de 1869, publicada en *La Revolución* (Nueva York, 29 de mayo de 1869) y contenida en: *Escritos* (ibídem). Título de la antóloga.

ción fundada en los principios más absolutos de la democracia, ha sido acogida por el pueblo con las más vivas demostraciones de regocijo y entusiasmo.

Uno de los puntos más importantes que debían ser objeto de resolución por la Asamblea Constituyente era la adopción del estandarte que en lo sucesivo debía representar a Cuba entre las otras naciones y al frente de las huestes enemigas. Por una serie de circunstancias fortuitas, la enseña que levanté en Yara no era la misma adoptada por los primeros defensores de nuestra independencia; los patriotas de los otros Departamentos habían enarbolado esta última y de aquí un lamentable desacuerdo que no era posible subsistiese. El voto de la mayoría decidió que el estandarte cubano fuese el mismo que López, Agüero y otros enarbolaron hace ya algunos años. Consiste esa bandera en un triángulo equilátero rojo apoyado en el asta, y en el centro del cual se destaca una estrella blanca de cinco puntas; el resto tres franjas horizontales azules que alternan con dos blancas. Se acordó enseguida unánimemente y en medio de los aplausos y exclamaciones del pueblo, que el estandarte de Yara y Bayamo fuese conservado en el salón de sesiones de la Cámara y considerado como una parte del tesoro de la República.

El día siguiente, once, celebró su primer sesión la Asamblea de Representantes constituída ya su Cámara legislativa, conforme a la Constitución, procediendo desde luego a la formación de la mesa. El ciudadano Salvador Cisneros resultó electo Presidente de la Cámara, quedando designados para Secretarios los ciudadanos Ignacio Agramonte y Loinaz y Antonio Zambrana. Pasó enseguida la Cámara al nombramiento del Presidente de la República, habiéndome cabido el alto honor de ser elegido por aclamación para ocupar tan elevado destino, cuya investidura se me confirió solemnemente el doce.

También compete a la Cámara la designación del General en Jefe de los Ejércitos Libertadores, y también por aclamación fue nombrado para ese empleo el ciudadano general Manuel de Quesada. Debiendo auxiliarme en el despacho de negocios públicos cuatro secretarios, nombrados por mí con la aprobación de la Cámara; quedan ocupando esos puestos los ciudadanos Francisco Aguilera, como Secretario de la Guerra; Eligio Izaguirre, de Hacienda; Cristóbal Mendoza, de Relaciones Exteriores y Eduardo Agramonte, del Interior, los cuales así como el General en Jefe tomaron posesión de sus destinos después de prometer leal y solemnemente cumplir bien sus respectivos deberes.

Ha quedado pues constituída la República Cubana conforme a los principios democráticos más puros. Se han reconocido por ella como derechos inalienables el de *petición, de libertad de cultos, de la palabra y de la imprenta,* no poniéndole a estas dos últimas otra restricción que la que naturalmente se ofrece por las circunstancias excepcionales que atravesamos.

Nuestras ventajas sobre el enemigo aumentan todos los días, por lo cual su exasperación no reconoce límites, y sus actos van haciéndose cada vez más feroces y vandálicos. El incendio, la destrucción y la ruina señalan por todas partes el camino seguido por los españoles: niños, ancianos, mujeres, inválidos son ciertamente víctimas de esos asesinos que se complacen en mutilar sus cuerpos muchas veces antes de haber fallecido. Remito a usted una proclama expedida sobre las ruinas de Bayamo por el general Valmaseda en que arrostrando la indignación de la humanidad entera arroja la máscara, descubriendo en toda su desnudez la rabia y ferocidad de que se hallan poseídos los gobernantes españoles. Una columna que salió el 13 de las Tunas hacia Manatí, ha llevado consigo algunas familias de aquella población, entre ellas las de los ciudadanos Vicente García y Francisco Rubalcaba, amenazando a estos nobles soldados de la patria con asesinarlos si se les hacía fuego en el camino. La respuesta de aquellos ciudadanos ha sido heroica haciendo saber a los españoles que nada en el mundo podría hacerlos faltar a su deber y sin embargo, ellos saben bien de lo que son capaces los soldados españoles.

Amenazadas constantemente por las incursiones del enemigo, nuestras familias se hallan de continuo en la mayor ansiedad, mas no por eso desmayan en su decisión inquebrantable de morir antes que someterse otra vez al dominio de España. Esta comprende que su poder en América agoniza, y olvidando lo que debía haberle enseñado la experiencia, observa hoy la misma conducta frenética y feroz que le ha merecido una reputación bien poco envidiable entre las naciones de la tierra.

Nuestro triunfo es indudable, pero mientras más tiempo se retarde, mayores serán las ruinas del país y más numerosas las víctimas de la ferocidad del enemigo. Deben considerar nuestros hermanos del exterior que un millón gastado hoy ahorrará muchos millones próximos a convertirse en humo y ceniza.

Reciba usted las más distinguidas muestras de mi distinguida consideración. Patria y Libertad.

XV
JOSÉ ANTONIO CORTINA

Nació en Matanzas en 1851 y falleció en La Habana en 1884. Realizó sus primeros estudios en Cárdenas y el Bachillerato en la ciudad de Matanzas. Más tarde estudió en Madrid y Barcelona, donde obtuvo el título de Licenciado en Derecho. Viajó por diversos países europeos y por los Estados Unidos de Norteamérica. Perteneció a la Junta Central del Partido Autonomista en cuyas campañas se destacó activamente como orador. Fue miembro de la Sociedad Económica de Amigos del País y de la Sociedad de Antropología. En 1877 fundó la *Revista de Cuba* de la cual fue director hasta su muerte, y escribió en los diarios autonomistas *El Triunfo* y *El País*, donde publicó numerosos ensayos jurídicos y políticos. Dejó un tomo de poemas titulado *Ecos Perdidos* y un canto épico, *Las ruinas del Coliseo*.

Partido Liberal vrs. Partido Nacional *

MENTIRA PARECE, señores, que en una asamblea de hombres libres que ejercitan por vez primera el más sagrado de sus derechos, levante su voz la *intransigencia*, para pedir con la desesperación de las malas causas que se anule el pensamiento, ahogando la palabra.

Hijos del pueblo, amantes de la libertad y del país en que se meció nuestra cuna, todos tenemos el indiscutible, aun más todavía, el sagrado deber de contribuir con nuestros esfuerzos a echar los sólidos cimientos, la ancha base sobre la que ha de levantarse la patria regenerada.

Estamos, por tanto, en nuestro puesto; venimos aquí a combatir con la conciencia muy levantada las malas artes de la *intransigencia*, que escudada con las palabras *Unión nacional* y *Tratado del Zanjón*, pretende conducir, arrastrar a este pueblo a una perdición segura, olvidando que ya no son *niños* los hombres aquí convocados, que no les aterran los fantasmas, pues que han sabido conquistar a costa de muchos sacrificios el derecho de proponer, razonar, discutir y resolver.

---

* Fragmento de un discurso pronunciado el 10 de agosto de 1878 en el Teatro Payret. Se encuentra contenido en: *La oratoria en Cuba* (t. II, Evolución de la cultura cubana, vol. VIII, La Habana 1928). Título de la antóloga.

Esas palabras con que encubre la *intransigencia* intenciones y propósitos exclusivistas no tienen razón de ser: frente al Partido Liberal se ha levantado el Partido Nacional. Pues bien: hablemos claro, juguemos limpio, ¿qué diferencia hay entre la libertad a secas y la libertad nacional? ¿Cuáles entre nuestro lema y el vuestro? ¿Pretendéis acaso lanzar contra nosotros una acusación? ¿Queréis decirnos que estamos fuera de la nacionalidad? Pues hablad entonces con más claridad; sed más precisos; más francos, más leales; arrojad el guante, que estamos dispuestos a recogerlo, probándoos que el Partido Liberal está dentro de la legalidad; y sobre todo, señores, no olvidéis que los partidos facciosos tienen su lugar en los campos de batalla.

Invocáis también el *Tratado del Zanjón*, por nosotros bien conocido, y he aquí el segundo fantasma tan fácil de desvanecerse como el anterior; tal parece que, a pesar de llamaros liberales, os duele que aspiremos a ensanchar las bases de ese *Tratado*, fundamento histórico de nuestro derecho. Descuidad por lo demás, señores, que si algún día se faltare a la palabra de honor empeñada, que no se faltará, el instinto de rectitud y justicia que distingue al pueblo lo llevaría a ocupar su puesto de honor.

Pero no hemos venido aquí a hablar de ese Tratado, ni de aquella nacionalidad, a dirigirnos recriminaciones infructuosas, a penetrar en lo sagrado de las intenciones, a recibir vuestros ataques embozados en dos grandes principios que rebajáis a dos grandes fantasmas: aquí hemos venido como simples ciudadanos, como liberales convocados por vosotros, a analizar un programa, cuya discusión se rehúye con exagerada aunque cautelosa prudencia.

Pido, pues, en nombre de la libertad, en nombre del derecho y de la justicia, que se discuta franca, leal y ampliamente; ya que sobre los intereses personales, por muy respetables que sean las personas, y sobre las ambiciones periodísticas, por muy legítimas que éstas sean, se levanta el interés de la patria, de nuestra dolorida y desangrada Cuba, tan llena de desventuras como digna de mejor suerte; de esta tierra queridísima que demanda con sedienta insistencia a sus hijos predilectos que la salven con la libertad y el progreso.

XVI
RAFAEL MONTORO

Nació en La Habana en 1852 y falleció en la misma ciudad, en 1933. Se educó en el colegio de El Salvador y en la Universidad de La Habana. Estudió, más tarde, en Baltimore, Nueva York y Madrid. En esta última ciudad se unió a los grupos intelectuales neokantianos que reaccionaron contra el positivismo en boga. Allí, influído por Hegel, desarrolló una postura filosófica opuesta a la predominante en Cuba, desde Varela hasta Varona, a quienes enfrenta su idealismo absoluto en el ámbito filosófico. En el jurídico fue el máximo exponente en Cuba del iusnaturalismo racionalista. Sin embargo, en sus últimos años abandonó el campo de la filosofía por el de la política, se unió al Partido Autonomista y dentro del mismo destacó como orador y ensayista, desde las páginas de la *Revista Cubana*. Escribió también en los periódicos *El Norte, El Tiempo, El Triunfo* y *El País*, órganos, los dos últimos, del Partido Liberal Autonomista. Convertida ya Cuba en República independiente, ocupó el cargo de Ministro de la Presidencia. Sus ensayos políticos quedaron contenidos en su obra *Ideario Autonomista*. Los filosófico-jurídicos, como *Estudios Elementales del Derecho* y otros, pueden consultarse en Rafael Montoro, *Obras*.

Fragmentos políticos *

EL PROGRAMA POLÍTICO

La parte política de nuestro programa, en cuya explicación voy a ocuparme, llama desde luego la atención por el estrecho enlace de sus luminosas fórmulas. Y consiste en que esa parte de nuestro programa muestra en ordenado desenvolvimiento la idea liberal desde la esfera del individuo hasta la del Estado, sin olvidar las personas jurídicas intermedias, como son el municipio, la provincia y, en determinados casos, la región, mirando siempre a las ordenadas relaciones que

---

* Fragmentos de un discurso pronunciado en el Casino Español de Güines el 12 de octubre de 1878. Contenido en la obra de Montoro: *Ideario Autonomista* (Cuadernos de Cultura, Cuarta Serie, Publicaciones de la Secretaría de Educación, La Habana 1938).

deben existir entre todos los elementos de la vida social, que en esto consiste realmente la paz pública, y guardando oportuna consideración a las condiciones y necesidades históricas, que es lo que da a las soluciones de un partido el carácter práctico que por tantos y tan justificados motivos ha menester.

Empieza por lo tanto esa parte política consignando las *libertades necesarias*, es decir, aquellos derechos sin cuyo ordenado ejercicio es absolutamente imposible la existencia de un pueblo libre, porque el primero de los elementos que han de intervenir en la obra incesante de su destino, el individuo, carece de las condiciones indispensables que debe reconocerle y garantizarle la ley.

Misión de los partidos políticos

Los partidos, como el origen de la palabra lo está indicando, no son ni pueden ser, ni deben aspirar a ser sino partes de un todo superior y anterior a ellos, la sociedad, que no existe para los partidos, para conveniencia o provecho de los partidos, y tiene el derecho de exigir que los partidos existan para el bien general, para coadyuvar a la progresiva realización de sus altos destinos.

Ciego e insensato, mil veces ciego e insensato el que imagine que en su esfera de actividad se encierra o cabe la actividad social, siempre múltiple y compleja. De aquí el carácter fundamental que a los partidos se impone en los pueblos libres y cultos: el respeto a la ley, al derecho, garantía suprema y supremo árbitro de todos.

Para que esto suceda es preciso que los partidos se reconozcan como tales, y no se erijan en facciones soberbias engreídas con el sentimiento exagerado de la fuerza, que engendra arrogancias insensatas. Es preciso que se resignen a luchar como iguales en el terreno de la ley para no tener que luchar fatalmente, más tarde o más temprano, en el terreno de las discordias sangrientas, con las armas en la mano. Y no se diga que profiero amenazas porque trazo pronósticos. Mientras a eso no lleguemos, ni los partidos conservadores merecerán ese nombre ni la paz que disfrutamos será digna del nombre de paz.

En la Península una larga y desolada experiencia ha enseñado esto mismo. Por largos años, por decenios enteros, las contiendas de los partidos, iniciadas en la prensa o en el Parlamento, acababan fatalmente en las cuadras de los cuarteles o en las barricadas. Yo he visto de cerca esos espectáculos, y recuerdo que aun entre elementos afines, como los moderados y la Unión Liberal, como la Unión Liberal y los progresistas, como los conservadores y los radicales del tiempo del rey caballero don Amadeo de Saboya, cuando el público sabía que un debate ardiente y tempestuoso había surgido en el Congreso, empezaba al punto a prepararse para la próxima intentona o para el indispensable y próximo *pronunciamiento*.

Misión de los partidos conservadores

Yo os declaro ingenuamente que vería con satisfacción un verdadero partido conservador entre nosotros. Lo combatiría, porque yo amo la libertad sobre todas las cosas, pero no vacilaría en considerar su existencia como un hecho fausto para el país. La misión de los partidos conservadores no puede ser, en efecto, más necesaria ni tampoco más elevada. Ellos son los depositarios de la tradición, vosotros sabéis cuán profundamente penetra en todas las esferas de la vida y cómo constituye uno de los más importantes factores de la evolución social; ellos representan ese espíritu de permanencia que crea la solidaridad de todas las generaciones en el sentimiento de la patria, y por virtud del cual sentimos que aún palpita en nuestros pechos y acalora nuestro pensamiento el recuerdo de aquellos antepasados que, siglos ha, llenaban de prodigios la historia del mundo; esos partidos, en suma, tienen la alta misión de unir el hoy al ayer, el presente al pasado para que las transiciones nunca sean violentas ni inseguras.

Liberalismo optimista

Todo debemos esperarlo de la libertad: nada será posible sin ella. Un gran poeta, nacido en Cuba, decía con inmensa amargura en inmortales versos, que en esta tierra tan favorecida por la naturaleza ofrécense al observador, en triste contradicción, las bellezas del físico mundo y los horrores del mundo moral. Algo de verdad había en esto, señores; porque es imposible desconocer que muchas veces, al atravesar nuestros campos tan bellos, en que la naturaleza llena de exuberante vida parece prorrumpir en himnos gozosos al Creador, o al pasar por nuestras populosas y ricas ciudades, oprimíase el corazón bajo el peso de una densa atmósfera que recogía muchas lágrimas, y el impuro hálito de muchas imperfecciones y de dolorosísimas fatalidades sociales. La gran reacción moral de muchos años se deja ya sentir, y la libertad concluirá la obra. Las virtudes austeras que con ella se desarrollan, los cívicos deberes que impone, la enérgica y poderosa educación social que la acompaña, realizarán aquí, como en todas partes, una maravillosa redención.

Pero, señores, ¿dónde, si no aquí y gracias al apasionamiento con que se discute, hubiera podido entenderse que no tiene base nuestra política ni principios generales que constituyen su ideal? Y ese ideal ¿cuál otro ha sido ni hubiera podido ser que el de la democracia liberal en toda su pureza? Primeramente, en sociedades nuevas como la cubana, el ser demócrata es punto menos que inevitable. Preguntarnos si lo somos, paréceme como si se nos preguntara si nos hemos dado cuenta de que por algo vivimos en el suelo americano, en el mundo de la libertad y de la democracia. La calificación de demócrata tiene, en países como el nuestro, algo de pleonástica. ¿Qué grandes intereses conservadores, ni qué tradiciones aristocráticas serias, ni qué Iglesia, prepotente, ni qué instituciones de sentido histórico existen aquí, para que sea necesario que se levanten contra todo eso la protesta y las reivindicaciones de la democracia? No se hable de la esclavitud y de los problemas sociales que ha de plantear su abolición, porque la naturaleza de esos problemas es muy compleja, y además porque, querámoslo o no, tendrán que resolverse, pese a quien pese, con sentido democrático, y quiera Dios que no tengan que resolverse con sentido radical.

Ahora bien: dentro de la democracia hay diversidad de tendencias fundamentales. Hay el radicalismo revolucionario, que ha causado todos los grandes desastres que llora el mundo moderno; y *hay la democracia liberal y progresiva*, cuya doctrina tiene por base el reconocimiento y la garantía de la personalidad humana con todos sus derechos y todas sus necesarias determinaciones. Esta democracia liberal es la que nuestro partido ha procurado siempre representar. Así resulta de su programa y de todas sus declaraciones autorizadas, donde constan con toda claridad y franqueza los grandes principios que invoca; principios, señores, que en América son de todo punto universales; que en el Nuevo Mundo se aprenden desde que se empieza a pensar y a sentir; porque no olvidemos que nada menos que sabios europeos como Bluntschli, Tocqueville y Laboulaye lo han dicho: la democracia representativa tiene su cuna y su modelo en la América del Norte, como la monarquía parlamentaria los tiene en el Reino Unido de la Gran Bretaña.

Y esa democracia no adventicia, no artificial, no traída por los cabellos de los diarios o de los clubs de Madrid, sino espontánea, natural, verdaderamente característica de las colonias modernas, esa cuyo tipo no es tan superior como se cree a nuestra índole y a nuestras aptitudes es, señores, la que nosotros amamos, la que nosotros sentimos, la que constituye hoy y constituirá siempre, bien lo sabéis, el pensamiento fundamental de nuestra política.

Estamos, pues, unidos en espíritu y en verdad con todo lo que tiene de más culto y de más serio la democracia, tanto en América como en Europa; que, por fortuna, ha pasado y no volverá fácilmente el tiempo aciago en que los ideales de la democracia iban a buscarse en los anales inmundos o sangrientos del jacobinismo terrorista, cuando sólo pueden encontrarse en las venerandas tradiciones de ese pueblo gigante, cuyo territorio descubrimos en las tardes serenas desde los cerros de nuestra costa, y que son las que comunican hoy una fortaleza y previsión admirables a la República francesa.

Los principios en que descansan esas tradiciones democráticas los afirmamos hoy, como los hemos afirmado siempre: derechos ampliamente garantizados e igualdad ante la ley, gobierno representativo, sufragio amplio y libre, responsabilidad del gobernante, descentralización, libertad del trabajo, instrucción gratuita y autonomía colonial; pues no debemos olvidar, ni consentir que se olvide, que si esa democracia representativa nació en América, como dice Bluntschli, hace poco más de un siglo, nació precisamente a virtud de reivindicaciones fundadas en ese mismo concepto de la autonomía de las colonias, que de esta suerte aparece ante todo espíritu sereno y reflexivo como indisolublemente unido a los progresos de la ciencia política en la sociedad contemporánea y al perfeccionamiento de todas la instituciones en nuestro siglo.

Las libertades necesarias

Las libertades necesarias constituyen la condición primera del *self-government*, o sea del gobierno del país por el país. Así es que, como quería Thiers, deben incluirse bajo aquella denominación las prácticas políticas que aseguran a las Cámaras una preponderante y decisiva influencia en la marcha de los negocios públicos; prácticas a que los ingleses con su gran sabiduría política han logrado dar dos eficacísimas garantías, que son la ley de presupuestos y el *mutiny bill*, o ley militar, votadas ambas anualmente, y mediante las cuales conceden o niegan las Cámaras a los gabinetes los más indispensables recursos para gobernar. También debemos tener muy en cuenta la extraordinaria importancia que corresponde en el sistema de las libertades necesarias a la independencia del elector, pues cuando no está debidamente garantizada, cuando los gobiernos son bastantes audaces y están bastante pervertidos para hollarla, o el elector es tan miserable que la vende por torpes halagos o la abandona por incalificable cobardía, la vida política es una farsa repugnante y no vale la pena de pensar en programas para enaltecerla. Pero ¿son o no son realmente necesarias las libertades a que nos referimos para el gobierno del país por el país, dentro de las condiciones constitucionales de cada uno? Yo me propongo demostrar que lo son en efecto, y demostrarlo por medio de la exposición de esas mismas libertades. Estudiémoslas, señores, por el mismo orden en que las consigna nuestro programa.

El derecho de asociación

Hay otro derecho, también consagrado en nuestro programa, cuya importancia nunca será debidamente ensalzada: me refiero al importantísimo derecho de asociación. Supone éste sin duda los que ya hemos dicho, y los supone en sus más perfectas y elevadas formas. Como ellos, es de universal aplicación a todos los fines racionales de la vida: ciencia, arte, religión, moral, derecho; a la industria y al comercio; a las relaciones sociales en toda su extensión y variedad.

Consiste su ejercicio en que varios hombres animados de un mismo pensamiento y consagrados a la realización de unas mismas aspiraciones, forman en cierto modo una reunión permanente durante determinado tiempo o a perpetuidad, para que unidos alcancen lo que separados les sería acaso imposible obtener, porque es llano que siendo limitadas las facultades y fuerzas de un individuo natural, sus medios de acción son necesariamente inferiores a los de la individualidad colectiva que llamamos asociación.

Extraordinaria es, señores, la importancia de ésta en todos los órdenes de la vida, y siempre lo ha sido, aunque por motivos que nadie ignora, séalo en nuestro tiempo mayor que nunca.

Y si de esta esfera entramos en otra puramente social y de carácter económico ¿quién ignora que el pavoroso problema que plantean casi en todas partes las clases trabajadoras, ávidas de bienestar y de cultura, extraviadas no pocas veces por absurdas predicaciones, pero dignas siempre de la más atenta consideración para todo verdadero hombre de Estado; que ese importante problema, de imponente actualidad para nosotros, es una forma meramente local por desgracia, si ha de ser resuelto, en cuanto cabe darle solución, lo será en gran parte por el principio y la noble aspiración a que responden las sociedades cooperativas? De otra parte, el sentido de la historia moderna y el impulso general de las sociedades civilizadas vienen encaminándose hace tiempo, y tienden hoy más que nunca a emancipar gradualmente y dentro de racionales límites, todas las esferas sociales de la acción absorbente del Estado. Ellas demandan, pues, un gran desarrollo del principio de asociación para que, donde la mano poderosa del Estado vaya faltando, no se quebranten y desaparezcan al cabo aquellas superiores formas de actividad social en que cifra sus más altas necesidades la cultura, y aun aquellas otras soluciones subordinadas, pero no menos importantes, que constituyen la esfera propia del trabajo y de la riqueza, en que se funda el bienestar de los individuos y de los pueblos.

Y en un país como el nuestro, en tantos conceptos virgen todavía, donde son tan imperiosas todas las necesidades a que acabo de referirme, donde la actividad tiene horizontes tan extensos y donde el porvenir será casi ilimitado el día en que la libertad y el sentimiento del progreso hagan sacudir la pereza a muchos organismos soñolientos, ¿quién puede desconocer que están reservadas a este fecundo y salvador principio de asociación verdaderas maravillas?

El derecho de reunión

El hombre es un ser sociable. La naturaleza lo impulsa incontrastablemente a vivir en sociedad, porque ninguna de las facultades a que debe la soberanía de la creación podría desenvolverse, ni aun ejercitarse, sin la comunicación y el recíproco concurso que son propios de la vida social. Mientras mayor y más elevada es su cultura lo vemos más íntimamente unido a sus semejantes, con quienes sostiene estrechas y múltiples relaciones. En lo político como en lo privado necesita acudir a ellos para que aunados los comunes esfuerzos y combinándose estos acertada y oportunamente, puedan alcanzarse resultados de verdadera importancia en la sociedad y en la historia. Por eso es trascendental y elevada en extremo la importancia del derecho de reunión en el orden político. Fórmanse y organízanse los partidos en reuniones, porque mientras los pensamientos comunes a varios hombres políticos no se fecundan por el contacto y se traducen en una verdadera comunión, nada es práctico ni asequible en la vida pública. En esas reuniones se discuten los problemas, y, resueltas las diferencias que no implican una radical oposición de principios, se llega a un acuerdo indispensable para el triunfo de fundamentales soluciones y para el éxito de los trabajos electorales. Pero si nocivo y pernicioso es carecer del derecho de reunión, lo es casi tanto tenerlo injustamente restringido. Falto entonces de espontaneidad y garantías su ejercicio, fiado todo a la voluntad del que manda, en vez de servir ese sacratísimo derecho para que lleguen al poder las legítimas aspiraciones de los pueblos, es un arma inservible o se convierte en un instrumento más de opresión.

No hay en la vida de las naciones muchos espectáculos tan grandiosos y conmovedores como el que ofrecen las grandes reuniones políticas en los pueblos libres. Vedlas en Inglaterra, sucediéndose con incomparable animación y caracteres en realidad imponentes, siempre que una grave cuestión política reclama el interés de los buenos patriotas; ellas forman la opinión, detienen o impulsan a los gobiernos y a veces los derriban, sin apartarse jamás de la legalidad.

En los Estados Unidos, el agitador socialista Kearney ha llevado recientemente hasta una exageración censurable el uso del precioso derecho de que nos ocupamos; pero el poder público, sin dejar de prepararse para la enérgica represión de cualquier abuso, ha respetado el principio, dejando a Kearney labrar su propio descrédito con sus absurdas declamaciones.

La libertad de pensamiento

La facultad de pensar lleva consigo indudablemente la de emitir el pensamiento, y por tanto el derecho de expresarlo y difundirlo. El pensamiento puramente individual, sin comunicación alguna, encerrado temerosamente en el cerebro, es una mera abstracción que en vano ha querido convertir violentamente en realidad la férrea mano del despotismo. En el orden político, que es el que ahora nos ocupa, la opinión se forma mediante el comercio de ideas que se establece entre los ciudadanos. Necesitan ellos evidentemente ponerse de acuerdo para constituir verdaderas fuerzas políticas; formar lo que se llama opinión pública e influir activamente en los negocios del país y sólo puede llevarse a cabo todo esto por medio de la prensa, de las reuniones y del fecundo principio de asociación.

La prensa

La prensa lleva a todos los hogares, solícita y puntual, la preocupación política de cada día, la noticia que alarma un interés o lo tranquiliza, la aspiración mal satisfecha que pugna por abrirse paso a través de todos los obstáculos y por realizarse; las corrientes de ideas que fecundan los distintos momentos de la historia, el sentimiento de la solidaridad nacional manifestado en cada hora, sobre todo cuando se plantean los problemas temerosos que afectan a la independencia o a la libertad, a la riqueza o a la prosperidad de los pueblos. Centinela avanzado del bien público, el periódico despierta las conciencias dormidas y agita con suavidad o con furor los corazones. En sus artículos y en sus noticias halla el ciudadano amante del país a que pertenece datos para formar un criterio que sea, en ocasiones, para la propia conciencia, luminoso ideal del patriotismo, o sublime pasión de almas generosas.

Pero es imposible que la prensa pueda cumplir su glorioso destino cuando no es libre y vive agobiada bajo el peso de absurdas restricciones. Si no es libre ¿cómo planteará esos problemas, cómo indicará esas corrientes, cómo formará la opinión? Será un instrumento inútil, cuando no funesto, porque privada de sus naturales medios e incapacitada para el ejercicio de su misión, querrá allegarse favorecedores con lecturas acaso entretenidas, pero malsanas, o vivirá lánguidamente, sin que el alma del pueblo pueda comunicarle el calor y la noble inspiración que necesita.

Yo no pretendo por eso que la prensa, cuando realmente delinea, viva bajo el amparo de una inconcebible impunidad. No quiero que se la deje correr desesperada, como una bacante, sembrando el odio y la consternación, comprometiendo la paz pública, mancillando la honra de los ciudadanos, siendo en sociedades moralizadas y cultas, un escándalo permanente. Pero no entiendo tampoco que, salvo los casos de excitar a la rebelión o de descender a la injuria y a la calumnia, pueda considerarse punible un escrito; y aun en esos concretos y determinados casos, aspiro a que sean los tribunales los que se encarguen del castigo y a que sea la ley común el escudo indestructible del derecho escarnecido.

XVII
ANTONIO GOVÍN

Nació en Matanzas en 1849 y falleció en la misma ciudad en 1915. Se graduó de doctor en Derecho por la Universidad de La Habana. Destacado jurista, ensayista y orador político, Govín fue miembro fundador y secretario del Partido Liberal Autonomista y Ministro de Gobernación y Justicia en el Gabinete de José María Gálvez. Sus ensayos quedaron publicados en afamados periódicos y revistas liberales de la época como la *Revista de Cuba*, *El Triunfo*, *El País* y *El Nuevo País*. Emigró a los Estados Unidos de Norteamérica al estallar la guerra del 95. Después de establecida la República, ocupó la cátedra de Derecho Administrativo en la Universidad de La Habana y el cargo de magistrado del Tribunal Supremo de Justicia. Dirigió la *Revista General de Derecho y Administración*, órgano oficial del Colegio de Abogados de La Habana.

Sobre el Partido Liberal Autonomista *

ORGANIZÓSE el Partido Liberal en días de alborozo y contento público; en días de generoso olvido y de grandes esperanzas; pero si alguien creyó que los liberales formaban un grupo de optimistas, se equivocó de medio a medio; nunca hemos pecado de cándidos ni tampoco de temerarios. ¿Cómo había de desaparecer en veinticuatro horas una situación secular, un régimen arraigado por la acción combinada del tiempo, de la fuerza y de los intereses creados? La lucha se imponía necesariamente; comenzaba, no terminaba. Los privilegios habían de resistir cruda y porfiadamente para mantener la dominación que las odiosas preferencias del gobierno y nuestras desgracias habían puesto en sus manos, tan duras como codiciosas. Habrá, pues, que trabajar lenta y pausadamente, lejos así de los desmayos como de las alucinaciones, con la fe en la justicia de nuestra causa y con la convicción profunda de que en tanto se salvan los pueblos en cuanto tienen energía bastante para velar por su dignidad y para alcanzar por el esfuerzo propio la posesión del bien a que aspiran.

---

* Fragmentos de un discurso pronunciado en Santiago de Cuba el 9 de enero de 1887. Contenido en: *La oratoria en Cuba* (t. II: Evolución de la cultura cubana, vol. VIII, La Hana, 1928). Título de la antóloga.

Terminada la guerra, era preciso organizar la paz; no la material, porque ésta existe desde que cesan definitivamente las hostilidades, sino la moral, la de los ánimos, la paz que descansa en la confianza y en la general satisfacción. En 1878 el entusiasmo era un peligro, porque no permitía ver las cosas tales como eran realmente, encubriendo las gravísimas dificultades que para lo venidero entrañaba la situación nacida de una paz hecha precipitadamente y sin más ventaja positiva, por entonces, que el restablecimiento del orden. Todo estaba por hacer, si se quería que el país encontrara eficaces remedios para sus males, intensos cuanto numerosos, al par que seguro abrigo para sus intereses, tan maltratados, y para sus derechos, siempre desatendidos. En el fondo del entusiasmo había un gran desconcierto en las voluntades; no se veía por el momento dominar dirección alguna encaminada a consolidar en firme asiento el bien adquirido, cuando lo que importaba no era tanto sentir como querer. La paz, señores, no es, no debe ser un fin, es y debe ser un medio para llegar quieta y ordenadamente a la posesión de cuanto ha menester un pueblo culto en sus legítimas aspiraciones de libertad y justicia.

El Partido Liberal vino a llenar una necesidad premiosa, a satisfacer un interés de señalada trascendencia al presentar ante la opinión pública un programa de principios definidos y de carácter esencialmente práctico y al determinar como una garantía para lo porvenir la acción incesante, sana, resuelta, aunando de esta suerte las voluntades e imprimiendo al movimiento político una dirección concertada y de fecundos resultados. *Bendita sea la paz*, dijo, pero la paz no había de ser el tesoro que esconde receloso el avaro, sino el capital destinado por su buen empleo a ser reproductivo para la colonia y la Metrópoli. El Partido Liberal fue, como lo será siempre, una prenda de orden, un principio salvador para nuestra sociedad por inspirarse en un patriotismo inteligente y previsor, sin caer en la impaciencia ni flaquear en el esfuerzo. De esta suerte, es un poder moral puesto conjuntamente al servicio de la legalidad y del progreso, ya que la paz es base necesaria para la consecución de las reformas profundas y radicales que reclaman de consuno las enseñanzas de lo pasado, las exigencias de lo presente y la preparación del porvenir. Insensato será el gobierno que desdeñe el Partido Liberal o lo hostilice, pues si bien el poder público dispone de la fuerza material, de la infantería, de la caballería y de la artillería para mantener la tranquilidad y establecer el orden, centuplica, sin embargo, sus recursos con el apoyo de una fuerza moral organizada cual lo es nuestro Partido. En 1879, cuando asomó una segunda insurrección, condenamos el movimiento, y sin vacilar prestamos nuestro concurso al Gobierno, proclamando al mismo tiempo con entereza nuestras ideas, para que se entendiera que la represión armada, exigida por las circunstancias, no podía afianzar la paz ni evitar en absoluto nuevos trastornos, pues esto tan sólo cabía alcanzarse con el leal planteamiento de instituciones acomodadas a la cultura y a las aspiraciones del país. Y tan eficaz fue nuestro concurso en aquellos días de pública ansiedad, que el general Blanco confesó que le había servido tanto como un ejército de cincuenta mil hombres aguerridos y disciplinados. Vióse atajada en sus pasos la insurrección y en breve término renació la tranquilidad. He ahí uno de nuestros servicios a la causa del orden; prestado en cabal armonía con nuestros compromisos y con los deseos del país.

Y, sin embargo, señores, nuestros contrarios nos tildan de enemigos de la nacionalidad española. No importa; el Partido Autonomista no aspira a los aplausos de los conservadores: no trabaja por amor a ellos; trabaja por lo que vale más que ellos, por el país, por la prosperidad común, por el prestigio de la Metrópoli. Si cabe gradación entre españoles, lo somos ciertamente más que ellos. ¿Qué se diría con razón de una metrópoli que no se ocupara de establecer una buena administración en sus colonias, una administración provechosa para la comunidad? Sería que no merecía ser metrópoli. Todos nuestros esfuerzos se encaminan a levantar el crédito de la Madre Patria, al restablecimiento de la autoridad moral de España en América.

Aspiración tan elevada no tiene entrada, parece, en el pecho de nuestros adversarios, atentos únicamente al negocio. A diferencia de ellos, sabemos sentir. ¿Quiere eso decir que desdeñemos los intereses materiales y que miremos con indiferencia el empobrecimiento y la ruina del país? Lo que eso quiere decir es que sin el respeto a la dignidad del país, sin la satisfacción de sus necesidades, sin el reconocimiento de los derechos que por ley natural le corresponden, no es posible que se abran de nuevo las fuentes de la prosperidad. ¿Qué importa, señores, que se salve la zafra de este año, si peligran las venideras, a causa del pésimo sistema tributario y político que nos agobia y oprime? Hay que variar de sistema a toda prisa; hay que despertar la confianza, sin la cual ni el crédito subsiste, ni el capital se encuentra, ni el trabajo vive. Con la confianza viene la seguridad y sobre esta se desarrolla la riqueza en múltiples direcciones.

¿Qué significa el Partido Autonomista? Significa, primeramente, el sentimiento de la patria cubana: y, en segundo lugar, el amor a la libertad. Por cosa vitanda y pecaminosa se tiene el sentimiento de la patria cubana; causa escozor en nuestros adversarios. Irrítanse y denuncian en nosotros a embozados separatistas. Hemos de ser gallegos, asturianos, catalanes; pero cubanos, ¡jamás! Patria cubana. ¡Horror! ¡Horror! "Señor, decía Morillo a don Fernando VII, para sujetar a estos hombres se necesitan los mismos medios que para su conquista: la extirpación". ¡Extirpar a los cubanos! Ya es trabajo. Pero no hagamos caso de frases que ya no significan nada. ¿Qué culpa tenéis vosotros, qué culpa tengo yo de haber nacido en Cuba? Al nacer en Cuba hemos venido a la vida con el sello de esa fatalidad, y, por lo mismo, somos impotentes para ser otra cosa, aunque consintamos, como algunos desgraciados, en degradarnos. Por más que quisiéramos confundirnos con los peninsulares, por más que quisiéramos identificarnos con los andaluces o con los asturianos, sería vano nuestro empeño, irrisorio nuestro intento. Cubanos somos y cubanos hemos de ser aunque nos pese. Hay en nosotros elementos irreducibles que nos dan una fisonomía especial en lo físico y en lo moral, obra todo de la naturaleza, no de la voluntad. Un sentimiento, también natural e irresistible, nos liga al suelo en que hemos nacido. Amamos a Cuba como amamos a nuestros padres y a nuestros hijos. ¿Hay delito en eso? Prohibirnos que amemos a Cuba sería tanto como lanzar un decreto mandando que los padres no amasen en lo adelante a sus hijos. ¿Se cumpliría? No: el alma entera se sublevaría contra tamaña aberración. Y ¿acaso se condena el sentimiento de la patria local en los catalanes, en los gallegos, en los andaluces? No; pues entonces ¿por qué eso que es lícito en ellos no ha de serlo también en nosotros? Podrá un pueblo caer en postración profunda, podrá sentirse morir, pero mientras conserve un aliento siquiera, suspirará por la patria, y con placer inefable recordará sus días felices, sus esperanzas y hasta sus dolores... Consecuencia del vivo sentimiento de la patria cubana es el carácter puramente local del Partido Autonomista. No es un partido de gobierno ni de oposición. Cifra todo su empeño en obtener para la isla de Cuba una constitución política, un régimen adaptado a sus peculiares condiciones, sin mezclarse poco ni mucho en los movimientos de los partidos peninsulares, que tienen otro objeto, obedecen a otros fines y cuentan con otros medios de acción. La organización de la colonia en orden a las instituciones: he ahí nuestro propósito. Respecto a la forma de gobierno nacional, el Partido Autonomista acepta aquella que la Madre Patria se hubiera dado en uso de su soberanía.

He dicho que a más del sentimiento de la patria cubana existe en el Partido Autonomista el amor a la libertad. No basta, pues ser cubano: es preciso ser bien cubano liberal. Nuestros principios son los de la democracia moderna. De esta suerte el Partido Autonomista viene a satisfacer una doble necesidad: de una parte, atiende a lo que reclama nuestra condición de colonia, a lo que exigen las circunstancias especiales de nuestra sociedad, todo lo cual pudiera llamarse la necesidad interior, peculiar nuestra: y de otra parte, sigue las generosas corrientes del siglo, inspirándose en las ideas y sentimientos que forman el derecho moderno.

Veamos los procedimientos que encarece y observa fielmente nuestro Partido. Es un partido *evolucionista,* vocablo que asusta a nuestros adversarios, que los alarma y aviva sus recelos. Para ellos la evolución entraña una serie de pasos encaminados todos a la independencia; "ya que no pueden alcanzarla de golpe —dicen—, la van preparando hipócritamente". No necesito hacer protestas de ninguna clase, ni sería decoroso. Lo que digo y afirmo es que la evolución está para nosotros en el planteamiento de la autonomía colonial en toda su pureza e integridad. No es otra nuestra aspiración suprema. Y si empleamos el calificativo de evolución, de evolucionista, es para significar que nuestro Partido es un partido de orden y no revolucionario; un partido que fía el éxito a la acción de la propaganda legal y a la eficacia de los procedimientos pacíficos, esperando del tiempo, y no de la fuerza, el triunfo de sus aspiraciones. Queremos conquistar la opinión aquende y allende el mar; vencer en los comicios, obtener de la nación lo que no para nosotros, sino para el país, pedimos. Somos fuertes, porque sabemos esperar.

XVIII
NICOLÁS HEREDIA

Nació en Bani, Santo Domingo, en 1855, y falleció en Estados Unidos en 1901. Licenciado en Derecho y Filosofía y Letras, fue profesor de Literatura en la Universidad de La Habana. Miembro, en los inicios de su carrera política, del Partido Liberal Autonomista, finalmente, en Nueva York, se unió a los que eligieron la solución separatista. Convertida ya Cuba en República, Heredia colaboró con Enrique José Varona en la reforma de la enseñanza y ocupó el cargo de Director de Instrucción Pública durante la intervención norteamericana. Ensayista, novelista y crítico literario, escribió en la *Revista de Cuba*, en la *Revista Cubana*, en *Cuba y América* y en *El Fígaro*. También en el periódico *Patria*, fundado por José Martí. Entre sus obras destacan las novelas *Leonela* y *Un hombre de negocios*, un libro de ensayos literarios titulado *Puntos de la Vida*, su estudio *La sensibilidad en la poesía castellana* y sus *Crónicas de la guerra*. Destacó además como tribuno. Su cultura sólida y refinada le permitió elaborar discursos metódicos y sobrios, pero a la vez agudos y firmes.

Sobre la Junta Central Autonomista *

NO PENSABA tomar una parte activa en este mitin (...) Pero el digno Presidente del Partido Liberal Autonomista de esta Provincia, señor Lima, ha querido que mezcle yo mi obscuro nombre con otros nombres brillantes y famosos (...), y me he visto en la necesidad imperiosa de atender su ruego, mejor dicho, de obedecer sus órdenes, ya que el soldado leal a su bandera no escoge a su capricho el puesto del combate.

Además, señores, si alguna significación encierra el grado elevadísimo de fiebre propagandista que está revelando el Partido Liberal Cubano, es, indudablemente, el propósito de tomar noticia del estado de la opinión, en cada localidad, por insignificante que sea, y de cada boca, por desautorizada que parezca, para formular —hasta donde la ley nos lo permita— la querella colectiva, clara y penetrante, porque el vigor de nuestros pulmones debe hallarse en relación con la incurable, con la histórica sordera del

---
* Fragmentos de un discurso pronunciado en el Teatro Esteban de Matanzas, el 25 de marzo de 1892. Se encuentra contenido en: *La oratoria en Cuba* (t. II: *Evolución de la cultura cubana*, vol. VIII, La Habana, 1928). Título de la antóloga.

poder. En este sentido, la intervención de mi modesta personalidad en el presente acto se halla, hasta cierto punto, justificada.

Por otra parte, señores, el estado general del país autoriza, aun en los más humildes, aun en los más indiferentes, el ejercicio austero de la crítica; porque cuando de las regiones más elevadas, cuando de las regiones superiores no baja la solución salvadora que imprima una marcha armoniosa al desenvolvimiento natural de esta sociedad civilizada en que vivimos, cunde y se generaliza el espíritu de análisis en los que obedecen, y con él, la necesidad de un cambio de procedimientos en los que mandan.

Y como en Cuba no hay interés social que no haya sido herido, ni aspiración legítima que no haya sido anulada, sucede que no ya los autonomistas, sino aun muchos de aquellos que en tiempos no muy lejanos creían de buena fe compatible la nueva vida constitucional, derivada de un pacto célebre, con los procedimientos anticuados de la colonia, van rectificando poco a poco su política, no para unirse y confundirse con nosotros —que esto ni es necesario ni tal vez sería conveniente, dadas las exigencias del régimen representativo—, sino para pedir con nosotros una legalidad común, amplia y generosa, donde cada idea tenga su esfera de acción y donde todas las ideas se cobijen por igual bajo los pliegues protectores de esa bandera, que si fue gloriosa al flotar sobre los campos ensangrentados de Pavía y Otumba, no ha sido menos gloriosa al flotar sobre los campos incruentos de Vergara y El Zanjón.

Tenemos, pues, que el ejercicio o la propensión inevitable al ejercicio de la crítica —siempre que los actos de los gobiernos no respondan a los deseos de los gobernados— no es una monomanía especial, no es una preocupación exclusiva de los autonomistas cubanos. Hay ya una gran masa de conservadores ilustrados que van cayendo en la cuenta de que al trabajar en beneficio del gobierno no han trabajado precisamente en beneficio de sus propios intereses; de que el concurso, el apoyo constante que han prestado a la acción oficial, ni ha mejorado los servicios públicos ni ha conseguido descargar en un solo maravedí el fardo pesadísimo que gravita sobre los hombros del contribuyente, ni ha conseguido realizar la depuración burocrática, anhelo común y campo de labor neutral para todos los partidos y para todas las ideas. Y ellos, que como nosotros, tienen ojos para ver y discernimiento suficiente para apreciar las pulsaciones de la opinión, después de tantos veredictos aplastantes, se encuentran con un país que políticamente no se halla constituído todavía, con una situación económica cuyas invencibles dificultades hemos podido conllevar por las poderosas fuerzas productivas de este suelo, con unos aranceles en perspectiva que amenazan levantar en nuestros puertos y en nuestras costas verdaderas murallas de la China, y para postres, con dos operaciones financieras, la recogida de los billetes de la emisión de guerra que tantas y tan hondas perturbaciones ha causado, y el empréstito para esa recogida, que ha dejado catorce millones en el Banco de España y ha traído sobre Cuba todas las cargas y todas las responsabilidades, salvo el gran consuelo y la gran compensación de la calderilla.

A la verdad, señores, que no se necesitaba tanto para que esos conservadores a que me refiero se sintieran tentados por el demonio del análisis, y, lo que es peor, por el demonio de la duda. Sucede con frecuencia que lo que los hombres no quieren lo imponen los acontecimientos, prescindiendo de los hombres. El individuo no es tan sólo una entidad subjetiva que se gobierna por lo que siente; es también un agregado social que, por impulso propio o fuerza extraña, sigue los movimientos de la colectividad, como el eslabón sigue los movimientos de la cadena. Por eso a nadie ha extrañado que aquella celebérrima, aquella inolvidable Junta Magna, muerta en su cuna, engendrara años después la comisión informadora que fue a Madrid —a guisa de pregonera de nuestras desdichas y de heraldo de nuestras esperanzas—, y que esa Junta Magna, frustrada al parecer, engendrara asimismo el Comité Central de Propaganda, que ha sido la representación más autorizada y más completa de las aspiraciones económicas de este pueblo. En ambos organismos borráronse todas las denominaciones dictadas por la política, y, como es consiguiente, unos y otros han vivido en paz y han podido ejercer una acción fecunda, cuyo primer fruto fue el convenio de reciprocidad con la República norteamericana. Sí, señores, en esa labor patriótica, conservadores y liberales cosecharon su parte de gloria y se unieron para un fin común, porque la ola que amenazaba hundir la nave no iba a preguntar cuáles eran las ideas y cuál la procedencia de los náufragos, que para ella todos eran víctimas.

Pero hay más todavía: entre las necesidades económicas y los problemas políticos existe un paralelismo lógico sintetizado en esta frase —que no por haberse convertido en uno de tantos lugares comunes deja de encerrar una gran significación—: *dadme buena política y os daré buena hacienda*. No es posible vivir como políticamente viven los chinos en su tierra y alcanzar el desarrollo mercantil de la Gran Bretaña o el desenvolvimiento maravilloso de la riqueza que se advierte en los Estados Unidos y en Francia. Apliquemos el principio a nuestro caso. Los constitucionales que figuran en el Comité Central de Propaganda y en otras corporaciones análogas simpatizan o han simpatizado con lo que se denomina izquierda de la Unión Constitucional. Al aceptar, como aceptaron, procedimientos más expansivos tratándose de nuestros problemas económicos, tácita y virtualmente han aceptado un criterio político más amplio y más flexible que el que sistemáticamente venía aplicando su partido. Las mismas necesidades, si no nos unen, nos acercan. Primero el azúcar y después el tabaco; en una palabra, señores, nuestros intereses materiales están sirviendo de base a un movimiento instintivo de concentración que, a guisa de promesa, encierra para el porvenir una gran metamorfosis en todos los aspectos de nuestra vida. Sin el *bill* MacKinley y la proscripción segura de nuestros azúcares del mercado norteamericano, nuestros elementos económicos hubieran continuado divididos. Sin el peligro que corre la industria del tabaco —a pesar de la prosperidad que le supone el señor Romero Robledo, conforme dijo ayer en la alta Cámara—, esos elementos quizás se habrían disgregado al día siguiente; así, señores, cada producto amenazado en nuestro suelo se convierte en una fórmula conciliadora, en un programa de defensa común que, partiendo de lo más prosaico, el interés material, se eleva a lo más sublime, o sea, el sentimiento de solidaridad y la idea o el propósito general en que todos coincidimos. Porque, señores, dentro de las aspiraciones colectivas todo es contradictorio y todo es vario; pero, al mismo tiempo, si las circunstancias lo exigen, todo es homogéneo y todo es uno.

Así el conde de Galarza encontró, como quien dice, el terreno preparado para sembrar entre los suyos ideas relativamente liberales. Creyérase que había llegado el momento de las coincidencias fatales y de las conjunciones inevitables. Sin embargo, en Cuba es más fácil apreciar estas tendencias como síntomas que registrarlas como hechos. Restar y dividir es lo corriente entre nosotros. Háblese de desunión, de hostilidad entre los partidos, y veréis cómo todo se allana para fomentar esta guerra moral en que vivimos; pero hágase un llamamiento a la concordia, a la armonía, a las relaciones corteses, y si se quiere amistosas, que deben reinar entre las agrupaciones políticas, y entonces surge, como por encanto, ese poder misterioso que ahonda las divisiones y los recelos y arroja todo el peso de su influencia en favor del elemento más reaccionario, que es el niño mimado de la situación. Ya los izquierdistas empiezan a purgar el grave delito de haber querido liberalizarse, ya son víctimas del mismo plan que se ha aplicado siempre contra el Partido Liberal Autonomista; lo que prueba, señores, que el pleito que aquí se sigue no es, como vulgar y cándidamente se cree, entre la asimilación y la autonomía; que el pleito que aquí se sigue es entre la reacción y la libertad(...)

Señores: el Partido Liberal Autonomista presenta dos títulos indiscutibles a la consideración de las gentes sensatas e imparciales, sean cuales fueren sus ideas y sean cuales fueren sus opiniones: la fe en la doctrina y la perseverancia en el procedimiento. Hoy pedimos lo que pedíamos al nacer como fuerza política organizada; hoy nos hallamos en donde nos hallábamos el año de 1878, con algunas esperanzas menos y con algunos desengaños más; pero la fe política permanece incólume, aunque depurada por una dolorosa experiencia, que si no nos hace completamente escépticos, nos hace más cautos y avisados. En la buena como en la mala fortuna, en la hora de las ilusiones alegres como en la hora de los dolores sombríos, hemos hablado al país el lenguaje del patriotismo y la cordura. Tenemos como ideal la autonomía, porque la autonomía es una necesidad histórica, una exigencia geográfica, una solución —entiéndase bien— que facilitará el ejercicio de la soberanía de la Metrópoli en la colonia y un acto de reparación y de justicia. Preconizamos el procedimiento evolutivo porque las apelaciones a los medios violentos ni son propios de nuestra época, ni aprovechan, ni son útiles a los pueblos que las practican. Nuestra perseverancia se ha mantenido a prueba de reveses y a prueba de desaires, y, sin embargo, señores, todavía se nos considera como una agrupación perturbadora, como un factor fuera de lugar, como un elemento exótico, que no debe existir en la política cubana.

Esto no debe de extrañarnos, señores, porque entre las grandes ficciones que hay en Cuba y que explican las más inesperadas anomalías, la principal, la que sirve de base y fundamento a todo el edificio de nuestra administración y nuestra política, es la ficción del país legal sobreponiéndose al país real (...)

Ahora bien, señores, en Cuba pasa algo parecido a lo que pasaba bajo el reinado absoluto de Fernando VII, bajo el reinado ficticio de Luis XVIII, pues según se desprende de un reciente telegrama del señor Romero Robledo, ministro de Ultramar, aquí sólo hay asimilistas, o lo que es lo mismo, empleados y funcionarios del gobierno, listas electorales conservadoras, ayuntamientos y alcaldes conservadores, diputaciones provinciales conservadoras, representantes a Cortes conservadores, y en cuanto a los autonomistas, o no los hay, o es preciso irlos a buscar a otro planeta.

Que no debemos existir como elemento político que persigue un fin determinado, y ¿sabéis por qué, señores? Porque según se dice, con la sana intención que es de suponer, nuestros principios, nuestras doctrinas, están traducidos del inglés, porque nuestras soluciones son extrañas al espíritu original en que se ha moldeado la vida histórica de la Metrópoli. Y yo pregunto: ¿acaso ha subsistido inalterable en nuestra nacionalidad ese espíritu tradicional y castizo de que a cada momento se nos habla para probarnos sin duda que la España del siglo XVI es la España del siglo XIX, que la España de Felipe II y del Duque de Alba es la España de Cánovas, Sagasta y Castelar? Instituciones, leyes, creencias, costumbres, todo ha venido abajo, bien por el influjo disolvente de los siglos, bien por la acción violenta de las revoluciones. Casi todo lo nuevo que hay entre nosotros ha pasado por el tamiz de una traducción, a veces literal en demasía; y así, por ejemplo, nuestro actual sistema parlamentario está traducido del inglés, nuestros gustos y nuestras modas traducidos del francés. ¿Qué puede significar, señores, que haya una traducción más relativa al régimen colonial de Australia o Canadá?

Otras veces se nos concede alguna personalidad, alguna representación, pero representación perturbadora, como he dicho. Entonces surge la acusación corriente y favorita de que somos exigentes, de que somos insaciables... Señores, yo no sé de ningún partido de oposición —así sea de oposición legal como el nuestro— que se imponga el deber de aplaudir y celebrar los actos de un gobierno que, precisamente, venga a representar el polo opuesto a sus aspiraciones e ideales. Desde el momento en que ese partido se obligue al aplauso incondicional de los actos oficiales, su papel como elemento de oposición ha terminado; y como en la vida pública moderna, dentro del sistema constitucional, se necesita el concurso de fuerzas opuestas y contrarias para producir el equilibrio, resultará que al pensar y querer todos como piensa y quiere el Gobierno, caeremos en una especie de parálisis política o bajo una nueva forma del absolutismo. Empeño vano, unanimidad inútil y engañosa, porque las necesidades de los pueblos son muy perentorias, son muy persistentes, y se asemejan a esas enfermedades de la sangre, que aunque aparentemente se las destruya eliminándolas de la piel, reaparecen luego atacando un órgano más noble. Lo único que puede exigirse de nosotros es la legalidad del procedimiento en el ataque, mas no es lógico que se nos pida esa interior satisfacción de que hablan las ordenanzas militares, y que nosotros estamos muy lejos de sentir.

Y si para probar la insaciabilidad que se nos atribuye, se nos dice que tenemos la Constitución, responderemos que, efectivamente, tenemos una Constitución, pero con el aditamento de la Ley de Orden Público, que es como echar agua al vino; si se nos dice que tenemos abiertos todos los caminos para ingresar en las corporaciones municipales, provinciales, regionales y nacionales, responderemos que, abiertos como están, no podemos transitar por ellos, porque la experiencia nos ha dicho más de una vez que cuando perdemos las elecciones las perdemos, y cuando las ganamos... las perdemos también. Si se nos dice que para calmar nuestras aspiraciones descentralizadoras se nos dan tres regiones y no sé cuántas provincias, responderemos que esa reforma trastorna el orden lógico de las cosas y se opone al concepto geográfico y al principio de unidad administrativa de la colonia. Si se nos dice que tendremos presupuestos nivelados, responderemos que esa nivelación será como la del lecho de Procusto, pues debiendo lo que debemos y gastando lo que gastamos, se estirarán los impuestos en una evidente desproporción con la riqueza harto castigada de este pueblo. Así son las demás grandes reformas que, por lo visto, no sabemos ni apreciar ni agradecer.

Mientras tanto, sin perjuicio de aplaudir y celebrar todo lo que sea digno de encomios y celebraciones, la actitud del Partido Liberal, censor enérgico de los errores políticos que aquí se cometen y elemento activo de resistencia legal contra las injustas preocupaciones de que es víctima el pueblo cubano, es una actitud inquebrantable. Y es una actitud inquebrantable en cuanto nos duele y nos lastima, por la condición de inferioridad en que nos coloca, que nuestros hermanos de la Península disfruten del sufragio universal en toda su plenitud y los españoles de esta Antilla estén sujetos al censo restringido, con la amenaza, para los autonomistas, de los socios de ocasión y otras increíbles desigualdades por el estilo. ¡Veinticinco pesos por el ejercicio del derecho electoral!

Supongamos, señores, que esa cuota se rebaje, que no sean veinticinco, que sean quince, que sean diez, que sean cinco, siempre resultará que ese derecho al voto, que en los demás países cultos es una función inherente al ejercicio de la ciudadanía, en Cuba se convierte en un verdadero artículo de lujo. Semejante anomalía es hija de ese dualismo, de esa especialidad sin nombre que es cosa santa y veneranda cuando nos coloca fuera del derecho común para lo que no nos favorece, y que es pecaminosa y reprobable cuando la invocamos nosotros apoyándonos en la razón y la justicia.

Pero ¿a qué pedir lo que no tenemos y no se nos da, si se llega hasta a privarnos de lo que teníamos como seguro? El señor ministro de Ultramar ha suprimido el Doctorado en la Universidad de La Habana, fundándose en razones políticas que yo no he de examinar aquí, ya que han sido suficientemente depuradas y ya que la misma franqueza del señor Romero Robledo ha facilitado notablemente la censura de su obra. Séame lícito, no obstante, apuntar un temor que no carece de causa, porque cuando se pone la mano sobre ciertas cosas, la realidad suele llegar a donde no se atreve a llegar el pensamiento. El señor Romero Robledo ha suprimido el Doctorado, aparte de esos móviles políticos, por los desvelos que le inspira el porvenir agrícola de Cuba. Yo le hago la justicia de creer que el afán nobilísimo que le lleva a hacernos a todos campesinos, no le llevará hasta el extremo de hacernos a todos ignorantes; pero nadie nos garantiza que mañana otro ministro, por las mismas razones y con el mismo derecho del señor Romero Robledo, no suprima la Licenciatura, porque un título de Licenciado en Derecho o Medicina es hasta un estorbo para la obra de rusticación que se proyecta; y con las mismas razones y con el mismo derecho del señor Romero Robledo, nos suprima también el Bachillerato, porque un título de Bachiller no es una condición indispensable ni un requisito esencial para el hábil manejo del arado. Así, por este camino, podríamos llegar tal vez hasta aquella famosa ley, no de instrucción, sino de ignorancia pública, como llamaban en Bélgica a la dictada por el ministerio Bernaërt.

Tantos y tan repetidos errores han creado esta situación, magistralmente retratada en el manifiesto de la Junta Central Autonomista. En ese documento memorable se contiene todo el capítulo de nuestros agravios y nuestras quejas. Pero conste, señores, que nosotros no nos quejamos porque los poderes públicos se nieguen a practicar nuestro programa; que nosotros nos quejamos porque se nos restringen los medios legales para que ese programa vaya infiltrándose serena y pausadamente en la conciencia pública, a fin de que nuestros principios, en su tiempo, tomen forma y carne de realidad, en provecho no sólo de los autonomistas, sino de la colonia y su Metrópoli. Nosotros, como dijo en su último discurso mi elocuente amigo el señor Giberga, no pretendemos asumir toda la representación de este país; sabemos que hay también un Gobierno que necesita de ciertos prestigios y de ciertos elementos imprescindibles para llenar las elevadísimas funciones que le han sido encomendadas; sabemos que hay, además, otra agrupación con derecho a compartir con nosotros las vicisitudes y contrariedades de la lucha política, recomendable siempre, que se inspira en móviles desinteresados y patrióticos, y como sabemos esto, pedimos para el gobierno lo que es del Gobierno, para los conservadores lo que sea de los conservadores, y para nosotros lo que legítimamente nos corresponde.

Reclamamos la parte de legalidad que se nos niega en nombres de un exclusivismo injustificable, hijo de aquella peregrina clasificación de los *más* y los *menos* españoles. Confiamos en el establecimiento de la autonomía, porque ésa vendrá fatalmente a su hora, y no por la voluntad de los hombres, sino por una ley de gravitación inevitable, pero, por lo pronto, pedimos la igualdad en el voto, la identidad de derechos políticos con la madre patria, leyes previsoras en favor de la agricultura, la industria y el comercio, sin mutilar nuestra vida intelectual, porque los pueblos ricos y laboriosos son los pueblos inteligentes e ilustrados, y, como complemento de la obra, la descentralización verdadera, pues la descentralización, según ha dicho el eminente publicista español don Gumersindo Azcárate, es la libertad incorporada al suelo.

Nada debe oponerse a esta empresa reparadora y justiciera, porque nuestra sensatez en el pasado y en el presente es sólida garantía de nuestra sensatez en lo futuro. Nuestra labor es la labor nobilísima del progreso político; la que realizan en la Península los conservadores con respecto a los absolutistas, los fusionistas con respecto a los conservadores, y los republicanos con respecto a los fusionistas. Y no se evoque el fantasma del anexionismo, porque el anexionismo ni es ni ha sido nunca enfermedad autonomista; y no se evoque el fantasma del separatismo, porque el separatismo es un factor que, bien espontáneamente, bien por la fuerza de las circunstancias, se ha eliminado, para que la cuestión se dilucide entre españoles y españoles, entre españoles que quieren vivir a la antigua y españoles que quieren vivir a la moderna.

La libertad por la paz y la paz por la libertad, tal es nuestro lema; con ambas surgirá un nuevo estado de derecho basado en la igualdad y la justicia y no en las deficiencias y en los privilegios absurdos del actual; tendremos el centro de gravedad político-social que aún no encontramos, y se disiparán esos pronósticos sombríos que, como una nube negra, cruzan por el manifiesto, el cual, para valerme de una frase sintética y luminosa del señor Montoro, no es una amenaza, sino una profecía.

XIX
JOSÉ MARTÍ

Nació en La Habana en 1853 y murió en Dos Ríos, en 1895. En octubre de 1869 ya fue juzgado y condenado a seis años de presidio, por su lucha abierta contra la dominación española en Cuba. En enero de 1871, fue deportado a España, acusado de conspirador. Allí se graduó de licenciado en Derecho y en Filosofía y Letras. En México y Guatemala, Martí escribió poesía, obras de teatro y ensayos, y ejerció el magisterio. En 1878, terminada la Guerra de los Diez Años, regresó a La Habana, pero en septiembre de 1879 fue deportado otra vez a España. De allí pasó a París y, por último, se estableció en Estados Unidos de Norteamérica. En Nueva York publicó en los periódicos *The Hour* y *The Sun*, dirigió la revista *La América*, colaboró en *El Partido Liberal* (México), *La República* (Honduras), *La Opinión Nacional* (Venezuela), y *La Opinión Pública* (Montevideo). A fines de 1891, renunció a todas sus otras actividades para dedicarse únicamente a la causa de la independencia de Cuba. El 8 de enero de 1992, creó las *Bases y Estatutos* del Partido Revolucionario Cubano (PRC), que fue el órgano rector de su actividad política. En enero de 1895 firmó la orden de alzamiento que se transmitió a Cuba y el 25 de marzo rubricó con Máximo Gómez el famoso *Manifiesto de Montecristi*. Al estallar la guerra, Martí decidió regresar a Cuba para incorporarse al campo de batalla. En Dos Ríos, provincia de Oriente, recibió una herida mortal. Como escritor fue uno de los fundadores del movimiento Modernista en lengua castellana. De su obra poética destacan: *Ismaelillo* y *Versos sencillos*. De sus novelas: *Amistad Funesta*. Por su vasta cultura y su proyección latinoamericana, ha sido llamado *el más universal de todos los cubanos*. Su obra literaria, su prosa política y su epistolario han sido recogidos en sus *Obras Completas*.

La República Española ante la Revolución Cubana *

LA GLORIA y el triunfo no son más que un estímulo al cumplimiento del deber. En la vida práctica de las ideas, el poder no es más que el respeto a todas las manifestaciones de la justicia, la voluntad firme ante todos los consejos de la crueldad o del orgullo. Y cuando el acatamiento a la

---

* Fechado en Madrid, el 15 de febrero de 1873. Se encuentra contenido en: *Obras Completas* (vol. I, Primera Parte, Caracas, 1964).

justicia desaparece, y el cumplimiento del deber se desconoce, infamia envuelve el triunfo y la gloria, vida insensata y odiosa vive el poder.

Hombre de buena voluntad, saludo a la República que triunfa, la saludo hoy como la maldeciré mañana cuando una República ahogue a otra República, cuando un pueblo libre al fin comprima las libertades de otro pueblo, cuando una nación que se explica que lo es, subyugue y someta a otra nación que le ha de probar que quiere serlo. Si la libertad de la tiranía es tremenda, la tiranía de la libertad repugna, estremece, espanta.

La libertad no puede ser fecunda para los pueblos que tienen la frente manchada de sangre. La República española abre eras de felicidad para su patria: cuide de limpiar su frente de todas las manchas que la nublan, —que no se va tranquilo ni seguro por sendas de remordimientos y opresiones, por sendas que entorpezcan la violación más sencilla, la comprensión más pequeña del deseo popular.

No ha de ser respetada voluntad que comprime otra voluntad. Sobre el sufragio libre, sobre el sufragio consciente e instruído, sobre el espíritu que anima el cuerpo sacratísimo de los derechos, sobre el verbo engendrador de libertades álzase hoy la República española. ¿Podrá imponer jamás su voluntad a quien la exprese por medio del sufragio? ¿Podrá rechazar jamás la voluntad unánime de un pueblo, cuando por voluntad del pueblo, y libre y unánime voluntad se levanta?

No prejuzgo yo actos de la República española, ni entiendo yo que haya de ser la República tímida o cobarde. Pero sí le advierto que el acto está siempre propenso a la injusticia, sí le recuerdo que la injusticia es la muerte del respeto ajeno, sí le aviso que ser injusto es la necesidad de ser maldito, sí la conjuro a que no infame nunca la conciencia universal de la honra, que no excluye por cierto la honra patria, pero que exige que la honra patria viva dentro de la honra universal.

Engendrado por las ideas republicanas entendió el pueblo cubano que su honra andaba mal con el Gobierno que le negaba el derecho de tenerla. Y como no la tenía, y como sentía potente su necesidad, fue a buscarla en el sacrificio y el martirio, allí donde han solido ir a encontrarla los republicanos españoles. Yo apartaría con ira mis ojos de los republicanos mezquinos y suicidas que negasen a aquel pueblo vejado, agarrotado, oprimido, esquilmado, vendido, el derecho de insurrección por tantas insurrecciones de la República española sancionado. Vendida estaba Cuba a la ambición de sus dominadores; vendida estaba a la explotación de sus tiranos. Así lo ha dicho muchas veces la República proclamada. De tiranos los ha acusado muchas veces la República triunfante. Ella me oye: ella me defienda.

La lucha ha sido para Cuba muerte de sus hijos más queridos, pérdida de su prosperidad que maldecía, porque era prosperidad esclava y deshonrada, porque el Gobierno le permitía la riqueza a trueque de la infamia, y Cuba quería su pobreza a trueque de aquella concesión maldita del Gobierno. ¡Pesar profundo por los que condenen la explosión de la honra del esclavo, la voluntad enérgica de Cuba!

Pidió, rogó, gimió, esperó. ¿Cómo ha de tener derecho a condenarla quien contestó a sus ruegos con la burla, con nuevas vejaciones a su esperanza?

Hable en buen hora el soberbio de la honra mancillada, —tristes que no entienden que sólo hay honra en la satisfacción de la justicia: —defienda en buena hora el comerciante el venero de riquezas que escapa a su deseo, —pretenda alguno en buen hora que no conviene a España la separación de las Antillas. Entiendo, al fin, que el amor de la mercancía turbe el espíritu, entiendo que la sinrazón viva en el cerebro, entiendo que el orgullo desmedido condene lo que para sí mismo realza, y busca, y adquiere; pero no entiendo que haya cieno allí donde debe haber corazón.

Bendijeron los ricos cubanos su miseria, fecundóse el campo de la lucha con sangre de los mártires, y España sabe que los vivos no se han espantado de los muertos, que la insurrrección era consecuencia de una revolución, que la libertad había encontrado una patria más, que hubiera sido española si España hubiera querido, pero que era libre a pesar de la voluntad de España.

No ceden los insurrectos. Como la Península quemó a Sagunto, Cuba quemó a Bayamo; la lucha que Cuba quiso humanizar, sigue tremenda por la voluntad de España, que rechazó la humanización; cuatro años ha que sin demanda de tregua, sin señal de ceder en su empeño, piden, y la piden muriendo; como los republicanos españoles han pedido su libertad tantas veces, su independencia de la opresión, su libertad del honor. ¿Cómo ha de haber republicano honrado que se atreva a negar para un pueblo derecho que él usó para sí?

Mi patria escribe con sangre su resolución irrevocable. Sobre los cadáveres de sus hijos se alza a decir que desea firmemente su independencia. Y luchan, y mueren. Y mueren tanto los hijos de la Península como los hijos de mi patria. ¿No espantará a la República española saber que los españoles mueren por combatir a otros republicanos?

Ella ha querido que España respete su voluntad, que es la voluntad de los espíritus honrados; ella ha de respetar la voluntad cubana que quiere lo mismo que ella quiere, pero que lo quiere sola, porque sola ha estado para pedirlo, porque sola ha perdido sus hijos muy amados, porque nadie ha tenido el valor de defenderla, porque entiende a cuánto alcanza su vitalidad, porque sabe que una guerra llena de detalles espantosos ha de ser siempre lazo sangriento, porque no puede amar a los que la han tratado sin compasión, porque sobre cimientos de cadáveres recientes y de ruinas humeantes no se levantan edificios de cordialidad y de paz. No la invoquen los que la hollaron. No quieran paz sangrienta los que saben que lo ha de ser.

La República niega el derecho de conquista. Derecho de conquista hizo a Cuba de España.

La República condena a los que oprimen. Derecho de opresión y de explotación vergonzosa y de persecución encarnizada ha usado España perpetuamente sobre Cuba.

La República no puede, pues, retener lo que fue adquirido por un derecho que ella niega, y conservado por una serie de violaciones de derecho que anatemiza.

La República se levanta en hombros del sufragio universal, de la voluntad unánime del pueblo.

Y Cuba se levanta así. Su plebiscito es su martirologio. Su sufragio es su revolución. ¿Cuándo expresa más firmemente un pueblo sus deseos que cuando se alza en armas para conseguirlos?

Y si Cuba proclama su independencia por el mismo derecho que se proclama la República, ¿cómo ha de negar la República a Cuba su derecho de ser libre, que es el mismo que ella usó para serlo? ¿Cómo ha de negarse a sí misma la República? ¿Cómo ha de disponer de la suerte de un pueblo imponiéndole una vida en la que no entra su completa y libre y evidentísima voluntad?

El Presidente del Gobierno republicano ha dicho que si las Cortes Constituyentes no votaran la República, los republicanos abandonarían el poder, volverían a la oposición, acatarían la voluntad popular. ¿Cómo el que así da poder omnímodo a la voluntad de un pueblo, no ha de oír y respetar y acatar la voluntad de otro? Ante la República ha cesado ya el delito de ser cubano, aquel tremendo pecado original de mi patria amadísima de que sólo lavaba el bautismo de la degradación y de la infamia.

¡Viva Cuba española! dijo el que había de ser Presidente de la Asamblea, y la Asamblea dijo con él. Ellos, levantados al poder por el sufragio, niegan el derecho de sufragio al instante de haber subido al poder, maltrataron la razón y la justicia, maltrataron la gratitud los que dijeron como el señor Martos. ¡No! En nombre de la libertad, en nombre del respeto a la voluntad ajena, en nombre del derecho, en nombre de la conciencia, en nombre de la República, ¡no! Viva Cuba española, si ella quiere, y si ella quiere ¡viva Cuba libre!

Si Cuba ha decidido su emancipación; si ha querido siempre su emancipación para alzarse en República;

si se arrojó a lograr sus derechos antes que España los lograse; si ha sabido sacrificarse por su libertad, ¿querrá la República española sujetar a la fuerza a aquélla que el martirio ha erigido en República cubana? ¿Querrá la República dominar en ella contra su voluntad?

Mas dirán ahora que puesto que España da a Cuba los derechos que pedía, su insurrección no tiene ya razón de existir. No pienso sin amargura en este pobre argumento, y en verdad que de la dureza de mis razones habrá de culparse a aquellos que las provocan. España quiere ya hacer bien a Cuba. ¿Qué derecho tiene España para ser benéfica después de haber sido tan cruel? Y si es para recuperar su honra ¿qué derecho tiene para hacerse pagar con la libertad de un pueblo, honra que no supo tener a tiempo, beneficios que el pueblo no le pide, porque ha sabido conquistárselos ya? ¿Cómo quiere que se acepte ahora lo que tantas veces no ha sabido dar? ¿Cómo ha de consentir la revolución cubana que España conceda como dueña derechos que tanta sangre y tanto duelo ha costado a Cuba defender? España expía ahora terriblemente sus pecados coloniales, que en tal extremo la ponen que no tiene ya derecho a remediarlos. La ley de sus errores la condena a no aparecer bondadosa. Tendría derecho para serlo si hubiera evitado aquella inmensa, aquella innumerable serie de profundísimos males. Tendría para serlo si hubiera sido siquiera humana en la prosecución de aquella guerra que ha hecho bárbara e impía.

Y yo olvido ahora que Cuba tiene formada la firme decisión de no pertenecer a España: pienso sólo en que Cuba no puede ya pertenecerle. La sima que dividía a España y Cuba se ha llenado, por la voluntad de España, de cadáveres. No vive sobre los cadáveres amor ni concordia; no merece perdón el que no supo perdonar. Cuba sabe que la República no viene vestida de muerte, pero no puede olvidar tantos días de cadalso y de dolor. España ha llegado tarde; la ley del tiempo la condena.

La República conoce cómo la separa de la Isla sin ventura ancho espacio que llenan los muertos; la República oye como yo su voz aterradora; la República sabe que para conservar a Cuba, nuevos cadáveres se han de amontonar, sangre abundantísima se ha de verter, sabe que para subyugar, someter, violentar la voluntad de aquel pueblo, han de morir sus mismos hijos. ¿Y consentirá que mueran para lo que, si no fuera la muerte de la legalidad, sería el suicidio de su honra? ¡Espanto si lo consiente! ¡Míseros los que se atrevan a verter la sangre de los que piden las mismas libertades que pidieron ellos! ¡Míseros los que así abjuren de su derecho a la felicidad, al honor, a la consideración de los humanos!

Y se habla de integridad del territorio. El Océano Atlántico destruye este ridículo argumento. A los que así abusan del patriotismo del pueblo, a los que así le arrastran y le engañan, manos enemigas pudieran señalarle un punto inglés, manos severas la Florida, manos necias la vasta Lusitania.

Y no constituye la tierra eso que llaman integridad de la patria. Patria es algo más que opresión, algo más que pedazos de terreno sin libertad y sin vida, algo más que derecho de posesión a la fuerza. Patria es comunidad de intereses, unidad de tradiciones, unidad de fines, fusión dulcísima y consoladora de amores y esperanzas.

Y no viven los cubanos como los peninsulares viven; no es la historia de los cubanos la historia de los peninsulares; lo que para España fue gloria inmarcesible, España misma ha querido que sea para ellos desgracia profundísima. De distinto comercio se alimentan, con distintos países se relacionan, con opuestas costumbres se regocijan. No hay entre ellos aspiraciones comunes ni fines idénticos, ni recuerdos amados que los unan. El espíritu cubano piensa con amargura en las tristezas que le ha traído el espíritu español; lucha vigorosamente contra la dominación de España. Y si faltan, pues, todas las comunidades, todas las identidades que hacen la patria íntegra, se invoca un fantasma que no ha de responder, se invoca una mentira engañadora cuando se invoca la integridad de la patria. Los pueblos no se unen sino con lazos de fraternidad y amor.

Si España no ha querido ser nunca hermana de Cuba, ¿con qué razón ha de pretender ahora que Cuba sea su hermana? Sujetar a Cuba a la nación española sería ejercer sobre ella un derecho de conquista hoy más que nunca vejatorio y repugnante. La República no puede ejercerlo sin atraer sobre su cabeza culpable la execración de los pueblos honrados.

Muchas veces pidió Cuba a España los derechos que hoy le querrá España conceder. Y si muchas veces se negó España a otorgarlos, a otorgar los que ella tenía, ¿cómo ha de atreverse a extrañar que Cuba se niegue a su vez a aceptar como don tardío, honor que ha comprado con la sangre más generosa de sus hijos, honor que busca hoy todavía con una voluntad inquebrantable y una firmeza que nadie ha de romper?

Por distintas necesidades apremiados, dotados de opuestísimos caracteres, rodeados de distintos países, hondamente divididos por crueldades pasadas, sin razón para amar a la Península, sin voluntad alguna en Cuba para pertenecer a ella, excitado por los dolores que sobre Cuba ha acumulado España, ¿no es locura pretender que se fundan en uno dos pueblos por naturaleza, por costumbres, por necesidades, por tradiciones, por falta de amor separados, unidos sólo por recuerdos de luto y de dolor?

Dicen que la separación de Cuba sería el fraccionamiento de la patria. Fuéralo así si la patria fuese esa idea egoísta y sórdida de dominación y de avaricia. Pero, aun siéndolo, la conservación de Cuba para España contra su más explícita y poderosa voluntad, que siempre es poderosa la voluntad de un pueblo que lucha por su independencia, sería el fraccionamiento de la honra de la patria que invocan. Imponerse es de tiranos. Oprimir es de infames. No querrá nunca la República española ser tiránica y cobarde. No ha de sacrificar así el bien patrio a que tras tantas dificultades llega noblemente. No ha de manchar así el honor que tanto le cuesta.

Si la lucha unánime y persistente de Cuba demuestra su deseo firmísimo de conseguir su emancipación; si son de amargura y de dolor los recuerdos que la unen a España; si cree que paga cara la sonoridad de la lengua española con las vidas ilustres que España le ha hecho perder, ¿querrá esta España nueva, regenerada España, que se llama República española, envolverse en la mengua de una más que toda injusta, impía, irracional opresión? Tal error sería éste, que espero que no obrará jamás obra tan llena de miseria.

Y en Cuba hay 400.000 negros esclavos, para los que, antes que España, decretaron los revolucionarios libertad, —y hay negros bozales de 10 años, y niños de 11, y ancianos venerables de 80, y negros idiotas de 100 en los presidios políticos del Gobierno—, y son azotados por las calles, y mutilados por los golpes, y viven muriendo así. Y en Cuba fusilan a los sospechosos, a los comisionados del Gobierno, y a las mujeres, y las violan, y las arrastran, y sufren muerte instantánea los que pelean por la patria, y muerte lenta y sombría aquellos cuya muerte instantánea no se ha podido disculpar. Y hay jefes sentenciados a presidio por cebarse en cadáveres de insurrectos, —y los ha habido indultados por presentar en la mesa partes de un cuerpo de insurrecto mutilado—, y tantos horrores hay que yo no los quiero recordar a la República, ni quiero decirle que los estorbe, que son tales y tan tremendos, que indicarle que los ha de corregir es atentar a su honor.

Pero esto demuestra cómo es ya imposible la unión de Cuba a España, si ha de ser unión fructífera, leal y cariñosa; cómo es necesaria resolución justa y patriótica; que sólo obrando con razón perfecta se decide la suerte de los pueblos, y sólo obedeciendo estrictamente a la justicia se honra a la patria, desfigurada por los soberbios, envilecida por los ambiciosos, menguada por los necios, y por sus hechos en Cuba tan poco merecedora de fortuna.

Cuba reclama la independencia a que tiene derecho por la vida propia que sabe que posee, por la enérgica constancia de sus hijos, por la riqueza de su territorio, por la natural independencia de éste, y, más que por todo, y esta razón está sobre todas las razones, porque así es la voluntad firme y unánime del pueblo cubano.

Si la conservación de Cuba para España ha de ser, y no podrá conservarse sino siéndolo, olvido de la razón, violaciones del derecho, imposición de la voluntad, mancilla de la honra, indigno será quien quiera conservar la riqueza cubana a tanta costa; indigno será quien deje pensar a las naciones que sacrifica su honra a la riqueza.

Hoy que la virtud es sólo el cumplimiento del deber, no ya su exageración heroica, no consienta su mengua la República, sepa cimentar sobre justicia sabia y generosa su Gobierno, no rija a un pueblo contra su voluntad, ella que hace emanar de la voluntad del pueblo todos los poderes; no luche contra sí misma, no se infame, no tema, no se pliegue a exigencias de soberbia ridícula, ni de orgullo exagerado, ni de disfrazadas ambiciones; reconozca, puesto que el derecho, y la necesidad, y las Repúblicas, y la alteza de la idea republicana la reconocen, la independencia de Cuba; firme así su dominación sobre esta que, no siendo más que la consecuencia legítima de sus principios, el cumplimiento estricto de la justicia, será, sin embargo, la más inmarcesible de las glorias. Harto tiempo han oprimido a España la indecisión y los temores; tenga, al fin, España el valor de ser gloriosa.

¿Temerá el Gobierno de la República que el pueblo no respete esta levantada solución? Esto significaría que prefiere el poder a la satisfacción de la conciencia.

¿No se atreverá a persuadir al pueblo de que esto es lo que le impone su honor verdadero? Esto significaría que prefiere el poder a la satisfacción de la conciencia.

¿No pensará como pienso el Gobierno republicano? Esto querría decir que la República española ni acata la voluntad del pueblo soberano, ni ha llegado a entender el ideal de la República.

No pienso yo que cederá al temor. Pero si cediera, esta enajenación de su derecho sería la señal primera de la pérdida de todos.

Si no obra como yo entiendo que debe obrar, porque no entiende como yo, esto significa que tiene en más las reminiscencias de sus errores pasados que la extensión, sublime, por lo ilimitada y por lo pura, de las nuevas ideas; que turban aún su espíritu orgullo irracional por glorias harto dolorosas, deseo de retener cosas que no debió poseer jamás, porque nunca las supo poseer.

Y si como yo piensa, si encuentra resistencia, si la desafía, aunque no premiase su esfuerzo la victoria, si acepta la independencia de Cuba, porque sus hijos declaran que sólo por la fuerza pertenecerán a España, y la República no puede usar del derecho de la fuerza para oprimir a la República, no pierde nada, porque Cuba está ya perdida para España; no arranca nada al territorio, porque Cuba se ha arrancado ya; cumple en su legítima pureza el ideal republicano, decreta su vida, como si no la acepta, decretará su suicidio; confirma sus libertades, que no ha de merecer gozarlas quien niega la libertad de gobernarse a un pueblo que ha sabido ser libre; evita el derramamiento de sangre republicana, y será, si no lo evitase, opresora y fratricida; reconoce que pierde, y la pérdida ha tenido lugar ya, la posesión de un pueblo que no quiere pertenecer a ella, que ha demostrado que no necesita para vivir en gloria y en firmeza su protección ni su gobierno, y trueca, en fin, por la sanción de un derecho, trueca, evitando el derramamiento de una sangre virgen y preciosa, un territorio que ha perdido, por el respeto de los hombres, por la admiración de los pueblos, por la gloria inefable y eterna de los tiempos que vendrán.

Si el ideal republicano es el universo, si él cree que ha de vivir al fin como un solo pueblo, como una provincia de Dios, ¿qué derecho tiene la República española para arrebatar la vida a los que van adonde ella quiere ir? Será más que injusta, será más que cruel, será infame arrancando sangre de su cuerpo al cuerpo de la nacionalidad universal. Ante el derecho del mundo ¿qué es el derecho de España? Ante la divinidad futura ¿qué son el deseo violento de dominio, qué son derechos adquiridos por conquista y ensangrentados con nunca interrumpida, siempre santificada, opresión?

Cuba quiere ser libre. Así lo escribe, con privaciones sin cuento, con sangre para la República preciosa, porque es sangre joven, heroica y americana. Cobarde ha de ser quien por temor no satisfaga la necesidad de su conciencia. Fratricida ha de ser la República que ahogue a la República.

Cuba quiere ser libre. Y como los pueblos de la América del Sur la lograron de los gobiernos reaccionarios, y España la logró de los franceses, e Italia de Austria, y México de la ambición napoleónica, y los Estados Unidos de Inglaterra, y todos los pueblos la han logrado de sus opresores, Cuba, por ley de su voluntad irrevocable, por ley de necesidad histórica, ha de lograr su independencia.

Y se dirá que la República no será ya opresora de Cuba, y yo sé que tal vez no lo será, pero Cuba ha llegado antes que España a la República, ¿cómo ha de aceptar de quien en son de dueño se la otorga, República que ha ido a buscar al campo de los libres y los mártires?

No se infame la República española, no detenga su ideal triunfante, no asesine a sus hermanos, no vierta la sangre de sus hijos sobre sus otros hijos, no se oponga a la independencia de Cuba. Que la República de España sería entonces República de sinrazón y de ignominia, y el Gobierno de la libertad sería esta vez Gobierno liberticida.

Libertad.
Ala de la Industria *

SIN AIRE, la tierra muere. Sin libertad, como sin aire propio y esencial, nada vive. El pensamiento mismo, tan infatigable y expansivo, sin libertad se recoge afligido, como alma de una niña pura a la mirada de un deseador de oficio: o se pone albayalde y colorete, como un titiritero, y danza en el circo, entre el befador aplauso de la gente. Como el hueso al cuerpo humano, y el eje a una rueda, y el ala a un pájaro, y el aire al ala, así es la libertad la esencia de la vida. Cuanto sin ella se hace es imperfecto, mientras en mayor grado se la goce, con más flor y más fruto se vive. Es la condición ineludible de toda obra útil.

Esto, que en todo es cierto, ¿cómo no ha de serlo en el comercio y en la industria?

Declamar, es echar gas al aire. Nada enseña tanto, ni prueba mejor, que un caso concreto.

Se han vendido estos días en remate en Nueva York los géneros de algodón sobrantes de la estación anual de consumo, por valor de cuatro millones de pesos. Y se han vendido a precios de ruina, a un veinticinco,

---

* Publicado en *La América*, Nueva York, septiembre de 1883. (En: *Escenas Norteamericanas*, ibídem, vol. II).

a veces a un cincuenta por ciento menos que los precios de fábrica.

¿Cómo? Se preguntan todos con asombro. ¿Están averiados los géneros? ¿O son de pobre condición? ¿O están fuera de moda? ¿O hay alguna causa financiera extraordinaria, algún pánico en el ramo, que explique la venta?

Nada hay extraordinario: es la situación anormal en que el mantenimiento de la tarifa proteccionista mantiene normalmente a las industrias del país.

¿De qué sirve a las inmensas fábricas su capacidad de manufacturar maravillosa suma de géneros? ¿A dónde los envía luego, luego que está satisfecho el consumo interior, único en que los productos nacionales pueden luchar, por lo alto de los derechos de importación de los artículos extranjeros, con los géneros rivales? ¿Qué hacen los fabricantes con los productos que sobran, que el país ya provisto no necesita, y que no puede enviar afuera? ¿A qué mercado podrán ir a competir los productos norteamericanos caros, hechos con materia prima extranjera importada bajo fuertes derechos, y con maquinaria cara, por gravar la tarifa a la entrada en el país el hierro con que se construye, y con salarios caros, por haber de serlo, para que el trabajador pueda afrontar la general alza de precio en que por natural consecuencia, se mantiene todo en un país proteccionista; a qué mercado podrán ir a competir estos productos, con los elaborados en países donde ni la materia prima paga tan exorbitantes derechos, ni el hierro de que se hacen las máquinas padece tan recios gravámenes, ni los salarios, por la baratez general de los artículos de consumo, montan a tanto?

No pueden ir a competir los productos de un país que mantiene la tarifa alta, con los de países que la han rebajado, y reducido a la suma necesaria para pagar los gastos nacionales, a prorrata con los demás ingresos.

El sobrante, pues, de los artículos de fabricación nacional tiene que imponerse al consumo interior. Pero como éste necesita menos de lo que en el interior se produce, él es el que se impone a los productos, que se ven forzados a tentar con una ruinosa baratura en los precios a un mercado que no necesita lo que le ofrecen ni puede colocarlo al detalle a precios normales.

De ahí esa venta enorme de géneros de algodón por cuatro millones de pesos.

Cuanto entra en la fabricación de los géneros de algodón, paga derechos altísimos: se repletan las fábricas de productos invendibles: se queda irremediablemente el obrero sin obra, por cerrarse el mercado a sus productos.

Si pudieran entrar libres de derechos, o con derechos legítimamente fiscales, los elementos de la producción, ésta podría hacerse de manera que, costando en la nación misma menos, lo cual para el obrero equivale a un aumento en el salario, pudiera luego ir a rivalizar con los productos similares en mercados extranjeros, lo cual significa para el obrero ocupación constante.

A nadie daña tanto el sistema proteccionista como a los trabajadores.

La protección ahoga la industria, hincha los talleres de productos inútiles, altera y descalabra las leyes del comercio, amenaza con una tremenda crisis, crisis de hambre y de ira, a los países en que se mantiene.

Sólo la libertad trae consigo la paz y la riqueza.

Sobre un libro de Rafael Castro Palomino [*]

EL MUNDO está en tránsito violento, de un estado social a otro. En este cambio, los elementos de los pueblos se desquician y confunden; las ideas se obscurecen; se mezclan la justicia y la venganza; se exageran la acción y la reacción; hasta que luego, por la soberana potencia de la razón, que a todas las demás domina, y brota, como la aurora de la noche, de todas las tempestades de las almas, acrisólanse los confundidos elementos, disípanse las nubes del combate, y van asentándose en sus cauces las fuerzas originales del estado nuevo: ahora estamos, en cosas sociales, en medio del combate. Los hombres inferiores ven con ira la prosperidad de los hombres adinerados, y éstos ven con desdén los dolores reales y agudos de los hombres pobres.

No se detienen aquéllos a ver que los hombres ricos en estas tierras de América —que en otras partes tienen otras razones y formas, y tendrán otras soluciones los problemas— no se detienen a ver que los hombres ricos de ahora son los pobres de ayer; que el hombre no es culpable de nacer con las condiciones de inteligencia que lo elevan en lucha leal, heroica y respetable, sobre los demás hombres; que del resultado combinado del genio, don natural, y la constancia, virtud que recomienda más al que la posee que el genio, no puede responder como de un delito el que ha utilizado las fuerzas que le puso en la mente y en la voluntad la Naturaleza; no se detienen a ver que cualesquiera que sean las tentativas sistemáticas de vida, goces y provechos comunes a que se acuda como prueba de remedio al mal, jamás acabará por resignarse el hombre a nulificar la mente que le puebla de altivos huéspedes el cráneo, ni a ahogar las pasiones autocráticas e individuales que le hierven en el pecho, ni a confundir con la obra confusa ajena, aquella que ve como trozo de su entraña y ala arrancada de sus espaldas, y victoria suya, su idea propia. Cuando la masa de que están hechos todos los hombres se confunda en una masa común, entonces podrán reducirse a una existencia nivelada y equopartícipe los varios, rebeldes, brillantes, personales espíritus de los hombres.

Contra la liga de los elementos perezosos y fastuosos antiguos que luchan por asegurar a castas estériles el goce de la vida en cantidad mayor que la que toca a los elementos laboriosos, sufrientes y productores, justo es que se batalle; y todos los espíritus generosos de la tierra, desde siglos atrás, y hoy más que en ningún siglo, están batallando.

Pero los pobres sin éxito en la vida, que enseñan el puño a los pobres que tuvieron éxito; los trabajadores sin fortuna que se encienden en ira contra los trabajadores con fortuna, son locos que quieren negar a la naturaleza humana el legítimo uso de las facultades que vienen con ella.

Pues, ¿querrán que nazca el hombre con inteligencia, con don de observación, con don de invención, con anhelo de sacar afuera lo que trae en sí, y que no los use? ¡Fuera como pedir que, siendo el Sol hecho de luz, no alumbrase el Sol!

Y queda entonces el problema, visto de este lado, reducido a esta fórmula: ira de los que tienen inteligencia escasa contra los que tienen abundante inteligencia.

Pero a esto vienen la piedad social y el interés social: a reformar la misma naturaleza, que tanto puede el hombre; a poner brazos largos a los que los

---

[*] Artículo publicado en *La América*, Nueva York, octubre de 1883. (En: *La Gran Enciclopedia Martiana*, t. 14, Ed. Martiana Inc., Miami, 1978). Título de la antóloga.

traen cortos; a igualar las probabilidades de esfuerzo de los hombres escasamente dotados; a suplir el genio con la educación.

Y como no hay nada más temible que los apetitos y las cóleras de los ignorantes; como en ejército de fieras de los bosques quedan trocadas, cuando pierden el miedo que las enfrena, las grandes masas adoloridas, ineducadas, envidiosas y deseadoras de las grandes ciudades, es consejo de higiene nacional, y elemental precaución pública, sobre ser dulcísima obra que consuela y engrandece al que la hace y suaviza y eleva al que la recibe, promover y por todas las vías auxiliar una verdadera, útil, aplicable educación pública. Todo hombre es una fiera dormida. Es necesario poner riendas a la fiera. Y el hombre es una fiera admirable: le es dado llevar las riendas de sí mismo.

En lo que va dicho, con no haberse hablado palabra del libro del señor Rafael de Castro Palomino, va hecho su mejor elogio, porque esas cosas que al volar de estas plumas ligeras que usamos para escribir periódicos hemos ido diciendo en lengua y forma corrientes para los que gustan de estudiar y observar los problemas sociales —éstas que nos parecen, y por eso las decimos, verdades conciliadoras y aclaradoras, en que las clases ineducadas e impacientes harían bien en fijarse—, las dice el libro del señor Palomino en forma popular y amena, con vivo diálogo, con claridad mayor, y a veces singular, con cordial espíritu; y de modo que, a la par que los letrados hallen juicio y meollo en lo que dice, aquellos no letrados, que sufren de no leer y no saber, vean con tal llaneza y sencillez, y la fuerza que de ellas viene, expuestos sus dolores y discutidos sus problemas, que después de leer el libro sientan, con todas las ventajas de la reflexión, la muy preciada que viene de conocer su situación verdadera, y calcular la real eficacia de los varios y violentos medios con que se les predica que pudieran mudarla.

De su obra, que lleva por título el de estas líneas, *Cuentos de hoy y de mañana,* no ha publicado más que la primera entrega. El libro ha salido de las conocidas prensas del editor que hace ahora ese *Diccionario Técnico Inglés Español* excelente, N. Ponce de León.

De estos dos cuentos publicados, el uno se llama *Un hombre por amor de Dios,* y en él demuestra un senador americano, que se llama el Caballero Sabiduría, que no habrá intelecto humano aislado, por enérgico y fecundo que sea, que tuerza la marcha lenta y progresiva de los naturales elementos de la vida, que van perfeccionándose y transformándose con la mayor elevación, por la educación y la libertad del hombre; que los derechos justos pedidos inteligentemente tendrán, sin necesidad de violencia, que vencer; que el único modo eficaz de mejorar los males sociales presentes, por medios naturales y efectivos, es el perfeccionamiento de la educación, y la defensa ardiente de los derechos ennoblecedores y vitales que van envueltos en el nombre general de libertad.

En el segundo cuento, que titula el autor *Del caos no saldrá la luz,* narra el señor Palomino, con oportuno artificio y de muy clara manera, como vivió y por qué murió un cierto ensayo de sociedad comunista; pone en planta y acción, para que la cura de los que lean sea más viva y directa, los elementos actuales y razones confesadas del partido comunista, y cuenta, como por vía de literatura y consejo de ejemplo, por qué razón nacieron y por cuál perecieron las sociedades comunistas instaladas en los Estados Unidos, y por cuáles, y con qué fines, y de qué manera subsisten las que aún no han desaparecido.

Vale aquí repetir lo que dice al concluir el prólogo de este benemérito libro: "Este libro, que enseña todo esto, es más que un buen libro: es una buena acción".

XX
MANUEL SANGUILY

Nació en La Habana en 1848 y falleció en la misma ciudad, en 1925. Cursó estudios en el Colegio El Salvador, donde más tarde fue profesor, y se graduó de Bachiller en el Instituto de La Habana. En 1868 interrumpió la carrera de Derecho que cursaba en la Universidad de La Habana para incorporarse al ejército independentista donde llegó a obtener el grado de coronel. Durante el período insurreccional colaboró con los periódicos *La Estrella Solitaria* y *La Independencia*. En 1878, terminada la guerra, partió al destierro y viajó por varios países europeos y por los Estados Unidos de Norteamérica. En la Universidad Central de Madrid terminó los estudios de jurisprudencia accediendo al grado de Doctor en los derechos Civil y Canónico. Escribió en varias revistas y periódicos cubanos de la época como *El Triunfo, Heraldo de Cuba, El País, Revista de Cuba, Revista Cubana, Cuba Contemporánea y Bimestre Cubana*, y fundó la revista *Hojas Literarias* en colaboración con Enrique Piñeiro. Establecida la República, fue electo delegado de la Asamblea que elaboró la Constitución de 1901 y ocupó importantes cargos, entre ellos el de Presidente del Senado. Fue miembro del Tribunal Permanente de Arbitraje de La Haya y vicepresidente de la Sociedad Cubana de Derecho Internacional. Entre sus libros figuran: *Oradores de Cuba, Discursos y Conferencias* (1918-1919) y *Juicios Literarios* (1930), publicado *post mortem*.

El monumento a los estudiantes fusilados [*]

SI POR MÍ FUERA, y si a tanto alcanzaran mis fuerzas, sembraría de astros el camino que en su marcha sigue la humanidad; cubriría con alfombra de flores la áspera cuesta por donde, extenuado con el peso de su cruz, va subiendo el pueblo de Cuba; porque siento en mí ansia y preocupación en pro de la dignidad de mis paisanos y del bien y la prosperidad de mi patria, y

---

[*] Oración pronunciada en el Círculo de la Juventud Liberal (Matanzas), el 9 de abril de 1887. Se encuentra contenido en: *Discursos y Conferencias* (Ministerio de Educación, Dirección de Cultura, La Habana, 1949) y en: *La oratoria en Cuba* (t. II: *Evolución de la Cultura en Cuba*, vol. VIII, La Habana, 1928).

por eso me atrevo en toda ocasión que juzgue oportuna a decir en alta voz lo que creo conveniente a su interés y su decoro. Estimo como nunca necesario ahora ilustrar las conciencias, definir y afirmar la noción precisa del derecho, levantar muy alto en la confusión de la hora presente —por encima del ruido del mercado, del vocerío de los intereses materiales, estrechos, egoístas y ciegos; del sofisma seductor, infecundo y enervante— el ideal que enaltece, purifica y sostiene, cual faro bienhechor que, desde lejos, entre las sombras de la noche y los imponentes vaivenes de las ondas, alegra al nauta receloso con la amable y misteriosa lumbre de sus rayos de oro.

Me importa poco cualquier programa, cualquier doctrina, naturalmente modificables y pasajeras; porque lo que aprecio y tengo en más es el espíritu que fabrica y anima las instituciones. Invocando el nombre de la libertad suelen vivir juntos, como asociación mentirosa de lobos y corderos, los tiranos y sus esclavos; pero dadme hombres, y en todas partes veréis surgir con ellos, por virtud de su carácter, su celo y su fortaleza, la libertad y el derecho en su realidad y su sustancia; que no en balde se dice, y yo lo pienso con invencible melancolía, que en todas las latitudes los pueblos sólo tienen las instituciones que les cuadran y los gobiernos que se merecen. Y en esta isla de Cuba ¿no hay cierta manera de ser a la que llaman liberal? ¿No existe una pomposa Constitución que habla de las libertades y derechos de los regnícolas? ¿Y acaso son felices? ¿Son todos verdaderos ciudadanos? ¿Es, por ventura, envidiable su suerte? ¿Siquiera es próspero este maravilloso territorio de España? El Partido Liberal Cubano, precisamente el partido de las esperanzas más firmes de la nación, y de la fe más inconmovible en la eficacia de su programa evolutivo, ha llenado el aire en estos mismos días con las notas plañideras de su órgano más autorizado en la prensa, y ha destilado gota a gota el más inconsolable desaliento, al punto de proclamar —y lo repito textualmente— que *no cabe situación más triste, por no decir vergonzosa*.

En efecto, en Cuba hay una legislación muy rica y muy complicada —demasiado rica y demasiado complicada—, como si fuera eternamente verdad, en este caso más que en ninguno, aquella observación de los antiguos, cuando dijeron *corruptissima respublica plurimae leges*; pero fuerza es confesarlo —aquí la ley envuelve al hombre como un hábito de hierro que lo asfixia o enerva. Dentro de él —como en los moldes de los cheylas o comprachicos— el ser humano se transforma en monstruo, degenera, se degrada, en una palabra; que tal parece que, entre nosotros, es preciso deformar hombres para los fines de siniestra política, como se deformaban para usos religiosos de la Capilla Sixtina y se deformaban para otros usos más abominables en la podredumbre de Bizancio.

Aquí la existencia es un esfuerzo contínuo, una lucha persistente y fatigosa entre el hijo de la tierra y el forastero, entre el país cubano y el gobierno, cual si hubiese el empeño tenaz y premeditado de que seamos siempre menores, perpetuamente incapaces, cuando no miserables siervos, la *perdutta gente*, los parias de la América Latina.

Porque aquí ha faltado casi siempre lo más importante, lo único importante y necesario, los hombres, el pueblo cubano, uno, compacto y consciente de su derecho y de su fuerza; y por eso, y solamente por eso, habrá en la Isla muchas leyes, infinitas leyes, pero habrá también mandarines sin cuento; habrá algo que se llame la Constitución, pero habrá también algo que sea la arbitrariedad triunfante; habrá... esto, lo que es, lo que estamos viendo: un estado social horrible, la paz armada del gobierno y la guerra mansa de la población; las calles desempedradas, y las almas decaídas; la miseria, la anarquía, la corrupción, el bandolerismo; la brutalidad arriba, la indignidad por todas partes; las plagas mosaicas, en otra forma, si queréis, mas consumiéndonos y aniquilándonos; situación odiosa, insostenible, realmente intolerable, en que los hombres que tengan la desgracia de pensar y de sentir por sí y por los otros vivirán atormentados en la amarga contemplación de este período tristísimo en que se acentúa el inconcebible dualismo de nuestra organización social: una población dividida en dos bandos hostiles bajo la torva mirada del hambre: el uno complaciéndose en dominar sobre ruinas: el otro resignado a su anulación y su desastre.

Por tales motivos debiera ser la divisa de nuestro patriotismo aquella frase magnífica de nuestro sacerdote: *Sursum corda*; elevar el corazón de nuestro pueblo a la altura de su derecho, levantar su espíritu hasta la clara conciencia de su significación y su personalidad(...)

Más ¿será cierto, tal vez, que se comete una imprudencia innecesaria, que únicamente se realiza un acto pueril y temerario rememorando, siquiera sólo sea para fines levantados de justiciera reparación, los hechos que, en su enlace e influencia, constituyeron toda la vida de este pueblo durante extenso período y que, por la misma causa, son el fundamento de la vida actual de esta sociedad?

Creo firmemente que no puede pensarse una cosa ni otra: en actos como éste, no hay más que el cumplimiento de un deber, no por tardío menos necesario; de un deber que lo mismo que a todos los cubanos se impone a todos los españoles. ¿A título de qué, a nombre de quién podría nadie negarlo? No hay al presente —me complazco en figurármelo— un solo peninsular honrado y digno en la isla de Cuba, que no respete y aplauda, desde el fondo de su corazón, obra tan noble y tan generosa como la que ocasiona nuestra reunión de esta noche. Hasta el mismo diario *La Voz de Cuba* ha declarado, no hace mucho, que está dispuesto a contribuir al proyecto de erección de un mausoleo.

Si ya que de un crimen se trata, vivieran todavía algunos o muchos de sus perpetradores, no ha de detenerse por cierto la reparación del delito por cobarde consideración a los culpables; la justicia, en el emblema profundo de la antigüedad, lleva una venda sobre los ojos para no ver la fuerza de los criminales; dispone de una balanza para pesar sus culpas, y empuña la espada que debe castigar al delincuente y proteger a la inocencia.

Empero el tiempo no ha corrido inútilmente: pasó sobre la hoguera de tantas encendidas pasiones, y apenas si quedan ya las frías cenizas. Las víctimas inmoladas, hoy son un montón de huesos nada más. Los mismos victimarios han ido por fuerza cayendo también. Los que vivieren aún —si alguno vive— recordarán sin duda con melancólico horror, o con secreto y punzador remordimiento, una hora de delirio incomparable que todos ellos quisieran borrar de la memoria humana; aunque habrán de reconocer, desolados, con la misma amargura de Lady Macbeth, que la sangre del crimen que mancha la mano del asesino no se lava ni con todas las aguas del océano.

¿Qué resta ahora de aquella conmovedora y sangrienta tragedia? !Ah! de vez en cuando, se oye hablar de alguna enflaquecida y triste mujer que vive siempre encerrada en su casa, envuelta en negras tocas y con el cabello blanco, y se tropieza en la calle con algún enlutado de faz severa, encorvado, más que por los años, por dolor sin nombre, que pasa sombrío, sin mirar a nadie, como si por existir entre los hombres guardara rencor profundo a su cruel destino que lo conserva vivo, cual espectro de sí mismo, cuando él siente, desde hace tiempo, que está muerto.

En cambio, nadie podría señalar a los culpables. Acaso realmente todos hayan pasado ya, y, como sus víctimas, sólo sean puñados de polvo vano. Por eso entiendo que a nadie, que a nada legítimamente respetable se hiere ni maltrata, maldiciendo hoy, como ayer, y como siempre, el crimen infame y a sus infames autores.

Ningún vivo, por consecuencia, tiene el derecho de interrumpir estas legítimas, inexcusables manifestaciones del sentimiento con inoportunos clamores. Sería para él una ignominia, y, por otra parte, ¿a quién representaría? Porque los culpables no tienen el derecho de protestar siquiera; porque los culpables tampoco existen —¿dónde están?—; pero si sobrevive alguno todavía, y se revelase en el rugido de su cólera antigua no domada, él mismo se habría denunciado para que la ley restaurada castigase en su persona el delito impune, o —en caso de que ante la ley positiva hubiera prescrito la horrible culpa— cayese sobre su cabeza la execración universal.

Por suerte nadie puede interrumpir, nadie interrumpirá la obra nobilísima de la piedad popular. En la desierta escena no aparecen los protagonistas del trágico poema de unas horas, y así de ellos podremos hablar en voz alta, con el acento sereno de la Historia, nosotros los que, más afortunados, no tenemos en este momento —como los padres vivos todavía, como las madres vivas todavía— el corazón seco amortajado en sudario sanguinoso y transformado en ataúd donde para siempre yacen —a modo de cadáveres del alma— la alegría y la esperanza.

Y pesar tan hondo, tan viejo y tan amargo no tiene siquiera el consuelo de soñar, como creyó la más venerada de las mujeres, que el hijo adorado saldrá un día de la fosa, vencedor del tiempo y de la muerte. Pero no, señores, que, como en Cristo, cuya pasión y cuya inmortalidad celebra la Iglesia Católica en esta santa semana, la piedad y el amor obrarán una vez más sus infinitos milagros sobre la tierra; estáis palpando aquí y ahora mismo: un pueblo entero da vida perdurable a los que sufrieron el martirio, alza del fondo de la huesa, radiosos e inmaculados, a los que fueron víctimas propiciatorias en las aras de la patria.

Ellos merecen esta póstuma consagración. Un condiscípulo, compañero amoroso de los mártires, mártir a su vez de las violencias del presidio, y en cuyo honor se celebra esta fiesta, acaba de patentizar su inocencia. Por su diligencia, por virtud de las pruebas que obtuvo su cariñoso celo, antes que ningún tribunal oficial, sin necesidad de ningún tribunal oficial, y casando odioso veredicto, ha fallado y ha absuelto la conciencia pública. Estaban absueltos desde el primer día, y no debieron caer bajo el rigor de tan tremendo sino; pero su dolor mismo, sus angustias mortales, su terrible agonía, su inmolación horrorosa, su inocente sangre, han hecho derramar copioso llanto, han encendido el aborrecimiento al crimen y a la injusticia, han contribuido a despertar el adormecido sentimiento cubano, han tejido la urdimbre de nuestros nervios para que el corazón de este pueblo palpitara a impulso de la misma emoción profunda; han hecho más: han unido en nuestro espíritu, como soldados en apretado abrazo, el sentimiento de la justicia con el sentimiento de la patria, pues que padecieron persecución y muerte porque eran cubanos, y porque fueron inocentes han hecho odiosos a sus perseguidores y verdugos.

Lo que ninguna fórmula política había podido realizar en este suelo, ellos —muriendo— lo han realizado: la concordia de los hombres honrados en el respeto y la aspiración de la justicia; la unificación de los cubanos en el amor a su tierra nativa, que —en la persona, en el derecho y en la vida de aquellos compatriotas— fue un día ultrajada y sacrificada.

Aquél fue un momento único, fue aquella una hora terrible y tristísima: una ciudad entera, una ciudad muy grande y populosa, permaneció muda, se mantuvo quieta, y en tanto, un puñado de hombres pudo regocijarse en la matanza. ¡Culpable fue la ciudad, abyecta y ruin, en frente de aquel montón de forajidos!

Ella debiera erigir a sus expensas el mausoleo de las víctimas, a modo de columna infame que perpetuara en mármol negro su arrepentimiento sincero por aquella funesta cobardía, a la vez que recordara a las futuras generaciones que un día aciago, en un gran emporio comercial, bajo las banderas consulares de todas las naciones civilizadas, entre doscientos mil, más de doscientos mil habitantes, no hubo hombres que supiesen morir por la justicia y por la honra, ¡no hubo más que bestias enfurecidas revolcándose en la sangre y espectadores miserables!

El crimen fue, por tanto, universal; que en ciertas circunstancias es lo mismo matar que permanecer inmóvil delante del que mata. Por eso, si me preguntáis quién fue el criminal, respondería sin vacilar: el único delincuente fue la obra de la tiranía, fue esa desgraciada población, amamantada a sus venenosos pechos, y crecida en la impureza como la antigua Nínive, o la inmensa Babilonia de los sátrapas.

Y sin, embargo, señores, cuando pienso en aquel trance supremo, en que mi pobre ciudad natal iba a cubrirse de luto y de vergüenza, y evoco, todavía conmovido, al cabo de tantos años, —el instante decisivo— aquella fúnebre comitiva dirigiéndose al lugar del sacrificio horrendo; y se me aparece, en toda su satánica grandeza, el inmenso y lúgubre cuadro, tenebrosos y confuso, como el *Juicio Final* de Miguel Ángel, mas palpitante de múltiple vida, bajo las invisibles alas de la muerte, que se cernía como buitre hambriento encima de la ciudad aterrada, y oigo, sacudido el corazón violentamente, el lento redoblar del atambor horrísono, el solemne rumor de tantas voces, el ruido sordo o espantoso de las humanas iras desenfrenadas y omnipotentes; y me figuro estar viendo la masa de gentes, satisfecha y triunfante, moviéndose rítmica o tumultuosamente, y siniestras relumbrar las relampagueantes bayonetas, de entre las cuales se destaca —interesante, doloroso y sereno, como una escultura de alabastro vivo— el grupo infeliz y adorable de pálidos adolescentes, acompañados a distancia por sacerdotes que empuñan a Cristo en la diestra alzada; ocho míseros, inocentes niños que miraban el mundo por última vez y recibían del mundo una postrera impresión de iniquidad y de horror, —producida por la protervia de los hombres— ¡ah! entonces no pienso, no, en que en aquella hora fatídica acaso estaba muerto el Dios de los buenos, pues que no fulminó el rayo tremendo de su provocada cólera, pienso sólo, con desaliento profundo, en que no se oyó —como intervención necesaria y sublime de la justicia humana— la metralla de los cañones nacionales, imponiendo inexorables, a nombre de la verdad, de la ley de la civilización, con el castigo inmediato de los malvados, la enérgica consagración del derecho y la vindicación majestuosa de la honra de España.

Tened por seguro que yo no pretendo denigrar a los españoles, ni a la nación española; que si españoles fueron los sacrificadores, en razón y derecho no deben, ni pueden ellos representar legítimamente a España. No pretendo tampoco, ni con mucho, atacar tan a deshora e inútilmente, por lo mismo, a aquellos voluntarios de La Habana, a ese grupo desordenado de la milicia urbana, sin carácter legal, sin autoridad legítima, que sobreponiéndose acaso al interés supremo y la suprema dignidad de su nación, gritando ¡viva España!, en el enardecimiento de feroz e inexplicable locura, creyeron representar cumplidamente al Estado, subvertido y anulado por sus mismas bayonetas, y a la nación, que entonces estaba demasiado lejos, y cuando sólo se representaban a sí propios, en la orgía de su delirio, en aquel consorcio inhumano de la pasión y del error. Ellos fueron engañados, fueron exaltados; se les arrastró en el siniestro resplandor de deslumbrante quimera, se les condujo, como de la mano, merced a la sugestión hipnótica de una idea sangrienta, la idea calumniosa de que se había mancillado la sagrada tumba de sus muertos, a ese estado cerebral que no dura más que un momento, pero que produce con rapidez vertiginosa más estragos que las aguas tempestuosas y más horrores que la lava de los volcanes; ese estado cerebral que es la noche del espíritu humano, en cuya sombra espesa y temerosa el pretoriano de la Roma antigua arrastra por el lodo el cadáver pisoteado del César, el genízaro musulmán ensangrienta y estremece de pavor las calles de Constantinopla, el jacobino funde en un minuto con el fuego de su rabioso fanatismo la corona secular de los reyes de Francia, y el comunero de París enciende gigantesca hoguera con los palacios erigidos por el arte, a cuya irradiación abominable se espanta la civilización amenazada, duda del porvenir la ciencia, y llega a temer la pavorosa fantasía el naufragio definitivo de la razón en el tremendo Apocalipsis de la barbarie

El hombre ciego de pasión, la multitud furiosa, se encuentran por doquiera y surgen, a menudo, como espuma de las tormentas, en las crisis sociales, y nadie, racionalmente, puede encarnar en ellos a una nación o a una raza. Las razas y los pueblos tienen símbolos más propios y más nobles. Si queréis el símbolo de Cuba, en el regazo de la paz recordad a Arango, al padre Varela, a Luz y Caballero, en la hora de lucha contra extranjeros invasores, a cualquiera de nuestros valerosos campesinos que junto a las fuerzas del gobierno combatió al arma blanca en las faldas del Castillo del Príncipe, por España y por su patria; y en los tiempos borrascosos en que creyó necesario nuestra misma familia, pensad en aquél, nuestro primer rebelde, que por tener en sus venas sangre de león, prefirió el suicidio a la coyunda; o aquel egregio Agramonte desplomándose como un coloso entre el humo y fragor de la batalla.

Y España, que ha sembrado los continentes del planeta de huesos de tantos héroes, la España de la cultura y de la virtud, tuvo su símbolo magnífico en aquel drama del 27 de noviembre, fulgente timbre de gloria inmortal que es, en aquella tiniebla, como iris de esperanza y de consuelo extendido sobre la ceñuda faz de la Medusa, en cuya frente arrugada y sombría se retuercen y silban las sierpes infernales; que mientras la turba fiera envilecía a su nación y su gobierno; entre tanta gente indiferente, o aterrada y cobarde; de viejos generales encarcelados, mirando con indecible expresión de despecho e impotencia la alborotada marejada del motín; de un gobernador, víctima también de su propia ligereza, silbado y conspuido en su descrédito, por torpe, o codicioso e inicuo; de un tribunal sin entereza ni independencia, más semejante a una junta de siervos sumisos que a augusta asamblea de jueces; de periodistas amedrentados, o indignos y mentirosos, enardeciendo con hipócritas frases las encrespadas pasiones del populacho; del representante de la autoridad suprema, prostituyéndose a la bárbara soldadesca como vil rodona; en aquel universal desquiciamiento, cuando en hombros de ebria e indisciplinada muchedumbre, que arrastraba a la razón y al derecho como trofeos de fácil victoria, habíase alzado la insania proclamando espumante como única ley el acero del crimen, y entre españoles impasibles o complacientes con la ensoberbecida rebeldía del tumulto, y cubanos aterrorizados; en aquel espantoso cataclismo moral, en que los hombres se refugiaban en su miserable egoísmo y las pobres mujeres se refugiaban en su fervorosa oración; cuando parecía que la conciencia humana había padecido un eclipse total, por encima de los aullidos de los unos y de los lamentos de los otros, oyóse la voz vibrante, enérgica, sublime, de un hombre extraordinario, el único que aceptaba heroicamente el sacrificio antes que enmudecer en aquella bacanal de la plebe en honra y para gloria de España. Aquel hombre generoso, que mi justificación y mi entusiasmo transforman en luciente arcángel que empuña en la diestra flamígera espada, surge admirable e imponente de entre la ignominia de la ciudad maldita. Era un militar español, el defensor de los niños; y al protestar indignado y valeroso, ofreciéndose en holocausto a la ley, a la justicia y a la patria, supo el capitán Capdevila salvar del oprobio a su nación, y encarnó en su magnánimo corazón de soldado, de patriota y de hombre cuanto noble hay en la raza española, y cuanto grande haya en la humana estirpe.

Dieciséis años han transcurrido desde entonces, y si pudieran juntarse de un golpe las lágrimas que hizo derramar la catástrofe, bastarían a borrar las culpas todas del pueblo cubano, unificado y redimido por el bendito riego del llanto inconsolable de esas madres, que siempre arrodilladas, en la mística visión de su dolor, al alzar juntas las huesosas manos, en religiosa plegaria, parecen pedir al cielo los divinos dones de su misericordia para la patria infortunada de sus hijos; y si por caso más allá del insondable firmamento hay un espíritu infinitamente bueno que rija los destinos de los pueblos, él tendrá al cabo piedad de nosotros, inspirándonos con su aliento la fe, la rectitud y la fortaleza.

Estamos recorriendo un período transitorio en que la duda, la desconfianza y el escepticismo paralizan el esfuerzo y abaten el corazón desalentado. Necesitamos para proseguir la ruta una insignia que nos una y que nos guíe. No es esa bandera que en esta isla un partido que se jacta de ser exclusivamente nacional agita con violencia contra el rostro de los cubanos en amenaza de desheredación o de muerte, no es tampoco esa solitaria estrella que sumergida en inmenso charco de sangre, lanza al espacio el tibio y amoroso azul de su postrer destello, como una pupila moribunda. Ahora mismo me parece ver flotando en esta sala la insignia de los cubanos. No miro ya en resuelto defensor de la querida memoria de los mártires, al compañero que mantiene su derecho y su inocencia; porque sólo contemplo aquí, envuelto en luz, al presidiario cubano, vestido de burdo uniforme, extenuado por el trabajo forzado de las canteras, ceñido al maltratado cuerpo el triple ramal de su cadena, que apaleado se yergue, sin embargo, brioso y sonriente, agitando en la desgarrada mano, como una bandera, el crespón de nuestro duelo, que no sé si, representando la injusticia empedernida, representa también la última nube de una tormenta pasada, o la primera nube de una tormenta futura; pero estoy seguro de que es un símbolo, el símbolo del presente; equivale a un clamor inmenso, la voz de un pueblo que pide la salud y la honra por la eficacia de la ley; un pueblo entero que pide justicia, la paz de la justicia, y que, al borde del abismo formidable, invoca a los hombres porque teme, si los hombres no responden, si Dios no existe, oír los consejos de la desesperación, o caer envuelto para siempre en el sudario de su tumba!

XXI
LEOPOLDO CANCIO

Nació en Sancti Spiritus en 1851 y murió en La Habana en 1927. Abogado, economista y político, estudió en el Colegio El Salvador y en la Universidad de La Habana, donde desempeñó la cátedra de Economía y Hacienda y se graduó de Doctor en Derecho con la tesis: *La moneda y la circulación*. En 1878 fue uno de los fundadores del Partido Liberal Autonomista. Un año después fue elegido diputado a las Cortes españolas por su provincia natal. Escribió valiosos ensayos sobre cuestiones económicas en revistas y periódicos de la época como: *El Triunfo, El País* y *La Unión*; *El Tiempo, La Discusión, Revista Bimestre Cubana* y *Revista Cubana*. Entre sus ensayos destaca: *Sobre el Libre cambio y la protección*. Convertida ya Cuba en república, desempeñó las secretarías de Gobernación y de Instrucción Pública durante el gobierno de Estrada Palma. En 1914, fue secretario de Hacienda bajo la presidencia de García-Menocal. A él se debió la primera emisión del peso cubano. Partidario del liberalismo económico, en 1920 luchó con éxito contra un proyecto de ley de tarifas aduanales. El favorable comercio exterior de que gozó la Cuba precomunista se debió en parte a sus orientaciones.

Sobre el libre cambio y la protección *

ES UN ABSURDO intentar que una sociedad produzca cuanto necesite; la doctrina librecambista hace extensiva a las naciones la división del trabajo... La Providencia ha distribuido las facultades entre las diversas razas y los productos entre los diversos climas con más diversidad que entre los habitantes y los diferentes puntos de cada una misma zona; ha prodigado a unos las cualidades y los recursos de que ha sido avara con otros, como para imponer a las naciones la necesidad de conocerse y acercarse y obligarlas a la concordia por el interés. El comercio libre pone en manos de la nación que carece de cierta clase de productos o procedimientos que ignora o mercancías que sólo podría obtener con grandes sacrificios, o de que se vería

---

* Párrafo contenido en la obra de Cancio del mismo nombre, publicada por la Universidad de La Habana en 1892. Tomado de *Cuba. Geopolítica y pensamiento económico* (Miami, 1964 —Varios autores).

obligada a prescindir sin la intervención de los cambios. La nación que exporta determinado producto en cambio de otras mercancías se dedica con ardor y habilidad a la producción de lo que le es posible obtener más económicamente para concurrir al mercado universal, recibiendo en cambio otros objetos obtenidos también con los menores gastos posibles. De ahí surge en todas una tendencia al más alto desenvolvimiento industrial y a una riqueza mayor; cada producto del país es un vehículo para un producto exótico, abaratándose el mercado interior en la proporción en que se empeña en hacerlo más abundante el trabajo nacional. Dar el monopolio de ese mercado a la industria del país no sólo es contrariar una ley natural y hasta cierto punto dirigir a los particulares en el empleo de sus capitales, sino acometer una empresa baldía o perjudicial: baldía e inútil si el producto de la industria nacional puede obtenerse tan barato y de tan buena calidad como en el extranjero, perjudicial en caso contrario, puesto que obliga a consumir mercancías o artefactos a un precio más alto, es decir, haciendo que la nación invierta mayor suma de trabajo para sus consumos.

XXII
ENRIQUE JOSÉ VARONA

Nació en Camagüey en 1849 y falleció en La Habana en 1933. Desde joven destacó por su erudición y por su dominio de varios idiomas. En 1868 se incorporó al campo de batalla, pero pronto regresó al hogar por razones de salud. Se vinculó luego al Partido Autonomista, y en 1884 fue elegido diputado a las Cortes españolas por dicho Partido. Finalmente abandonó esa opción política para entregarse a los ideales del separatismo. Fue colaborador asiduo de importantes periódicos y revistas políticas y literarias de la época como *El Triunfo*, *La Revista de Cuba* —que dirigió cuando ya se llamaba *Revista Cubana*— y de *Patria*, periódico fundado por José Martí. Colaboró también en *Cuba y América*, *Cuba*, *Cuba Pedagógica*, *Cuba Contemporánea y Social*, y en periódicos y revistas de Europa y Estados Unidos. Filósofo, sicólogo, poeta y ensayista, dedicó parte de su vida a la literatura, haciendo una significativa contribución al ensayo en temas históricos, sociales y de crítica literaria. Entre sus títulos destacan: *Conferencias filosóficas* (publicadas en *El Triunfo*), *Ojeada sobre el movimiento intelectual de América* (1878), *La psicología como ciencia* (1894); *Desde mi Belvedere* (1907) y *De la Colonia a la República* (1919), donde quedó incluída su famosa monografía: *Cuba contra España* (1985). También publicó varios tomos de versos: *Odas anacreónticas* (1868), *Poesías de Enrique J. Varona* (1878) y *Paisajes cubanos* (1879). Varona fue ejemplo de civismo para sus compatriotas en la época del dictador Machado.

Desde mi Belvedere

No smoking *

UN DISCRETO y ameno escritor, el señor Hernández Miyares, que se encuentra de paseo en la ciudad imperial, nos ha transmitido sus impresiones neoyorkinas. Leyéndolas, por cierto con mucho agrado, di con un párrafo en que el criollismo del señor Hernández se mostraba mortificado, porque sus ojos tropiezan por todas partes con esta recomendación fatídica: *No smoking*.

---

* Publicado en julio de 1894. Contenido en: *Desde mi Belvedere* (en *Obras de Enrique José Varona*, t.II, La Habana, 1938).

Las misteriosas letras de fuego, que vio dibujarse sobre el muro sombrío, no espantaron tanto al recalcitrante Baltasar, como al escritor cubano este impertinente *No fuméis*, que apaga el cigarro en su boca de fumador empedernido. ¿No fumar? Pero eso es un horrible castigo para los cubanos. Es como obligarlos a no andar sino de frac. Esto dice el señor Hernández. Y comprendía la abominación del anexionismo.

Sin duda nuestro viajero recordaba, y la boca se le hacía agua, la sabrosa llaneza con que acá se fuma en todas partes, en la cocina y en el comedor, en el salón y en la alcoba, antes y después de las comidas, en los ómnibus y en los carros, en los parques y teatros, dando el brazo a una señora y a la cabecera de un enfermo. Esta atmósfera humosa, saturada de nicotina, debe ser tan natural al pulmón de un cubano, como su ambiente acuoso a las branquias de un pez. No está probado que la salamandra viviera en el fuego, pero está visto que nosotros podemos vivir y recrearnos en el humo. Lord Brassey nos hizo —¡ay sin sospecharlo!— el más delicado elogio, cuando escribió esta frase, que quizá se le antojaba epigramática: *Smoking is the universal ocupation in this land of indolence.*

Es indudable que este hábito de fumar en todos lados y sobre todo el mundo es eminentemente democrático, y aun tiene algo de ascético. Establece la igualdad de todos los ciudadanos ante la mortificación. Es enemigo jurado de todo privilegio. Mi vecino me ahuma y yo lo ahumo. Si yo huelo a tabaco, ¿por qué no ha de oler también el que se sienta a mi lado? El fumar forma parte de nuestros derechos inalienables. Quizá forme el todo. Porque si es verdad que un simple ejecutor de apremios, por decreto de un empleadillo, puede allanar mi domicilio; y un soldado armado de pies a cabeza me puede llevar al vivac porque le di un encontrón; y el fisco puede poner en entredicho todos mis derechos civiles, si no le he pagado la cédula; y el gobierno, cuando le viene a cuento, me viola la correspondencia; y el Estado dispone de mi hacienda sin mi intervención y riéndose de mis protestas; y la venalidad y el privilegio hacen irrisión de cualquier demanda de justicia que interpongo; al menos puedo fumar, sin que ningún ujier hosco me grite: *Guarde reverencia.*

Comprendo que nuestro viajero se haya indignado contra ese imperioso consejo, que recuerda tan inoportunamente que no vive uno solo en el mundo, y que no se puede inficionar a saciedad el aire que otro respira. Y me explico que, si alguna vez sorprendió en el claustro de su conciencia tal cual veleidad de anexionismo, haya abjurado de ella con horror en el *smoking room*, entre las aromáticas espiras de humo de su rico habano. Quizás le parecería que un misterioso dedo iba trazando con ellas jeroglíficos de extraña significación, caracteres hieráticos que desarrollaban un dogma singular, refractario a nuestros usos, a nuestras ideas, a nuestra sangre, a nuestro criollismo bonachón y egoísta, que gusta de salirse con la suya, aunque se apeste al prójimo.

No smoking. Es decir, recuerda que todos te respetan y que debes respetar a todos. Recuerda que tu vecino del momento tiene los mismos derechos a tu consideración, que tu vecino permanente. Recuerda que tus gustos no deben convertirse en el disgusto del que te acompaña. Recuerda que la máxima primera del código de la buena sociedad es: no molestes. Y recuerda que el hombre bien educado debe considerarse siempre en buena sociedad.

No smoking. Es decir, para el buen concierto de los individuos en comunidad no hay nada insignificante. La lesión del derecho más pequeño resulta enorme. No prives a nadie de su aire puro. Respeta su olfato. No le irrites los ojos. Te indignas porque un desconocido te ha pisado un pie. Pues piensa que con idéntica razón se indigna él porque le arrojas a la cara una bocanada de humo. A ti te parece aromático, a él puede parecerle nauseabundo. Te molestas si te salpican de lodo. Otro puede molestarse porque le impregnas la ropa de olor a tabaco. Te exasperas porque esa buena señora sube al ómnibus con su falderillo. Pues a la buena es, ni perro, ni cigarro, ni lodo, ni humo. Piensa siempre que la presencia de otro limita tus antojos, en la misma proporción que tu compañía limita los suyos. No se ha inventado, ni se inventará otra fórmula para andar en paz y sosiego por el mundo.

Dichoso Robinson, estaría pensando el señor Hernández Miyares, dichoso Robinson, que es el único sajón que ha podido fumar a sus anchas, y eso mientras estuvo solo en su isla. Porque de seguro, desde que fue Friday a aumentar la población, él mismo tomaría un tizón del hogar, y escribiría con gruesos caracteres de tizne por las paredes de su cabaña: *No smoking*.

Humorismo y Tolerancia *

DICEN, por lo menos dice Pauw, que en Atenas había un tribunal encargado de juzgar los chistes. Es verdad que Nicolai lo ha contradicho, y hasta ha puesto de embustero a Pauw. Querella de eruditos. De todos modos éste sería el caso de repetir: *se non è vero, è ben trovato*, porque el rasgo es bien ático. Si Atenas no tuvo el tribunal, merecía tenerlo.

Ante esos jueces, duchos en el arte de desentrañar la gracia aun bajo la peluca blanca de un magistrado inglés, llevaría yo un atestado de cierta escena, que tuvo lugar hace poco en la Cámara de los Comunes; seguro de obtener en su favor el sufragio unánime de los sesenta peritos. Porque no menor número era el de los jueces, que podía reunir en cada ocasión aquella ciudad de las Musas y las Risas.

Los diputados irlandeses no han tenido empacho en atestiguar públicamente su simpatía por los boers; y algunos de ellos, como Mr. Redmond, ha procurado que sus sentimientos sean bien conocidos por los belicosos campesinos, que están haciendo frente con tanta audacia y fortuna al formidable poder británico. Con este motivo un diputado leal, Mr. Seton Krarr, llamó la atención del gobierno de Su Graciosa Majestad, y uno de sus más poderosos ministros, Mr. Balfour, que ha solido filosofar en sus horas perdidas, se dignó llamar a capítulo al efusivo irlandés. Esta vez era un ministro el que interpretaba a un representante; y el incidente dio lugar a una de las justas de agudeza más divertidas de que hay memoria en los graves anales parlamentarios.

El diálogo fue corto, y merece trasladarse con toda la fidelidad posible:

MR. BALFOUR— Se ha dado el caso de que un miembro de esta Cámara ha dirigido sus expresiones de simpatía a los enemigos en armas del Imperio.

MR. REDMOND— Al enviar mi testimonio de simpatía al Transvaal, no he hecho más que seguir el ejemplo del emperador Guillermo (Risas en todos los bancos de la Cámara).

MR. BALFOUR— No sabía que hubiese usted tomado tal modelo (Aplausos). Pero al menos, el emperador Guillermo no es súbdito británico, ni miembro del Parlamento. (Carcajada general).

---

* *Ibídem*. El artículo fue publicado en noviembre de 1899.

MR. REDMOND— (Muy serio) Cierto; pero es coronel del ejército inglés. (Un trueno de risotadas sacude la sala).

MR. BALFOUR— (Sentándose y con tono de gran indiferencia). No es la primera vez que ciertos diputados de esta Cámara han prometido su apoyo a los enemigos de S. M.; pero ese apoyo no ha sido nunca sino moral (Sonrisas y aplausos). Tengo motivos para creer que en esta ocasión sucederá como en las otras. Pienso que la Cámara no tiene por qué dar grande importancia al incidente (Cae el telón entre aplausos ruidosos y prolongados).

Aunque Mr. Balfour es autor de un libro sobre la duda filosófica, dudo que nunca se haya elevado más en las alturas de la serenidad, que tan bien sienta a los espíritus especulativos. Como no creo que los grandes humoristas, sus compatriotas, hayan logrado idear una escena de más subido valor cómico, que ésa, cortada en plena realidad, y trasmitida por los estenógrafos, todavía viva y palpitante, a todos los lectores del mundo. Su gran mérito consiste para mí en que abre una dilatada perspectiva sobre el alma de un pueblo que representa papel tan prominente en los destinos actuales de la humanidad.

El humorismo es planta que prende en suelos muy diversos, pero en ninguno se extiende y florece como en el británico. Casi parece un atributo de raza. El inglés es el hombre del humor, como el francés el hombre del *esprit*. Pero nótese que el *esprit* se va todo en superficie, y el humor todo en profundidad. Aquél es un rayo de luz que juega sobre la delicada película nacarina de una pompa de jabón; éste es un haz de sol que va a buscar, para encenderlo, el espejo del agua escondida en el oscuro fondo de una cisterna. El *esprit* es un juglar, que hace voltear las palabras en vez de bolas de colores, y ríe para hacer reír. El humor es un satirizante, disfrazado de *clown*, que pone a la vista el fondo de las cosas, el reverso de las medallas, y ríe para hacer pensar. El *esprit* es jocoso y el humor melancólico. El uno es hijo del ingenio, que se siente libre y vuela; el otro es hijo de la fuerza, que siente, sin embargo, las limitaciones naturales, y sabe que ha de luchar con obstáculos.

El humorismo del pueblo inglés es una de las manifestaciones de la conciencia de su fuerza. En él entra por mucho el bíceps, el famoso bíceps anglosajón. Esos pugilistas bromean de antemano con los golpes que asesta el destino, atleta sin rival, *champion* del mundo. Por eso es uno de los caminos que los lleva a la tolerancia, prenda tan general entre ellos como el humorismo. Es verdad que su tolerancia tiene una punta de desdén. La condescendencia de la gigante Glumdalclitch con el homúnculo Gulliver. Pero de todos modos ya es mucho, entre hombres, que el fuerte oiga con reposo las invectivas del débil, y aun le consienta que le dispare sus pelotillas de papel mascado a las antiparras. Hércules se contentó con recoger en su piel de león el ejército de pigmeo que lo asaltaba, y llevárselo como presente curioso a Euristhenes. Pero eso pertenece a la fábula. Y es grato ver en la realidad que los poderosos sepan hacer verdadera la ficción.

El desenlace de la escena de la Cámara de los Comunes que he referido, no es menos típico que el diálogo que lo precedió; y envuelve una lección más alta. No es poco hostilizar meramente con la ironía al que se puede sujetar con la fuerza; pero es mucho inclinarse, aunque sea aparentando desdén, ante la libertad de pensar y sentir, aun siendo en contra nuestra y por lo mismo que es en contra nuestra.

A Plutarco, fabricante de grandes hombres *

CLARÍSIMO VARÓN:

Aunque tu fama anda ya por el mundo algo desmedrada y paliducha, se debe más a la malicia y descreimiento de los hombres actuales, que a su buen juicio. Por mi parte, sigo pensando que los productos de tu antigua fábrica son excelentes; y los prefiero con mucho a los de los innumerables émulos tuyos, que, en mis días, tienen taller abierto, para proveer el mercado de hombres ilustres por medida.

Por pensarlo así, me he decidido a escribirte, a ver si me socorres, y conmigo a mis conciudadanos, en la apretada necesidad en que nos encontramos. No te impacientes, figurándote que se trata de que nos remitas algunas parejas de hombres egregios. No, no necesitamos que sacudas el polvo de tus anaqueles. Por el contrario, aquí los tenemos a porrillo, hasta para exportar, y si te hicieren falta algunas docenas, podemos cedértelos, con descuento sobre el precio de catálogo.

Te diré en puridad, para tu gobierno, que este artículo se ha desacreditado un poco, por el exceso de producción, que tiene abarrotadas las plazas y trinando a los fabricantes. Con los procedimientos modernos, no cuesta más inflar un personaje, que una pompa de jabón. Todo lo que se necesita son unas cuartillas de papel, un vocabulario abundante de epítetos empenachados, dos docenas de papanatas y un empresario hábil, a quien tenga cuenta la operación.

Precisamente lo difícil hoy es dar un paso, sin tropezar con un grande hombre. Nosotros, míseros consumidores, estamos reventando de empacho de ellos. Y aquí tienes que se me ha venido a la mano el objeto principal de mi epístola.

Vivo, insigne beocio, yo que me permito importunarte, vivo en una isla de que no tuviste noticia, mucho más acá de la última Thule. Esta isla tiene fama de fértil; y aunque no muy poblada, compensan sus habitantes la falta de cantidad con la sobra de calidad. Somos pocos, pero todos ilustres. Nuestra historia no es historia, sino epopeya. Nuestros hechos no son hechos, sino hazañas. Excepto la talla, todo en nosotros es grande, todo admirable, todo mayor de la ordinaria marca.

A tu perspicacia y experiencia no puede ocultarse que del exceso de tanto bien nace nuestro mal. Tantos superhombres juntos se sienten estrechos, se estorban unos a otros, y en cierto modo se anulan unos a otros. Tantas cimas iguales hacen el efecto de una línea continua. Nuestra común grandeza resulta monótona. Si, de algún modo, no se introduce entre nosotros algo que forme contraste, vamos a morir de hipertrofia de todas las células que componen nuestro tejido social.

Como eres tan perito en hombres, que los sabías bertillonear muchos siglos antes de Bertillón, se me ha ocurrido acudir a tu ciencia; a ver si nos mandas unas cuantas remesas de individuos perfectamente mediocres. Por lo mismo que tu especialidad son los grandes hombres, has de saber distinguir a maravilla la gente común, la de poco más o menos, que es la que nos hace falta.

Queremos, buen Plutarco, hombres laboriosos, que no pregonen a todos los vientos su laboriosidad como virtud excelsa; gente que labre su huerta, y no crea que se le deben recompensas públicas por

---

* *Ibídem*. Carta publicada el 19 de junio de 1904.

labrarla; que ame su patria, y no entienda que un sentimiento tan natural merece estatuas; que la defienda llegado el caso, y no espere que se le consagre héroe por haber cumplido un deber rudimentario; que sirva con celo a la república, se vea recompensado por la prosperidad de que forma parte la suya, sin esperar que le paguen en privilegios lo que es deuda de todo ciudadano. No más que eso queremos; pero lo queremos con gran apremio, porque la carencia es mucha.

Si nos puedes servir, siquiera con algunas muestras, nos dejarás eternamente obligados.

Te deseo grata compañía, buena conservación y sutiles disquiciones.

Posdata. Si te decides a complacerme, mira si encuentras por ahí de repuesto un Filopoemen de marca menor. Dices del tuyo, en alguna parte, que sabía no sólo mandar según las leyes, sino a las mismas leyes, cuando la necesidad pública lo requería. No pretendo que el nuestro sepa tanto; sino que acierte a servirse de las leyes, para evitar que otros se crean superiores a ellas, y por tanto exentos del deber de cumplirlas.

Después de todo, dicen por ahí, y ya se decía en tu tiempo, que la ley sólo se ha hecho para los pequeños. Razón de más, para procurar nosotros que venga esa remesa de hombres no grandes, no ilustres, no excelsos; sino modestos, pobres de espíritu, súbditos de la ley. Porque éstos, y sólo éstos son los que hacen innecesarios a los Filopoemen completos o recortados.

No te importuno más, no sea que algún malicioso pretenda sacar a mi posdata más jugo que a mi carta.

XXIII
RAMÓN ROA

Nació en Cifuentes, Las Villas, en 1844 y falleció en La Habana, en 1912. Estudió en el colegio La Empresa de Matanzas. Desde los 17 años sufrió destierro por sus actividades políticas. Al conocer el levantamiento de Carlos Manuel de Céspedes, regresó a la Isla y se incorporó a la manigua. Allí sirvió como ayudante-secretario de Agramonte, Gómez y Sanguily, alcanzó las insignias de Teniente Coronel y fue Secretario de Relaciones Exteriores de la República en Armas. En Argentina fue secretario privado del presidente Domingo Faustino Sarmiento. Redactó importantes documentos y escribió relatos y versos que publicó en la prensa mambisa y en los periódicos de la emigración. Muchos de estos textos se recogen en su libro histórico-biográfico *A pie descalzo*, y en una compilación publicada por la Academia de la Historia de Cuba: *Con la pluma y el machete*. Dejó inédito un libro sobre la Guerra de los Diez Años, titulado: *A caballo y montado*.

Con la Pluma y el Machete

Siempre la escuela *

ACONTECE a menudo en la vida, cuando se llega al descenso de una edad provecta, que no hay acontecimiento ni tema, aunque sean de actualidad, que no toquen el recuerdo de aquellos tiempos que cada cual conserva en su memoria, quizá como los mejores, aunque a la debida sazón, de ello no se diera cuenta; por donde se ve que la felicidad no existe de presente, ni existirá en lo porvenir, sino que siempre ha de ser cosa pretérita.

Por eso es que este tema vital de la educación del pueblo, me lleva fácil y reposadamente a los campos de la revolución que estalló en el año de 1868. La

---

* Publicado en: *La Escuela Moderna*, año I, núm. 13, La Habana, 15 de agosto de 1899. Contenido en: *Con la Pluma y el Machete* (t. III, Academia de la Historia de Cuba, Ministerio de Educación, La

sociedad armada, aunque menos que a medias, y sin tregua perseguida, que allí se instituyó, no pudo sustraerse a la necesidad de enseñar a leer y escribir a tantos y tantos como lo habían menester, y de educar a los que ya poseían conocimientos rudimentarios; al paso que la necesidad de aprender se convirtió, más que en deseo, en ansia verdadera, inevitable, de ponerse al nivel de los más cultos o para aspirar, sin timidez ni rubor, a los puestos, honores y distinciones —allí no había lucro material— que por otra parte adjudicaba a muchos su condición natural de nervudos y valientes.

Difícil es olvidar cómo, durante lo que se llamó *época mala*, en medio de una persecución tenaz, sin municiones y sin armas con que resistir, sin una alimentación regular ni mucho menos, sin ropa, durante espacio de tiempo que parecía interminable, con que satisfacer el decoro ni contrarrestar la intemperie, entre las 11 y 12 de la mañana en aquellos campamentos del Camagüey, de villareños y camagüeyanos, oíase resonar el silbato que llamaba a la *Academia*, que así se decía. Y era de ver cómo en distintas direcciones se destacaban los diversos grupos de oficiales, clases y soldados, confundidos, colocándose a distancia unos de otros para no estorbarse, con su respectivo maestro o profesor a la cabeza; y en breves minutos, oía por acá al maestro de primeras letras, por allá al profesor de gramática, por otro lado el jefe de Sanidad enseñaba anatomía patológica o quirúrgica, otro entregado en cuerpo y alma a la milicia, explicando la táctica de guerrilla, quién enseñando el idioma inglés, otros explicando la Constitución —trabajo favorito del inolvidable Francisco La Rúa— y varios dando clase de escritura, a falta de otra cosa, en *papel de yagua*.

El campamento se había convertido en un palenque de enseñanza, aspiración de hombres que parecían no preocuparse de los peligros que les acechaban; que antes se mostraban confiados en un porvenir seguro y brillante, para el cual se preparaban dignamente.

Aquel Rafael Morales y González, de La Habana, había ideado una cartilla para enseñar a leer, que, manuscrita, iba de mano en mano desde el campamento hasta los ranchos de familia, sirviendo para que muchos, muchísimos, en muy breve plazo lograran su aspiración. ¡La cartilla de Moralitos! Vale más correr un velo sobre el delito de apatía que todos sus compañeros hemos cometido con no imprimir, siquiera sea para perpetuar en la imprenta —delirio de tantas medianías— el nombre de un obrero de la libertad, notabilísimo; aprovechando a la vez los resultados satisfactorios que por su mérito daría obra tan inspirada, como los dio allá, en medio de circunstancias tan diversas.

Allí (...) se rendía un culto fervoroso a la enseñanza (...) no un culto poético e imaginativo, sino provocado por la necesidad, avalorado por sus efectos y seguido con ahinco por los hombres educados, para enseñar; por los indoctos, para aprender. Todavía viven hombres y mujeres cuyos rasgos de escritura conservan las huellas de sus maestros Luis Victoriano Betancourt y Eduardo Machado.

Allí la pureza del patriotismo había hecho comprender a todos que no bastaban el valor y el músculo para realizar el ideal soñado, que no bastaría nunca derrotar al enemigo, sino que era indispensable combatir y disolver la ignorancia, educando al pueblo, para que la imprenta, el vapor y la electricidad, en manos de los privilegiados, no llegaran a ser nunca más que meros conductores de frases ampulosas, de falsas teorías, tarja de la calumnia y, al fin y al cabo, instrumentos de la tiranía.

"Que aprendan todos a leer —decía Agramonte— que si no tenemos la suerte de consolidar la República, habremos formado el núcleo que sabrá echar sus cimientos".

La libertad no necesita del mármol ni del bronce, del palacio ni del templo: sólo necesita escuelas. De ellas salen los hombres.

La responsabilidad del sufragio *

PONGA el pueblo de Cuba todos sus sentidos en las elecciones para concejales, consejeros, gobernadores, representantes y senadores, a fin de que obtengan esos cargos los ciudadanos más idóneos, los más serios, y los más respetables y habremos cimentado en firme la república; de lo contrario no podremos evitar que los desamorados y los incrédulos, prescindiendo de la índole de nuestra gente, atribuyan en absoluto la tranquilidad del país, y hasta la conservación de la higiene, al apéndice constitucional...

De nuestras leyes han de salir las soluciones de todos los problemas que nos interesan, siempre que sean claras, concisas, sobrias y ajustadas estrictamente a las necesidades de esta sociedad. Los electores, pues, tienen en sus manos el porvenir de la tierra, la que sólo exige honradez, juicio y laboriosidad, para que, estimulada una numerosa inmigración de agricultores, se desarrolle la masa de su población, como factor indispensable de engrandecimiento moral y material, dejando de ser una nación liliputiense.

---

* *Ibídem*. Escrito el 20 de mayo de 1904.

XXIV
JOSÉ DE ARMAS
(Justo de Lara)

Nació en Guanabacoa en 1866 y murió en La Habana en 1919. Pasó su infancia en los Estados Unidos. Abogado y periodista, se licenció en Derecho por la Universidad de La Habana y desarrolló una intensa actividad periodística en Cuba, Estados Unidos de Norteamérica y varios países europeos. En la Habana, dirigió el diario *Lunes*, órgano del partido de la Unión Constitucional, que propugnaba la integración de Cuba dentro de la Corona española, y fundó *Las avispas*, que primero se publicó en La Habana y luego en Nueva York. Escribió también en el *Diario de la Marina, El Fígaro, La Revista cubana* y *La Lucha*. En el extranjero, escribió para periódicos de Nueva York, como *The New York Herald* y *The Sun*; de Madrid, donde fundó la revista *El Peregrino* y escribió en *El País* y en *Blanco y Negro*; y de Londres, donde publicó en *The Quarterly Review*. Fue miembro de la Real Academia Española, de la Academia de la Historia de Cuba y de The Hispanic Society of America, sociedad esta última que premió su libro *Historia y Literatura*. Tradujo al español diversos sonetos de Shakespeare. Publicó el folleto *Las armas y el duelo*. Fue corresponsal de los periódicos *El Mundo* y *Heraldo de Cuba* durante la guerra europea de 1914. Dejó inéditas dos novelas y una obra de teatro.

Justicia *

EL CIUDADANO de los Estados Unidos C. M. Barton, procesado en La Habana en causa criminal, fue preso e incomunicado la semana pasada por orden de un juez de instrucción. Pidió saber los cargos que se le hacían y el nombre de sus acusadores. Le fue negado. Pidió permiso para aconsejarse con su defensor. Le fue negado también. Un amigo suyo acudió, entonces,

---

* Artículo publicado en *La Lucha* el 3 de abril de 1899. Contenido en: *José de Armas y Cárdenas (Justo de Lara): Trabajos Periodísticos* (Colección Grandes Periodistas Cubanos, núm. 35, Publicaciones de la Secretaría de Educación, Dirección de Cultura, La Habana, 1935).

al Gobernador Militar de esta ciudad, quien movido por un sentimiento humano, dispuso la comunicación del preso y su conducción ante el juez para que se le examinara.

Estos son los hechos. Hay quienes entienden que se trata de una grave violación de la ley por parte de la autoridad militar. "La ley debe respetarse, —gritan—. Donde no se respeta la ley se entroniza la anarquía. La espada se ha sobrepuesto a la toga". ¡Cuántos errores! Ni la ley debe respetarse cuando es bárbara y cruel sino sustituirse por otra justa y humana, ni se entroniza la anarquía, cuando se defiende la justicia, ni la toga es el sayón del inquisidor.

Barton es un hombre libre. La Constitución de los Estados Unidos dice que en todo procedimiento criminal el acusado tendrá derecho a que se le informe de los cargos que se le hagan, del nombre de sus acusadores, de ser careados con estos y los testigos, y de auxiliarse desde el primer momento de un consejero para su defensa. Todo ello "debe ser pronto y *públicamente ejecutado*", añadió el primer Congreso de los Estados Unidos en 1789.

Barton, hombre libre, no podía comprender que aquí, bajo la bandera de los Estados Unidos, se procediese de otro modo. No valía la pena —diría él— de haber destruido dos escuadras españolas y con ellas el imperio colonial de España, ni de que en la loma de San Juan "frente a los viejos muros de Santiago se peleas por la libertad", como canta el poeta americano, "la más hermosa batalla que vieron los hombres", para que al fin, libertadores y libertados no tuvieran en la tierra libre más derechos de los que cederían las leyes españolas a los esclavos políticos de la colonia.

Sería igualmente incomprensible para Barton que en 1899 un juez, cuyo nombramiento arranca de Su Majestad Católica, tratara a un ciudadano como se trataba en el siglo XVI a cualquier pechero súbdito de Felipe II.

Y creería de buena fe Barton que el juez que procedía con él como hubiera procedido Torquemada, estaba cometiendo un crimen, y que este pueblo que ha derramado torrentes de sangre en lucha heroica de treinta años para combatir leyes opresoras e injustas, que este pueblo, víctima infeliz de los procedimientos inquisitoriales que en las sombras de la noche separaban al padre del hijo, al esposo de la esposa, para llevarlos al presidio, o al patíbulo, se levantaría indignado y diría "Barton tiene razón". Ningún hombre puede ser privado de defensa mientras no se le pruebe su delito. A ningún hombre se debe encarcelar por acusaciones secretas que él ignore. Si esa es la ley, suprímase la ley, porque no es el derecho, ni la justicia. Yo no quiero creer que el Secretario Lanuza haya informado al General Brooke en otro sentido. Si es cierto, como se dice, que el informe de Lanuza niega la razón a Barton y combate la actitud del Gobernador Militar, yo diré que Lanuza, cuando escribió ese informe, se olvidó de sí mismo. No creo tampoco que el General Brooke, como se dice, haya opinado que en este caso "debe respetarse la ley": El general Brooke es un hombre de recta conciencia, educado en el respeto de los derechos humanos. Pero si así fuera, no importa. En los Estados Unidos setenta millones de seres libres dirán que esa ley inquisitorial que autoriza a un juez a cometer semejante crimen, debe abolirse sin más tardanza, como el primero de los deberes que tiene que cumplir la nación americana con el pueblo de Cuba.

No basta decir que va a constituirse en Cuba, en el futuro, una República libre e independiente. Hay que hacer en el acto a los cubanos hombres libres al amparo de leyes civilizadas. No puede un pueblo ser libre cuando sus hombres no lo son. La libertad no consiste sólo en el Gobierno, ni en que formen el Gobierno estas o aquellas personas. La libertad consiste en que el ciudadano en su hogar, en la calle, en medio de sus negocios, se sienta garantizado contra las arbitrariedades del poder y las tramas de la venganza. Las leyes de España en Cuba colocaron siempre al cubano en situación inferior. Pero todo lo que esas leyes tenían de cruel e injusto, debió haber caído el 1 de enero de 1899 con la bandera que las mantenía. Conservar las leyes y cambiar la bandera, no es más que sustituir un trapo por otro.

Y no cabe la disculpa de que no ha habido tiempo para modificar las leyes. El derecho al *habeas corpus en la Magna Carta* de Enrique III, se consigna en tres líneas. La Enmienda Sexta a la Constitución de los

Estados Unidos tiene ocho líneas. No hay necesidad de escribir mucho para ordenar justicia. El general Brooke debe acordarse de que no puede ser feliz, ni libre ni tranquilo, un pueblo en que la honra, la vida, la libertad y la propiedad, no se garantizan por leyes humanas y tribunales honrados.

La libertad y la ley *

LIBERTAD es una hermosa palabra que muchos repiten pero lo que significa libertad lo entienden bien pocos. Aquí se habla de libertad todos los días, sin comprenderla. Para unos ya somos libres. Para otros lo seremos cuando se cumplan las célebres resoluciones del Congreso de los Estados Unidos sobre Cuba. Para unos y otros, por lo general, aunque empiezan aquí las leyes españolas, cesó la más cruel de las tiranías al cesar la dominación española.

Increíble parece que tales absurdos quepan en mentes de hombres. ¿Cómo es posible que seamos libres, si aún imperan aquí las leyes opresoras del Gobierno español? La tiranía era entonces nada más que un trapo amarillo con dos franjas rojas y no las disposiciones de la autoridad, que hacían de esta tierra miserables y esclavos a los hombres. La tiranía estaba sólo representada en don Valeriano Weyler y don Ramón Blanco y no en lo que Weyler y Blanco ordenaban.

Acabamos de ver que un decreto del general Jiménez Castellanos, indultando por toda clase de delitos a los voluntarios españoles, se confirma por la actual situación, violando todos los principios jurídicos. Es doctrina de derecho que los indultos deben ser generales y no en beneficio de una sola clase o casta. El decreto de Jiménez Castellanos era, por tanto, indefendible para un jurisconsulto. Pero Jiménez Castellanos tuvo especiales razones para dictarlo. Fue su decreto una obra sencillamente política. España quería premiar de algún modo los servicios que en su encarnizada lucha contra los cubanos le hicieron los voluntarios. Jiménez Castellanos tiene defensa. Pero nuestros actuales gobernantes no la tienen si en el acto no promulgan otro decreto indultando igualmente, de todo delito, a los que en el mismo tiempo, combatían por la Revolución o cooperaban a su triunfo.

Y no se invoquen principios casuísticos de derecho para defender semejante monstruosidad. Las leyes políticas sólo merecen respeto para el Gobierno que las dicta con objeto de favorecer sus fines particulares y el decreto de Castellanos fue una ley política. No se invoquen principios de derecho para defender el absurdo de que a estas horas, en Madrid, el General González Parrado, que tiene a su cargo el archivo de los voluntarios, pueda libertar en Cuba a quien se le antoje extendiendo una credencial falsa o

---

* Artículo publicado en *La Lucha* el 7 de abril de 1899. *Ibídem.*

verdadera. No se invoquen principios de derecho para defender el crimen moral de que a estas horas se hallen encarcelados por igual delito, un patriota que sacrificó su familia y sus bienes y derramó su sangre por Cuba, y un tirano, que formó tal vez, el cuadro para fusilar a los estudiantes de medicina y el tirano, por orden del Gobierno de la libertad, sea puesto en la calle y el patriota siga gimiendo en su calabozo y cumpla pena quizás en el garrote.

Hermosa libertad. Diariamente a seres humanos, titulados libres se les encarcela por jueces que fueron nombrados por el Rey de España, se les incomunica, se les ocultan las acusaciones que existen contra ellos y el nombre de sus acusadores y se les niega hasta la existencia de un abogado defensor. El procedimiento es inquisitorial. Donde tales cosas ocurren se vive en plena Edad Media. Pero hay algo todavía más horrible. Lo más horrible no es que sucedan tales cosas, sino que existan quienes las defiendan y aún a nombre de la libertad.

Las leyes deben respetarse —dicen— y con ellas el poder judicial. Pero, ¿qué leyes son esas? Las de Cánovas, las de Sagasta, las de Weyler. Según teoría tan peregrina todas las revoluciones que ha habido en Cuba contra España, son injustas, porque fueron en violación de las leyes. Hizo mal Carlos Manuel de Céspedes en violar las leyes alzándose en Yara, proclamando la igualdad del blanco y el negro y los derechos del hombre. Hizo mal Martí en violar las leyes y proclamar la redención del cubano. Según esa peregrina teoría, no hay derecho a la revolución.

Robespierre tenía más lógica, porque no se le ocurrió ejercer la tiranía en virtud de las leyes del decapitado.

En vista de semejantes doctrinas, nada tiene de extraño que un buen día nos sorprenda la *Gaceta de La Habana*, declarando que todos los decretos de Weyler, no revocados por Blanco, están vigentes.

XXV
RAFAEL PORTUONDO

Nació en Santiago de Cuba en 1867 y murió en Mayarí, en 1908. Estudió sus primeras letras en la provincia de Oriente y la carrera de Derecho en la Universidad de Barcelona. En el período preliminar a la guerra del 95, Portuondo fue agente confidencial de José Martí y uno de los jefes del alzamiento. Más tarde, durante los años del conflicto armado, ocupó el cargo de Secretario de Guerra y alcanzó el grado de General Libertador. Convertida ya Cuba en República, fue elegido miembro de la Asamblea Constituyente que elaboró la Carta Magna de 1901. Fue también representante a la Cámara que presidió durante varias legislaturas, y fiscal de la Audiencia de Oriente. Destacó como orador.

Sobre el derecho de las minorías *

EL PRESIDENTE de la República no va a ser representante de grupos ni de partidos, ni siquiera el representante de la mayoría de la población, ni de las provincias. El Presidente de la República va a ser el representante de dos principios que juegan muy bien con esa Constitución; va a ser representante de la población en masa de la Isla, y de las tendencias de cada uno de sus territorios; principios que tienen que armonizarse en el Senado y en la Cámara de Representantes. Y por eso la Comisión acordó para compromisarios un número igual al que existe para representantes de la población de cada provincia; e igual también a la suma de los senadores que representan la territorialidad de la provincia. De modo que cabe muy bien que no esté la mayoría del país conforme con lo que resulte de la mayoría de la población, porque, como ya he dicho, sumando las minorías de unas provincias a las mayorías de otras, pudiera formarse la verdadera mayoría que decida la elección. Es necesario no perder de vista que en la elección de Presidente han de armonizarse los dos principios antes indicados, para que de esa manera pueda tener mayoría en la Cámara y en el Senado, pues de otro modo no puede llegar a la realización

---

* Se trata de un discurso pronunciado por Portuondo el 10 de agosto de 1900 en la Asamblea Constituyente. Está contenido en: *La oratoria en Cuba* (t. II, en: *Evolución de la cultura cubana*, vol. VIII, La Habana, 1928).

perfecta de su cometido, sobre todo en las condiciones difíciles en que se ha de encontrar el primer Presidente de nuestra República. Creo, pues, que los principios constitucionales establecidos nos obligan a respetar las minorías, según manda la ciencia democrática, cuyo espíritu ha dominado en esta Convención.

Si éste es el criterio que predominó al hacer nuestra Constitución, no es posible que nosotros podamos aceptar el principio del mandato imperativo; y es indispensable, por tanto, que se acepte el criterio de las minorías, puesto que no cabe que lo que hagan las mayorías decida en definitiva de la elección de Presidente de la República. Ahora bien, esos compromisarios han de mostrarse sordos a cuantas indicaciones se les hagan para entregar la Presidencia de la República al menos apto, aunque crean los electores que es el mejor. No se está jugando con un cargo cualquiera, no se está siquiera eligiendo un Presidente en circunstancias normales del país; se está tratando de nombrar a la persona que ha de iniciar los tratados de comercio con los gobiernos de las demás naciones, y especialmente con el de los Estados Unidos; es decir, se está buscando al hombre que pueda con su voluntad firme y con su tacto político, salvar la libertad y la unidad de nuestra nación, y no cabe, señores, que por prejuicios de grupos, que por prejuicios de partidos, que por maquinaciones electorales, pueda quedar burlado el verdadero sentimiento nacional. Son muchos los días que se fijan por la Comisión entre la elección de compromisarios y la designación de Presidente. ¿No cabe hacer traición en esos días? Sé que va a decírseme que no cabe que partidos y grupos elijan hombres capaces de variar fácilmente de criterio. Pero yo digo: eso no es verdad. Los que ayer constituían una mayoría, hoy se convierten en una minoría; y lo que era una minoría, es hoy una mayoría; los que ayer sustentaban principios extremos e irreconciliables desde el punto de vista de la independencia más absoluta, hoy han modificado su criterio, aceptando tendencias menos absolutistas. Si eso ha sucedido en colectividades políticas, si vemos a un partido político proclamar un principio de su programa, para desecharlo al día siguiente, si todo eso sucede en colectividades y en grupos de muchos individuos, ¿por qué no hemos de creer que, de lo que es susceptible un gran número de hombres, no lo sea un solo individuo?

Porque los grandes hombres de Cuba no son conocidos en su intimidad, no son conocidos de un modo completo por la mayoría de los ciudadanos, en sus cualidades y condiciones privadas, y tratándose como se trata, de la elección más importante, la Asamblea Constituyente debe demostrar su deseo de absoluta imparcialidad, para que nuestra suerte sea confiada a un hombre que sepa defenderla.

Por lo tanto, por las razones de principios antes expresadas, por las razones prácticas que creo haber expuesto, y que si no han sido entendidas por completo, deseo que me lo digan para repetirlas; invocando los principios más sagrados y el recuerdo de la situación por que atraviesa nuestro país, y por tanto la necesidad de que los compromisarios no lleven mandato imperativo para que puedan resolver con arreglo a su conciencia y a los intereses del país, y respetando el principio de nuestra Constitución, que establece el respeto de las minorías, yo ruego a la Convención se sirva tomar en consideración mis razones.

XXVI
JOSÉ ALEMAN

Nació en Santa Clara en 1867 y murió en la primera mitad de nuestro siglo. De joven perteneció al Partido Liberal Autonomista, aunque posteriormente se adhirió al separatismo y defendió sus puntos de vista en el periódico *La Protesta*. Al declararse la guerra del 95, partió al campo de batalla. Allí fue Secretario de Guerra durante el gobierno de Cisneros Betancourt y alcanzó el grado de General de División del Ejército Libertador. Convertida ya Cuba en República fue elegido por la provincia de Santa Clara para integrar la Convención Constituyente que elaboraría la Carta Magna de 1901. También fue Senador, Secretario de Instrucción Pública y Bellas Artes, y Embajador de Cuba en México. Destacó como orador.

Sobre el sufragio universal *

LA COMISIÓN, señores, ha cometido, en mi concepto, grave falta, porque ha omitido expresamente consignar los derechos políticos del ciudadano, y al hacer esa omisión no ha tenido en cuenta que caía en inconsecuencia, porque al mismo tiempo que cometía esa omisión intencionada y censurable, hacía declaración de otros derechos: los derechos naturales que siempre, en todo tiempo, acompañan a la personalidad humana, la siguen a todas partes y en todas las circunstancias, y no parece que sea preciso que consten en la Constitución de un pueblo que aspira a constituirse, siguiendo las corrientes del progreso moderno que caracteriza a las nacionalidades nuevas, con más razón que la que invoca la Comisión, para ocultar, para haber omitido injusta e indebidamente la declaración de los derechos políticos, de los que es avanzada el sufragio.

El ejercicio de la soberanía lleva imbíbitos dos derechos que sirven a manera de piernas para sostener eréctil el cuerpo político social; y esos derechos son: la participación en las funciones públicas, y ayuntada a esa intervención, la entrada a esas mismas funciones públicas por el sufragio universal,

---

* Discurso pronunciado en la sesión del 29 de enero de 1901, en la Asamblea Constituyente. Se encuentra contenido en: *La oratoria en Cuba* (t. II, en: *Evolución de la cultura cubana*, vol. VIII, La Habana, 1928). Título de la antóloga.

que es la base, acaso más: el dogma de la democracia.

Claro está señores delegados, que el disfrute de esa prerrogativa exige condiciones especiales, que tratándose de la ciudadanía a quien me refiero, no pueden ser otras que la de edad, y por eso la Comisión redactora del Proyecto de Bases de la Constitución debió haber hecho la consiguiente separación entre el nacimiento y la ciudadanía; es decir, declarar cuándo por la naturaleza de las personas, están en suspenso esos derechos políticos, y cuándo, por ser personas *sui juris* pueden ejercitar esos mismos derechos políticos. Se me dirá: es que todo nacido en Cuba es ciudadano cubano. Y yo lo niego, porque si eso cabe en el orden de las ideas, y en el de los principios, resulta absurdo y disparatado en la práctica, porque pudiera darse el caso de que un menor de edad, que está bajo la patria potestad o bajo la tutela, y que no puede tener discernimiento, si es que hemos de darle el valor científico que debe darse al desarrollo del cerebro humano en las distintas épocas de la vida, en las distintas edades de un individuo, pudiera ese menor de edad ser elegido para un puesto público o pudiera elegir también: ¿a quién habría de elegir, señores delegados, con ese voto inconsciente? Pues realmente, a otro menor que fuera de su agrado, porque así vendría a practicar con funciones de gobierno, el juego de los soldados que hace a diario en lo íntimo del hogar.

Pero ya me parece oír a la Comisión que yo llevo la demostración al absurdo. Efectivamente, la demostración puede llevarnos al absurdo con sólo seguir ese orden de raciocinio; pero yo quiero que la Comisión me diga: si en su Proyecto habla de ciudadanía, del modo como los extranjeros pueden ser declarados cubanos, y del modo que los cubanos pueden perder su ciudadanía cubana, ¿por qué no nos define antes quiénes son ciudadanos?

Dentro de la lógica, y a seguir el método empleado, no tenía necesidad la Comisión de establecer al principio de la Carta Constitucional, que la hacía para un Estado libre, soberano e independiente, porque en el texto de su Proyecto se ve claro que es la Carta fundamental de un Estado soberano e independiente la que ha redactado; no tenía tampoco que haber consignado el principio de la personalidad de las provincias, porque en el texto se ve que las provincias por mí defendidas la tienen consagrada; ni dentro de su Proyecto tenía necesidad tampoco de hablarnos de que hay tres poderes, porque luego pasa a clasificarlos y organizarlos en su orden correspondiente, y la definición huelga, como estaría de más, forzando el argumento, hablarnos de la forma de gobierno, cuando el proyecto la va desenvolviendo.

La Comisión ha cometido el gravísimo error de ocultar en ese proyecto los derechos políticos, por temor infundado, por no atreverse a consignar el sufragio universal. Y he ahí, señores, lo grave de la cuestión.

Y entrando de lleno en ella, yo le pregunto a la Comisión: ¿es posible, señores, es serio, es justo, que una corporación de esta naturaleza, elegida por el pueblo cubano, que en los tiempos de la misma España, en las postrimerías de la última guerra emancipadora disfrutó libremente del derecho de sufragio universal, sin limitaciones de ninguna especie; (...) es posible, señores, que nosotros, los que estamos aquí congregados, elegidos por el voto popular, por el voto de los que hicieron patria, de los que trajeron este estado de cosas, hagamos la Carta Fundamental de nuestro pueblo sin temblarnos la mano, ni enrojecer el rostro, sin consignar franca y claramente que queremos el sufragio universal, y que este derecho debe ir a la Constitución? ¡Oh!, no. La Constitución, si somos honrados, amparará el sufragio universal ¿Y qué razones tiene la Comisión para no quererlo en el texto de la Carta Fundamental? ¿Teme que el pueblo cubano pueda hacer mal uso de ese derecho, del derecho de sufragio, que es conquista suya, lograda con sus esfuerzos y heroísmos? Yo le digo a la Comisión que sus temores son pueriles, que esos son fantasmas, porque también se temió a que venciendo la Revolución entraran sus soldados a los pueblos a saco, asesinando y vejando como si la formaran bandidos, y la Revolución dio un gran ejemplo, nunca visto, de cordura, sensatez y respeto al orden, al extremo que debe avergonzar a muchos que la temían, que sucumbiendo los soldados del Ejército a las puertas de las ciudades mismas, de los que antes eran españoles, sucumbieron de hambre sin cometer un solo desafuero. Yo quiero el sufragio universal porque conozco las virtudes de mi pueblo y tengo fe en su discreción; y lo quiero sin restricciones de ninguna clase.

Tengo en abono de mi deseo la sensatez cubana y la opinión de grandes pensadores, entre éstos uno de notabilísimo mérito, Pelletan, que planteó el problema de una manera comprensiva y aplastante:

> Cuando una parte del pueblo —dice— desea el poder y lucha por obtenerlo, enfrente de otra que también lo quiere, no le queda a ese pueblo, dividido en dos fracciones, más que dos caminos: el camino de batirse en las urnas, o el camino contrario, el de la revolución.

Y, señores, es preferible, mil veces preferible, la lucha de las urnas.

Si la mayoría del pueblo opta por el sufragio universal, es injusto y hasta imprudente privarle de ese derecho, tanto más cuanto que se trata de un derecho adquirido. Privarle de ese derecho tan legítimamente conquistado sería poner trabas para que no pueda defenderse, para que no se defiendan; equivaldría a encarcelar la inteligencia.

Y, señores, el pensamiento humano en ninguna de sus manifestaciones puede ser sujeto por la fuerza bruta. Desde el momento que se quiere privarle de ese derecho, la cuestión sería ya de fuerza, y ya no lucharían electores, sino soldados. Pero si en vez de hacer listas de soldados, hacemos listas de electores, que irían a las urnas a librar la batalla suprema que ha de dar por resultado el triunfo de la verdad, porque debe suponerse que la mayoría está obligada a respetar en tanto en cuanto no pueda ser otra la mayoría, habremos resuelto bien la cuestión. Se podrá decir: "No queremos ver al número, a las multitudes, a ésas que llaman clases inferiores, imponerse a las inteligencias". Los sufragios no se pesan, señores delegados; los sufragios se cuentan, y eso es lo que nosotros debemos hacer, contar el voto de cada uno de nuestros ciudadanos, porque para enseñanza eterna, aquí todos deseaban la patria libre, aunque sólo la pelearon los menos cultos.

Habría empero un medio fácil de limitarlo en algo. Concédase el sufragio a todos los que tengan veintiún años, sin limitaciones de ninguna clase, y si se trata sólo de imponer trabas por complacer antiguallas, impónganse limitaciones de un modo indirecto, o sea a la clase de población, eligiendo mayor o menor número; pero tratar de que no se implante o de que se restrinja, cuando durante diez años antes de la guerra lo pidieron los cubanos, y cuando muchos de los cubanos sufrieron condena en las cárceles por defender ese principio liberal, y cuando después de grandes luchas el pueblo cubano ejerció ese derecho en los campos de la guerra y en tiempos de la misma España también y en las postrimerías de su mando tan combatido, sin que causara trastornos a la opinión, ni perjuicios a los intereses del país, parecería poco serio, a lo menos para mí, que vengo de la Revolución. Creo poco honroso y poco digno querer cosa que fuera contraria a la voluntad del pueblo que hizo la patria; que no es por cierto su voluntad negar a las clases mal llamadas inferiores ese derecho que con tanto trabajo han conquistado.

Se alega, como argumento, que el pueblo puede crear un estado anárquico en el país, porque hiciera un mal uso de este derecho. Me parece que la opinión sustentada por muchos ilusos o muchos refractarios a toda idea de progreso, de que haría mal uso de su derecho, no es un argumento serio, porque mientras el pueblo vota más, más se dedica a aprender y más aprende también, porque lo hace a costa de su desgracia y a costa de su porvenir, y siempre a cada nueva votación irá corrigiendo las malas elecciones que hubiese hecho.

Me dirán que no debe votar nadie que no sepa leer y escribir, que quiero el obscurantismo pretendiendo dar voto a los analfabetos. Yo no quiero el obscurantismo; yo sé muy bien que el voto es la voluntad del elector, y que esa voluntad, para ser total, reclama inteligencia de lo que se hace. Bueno es que se deba saber leer y escribir, pero no debemos ni podemos hacer responsable a nuestro pueblo de los errores y culpas de los gobiernos pasados; por eso el

Estado cubano está obligado, y así lo hemos acordado, a dar gratuita y obligatoria enseñanza a todos los ciudadanos, y cuando eso suceda, está de más el argumento, porque este pueblo, el pueblo cubano, acudirá en masa, como lo hace hoy, a los planteles de enseñanza.

Dejémonos, pues, de doctrinarismos y fantaseos. Acordemos el sufragio universal, que después, cuando llegue el momento de ir a las urnas a depositar los votos, allí veremos que los peligros vaticinados eran injustos; veremos cómo se confunden amigos y enemigos, como todos se mueven y agitan con el deseo de acertar, pendientes, todos, de las enseñanzas de esa gran escuela mutua en que una tira de papel sirve de arma poderosa para hacer predominar la voluntad general, sin necesidad de recurrir a los procedimientos que se hacen menester cuando una casta privilegiada, o un grupo de sabios no siempre patriotas, o de mercaderes no siempre sinceros, se erige en opresora, creando la clase de los oprimidos, y eso sí que es en Cuba un gran peligro, porque los oprimidos, para no serlo, como demostraron ya con su abnegación y su heroísmo, pueden demostrar que la conquista lograda por ese obrero iluminado —el pueblo— en seis mil años de lucha, no puede fácilmente ser reducida a mera conquista teórica.

Acordad, señores delegados, lo que con justicia os demando. Cerrad los ojos cuando vayáis a ser justos, a practicar la justicia, para que no os perturbe el juego escénico de los que con procedimientos de prestidigitaciones políticas arrancan a vuestro pueblo la más saludable de sus conquistas.

No temáis las agitaciones populares, precursoras de toda campaña electoral, porque sobre toda esa agitación, sobre toda avaricia y todas las concupiscencias de partido, existe el elector supremo que resuelve sin apelación. Y ese elector, como dijo el autor de los *Derechos del Hombre*, es el *mens agitat molem*; es el Espíritu Santo del pueblo, que por una especie de milagroso conjuro, casi divino, hace del escrutinio un cónclave universal en que por inspiración sublime deposita en la urna, en cada candidatura de los electores, un pedazo de la voluntad nacional, que consagra de manera elocuente y grandiosa la soberanía augusta del pueblo.

Votad, pues, señores delegados, mi enmienda. Acordemos llevar a la Constitución el derecho de sufragio universal para todo cubano mayor de veintiún años, sin limitación alguna. Habréis hecho, haciéndolo así, un servicio a la patria y a la libertad.

XXVII
ELISEO GIBERGA

Nació en Matanzas en 1854 y falleció en esa misma ciudad, en 1916. Descendiente de una antigua familia catalana, se graduó de abogado en la Universidad de Barcelona, España. Se distinguió por su consagración al Derecho y a la Literatura. Estuvo vinculado a la política como miembro del Partido Liberal Autonomista, y en las campañas de dicho partido destacó como orador. Sufrió destierro en los Bajos Pirineos y regresó a Cuba después de 1898. Fundó el partido político Unión Democrática. Instaurada la República, intervino en la Asamblea Constituyente de 1901 y fue fundador del Colegio de Abogados de La Habana. Giberga destacó también como ensayista político. Sus *Apuntamientos sobre la cuestión de Cuba*, publicados en Niza en 1897, alcanzaron gran difusión. Fue también coautor del libro: *El problema colonial contemporáneo*. Sus ensayos quedaron contenidos en *Eliseo Giberga: Obras* (1931).

Sobre los extranjeros perniciosos *

POCO habré de decir, señores delegados, después de los discursos que se han pronunciado aquí en defensa de la petición de revisión de la Base de que se trata; mas me importa esclarecer qué es lo que aquí se debate. ¿Se trata de que el Gobierno tenga en sus manos los medios de acción necesarios para hacer cumplir y respetar las leyes y para impedir que los extranjeros abusen de la hospitalidad cubana? No se trata de eso. El Gobierno, mañana en Cuba, como hoy en todos los países del mundo con arreglo a los principios generales de derecho internacional, estará cumplidamente garantizado y armado contra todo género de agresiones. Las leyes podrán establecer todos los recursos que se consideren necesarios, como podrán hacer la definición también de los casos de responsabilidades, sin la cual la mera enunciación del concepto *extranjeros perniciosos*, como

---

* Discurso pronunciado en la Asamblea Constituyente, en la sesión del 12 de febrero de 1901. Contenido en: *La oratoria en Cuba* (t. III, en: *Evolución de la cultura cubana*, vol. IX, La Habana, 1928). Título de la antóloga.

muy bien decía el señor Sanguily, infunde grande y pavorosa alarma.

No se trata de esto; se trata de si en la Constitución se debe o no consignar un principio que, siendo de todo punto innecesario, puede producir esos efectos morales a que también se refería el señor Sanguily.

Nuestra Constitución establece, en términos muy explícitos, el deber de los extranjeros de observar las leyes, decretos y reglamentos, y en términos igualmente explícitos, su sumisión a la potestad de los tribunales y de las autoridades de la Isla. De modo que todo extranjero que venga a Cuba, aun prescindiendo de los deberes de obediencia y de respeto a las leyes del territorio en que resida, que a todos imponen los principios generales del derecho internacional; aun prescindiendo de esto, sabe por el texto de nuestra Constitución que está obligado a obedecer las leyes y que está sometido a la autoridad, no sólo de los tribunales, sino de todas las demás autoridades de la República; condición general en todos los países civilizados, es verdad, y que como general, no tiene nada que pueda molestar a nadie. ¿No están, pues, bastante defendidos los intereses nacionales? Nuestra misma Constitución, ¿no establece implícitamente que el extranjero, en cuanto al derecho de residir en el territorio de la República y de no ser expulsado, no tiene condición igual a los cubanos?

Lo establece con repetición. Dice en primer lugar la Base relativa a los extranjeros, que gozarán de los mismos derechos individuales que los nacionales, salvo los que se reconocen únicamente a éstos; y la Constitución prohibe que se extrañe a los ciudadanos, pero no prohibe que se expulse a los extranjeros. Este concepto está repetido en otra Base: la que habla de la suspensión de las garantías individuales, que al limitar la acción del Poder Ejecutivo prohibe en absoluto extrañar a los ciudadanos, pero no dice nada de los extranjeros. De modo que nuestra Constitución, una vez suprimida —si se suprime, como espero— la Base de que tratamos, creará aquí una situación igual a la de todos los pueblos, con la ventaja, desde el punto de vista de quedar resguardadas nuestras instituciones futuras contra todo ataque y contra toda malevolencia de los extranjeros, de que lo que en otras naciones resulta sólo de un principio general de derecho internacional o de determinadas leyes, aquí resultará del texto de artículos constitucionales.

De modo que la Base en nada cambia la situación, en cuanto a las facultades efectivas del Poder Ejecutivo de la nación: nada le da que no tenga sin la Base. Pero en cambio tiene dos graves inconvenientes: lo que se presta a abusos y el efecto moral que ha de producir aquí y fuera de aquí.

(...) ¿Cuál es el extranjero pernicioso, esto es, el extranjero que se considere pernicioso? Y aquí del peligro y del abuso de esta facultad en manos de un gobierno sobrado susceptible. ¿Quién ha de calificar el carácter pernicioso de los extranjeros? ¿En qué consiste que sean perniciosos? ¿En que infrinjan las leyes? Pues que las leyes consignen el castigo que hayan de merecer. ¿En que hagan ciertos actos? Pero, ¿qué actos? Sería preciso que la Constitución descendiese a definiciones, impropias de todo punto de un código fundamental y que vendrían a desnaturalizarlo.

Pero otro inconveniente, otro grave inconveniente tiene la consignación de este principio en la Constitución. Nosotros necesitamos dar confianza para poder fundar una nueva nación: necesitamos dar confianza a todos los elementos no menos importantes de fuera de este pueblo, que en gran parte han de influir en nuestro porvenir: necesitamos que se crea en la eficacia, en la virtualidad y en el vigor del régimen que hemos de fundar, y para esto necesitamos que venga junto a nosotros el mayor número de fuerzas posibles. Y como es un hecho que en nuestra tierra reside una poderosa colonia extranjera, fenómeno de todo punto natural en un pueblo de nuestras condiciones, en todos los pueblos coloniales, en todos los pueblos de América, en todo nuevo pueblo, no podemos, no debemos desentendernos en absoluto de las disposiciones que hacia nosotros tenga esa parte de nuestra población. Es sana política impresionar bien y atraer, sin mengua de ningún alto principio, a aquellos cuya benevolencia en modo alguno es para desdeñarla.

Necesitamos además dar confianza al mundo entero, a todos los que tienen puestos sus ojos en nosotros. No olvidemos que nos encontramos en la aurora del siglo nuevo, que nos encontramos en América, que nos encontramos en una isla situada en el centro del planeta y que ha de ser el punto de cita de todos los hombres cuando, horadado el Continente, entren en comunicación los dos mares. En esas condiciones, y siendo nuestra población tan escasa, no es posible —y mucho menos encontrándonos en la situación económica en que nos encontramos— que podamos prescindir del influjo extranjero. No pretendamos impedir, por ningún medio, que el extranjero venga a Cuba, que venga a ayudarnos y a fomentar nuestra escasísima población; no parezca que queremos constituir nuestra nación levantando entre ellos y nosotros murallas de China —que tampoco nos servirían para nada, porque las murallas se abaten—. Y resulta realmente —a mí me ha producido esa impresión— resulta realmente que la consignación en la Constitución de la Base de que se trata, y que es de todo punto innecesaria, lo que parece revelar es un espíritu de desconfianza y recelo, algo que si no es hostilidad, es por lo menos prevención.

Consideremos que separándonos de las reglas generales del derecho público y del ejemplo de casi todos los pueblos de la tierra, hemos exigido en la Constitución la condición de nativo para determinadas funciones; por ejemplo, para la función senatorial y para el cargo de Magistrado del Supremo. Si se combina esta exigencia de la condición de nativo para esas funciones con la declaración del derecho del Gobierno de expulsar de la nación al extranjero a quien considere pernicioso, ¿será una impresión de confianza la que se produzca fuera de aquí? Cuba necesita del extranjero; estos pueblos de América se han creado merced a la inmigración, merced a la inmigración han de crecer y desarrollarse, y merced a la inmigración se ha producido el portento de la gran Federación Norteamericana; y donde los gobiernos no han favorecido la inmigración, como pasa en algunas Repúblicas sudamericanas, la población no ha crecido, o si lo ha hecho ha sido con desesperante lentitud. Nosotros necesitamos llevar a nuestro pueblo corrientes de progreso e impulsos de vida; en lo moral, en lo social, en lo político, en lo comercial, necesitamos hacer este pueblo accesible a todos aquellos que quieran ayudarnos a ganar el porvenir.

Abramos a todos los brazos; démosles todos los medios de acción que necesiten; estén abiertas todas las puertas a los extranjeros, sin recelos ni desconfianzas; que la nuestra sea una obra de cariño y de atracción. Seamos fuertes en el cumplimiento de las leyes; empleemos el rigor cuando el rigor sea necesario, pero no sembremos el recelo en nombre de la libertad.

XXVIII
JUAN GUALBERTO GÓMEZ

Nació en Matanzas en 1854 y falleció en La Habana en 1933. Mulato libre, aunque hijo de padre esclavo, Gómez estudió en el colegio de Nuestra Señora de los Desamparados, donde aprendió *todo lo que se permitía entonces enseñar a los negros*. Durante su adolescencia vivió en Francia a donde fue enviado en 1869 para que aprendiera el oficio de ebanista. Sin embargo, Gómez se interesó por la literatura y por la historia, lo que le permitió formarse como periodista y traductor. Regresó a Cuba después del Pacto de Zanjón y fundó en 1879 el periódico *La Fraternidad*. Participó luego en la *Guerra chiquita* y en otras actividades conspirativas, razón por la cual sufrió prisión y fue desterrado en 1880 por el gobierno español. Estrecho colaborador de José Martí en la preparación de la Guerra de Independencia, fue delegado de Cuba en la Junta Revolucionaria de Nueva York y presentado por el propio Martí ante la Sociedad Económica de Amigos de País. Convertida ya Cuba en República, Gómez formó parte de la Asamblea Constituyente en 1901, y allí lideró una protesta contra la Enmienda Platt. Fue también miembro del Partido Liberal y, como tal, representante a la Cámara y senador en las primeras legislaturas. Fundó, asimismo, el periódico *La Igualdad* y en 1925, el periódico *Patria*. Escribió también en la *Revista Cubana*. Fue miembro de la Academia de la Historia de Cuba. Destacó como orador político y como defensor de los derechos de los negros. Dejó inéditos un libro de biografías: *Hombres ilustres de mi raza*, un libro de ensayos y una novela: *El rey de las Carolinas*.

Sobre las relaciones entre el Estado cubano y la Iglesia católica [*]

SI YO me opuse y sigo oponiéndome a que nosotros en un artículo constitucional determinemos qué clase de relaciones haya de tener el Estado con las iglesias diversas que pueden establecerse en el país, es precisamente, señores delegados, porque estoy convencido de que en la Constitución no debemos poner nada más que lo que es esencial y fundamental, y entiendo que no es esencial ni fundamental dentro del estado actual de nuestro país el venir a suscitar y plantear ese

---

[*] Discurso pronunciado ante la Asamblea Constituyente, en la sesión del 26 de enero de 1901, que trató sobre las relaciones entre Iglesia y Estado. Contenido en: *La oratoria en Cuba* (t. III, en: *Evolución de la Cultura cubana*, vol. IX, La Habana, 1928). Título de la antóloga.

problema, cuya resolución ha de depender, digan lo que digan los que aquí llaman sectarios a los que como yo son en realidad indiferentes, no de un artículo de la Constitución, sino de las circunstancias mismas en que el pueblo se mueva.

Por otra parte, yo conceptúo que es una doctrina antiliberal, que nosotros, aprovechándonos de la circunstancia de estar aquí reunidos para un mandato definido, pretendamos ligar el porvenir, cerrar el derecho de nuestro pueblo hacia el mañana, deteniendo su impulso quizás, porque entendemos aquí realmente que el sentir de nuestro pueblo es contrario a lo que queremos imponer hoy aquí. El temor de lo que haga un gobierno futuro, como decía el señor Fernández de Castro, confundiendo a mi entender el Poder Ejecutivo con el poder de la República mañana, no existe, puesto que esto no lo podrían hacer al fin sino Cámaras tan elegidas por el pueblo cubano, quizás mejor elegidas que nosotros, por medio de un sufragio más amplio y con una preparación política superior a la que nos trajo a este sitio. ¿Con qué derecho hemos de impedir a esa Cámara, a ese gobierno independiente, deliberando en condiciones más libres de las que nosotros tenemos, siquiera sea en el orden moral, puesto que no estaría aquí el extranjero, aunque sean libres los interventores, con qué derecho debemos impedirles velar por los intereses de la nacionalidad cubana, si entendieran que esos intereses les obligaban a tomar determinadas resoluciones respecto a muchas de las cosas que necesariamente han de mantener una estrecha relación entre el Estado y la Iglesia?

De mí sé decir que del examen práctico, no teórico, no basado únicamente en los libros, sino en pueblos muy diversos con Constituciones muy diversas, como son Francia e Inglaterra, me inclino a dejar en manos del Estado cubano, si es conveniente y necesario en el día de mañana, el poder dirigirse con las facultades soberanas que la Constitución pueda dejarle, al poder o a los poderes supremos de las diferentes iglesias, para poder regular con ellas el modo como aquellas iglesias habían de desenvolverse dentro de la sociedad cubana.

Otro es el peligro. Si yo me preocupara aquí más de los intereses religiosos de una iglesia cualquiera que de los intereses de la sociedad civil cubana y del Estado libre e independiente de Cuba, yo dejaría que se pusiera impunemente ese artículo en la Constitución, porque debo deciros aquí, en voz muy alta, que no será, no, la Iglesia la que experimente la necesidad de vivir en relación con el Estado cubano: lo que yo me temo es que la Iglesia sea la que no quiera tendernos la mano (...) porque al cabo y al fin... ¿sofisma? Librepensadores, como un Jules Fabré; librepensadores más positivos que el señor Bravo, que se casa en la Iglesia y que bautiza sus hijos; librepensadores como Ferry, librepensadores como Gambetta, librepensadores como Paul Bert, jamás han querido en Francia la separación absoluta de la Iglesia y del Estado, porque preveían peligros para la existencia de la República francesa y la libertad de aquel pueblo; porque, oídlo bien, señores delegados, éste es un pueblo donde no ha habido hasta hoy, y quiera Dios que perdure, donde no ha habido fanatismo religioso. ¿Sabéis por qué? Porque la libertad y tolerancia religiosas han sido grandes, no solamente entre las relaciones del pueblo con la autoridad, sino hasta en las relaciones de la misma familia; pero este pueblo que no ha sido jamás fanático, fue y es un pueblo católico, éste es un pueblo donde la Iglesia Católica está arraigada, donde en realidad de verdad el culto católico ha sido el único que ha arraigado de una manera positiva, no solamente por la protección del Estado, sino por las condiciones políticas propias de nuestra tierra. ¿Qué es, señores, lo fundamental, lo que da arraigo, lo que da vida al sentimiento religioso en nosotros? No lo quiero decir con el lenguaje impropio mío; os lo voy a decir con el de un hombre nada sospechoso, que no debe serlo para ninguno de los librepensadores aquí presentes; os lo voy a decir con el lenguaje del jefe del socialismo francés, Jaurès. ¿Sabéis dónde está la fuerza del sentimiento religioso católico? Está precisamente en el sentimiento de los pueblos que se sienten oprimidos, desgraciados y esclavizados, y como ésta fue una tierra de esclavos, una tierra de despotismo, aquí había un lugar donde únicamente las almas podían encontrar algo que las tranquilizase, que las consolase. Jaurès decía:

> Vosotros habéis arrebatado al pueblo la fe en Dios, las creencias religiosas; si no le

dais bienes materiales, libertades políticas que lo reintegren, ¡ah! así hacéis del pueblo un pueblo desesperado; si le arrebatáis esa fe, tenéis que darle grandes bienes materiales y decirle que en este mundo es donde tienen que disfrutar, en donde tienen que gozar, ya que le habéis privado de todas las bienandanzas del otro mundo ideal.

En los tiempos pasados, en los tiempos medievales, se les hacía esperar la recompensa de sus penas y el consuelo de sus afanes en esta tierra; soy testigo abonado de estas cosas; yo que no tengo absolutamente ninguna especie de fanatismo religioso; yo que no soy por desgracia mía un creyente, como algunos de los que aquí se levantan; pues bien, señores, dentro de ese orden de cosas, yo me pregunto aquí, donde en la actualidad hay un arzobispo, donde hay un obispado y ciento diez y seis parroquias, que no podéis suprimir con vuestro criterio ni con el mío y que no os podéis mezclar en cuestiones de iglesias en que no conviene que os mezcléis; pues bien, ¿es lo mismo que el Papa nos mande ciento diez y seis párrocos, escogidos a su antojo, quizás con sentimiento de hostilidad hacia el Estado que le demuestra desde el acto de su nacimiento un sentimiento de repulsión; creéis como políticos, como hombres previsores, como hombres de gobierno; vosotros creéis práctico que debéis abandonar al azar y a la voluntad de un poder extraño la implantación de ese Estado dentro del Estado cubano, que sea esencialmente hostil a nuestra República independiente y soberana? Por mí, yo no lo creo; por mí yo temo esa contingencia en el porvenir; yo no os digo que vayáis a pactar con la Iglesia, yo no os digo que vayáis a establecer aquí los cimientos de esa clase de relaciones; yo sí os digo que no debéis en manera alguna impedir que el Gobierno futuro, mejor dicho, que los Poderes Públicos de la República, si lo entienden convenientemente, lo hagan si cabe, que al fin y al cabo debemos pensar que serán tan cubanos como nosotros los que nos sucedan y que estarán animados como nosotros del espíritu democrático.

Por otra parte, señores, pensadlo bien, todo lo que parezca persecución de la Iglesia, y por más que no lo queráis se ha de tomar esto como un síntoma de hostilidad; todo lo que sea perseguir a quien no nos molesta, a quien no nos ha molestado hasta ahora, eso ha de ser contribuir de una manera poderosa a robustecer su influencia. Yo os recordaría unas palabras profundas pronunciadas por un gran orador español, Ríos Rosas, cuando decía:

> ...que cuando las generaciones testadoras pretenden ligar las manos a la generación heredera, si lo logran, suena entonces en el reloj de la historia la hora fatal de las revoluciones.

Por suerte nuestra, vosotros no vais a poder dejar ligadas la suerte ni la voluntad de las generaciones herederas, de las generaciones del mañana, y ¿sabéis por qué?, porque esta Constitución, que adolece de muchos defectos, tiene una sola ventaja que la hace recomendable a todos, absolutamente a todos: está animada de un sentido liberal; es fácilmente reformable. ¿Pensáis en manera alguna que si aquí ponéis en la Constitución la prohibición de que se puedan establecer relaciones entre el Estado y la Iglesia, ya habéis resuelto el problema? Eso será para la Iglesia cuestión pura y simplemente de brevísima propaganda; vendrá una Cámara que votará esa reforma, y entonces habréis iniciado vuestra vida constitucional con un artículo innecesario y peligroso.

Carta a Tomás Estrada Palma *

SEÑOR Y DISTINGUIDO COMPATRIOTA: Con el objeto de cambiar impresiones respecto a la candidatura para Presidente de la República, nos hemos reunido en esta ciudad cierto número de personas, de distintas filiaciones políticas. En esa reunión hemos pensado en la conveniencia de que Ud. fuera el candidato, si previamente se llegaba a un acuerdo con Ud. respecto a las líneas generales de lo que sería su programa de gobierno. Y como teníamos presente las atinadas consideraciones expuestas por Ud. en la carta que con fecha 24 del pasado dirigió al Sr. Fernando Figueredo —carta en que Ud. señala los problemas capitales que tiene que resolver el primer Gobierno de la República, a la vez que indica la utilidad de que "con la oportuna anticipación se promuevan aproximaciones de pareceres para llegar a patrióticos acuerdos en la solución de los problemas mencionados"— decidimos procurar sobre éstos una inteligencia entre nosotros mismos, y comunicar a Ud. después el resultado de nuestros esfuerzos. Procediendo de ese modo entendemos que si el acuerdo a que llegamos le parece aceptable, prohijará Ud. las soluciones que envuelve; trasmitiéndonos, en el caso contrario, sus reparos, para ver si podemos tenerlos en cuenta, a fin de llegar todos a una cordial y sólida unidad de pareceres.

Comprenderá Ud., desde luego, que emprendemos esta tarea, porque estamos, en principio, dispuestos a trabajar para que sea Ud. el candidato nacional a la primera magistratura del futuro Estado cubano, postulado por todos los partidos y entidades de alguna significación. Sus grandes merecimientos personales, su historia, su experiencia y su representación, nos llevan a considerar que desde ese puesto habría Ud. de prestar a la patria común servicios tan señalados como los que ya le debe. Pero, como dice Ud. muy bien (...) para que el propósito que alentamos sea fecundo y razonable, precisa que entre el candidato y los que se dispongan a apoyarle exista una afinidad de opiniones, de modo que el plan de gobierno que el Presidente elegido haya de desarrollar, cuente con el apoyo indispensable de una robusta mayoría en el país, y, por lo tanto, en el Congreso.

Pensóse un momento en rogar a Ud. que desde ahora formulase el plan de gobierno que llevaría a la práctica en el caso de ocupar la Presidencia. En definitiva, eso es lo procedente, puesto que el encargado de gobernar es el que ha de decir cómo entiende hacerlo. Pero leyendo atentamente su carta, entendimos que, sobre los puntos que Ud. señala —tratado de relaciones con los Estados Unidos; tratado de comercio; liquidación y pago de la deuda del Ejército; plan de Hacienda—, el candidato conociera las conclusiones a que podrían llegar los diversos elementos que se agrupasen para tratar de sostener su candidatura, y por eso decidimos buscar primero, sobre tales extremos un acuerdo, y ponerlo en conocimiento de Ud., una vez conseguido, como lo hacemos por este medio.

A nuestro modo de ver, la resolución de los cuatro problemas indicados y la implantación de un régimen administrativo descentralizador, tal como lo define la constitución adoptada, bastan para absorber la actividad gubernativa en el primer período presidencial. Así es que un programa de gobierno

---

* Fechada el 23 de agosto de 1901. Contenida en: *Por Cuba libre* (Municipio de La Habana, La Habana, 1954).

que indique las soluciones que correspondan a tales asuntos, responde plenamente a las necesidades de la próxima campaña electoral para la presidencia. Entendiéndolo de esa manera, hemos concretado nuestro cambio de impresiones a esos puntos, que juzgamos cardinales, y pasamos a exponerle las conclusiones de carácter general sobre las cuales hemos tenido la fortuna de llegar a una feliz inteligencia los firmantes.

Creemos que constituiría un programa de gobierno apropiado a las condiciones del país, aquél en que principalmente se consignase:

1º La necesidad de hacer un tratado de comercio con los Estados Unidos, bajo la base de la reciprocidad; tratado en el que se favorezca la bandera de ambos países, y se estipule inmediatamente una rebaja apreciable en los derechos que devengan nuestros productos principales en los Estados Unidos —a fin de que puedan competir con sus similares en aquel mercado—; a cambio de beneficios análogos, ya concedidos o que se concedan, a los productos americanos que importamos. Ese tratado debe inspirarse en el deseo de llegar o acercarse en lo venidero hasta el libre cambio de productos, si fuera posible; pero sin perder de vista que, de momento, no puede renunciarse a la renta de aduanas, la mejor con que en algún tiempo contará el Estado cubano para sus atenciones.

2º Establecimiento de una tributación directa, iniciada con tipos de exacción muy reducidos, que irían aumentando gradualmente, a medida que el desarrollo de la riqueza —por el fomento de las fincas destruídas o abandonadas— y el bienestar de las industrias nacionales, tolerasen ese aumento. Mejora de aquellos impuestos indirectos que la ciencia económica acepta, tales como sellos de correos, patentes de alcoholes, etc., armonizando el propósito de obtener el mayor rendimiento con el mejor servicio público. Introducción de grandes economías en los gastos de la Nación, sin desamparar ninguno de los servicios del Estado, que deben reorganizarse sobre la base de la mayor sencillez. Disminución de los aranceles aduaneros, según se vayan vigorizando las rentas interiores.

3º Liquidación de los haberes devengados por el Ejército cubano, y consignación para su abono en los presupuestos anuales de la mayor cantidad que permitan las demás atenciones del Estado; sin perjuicio de estudiar y aplicar cualquier otro procedimiento que pudiera hacer más rápido el saldo de esa deuda sagrada, dentro de las formas y límites trazados por la Constitución.

4º En la redacción del Tratado de relaciones con los Estados Unidos, esforzarse por llevar a sus cláusulas la mayor claridad y precisión; procurando ajustarse en lo posible al texto del Apéndice constitucional que contiene los preceptos en que ha de inspirarse dicho Tratado, e interpretándolo en el sentido más favorable a los intereses del país y a su independencia y soberanía.

5º Declaración solemne del propósito de que mientras ese Tratado esté vigente, será escrupulosa y lealmente observado por el pueblo cubano y por su Gobierno; sin perjuicio de que el Gobierno de la República cubana aproveche cualquier oportunidad favorable que pueda presentarse en el porvenir para influir cerca del Gobierno de los Estados Unidos, a fin de obtener, por mutuo acuerdo, la modificación de aquellas cláusulas del Tratado en que el pueblo cubano encuentra limitada su independencia y mermada su soberanía.

Estas son, señor y distinguido compatriota, las conclusiones a que hemos podido llegar, después de un cambio leal de impresiones. No estamos autorizados para afirmar que su aceptación por su personalidad, bastaría para que fuera proclamado por todos los partidos y grupos políticos cubanos como candidato a la Presidencia; pero como quiera que estas conclusiones caben en los programas de nuestros partidos, o son conformes a los acuerdos de algunos de ellos, y expresan el sentimiento general del país, además de ajustarse a los preceptos de la Constitución adoptada, no es lícito pensar que si fueran prohijadas por quien reúne las excepcionales condiciones, que en Ud. reconocemos, podríamos llevar con éxito a las colectividades a que pertenecemos y a los círculos en que influyamos, el convencimiento de que todos debemos pedir a Ud. que corone su laboriosa y fecunda vida pública, y preste al país un nuevo señaladísimo servicio, viniendo a ocupar, por el voto consciente y entusiasta de sus compatriotas de todos matices, el primer cargo del Estado, en la hora grave y decisiva de instaurarse la República cubana.

XXIX
ORESTES FERRARA

Nació en Nápoles en 1876 y murió en Roma, en 1972. Su padre había combatido al lado de Garibaldi y él lo haría al lado de Máximo Gómez en la Guerra del 95, llegando a obtener el grado de coronel del Ejército Libertador. Estudió los primeros años de la carrera de Derecho en Italia, carrera que terminó en la Universidad de La Habana. Nacionalizado cubano tras la independencia, ocupó importantes cargos diplomáticos y políticos en la República. Fue representante a la Cámara y presidente de la misma, senador y Secretario de Estado durante el gobierno de Gerardo Machado. Consagró al periodismo buena parte de sus actividades. Así, dirigió el *Heraldo de Cuba* y fundó una revista de ciencias sociales y jurídicas, *La Reforma Social*. Formado en Europa, Ferrara fue un típico liberal de su época. Ha dejado una importante obra literaria e histórica. De ella caben mencionar sus biografías *El Papa Borgia, Maquiavelo* y *Biografía de Felipe II*; sus monografías históricas *Tentativas de intervención europea en América* (1933); *El siglo XVI a la luz de los embajadores de Venecia* (1952) y *Un pleito sucesorio* (1954), que trata sobre Isabel la Católica y la Beltraneja; y sus valiosas memorias donde narra sus experiencias durante la Guerra de Independencia, que publicó bajo el título *Mis relaciones con Máximo Gómez*. Ferrara destacó también como ensayista político y orador.

Sobre el divorcio *

EL DIVORCIO es un complemento (...) del matrimonio. El divorcio es una excepción al matrimonio, como lo es a la patria potestad la pérdida de los derechos civiles; como lo es la desheredación a la herencia. Voy a leer, brevemente, algo que dice el más culto y el más inteligente y el más técnico de los juristas, que en la Cámara francesa habló a favor del divorcio, en la discusión de 1884, León Renault:

> El divorcio, como la separación de cuerpos, son lamentables extremos, un triste fin de esperanzas exquisitas.
>
> Lo que debe quererse, lo que debe desearse es que el matrimonio sea el acuerdo

---

* Discurso pronunciado en la Cámara de Representantes de Cuba, en las sesiones del 27 y 29 de marzo de 1914. Se encuentra contenido en: *La oratoria en Cuba* (t. III, en: *Evolución de la cultura cubana*, vol. IX, La Habana, 1928). Título de la antóloga.

estrecho, sagrado, de dos cuerpos y de dos almas; que todo el hogar sea una escuela de respeto, de alta educación moral, para los niños, que serán un día ciudadanos.

Pero, ¿acaso depende de la ley hacer que la realidad corresponda siempre a este ideal? ¿Qué legislador puede esperar suprimir las pasiones, los accidentes, que vienen a echar por el suelo, a destruir las uniones conyugales que, bajo estos golpes, sucumban a menudo?

Cuando este derrumbe acontece, ¿cuál será el remedio? Es de esto solamente de esto, de lo que se trata.

Y es evidente, el mal que se quiere hacer ver en el divorcio no está en el divorcio (...) sino que es debida a la falta de orden en la familia, y que el divorcio, lejos de fomentar el desorden, va a ponerle remedio; lejos de alentarlo, va a restringirlo; lejos de acrecentarlo, va a disminuirlo, por lo menos, en sus dolorosos efectos.

Y Blanvillain, en *Las reformas de las causas del divorcio en Francia*, un libro publicado en 1914, dice:

> El matrimonio no es una ley coercitiva. Si uno de los esposos quiere dejar su cónyuge, y éste último consiente, no hay potencia social que pueda impedirlo.

Estamos, por consiguiente, autorizados a decir que si la inmensa mayoría de los esposos permanecen unidos es por motivos ajenos a los que resultan de las disposiciones de la ley. Esta opinión nos parece justa; las leyes no crean las costumbres, cuando más, las modifican; las mejores leyes conducen naturalmente a abusos, si están mal aplicadas o si el estado social es incapaz de adoptar sus beneficios. Hay que considerar la ruptura del lazo conyugal como una cosa funesta en cuanto a sus orígenes, pero la legislación es un remedio a un mal preexistente; la discordia de los esposos, y es este solo motivo el que hay necesidad de estudiar. Se puede resumir la cuestión diciendo con el señor Planiol:

> Prohibir el divorcio porque es dañino, es igual que si se quisiera prohibir la amputación porque el cirujano mutila al enfermo. El divorcio no destruye la institución del matrimonio; es la discordia la que destruye y el divorcio pone término a esta discordia.

Y es claro, señores Representantes, y es claro todo lo que aquí se consigna; pero es todavía más claro entre nosotros: el divorcio vendría a seguir una costumbre, no a crear una costumbre. Yo llamo la atención de los señores Representantes sobre este punto: el divorcio entre nosotros no crearía una costumbre, sino vendría a seguir una costumbre, vendría a legalizar una costumbre por nosotros admitida. ¿No hay a cada paso en Cuba personas que viven divorciadas y vueltas a casar? El señor Lanuza decía (...) que están fuera de la ley. Pero si están fuera de la ley, no está fuera de nuestra moral, porque nosotros todos les damos las manos, todos nosotros sostenemos las mejores relaciones con ellas y entonces, si moralmente las hemos aceptado, si no consideramos un mal su estado, ¿por qué mantenerlas todavía en el ostracismo, por lo menos en el ostracismo moral? ¿Por qué mantenerlas todavía fuera de la ley, y por qué, si a ellas respetamos, por qué no hacerlo con los pequeñuelos que pudieran surgir de esos matrimonios que serán bastardos? ¡Ah! ¿y vosotros habláis a nombre de los hijos? ¿Por qué mantener estos hijos fuera de la ley, a ellos solamente, cuando a los padres les extendemos nuestras manos, los recibimos en nuestras casas y les rendimos (...) homenaje?

Es ésta la cuestión del divorcio, bien entendido dentro de los límites que le hemos señalado, no como lo entiende toda la vulgaridad andante, como causa de males y desgracias, confundiendo los males del matrimonio con el divorcio, que no es otra cosa que un remedio al dolor. Recuerdo, dentro de este orden de ideas, que un joven cubano, laborioso e inteligente, ha prestado también su esfuerzo a la causa de los justos en otra época en que todavía aquí no teníamos en discusión este problema. En tesis de doctorado, el señor Manuel Secades decía, con bellas palabras que tengo el gusto en repetir:

> La unión matrimonial supone, necesariamente, una armonía inquebrantable entre

los distintos miembros que constituyen el organismo de la familia. Desde el momento en que esa armonía se rompe, en que la relación íntima se quebranta en sus esenciales condiciones y la fuerza de atracción efectiva desaparece, haciéndose por consiguiente, imposible el cumplimiento de los altos fines morales y materiales que la unión implica, ésta queda de hecho y virtualmente rota, siquiera en apariencia se conserven alguna de sus funciones.

La Ley del Divorcio no haría, en este caso, más que confirmar la separación ya dispuesta y realizada por la misma naturaleza.

En una palabra —y así lo entiende también D'Aguanno—, el matrimonio no debe subsistir por la voluntad exclusiva de la ley. El divorcio debe sancionar en todo caso legítimo la separación absoluta de los cónyuges, la disolución del vínculo matrimonial y la libertad de aquéllos para contraer nuevas uniones.

Así considerado el divorcio, cumplirá una acción eminentemente moralizadora y podrá ser un remedio radical para los vicios de las modernas sociedades.

Y los espíritus cultivados de todos los tiempos, con excepción del señor Lanuza y de los otros señores que lo han acompañado, han sostenido el mismo criterio, han sostenido la misma opinión, han creído en la misma cosa. Solamente los escritores apasionados y la tendencia clerical han podido creer cosa distinta.

Me voy a permitir leer unas palabras de Jeremías Bentham; su nombre es toda una gloria; su estudio es todo un progreso; su recuerdo es una manifestación de buen sabor científico. Bentham decía estas maravillosas palabras, para demostrar lo injusto del vínculo, para demostrar los defectos que el vínculo tiene:

> Pero ¿qué se diría si una mujer pusiese en el contrato esta cláusula: *No me será permitido dejarte ni librarme de ti, aunque llegáramos a aborrecernos tanto como ahora nos amamos?* Una proposición semejante parece un acto de imbecilidad: tiene algo de contradictorio y absurdo que choca a primera vista, y todo el mundo convendría en mirar tal voto como temerario y en pensar que la humanidad debía abolirlo.

Pero esta cláusula absurda y cruel no es la mujer la que la pide, no es el hombre el que la invoca; es la Ley la que la impone a los dos esposos como una condición de la cual no pueden eximirse. La ley se presenta en medio de los contrayentes, los sorprende en el entusiasmo de la juventud, y en aquellos momentos que abren todas las puertas de la felicidad les dice: "Os unís con esperanza de ser felices, pero yo os declaro que entráis en una prisión cuya puerta se tapiará luego que estéis dentro, y será inexorable a los gritos de vuestro dolor; aunque os batáis con las cadenas, nunca permitiré que se os quiten".

Creer en la perfección del objeto amado, creer en la eternidad de la pasión que se siente y que se inspira, son unas ilusiones que pueden perdonarse a dos jóvenes en la ceguedad del amor; pero unos viejos jurisconsultos (y esto no es el caso), unos legisladores encanecidos por los años no son arrastrados por estas quimeras; y si creyeran en la eternidad de las pasiones, ¿para qué prohibir un poder de que nunca se querría hacer uso? Pero no; ellos han visto la inconstancia, han previsto los odios, han previsto que al más violento amor podía suceder la más violenta antipatía, todo lo han previsto, y a pesar de todo esto han pronunciado con toda la indiferencia la perpetuidad de este voto, aun cuando el sentimiento que lo dictó haya sido enteramente borrado por el sentimiento contrario. Si hubiera una ley que no permitiera tomar un asociado, un tutor, un mayordomo, un compañero, sino con la condición de no separarse jamás de él, ¡qué demencia! Un marido es al mismo tiempo un asociado, un tutor, un mayordomo, un compañero y mucho más; y sin embargo, en la mayor parte de los países civilizados los maridos son perpetuos.

Vivir bajo la autoridad perpetua de un hombre que se detesta, es ya una esclavitud; pero estar forzada a recibir sus caricias es una desgracia demasiado grande para haber sido tolerada en la esclavitud misma.

(...) La corriente de ideas que prevalece con mayor fuerza en el seno de la Cámara y que en el seno de la misma ha sido sustentada por el señor Lanuza, se refiere al estado de la mujer en el divorcio. ¡Pobres mujeres!, se ha dicho, serán abandonadas, serán repudiadas, y hasta se ha afirmado que ellas no podrán casarse en lo sucesivo. Pues bien señores Representantes, las estadísticas traídas por el señor Pino prueban a la Cámara que la mujer se beneficia más con el divorcio que lo que se benefician los hombres; no solamente demostrado, porque ellas lo piden más, sino probado por mil ejemplos, por argumentos que es superior a todos los demás; en donde el divorcio existe, la mujer es más libre y es más respetada. Si los señores Representantes visitasen los distintos países en que hay divorcio y visitasen también los distintos países en donde no lo hay, asistirían al siguiente hecho: que la mujer no es respetada en los países en donde no hay divorcio, y que es respetada, en cambio, en los países en que lo hay. Yo no creo que una cosa sea consecuencia de la otra; no creo que el divorcio sea causa de respeto a la mujer, pero sí creo que ambas cosas son producto de las mismas causas; que precisamente donde la mujer es respetada, donde de ella se tiene un alto concepto, considerándola elemento activo de la sociedad, persona en el alto sentido de la palabra, allá la Ley la ha favorecido también, instituyendo el divorcio, que es la consagración de su libertad y de su dignidad. Por el contrario, en los países en los cuales se la considera esclava, se la encierra en un hogar que resulta cárcel; se la supone incapaz, inferior, se la aprisiona y subordina; se le injuria, con halagos, y se la niega el divorcio.

No hay razón para afirmar que el divorcio va en contra de la mujer. Examinad los casos prácticos. Si un hombre comete adulterio, no es ciertamente criticado; no quiero decir que dentro de sus propios amigos sea tratado con mayor respeto; pero sí, por lo menos, con cierta admiración. Lo verdadero es que aquel hombre no ve ninguna mano amiga que se le retire y tendrá siempre su puesto honorable dentro de la sociedad. En cambio, si una mujer comete adulterio, si una mujer se encuentra en el duro trance de amar a otro hombre, porque el que la ley le impone la desprecia y ya por él no tiene respeto, entonces todas las manos se le retiran, es repudiada de todas las casas y el respeto público no le acompaña. Luego si nosotros facilitamos la posibilidad de que un amor perdido pueda ser sustituido por un amor verdadero y prolongado; si a esto van encaminadas nuestras leyes en los casos de excepción, habremos hecho algo para la mujer, porque para los hombres, dada nuestra organización social, no necesitamos hacer ninguna ley.

Que esto sea verdad, estrictamente verdad, aparece en todas las manifestaciones de nuestra vida, en toda nuestra existencia social, en la existencia social de todos los países; luego no es la mujer la que enternece el corazón de los antidivorcistas.

Cuando la mujer se les escapa como argumento, entonces se acude a los hijos y se levanta en nombre de estos pobres hijos, se levantan en defensa de la felicidad; estos pobres hijos representan la última defensa que tienen los señores contrarios al divorcio. Y el señor Lanuza (...) indicaba que a él gran preocupación le producían los hijos en los casos de divorcio; pues yo puedo afirmar que también en el divorcio se hace homenaje a los hijos; yo puedo decir, sobre todo, que el problema no es tan grave. Llama la atención de los señores Representantes: ¿Qué problema grave puede haber cuando el número de divorcios en los países más progresistas del Universo, en estos Estados Unidos de los cuales se ha hablado, no llegan sino a una insignificancia? El tanto por ciento es mínimo, especialmente en parangón de la viudez, que podríamos llamarla un divorcio impuesto por la naturaleza ¿No es peor que un niño no tenga padre, a que lo tenga aunque sea separado de la madre? Pues los hijos de viudos son veinte, treinta, cincuenta, quizás mil veces más numerosos que los hijos de los divorciados, y nadie ha dicho que se deben hacer casas especiales para estos hijos; nadie ha dicho que el Estado se tiene que ocupar de ello; nadie ha dicho que estos hijos tienen que estar bajo el amparo de las instituciones del Estado, nadie se ha ocupado de ellos. Y entonces los que se ocupan de los hijos de los divorciados no lo hacen para favorecer a aquellos pequeñuelos, sino solamente para oponerse al divorcio, para mantener el vínculo matrimonial, para hacernos respetar el matrimonio como un sacramento.

Treilhard, en la Cámara francesa, en tiempos de la Revolución, trató de la cuestión del divorcio y decía así:

> ¿Qué sucede de los hijos después de la separación? Sin duda el divorcio o la mera separación de los padres en la vida de los hijos marca una época muy funesta; pero no es el acto del divorcio o de la separación lo que hace el daño; es el terrible cuadro de la guerra intestina que ha hecho necesario el acto.

Y es evidente, y es claro que manteniendo los hijos dentro de la familia desunida, dentro de las luchas domésticas, dentro de la insolencia y dentro de la infamia, es muy difícil conservar la pureza de alma de los niños, que desarrollándose dentro de ese ambiente aprenden a odiar al padre, mientras que llevados a un hogar más puro, a un hogar más tranquilo, a un hogar más honesto, formarán sus propios sentimientos, elevarán su propia conciencia, cultivarán su moralidad. Es mucho mejor separarlos del mal y llevarlos al bien.

Se ha afirmado que los hijos de divorciados perderán el amor de los padres, ¡como si las luchas todas de los divorciados modernos y de las separaciones no giraran alrededor de los niños! El divorciado mantiene siempre el afecto para los hijos, y su única preocupación en el pleito de divorcio es no perderlos. Son padres que quieren a sus hijos, y en la suprema lucha, cada uno va a sostener el derecho que tiene sobre ellos de cultivar su inteligencia, de educarlos y hacerlos buenos ciudadanos.

Voy a dar lectura nuevamente a algunas palabras dedicadas a los hijos en la cuestión del divorcio, por el doctor Secades:

> Dícese que no habría inconveniente en admitir el divorcio absoluto para los casos en que no hubiera prole, pero nunca por ningún concepto para el caso en que la hubiere.
>
> No acertamos a explicarnos la razón de estas condiciones. A nuestro sentir, nunca estaría la preexistencia de los hijos, puesto que, lejos de ser ellos las víctimas de la corrupción doméstica, vendrían a ser los verdaderos redimidos...

Si con imparcialidad de criterio igualmente separados de los fines extremos que persiguen las escuelas radicales, nos colocamos en un justo medio que nos permita distinguir y apreciar los distintos horizontes que se presentan a la vida de la familia y a la vida social, con la aceptación o no aceptación de las conclusiones que formulamos en cuanto se refiere a la disolución del vínculo matrimonial quebrantado por el vicio en sus más íntimas manifestaciones, nos veremos obligados a confesar (...) vencidos por las lecciones dolorosas de la vida social, que es preferible, moralmente hablando, que los hijos intenten averiguar las causas que dieron lugar a la separación de sus padres, antes que vayan desarrollándose lentamente en una atmósfera malsana (...) formando sus sentimientos en un medio ambiente caldeado por las corrupciones. Por eso nosotros pedimos el divorcio, más que en defensa de los derechos de los cónyuges (...) en defensa de los derechos de los hijos. Ellos, los hijos, han de ser (...) los primeros a quienes se defienda y los primeros beneficiados. Digamos con Mantegazza:

> El divorcio debe escribirse cuanto antes en nuestras leyes: lo reclaman los esposos felices para asegurar su dignidad ofendida por un vínculo tirano; lo imploran de rodillas los infelices a quienes la desventura o la culpa condenaron a la mayor de todas las torturas humanas; a la de una esclavitud sin reducción, un yugo sin reposo, un castigo sin bálsamo, un dolor sin esperanza.

Si con tranquilidad (...) estudiamos la situación de estos inocentes, producto de un matrimonio mal avenido; si les seguimos dentro de la separación de bienes y cuerpos, y más aún, dentro del divorcio por rompimiento del vínculo, veremos claramente como esta ley los beneficiaría. Imaginaos a estos hijos, no ya dentro de la familia, sino en la primera sociedad que ellos tienen, en la escuela. La madre o el padre son gente perdida; el uno o la otra violan los principios más fundamentales de la vida social, y estos niños, de los cuales, por ejemplo, se conozca el adulterio de la madre, van a la escuela (...) en caso de separación de bienes y de cuerpo, ellos no son hijos de un matrimonio normal, son producto de un acontecimiento anormal; la sociedad ha condenado a la madre, tolera al padre. Si son varones pasan compadecidos; si son hembras la crueldad las estigmatiza. En todos los casos son objeto de desprecio porque no están a la altura moral de sus compañeros y amigos. Pero en cambio, si una ley de divorcio viene a formar conciencia en el pueblo, conciencia en todos los ciudadanos; si viene a ser algo que, dictado por el legislador, queda en el ánimo de todos (...) aquellas jóvenes almas desgraciadas pueden seguir su misión en la vida, continuar su carrera sin la animadversión de los que le rodean, dejando de ser víctimas de la humana necesidad. Ya no representan el tipo anormal; el caso de ellos es social, reconocido por la ley, sometido a las disposiciones legislativas que, con su ejercicio, llegan a ser, como decía antes, conciencia del pueblo, voluntad de los propios ciudadanos.

(...) El hijo de un matrimonio mal avenido encuentra en su hogar todo un mundo de engaños, de injurias, de desprecios, de odios comprimidos, de rencores desbordados, de falsías; y en su pequeña vida social, desprecio y burla que lo pondrán siempre en segunda fila, que lo agobiarán todo el tiempo amoldando así sobre esta dura realidad su (...) ya triste existencia.

(...) no comprendo la oposición al divorcio hecha a nombre de los hijos, en un país que hay separación de cuerpos. En esta hay, en cuanto a los hijos, lo que se creen males del divorcio sin las ventajas del mismo. Hay separación de un posible hogar honrado, levantado sobre los escombros del anterior; un concubinato, una unión ilegal que sirve de escándalo al hijo, de impudor a los padres, de motivo de sarcasmo y desprecio a la sociedad.

Las manifestaciones que se han hecho fuera de este recinto, fuera de la Cámara de Representantes, las recojo porque, en realidad, hasta el presente no hemos tenido una amplia discusión por parte de los contrarios al divorcio, si se hace excepción de la bella arenga del señor González Lanuza, y esta cuestión de la indisolubilidad del matrimonio ha encontrado en esta Cámara única y exclusivamente un tembloroso defensor: el señor Lanuza; y no ha encontrado a nadie más que haya sabido hasta el presente oponerse a las ideas por nosotros sustentadas; por eso para poder nosostros discutir y argumentar, tenemos que hacer referencia a lo que se ha escrito en los periódicos, a lo que se pronuncia en conferencias, a lo que ha sido producto de entrevistas que la misma prensa ha publicado.

El general José Miguel Gómez piensa que el divorcio es un mal (...) Y realmente sería de tenerse en cuenta la observación del general José Miguel Gómez, ex Presidente de la República, que gobernó al país por varios años, si estas cuestiones de religión no estuviesen siempre animadas por sentimientos pasionales. (...) El general José Miguel Gómez (...) fue actor en nuestras gloriosas Revoluciones, así en la primera como en la segunda; y tanto en una como en otra siempre sostuvieron los revolucionarios el Estado laico, siempre sostuvieron el principio de separación de Iglesia y Estado; fue miembro de la Convención Constituyente que consignó en páginas inmortales este mismo principio y, olvidándose del pasado, ha manifestado él que nunca la Revolución tuvo Ley de Divorcio. Antes que él otros revolucionarios han afirmado que en ninguno de los documentos revolucionarios se encuentra la reivindicación del divorcio. Claro, en ninguno (....) como en las Constituciones sucesivas, como en el Manifiesto de Montecristi, como en los otros manifiestos que se lanzaron antes de la labor activa, podía consignarse el divorcio, pues es este precepto de Derecho Civil cosa meramente accesoria. Otros y mayores cuidados embargaban la mente de los directores y precursores de la Revolución nuestra. Pero desde el momento que se defendía el Estado laico, que le negaban al matrimonio la base del sacramento, llevaban a esta institución a la emancipación de lo eclesiástico y la sometieron al criterio transformable de lo justo, lo útil y lo moral.

El general José Miguel Gómez ha negado que existiera ley alguna revolucionaria que consigne este principio, y yo quiero recordarle desde esta alta tribuna parlamentaria al ex Presidente de la República que precisamente fueron reunidas en un tomo, por su propio Gobierno, las leyes de la República revolucionaria, y que en aquel tomo se encuentra la ley dictada por el Gobierno competente de la Revolución sobre la disolubilidad del matrimonio por medio del divorcio. Evidentemente la memoria humana flaquea a veces, y en este caso la memoria del ex Presidente de la República no le ha sido, como le es habitualmente, fiel (...) Dejemos, pues, en su tranquilo retiro al ex Jefe de Estado; dejémoslo entregado, por razones de edad, a una labor contraria a la civilizadora que nosotros estamos realizando.

Sigamos sin preocupaciones de ningún género y seguramente el porvenir será nuestro; este porvenir en el cual hemos puesto siempre nuestra mirada, desde que pensamos que ya Cuba no debía ser más una colonia, sino que debía ser una nación con todos los atributos y adelantos de la naciones laicas del universo.

(...) ya la conciencia moral de cada uno está a la altura del voto que va a dar sobre el divorcio. Pero sepan los que creen que pueden amenazar, que pueden lanzar injurias hipotéticas para amedrentar a las almas débiles, que en esta Cámara de Representantes, a cada amenaza se aumenta un voto a favor del divorcio; sepan que la campaña que han venido realizando, de difamación, le ha dado muchos más adeptos a la Ley del Divorcio que la propia voz de los que defienden la institución.

¿Qué nos importa que haya quienes no gusten de la reforma? Nosotros no la presentamos como el súmum de los bienes, sino como una medida indispensable para la felicidad de los menos; nosotros la presentamos por un lado como medida de orden penal; de otro lado, como medida de piedad. Esta es la razón por la cual estamos a favor de esta Ley.

Y dejando a un lado las disquisiciones hechas fuera de esta Cámara, me va a permitir el distinguido doctor Lanuza que yo le diga, siguiendo el discurso interrumpido la otra tarde, que no he comprendido su diferencia entre el individuo y la sociedad, a propósito de esta cuestión.

La base esencial del doctor Lanuza fue la siguiente: la sociedad recibe daño con una ley de divorcio, en cambio, un número de individuos se benefician. Mientras favorece al individuo, hace daño a la colectividad. Y sobre esto pronunciaba las más hermosas palabras de su discurso, afirmando que la civilización prepara la desgracia de los menos y que sobre ella crece y se desenvuelve. Otras veces estas palabras se han dicho en forma más simbólica: *La civilización pasa con su carro y deja huella de cadáveres.* El señor Lanuza indicaba, por consiguiente, que para el bien de la humanidad, para el bien de las sociedades humanas, debían sufrir unos pocos; las víctimas del matrimonio debían perecer en homenaje a la felicidad del mayor número. Yo no comprendo, en el estado actual de las ciencias sociológicas, la diferencia que hay entre interés individual e interés colectivo, y, por esto, en una interrupción que me permití hacer al señor Lanuza, decía que su argumentación estaba sacada del viejo arsenal del darwinismo. El darwinismo aplicado a la sociología constituye ya un estudio de otros tiempos; solamente puede quedar en la sociología como algo histórico, como un punto determinado del conocimiento por el cual ha atravesado la mentalidad humana. Pero ya la lucha por la vida no es la desaparición de uno para el triunfo del otro, sino la asociación, la solidaridad, la ayuda mutua. Los hombres, en tanto prosperan, no en cuanto luchan los unos en contra de los otros, sino en cuanto se unen, en cuanto hay menor cantidad de dolor, en cuanto hay mayor número de facilidades para poder alcanzar el bienestar de todos. No es, por tanto, la sociedad actual la que se basa en el sufrimiento de los pocos y el beneficio del mayor número; porque si ésta fuese su finalidad, no estarían los potentes de la tierra, no estarían los grandes, los ricos y poderosos, auxiliando al obrero y al desvalido; no estarían los blancos dándole, en todas partes del universo, la libertad al hombre negro y al blanco desheredado. Si la lucha por la existencia fuera debida al *bellum omnium contra omnes*, de Hobbes, toda nuestra época gloriosa no tendría razón de ser y todos los fenómenos sociales de estos últimos años, serían una mera superfetación.

En la aplicación del principio darwiniano, sin embargo, hecho por Spencer, que fue aquel que en sociología más se acercó al darwinismo, no se llega a la consecuencia del señor Lanuza. No hay el triunfo de los muchos sobre los pocos; hay una idea de equidad que es superior a la potencia, que es superior a las fuerzas del mayor número, y hay, precisamente en la teoría spenceriana, la afirmación más completa del individuo. El individuo, por tanto, está en sociedad, por cuanto la sociedad es la fuente de su bienestar, y da a la sociedad su esfuerzo y de ésta recibe lo que necesita. Lo individual y lo social tienen la misma finalidad. Y Spencer, el mismo Spencer, dice:

> Estos hechos que deben de servir de pauta a todo juicio racional de utilidad, son: que la vida consiste en el ejercicio de ciertas actividades por las cuales se sostiene; y que, siendo necesario que estas actividades se limiten recíprocamente entre los hombres reunidos en sociedad, su ejercicio no debe cohibirse más allá de los límites naturales creados; lejos de ello, la función de los agentes que dirigen la sociedad debe ser el hacer respetar y garantizar tal ejercicio.

Y más adelante añade:

> Por consiguiente, resulta que la utilidad, no evaluada empíricamente, sino determinada racionalmente, prescribe que se respeten los derechos individuales y prohibe al mismo tiempo todo lo que pueda contrariarlas. Por consiguiente, queda establecido el término supremo de la intervención legislativa, reducido a su forma más modesta, cualquiera proposición de inmiscuirse en la actividad de los individuos, como no sea para garantizar sus recíprocas limitaciones, envuelve la absurda pretensión de mejorar la existencia, violando las fundamentales condiciones de la vida.

Así expresa en su conocido opúsculo: *El individuo contra el Estado*. Y ese Spencer es contrario a la teoría utilitaria sostenida por un hombre del cual yo leí párrafos también en la sesión anterior, Jeremías Bentham.

Pues bien, como yo decía la vez pasada, sobre esta cuestión del divorcio, los dos coinciden; Bentham era favorable al divorcio y lo sostenía en el párrafo que yo leí, afirmando lo que es una verdad indiscutible: que el divorcio, lejos de ser un daño a la sociedad, es un gran bien.

XXX
JOSÉ ANTOLÍN DEL CUETO

Nació en La Habana en 1854 y murió en la misma ciudad en 1929. Estudió el Bachillerato en el Instituto de Segunda Enseñanza de La Habana, donde fue condiscípulo de José Martí. Realizó estudios superiores en la Universidad Central de Madrid, donde se graduó de abogado y de Doctor en Filosofía y Letras y, más tarde, ganó por oposición la cátedra de Derecho Mercantil para la Universidad de La Habana. Fue también diputado a las Cortes españolas, y en ellas defendió las ideas autonomistas que profesaba respecto a Cuba. Al advenimiento de la República, fue representante a la Cámara (donde destacó como orador parlamentario) y presidente del Tribunal Supremo de Justicia. José Antolín del Cueto destacó también en el magisterio universitario y fue considerado —junto a Ricardo Dolz, José Antonio González Lanuza, Pablo Desvernine y Antonio Sánchez de Bustamante y Montoro— uno de los más eminentes juristas de principios de siglo.

Sobre la jurisprudencia como fuente del Derecho [*]

EL PAPEL PREPONDERANTE de la Jurisprudencia en la aplicación del derecho a pesar de que nuestros cuerpos legales desconocen su existencia o la proscriben, es uno de los ejemplos más característicos del contraste que con frecuencia se ofrece entre el derecho como norma escrita en los textos y el derecho tal como se manifiesta y vive en la realidad.

De la Jurisprudencia no se ocupan ni el Código Civil, ni el de Comercio, ni las Leyes de Enjuiciamiento ni la Orgánica del Poder Judicial, ni ninguna otra de las que de algún modo reglamentan a la función jurisdiccional de los tribunales.

No la menciona el Código Civil cuando prescribe que a falta de ley exactamente aplicable al punto controvertido, se aplicará la costumbre del lugar y,

---

[*] Fragmentos del discurso pronunciado por José Antolín del Cueto, Presidente del Tribunal Supremo de Justicia de Cuba, en el acto solemne de apertura de los Tribunales, el día 2 de septiembre de 1918. Se encuentra contenido en: *La oratoria en Cuba* (t. II, en: *Evolución de la Cultura Cubana*, vol. VIII, La Habana, 1928) Título de la antóloga.

en su defecto, los principios generales del derecho. No la mienta el de Comercio cuando sujeta la actividad mercantil a las disposiciones del Código, en su defecto a los usos del comercio y, a la falta de éstos, a las reglas del Derecho común. La Ley de Enjuiciamiento Civil, por su parte, tampoco trata de la Jurisprudencia, y la Orgánica del Poder Judicial en cierto modo la rechaza al prohibir a los tribunales que dicten reglas de carácter general que tengan por objeto la interpretación de las leyes aplicables a los juicios. Sólo al final del Código Civil, allá en la última de sus disposiciones adicionales se menciona la Jurisprudencia del Tribunal Supremo como uno de los elementos de las reformas legislativas que cada diez años habría de proponer al Gobierno la Comisión Codificadora.

Si la existencia o la legalidad de las instituciones sociales dependen en todo caso de su reconocimiento por las leyes escritas, en presencia de ese silencio que guardan nuestros códigos podría creerse que a la Jurisprudencia no existe o, de existir, arrastra una vida lánguida, sin valor ni energía.

Pero es lo cierto, lo sorprendente, que la Jurisprudencia, no obstante su preterición por los textos, existe y prospera, tiene vida intensa, fecunda, legítima y provechosa, que se exterioriza en la diaria labor de los tribunales, aplicando las leyes comunes y especiales y, en actos de mayor trascendencia, sindicando la constitución de esas mismas leyes. Y la Jurisprudencia vive no sólo debajo de la ley, como vasalla, para aclarar su obscuridad y suplir su deficiencia, sino a su lado, como igual, para sustituirla cuando silencia el caso a decir, y hasta por encima de la propia ley para fijar la inteligencia que en la práctica ha de dársele y corregir como errónea cualquier interpretación que discrepe de la que la misma Jurisprudencia estableció.

Tenemos de una parte a los textos silenciando la Jurisprudencia como si ignoraran que existe; de otra, a la Jurisprudencia, suma y compendio de las máximas establecidas por los tribunales al interpretar las leyes para aplicarlas en juicio, creciendo en importancia en el transcurso del tiempo, aumentando cada día sus prerrogativas, erigiéndose en intérprete de la ley cuya inteligencia subordina a la que ella misma fijara, haciendo depender también de su propia aceptación la existencia de la costumbre y de los principios generales del derecho que los códigos señalan como fuentes supletorias de la ley escrita.

Así, condensando en máximas el Derecho que prácticamente se realiza, el que con preferencia utilizan y aplican en los respectivos órdenes de su actividad los hombres de negocios, notarios, registradores, funcionarios administrativos de los diversos órdenes, jueces y tribunales; el que sirve para legalizar los contratos y sacar triunfantes los procesos, el Derecho que se vive, en suma; la Jurisprudencia va sobreponiendo su autoridad a la de los textos; y sus máximas llevadas al Repertorio, en ese libro modesto vinculan la fuerza, la vida, dejando al texto legal, a modo de consuelo, la melancólica majestad del soberano en decadencia, ni buscado ni temido.

¿Cómo la Jurisprudencia caída y desdeñada por los textos ha podido elevarse al grado de primacía y excelencia de que goza en el presente? Recordarlo será el tema de este discurso con que inauguramos un nuevo año judicial.

(...) En los muchos casos en que la ley resulta inaplicable por obscura, incompleta, o porque guarda silencio, hacen los tribunales lo que se llama legislación pretoria, en recuerdo de la más grande de las magistraturas republicanas de Roma, de aquella inmortal disciplina derivada del Edicto, introducida, según la feliz expresión de Papiniano: *adiuvandi, supplendi vel corrigendi juris civiles gratia*, que era fuente viva de Derecho, el órgano clásico de la evolución del Derecho, el auxiliar más poderoso de las exigencias mudables de la justicia social.

Así como las leyes parlamentarias figuran insertas en el *Diario Oficial*, la legislación judicial se contiene en colecciones especiales. Se dice *el Dalloz*, *el Sirey*, como se dice *el Código Civil*. Corrientemente se dice *es de Jurisprudencia* como se diría *está dispuesto* o *prohibido por la ley*. Los litigantes y sus abogados se ocupan más de los repertorios del Derecho vivo que de las propias fórmulas del Código. El Derecho actual allí está, y allí es donde los prácticos lo buscan.

El Derecho actual no está sólo formado por los preceptos legislativos, puesto que lo completan las interpretaciones, la práctica, y hasta las mismas ilegalidades más o menos veladas por la habilidad de los peritos en derecho. ¿Dónde está la ley? ¿En el texto publicado en la *Gaceta*? Está, sin duda, en ese texto, pero tal como ha sido comprendido durante una larga práctica por los funcionarios administrativos, la Jurisprudencia, la soberana interpretación del Tribunal Supremo en pleno. El *Catecismo de los ciudadanos*, como decía Beccaria, ya no es el Código sino que lo forma la colección de sentencias, reglamentos, circulares, y otros acuerdos ministeriales.

Hay que confesarlo con franqueza. Sabemos lo que las leyes dicen por lo que los tribunales al aplicarlas entienden y manifiestan que han querido decir. Los tribunales no aplican los textos de ley sino en el sentido en que los interpreta la Jurisprudencia. Luego, en verdad, ésta es la que se aplica. A las relaciones actuales de la ley con la Jurisprudencia cuadra aquella frase con que Thiers definió la situación del rey constitucional: "La Ley reina y no gobierna. La ley manda, pero quien gobierna en su nombre el vasto campo de las actividades jurídicas, es la Jurisprudencia."

Mas, lo cierto, lo curioso, es que la Jurisprudencia, encarándose con el Código, le dice: tú no reconoces mi existencia; aparentando ignorarla tratas de suplantarme con las costumbres y los principios generales del Derecho; pues bien, ten entendido que en la vida judicial no habrá más costumbre, ni más principios jurídicos que aquellos que por mí sean reconocidos y aceptados. Y efectivamente, la Jurisprudencia constante a partir de la promulgación del Código, en perfecta consonancia con la que tenía establecida el Tribunal Supremo antes de su redacción, sanciona las siguientes máximas:

> La costumbre aplicable en defecto de Ley es aquella cuya existencia y vigor resulten probados a juicio de los tribunales (...)
>
> Las opiniones de los jurisconsultos y doctrinas de los doctores o comentaristas, por autorizadas que sean, no forman doctrina legal a los efectos de la casación, si el Tribunal Supremo no las admite como tales (...)
>
> Para citar como infringido un principio de derecho es indispensable hacerlo a la vez de ley o Jurisprudencia del Tribunal Supremo que como tal lo consideren (...)

La supremacía alcanzada por la Jurisprudencia del Tribunal Supremo no significa, empero, que éste contenga toda la doctrina legal que en la vida sirve de norma de conducta.

Los asuntos en que la ley no da recurso de casación y aquéllos en que el propio Supremo lo niega, ya por vicios de interposición, ya porque estima no cometidas las infracciones que por el recurrente se imputan al fallo impugnado, forman, a no dudarlo, el noventa por ciento, cuando menos, de los negocios civiles de que conocen los juzgados y audiencias. En tales negocios son los tribunales de apelación o audiencias los que para fallar interpretan las leyes y la propia Jurisprudencia del Tribunal Supremo. Existe, por tanto, una interpretación judicial de las audiencias, que en muchos casos el Supremo ratifica (en los considerandos de sus sentencias denegatorias del recurso). Esa interpretación autónoma no será Jurisprudencia en el sentido de que su quebrantamiento motive la casación, pero sí lo es en el sentido de que contiene y expresa la manera cómo las audiencias entienden la ley cuando la aplican soberanamente en gran número de casos. Las decisiones de las audiencias (de que en otros países existen buenas colecciones) deben aquí ser estudiadas y sistematizadas, sacándose de las que con reiteración y en casos análogos resuelven los asuntos en el mismo sentido, las máximas o doctrinas que establecen, para que sirva de norma al propio tribunal, de guía a los abogados y de regla de conducta a la colectividad.

La Jurisprudencia y la doctrina no están en pugna. Pasaron por fortuna los tiempos en que, divorciadas, se echaban respectivamente en cara la tendencia a la pura abstracción y la sumisión servil a la rutina. Hoy día la Jurisprudencia y la doctrina viven compenetradas en las decisiones judiciales, donde resulta una necesidad, y en las anotaciones de los fallos que los más preclaros juristas escriben en revistas profesionales haciendo de estos trabajos la obra maestra de la bibliografía jurídica moderna.

Entre la doctrina y la Jurisprudencia la vida del Derecho mantiene su constante flujo y reflujo. La interpretación que hacen los tribunales en sus sentencias está condicionada por los elementos del pleito. Si es axioma incontrolable que los tribunales no dan derechos sino que únicamente los declaran, no es menos evidente que la Jurisprudencia establece sólo su doctrina en aquella esfera en que la técnica jurídica, al servicio de los intereses en contienda, provoca su actividad. Hay que fallar dentro del terreno de la disputa, según lo alegado y probado, en conformidad con las cuestiones jurídicas debidamente propuestas y en la medida en que la potestad jurisdiccional ha sido impetrada por las acciones y excepciones congruentes con los puntos de derecho ventilados en el pleito, apreciando estos y no otros. Esas cuestiones jurídicas las plantean los abogados de las partes, pugnando cada uno porque el juez acepte como verdadera y buena aquella inteligencia de la ley favorable a la pretensión de su cliente. Pero la maestría en el conocimiento y manejo de las leyes a que aspiran los que por su oficio tienen que convencer al juzgador, sólo se alcanza mediante frecuente trato con la técnica, en los tratados doctrinales y la Jurisprudencia. La técnica de este modo ejerce poderosa y constante influencia en la obra de los abogados y, mediante los trabajos forenses, en las decisiones judiciales determinando la voluntad del juez a decidirse por una de las pretensiones en conflicto e informando también las razones que justifican su resolución. La Jurisprudencia es cosa compleja y el abogado que vence en el proceso es un colaborador del tribunal, eslabón intermedio entre la generalidad de la ley y la teoría, y la relatividad de la declaración judicial, solución concreta de un caso específico.

En pocos países como el nuestro, la sociedad ha afirmado en este campo, su derecho en frente del Estado, y una parte de nuestro sistema jurídico se viene formando por la obra de los jueces y por la espontánea colaboración de los doctos jurisconsultos que forman la milicia de la Cátedra y del Foro en la República.

Así, el pensamiento de los grandes juristas se incorpora al Derecho en acción y se cumple en este orden de la actividad la profunda observación de Carlyle:

> Las obras del hombre no perecen nunca, no pueden perecer. Lo que hay de luminoso en la vida de un hombre, esto se agrega para siempre a la Eternidad, como una nueva y dividida porción de la suma de las cosas".

Al advenimiento de la República, recibió nuestro Poder Judicial la eminente dignidad de sindicar la constitucionalidad de las leyes. Hoy día, todos los poderes del Estado viven sujetos a la censura de este Supremo Tribunal: el Judicial, mediante la casación; el Ejecutivo, mediante el recurso contencioso; el Legislativo, mediante el de inconstitucionalidad de las leyes. Las facultades del Poder Judicial en Cuba son inmensas.

En este instante no me propongo analizar su obra. Si Dios me da vida estudiaré otro día sus orientaciones, progreso e influencia. Afirmo, interpretando fielmente el sentimiento público, que la obra de la magistratura cubana es digna de encomio.

Para concluir, dejad que vuelva mi pensamiento al artículo 6 de Código Civil (...) que dice: "Incurrirá en responsabilidad el tribunal que se rehuse a fallar a pretexto de silencio, obscuridad o insuficiencia de las leyes". Este párrafo, aunque el subsiguiente no mencione la Jurisprudencia como fuente legal, contiene a mi modo de ver un apremiante requerimiento de acción. Cuando leo sus términos y medito su significado me parece que sorprendo el siguiente diálogo:

Tu acción —dice el precepto al tribunal— debe ser tan continua como el mandato de la ley. No la interrumpas nunca, porque no habrá excusa para tu pasividad. No invoques para disculparla ni el silencio, ni la deficiencia, ni la obscuridad de la ley, pues tales motivos serían en tu boca pretextos fútiles, dado que tu misión consiste precisamente en aplicar la ley en todos los casos como si fuera siempre clara, siempre bastante, siempre previsora. Juzga ateniéndose a la ley, pero cuando no te sea posible, juzga siempre. Cuida de que tu Jurisprudencia sea uniforme, pero no la dejes caer en estancamiento. Uniforme no quiere decir inmutable. La uniformidad consiste en que en cierta época en que imperan determinadas necesidades e ideas no sea diversa la inteligencia que al mismo texto den los tribunales al aplicarlo; en que a la vez el criterio judicial no sea atrevido y tímido, para que no ofrezca el contraste de que en sus fallas alternen la introducción de las últimas novedades con la sujeción de la rutina. Convertir la uniformidad en quietismo es como pretender que el tiempo no corra o que no muden las cosas en su transcurso. El culto de la uniformidad, si desdeñara los adelantos del tiempo, reproduciría aquel divorcio de la norma escrita con la realidad, cuyo maridaje es la razón de ser de la Jurisprudencia. Respeta la tradición sin volver la espalda al progreso. No olvides nunca que la justicia es un servicio público, el más importante de todos, y que los elementos para desempeñarlo son la cultura, la probidad y la entereza. Modelo digno de estudio hallarás en la Jurisprudencia extranjera y en la admirable Jurisprudencia francesa del Tribunal de Casación, lo mismo que del Consejo de Estado. No temas que al patriotismo repugne aprovechar la luz que de ella irradia. Maestros en conciliar el aprovechamiento de lo extranjero con el españolismo más puro fueron los legisladores de Cádiz y no porque modelaran su Constitución sobre la francesa del 91 flaquearon un instante en su indomable resistencia al invasor. Los códigos napoleónicos contienen las reglas fundamentales que gobiernan la vida social en las democracias modernas y por esto no pueden mirarse como exclusivamente franceses. No lo fueron nunca. Producto de la Revolución, desde su aparición ejercieron, como la Revolución misma, atracción universal. Aplicados en los territorios anexos a Francia, promulgados en los Estados feudatarios del Imperio, repudiados un momento por la reacción del año 14, imitados después por veinte pueblos, estudiados con ardor en la Jurisprudencia y la doctrina que los ilustran, reverenciados como la razón escrita cual lo fueron en otra edad las compilaciones de Justiniano, forman esos monumentos legales el más fuerte de aquellos vínculos que en el orden espiritual crearon y mantienen entre Francia y las nacionalidades modernas esa comunidad en el culto del Derecho y de la libertad, esa alianza que podemos llamar santa, sí, porque diariamente es sellada con sangre de mártires.

XXXI
MANUEL MÁRQUEZ STERLING

Nació en en Lima, en 1872, y falleció en Washington en 1934. En su juventud vivió en Puerto Rico y México, país este último donde, a los quince años, fundó la revista *El Estudiante*. Notable crítico literario, ensayista y articulista, desde muy joven se inició en el periodismo. Escribió en los periódicos *Patria*, *Cuba Libre*, *El Fígaro* y *El Mundo*, y fue fundador de *La Nación* y *Heraldo de Cuba*. En la década de los noventa se trasladó a vivir a Nueva York por razones de salud y allí se vinculó a la causa del 95. Una vez establecida la República independiente, ocupó cargos diplomáticos, desempeñó cátedras universitarias y fue miembro de la Academia Nacional de Artes y Letras y de la Academia de la Historia. En 1913 fue embajador de Cuba en México, durante el gobierno de Francisco I. Madero. El asesinato de Madero lo llevó a escribir *Los últimos días del presidente Madero*, un clásico de la historia de la revolución mexicana de 1910. Por tal razón, la Universidad Nacional Autónoma de México (UNAM) lo distinguió con un doctorado *Honoris Causa*. Entre sus obras de ensayo sociopolítico destacan: *La diplomacia en nuestra historia*, *Las conferencias de Shoreman* y *Doctrina de la República*. Al morir, dejó inconclusa su última obra: *Proceso histórico de la Enmienda Platt*. Su labor periodística fue tan reconocida, que la Escuela de Periodismo de La Habana llevaba su nombre.

El caballo de Naipe [*]

VER LAS COSAS como son, exactamente en su tamaño, exactamente en lo que valen, exactamente en su realidad, es, entre nosotros, rarísima condición. A fuerza de imaginativos e hiperbólicos, nuestro espejo mental aumenta o disminuye; jamás copia. Educados en la opulencia o en la mezquindad, nos avenimos poco a los términos medios, al equilibrio. El equilibrio psicológico se nos antoja frialdad, indiferencia. Su contacto nos causa fastidio. Y no escuchamos, por

---

[*] Artículo publicado en *La Nación* (año I, núm. 245, 5 de diciembre de 1916). Se encuentra contenido en: *Doctrina de la República* (en: *Grandes Patriotas Cubanos*, núm. 3, Secretaría de Educación, Dirección de Cultura, La Habana, 1937).

anodino, su consejo. Eran así, nuestros antepasados, en España. Son así nuestros hermanos en América. Grandes acontecimientos de la historia del Nuevo Mundo les produjeron malos anteojos del espíritu. Llevados de la primera impresión, estremecidos por una sensibilidad exacerbada, contemplamos, frecuentemente, sobre el capullo de una flor, el espectro de un malvado. Y nos desvanecemos de entusiasmo por la virtud que no existe o nos arrebatamos de cólera por el delito que no se ha cometido. Esos, los errores de juicio, de orientación, de energía, son los que conducen a nuestros representativos, de la popularidad y la confianza, al desprestigio y el fracaso. Cada crisis política es, por eso, entre nosotros, un desgarramiento. Los personajes, formados de la nada, se levantan y caen. El viento derrumba, como a castillos de naipes, las reputaciones. Y bajo el sol más ardiente y sobre la tierra más pomposa, los horizontes se estrechan y los hombres, en pugna desigual, se rinden y se rehacen y luchan y se van para volver. El actual problema de Cuba es el fracaso de un Gobierno erigido sobre la hipérbole que reacciona, tardíamente, y sin apoyo, contra los convencionalismos que le dieron, anticipado, el soplo de la fama. Grandes gobernantes que dejan de serlo a la hora de gobernar; hombres desprendidos, generosos, abnegados, antes de tocar el momento de los desprendimientos, las generosidades y las abnegaciones; un lamentable afán de vivir fuera de nosotros mismos y a despecho de la experiencia. Y el brioso corcel que vieron nuestros ojos orgullosamente plantado en la montaña, es ahora el caballo de una baraja, inmóvil en la pequeña cartulina de colores. En el tapete de la República se suceden, rápidamente, los triunfos del azar, junto a los oros, las espadas, disgregados en el desastre de empresas nacionales mal calculadas. A través de la exaltación, las mínimas figuras toman ficticias proporciones de monumento. De cal queremos hacer mármoles. Y siempre concluímos por indignarnos, cuando, al cabo, vuelven los mármoles a ser cal.

Tenemos delante un Gobierno que no quiere reconocer el desgaste de su naturaleza artificial, hecho a golpes de convencionalismo y deshecho, en la opinión, a golpes de realidad. A tanto extremo fue ilógico el encumbramiento de sus hombres, que no conciben ellos, ahora, la lógica de su descenso. Fracasado como guía de su pueblo, carece del sentido necesario para enterarse de su fracaso. No ha desarrollado un programa, ni una doctrina, ni un sistema de rígida y severa administración. Y en su ambiente de mediocridad, parecen grandes personajes muchas pequeñas personas; y supremo intelecto, mucha inteligencia vulgar; y torpe, trasnochado, absurdo, el único sabio que, por misteriosa ironía del destino, comparte con ellos la gran resposabilidad del presente. Proscripto el cerebro y no muy ardoroso el corazón, ha sido este Gobierno modelo de pasividad para todo impulso reparador, sin criterio de las cuestiones voluminosas, acomodada siempre su moral a la rutina de las tolerancias tradicionales. En su corto vuelo ha discurrido que la ética individual es diversa de la colectiva. Cada hombre debe ser pulcro, en relación a otro hombre. La pulcritud es, en cambio, debilidad, si se mantiene en las relaciones de cada hombre con respecto a todos los demás. Así discierne y así procede. Esa es la licencia que le permite declararse inmune de sí mismo. El sujeto se desdobla en el gobernante. Y conserva una doble personalidad. Entre ella, el puente del egoísmo echa a un lado todo lo que es grato, útil, conveniente al individuo particular, y a otro, todo aquello que incumbe al gobernante. En este reparto, jamás el individuo se opone al gobernante, ni osa el gobernante mortificar al individuo. Y así como la falta del gobernante no tiñe al individuo, la virtud del individuo no envuelve con su manto de luz al gobernante, aunque, desde luego, hace más por el individuo el gobernante que por el gobernante el individuo.

Gobernar es interpretar el espíritu de un pueblo. No gobierna quien no provee a interpretar. Nosotros vivimos del revés. El pueblo interpreta al gobernante. Provee a los egoísmos, a la frivolidad, a la insuficiencia del gobernante. Sirve, en vez de ser él servido. La aplicación del régimen democrático no ha llegado, todavía, entre nosotros, a la médula constitucional. Porque la forma *cuidada* no corresponde a la entraña imperfecta. Nuestra infancia de pueblo nuevo está aún tocada de la decrepitud colonial de un pueblo viejo. Junto al retoño de hirviente savia, la encina añosa con su tronco ennegrecido y seco. La libertad abre la brecha y los separa. La encina intenta aún prevalecer sobre el retoño; y no lo gobierna propiamente porque carece de la capacidad de interpretarla.

Nuestro tiempo es tiempo para hombres nuevos, aconsejados e influídos entre sí, a la sombra de una sola bandera posible: progresar. Progreso es, en este caso, civismo. Porque en busca del civismo fue la Revolución y a cosechar sus frutos la República. Las dos corrientes primordiales para ir libres al futuro, son la realidad y el ideal. Se quita la realidad y el ideal nos aturde. Se quita el ideal y la realidad nos detiene. Gobierno sin realidad y sin ideal es el fracaso. El fracaso que estamos observando en plena crisis. (...) Los partidos no pudieron o no quisieron ver, en su tamaño exacto, la realidad cuando dejaban, sin fundamento, a merced de este Gobierno, el ideal. Ahora él no quiere y acaso no puede ver en sus dimensiones geométricas, la realidad de los partidos a los cuales el ideal sacude sobre las exprimidas raíces de la encina. El convencionalismo desvanecido en el alma del pueblo, que no fue interpretado es, al entender del gobernante, un derecho perdurable, una ley fatal del sentimiento, una trinchera política, en el desastre, que no debe abandonar. Por su origen, fue el Gobierno, a lo largo de la senda de abrojos, la interrogación de una tendencia que no se proyectaba hacia ningún extremo. La interrogación ha logrado ya su respuesta. Pero, esta respuesta no debe ser definitiva, como nada ha sido definitivo en su paso por el mundo, de igual manera que los medios usados, para recuperar los convencionalismos desmoronados, deben corresponder a la mediocridad del ambiente. Si los liberales, que se inclinan al proyecto, intolerable, de tocar a rebato ante el peligro que se cierne sobre la República, reflexionan serenamente, miden sus propias responsabilidades, y dejan caer, en el debate, una gota de filosofía, advertirán que el Gobierno, a pesar de sus resistencias, constituye un gran peligro hueco entre la realidad y el ideal. Mover todas las fuerzas activas de la República, actuar siempre dentro de la soberanía nacional; y no se convertirá el peligro hueco en maza sólida desprendida sobre la patria inerme. No hay caballo de naipe que pueda contra toda la baraja, si permanece sereno el entendimiento y está sano el corazón.

XXXII
FERNANDO ORTIZ

Nació en La Habana en 1881 y falleció en la misma ciudad, en 1969. De joven, vivió en España, donde se licenció en Derecho en la Universidad de Barcelona y se doctoró en la misma disciplina en la de Madrid. Realizó estudios de antropología criminal en Italia con Lombroso y Ferri. De regreso a Cuba, fue miembro de la Sociedad Económica de Amigos del País, colaborador asiduo de la *Revista Bimestre Cubana*, profesor de la Universidad de La Habana y fundador de importantes instituciones culturales, como el Instituto Hispanocubano de Cultura y la Sociedad de Estudios Afrocubanos. También fundó las revistas literarias *Surco* y *Ultra*. Por medio de su trabajo como investigador y conferencista, dio a conocer a nivel internacional los problemas más importantes en la formación de la identidad de la nación cubana. Entre sus libros de ensayos sobre la negritud, la identidad y el folklore cubano —los más importantes escritos en Cuba sobre dicha temática, junto a los de Lidia Cabrera— destacan: *Los negros brujos* (1906), *La reconquista de América* (1911), *Entre Cubanos* (1914); *Cuba en la paz de Versalles* (1920); *Historia de la arqueología Indo-Cubana* (1922); *En la tribuna* (1923); *Glosario de afronegrismos* (1924); *Las relaciones económicas entre Cuba y los Estados Unidos* (1927); *Contrapunteo cubano del azúcar y el tabaco* (1940); *Las cuatro culturas indias de Cuba* (1943); *El engaño de las razas* (1946); *La africanía en la música folkórica de Cuba* (1950) y otros. Ortiz incursionó también en la vida política republicana ocupando cargos públicos y diplomáticos. En dos ocasiones, 1907 y 1927, fue representante a la Cámara. Durante la dictadura de Machado, vivió exiliado en Washington.

La crisis política cubana: sus causas y remedios
(Resumen de un libro que ya no se escribirá) [*]

LA CRISIS política cubana es, como todas las graves enfermedades de los pueblos, fenómeno complejo de difícil diagnóstico y de tratamiento complicado. No hay que pensar, pues, en que pueden por arte de encantamiento ser desentrañados todos los factores morbosos de un pueblo y ser cauterizadas sus lacras, como rezan en sus arengas los rábulas de la politiquería.

---

[*] Fechado en marzo de 1919 y publicado en *El Heraldo de Cuba*, el 23 de junio del mismo año. Contenido en: *Obras* (Ediciones Unión, UNEAC, Colección Órbita, La Habana, 1973).

Pero, por desgracia, los males cubanos son de tal naturaleza que no es preciso un Orfila para que, como medico-legista, pueda analizar los más mortíferos tósigos que envenenan la vida de nuestra joven República, descubrir los más culpables patricidas, y sugerir alguna que otra triaca, para seguir el símil, de la medicina popular.

Por eso, al ser solicitado para ello, he reunido algunos apuntes, tomados tiempo ha para un libro de *Sociología Cubana*, que coadyuvara a la magna obra de Sarmiento, Bunge, Ingenieros, Blanco Fombona, Arguedas, García Calderón y tantos otros, de tratar con orientación positivista la *Sociología Iberoamericana*, tan discutida como injustamente maltrecha(...)

Las palpitaciones desordenadas de la política criolla de estos últimos tiempos alteraron el ritmo de mis tranquilas faenas de publicista, que no quiero olvidar; y me es grato recordarlas hoy al recoger y completar viejas notas y apuntes, para arrojarlas a la hoguera política y avivar en lo poco que de ellas puede esperarse, la pálida y mortecina luminosidad de su fuego.

En estos fugaces días de crisis mundial, ningún hombre consciente puede negar a su patria, su acción, por modesta que sea; ni la verdad de sus ideas, por cruda que fuere. Ello sería una deserción frente al enemigo. Sírvame de disculpa al publicar estas líneas, mi deseo de no ser afrentado por el sonrojo de una deserción.

Causas de la crisis

A. Causas sociológicas

1. Falta de preparación histórica del pueblo cubano para el ejercicio de los derechos políticos.

2. Incultura general en las clases dirigidas, que les impide apreciar en su justo valor a los hombres públicos, sus ideas y procedimientos, y las entregas casi indefensas a la malicia y los egoísmos personales de los malvados, de las mediocridades y de las insignificancias.

3. Cultura deficiente en las clases directoras, que impide refrenar sus egoísmos y hacerlos compaginables con los ideales del progreso mundial y los supremos intereses de la nación.

4. Desintegración de los diversos elementos sociales de Cuba en razas y nacionalidades, a veces antagónicas y, por tanto, de intereses no fundidos en un consciente interés o ideal supremo nacional.

5. Predominio económico de los elementos extranjeros, para los cuales, naturalmente, los intereses morales y populares de Cuba son secundarios; por cuya causa estos supremos intereses no tienen, como en otros países, todo el apoyo poderoso de una vigorosa corriente, material y espiritualmente nacionalista.

6. Debilidad psicológica del carácter cubano, ante la necesidad de los esfuerzos serenos y tenaces que exige la civilización contemporánea; y la impulsividad característica de esa índole psicológica, que nos lleva con frecuencia a actuaciones intensas, pero rápidas, precipitadas, impremeditadas y violentas.

7. Profundo relajamiento moral de las costumbres políticas, por complejas concausas que no han podido o sabido contrarrestar y hasta han favorecido, consciente o inconscientemente, los gobiernos nacionales o extranjeros que ha tenido Cuba desde hace más de un siglo.

B. Causas políticas

1. Constitución inadecuada a la demopsicología cubana

a) Exceso de facultades del Presidente de la República, y consiguientes facilidades al despotismo.

b) Responsabilidad legal, excesivamente limitada, del Presidente, de los Secretarios, de los Congresistas, por sus delitos comunes y políticos, y consiguientes facilidades a la desmoralización y al abuso gubernativo.

c) Inamovilidad de los Secretarios incapaces o delincuentes, ante los ataques de la unánime opinión pública, si son amparados por el error, el capricho o la complicidad del Presidente, y consiguientes ineficacia de la oposición, y debilitación de la fe popular.

d) Falta de fiscalización práctica del Congreso sobre la Hacienda pública, carencia de un Tribunal de Cuentas, y consiguiente anarquía fiscal y malversaciones sistemáticas e impunes del Tesoro público.

e) Falta de independencia absoluta del Poder Judicial supeditado al Gobierno, y consiguiente inmiscuición corruptora de la política en los Tribunales, desde la presidencia del Tribunal Supremo, hasta el último Juzgado Municipal.

f) Falta de una Ley de Orden Público y demás leyes complementarias de la Constitución, que regulen y garanticen el ejercicio de las libertades de asociación, reunión, correspondencia, pensamiento y otras, así como el estado de suspensión constitucional de garantías; todo lo cual aumenta la indefensión cívica del pueblo ante el exceso de poder personal del Presidente y las facilitaciones al despotismo.

La conciencia que tiene el pueblo de todas esas circunstancias y la desconfianza ante la magnitud del esfuerzo necesario para vencerlas, producen los siguientes efectos, que a la vez son concausas de la presente grave crisis política.

2. Partidos políticos

a) Alejamiento de los partidos políticos de los mejores ciudadanos y, consiguiente apoderamiento de los partidos por mediocridades o insignificancias estériles, y audacias rampantes.

b) Falta de una ley reguladora de la organización interna de los Partidos Políticos, y carencia de garantías de legalidad en la actividad interior de los mismos, y consiguiente reiteración de atropellos y abusos por los elementos controladores de las Asambleas superiores contra las inferiores, formación automática de camarillas habilitadas por su impunidad para imponer caprichosamente sus conveniencias personales y de grupo a las minorías, y, como sucede generalmente, hasta a las reales mayorías.

c) Comprensión legislativa de todas las posibles actividades políticas nacionales en sólo dos grandes partidos, y consiguiente convicción popular de la esterilidad de todo esfuerzo que no logre el beneplácito de las camarillas dominadoras de los partidos, de vida interna extralegal y únicas benefactoras del artificial monopolio político.

d) Falta de renovación de los elementos directores de los partidos políticos, desgastados por más de veinte años de acción, e imposible ascenso de los elementos nuevos, esterilizados en funciones secundarias, por la irrenovabilidad de los partidos y de los grupos controladores.

3. Burocratización del congreso

a) Sueldo de congresista, independientemente de su labor y de su asistencia al Congreso, y consiguiente provocación de aspiraciones a esos cargos públicos que exigen preparación, laboriosidad, disciplina y dedicación responsable.

b) Gastos públicos por el Poder Ejecutivo de varios millones ¡sin presupuesto, publicidad, ni control! (loterías, impuestos, leyes de obras públicas, sanitarias, etc.); y consiguiente posibilidad de excesivos favores políticos privados del Poder Ejecutivo a los congresistas adictos y a los amigos de éstos y de las camarillas políticas.

4. Reeleccionismo

a) En la Presidencia de la República provoca la usurpación del Poder, el fraude electoral, todo atropello a la libertad, a la vida y al tesoro, y consiguiente agitación reactiva revolucionaria.

b) En las otras posiciones políticas, especialmente en las de Gobernadores y Alcaldes, y en las internas de los Partidos, provoca de igual modo la usurpación de los puestos, el fraude interno, todo atropello a la legalidad de las Asambleas y delegaciones, toda transacción innoble contra la injusticia, y consiguiente agitación de las disidencias, y ulterior fraude del sufragio en las postulaciones amañadas y en los nombramientos de miembros de mesa electoral y de miembros políticos de las Juntas electorales, máxime si este reeleccionismo se acopla al presidencial, en cuyo caso, según experiencia reiterada, se arriesga la vida de la República y se pone en entredicho el decoro de la nación.

5. Ley electoral

Si las causas anteriores de la crisis no fuesen tan intensas, sería innecesario estudiar con urgencia la Ley Electoral; pero siendo aquéllas realmente poderosas llegan a sistematizar el fraude electoral y la burla de la ley, la cual resulta débil en sus garantías contra la malicia y cuya debilidad se manifiesta en varios aspectos:

a) Preferencia legal de dos partidos como base de garantía del procedimiento electoral, y consiguiente falta de garantía cuando los representantes de ambos partidos logran armonizar sus intereses políticos particulares y privados por encima de los generales y públicos de los partidos, caso frecuente que se dificultaría dando garantías e intervención en todos los procedimientos electorales a los varios partidos y minorías reales. Esta preferencia que priva a las minorías de algunas de las garantías y ventajas procesales, va realmente contra el art. 39 de la Constitución.

b) Posibilidad de falsos partidos y realidad probada de su intervención en las elecciones y consiguiente germen de la perturbación y falsedad de la voluntad nacional y de los partidos reales.

c) Imperfecta aplicación del procedimiento de la representación proporcional para la elección de representantes, consejeros y concejales, cuyo sistema es la más perfecta aplicación del sabio artículo 39 de la Constitución y la más sólida conquista de la libertad política en Cuba; pero tal como está regulada, ocasiona excesivo antagonismo de los intereses personales de los candidatos entre sí, mediante el esfuerzo legal, o sea, la votación de unos candidatos y no de otros, en los respectivos espacios cuadrados que constan en la boleta electoral, a la izquierda de los nombres de los candidatos, precisamente para el refuerzo; y, sobre todo, provoca el refuerzo ilegal, o sea el fraudulento, con la consiguiente desintegración de los intereses políticos de los partidos e incitación al fraude en grande escala.

d) Falta de reglamentación y de garantías legales para los acuerdos internos sobre postulaciones por los partidos políticos, y consiguiente repetición de graves abusos, atropellos e inmoralidades para lograr una postulación. Esta causa de crisis es de las más trascendentales y profunda; ella dificulta el triunfo de los mejores, corrompe las organizaciones de los partidos, fomenta y favorece las camarillas y falsea en su base troncal el sufragio popular que monopolizado de hecho por la posición preferente de los dos partidos, ni siquiera tiene el consuelo frecuente de verse obligado a votar por los candidatos de una selección ordenada y legítima que los partidos presentan al pueblo, sino que a veces o se retrae o debe de votar por candidaturas hijas de alumbramiento penoso y de engendro bastardo.

C. Causas históricas contemporáneas

La historia triste de estos últimos años ha precipitado la crisis nacional.

a) La reelección del actual Presidente fue impuesta al propio Partido Conservador por la presión gubernativa, lo cual bastó para disculpar mentalmente entre los conservadores y hasta para justificar, según muchos, los procedimientos ilegales y violentos en las luchas políticas; pensando todos que si el Jefe del Estado se abandonaba sin escrúpulos y en su interés personalísimo a la tarea de asegurar su propia reelección *por todos los medios*, caía por su base todo freno gubernativo a las actuaciones indecorosas de los políticos de menor vuelo, imitadores en su reducido radio del ejemplo superior.

b) Dedicación de la actividad gubernativa durante 1916 a obtener la reelección del Jefe del Estado y su triunfo electoral con evidentes despilfarros de Tesoro y de favores administrativos a ese fin personal; acoplándose a la peligrosa política reeleccionista de casi todos los Secretarios y altos funcionarios, coautores de unos mismos delitos colectivos.

c) Resolución de *ganar de todos modos* la reelección presidencial por la fuerza, impuesta por los coautores de la burda trama a todos los organismos políticos de Gobierno, después de fracasados los procedimientos fraudulentos en las elecciones del 1º de noviembre de 1916. Esta resolución fue ejecutada por el Gobierno mediante los elementos más corrompidos de correos, del ejército, de los gobiernos provinciales, de los tribunales y de la política, produciendo la natural irritación de los despojados y de los cubanos cívicos.

d) Usurpación de la presidencia de la República.

e) Consiguiente revolución en 1917.

f) Vencimiento de la revolución por los elementos usurpadores del poder, amparados por la diplomacia americana, mal informada.

g) Desenfreno ulterior de los elementos de la *camarilla* gubernativa, usurpadora del Poder, contra el Tesoro, contra los revolucionarios y contra todo elemento de resistencia cívica.

Este desenfreno ha adoptado las siguientes formas:

1. Atentados contra la vida y propiedades de los liberales.

2. Desprecio de toda oposición y de toda opinión imparcial en la actuación gubernativa de la *camarilla* usurpadora, confiada en la impunidad de todos sus actos, después del aplastamiento temporal de los liberales.

3. Utilización de la guerra contra Alemania para justificar un estado de dictadura, inculta y deshonrosa.

4. Injusta acusación de germanofilia gubernativa, protectora de intereses capitalistas alemanes, y pasiva ante el activo espionaje germano en Cuba.

5. Imposición al pueblo de una gravosa e impopular ley de servicio militar obligatorio por miedo a una nueva revolución, y por halago al pueblo americano, con el pretexto de la guerra contra Alemania por la libertad, cuando la libertad estaba ultrajada por el Gobierno y los alemanes gozaban de ella en toda su plenitud.

6. Imposición al pueblo de un empréstito de treinta millones, en forma inconstitucional, creando ¡por decreto! y luego contra la espontánea voluntad del Congreso, impuestos tan onerosos e incivales, como el del Timbre, y tan abusivamente exaccionados.

7. Solicitud, bajo pretextadas necesidades guerreras, a los Estados Unidos, de esos treinta millones, y empleo de los millones obtenidos de los Estados Unidos, en inversiones ajenas totalmente a la guerra, fuera de toda ley y exigencias fiscales, con evidente burla al Gobierno americano y al pueblo de Cuba y bochornoso descrédito nacional.

8. Imposición al comercio y al pueblo de restricciones injustificadas al libre funcionamiento de las fuerzas económicas nacionales, bajo el pretexto de dirigir el comercio y de subsistencias, motivando artificiales encarecimientos del pan y otras materias alimenticias y dando origen a escandalosos agios.

9. Privación a los azucareros y comerciantes de embarcar libremente a países neutrales los azúcares sobrantes para las necesidades aliadas, y distribución exclusiva de permisos de embarques de azúcares a los elementos usurpadores del Poder, altos funcionarios, militares y políticos.

10. Desastrosa política hacendística que produce la desaparición del oro acuñado que era base de nuestra seguridad económica, favorecida aquélla por los mismos encargados de impedirla.

11. Supresión de la Guardia Rural y reorganización del Ejército para fines políticos y consiguiente alejamiento de los reclutas voluntarios, burocratización de la oficialidad y preterición de los mejores y de los jóvenes en los ascensos por influencias y gratitudes políticas.

12. Falta de seguridad y garantías en los campos, por la desorganización militar y falta de confianza pública en varios de los jefes favoritos del Gobierno y similares a éste.

13. Saqueo sistemático y a menudo descubierto del Tesoro y de la riqueza nacional, en provecho de la *camarilla* usurpadora.

14. Exaltación de la soberbia usurpadora ante la creciente impopularidad de sus defensores, que la arrastra a represiones inconstitucionales de la prensa y de la opinión independiente y a la petulancia de creerse inatacable en sus actos de Gobierno, a pesar de la unánime reprobación de Cuba entera.

D. Causas internacionales

a) Falta de una diplomacia americana en relación a Cuba, continuamente inspirada en un mismo elevado sentido. Así, el pueblo de Cuba observa que mientras la Legación de los Estados Unidos, cuando el Presidente Gómez, comunicaba reiteradamente a éste notas tendentes a intervenir en los actos administrativos internos de Cuba con el deseo declarado de tutelar la riqueza nacional cubana y evitar su menoscabo; ese mismo deseo, entonces tan intenso, a pesar de los reiterados y cuantiosos menoscabos del Tesoro y de la riqueza pública de Cuba por el Presidente Menocal, no ha producido notas análogas dirigidas al Gobierno usurpador, y sí las ha producido en apoyo de los intereses políticos de la usurpación.

Esta circunstancia de una diplomacia secreta, confusa, variante y ambigua de los representantes diplomáticos de Washington en Cuba, unida al exceso de poder del cargo de Presidente de la República, según la Constitución, la tradición colonial y la práctica, tiene una trascendencia extraordinaria y casi decisiva en los destinos patrios, merced a la hegemonía norteamericana en Cuba, y a la pequeñez de ésta, librada así a todas las favorables o adversas variantes de carácter, intereses caprichos, propósitos y preparación mental de dos únicos hombres: el Ministro americano y el Presidente de la República.

b) Frecuente descuido de los gobiernos norteamericanos en la selección del personal diplomático especialmente destinado a la América Latina. Esta falta de tacto de Washington cediendo a veces los cargos diplomáticos de la América Latina como retribuciones de favores políticos, o permitiendo el apoyo diplomático a sus ciudadanos fuera de una estricta justicia, constituye un gravísimo mal, contra el cual protestan públicamente los propios hombres representativos y academias científicas de los Estados Unidos. Y es fuente de dolorosos e irreparables errores y rozamientos, en perjuicio de la cordialidad panamericana, de la justicia internacional y del propio prestigio del pueblo norteamericano, y sin ventajas ciertas para sus intereses, por más agresivos y dominantes que éstos se supongan. Esa condición de carácter general repercute especialmente en Cuba, más que en otras repúblicas iberoamericanas, pues aquí, dada la más intensa acción diplomática de los Estados Unidos, son más trascendentes los desaciertos personales de sus enviados. Si para dirigir la Legación de Cuba (y las acreditadas en los demás países iberoamericanos) fuese escogido siempre por los Estados Unidos un personal a la altura de la responsabilidad diplomática y social que realmente tiene, se habrían evitado revoluciones, golpes de Estado, tiranías y crímenes y se habría realizado hasta donde lo reclama la grandeza de la democracia del Norte, el prestigio de su acción panamericana, cuyos mayores enemigos son a menudo sus propios ministros.

E. Causas proletarias

a) La crisis económica mundial trae hasta Cuba el oleaje de sus agitaciones, las cuales, por circunstancias complejas, no han adquirido la violencia que en otros países; pero a menudo se agudizan, más que por razones intrínsecas, por la impreparación de las clases directoras y gobernantes de Cuba para recibirlas y encauzarlas y para comprender las exigencias del progreso contemporáneo.

b) Sistemática pasividad ante los apremiantes problemas del trabajo que nos encuentran sin legislación obrera; y superstición gubernativa de la eficacia de la fuerza armada y del atropello para resolverlos contra los obreros.

c) Agravación moral de los problemas obreros ante el imprudente alarde de riquezas improvisadas y mal habidas por los elementos gobernantes, incapacitados por ende, para pedir moderación, siendo ellos inmoderados; para imponer respeto a la propiedad, siendo atropelladores de la pública y aún de la privada; para pedir orden, viviendo ellos fuera de la ley, para exigir patriotismo, cuando ellos desangran la patria infamada.

F. Causas demopsicológicas

Pesimismo criollo

a) La honda y extensa raigambre de las concausas especificadas, y la circunstancia de abarcar factores extraños a su ambiente, a su país, a su voluntad y a su fuerza, hacen pensar al pueblo cubano que la lucha contra ella es estéril y fuera de las posibilidades de su poder. Por eso suele sufrir abatimientos y cansancios, y no reacciona contra muchas de esas concausas que serían pulverizadas fácilmente de un golpe de energía, si tuviera, como llegará a tener, sin duda, la voluntad de imponerse a los políticos infieles y el tácito o expreso apoyo de la diplomacia americana.

Malestar popular

b) El pueblo sabe que el Gobierno es ilegítimo, y que surgió apoyado por la diplomacia norteamericana; y observa que la usurpación ha servido para el provecho personal de los usurpadores, los cuales no han tenido la capacidad necesaria para hacerse perdonar mediante actos de gobierno justos y beneficiosos para el país, y han erigido en sistema la corrupción, justificando la creencia popular en la impunidad de todos los delitos de los gobernantes y en la desaparición de la justicia como base de la vida republicana en Cuba.

Remedios de las crisis

A. Remedios sociológicos

1. Cultura. Intensificación de las iniciativas culturales. El más grave peligro de Cuba es el de la incultura de sus clases directoras, más aún que el de su corrupción. Si fuesen verdaderamente cultas no serían corrompidas. La mejor manera de refrenar la corrupción consiste en civilizar el egoísmo.

2. Fortificación del sentimiento nacionalista sin quijotismos santamente ilusos ni xenofobias anacrónicas. La mejor garantía de la independencia cubana es un gobierno culto, honrado y justo, basado en las aspiraciones populares y en cordial intimidad recíproca con los Estados Unidos.

3. Trabajo. Menor preferencia de la juventud cubana por los cargos burocráticos y las profesiones universitarias, y dedicación a las actividades económicas, agrarias, industriales y mercantiles.

4. Carácter. Fortificación del carácter de los futuros elementos directores de Cuba por una intensa y persistente emigración temporal y educativa de la juventud criolla a los pueblos de mayor cultura integral.

5. Inmigración. Favorecimiento de la inmigración hispana, acompañada de nutridos contingentes europeos, de los pueblos avanzados, para aumentar la importación de brazos, y, lo que es al menos tan beneficioso, la importación de ideas.

B. Remedios políticos

1º Reforma constitucional

Con la siguiente orientación:

a) Reorganización del Poder Ejecutivo con bases análogas al del Uruguay, convirtiéndolo en casi colegiado.

b) No reelección presidencial.

c) Restricción de las facultades personales del Presidente.

d) Ley de responsabilidades del Presidente y Secretario.

e) Parlamentarismo.

f) Senado corporativo y político.

g) Tribunal de Cuentas, y liquidación anual del Presupuesto ante el Congreso.

h) Prohibición constitucional de transferencias de crédito y de leyes ordinarias de trascendencia económica fuera de presupuestos.

i) Independencia absoluta del Poder Judicial y del Ministerio Fiscal con ingreso en esos cuerpos por oposición.

j) Leyes complementarias de la Constitución: de orden público, asociaciones, reuniones, prensa, penal, etcétera.

2º Partidos Políticos

Ley reguladora de los mismos sobre las bases que siguen:

a) Reorganización forzosa a fecha fija bienal o cuatrienal.

b) Organización de las asambleas por preceptos generales y permanentes con prohibición de que sean delegados a ellas los empleados públicos.

c) Disolución de las asambleas una vez hechas las postulaciones.

d) Registro público nacional de partidos políticos llevado por la Junta Central Electoral.

e) Libre y garantizada actuación de todos los partidos políticos reales.

f) Eliminación de los falsos partidos políticos.

g) Recursos judiciales contra las ilegalidades y leguleyerías de las Asambleas y camarillas.

h) Postulaciones bajo procedimiento uniforme y a fechas fijas.

3° Reforma del Congreso

a) Retribución del congresista por sistema de dietas de asistencia comprobada y fijación de máximum de dietas.

b) Obligatoria discusión y acuerdo sobre Presupuesto de Ingresos y Gastos del Estado, en tiempo oportuno, bajo severas sanciones.

c) Liquidación de los presupuestos por el Congreso.

4° Ley Electoral

a) Renovación decenal, por un organismo independiente del Gobierno, del censo de población y del electoral, y garantías contra su alteración maliciosa.

b) Intervención constitucional de todas las minorías en los procedimientos electorales.

c) Aseguración de mayor independencia en los miembros de los organismos electorales superiores.

d) Mantenimiento del voto singular.

e) Voto obligatorio.

f) Procedimiento uniforme y reglamentario para la formación de propuestas de candidatos y miembros de mesa por los partidos.

g) Prohibición a todos los candidatos de figurar en más de una lista o partido.

h) Elevación de las condiciones de capacidad de los miembros de la mesa electoral.

i) Prohibición de que los funcionarios públicos cuando sean candidatos, continúen en sus cargos.

j) Identidad del elector.

k) Mantenimiento de la representación proporcional y adopción del sistema de Hondt para la determinación de los proclamables.

l) Voto en la boleta, abonable siempre al partido, y voto de preferencia, potestativo, en favor de un solo candidato sujeto a la representación proporcional.

m) Prohibición de votar por candidatos de diferentes partidos.

n) Reducción del refuerzo legal a los límites en que es conveniente, proclamando los candidatos por el último sistema mixto, belga, de orden en la lista y número de votos.

o) Escrutinio primario público en el colegio electoral a las 3:00 p.m.

p) Mayores garantías de publicidad de todos los procedimientos electorales.

q) Renovación integral de consejos Provinciales y Ayuntamientos.

C. Remedios administrativos

a) Obligatoriedad del envío de datos por el Poder Ejecutivo al Congreso cuando éste los pida y sanción del consiguiente delito contra el libre funcionamiento del Poder Legislativo en caso de infracción.

b) Prohibición de transferencias de crédito y de gastos fuera de presupuestos y sanción del delito de su infracción.

c) Supresión de la Lotería y de las apuestas en juegos públicos, por ser corruptoras.

d) Supresión de los impuestos del timbre, de azúcares y alcoholes por ser innecesarios y corruptores.

e) Reorganización y reducción del Ejército al mínimum necesario, con garantías para ascensos, buen tratamiento y disciplina.

f) Restauración de la Guardia Rural con nuevo personal idóneo, bien retribuido y honorable.

g) Ley Orgánica de los Cuerpos de Policía y Vigilancia y fijación de requisitos especiales para ingresar en ellos.

h) Organización legal de los servicios cuyo personal no esté sometido a plantilla ni presupuesto.

i) Reorganización de la Hacienda sobre bases modernas para lograr un mejor reparto de la presión tributaria, fomentando los impuestos sobre los rentistas.

j) Reducción de presupuestos, al menos en un 20%, y sobre todo, eficiente inversión de los mismos.

k) Supresión de empleados temporeros y restricciones para su nombramiento.

l) Publicación de las nóminas de empleados y prohibición de aumentarlas en años electorales.

m) Cumplimiento de la Ley del Servicio Civil y sanción real contra los infractores.

n) Supresión de organismos burocráticos inútiles; división en dos y reorganización de la Junta Nacional de Sanidad y Beneficencia y creación de otros órganos colegiados necesarios, como un Consejo Nacional de Trabajo, una Junta Nacional de Ferrocarriles, una Junta Nacional Penitenciaria, una Junta Nacional de Instrucción, una Cámara Nacional de azucareros, una Cámara de Economía Nacional, con secciones de Importadores, Detallistas, Industriales, Mineros, Tabaqueros y Navieros y una Bolsa Nacional del Trabajo.

o) Mejoramiento económico y cultural de Magisterio y del Profesorado.

p) Reorganización de la Justicia Correccional.

q) Rigurosos trámites de depuración y publicidad de los indultos.

D. Remedios internacionales

a) Intensificación de las relaciones diplomáticas y culturales con los Estados Unidos a base de respeto mutuo.

b) Cuidadosa selección del personal diplomático recíprocamente acreditado.

c) Intensificación de la vida de relación internacional (congresos, tratados, etcétera).

d) Abramos las ventanas hacia el Norte, y aspiremos a todo pulmón las brisas culturales que de allá nos llegan. Americanicemos nuestra cultura si no queremos americanizar nuestra bandera. Americanicémonos, para no ser americanos.

E. Remedios proletarios

a) Creación de un Consejo Nacional del Trabajo.

b) Legislación de garantías cívicas (reunión, asociación, domicilio, etcétera).

c) Legislación de huelgas, paros, arbitrajes y sindicatos.

d) Legislación del trabajo (jornada de ocho horas, jornal mínimo, mejoras del trabajo de la mujer, protección a las obreras en su embarazo y crianza, retiro de obreros ancianos, mejoramiento del seguro obrero de accidentes del trabajo en cuanto a su efectividad, seguro obrero contra enfermedades y accidentes fuera del trabajo, protección de inmigrantes, instrucción técnica de los aprendices, etcétera).

e) Legislación de casas baratas.

f) Legislación de frutos menores.

g) Legislación de aranceles.

h) Legislación de cooperativas.

i) Legislación de fragmentación de latifundios y creación de una democracia agraria, fomentando el traspaso vincular de la tierra a los cultivadores directos.

j) Terminación del plan general de carreteras.

F. Remedios demopsicológicos

Confianza en el esfuerzo nacional

Esta necesaria reacción contra el pesimismo reinante vendrá a medida que se vayan logrando reformas básicas, especialmente las siguientes: reforma electoral, reforma del Gobierno, y reforma de la Constitución. Y será señal inequívoca de que el pueblo cubano comienza a recuperar su confianza y de que sus destinos estarán asegurados con sus propias fuerzas, la de condenar a presidio y hacerle cumplir la pena a algún alto gobernante (político, militar, negociante o juez), de tantos como hasta ahora lo han merecido.

Mientras este síntoma de regeneración del pueblo cubano no aparezca, será grave peligro el de su creciente anemia cívica.

Pero no debemos desesperar. Acaso caigan pronto, más pronto de lo que el pueblo imagina, los ídolos, carcomidos; y la juventud cubana podrá dar a la Patria un porvenir realmente liberal, sanamente liberal, por siempre liberal. ¡Tengamos fe!

La resaca de la conmoción mundial que ha removido los cimientos de la vieja sociedad europea y ha avivado el vigor de las virtudes ciudadanas, llegará, sin duda y antes de mucho, a nuestras playas y arrastrará consigo todo el sistema de política parasitaria que desde 1902 ha ido enraizándose en nuestra tierra. Para pensarlo así creemos en leyes sociológicas, acaso no bien definidas pero irrefrenables, que hacen insegura la estabilidad de los regímenes podridos y estériles en los pueblos contemporáneos; creemos en la diplomacia americana mal informada a veces, pero sanamente dirigida y justa con Cuba siempre que hemos invocado con ciencia y constancia las grandes virtudes populares de esa potente democracia: y creemos en el vigor de la juventud cubana que se apresta a recibir la sagrada herencia de la generación, vieja, cansada y abatida.

Y es en la juventud nuestra más firme fe. La salvación de un pueblo no puede deberse fundamentalmente más que a su propio esfuerzo. Tenemos que rejuvenecerlo todo en Cuba; o resignarnos a llorar la lenta agonía de un pueblo bueno que moriría sin gloria, teniendo para un porvenir esplendoroso las más envidiables posibilidades.

XXXIII
JORGE MAÑACH

Nació en Sagua la Grande, Las Villas, en 1898 y falleció en Puerto Rico en 1961. Estudió en España y en los Estados Unidos, donde se graduó en Harvard de *Bachelor of Sciences*. Estudió Derecho y Filosofía en La Sorbona de París, y en la Universidad de La Habana, donde obtuvo sendos doctorados en Derecho Civil y Filosofía y Letras. En la década de los veinte se vinculó al Grupo Minorista y participó en la *Protesta de los Trece*. Fue fundador de la *Revista de Avance* y colaborador de *Social*. Escribió durante mucho tiempo la sección *Glosas* en el *Diario de la Marina*. Fue director del periódico *Acción* —de la organización ABC— durante la lucha contra Machado. Por estas actividades se vio obligado a exiliarse en Estados Unidos de Norteamérica. Allí enseñó, entre otras universidades, en la de Columbia, donde ocupó la cátedra de Literatura Española e Hispanoamericana. De regreso a Cuba fue delegado a la Asamblea Constituyente de 1940, dirigente del Partido Ortodoxo y un importante animador de la cultura cubana. Ocupó también importantes cargos políticos: representante en la Cámara, senador y Ministro de Estado. Después del triunfo de la revolución castrista, en 1960, en desacuerdo con el carácter comunista del nuevo gobierno, se instaló en Puerto Rico, donde fue catedrático universitario. Autor prolífico, entre sus obras destacan: *Glosario* (1924); *Estampas de San Cristóbal* (1925); *La crisis de la alta cultura en Cuba* (1925); *Utilitarismo y cultura* (1927); *Indagación del choteo* (1928); *Martí, el apóstol* (1933); *Pasado vigente* (1939); *El pensamiento político y social de Martí* (1941); *La nación y su formación histórica* (1943); *Historia y estilo* (1944); *Examen del quijotismo* (1950); *Para una filosofía de la vida y otros ensayos* (1951); *Dualidad y síntesis de Ortega* (1957) y *Teoría de la frontera* (1971).

La crisis de la alta cultura en Cuba [*]

DESPOJÉMONOS, para indagar el desolado tema, de toda riesgosa exaltación, de todo premioso extremismo, de toda actitud, en fin, que no sea la del más cauteloso análisis. Harto hemos divagado, con cuitas y con endechas, en torno a esos gravámenes del ideal. Parece como si

---

[*] Conferencia pronunciada en La Habana, ante los miembros de la Sociedad Económica de Amigos del País, en 1928. Contenida en: *La crisis de la alta cultura en Cuba. Indagación del choteo* (Ed. Universal, Miami, 1991).

ya fuese hora de que la crítica nacional, absorta ante nuestros problemas como el bonzo sobre su ombligo, hubiera aprendido a trascender las dos posiciones elementales y extremas que hasta ahora ha tomado: el narcisismo inerte y la estéril negación propia. Pangloss nos ha llevado ya mucho de la mano; y Jeremías también. Los cubanos hemos venido figurando en una u otra de dos greyes igualmente mansas: los que opinan que *aquí ya todo está perdido* y los que proclaman a nuestra tierra como el mejor de los mundos posibles. Entre estas dos posiciones puede que acertemos a encontrar —puede que estemos encontrando ya, en esta resurrección de esperanzas políticas porque atravesamos— aquella posición que nos permita mirar a nuestros problemas con una suerte de positivismo de laboratorio: con la fría prosopopeya del investigador analítico que no se entusiasma, que no se deprime, que desconoce igualmente la oratoria de los himnos y la de los responsos, que examina las cosas como son, ateniéndose a los hechos, y que al cabo —pero sólo al cabo— enardece sobre ellos sus esperanzas.

Yo, personalmente, no podría, sin desmentir mi partida de bautismo, alzar una voz de mera queja. La juventud —por lo menos la juventud, que no ha gastado aún su lote de esfuerzo— tiene el derecho y el deber de confiar a todo trance. Pero de confiar desconfiando; de esperar sobre una base de convicciones claras y de robustos anhelos. Nuestro optimismo ha de ser el genuino, que se refiere siempre al futuro: el optimismo que se refiere al presente no es sino conformismo. En esta disposición de acuciosa objetividad, acerquémonos, pues, al problema de la crisis de la alta cultura en Cuba.

Fijaos que he dicho crisis, y que aludo sólo a la alta cultura. El concepto de crisis implica la idea de cambio; esto es, supone la existencia anterior y posterior de estados de cosas diferentes; denota un momento de indecisión frente al futuro en que no se sabe si el cambio ha de ser favorable o adverso. Tanto respecto del pasado como con relación al porvenir, nuestra alta cultura se encuentra actualmente en un instante crítico. ¿Cuál es esta alta cultura a que me refiero?

No es, claro está, la educación pública. Ni forma, por lo tanto, parte capital de mi propósito el hablaros del analfabetismo y de la deficiencia de la instrucción en Cuba. A esas furnias abismales, más de una vez os ha invitado a asomaros vuestro ilustre Presidente, y sólo por alusión tendré yo que referirme a aquellos problemas y a estos testimonios para insinuar cómo el analfabetismo y la insuficiencia de la educación nacional son condiciones en gran parte responsables del estado de bancarrota que atraviesa entre nosotros lo que llamamos la alta cultura; es decir, el conjunto organizado de manifestaciones superiores del entendimiento.

Pero sería error ingenuo pensar que un problema equivale al otro, o que el retraso de la cultura superior sea una mera repercusión, en un plano más elevado, del estado precarísimo de la enseñanza. Cierto, los dos hechos se tocan en su origen. Una colectividad en que se descuida el interés primario de la instrucción pública, o en que esa función no goza de todo el alcance que para ella reclama la opinión, es ya, por esas mismas limitaciones, un pueblo pobre en aquellas iniciativas individuales de superación que contribuyen principalmente a determinar, a la postre, la formación de la alta cultura. Mas no existe, por eso, una relación de causalidad entre ambos fenómenos. La instrucción, la educación, responden a necesidades elementales y de orden general. En una sociedad civilizada, todos los hombres han de tener, claro está, un grado mínimo de preparación intelectual para que puedan participar de un modo activo y consciente en la organización social. La instrucción pública es, pues, una función extensa, de índole democrática. La alta cultura, por el contrario, es una gestión intensa —un conglomerado de esfuerzos individuales, especiales y tácitamente co-orientados— que crea una suerte de aristocracia. Por la instrucción los pueblos se organizan; sólo logran, empero, revelar su potencialidad espiritual mediante ese cúmulo de superiores aspiraciones y de abnegadas disciplinas que constituyen la alta cultura.

Una cultura nacional es, pues, un agregado de aportes intelectuales numerosos, orientados hacia un mismo ideal y respaldados por un estado de ánimo popular que los reconoce, aprecia y estimula. Consta, por lo mismo, de tres elementos: los esfuerzos diversos, la conciencia y orientación comunes, la opinión social. Ninguno de estos elementos —ni el principal de ellos, siquiera, que es el de los aportes individuales—, se basta por sí solo. La mera coexistencia territorial, es un país determinado, de numerosos espíritus de intelectualidad superior —hombres de ciencia, pensadores, artistas— no constituye por sí un estado de cultura nacional, como una multitud de hombres no basta para constituir una tribu o un ejército.

¿Os habéis parado a pensar por qué decimos de Francia que es un pueblo culto, negándole, en cambio, esa excelencia a los Estados Unidos, por ejemplo? ¿Será porque Francia es un pueblo más instruido? No, ciertamente. Todos sabemos que el país donde la instrucción pública ha alcanzado un grado superior de organización difusiva y de general eficacia es el norteamericano, con su admirable prurito de didactismo democrático, su espíritu de emulación y de cooperación, su independencia municipal, su muchedumbre de instituciones docentes. Y sin embargo, Francia es, por unánime consenso de opinión, un pueblo mucho más culto. ¿Será, preguntamos otra vez, porque, con referencia a la población total, esta vieja nación ha dado al mundo en un período justamente determinado para la comparación, más y mejores hombres de alta cultura que los Estados Unidos? A mi juicio, este criterio meramente cuantitativo (pues, a la postre, toda cualidad se resuelve también en cantidad...) no es el que preside nuestro discernimiento. Sería harto difícil, en efecto, probar, que en el medio siglo anterior a la guerra, por ejemplo, los Estados Unidos no han hecho a la cultura universal aportes tan numerosos y tan importantes como aquellos de que Francia blasona; pero aunque esa inferioridad fuese indubitable, repito que su consideración no me parece haber influido sobre el concepto comparativo que nos hemos formado al estimar la cultura de ambos pueblos. No: lo que da y ha dado siempre a Francia su prestigio tradicional de pueblo culto es, con la cantidad de hombres excelsos que produce, la evidencia de que entre esos hombres existe una suerte de unión sagrada, una fe y un orgullo comunes, una coincidencia de actitudes hacia la tradición del pasado y hacia los destinos del futuro; y además, en todo el pueblo francés, en el campesino o en el obrero más humildes, un aprecio casi supersticioso de las virtudes intelectuales de la nación. La cultura francesa, más que un concepto bibliográfico, es un concepto sociológico: el tono espiritual de todo un pueblo, una realidad intangible, un ambiente.

Advertimos, pues, que la cultura se manifiesta como una unidad orgánica, no como un agregado aritmético. Muchedumbre de poetas, de inventores, de filósofos, no formarían nunca, en la estimación ajena al menos, un estado de superior cultura, a no ser que todos esos esfuerzos, aunque aislados en la apariencia, se hallen superiormente vinculados en una aspiración ideal colectiva, movidos por una preocupación fraterna. Este vértice de comunes alicientes es la conciencia nacional, con todos sus orgullos, sus anhelos, sus bríos asertivos, su dignidad patriótica. Por eso la formación de la alta cultura en los pueblos jóvenes suele estar condicionada por la aparición de un ideal de independencia y de peculiaridad, es decir, de independencia política, como Estado, y de independencia social, como nación. Una vez realizados esos dos ideales, la cultura propende a su conservación y ahinco. Así en Francia, la cultura nos parece superior, y lo es en realidad, porque la hallamos siempre puesta al servicio de una personalidad colectiva ya cuajada. En cambio, los Estados Unidos no han tenido hasta ahora sino una cultura aritmética, sin apariencia alguna de organicidad, debido a que la conciencia nacional está todavía esbozándose en ese crisol insondable de todas las escorias europeas. La región más verdaderamente culta de ese país —la Nueva Inglaterra— es precisamente la que de todas ha tenido siempre una conciencia étnica y social más definida; y aún allí vemos que la decadencia contemporánea de su prestigio intelectual coincide con la debilitación de aquella conciencia puritánica al influjo de ciertas inmigraciones que la han adulterado.

Entre nosotros también, la cultura nació con los primeros albores de la conciencia insular. No es menester (...) detenerse a señalar pormenorizadamente los viejos avatares de nuestro progreso colectivo. Pero si se intentara, a guisa de tabla de referencia, una síntesis de esa evolución desde la época primitiva de la colonia hasta ésta que hoy vivimos, parece que pudieran fijarse escuetamente cuatro extensos períodos, cuatro fases en el desenvolvimiento de nuestro esfuerzo y de nuestra conciencia nacionales. Esas fases son: la que convendría a nuestro objeto llamar pasiva, que comprende toda la primera época inerte y fideísta de la colonia, hasta 1820; la fase especulativa, caracterizada por la incipiencia de las inquietudes intelectuales y patrióticas; la fase ejecutiva, que abarca todo el período libertario iniciado en el 68; y, en fin, la fase adquisitiva, durante las dos décadas de vida republicana que nos traen a los días actuales. Pues bien: mientras, a lo largo de ese proceso histórico, la instrucción se desarrolla entre nosotros lenta y, por así decir, horizontalmente, la cultura, en cambio, fuera de toda correlación, describe una trayectoria ascendente que alcanza su nivel máximo en la época inmediatamente anterior a las guerras por la independencia. Verifiquemos esta síntesis.

El primer cuarto del siglo XIX —la fase que he llamado pasiva, dando a la palabra un sentido social e histórico— sólo conoció, para la cultura, escasos esfuerzos individuales por parte de algunos espíritus deleitantes —*curiosos,* como se decía entonces— desprovistos de toda mira trascendental. El Padre Caballero, D. Francisco de Arango y Parreño, D. Ventura Pascual Ferrer, el mismo D. Tomás Romay, tan nutrido y fecundo, eran meros eruditos de sociedad colonial, hidalgos leídos, pero sin ningún anhelo riguroso de disciplina, de perfección, de aplicación práctica del saber; y lo que es más importante: sin ninguna aspiración ideal suficientemente concreta que hiciera de sus elucubraciones verdaderos aportes a un acervo de cultura. Fue necesario que se formase paulatinamente, a partir de 1820, un ideal más o menos definido, más o menos puro, de dignificación colectiva, para que se estableciera entre los altos espíritus una vinculación espiritual propicia al desenvolvimiento riguroso de las disciplinas intelectuales. El movimiento liberal reflejo de 1820, y la misma reacción política que le siguió, estimularon los ánimos a la especulación, engendrando en ellos un anhelo de personalidad, de afirmación insular, de independencia relativa, en una palabra. Poco perspicaz sería quien pensase que los prístinos orígenes de nuestra libertad no aparecen sino hasta cuando, mediado el siglo, comenzaron a urdirse las primeras intenciones separatistas. El espíritu de independencia, anterior siempre a la voluntad de independencia, data de muy antes. Aunque se revistiera de eufemismos y de actitudes no políticas, aunque se tradujese en esfuerzos y programas de mera reforma social o económica, como el educacionismo, el abolicionismo, el librecambismo y tales, la inquietud íntima tenía ya ese carácter afirmativo de la propia capacidad que es el caldo de cultivo de todas las emancipaciones. Y nótese, porque esto es lo capital desde nuestro punto de vista, que a medida que ese anhelo de afirmación insular se iba cuajando en los espíritus, la cultura adquiría más inequívocos visos de seriedad. Numéricamente, aumentaban sus cultivadores. Cualitativamente, la especulación intelectual se hacía más rigurosa, más intensa, más pugnaz: el diletantismo cedía al profesionalismo ideológico; el concepto de la disciplina se establecía prestigiosamente; germinaba el espíritu crítico evidenciado en el debate y en la polémica; cundía la noble pugna de los métodos y los conceptos; reñidas eran las oposiciones universitarias; la prensa exigua se animaba, en su elementalidad, de preocupaciones trascendentales. Un prurito de emulación, de honradez, de sinceridad en las cosas del saber; una preocupación más honda por el sentido y el alcance de las ideas; un ansia de extranjeras novedades; una actitud de análisis hacia los problemas; un desdén de lo fútil y lo improvisado; un afán de aplicar prácticamente los principios a las instituciones; una vaga ansia de albedrío y substancialidad local, en fin, caracterizaban ya las especulaciones de aquellos cultos del 36, modelos para nuestros simuladores de hoy. En lo hondo, la aspiración era una, no importa qué diversas sus manifestaciones. El ideal de Patria, aunque todavía sin connotaciones políticas muy perfiladas, animaba aquellas voluntades. Cuando se hablaba de la tierra, empezaba a decirse *la Isla*, en vez de *el País*. Y aunque la enseñanza era todavía, a mediados del siglo, notoriamente inadecuada; aunque ni por la cantidad ni por la calidad de su producción intelectual pudiera decirse de los Varela, Luz y Caballero, Saco y Del Monte que fuesen representantes de un apogeo deslumbrador, ¿quién negará que fue aquella la época en que nuestra cultura ha sido más rigurosamente tal, debido, en cierta medida, a la comunidad de ideales que la integraba?

Respecto de aquella fase especulativa de nuestra evolución intelectual, la época de hoy es, con toda su aparente superioridad, una época de merma y de crisis. Al período especulativo de Saco y de Heredia —porque también los poetas especulan a su modo— a aquella época que engendró el espíritu de nacionalidad y, por éste, la incipiencia de una cultura verdadera, sucedió una era de resoluciones, la época que he llamado ejecutiva, porque ya, en efecto, no se trataba tanto de ventilar como de realizar. El 68 marcó el ascenso de la voluntad sobre la curiosidad. A su manera indirecta, y a las veces pacata, la cultura había ido formando el brío sedicioso que ahora iba a cuajar en libertaria violencia. El dinamismo de la acción nació, como suele, del aparente estatismo de las ideas —estatismo de redoma— en que las reacciones se producen recónditamente, bajo la densa calma exterior del precipitado.

Pero se dijera que es sino de las culturas el retardarse a sí mismas por la virtud de sus propios efectos. La cultura, en un pueblo sometido, engendra la acción, y la acción siempre sumerge temporalmente la meditación. Así, las guerras libertarias, consecuencia en cierto modo intelectual, ahogaron la intelectualidad. Aunque la acción libertadora no fuese entre nosotros ni tan intensa ni tan unánime que enlistase en un servicio todos los espíritus superiores, antes bien se desarrolló como al margen de las disciplinas ciudadanas, estas disciplinas, sin embargo, perdieron la unidad y la tonicidad interiores que habían tenido antes de la Revolución. Toda, o casi toda, la cubanidad fervorosa se trocó en esfuerzo para la manigua. En las ciudades quedaron, abogando por el integrismo y sus matices, espíritus de indudable vigor; en el silencio de las bibliotecas y de los gabinetes, continuaron sus devociones algunos cruzados de las letras y de las ciencias; pero la unanimidad espiritual, la comunión de ahincos, el fervor de idealidades remotas, se diluyeron en la atmósfera cargada de inquietudes y disidencias. La guerra de independencia, pues, al destruir la unidad espiritual de la cultura, desterró de entre nosotros la contemplación, nodriza perenne del saber, y nos conquistó la dignidad política a cambio del estancamiento intelectual.

El ideal libertario lo absorbió todo. Una vez realizado, quedó nuestra sociedad estremecida del gozo de su conquista y harto fatigada también del espasmo para cortejar nuevos ideales, porque todos los delirios de amor cobran su tributo de cansancio. Agotados de momento todos los bríos, se perdió la disposición al nuevo esfuerzo. Gastados todos los impulsos del espíritu colectivo en una concentración militante, la hora del triunfo marcó también un momento de penuria espiritual que todavía estamos viviendo. Nuestra Cuba se abandonó a una gozosa lasitud, a una como disposición apoteósica, franca a todas las voluptuosidades, reacia a todos los rigores y alucinada de líricos optimismos, como el mozo que entra en posesión, sin trabas al fin, de su cabal hacienda.

¿Ha de extrañarse, pues, que las primeras décadas de nuestra vida republicana hayan sido nada más que un epinicio confuso y estéril, un desbandamiento de mílites orondos, con algo de vandalismo hacia la cosa pública y mucho de caudillaje y de indisciplina? La Historia no improvisa halagos ni ofrenda regalías. Lo que da, lo cobra. Toda conquista culminante pide su sacrificio previo y exige sus réditos de desengaño. Una revolución política que triunfa trae consigo, fatalmente al parecer, un período sucesivo de apatía, de indigencia ideológica y de privanza de los apetitos sobre el ideal. Abocados al panorama ubérrimo de juvenil albedrío, creyeron los cubanos de la pasada generación que podían seguir viviendo en usufructo de los viejos ideales triunfadores y que el progreso se nos daría por añadidura. Hubo un descenso general en el tono anímico de nuestro pueblo. No se comprendió la necesidad urgente de buscar un contenido trascendental para la patria meramente política que acababa de ganarse. Creyéndolo totalmente utilizado, se desechó el espíritu colectivo, y el individuo se afirmó reclamando sus derechos en la conquista de todos. Al desinterés, siguió la codicia: a la disciplina, el desorden pugnaz; a la integridad de aspiración ideal, una diversificación infecunda: a la seriedad colectiva, el *choteo* erigido en rasgo típico de nuestra cubanidad.

El *choteo* fue, en efecto, uno de los elementos perniciosos que entró entonces en el vivir cubano. Con él, la irresponsabilidad individualista y el prurito adquisitivo que le dio su tono peculiar a la nueva etapa. Esos tres agentes sutiles de amoralización, se combinaron para retardar el resurgimiento de nuestra cultura.

Del regocijo que nos dio el advenimiento a una vida nueva, plácida y libre, se engendró esa primera disposición, que han dado en llamar característica de nuestra índole. Consiste el choteo —todos los sabéis— en pensar con Oscar Wilde que *la vida es algo demasiado serio para tomarla en serio*; paradoja que está muy bien cuando por *seriedad* se entiende ánimo grave, gesto ceñudo y falta de flexibilidad comprensiva para las flaquezas humanas. Pero si la seriedad consiste en la virtud de ponderar racionalmente las cosas, ajustando nuestra conducta a ese discernimiento cuidadoso, la máxima del ironista británico es sólo una pirueta que puede dar con los huesos en una cárcel, como le aconteció al pobre cínico de Reading Jail.

Pues bien: la falta de esta suerte de seriedad —y no el ánimo divertido y el pronto gracejo— constituye lo que en Cuba llegó a señalarse como vicio nacional. El choteo, no sólo invadió las actitudes y criterios de los individuos, sino que trascendió, por consecuencia, al orden social, intelectual y político. Epoca hubo entre nosotros en que el miedo de ser *choteado* —como decimos— impidió a los políticos tener alteza de miras, a los abogados rehusar pleitos infames, a los hombres casados ser fieles, a los estudiantes ser filomáticos, es decir, estudiosos, y al ciudadano en general ir a un entierro con chistera. Poco a poco, por contagio y por intimidación, la mofa llegó a formar ambiente, enrareciendo el aire moral del país.

Y a este influjo enervante, que descorazonaba todos los esfuerzos y rendía los más nobles entusiasmos, se añadió para hacer aun más estéril nuestra adolescencia republicana, la irresponsabilidad engendrada por la falta de sanciones serias y efectivas. En la improvisación enorme que fue nuestro estreno como pueblo libre, nadie pedía cuentas a nadie, porque la guerra había agotado a unos jueces y silenciado a otros; porque se habían perdido todas las pautas estimativas y porque, en último caso, todos, aptos o no, nos reconocíamos igualmente facultados por la victoria para el aprovechamiento de sus múltiples posibilidades. Así como en la política se entronizaron hábitos de incautación, de inconsulta insuficiencia y de favoritismo, convirtiendo la cosa pública en tesoro de todos y revistiendo al gobernante de una sonreída inmunidad, así también se desvalorizaron todas las demás funciones: fue catedrático quien quiso, periodista quien lo osó, intelectual el primer advenedizo capaz de perpetrar un libro, de pulsar una lira clarinesca o allanar una Academia.

El esfuerzo serio hacia la cultura fue, al través de estos tiempos orondos y libertinos, una actividad recóndita de algunos —muy pocos— espíritus aislados. Pero ¿podrá decirse que su labor fue indicio de verdadera cultura —en el sentido parcial de integración que antes le hallamos al concepto— cuando el mismo tímido aislamiento de aquellos trabajadores y la discontinua parvedad de su producción intelectual hacían de ellos verdaderas excepciones?

La gestión educativa de la democracia, la instrucción pública, claro es que iba extendiendo entre tanto su dominio. Mal que bien, gracias al brío inicial que supieron infundir a nuestros administradores públicos los gobernantes de la Ocupación, y a la inercia con que se sostuvieron esos ajenos impulsos, íbanse abriendo escuelas y adoctrinando maestros, con lo que se le dieron las primeras embestidas al denso analfabetismo reinante en la República. Al cabo de diez años de esta labor, el nivel de educación general había subido al punto de suscitar no pocos optimismos que nos inducían a blasonar de ser ya un pueblo culto. Pero ni ésta era más que una pretensión insubstanciable, ni podía ella, en todo caso, justificar la confusión de la enseñanza con la verdadera cultura. Se había ganado en difusión, mas no en intensidad ni en nobleza de luces. En agricultura, como todos sabemos, se distingue cuidadosamente entre el método extensivo y el método intensivo de cultivación. Mientras aquél consiste en ir utilizando sucesiva y superficialmente los terrenos feraces de una tierra virgen, abandonándolos por otros a medida que su rendimiento deja de ser espontáneo, el método intensivo de los pueblos viejos consiste en extraer de cada terreno fatigado, mediante los estímulos o abonos artificiales del hombre, su máxima potencialidad. Pues bien: aplicando esa fraseología a la cultura —que al fin y al cabo es también, como la palabra lo indica, una forma de cultivo— podemos decir que nuestro desarrollo cultural ha sido hasta ahora extensivo y no intensivo. Se han ido cultivando superficialmente nuevas inteligencias; pero no se ha organizado la cultura intelectual en forma de que cada inteligencia dé, merced a los estímulos oportunos, su cabal rendimiento. El resultado es que hoy, a los veintitrés años de vida republicana, estamos todavía en un estado de estancamiento respecto a anteriores apogeos.

Echémosle, si no, una rápida ojeada a las condiciones actuales que justifican esa aseveración. Sin perder de vista la obvia necesidad de generalizar y de apreciar los hechos relativamente a nuestra capacidad intelectual como pueblo, veamos en qué fenómenos notorios se manifiesta la dolorosa decadencia.

Notemos, en primer lugar, la falta casi absoluta de producción intelectual desinteresada entre nosotros. Llamo yo así a aquélla que en otros países se produce al margen de las actividades profesionales, no como un diletantismo o escarceo sin importancia, sino con el rigor, con el ahinco disciplinado y las serias ambiciones de una segunda profesión. (Las actividades académicas quedan, pues, descartadas de la colación presente, puesto que ellas suponen una función retribuida). E impuestos estos límites, ¿cuántos ejemplos podréis citarme entonces de hombres que (...) sepan o quieran robarle tiempo al tiempo para dedicarlo a las nobles cuanto improductivas tareas del gabinete, del laboratorio, de la biblioteca? Se dirá que la vida es muy exigente, que la apreciación es escasa, que el clima es impropicio, que los medios materiales necesarios no existen. Todo eso es cierto en parte, y la consideración de tales disculpas tendrá su momento cuando aludamos a las causas de nuestra penuria intelectual; pero el hecho en sí es que carecemos de ese alto y denodado esfuerzo, de esa briosa y heroica vocación a las labores más altas del entendimiento. Los Varona, los Aramburo, los Ortiz, los Guerra, los Chacón y Calvo, ¿no podéis contarlos con los dedos de una sola mano?

Aparte esa falta de dedicación marginal a ciertas especiales disciplinas, advirtamos que también va desapareciendo entre nosotros el tiempo del culto enciclopédico, del hombre versado con alguna intensidad en múltiples ramas del saber. Se ha contagiado a tal punto nuestra curiosidad intelectual —¿pero es que en realidad tenemos verdadera curiosidad intelectual?— del prurito especializante, teorizado por el pragmatismo norteamericano; ha cundido tan extensamente entre nosotros el moderno afán hacia lo utilitario y lo práctico, que ya no se cosecha aquel *curioso* de antañazo, con el cual podía discurrir el coloquio por los más apartados y sinuosos meandros del humano conocimiento. ¿Cuántos hombres de nuestro tiempo han leído de veras a Ovidio y a Goethe, o cursado añejas teologías, o abrevado siquiera de paso en los manantiales filosóficos? Antiguamente, el bisabuelo de cada uno de nosotros era o no era partidario de Krause, había leído sus clásicos y sus enciclopedistas y esperaba con fruición la última entrega de alguna rara y abstrusa obra que los morosos veleros traíanle de Europa. Hoy día, apenas si nos preocupa otra cosa que los artículos de fondo (sin fondo) y quizás alguna novelita de ambigua notoriedad.

Cierto que existen todavía raros espíritus de capa raída y hasta algún mozo barbiponiente a quienes no les son del todo extrañas aquellas curiosidades de otrora; pero aparte la exigüedad numérica de tales excepciones, no cifran ellas tampoco verdaderos esfuerzos en el sentido de una copiosa asimilación por el gusto de la sabiduría en sí. Se limitan a ser curiosidades en el sentido más frívolo, sin integralidad y sin método.

Una de las consecuencias —que es a la vez indicio— de esa desaparición del tipo enciclopédico, es la decadencia actual del coloquio. Buenos conversadores, conversadores amables por la amena fluidez, los tenemos todavía y los tendremos siempre como no degeneren las facultades de imaginación y facundia en que la raza abunda, pero *crisólogos* de la vieja hechura, aptos para la continuidad profunda en el discurso, agotadores del tema, ricos en la alusión erudita, vastos en el señorío ideológico, —de esos apenas nos quedan ya. La conversación se depaupera en el contenido como en la forma; pierde en médula lo que acaso cobre en agilidad y en audacia; no es ya exploración ponderada y grave de los asuntos, sino leve y veleidoso mariposeo. Y por consecuencia, la tertulia —aquella inefable institución de nuestros mayores— o no existe, o toma visos veniales de peña de café.

Y si es verdad que nos va faltando cada día más la superior producción liberal y el tipo de rica cultura y el conversador erudito, ¿no podremos afirmar otro tanto de la alta especulación en los órdenes menos desinteresados del saber; es decir, en aquellos que más estrechamente se relacionan con la profesión del medro cotidiano? Yo, señores, que, como os dije al principio, quiero ser y soy profundamente optimista, pero con el optimismo riguroso que se refiere al porvenir y mira sin indulgencias al presente, tampoco hallo, en estas esferas de nuestra actividad intelectual, dechados que nos rediman de la condición indecisa y precaria por que nuestra cultura atraviesa. Tenemos, es verdad, en el orden profesional y científico, hombres que llamamos con frecuencia *ilustres*. Del campo, entre nosotros amplísimo, del Derecho, podemos espigar hasta media docena de nombres muy cuajados en su eminencia —nombres de jurisconsultos sapientes— que, desde la cátedra, desde el bufete y los estrados, y a veces desde los tribunales y asambleas más prestigiosos por su función universal, han conquistado, para sí mismos y para su patria, genuina distinción. Pero también estos hombres son excepcionales; y aún a los más de ellos habría que reprocharles en justicia, el no haber contribuído a la cultura jurídica estante de su país aportes menos efímeros, recogiendo en la obra escrita el fruto de su saber y de su experiencia. Entre los demás de su dedicación, desaparece a ojos vistas el antiguo tipo del jurisconsulto profundo y erudito, cediendo el paso a la avalancha de abogados sin más disciplina que la muy positiva de las aulas universitarias, cursada a veces con una rapidez de meteoro. No sólo ha degenerado la profesión de abogado en su tono moral, sino también en su cultura. Ya no se producen abogados sabios: sólo se dan abogados *listos*.

Aunque yo no quiero aventurar juicios condenatorios en terrenos vedados a mi directa experiencia, tengo entendido que algo muy semejante, aunque no tan manifiesto ni tan general, se echa de ver en las demás profesiones. En la Medicina, donde no deja de ser significativo el hecho de que el tipo erudito, o sea el clínico, ceda terreno al tipo práctico, o sea el cirujano. En las dedicaciones llamadas técnicas, como la Arquitectura y la Ingeniería, para las cuales el título profesional ya se considera menos que innecesario, porque bastan el experto mecánico y el contratista para satisfacer la demanda corriente, de donde se va engendrando una depauperación gradual de la alta pericia, del buen gusto y de la ambición innovadora.

En otras profesiones más alejadas de las exigencias utilitarias, la falta de estímulos a la superior disciplina va enrareciendo al entusiasmo y el deseo espontáneo de sobresalir, de perfeccionarse. Así sucede en la pedagogía, donde apenas se echa de ver el émulo del viejo maestro cubano, mentor espiritual de generaciones, a la manera del Padre Varela y de Don José de la Luz. La decadencia de la cátedra, por otra parte, es un fenómeno que se ha hecho últimamente tan notorio, con la ventilación de los problemas universitarios, que casi no sería menester subrayarlo si no fuese porque a ella, más que a ninguna otra influencia aislada, se debe nuestra actual penuria de cultura.

A nadie se le oculta que nuestra Universidad, salvo alguna que otra excepción rezagada del tiempo antiguo, no es muy rica en eminencias. El *scholar*, el *savant* de las universidades extranjeras, es ave rara en nuestras cátedras. En las facultades liberales sobre todo, es decir, en aquéllas donde la aptitud es puramente académica y no se deriva ni se fortalece del ejercicio exterior de una profesión, nuestros catedráticos, por regla general, son fatuas luminarias cuya suficiencia no corre parejas con sus pretensiones. Su ciencia es parva y, las más de las veces, deplorablemente retrasada en el contenido y en los métodos. La enseñanza allí padece de una externidad, de una superficialidad, encarecida por el alarde verbal. La sensibilidad fina, la erudición al día, el buen gusto expositivo, brillan por su ausencia. En unos cursos se estudian textos extranjeros antiquísimos; en otros, textos locales, del mismo profesor, que no tienen siquiera ortografía. La doctrina se dispensa en dosis homeopáticas, con criterios y programas rutinarios, y frecuentemente, a manera de concesión adusta o de paréntesis ingrato en otras faenas, por personas que no tienen o la vocación didáctica, o la competencia, o la madurez requeridas. Un programa general de enseñanza que es de lo más absurdo, estrecho y escolástico que darse puede; un régimen que inhibe a la Universidad de toda iniciativa trascendental, que la supedita en gran medida a inexpertos criterios administrativos, que la constriñe a la economía de una dotación precarísima y que la expone, además de hecho, a las influencias gubernamentales y políticas, acaba de hacer completamente inerme, y hasta contrarios a los libérrimos intereses de la cultura, el más alto centro docente de la República, trocando así en ancla lo que debiera ser proa de nuestros anhelos renovadores.

¿Cómo sorprenderse, pues, de que aquellas disciplinas que por tradición y por natural índole suelen tener su más sólido asiento en las universidades, anden entre nosotros tan sumidas y desmedradas? La Filosofía, la Historia, las Ciencias Naturales y Exactas, la Filología, la Erudición y Crítica Literarias apenas si tienen en Cuba, fuera de la Universidad, esforzados que las divulguen con amor y suficiencia. Si en la Universidad los hay, tan escasos son sus arrestos, tan exigua su confianza en sí mismos, tan recatada su modestia, que ni se resuelven a llevar sus enseñanzas al libro, contentándose con ejercicios de seminario y discursos de veladas. Así se da entre nosotros, repito, el triste caso de que, lejos de ser nuestra Universidad el refugio de toda especulación desinteresada, el foco de toda luz superior, el ejemplo y recurso de las vocaciones intelectuales, el representante máximo, en suma, de nuestra cultura —lejos de ser todo eso— constituye como un índice de nuestro alarmante utilitarismo y de nuestra pavorosa inercia para las cosas del espíritu.

Esa falta de ejemplaridad allí donde debían establecerse las pautas de valoración intelectuales y los más altos niveles del esfuerzo culto, ha contribuído mucho a favorecer el descenso en otros sectores extrauniversitarios del pensamiento. Reparad, si no, en la crisis que también sufren entre nosotros la oratoria, el periodismo, la ideología, las letras. Cuba fue durante todo el período especulativo y ejecutivo de su historia un pueblo pequeño de grandes oradores. No es preciso, para corroborar el aserto, más que mentar los nombres de Cortina, de Figueroa, de Martí, de Montoro, de Giberga y de Fernández de Castro. Ellos cifran toda una gloriosa tradición tribunicia. ¿Podemos asegurar que hoy día se mantenga —no en cuanto a la cantidad, sino a la calidad, que es lo que importa— esa ejecutoria lucidísima? Contamos hoy con más *discurseadores* que nunca: entre ellos figuran todavía algunos verbos eximios. Mas ¿no son precisamente los veteranos del tiempo antiguo? De las generaciones posteriores, ¿podéis entresacarme más de dos, tres, cinco oradores jóvenes —y ya son muchos— que puedan justamente compararse con los próceres del autonomismo y del liberalismo antiguos? Aquella era oratoria opulenta de formas verbales; pero plena de pensamiento, nutrida de saber, noble y armoniosa de arquitectura, fina de léxico y aventajada en sus intenciones ideológicas. La oratoria de hoy día es, cuando mejor, mero derroche de sonoridades aparatosas y de tópicos más o menos consabidos. El discurso tiende a ser invertebrado, a carecer de toda trabazón lógica interior. Se han perdido las ventajas del cálculo y se han adquirido todos los vicios de la improvisación. Oir hablar a un orador del día ya no es un deleite edificante; es una disipación infecunda. Son los suyos discursos temerosos de la versión taquigráfica. Y así, no es sorprendente que entre la juventud más preocupada de hoy, entre la juventud excepcional que aspira, por encima de todo, a la precisión, a la claridad, al orden, se haya acentuado más que entre ninguna otra esa antipatía a la oratoria, característica de la conciencia intelectual contemporánea. Los malos oradores habituales han desprestigiado el género, creando un prejuicio en su contra.

¿Y el periodismo? ¿Os pareceré implacablemente universal en mi censura si afirmo que el periodismo, a pesar de su enorme avance material, ha sufrido un descenso paralelo al de la oratoria; esto es, que ha perdido su antigua densidad ideológica y su elegante decoro? El problema, en cierto modo, no es nuestro solamente. En casi todos los países, y sobre todo en los sajones, está cundiendo la alarma contra la insubstancialidad doctrinal, la pequeñez de intenciones y el exceso de informativismo premioso y superfluo que caracterizan la prensa contemporánea. Pero entre nosotros, a esos vicios de esta época frenética en que vivimos, aquejada por el prurito constante de la prisa, hay que añadir toda una muchedumbre de perversiones locales hijas de nuestro ambiente y de nuestro temperamento. Hay que añadir el *choteo* subterráneo que informa las graves reseñas camerales; el espíritu de fulanismo, de mendicidad venal y de medro vergonzante en las campañas; la adjetivación prehecha; el estridentismo populachero en los *titulares*; el sórdido énfasis en la nota delincuente que aguza las curiosidades malsanas de la plebe; el desinterés en el artículo bello y ponderado y el acceso a la profesión de gentes sin más título ni aptitud que su notoriedad de *condotteri*, de negociantes turbios o de trepadores afortunados.

En el fondo, ese descenso del periodismo indica un doble rebajamiento: el de los conceptos morales y el de los conceptos intelectuales. Es, pues, una crisis de ética y una crisis de cultura, y responde, en parte, a la misma degeneración dual que se advierte en el tono corriente de nuestra ideología política. Periódicos no son, en general, órganos de la opinión pública, sino de determinados intereses; órganos, a lo sumo, de partidos. Y los partidos políticos que los inspiran tampoco representan entre nosotros verdaderos movimientos doctrinales, milicias de principios distintos; antes son facciones que, por accidentes históricos, se turnan y contraponen en la disputa asaz corrompida del poder. Nuestra política —lo que, rebajando el noble concepto aristotélico llamamos *política*— no es más que un engranaje de atenciones y de intenciones menudas, cotidianas e inmediatas, sin vuelos poderosos ni levantadas vislumbres que aspiren a ampliar los horizontes de nuestro prestigio. Si alguien se atreve a poner sobre el tapete legislativo una concepción audaz e innovadora, un programa de acción interna que organice y estimule nuestras energías nacionales, un proyecto de actitudes exteriores que nos destaque sobre los demás pueblos, redimiéndonos de nuestra pequeñez geográfica mediante la afirmación de nuestro albedrío y criterio propios, si alguien, digo, intentara esa aventura, como no hubiese beneficios actuales de por medio, tened por seguro que se le tacharía de iluso y de romántico, sacándose a relucir en contra suya los consabidos y falaces argumentos de nuestra soberanía mediatizada y de la necesidad de atender a más concretos menesteres. Así se explica que no hayamos hecho tan sólo el intento de emular al Uruguay —república casi tan pequeña como la nuestra— en sus admirables avances dentro de la legislación industrial y social, ni a la Argentina en su política de inmigración, ni a México en su política de defensa de la propiedad. Así se explica que no tengamos asomo siquiera de una política antillana que nos vincule a las demás grandes Indias Occidentales, con vistas al lejano futuro. Así se comprende también que permanezcan sin resolver, con los problemas actualísimos de la Nación: el analfabetismo, la subordinación económica, la corrupción administrativa, el atraso y desorden jurídicos, aquellos otros problemas mediatos tan vitales como el de nuestra monoproducción azucarera, que nos obliga a ser un pueblo con una sola oferta y múltiple demanda.

Pero acaso penséis que me aparto demasiado, con estas implicaciones, del problemas de la cultura en sí. Es que existe una noción corriente de que la cultura es sólo cosa de literatos, y que, por tanto, hablar de crisis de la cultura es aludir a una decadencia puramente literaria.

La noción no puede ser más simplista. Pero aceptémosla de momento y pensemos si, aun ciñéndonos al estado de las letras, no cabe señalar un evidente descenso en nuestro nivel cultural. ¿Dónde está, en efecto, la producción literaria gallarda y extensamente prestigiosa que corresponde a un pueblo de nuestra tradición? ¿Quién recogió la lira poderosamente templada de Heredia? ¿Quién la inspiración enérgica y la fecundidad gloriosa de la Avellaneda? ¿Qué bríos han sabido desarrollar, en nuestro siglo, las iniciativas precursoras de Julián del Casal y de José Martí en el Modernismo poético americano? ¿Dónde está el novelista que supere a Cirilo Villaverde, el ensayista que emule a Varela, a Saco o a Varona, el crítico que rivalice con Piñeiro o Justo de Lara?

Me anticipo a los reparos posibles. Se dirá que tenemos actualmente poetas de genuina inspiración, novelistas destacados, ensayistas de publicidad y nombradía y hasta periodistas con estilo. Cierto. Pero lo que se ha de ver es, por una parte, si son bastantes en número para que nos conformemos con ellos, a estas alturas de la evolución nacional; y por otra parte si esos valores en realidad satisfacen nuestro criterio más riguroso y legítimo en la hora actual. A estas dudas yo me contesto que las dos generaciones últimas no han producido, ni en número ni en calidad, una sola hornada literaria capaz de representarnos con el debido prestigio ante los pueblos extranjeros. De Martí para acá, el Santos Chocano, el Amado Nervo, el Lugones, el Horacio Quiroga o el Vasconcelos no aparecen en Cuba por ninguna parte. Ante la misma América hermana, que con tal indulgente simpatía nos mira, Cuba es un pueblo sin literatura relevante en lo que va de siglo. Si figuramos todavía en el mapa literario de la América, se lo debemos a la ejecutoria de los viejos gloriosos. La juventud ahora estante, entre la cual se acusan, a no dudarlo, genuinas vocaciones y alentadores bríos, todavía no rinde sabrosa cosecha, sino fruto en agraz, a veces servido antes de tiempo y endulzado con el polvo de azúcar que son los encomios prematuros.

Nuestra cultura, digámoslo sin peligrosos disimulos, está también de capa caída desde el punto de vista literario. No se nos diga que no tenemos suficiente perspectiva sobre nosotros mismos para aventurar tal pronunciamiento. La perspectiva es necesaria dentro de ciertos límites: para aquilatar, para comparar, para medir; pero no se hace menester la perspectiva para juzgar si hay o no flores en un jardín y si las flores que hay son desmayadas o enhiestas, pálidas u opulentas. La perspectiva no nos hace falta, por ejemplo, para apreciar que, si el movimiento literario es entre nosotros injustificadamente moroso, en cambio el movimiento pictórico acusa cada día más fecunda actividad dentro de su tardía incipiencia. Este es un hecho que acaso deba atribuirse a la protección dispensada por el Estado al ejercicio y fomento de las artes plásticas. Si las letras gozaran entre nosotros aunque sólo fuera de esos elementales estímulos, la literatura actual no dejaría tanto que desear.

Pero esto ya me trae, señoras y señores, a la parte final de mi conferencia, en la cual intentaré brevemente precisar cuáles son las causas más generales de esta decadencia de la cultura, cuyas manifestaciones notorias acabo de esbozaros.

Dije al principio que una cultura nacional era un conjunto de aportes intelectuales numerosos, conscientemente orientados hacia un mismo ideal y respaldados por una conciencia social que los reconoce y estimula. De este concepto se desprende que son tres los elementos integrantes de un estado de cultura, y que, por consiguiente, la decadencia de un estado tal se deberá, o a la falta de alguno de esos elementos o a la condición precaria de ellos. Esta deducción nos permite dividir las causas de nuestra crisis en tres categorías: las causas individuales, las causas orgánicas y las causas sociales; o lo que es lo mismo: las deficiencias del esfuerzo, de la organización y del ambiente. Y claro es que, no siendo la cultura un complejo mecánico en el que se pueda localizar un entorpecimiento con toda exactitud, atribuyéndole la inoperación de todo el conjunto, esas causas se compenetran y superponen entre sí, al punto de que la crisis de la cultura aparece, en todo momento, como una consecuencia de la combinación de todas ellas, y no como un resultado particular de las que pudieran estimarse más importantes.

Existe, sin embargo, cierta jerarquía. Los motivos que influyen sobre la voluntad individual, que la determinan o la paralizan para la producción culta, son los principales y se originan unas veces en el fuero interior, otras en el medio circunstante. Entre los primeros hay que señalar, desde luego, la peculiar idiosincrasia del cubano.

En todos los tiempos nuestro carácter ha sido nervioso e inquieto por temperamento fisiológico: frívolo, actualista e imprevisor por hábito originado quizá en el aventurero atavismo colonial y en la próbida generosidad de la naturaleza que nos rodea. La índole frívola del cubano es proverbial. En algunos países (el mexicano Querido Moheno lo declaraba ha poco en su tierra) esa cualidad nuestra se ha llegado a hacer notoria, conquistándonos muchas simpatías y una miaja de jovial desconfianza. Por otra parte, nadie más actualista ni más imprevisor que el tipo criollo medio. Como la cigarra de la fábula, atiende al momento presente, al bienestar o a la satisfacción de ahora, sin dársele un ardite de la condición futura. Si yo tuviese tiempo para ello, pudiera citaros no pocos dichos y proverbios guajiros que expresan esa filosofía (...) Reparad, además, cómo el único vicio arraigado que en justicia quepa atribuir a nuestro pueblo es el del juego; es decir, el vicio imprevisor por excelencia.

Pues bien: estas cualidades del cubano, tan simpáticas en otras manifestaciones, hacen contra al esfuerzo y las iniciativas intelectuales. Porque todo esfuerzo intelectual para ser fecundo ha de ser sostenido, y para ser sostenido requiere cierta abnegación constante, cierto sacrificio del presente al porvenir; en una palabra: mucha disciplina y algún afán de gloria.

Aun cuando surgen entre nosotros vocaciones intelectuales, con frecuencia se malogran debido al influjo de otras cualidades de nuestra manera de ser. La versatilidad excesiva nos lleva a disipar nuestras energías en múltiples sentidos; la demasiada inteligencia nos hace peligrosamente fácil el esfuerzo, y nuestra peculiar riqueza imaginativa engendra peligrosas ficciones, tentándonos a reemplazar el estudio con la rápida intuición. A estas tres modalidades de nuestro entendimiento creo yo que hay que atribuir uno de los fenómenos más comunes en nuestra vida intelectual: la simulación. La simulación es en no pocos casos consciente, y la hallamos en el *intelectual* improvisado que escribe, o diserta sin más preparación que la de unas aulas precarias y la de unas lecturas somerísimas; pero armado, en cambio, de una fatuidad y de una osadía inexpugnables. Otras veces, la simulación es inconsciente: la ficción de cultura se funda en una creencia de buena fe en la propia capacidad, creencia que se afirma por la falta de crítica autorizada y sincera en nuestro medio. A la postre, en fuerza de aparecer como paladines del saber, los simuladores se crean reputaciones, domésticas al principio, públicas después, y se hacen número inevitable de todas las veladas, miembros de todas las academias, usufructuarios de todas las representaciones culturales de la nación. Así también se forman con frecuencia los educadores de la juventud y los portaestandartes de nuestro civismo.

Ahora bien, si esas actividades anti-intelectuales del criollo temperamento son, como dije, de todos los tiempos, no hay duda de que ellas se han acusado en nuestra época al influjo del vivir moderno. Por una parte, la vida ha multiplicado sus alicientes cotidianos y, con ellos, las tentaciones a nuestra frivolidad natural; por otra parte, al mismo tiempo que han aumentado las oportunidades de placer, el trabajo se ha hecho más imperativo y más árido, exigiendo, por tanto, una compensación tal, de reposo y de distracción, que no deja margen para el cultivo serio de las aficiones espirituales. Los deportes consumen los ocios de la juventud; la mera holganza por calles y paseos es más atractiva; el espectáculo exterior, al alcance de todos, nos absorbe. Como la lucha por la vida es más dura que nunca, el goce de la vida supone una mayor tentación. Así se da la paradoja de que el cubano de hoy sea más frívolo que el de antaño precisamente porque trabaja más.

Y la más democrática organización económica actual, ¿no nos prohibe también la actitud contemplativa, empujándonos hacia la incesante militancia del lucro? Ya apenas existe el hijo de familia patriarcal y acomodada que antaño hacía tertulias y sonetos para distraer la tristeza de ser rico. Los criterios sociales han evolucionado paralelamente con los imperativos económicos. Todos hemos de trabajar. El cubano de aptitudes intelectuales, aquejado por la necesidad de riqueza en una sociedad que estima más la opulencia que el talento, se dedicará al ejercicio muchas veces aleatorio, pero siempre lucido, de una profesión que lo absorbe y anula para otras atenciones cultas.

Su educación previa no le ha abierto perspectivas intelectuales que le hechicen y conquisten. En la escuela, en el instituto, en la Universidad, apenas se le pone eficazmente en contacto con los estímulos superiores del entendimiento. Si estudia ciencias y latines, es a manera de fría rutina escolástica que acaba por hacerle abominar de esos estudios, reñidos, después de todo, con el cínico materialismo circunstante. Y aun suponiendo que la enseñanza yerta de las aulas despierte en él vocaciones intelectuales ingénitas; ¿qué ha de hacer sino ahogarlas, olvidarlas, inhibirse de ellas, torcerles el cuello como el poeta de la parábola? ¿Acaso le ofrece el ambiente alguna invitación a que las cultive? ¿Quién remunerará adecuadamente su abnegación? ¿Le procurará el Estado algún *modus vivendi* decoroso con que pueda servir su propio ideal y, a la vez, los intereses generales de la cultura? Las cátedras son pocas, y muy francas a las codicias sin escrúpulos y a los *arribismos* de compadrería. ¿Le ayudará algún Mecenas? La filantropía no es fruta tropical, ni se aviene con su decoro. ¿Le sustentará el público? Los periódicos no pagan para vivir, y el público no lee libros de autores cubanos... ¿Qué hacer? Todos lo sabemos: el intelectual se hará abogado, o quizás... político.

A la natural indisposición de su temperamento inquieto, imprevisor y epicúreo; a las exigencias de la organización económica, rigurosa y agotadora; a la privanza de la dedicación profesional, que le ofrece la más rápida compensación mediante el más lucido y fácil esfuerzo; a lo impropicio de su educación tenue y positivista; a la falta de estímulos y retribuciones creadas, se une, como un último motivo que lo determina en contra de la vida intelectual superior, la inclemencia de nuestro clima. Digamos, más específicamente, la inclemencia de nuestra temperatura. El calor no es un obstáculo insuperable contra las labores intelectuales; pero sin duda es una influencia hostil. Las civilizaciones tropicales han sido siempre más bien estéticas y militantes que especulativas. Ningún gran sistema filosófico ha sido compuesto a 76 grados Fahrenheit, que es nuestra temperatura media. La ciencia y la experiencia nos dicen que este caldeamiento enerva la voluntad y duplica la cantidad de esfuerzo que se requiere para un estudio determinado, haciendo ese esfuerzo más fatigoso y por ende, más difícil de sostener. De aquí que nuestras tentativas intelectuales se resientan, por imperativo climático y filosófico, de una levedad, dispersión e intermitencia adversas a toda producción intensa y fecunda.

Los aportes intelectuales que forman la base de la alta cultura llegan, en virtud de todas esas circunstancias impropicias, a requerir un esfuerzo verdaderamente heroico. Tenemos que vencernos a nosotros mismos, vencer las sugestiones externas, vencer hasta a la misma Naturaleza. Una vez realizada esa triple conquista, sin embargo, los diversos aportes triunfantes no logran formar todavía un estado típico de cultura. Es que les falta organización, contacto, orientación, hacia un ideal tácito, pero íntima y concientemente formulado. Trabajamos en nuestros gabinetes, mas no existe entre nuestros trabajos una vinculación de intenciones. Cada obrero tiene su pequeña aspiración, su pequeño ideal, su pequeño programa; pero falta la aspiración, el ideal, el programa de todos; aquella suprema fraternidad de espíritus que, según vimos, es la característica de las civilizaciones más cultas.

¿Por qué estamos tan discordes, tan distanciados unos de otros? Nos observamos recíprocamente con fría displicencia, cuando no con fingidas o injustas actitudes. La crítica —esa función importantísima, organizadora de toda aspiración intelectual colectiva— no existe aquí. Apenas si tenemos sustitutos ínfimos, simulacros de crítica que se manifiestan, o en un espíritu de tolerancia campechana hacia la obra manifiestamente mala, o, por el contrario, en un espíritu de indiferentismo y hasta de gratuita censura hacia la obra buena. En torno de ésta particularmente, cuando surge, se hace un vacío terrible que la boicotea, la zahiere, la asfixia. ¿Por qué?, preguntaréis. Unas veces por envidia humana, otras, por hábito de mofa; otras, en fin, porque se hace a la obra víctima de las antipatías personales que se ha captado el autor, al igual que acontece el contrario fenómeno de que la simpatía hacia el hombre engendre un aprecio desmedido de su obra.

No hay, pues, rigor crítico. Tampoco hay cooperación, contacto organizado. El individualismo imbíbito en nuestra raza hace a cada uno quijote de su propia aventura. Los esfuerzos de cooperación generosa se malogran invariablemente. Los *leaders* desinteresados no surgen. En los claustros, en los gremios intelectuales, en las academias, en los grupos, la rencilla cunde como la yerba mala por los trigales de donde esperamos el pan del espíritu. Todo es un quítate tú para ponerme yo. La cultura es un naufragio, y el esfuerzo un arisco sálvese quien pueda. Se ansía vagamente un estado mejor; pero no se lucha en cruzada de todos por realizarlo.

Y si a aquella inercia producida por el temperamento y la temperatura, si a esta desorganización engendrada por nuestro individualismo excesivo se agrega, por parte de la masa social anónima, que debe ser como el substratum de la cultura, su actitud de displicencia y hasta de menosprecio hacia las inquietudes intelectuales, veréis como se completa el desolado cuadro de nuestra crisis. El pueblo —y cuando digo el pueblo, me refiero a todas las clases no intelectuales de la Nación, desde el seno de la familia hasta la oficina y el ágora— el pueblo alienta ya de por sí una sorda antipatía, un irónico recelo contra toda aspiración en que le parece sorprender pujos de aristocracia. Son los hostiles *sentimientos primarios* de que habla Ortega y Gasset. Hasta hombres educados hallaréis que protestan contra la denominación de *intelectual*, como si el así llamado pretendiese formar casta aparte, como si ese vocablo no fuese una simple denotación genérica, empleada para mayor comodidad al referirse a cualquiera que milite, como director o como sencillo obrero, en la causa de la cultura. Claro que el intelectual es —por desgracia— individuo de una minoría (en el sentido no cenacular de esta palabra...); pero de una minoría

atenta como ninguna al bienestar y a la dignidad de todos, de una minoría, que aspira a ganar cada día más secuaces para la obra de común civilización. El pueblo no lo advierte y le opone su recelo estólido. Su misma dedicación adquisitiva ha arraigado en él los prejuicios positivistas de la época. La mala educación, la mala prensa, la mala política, lo han pervertido, enturbiándole la estimativa de los verdaderos valores mediante falsas prédicas y peores ejemplos. No sólo entre el pueblo bajo, sino hasta entre la burguesía, el ser o parecer *intelectual* es una tacha de la que hay que redimirse mostrándose humano y sencillo, como si intelectualidad y vanidad fuesen en esencia la misma cosa. En consecuencia el individuo de superior vocación, se siente entre nosotros aislado, desalentado para toda pública iniciativa, o constreñido si quiere conquistarse las simpatías sociales, a tomar actitudes rebajadas e impuras que halaguen la vasta psicología anónima.

Esta tesitura social, esta falta de ambiente, debiera combatirse por medio de la prédica, del coraje individual, del señalamiento edificante de los valores genuinos y la recompensa adecuada a los mismos; pero a los llamados a hacerlo no se les ocurre, o no quieren exponerse, o no les parece que esa política de fomento sea un programa suficientemente concreto como para romper lanzas o votar créditos en su apoyo. Y así, en suma, la cultura avanza —si es que en verdad avanza— a paso de tortuga, porque los aportes individuales son escasos, porque están desorganizados y porque les falta el apoyo social.

¿Señalar remedios a este estado de cosas? No podría yo intentar hacerlo, señoras y señores, sin trabajar más ya vuestra fatigada imaginación ni rebasar los límites de mera exposición positiva que para esta conferencia me impuse. Estimo, además, que, conocidos los males y sus causas, los remedios se sugieren a sí mismos sin mayor dificultad. Lo que se ha menester es la iniciativa y el coraje para ponerlos en práctica una vez indagados. Y este coraje no nos vendrá a todos sino de la convicción firme, ardorosa, sincerísima, de que la cultura representa la suprema personalidad de una nación y, por consiguiente, la más fuerte garantía de su persistencia y albedrío. Cuba no podría nunca ser un pueblo grande —un gran pueblo— por su riqueza material, que a las veces es contraproducente y llega a constituir un motivo de sumisión propia, o de ajena codicia. Cuba sólo podrá ser grande algún día, como lo es Bélgica, como lo es Suiza, porque se haya convertido en un centro de rica producción intelectual. En la más abierta sociedad, ningún individuo goza de tanto respeto y prestigio como el hombre sabio; así también, a ningún pueblo le protege tanto la conciencia internacional como a aquel que ha sabido hacer de sí mismo un foco indispensable de superior cultura.

Que nosotros tenemos condiciones múltiples para tal conquista, nadie se atrevería a negarlo. Aquellas, que como el clima, como las solicitaciones y contagios materialistas a que nuestra situación geográfica nos expone parecen fatalmente insuperables, no lo fueron en el pasado ni lo serán en el porvenir si sabemos los cubanos, contrarrestarlas con la claridad de nuestra inteligencias tenazmente dispuestas y noblemente organizadas. Estamos, no en un momento de agonía, sino de crisis. Crisis significa cambio. Acaso ya esta juventud novísima de hoy traiga en el espíritu la vislumbre de un resurgimiento. Mas no confiemos al azar. Si como yo anhelo y espero, nos unimos todos en una cruzada de laboriosidad, de amor y de creación de estímulos (...), nuestra tierra llegará a integrar — subrayemos la palabra: a integrar— una verdadera Patria en la más espiritual y fecunda acepción del socorrido vocablo.

Algunos remedios a la crisis de la cultura en Cuba*

SI LOS TRES elementos que integran un estado nacional de alta cultura son, como decíamos, una multitud suficiente de aportes individuales a las superiores disciplinas, una fraterna orientación común entre esos esfuerzos, y una conciencia popular que los reconoce y estimula, es evidente que los remedios a un estado de crisis de la cultura serán aquellos que multipliquen los aportes, que los orienten y que los prestigien en la opinión ambiente.

La multiplicación de los esfuerzos individuales es, a su vez, una labor primero de capacitación —o sea de enseñanza— y luego, de creación de estímulos.

---

* Se trata de un artículo publicado en dos partes en el periódico *Diario de la Marina*, los días 23 y 24 de junio de 1925. Está contenido en: *La crisis de la cultura en Cuba. Indagación del choteo* (ob. cit.)

Los obstáculos naturales que dificultan una rica producción intelectual en nuestro país, tales la idiosincrasia y el clima, nadie los reputará insuperables. La voluntad lo vence todo, se dice sin demasiada hipérbole. Pero es necesario educar la voluntad, capacitarla, descubrirle tentadoras perspectivas, insinuarle el gozo del noble saber y del ponderado meditar. Por eso la base de nuestras posibilidades culturales está en la reforma de la enseñanza.

De la enseñanza en todos sus grados; pero de la secundaria y la superior sobre todo. En los Institutos, donde apunta la vocación, en la Universidad, donde se afirma y adoctrina, se hace menester realizar de una vez esa profunda reforma que tanto se anhela y tanto se demora. El cambio ha de afectar desde el *curriculum* hasta el ambiente, pasando por los métodos y por los maestros. Conviene que el menú intelectual que se ofrece al apetito de las jóvenes inteligencias sea lo más variado y suculento que darse pueda. Que haya, no cien cursos, sino mil; y que cada curso sea una tentación por las amenas perspectivas que ostensiblemente ofrezca. Cursos generales; pero también de los que aislan y desentrañan el portento de alguna gran peripecia intelectual: la vida del Dante o la estructura de los átomos.

Nada tan poco invitador ni tan franco a la rutina como la imposición de un programa uniforme para todos, desatento a las modalidades individuales. Dénsele Humanidades a quien las quiera; impónganseles, a quien por la índole de su disciplina elegida, las haya menester. Mas no se obligue a estudiar latines a quien sólo le atraen las especulaciones de nuestro tiempo. Preciosa es siempre la base de los clásicos; pero en ocasiones ocupa energías y tiempo que fuera mejor destinar a más directas disciplinas. El sistema de *concentración* y *distribución* combinadas, tan prestigiado por la experiencia de universidades extranjeras, me parece excelente para la nuestra, al igual que los cursos obligatorios y elementales de composición escrita, que adiestrarían en la sintaxis del idioma a los abogados del futuro.

La enseñanza ha de ser, sobre todo, vital, animada, plena de sentido humano, de simpático interés; con menos rutinario dogmatismo y más amena inquietud.

Estas condiciones abstractas dependen, claro está, en gran medida, de los hombres encargados de enseñar. No puede exigírseles el don evangélico —esa fibra generosa del buen maestro— que sólo la Naturaleza confiere; pero sí puede exigirse amplia competencia, ostensible laboriosidad, propicia actitud. Habría de hacerse de las oposiciones a cátedras algo más riguroso y libre de externas influencias, sin que el título derivado de las mismas fuese vitalicio, como lo es ahora, sino sujeto a nueva oposición cada seis u ocho años, de suerte que el catedrático no pudiera dormirse sobre sus laureles cuando otras aptitudes mejores le retan desde fuera. Y se obligaría a cada catedrático a escribir el texto de su propia asignatura, para usarlo colateralmente con los textos extranjeros.

Corregidos así el *curriculum*, los métodos y los maestros, el ambiente mejoraría ya mucho bajo la triple influencia. Con alguna atención especial a los deportes, a las sociedades universitarias, a las virtudes estudiantiles, y con un aumento de ceremoniosidad en la investidura de los títulos y en el general aparato, se iría formando ese sentimiento de amoroso orgullo, de blasonada y blasonadora devoción a la universidad, que es la substancia del Alma Máter. ¿Y por qué no, a más de todo lo expuesto, una mayor oferta de premios y de becas; un sistema de intercambio con los claustros norteamericanos y europeos; un periódico universitario cotidiano; una activa sociedad de antiguos alumnos y, sobre todo, la Asamblea mixta y la autonomía?

Vastas son las posibilidades para pretender encerrarlas en los límites de un artículo. Quizás la síntesis más expresiva de las necesidades que, no sólo la Universidad, sino también los Institutos experimentan, pudiera formularse así: *Entusiasmo, Libertad, Dinero*. Porque todo lo demás se nos daría por añadidura.

Pero no se conseguirá máximo provecho para la cultura con sólo fomentar el adoctrinamiento adecuado de las vocaciones. Es menester, además, crear luego una serie de estímulos que hagan deseable el esfuerzo, que lo honren y remuneren hasta vencer las sugestiones utilitarias del ambiente. Y si la reforma de la enseñanza es, fundamentalmente, una labor de incumbencia legislativa y académica, la oferta de estímulos debiera engendrarse de una cooperación entusiasta y sostenida entre las iniciativas privadas y las iniciativas oficiales.

Ultimamente se ha hablado de premios a la agricultura. ¿Por qué no también —casi estuve por decir *antes*— a la cultura? ¿No hemos de concebir el esfuerzo estimulador sino cuanto a los dones naturales, sobre las dedicaciones consabidas? ¿No será hora ya de que disipemos esta *conmovedora resignación agrícola* que tenemos como pueblo, y que paremos mientes en otras manifestaciones posibles de la energía colectiva: en la industria y en la cultura, por ejemplo? ¿Cuándo convendremos en que el prestigio personal depende más, a la larga, de los ingenios intelectuales que de los azucareros?

Premios a la cultura, sí. Premios cuantiosos, substanciales, verdaderamente remunerativos; no limosnas académicas. Premios, todos los años, al mejor estudio filosófico, al mejor ensayo científico, al más bello libro de poesías, a la más enjundiosa y ponderada novela. Premios en que no intervengan las estimaciones prehechas ni las posibilidades de favoritismo o de endose ni los criterios yermos o consagrados oficialmente en las *boutonniéres*. Premios discernidos por jurados que estén lo menos en tela de juicio posible: señores que puedan fallar sobre literatura porque son literatos, o sobre química porque tengan los pulgares quemados de los nobles ácidos.

Y no sólo el Estado, que dará el generoso ejemplo. Las corporaciones, los particulares también. La Prensa, al mejor artículo del año, como se hace en Madrid (Premio *Mariano de Cavia*) y en los Estados Unidos (Premio *Pulitzer*). Ustedes, Sres. Veloso, Abela, Valentín García, López González, de la Fuente *et al* —ustedes los prósperos libreros— por amor a la cultura del país en que medran, y hasta por negocio, debieran ofrecer todos los años, separada o cooperativamente, un premio a la mejor obra literaria, como hacen sus colegas de París y de Munich. Y también vosotros —los señores *pudientes* que

arrastráis Cadillac y os plañís de nuestra barbarie— vosotros también debiérais abrir la faltriquera una vez al año en esta cuestación general por el bien de nuestra cultura.

Por lo pronto, ¿a quién sino al Estado incumbe resolver con inteligente generosidad el problema del buen libro que no se vende? Todos los años se publica alguna obra tal, hecha con amor y con rigor, pero destinada a la patética decepción de los escaparates abrumados de salacidad y de los depósitos de librería llenos de telarañas. Una Comisión oficial bien selecta debiera comprar esas ediciones frustradas por la indiferencia beocia del público, que recela de todo *Made in Cuba* literario. Y esos libros adquiridos, se repartirían por todas las escuelas, se obsequiarían —como acaba de hacer muy plausiblemente la Secretaría de Estado— por todas las bibliotecas amigas del extranjero. ¿Sabríais de mejores diplomáticos para nuestro prestigio?

El Estado pudiera y debiera también *utilizar* los servicios del productor intelectual. Utilizarlos por medio de la comisión, del encargo específico y expreso. No sólo en la diplomacia, como fue (ya casi no lo es) uso y costumbre; sino en múltiples actuaciones y faenas de divulgación y de investigación que el interés nacional reclama; por ejemplo: la Historia patria, la elucidación de archivos ilustres, la edición de nuestros clásicos olvidados, la traducción de obras extranjeras que tratan de Cuba.

Las diversas Academias —constreñidas hoy, por su precaria dotación, a una conducta grave y vegetal—, los Colegios profesionales, la Asociación de la Prensa, las numerosas e inermes sociedades interesadas en la cultura: todos, debían llevar su aporte de generosidad, de lirismo substancioso, de fiscal vigilancia, de tónico ardimiento, a esta cruzada nacional por la Inteligencia. Los periódicos debieran proteger y alentar la buena crítica: la crítica independiente, autorizada y sincera, con guante blanco, miras edificantes y... buen sueldo, que también contribuiría a la multiplicación de los aportes individuales.

Pero como todavía, para que exista un genuino estado de alta cultura, es menester que esos aportes tengan cierta común orientación y un aura popular que los halague, a los mismos *intelectuales* tocaría procurarse esas dos condiciones propicias. Y esto, ¿cómo si no por la unión y por la prédica? Se habla mucho en corrillos —pero nada más que en corrillos— de *nuestro estancamiento*. *Sotto voce* y *grosso modo* se traman simpatías y antipatías; pero al par que cavamos trincheras pugnaces para dividirnos, se entona la loa teórica del *fascio* que nos haría invencibles. El ingenio no se juzga ingenioso como no sea a costa del cofrade. Cede la sutileza al vituperio y, aunque no tenemos la altiva intelectualidad de Madrid, puede creer el Sr. Salaverría que, en lo de ser discordes y cáusticos entre nosotros, no les vamos en zaga a las peñas de la calle de Alcalá.

Pues bien: si ha de hacerse algo, será sustituyendo con el espíritu de solidaridad el de diatriba. No creo que sea de veras incompatible la verdad crítica con la unión. El intelectual que se pique definitivamente con un juicio adverso al punto de acibarar su antigua simpatía, no tiene de *intelectual* sino el ribete, pues aun estará por florecer en él la devoción esencial de todo espíritu culto, que es el amor a la Verdad y, en todo caso, al respeto de la civil opinión ajena. Uánanse, pues, los trabajadores del espíritu. Lleven a su clase el espíritu de gremio —y aun diré los métodos— que han dado su fuerza enorme en nuestro tiempo a los trabajadores manuales. Y tomen por lema: *El interés de uno es el interés de todos: Cuba primero.*

La conciencia popular favorable ya se formará, como por añadidura, tras esa unión de voluntades en una tenaz militancia. Sin temor a que parezca pedantería, esgrímanse todas las influencias posibles sobre la vasta masa para hacer que se percate del esfuerzo intelectual, y que lo aprecie. Hagamos labor de prensa, cursos, ediciones populares. Y no nos importe la incomprensión tocada de envidia, que mira como un alarde el nombre de intelectual, sin querer entender que sólo se trata de una cómoda designación genérica. Esta cruzada bien vale algunas salpicaduras.

XXXIV
MARIO GARCÍA KOHLY

Nació en 1876 y murió en 1935. Fue abogado, diplomático, político y orador distinguido, así como Representante a la Cámara en la primera legislatura de Cuba republicana y Secretario de Instrucción Pública y Bellas Artes. Elaboró la Ley Penal Militar de Cuba (comentada y concordada por él con la legislación extranjera) y —durante la intervención estadounidense de 1906— se encargó de hacer la reforma del funcionariado público promovida por Charles Magoon. García Kohly fue también embajador de Cuba en España durante el gobierno del general Miguel Primo de Rivera. Entre sus obras destacan: *El problema constitucional de las democracias modernas* (1931); *Política Internacional Cubana. Relaciones entre Cuba y España*, publicada en Madrid (s.f.), obra que recoge ensayos y artículos previamente aparecidos en los periódicos cubanos *El Mundo* y *Diario de la Marina*. Publicó también varios discursos, entre los cuales sobresale *Labra y la política hispanoamericana*.

Del excesivo poder del Presidente de la República *

DURANTE todo el año de 1930 y los primeros meses del actual, parece como si una ráfaga de tormenta hubiera estremecido con grave y extrema violencia nuestra inquieta y vibrante alma americana.

Ese movimiento fue iniciado por una revolución que produjo en Haití la caída del Presidente Borno. En Santo Domingo y Bolivia, con breve intervalo, la tempestad revolucionaria arroja de sus sillones presidenciales al general Vázquez y al señor Siles. En seguida la tormenta azota al Perú, haciendo caer al Presidente Augusto Leguía. Poco tiempo después, en la grande y gloriosa República Argentina, un movimiento revolucionario echa de la *Casa Rosada* al Presidente Irigoyen. Casi en seguida, una pujante revolución destituye de su alta magistratura, en la inmensa e importante nación brasileña, al Presidente Washington Luis. Más tarde, en Guatemala, es destituído del poder el general Chacón. Y, finalmente, en la joven República de Panamá, un golpe de estado trae como consecuencia la caída del Presidente Arozamena.

Fuera de estos movimientos coronados de éxito, en Nicaragua continúa una larga guerra civil y en Chile se logra abortar un movimiento sedicioso. En Venezuela, Honduras y Paraguay, surgen también per-

---

* Fragmento del capítulo I de la obra de García Kohly: *El problema constitucional de las democracias modernas* (Cía. Ibero-Americana de Publicaciones S.A., Ed. Renacimiento, Madrid, 1931). Título de la antóloga.

turbaciones revolucionarias. Parece como si en todo el Continente —puede decirse que casi sin excepción— una fiebre intensa y contagiosa inflamara los espíritus y acalenturase la sangre de los valerosos hijos de América.

Pues bien: ¿es que estos hechos, es que este fenómeno político, no están diciendo, con voz tan alta, que sordo tiene que ser quien no la escuche, y no están mostrando con realidad tan viva, que ciego tiene que estar quien no la vea, que existe una causa, una causa oculta, pero cierta, positiva y poderosísima, que explica la existencia del mal que corroe y mata nuestros organismos nacionales, minando los cimientos en que descansan nuestras Repúblicas y amenazando destruir un día, total y definitivamente, el edificio de la nacionalidad? Muy escasa dosis de patriotismo habría de quedar ya en el alma americana si no sintiéramos profunda alarma y no creyésemos que es deber de todos estudiar e inquirir para tratar de conocerlas y de remediar las verdaderas causas de que esos hechos son efecto y los orígenes de que son producto.

Frente a la historia de los diferentes períodos presidenciales trágicamente terminados, procede preguntar:

¿Es que nuestra América ha elegido siempre para la primera de sus Magistraturas nacionales al peor de todos sus hijos? ¿Es que el hombre que antes fue austero, venerable, virtuoso, educador, que consagró su vida entera al servicio y a la grandeza de su país; es que los grandes patriotas, los heroicos libertadores que sobre los campos redentores de la revolución aspiraron a vencer o a morir para plantar sobre el suelo de la Patria el pabellón de una República libre y democrática; es que el ilustre ciudadano que arriesgó oscuramente, para fundar la Patria libre, su vida, entre las sombras de la conspiración y por la Patria sufrió el destierro y conoció las cárceles y los presidios, el gran tribuno, el gran abogado, el gran literato, todos... al ascender a la primera magistratura nacional transformaron su carácter, modificaron su temperamento, escarnecieron su pasado, renegaron de sus principios y fueron en la gobernación de su país, por el que así lucharon y por el que así sufrieron, el inevitable *déspota*, el *dictador*, el *tirano*, el *usurpador*, el *inmoral*, el *verdugo de las libertades públicas*, el *enemigo peor de los derechos y los intereses nacionales*?

La pregunta no merece el honor de la respuesta. Pero si ello no es así, si descartamos esa explicación, que es, por monstruosa, absurda, procede preguntar: ¿es que entonces casi todos los pueblos de América son esencialmente ingobernables? ¿Es que circula por sus venas una sangre de tal modo ardiente que crea un tipo humano sustancialmente rebelde a toda autoridad y a todo orden? ¿Es que somos ineptos para el ejercicio de la Democracia y para la práctica de la Libertad? ¿Es que, por una obsesión iconoclasta, nuestro placer consiste en derribar hoy el ídolo que elevamos sobre el altar ayer; en profanar la imagen ante la cual la víspera nos postrábamos, en deshonrar y envilecer el nombre que enaltecimos y elevamos antes?

Nada sería más cruel, más torpe y más injusto que atribuir esta vil condición a nuestros nobles y puros pueblos. Infame al par que injusto sería, pues, buscar en una mentida incapacidad de nuestros pueblos para ser regidos y gobernados, libre y ordenadamente, la explicación del hecho histórico señalado antes.

Pues si el hecho existe y la lógica nos enseña que no hay efecto sin causa que lo genere y que lo determine, investiguemos bien cuál será ésta: no es, por cierto, difícil encontrarla. Y como entiendo que el verdadero patriotismo impone el deber de señalarla sin ambages ni mixtificaciones, sin reservas en el pensamiento y sin eufemismo en la frase, permitidme decir y razonar cuál es, en mi sentir, la causa del mal que aqueja nuestros organismos nacionales. En mi sentir estriba: en la errónea estructura política de nuestras nacionalidades. Por ello, el remedio que propongo para curar esa dolencia es, concretamente, éste: la modificación sustancial, en un sentido realmente democrático, de nuestras instituciones nacionales. Y la finalidad que persigo, con la fórmula propuesta, es la siguiente: impedir que por inevitable efecto de la organización política establecida en la Ley Constitucional de la nación, el Poder público, especialmente el Poder Central Ejecutivo, absorba de tal manera toda la vida nacional, en todos los órdenes de sus actividades, que inevitablemente su actuación produzca esos resultados: que por la acumulación de todas las facultades, deberes y atribuciones que se le asignan, forzosamente parezca que ejerce una autocracia en la vida y la política del país, y que, por las enormes responsabilidades que del ejercicio de tantas facultades ineludiblemente se producen, aparezca fatal e inevitablemente, ante los ojos y ante el juicio de sus adversarios como un *Dictador* o un *Tirano* por involuntario impulso de su espíritu, cuando los actos de la supuesta tiranía los establecen las enormes atribuciones que la Ley otorga y se derivan del mero ejercicio de sus prerrogativas.

Ahí radica el mal. Esa es la fuente. No está en el hombre. Está en la institución. Y mientras la institución no sea modificada en términos severos y racionales, de acuerdo, no sólo con las esencias de la Democracia y los principios de la Libertad, sino con las condiciones propias y peculiares de una sociedad hispanoamericana, el mal subsistirá invariable, cuando no creciente, hasta destruir el organismo nacional.

Dibujado de modo perfecto en nuestras leyes orgánicas constitucionales el poder personal, puede asegurarse que un Presidente de la República, si no falta a sus deberes, abdicando las facultades que la Ley Constitucional le otorga, sino que las ejerce en toda su integridad y su amplitud, como es imposible que su actuación (al abarcar todos los ramos de la vida nacional, absorbiendo toda otra actividad o manifestación de ella) pueda satisfacer a la totalidad de la nación, encontrará un núcleo suficientemente estimable de opinión hostil, que calificará de *despótica* y de *tiránica* su obra. Y como es, además, fatalmente imposible (y ella es la razón de la quiebra fatal y definitiva de estos regímenes) que el poder personal abarque todas las manifestaciones de la voluntad humana y es preciso que en su nombre y múltiples veces sin su conocimiento, pero con la exclusiva responsabilidad presidencial, actúen elementos subalternos (irresponsables e incapaces casi siempre), los hechos de éstos, ignorados por el Jefe de Estado, van arrojando sobre el nombre y la obra de Primer Magistrado faltas que no son suyas y culpas que no son propias y a despecho de toda su rectitud, de toda su inteligencia y de todo su patriotismo, va creando una legión de intereses lesionados, de aspiraciones descontentas, de apetitos no satisfechos, de anhelos fracasados y esperanzas fallidas que al fin agrupan, en la conjunta oposición, a los elementos más disímiles y las fuerzas más heterogéneas y antagónicas, rivales y enemigas encarnizadas entre sí y sólo unidas, artificial y transitoriamente, por el vínculo negativo y estéril de un común rencor.

El Jefe del Estado, en nuestras organizaciones políticas, designa, desde los Secretarios de Despacho, que *comparten el Poder Ejecutivo* y que puede libremente designar, destituir o conservar indefinidamente, aunque la opinión nacional representada por las Cámaras y por todos los organismos del común sentir, proclame y declare, unánimemente, al Secretario de Despacho inhábil, incompetente, perjudicial, torpe, inmoral o inepto; desde los Magistrados del Tribunal Supremo de Justicia y desde los jefes de las Misiones diplomáticas, que también separa libremente; desde el jefe de las Fuerzas Armadas de la nación hasta el más modesto canciller del más lejano consulado, hasta el último escribiente de todos los departamentos ministeriales, hasta el último conserje de una escuela nacional, hasta el último peón del departamento de Obras Públicas, hasta el último obrero de los servicios sanitarios, hasta el último soldado del ejército.

¡Y cuando el Jefe del Estado, abrumado por el peso de tantos deberes y de tantas responsabilidades, consagra, con sincero y con ardiente patriotismo, toda su atención a la universalidad de aspectos, múltiples y complejos, que integran la existencia del Estado, se le acusa de *aspirar a ejercer la dictadura*... que realiza —o que realizan otros en su nombre— con sólo desenvolver su acción dentro de la órbita de los preceptos de la Ley!...

Y esta extraña, contradictoria, dramática situación, creando el tipo de un presidente injustamente responsable ante el juicio y la conciencia nacional, por actos que emanaron de su autoridad, y, en realidad, noblemente inspirado en su conducta y justamente absuelto ante su propia conciencia; combatido implacablemente en nombre del espíritu y el sentimiento democrático de la nación, mientras que él más afirma y se obsesiona en el empeño de cumplir, austera y dignamente, con los deberes que la Ley Constitucional le impuso; esa extraña, contradictoria y dramática situación, repito, ha generado —y lo que es peor, justificado— muchas veces, nuestras agitaciones revolucionarias.

Cuando el Estado es toda la nación y cuando por ministerio de la Ley Constitucional, un hombre es el Estado, el Jefe de ese Estado, aun siendo el más grande patriota, liberal y demócrata y aun cuando el régimen se blasone con el rótulo de república y de democracia, será siempre acusado de ser —y aunque él sólo aspire a actuar como el Primer Magistrado popular— un soberano con un poder análogo al de Luis XIV. No fue ésta la aspiración de nuestros ilustres constituyentes, ni fue ése el ideal por que murieron nuestros mártires.

Pero la realidad es otra. La realidad es que, para establecer sobre una base esencialmente republicana y democrática la organización política de nuestros países, es necesario modificar fundamentalmente la organización y las funciones de los tres Poderes constitucionales del Estado, y especialmente la del Poder Ejecutivo nacional.

XXXV
ALFONSO HERNÁNDEZ CATÁ

Nació en Aldeávila de la Ribera, España, en 1885 y falleció en Río de Janeiro, en 1940. Fue llevado a Cuba a muy temprana edad, y en la ciudad de Santiago cursó sus primeras letras. Ya adolescente, fue enviado a España por su padre, un coronel de infantería, para realizar estudios en la Academia Militar de Toledo. Más interesado en las letras que en las armas, Hernández Catá se escapó del cuartel y se instaló en Madrid donde, además de hacer vida bohemia, publicó sus primeros relatos. Más tarde, de regreso a la Isla, se inició en el periodismo y publicó artículos en el *Diario de la Marina*, *La Discusión*, *El Fígaro* y *Social*. En 1909 ingresó en la carrera diplomática. Fue vicecónsul de Cuba en El Havre, Ministro en Chile y Brasil y Embajador en España. Aunque publicó ensayos políticos, debió la fama a su obra literaria. Ésta comprende zarzuelas, teatro y narrativa. Entre sus títulos destacan: *Cuentos Pasionales* (1907), *Los frutos ácidos* (1915) y *Martierra* (1928).

Un cementerio en las Antillas *

¡DESVENTURADO y malquerido país fue siempre Cuba! No importa que los mejores de sus hijos acendraran en corazones y cerebros amor y previsión que hubiesen podido salvarlo. Un Padre Varela, un don José de la Luz, un José Antonio Saco, un Martí, un Maceo y otros cien antes de lograrse la independencia; un Sanguily, un Varona y pocos más después de lograda; y un pueblo sufrido, vivaz y heroico siempre, nada pudieron contra la enredadera asfixiadora de los mediocres activos que se obstinaron en considerar a la Isla como una factoría, especie de funesto El Dorado en torno al cual las leyes de la ética quedaron en suspenso y donde sólo la magia negra del dinero ha sido todopoderosa.

Ya durante las negociaciones del Tratado de París, los delegados españoles se esforzaron en estorbar la independencia cubana, y apenas quedó Cuba semilibre, los peores de sus hijos, es decir, los que por herencia eran poderosos, queriendo dar la razón a los españoles que desconfiaban de nuestra capacidad para ejercer la soberanía, se apresuraron a enajenar la tierra. Aquí fue donde nació lo que ha venido llamándose, no con total justicia, el imperialismo

---
* Fragmentos de una larga monografía de igual título (Imprenta de Galo Sáez, Madrid, 1933)..

yankee. Siempre el oro adquiere concepto abusivo de su empuje más por la envidia sumisa del pobre que por su poder en sí. Si no hubiéramos vendido casi todo, el Tío Sam no hubiera llegado a figurarse que todo lo podía comprar. Si ellos fueron el troquel macho de los negocios, nosotros fuimos el troquel hembra sin el cual la imagen no es posible. Fuera de la primera intervención norteamericana, preparadora de la independencia, y de los cuatro primeros años de gobierno del Presidente Estrada Palma, puede decirse que la política cubana ha consistido en el culpable y triunfante forcejeo de unos cuantos hombres para transformar en cosa privada la cosa pública.

Los autores de la Constitución cubana incurrieron en el error de redactar una carta fundamental no consanguínea de su pueblo. Error justificado. De España sólo se veía entonces el feo perfil del dominio que acababa de cesar, y de los Estados Unidos, en cambio, los beneficios recibidos. No se tuvieron en cuenta las demás constituciones de América y su computación con realidades que han suscitado circunstancias históricas de fácil examen. Se cerraron los oídos al vaticinio bolivariano de que los pueblos de América después de caer en manos de multitudes desenfrenadas, caerían en las de tiranuelos de todas razas y colores, y se redactó una pauta que otorgaba al Poder Ejecutivo poderes casi omnímodos, saturados de riesgos. En la fricción de interés que toda obra de gobierno entraña, este desequilibrio de funciones había de permitir a los Presidentes insensatos y a sus corifeos apoyarse en puntales legales para sojuzgar a los Poderes Legislativo o Judicial y para falsificar la voluntad del pueblo.

El trato de reciprocidad, la Enmienda Platt al par anfibológica y terrible, y nuestra pequeñez y situación geográfica, nos ponían de hecho en la órbita de un país poderoso, en crecimiento, y alejado ya, acaso por ley biológica, de la cuáquera pureza de los prístinos fundadores del *Mayflower*. Puesto que los patriotas que fueron a conquistar la independencia no soñaron en un enganchamiento de pago, no se debió pagarles. Parecerá cruel esto, y no lo es. Sin el pago al Ejército Libertador habría habido un momento de acomodación difícil, de miserias individuales; pero no se habría abierto el primer portillo a ciertos veteranos que invalidaron sus servicios convirtiéndose en usureros de la patria. Y no se habría puesto a la República antes de que emprendiese los primeros pasos, un grillete. Esa cláusula adicional de la Constitución y el primer empréstito significaron una mediatización difusa de la soberanía, que sólo hubiera podido consolidarse merced a una conducta política cauta, digna, sobria: únicas formas de grandeza posible a los países pequeños. Los politicastros que favorecieron el primer intento de reelección presidencial infirieron a Cuba libre la primera lanzada.

El estadista se diferencia del político en que aquél se apoya en el pasado y en el presente para preparar el porvenir, mientras que éste emplea toda su energía en ir saliendo del hoy. Cuba, después de su independencia, no ha tenido estadistas. Nada se ha previsto, nada se ha evitado o deparado. La simbólica nave del Estado ha ido a la deriva de corrientes de concupiscencias, de vientos de escepticismo, que han degenerado en sangrientas tempestades. Y no por falta de aviso, que voces cubanas y hasta extranjeras han advertido en todas las épocas a nuestros hombres de acción en dónde estaban los escollos. De un libro, por ejemplo, como *Azúcar y población en las Antillas,* no ha hecho caso ni su mismo autor, y a un libro tan noble y lúcido como *La agonía antillana,* de Luis Araquistain, se le impidió la entrada en el país. Todos nuestros males, desde el error del monocultivo hasta los últimos extremos de la tiranía actual, han sido obra de los políticos. Leer una información política desde que la República cubana existe; una de esas informaciones que ocupan páginas enteras de periódicos, equivale a repasar una serie de ambiciones individuales o de clan, una serie de intrigas basadas en la explotación de los defectos de la democracia. De error en error se ha llegado a la bancarrota y a la barbarie, y ningún Presidente está limpio de culpa.

(...) No sólo la moral política de Cuba ha de cambiar si Cuba ha de subsistir como país libre: ha de cambiar la estructura ideológica, el sentido vital. Desde los Comités de barrio dominados por la matonería y la palabrería, hasta nuestras relaciones internaciones, han de ser rectificados. La política tiene que ser, sin posibilidades de relajamiento, un servicio, no una granjería. Las vacas flacas de Egipto han de pastar en nuestros campos esquilmados sin que lloremos; antes bien, reconociendo todos que nos benefician al devorar los rastrojos de una riqueza excesiva, que reblandeció nuestro carácter e hizo crujir todas las articulaciones de nuestro esqueleto moral. Ha de reevaluarse todo. ¡Abajo los santones, y más abajo los falsos humildes y los parásitos! Ha de cimentarse la grandeza en aquella acción de espíritu común a todos los pueblos, y no en lo suntuario, en lo que muestran los pueblos viejos, a modo de carcoma, poco antes de desmoronarse. Si unos cuantos hombres llevan al resto de los cubanos la certeza de que en cada oficio, por modesto que sea, en cada hora, por íntima que sea, la patria crece o mengua según su conducta, Cuba se levantará para siempre.

Desde la Constitución y la Ley Electoral, hasta las crónicas de salones, que son hoy triste espejo que devuelve empequeñecida y ridiculizada la imagen de una sociedad sin sentido jerárquico y sin amor, de vividores, de escépticos y de pobres epicúreos sin filosofía, hay que cambiarlo. La bomba mejor no será la que termine con Machado y sus demoníacos familiares; será la que con los gases acres de la explosión acabe con las mismas morales de treinta años de concupiscentes errores contra la patria.

Los gobernantes futuros han de ser severos y humildes, o vivirán poco. No habrá bastado ir contra el machadato, sino sentir y practicar para siempre los procedimientos contrarios a sus venalidades y a sus felonías. De la juventud han de salir nuevos gobernantes de Cuba.

XXXVI
CARLOS MÁRQUEZ STERLING

Abogado y escritor, nació en Camagüey en 1898 y murió en Miami en 1992. Sobrino e hijo adoptivo de Manuel Márquez Sterling, Carlos tuvo una dilatada vida pública que le llevó, entre otras empresas, a presidir la Asamblea Constituyente que redactó la Carta Magna de 1940. Fue candidato presidencial en las elecciones fraudulentas convocadas por Batista en noviembre de 1958. Escribió varias biografías de próceres cubanos: *Antonio Maceo, el Titán de Bronce* (1923); *Ignacio Agramonte, el Bayardo de la Revolución Cubana* (1936) y *Martí, maestro y apóstol* (1941), que le sirvió de base para escribir *José Martí. Síntesis de una vida extraordinaria*. También publicó ensayos de carácter económico y político, recogidos en *Problemas económicos. Estudios y conferencias* (1937), y continuó y publicó la obra póstuma de su tío Manuel Márquez Sterling: *Proceso histórico de la Enmienda Platt*.

El proteccionismo y el libre-cambio *

EN LAS PALABRAS pronunciadas por el Dr. Irisarri palpitan ideas de mucha actualidad económica. Irisarri se nos presenta como un nacionalista intransigente. El espíritu de los mercantilistas, modificado por las corrientes contemporáneas, lo domina y se advierte en la última parte de su bella disertación. Y glosando a Seligman, en lo relativo al proteccionismo ha combatido acremente el *laisser faire, laisser passer*, como una de las resultantes negativas de nuestra situación económica; porque ya los pueblos no pueden estar a merced de otras nacionalidades, sino que es necesario que defiendan su estructura económica dentro de los límites de su territorio.

¿Quién osará negar, dentro del campo de la teoría, que la doctrina libre-cambista es la más hermosa? ¿Quién podrá combatir así la especialización internacional del trabajo y los estados agrícolas, industriales, dedicados a aquello para lo que la naturaleza los favoreció mejor y en mejores condiciones los dotó? ¿Quién frente a la crisis mundial producida en parte por las altas y exageradas tarifas que se levantan, podrá negar que el programa de los viejos liberales facilita el juego de las fuerzas económicas, que hoy entorpecen con mengua del nivel de vida, las barreras aduanales?

La naturaleza es una, inmensa, absolutamente inocente de las instituciones, pero la naturaleza que

---

* Debate contenido en su obra *Problemas económicos: estudios y conferencias* (Ramba Bouza, La Habana, 1937).

no sabe de sus distintos territorios, porque ella es todo el universo, produce también al hombre, y el hombre ha procurado, como lo analiza Max Nordau en la *Escuela de la Civilización,* hacerse más infeliz, y se divide en razas, en religiones, en ideologías, en pensamientos, en ambiciones, en antecedentes de familia, tribus, clanes, y en naciones, y las naciones que hoy son como los individuos, no quieren exponerse a la liberalidad, sino que aspiran a desenvolver dentro de sus propias fronteras su actividad económica, como el medio más seguro de lograr la cohesión íntima de sus componentes, no comprando al extranjero, sino vendiéndolo todo bajo la misma cobija.

No soy proteccionista tratándose de Cuba. Lo acepto como una práctica dominante en los presentes momentos. Lo acepto como una realidad dolorosa que nos viene de todas partes, que para evitar daños más graves se impone como una medida de defensa colectiva, sin que nunca, como señalaba Wolter del Río, se convierta en el predominio de intereses privados, ni en el inmoderado afán de industrias sin porvenir. Confieso que no debo sugestionarme en estos instantes de nacionalismo recalcitrante en lo económico, por la abandonada doctrina de Cobden. Habría que averiguar si Inglaterra lo cultivó en su mayor grado, como expresó Grant en Manchester, cuando contestó a las solicitudes que se le hicieron:

> Señores, durante dos siglos Inglaterra ha empleado el sistema protector; lo ha llevado hasta sus últimos límites, y le ha ido bien; sin asomo de duda, a este sistema debe ella su poderío industrial. Al cabo de esos dos siglos, Inglaterra ha juzgado conveniente adoptar el libre-cambio, porque ya no podía sacar nada de la protección. Pues bien, señores, conozco lo bastante a mis compatriotas para creer que, dentro de doscientos años, cuando América haya sacado del sistema protector todo cuanto pueda éste darle, adoptará resueltamente el libre-cambio.

Los doscientos años no han pasado, pero estas palabras de Grant tienen a nuestros ojos casi un sabor profético. ¿Habrá llegado el momento? Los Estados Unidos, produciendo maquinarias y arruinando a las industrias extranjeras por medio del *dumping,* para controlar sus mercados, están colocados ya en el absurdo económico: el de empobrecer a los pueblos a quienes pretenden venderles y por ende quedarse con su dinero. ¿Con qué van a comprarle esos pueblos arruinados por ellos mismos? ¿No será esta una de las causas que han producido la crisis formidable de la economía mundial, al erguirse por todas partes barreras infranqueables como represalia a los propios Estados Unidos? ¿No es esto una torpeza? Sea lo que fuere, la realidad económica nos empuja hacia los derechos proteccionistas y un solo pueblo no puede practicar el libre-cambio. No debemos exponernos a los peligros que supone la competencia del fuerte, que ha demostrado con tan elocuentes artículos en el Diario de la Marina el señor Ramiro Guerra. Pero en esto debemos andar con mucho tiento, con mucho estudio, porque nos podemos encontrar con un encarecimiento de la vida más que proporcional, o con una baja notable de los ingresos aduanales, sin haber suplido con impuestos adecuados la baja de esas importantes recaudaciones. Nada hay más peligroso que las reformas que entrañen cambios fiscales. Y Cuba no es una excepción en el mundo, ni es de corcho, como se está demostrando. Veintiocho años de vida republicana no sirven para reafirmar un juicio popular.

Cancio, que era un espíritu contemporizador, se expresa en su voto particular en representación de la Sociedad Económica de Amigos del País, con respecto a nuestra política arancelaria, en esta forma:

> Así nos mantenemos en la corriente de la época, que va dejando las antiguas escuelas cerradas de proteccionistas y libre-cambistas para adoptar en cada caso y circunstancias las providencias más convenientes.

Y esta opinión, a mi juicio sería el ideal de Cuba, es decir, adoptar en cada caso y circunstancias las providencias más necesarias; y Cuba viene realizando tratados de comercio cuyos resultados no pueden predecirse aún, no es posible llevarla a la práctica en los actuales momentos en que precisamente se mantienen cerradas —todo lo contrario de lo que decía Cancio— las escuelas proteccionistas, pues ello no depende de nuestra voluntad sino de la voluntad y concierto con los demás países. Después de todo, al abrazar el proteccionismo adoptamos las providencias más convenientes y necesarias.

Nuestro comercio más importante es el de la importación. Los artículos más elementales de la vida los traemos de fuera. Cambiamos el importe de nuestro azúcar y de nuestro tabaco por los demás efectos que nos hacen falta para vivir. Y nos maravillamos de tal cosa cuando aquí podríamos producirlos en mejores condiciones, dejando en nuestro patio el dinero que esas importaciones representan. El problema, pues, es cuidar de que no se produzcan privilegios particulares con la protección.

Debemos prepararnos para una política cuidadosa. No hagamos comparaciones entre nuestros problemas de ayer y de hoy, que no resulta adecuado ni científico, para demostrarnos como ha prosperado el comercio y su volumen de circulación, acudir a estadísticas de ayer en parangón con las de hoy, pues sufrirá quien lo haga el natural espejismo que se desprende de todo aumento en el mundo entero, en que no existían los problemas actuales, la población no era la misma, ni la técnica y el maquinismo habían intervenido en forma tan directa en la gran producción. Cuando Gide, al establecer en grupos las necesidades, dice que existe uno que puede denominarse *limitadas en su número*, está expresando en forma sintética y elocuente que el progreso es de todo orden y que las necesidades engendradas por él llegan a constituir una segunda naturaleza, por lo que las comparaciones no pueden hacerse en números redondos sino en porcentajes tal y como se hace hoy por la estadística moderna para determinar exactamente una proporción real de la riqueza o de la pobreza. Además, hay que tener presente una elocuentísima frase de Seligman cuando dijo que el hombre era el divisor de las riquezas. Y de este modo frente a las corrientes imperantes, que no pueden contrariarse por una sola voluntad sino por la de todos —como ha ensayado ya la Liga de las Naciones ante el desmedido avance del proteccionismo, proponiendo una tregua arancelaria— los pueblos tienen que ajustar su conducta a las corrientes dominantes buscando la línea de menor resistencia.

Debemos estudiar las intenciones ajenas. Ese es el mal que yo veo a todos los proyectos de reciprocidad que concebimos y ejecutamos con respecto a los Estados Unidos, entre ellos el del Dr. Zamora, culto profesor de Derecho Político de la Universidad de La Habana, que entiende con su proyecto de Unión Aduanera a los Estados Unidos, que garantizaría este mercado plenamente a nuestros azúcares sin la existencia de inexpugnables barreras. Ese trabajo a que nos referimos, que contiene verdades muy dolorosas, analiza la unión desde el punto de vista cubano, pero no sabemos, y por el contrario los intereses americanos cada día se muestran más opuestos a los nuestros, si llevarían a la práctica el plan, que lesionaría a los azucareros de la gran metrópoli; plan que, aunque el citado profesor aduzca, no existe fundamento alguno para temer la absorción económica de Cuba por los Estados Unidos, por el contrario parece, dada la fuerza e influencia del capital yankee, que ocurriría absolutamente, sin que las generaciones criadas y nacidas en esas ideas creyeran más tarde lo que hoy nos parece una enormidad.

Si para resolver nuestro problema económico no existiera más camino que ese, Cuba sería bien pobre y desgraciada. Pero es que hay otras soluciones que pueden prepararnos el paso hacia una República libre y soberana económicamente hablando. Citábamos como un caso el de una Ley de Formento Agrícola e Industrial, que nos abriera nuevas rutas, unas abandonadas sin explicación y otras inexploradas aún. Para los que duden de nuestros recursos, para los que desconfíen de las condiciones de nuestro suelo, para los que recelen de nuestra capacidad productora de otros artículos, les recomendamos lean con cuidado el plan del laborioso e infatigable cubano José Comallonga, catedrático de Economía Rural en nuestra Universidad, que titúlase *La Nueva Economía Agraria de Cuba,* en cuyas páginas el distinguido profesor, demuestra como pueden reanimarse los sectores abandonados de nuestra producción, o como llevarse a la práctica otros jamás ensayados, saldando, con los resultados de esas saludables medidas que propugna, los cien millones de pesos que aproximadamente se nos van al extranjero todos los años. Demostración, la del Sr. Comallonga, elocuentísima, en la que su práctica evidencia que produciendo y adaptando nuestra tierra a una variada explotación, podemos construir sobre una base netamente cubana el edificio de nuestra economía agraria e industrial. Pero es que esto lo vieron hace años ilustres cubanos. El Conde de Pozos Dulces expresa en su famosa *Carta sobre la Agricultura*, lo siguiente:

> En Cuba se estudia todo menos la agricultura, y sin embargo Cuba todo se lo debe a la agricultura. No hay una sola fibra de su constitución social que no esté más o menos enlazada con la producción de sus campos. A pesar de esto, allí se os hablará de historia, de política, de literatura, de jurisprudencia, de medicina, con un acopio de datos y de saber asombroso. Preguntadles, empero, a nuestros hacendados, lo que se les alcanza acerca de los fenómenos meteorológicos y terrestres en su relación con la vida de las plantas y no habrá dos sobre ciento que sepan más allá que los incultos guajiros de nuestra tierra.

A su vez, Francisco Javier Balmaseda decía:

> En la Unión Americana, por ejemplo, la Agronomía es la ciencia del Estado y el encanto de los pensadores; allí es el arado el emblema de la grandeza nacional, y son tan asombrosas las cosechas, principalmente de cereales, que como ellas no se vieron jamás en los siglos.

Balmaseda abogaba por otros productos que no fueran exclusivamente la caña. Por algo Lord Crawford decía que la agricultura, no es simplemente una industria, sino una fuente y el sostén de la energía nacional.

Por ello, insistiendo Comallonga en su plan, demuestra como obteniendo del desarrollo de la fruticultura, de la ganadería, del tasajo, de la leche, de los cerdos, de las aves, de las legumbres, de las conservas, del café, del cacao, del arroz, de las papas, de las cebollas, del maíz, de muchos otros productos y de la defensa industrial, Cuba puede ser un país económicamente fuerte, en donde tengan base firme y segura los capitales individuales, y en donde las medidas que esa Ley de Fomento Industrial y Agrario a base de primas desarrollaran, resolverían de una vez el espectro incesante de nuestras continuadas crisis monoproductoras. Ese trabajo del señor Comallonga, que contiene un vasto programa de créditos, de mejoras en la Secretaría de Agricultura, de Juntas de Defensa General, Banco Agrícola, cajas rurales, Ley de Cooperativas, marina mercante, política arancelaria, medidas relacionadas con el arriendo y la aparcería, termina con una pincelada de nuestro tristísimo balance de cuentas, enumerando con cifras reales y ciertas, cómo en aquellos artículos citados más arriba, que nosotros podemos producir, se nos marcha al extranjero una respetable suma de millones de pesos, que es realmente una necesidad económica conservar en la circulación de nuestros mercados.

El plan del señor Comallonga, que contiene a nuestro juicio un punto de capital importancia, relativo al estudio de la población cubana, destaca este párrafo, que viene a confirmar nuestra tesis en cuanto a la necesidad, ya inaplazable, de atender al problema de nuestros impuestos:

> Un régimen tributario más científico y menos oneroso que el que tenemos es una necesidad imprescindible, tanto más cuanto es indudable que, con la nueva política agraria que en Cuba deberá seguirse, el ingreso arancelario se resentiría visiblemente... Todo este programa —se refiere al expuesto por él y estudiado a grandes rasgos por nosotros—, de realizarse, determinará una reducción grande en los ingresos arancelarios, cuya merma deberá sustituirse por medio de un régimen fiscal, que sin descansar, como ahora ocurre, sobre el consumo, pese sobre otras fuentes de riquezas que hoy no tributan lo que la equidad exige, y de cuyo descuido se benefician en primer término intereses extraños, ya que las rentas y las utilidades correspondientes han escapado hasta ahora de su justa contribución, para darle a

Cuba lo que le correspondería dentro de un régimen más científico del que hoy tenemos.

Véase, señores, porqué entendemos nosotros que tanto para el problema arancelario como para el establecimiento de la banca de emisión, hace falta reformar nuestros impuestos, para permitirnos plantear esta Ley de Fomento Agrario e Industrial, que estabilizaría el valor del dinero, respaldándola por medio de los institutos de crédito oportunos y las leyes adecuadas a otros fines, pues obtendríamos un mayor balance en nuestra producción y un mejor equilibrio para toda nuestra economía, al evitar desniveles en los presupuestos y en la vida del

El Capital y el Trabajo Social *

EN CUBA, la parte del dinero que los capitales extranjeros nos sustraen sin esfuerzo por sus dueños, conjuntamente con el que poseemos, actúa en mengua del valor del trabajo, cuyo agente no recibe lo que realmente gana. Así crecen los capitales y se colocan a distancia de la verdadera riqueza colectiva. El cubano, además, no piensa en otra diversión que en las hipotecas y en la usura que está pidiendo a gritos una ley; y el señor Wolter del Río que es un espíritu avanzado y que además es legislador, debía encargarse de gestionar una adecuada legislación en el Congreso de la República. De este modo existe una ley limitativa de la verdadera producción económica, pues con los capitales que no se invierten en ella no se beneficia la colectividad.

El capital fijo debe crecer en un pueblo en razón de su potencia económica. El aumento de capital fijo, más el aumento de los bienes por un consumo real, son condiciones necesarias para el bienestar y el trabajo. Ese incremento debe ser empleado en aumentar la producción nacional, no en enriquecer a los individuos, que luego no tributan lo justo. Si falta la iniciativa o celo o virtud emprendedora en un pueblo, el Estado debe apoderarse del capital con impuestos sobre el mismo para reanimar la laboriosidad nacional.

Hoy, a pesar de las doctrinas dominantes y del progreso indiscutible que se obtiene de las razones socialistas y de las luchas del trabajo, el capital ejerce una preponderancia grande. En Cuba, que duda cabe, manda sobre todas las cosas.

Las leyes de ciclo industrial que han culminado en la concentración, integración y estandarización, han extendido sus tentáculos sin sujeción a tipo y sin una ley adecuada para ello.

En los Estados Unidos, en que el capital es la característica de esa nación, sus asociaciones, a pesar de ello, han tenido que luchar con el legislador. Entre nosotros han encontrado vía libre para hacer lo que más les plazca y para no pagar, inclusive, impuestos.

* *Ibídem.*

Si comparamos al hombre más rico de los Estados Unidos en 1790, Jorge Washington, con medio millón de pesos o poco más, según nos informa Henry George Jr. en su libro *La Amenaza del Privilegio*, con Rockefeller, nos daremos cuenta de cómo han crecido las fortunas personales, y sin embargo allá pagan impuestos directos como la renta, la herencia, etc. Pero aquí no sucede eso y las clases pobres lo dan todo al comer, vestir, pasear o distraerse; no les queda nada. Esto impide, además, que el espíritu de ahorro se desarrolle, porque unos pueden acumular mucho y otros ni siquiera pueden guardar un centavo. Y acaso las fortunas medianas sumadas sean más útiles a la colectividad, que las grandes y omnipotentes. La riqueza debe ser, so pena de grandes desigualdades, asequible a todos.

Es decir, que de acuerdo con estas tristes realidades, el Estado tampoco puede estabilizarse. Cuando muere un ricacho, un capitalista, los bienes pasan íntegros a sus herederos, sin que en ese cambio de riquezas intervenga el fisco para nada. Cierto que el capitalista ha formado su fortuna, por lo general, con su trabajo y quehaceres, pero una gran parte del aumento, si lo hay, corresponde al trabajo social, al de la colectividad que en Cuba no se tiene en cuenta. Yo establecería rápidamente el impuesto sobre herencias. Este impuesto, que existe en todos los grandes países, acaso de los más antiguos, tiene una doble finalidad: social y fiscal. Y sería un error pensar —como ha dicho un escritor extranjero— que los socialistas son los únicos que lo defienden. Economistas de las más apartadas escuelas sostienen también este criterio. Wagner proponía que el Estado se sirviese de él para nacionalizar el suelo de los inmuebles urbanos; Mill, para reprimir las desigualdades de la distribución de las riquezas; Letorneau y Grant Allen, para instaurar el imperio de la ley darwiniana, hoy invertida por la herencia, que asegura la supervivencia de los menos aptos; Huet y Weber, para garantizar el ejercicio del derecho natural de propiedad, perteneciente a todos los hombre y que la herencia hace todo lo posible, dificultando el retorno de los bienes a la comunidad.

¿Qué dificulta entre nosotros el impuesto sobre las herencias?

Y ya que hemos citado a Henry George, hijo, citemos también al padre. Recordamos que en la introducción de su libro *Protection or Free Trade* traza un cuadro de la impotencia que parece una pintura de nuestros problemas fiscales. Dice George:

> Cerca de la ventana desde la cual escribo, hay un toro sujeto por un anillo en la nariz. Paciendo en torno, ha enredado su cuerpo en el poste hasta que ahora permanece prisionero tantalizado por los ricos pastos que no puede alcanzar, incapaz de sacudir su cabeza para ahuyentar las moscas que se apiñan sobre sus lomos. Una y otra vez forcejea en vano, y, después de lastimeros bramidos, cae en mísero silencio. Este toro, verdadero tipo de la fuerza brutal, el cual por falta de inteligencia para libertarse, sufre necesidad a la vista de la abundancia y está desamparado y oprimido por criaturas más débiles, me parece un verdadero símbolo de las clases trabajadoras.

Así pasa con las clases consumidoras en Cuba. A la vista de las riquezas que se nos van o que se invierten en capitales lucrativos, padecemos necesidad, pasamos apuros terribles, cuando con solo romper la cuerda, que es la reforma tributaria para que paguen todos y se equilibren las fortunas, podíamos levantar la cabeza y con ella la de la Hacienda Pública, tan necesitada de una vigorosa inyección.

Abundando sobre todo esto, hace algunos días, hablando con Wolter del Río, le expresaba estos pensamientos, diciéndole que Cuba por su sistema de impuestos y por su falta absoluta de previsión económica, me hacía el efecto de una bomba aspirante por la cual se extraía la riqueza cubana. Y a estas preocupaciones mías que responden a la situación imperante, obedece una realidad imperdonable: nuestro sistema tributario. En la revista *Carteles* a que aludía Wolter del Río en su trabajo, que tan buenos artículos publica, estas realidades están expuestas con una claridad meridiana.

> Todo ese engranaje económico, aplicado a nuestra vida nacional —dice— es una

potente bomba aspirante que extrae ríos de oro de la colonia de explotación, y apenas si deja unos residuos en impuestos misérrimos, infinitamente menores que los pagados por los comerciantes, los industriales, y los propietarios residentes. La desigualdad es evidente e injusta —agrega—. De una parte hay la clase privilegiada del inversionista, que radica fuera de nuestras costas, excluído de nuestros impuestos más gravosos, que gasta en Cuba lo estrictamente necesario para su explotación a bajo precio, y que disfruta de las garantías y de los adelantos que pagan otros contribuyentes. De otra parte un grupo numeroso de capitalistas, de negociantes, de empleados, que pagan por repercusión hasta dos y tres veces impuestos extorsivos que parcialmente podrían descargarse sobre la clase privilegiada y aliviar sin perjuicio del erario, antes bien con ventaja para el mismo, la difícil situación del contribuyente cubano o radicado en Cuba.

Este nacionalismo saludable, de un sentido económico beneficioso para nuestra patria, debía palpitar dentro de la legalidad, para evitarle al país resoluciones tan equivocadas a nuestro juicio, como la dictada por el Tribunal Supremo de Justicia en la deducción de los intereses de las sucursales que empresas bancarias extranjeras establecidas en Cuba abonan o pagan a sus matrices por razón de las cantidades que éstas les facilitan, y que el Tribunal Supremo, contra la disposición del Secretario de Hacienda, ha resuelto puedan deducirse como gastos de explotación del negocio, lo que coloca a la banca extranjera en situación privilegiada, sustrayendo esas cantidades al impuesto sobre utilidades, que pagan los bancos nacionales. Y ya que hablamos de este impuesto, que tiene el carácter de un impuesto directo, de los pocos que poseemos, sería conveniente que se hiciera extensivo a todas las compañías, colectivas, comanditarias, etc., y no a las anónimas exclusivamente.

La tributación directa se hace, pues, indispensable. Su establecimiento produciría una reacción en la Hacienda, por sus innegables ventajas, que pueden resumirse en las siguientes: en gastos menores de recaudación, en la dificultades que apuntan los tratadistas de que esos impuestos se trasladen; en un conocimiento más exacto de los ingresos del Estado, lo que hace que constituyan un valladar al aumento de los gastos públicos; en la facilidad de acomodar el impuesto a la situación del contribuyente; y en la seguridad y la constancia —como dice Flora— del ingreso por ellos suministrados, que hace fácil la previsión de las sumas disponibles, las cuales no faltan aún en los momentos de crisis política y social; esta ventaja extraordinaria que para nosotros se derivaría del juego de los impuestos directos e indirectos, sin contar con que los primeros facilitan la producción por su fijeza y constancia, resolvería el problema de nuestras crisis financieras cada vez que se contraen los consumos o baja la circulación de los negocios.

Soluciones [*]

RESUMIENDO, diremos que ignoramos qué razones tendrían, y hasta qué punto, los que en tiempo del Dr. Alfredo Zayas, afirmaron, que con un impuesto general en que se cobrara dos pesos al mes a todos los que disfrutaran de una renta mayor de cien pesos mensuales y de uno a los que la disfrutaran menor de esa suma, podrían recaudarse cien millones de pesos al año; pero entiendo que la solución de éstos y otros problemas podría estar en el establecimiento de un impuesto general sobre la renta dividido en siete cédulas o clases que comprendan: 1º, comerciantes; 2º, industriales; 3º, agricultores; 4º, prestamistas; 5º, concesionarios y partícipes; 6º, empleados, obreros y trabajadores, y 7º, profesionales, artistas y artesanos, incluyendo desde luego a los extranjeros domiciliados en Cuba o fuera de ella, por sus ingresos o ganancias que provengan de fuentes de riqueza situadas o de negocios realizados en la República. Creación, como hemos dicho, del impuesto progresivo sobre las herencias; impuestos sobre los depósitos bancarios inactivos, así como otras encaminadas a formar el andamiaje de la tributación directa.

Ahora bien; para todo ello sería necesario unificar nuestra deuda, que acaso representaría menos intereses y plazos más cómodos de pago; esto exigiría de todos modos la supresión del Fondo Especial de Obras Públicas, que es un presupuestos extraordinario sin presupuesto, incorporándolo a los generales de la nación; la ampliación del capítulo de gastos de la Secretaría de Agricultura para el fomento de obras esencialmente reproductivas; borrar radicalmente del capítulo de ingresos el impuesto del Timbre, y como consecuencia del plan agrícola expuesto y de la tributación sobre la renta, suprimir también los impuestos que gravan a los agricultores de menor cuantía, así como los impuestos sobre sacos de azúcar, y el odioso del uno y medio por ciento sobre la venta bruta, del cual decía Ferrara, cuando se discutía en la Cámara de Representantes, que era un impuesto propio de países ultramontanos. De este modo el equilibrio de nuestro régimen tributario, con impuestos directos e indirectos, nos permitiría realizar la justicia y la equidad en todos por igual, conforme a la riqueza individual y social del país, compensando la rigidez de los primeros con la soltura y elasticidad de los segundos. Así contribuirían a los gastos y pagos de la nación todas las clases: los que explotan la tierra, los que reciben beneficios de las industrias, los que lucran con el comercio, los que viven plácidamente de su renta, como los que trabajan, y aún los que no haciendo nada pesan sobre algunas clases ricas.

Que ya en 1861 Gladstone, en su exposición financiera de 5 de Abril con motivo de la polémica sostenida en la Cámara de los Comunes sobre los impuestos directos e indirectos, decía que ambas clases de impuestos se le parecían a dos hermanas bonitas, ricas hijas de los propios padres, que no podían ser otros que necesidad e invención, y que sólo eran diferentes en su carácter, pues al paso que la una era franca, libre y alegre, la otra era tímida, reservada e insinuante, pero que como Canciller del Tesoro estaba en el deber de declarar que tenía que enamorarlas a las dos.

Esta es, señores, la situación de nuestro problema fundamental económico. Atenderlo es una necesidad patriótica.

---

[*] *Ibídem.*

Impuestos, política comercial, reforma agrícola e industrial y bancos. Es decir, que hacen falta medidas de conjunto. La Economía ya no es solamente función privativa de los entes individuales. Es trabajo de toda la nación.

Irisarri no participa de las corrientes liberales. Más no hay que olvidar que el Estado se ha constituído con vista de fines políticos y que los económicos, dentro del orden de las sugestivas teorías liberales, ahogadas por el nacionalismo reinante, sólo fueron engarzados a la función jurídica tutelar del Estado en lo que toca a dos puntos: la ins- trucción y la defensa y garantía de la actividad individual. No soy partidario del control por el Estado ni de las dictaduras colectivas, falseadas siempre en la práctica. Pero al cubano no va quedándole más que el Estado; alguien dijo que nuestras industrias eran el azúcar y la política. No es cierto, pero si así fuera, del Estado hacia el horizonte, del Estado hacia la iniciativa privada, y de la iniciativa privada hacia el Estado, como dos fuerzas que al encontrarse no chocaran sino que engendraren la felicidad, debe salir la nueva nación cubana sin trabas, con plenas y absolutas garantías, libre de prejuicios en el orden político y económico; pensando que precisamente su posición geográfica privilegiada, a cuyas costas se abren los mares del universo entero, deben recibir como una bendición las iniciativas todas que beneficien al comercio, fomenten la industria, labren la tierra, robustezcan la moneda y los transportes, sin más cuidado y más medida que el sujetar y conservar siempre a la Economía Nacional los tres factores de la producción, de los cuales hoy no nos queda en amplio margen más que uno solo, el trabajo; pero fijando por escudo a esa nueva República económica este lema de hondas raíces en nuestros corazones: mientras más pobres más patriotas; mientras más ricos más precavidos y previsores. Que así podremos vivir para el futuro.

XXXVII
ROBERTO AGRAMONTE

Nació en Cuba en 1904 y vive actualmente en Puerto Rico. Filósofo y sociólogo, estudió en la Universidad de La Habana, donde se doctoró en Filosofía y Letras en 1924 y, más tarde, ocupó la cátedra de Filosofía. Fue también profesor de Sociología e investigador en esa disciplina en Cuba y en Puerto Rico. Agramonte tuvo en su país una destacada actuación en la vida pública. Fue Ministro de Estado y candidato a la presidencia de la República por el Partido Ortodoxo en las elecciones que debieron celebrarse en 1952, y que fueron interrumpidas por el golpe militar de Fulgencio Batista en marzo de ese mismo año. Joven todavía, Agramonte destacó como tratadista en las disciplinas que cultivaba. En 1938 salieron de las prensas sus tratados: *Sociología Latinoamericana* y *Psicología general*. Escribió varios libros sobre los ecuatorianos Montalvo y García Moreno, y también sobre el padre Agustín Caballero y sobre Enrique José Varona. Entre sus obras destacan: *Algunos aspectos del Don Juan* (1924); *La biología contra la democracia* (1927), respuesta liberal al libro *Biología de la Democracia. Ensayo de sociología ame- ricana*, publicado ese mismo año por Alberto Lamar Schweyer quien, basa- do en una filosofía nitzscheana, defendía los totalitarismos de la época; y *Martí y su construcción del mundo* (1971).

La biología contra la democracia *

EN LA NATURALEZA no hay cosa de balde. Cuando un escritor pone especial estudio espigando en los trigales sociológicos, llevado de las atenciones y divertimientos de la ciencia, es vana ofuscación tomarse con él, blasonando sutilezas mal fundadas o poniendo malísima cara, porque sus estudios y discursos no tengan en todo caso verdadera validez objetiva, o no estén de concierto con el dictamen de nuestra razón.

---

* Fragmentos de la obra de Agramonte de igual nombre (La Habana, 1927).

El discurso sobre la democracia del señor Lamar (...) que, como acontece de ordinario en toda plática que se aparta ostentosamente del juicio y de la grita y matraca de cierto público poco adiestrado en aquella virtud de que carece el *hombre moderno*, como advierte Nietzsche, la facultad de *rumiar*, ha levantado en nuestros cenáculos intelectuales y en la prensa crítica juicios, que la mayor parte de las veces han formado más opinión que ciencia.

***

El señor Lamar hace una distinción entre dictadores *de jure* y dictadores *de facto;* ejemplo del primero, Washington y del, segundo Bolívar. Se sabe por la ciencia política, que el dictador es un magistrado supremo que manda como soberano en tiempos *peligrosos* y que ejerce un poder absoluto *aunque temporal*. ¿En qué tiempos peligrosos tuvo que erigirse dictador Washington, que era el primero en la paz, en la guerra y en el corazón de sus conciudadanos?... Además, las dictaduras surgen no en situaciones *de jure*, sino cuando la realidad jurídica sufre una subversión y se trueca en una realidad no jurídica. Además, el señor Lamar dice que *Washington era dueño de todos los prestigios humanos*. Aparte que esto es verdad sólo relativamente, porque la historia le ha encontrado a Washington muchos lunares, no puedo conciliar esa opinión con la que el propio señor Lamar salva en nota: "Washington, después de ser por cinco años, dictador *de jure*, renunció a la corona por reconocerse incapacitado para ella".

***

El caudillismo crea (*actualmente*) el estado clerical en el Ecuador.

El señor Lamar debe conocer que a partir del Gobierno del General Eloy Alfaro, el clero fue expulsado en masa y desde entonces los gobiernos anticlericales han predominado. Si no ha sido derribado del trono quitchua, el Presidente del Ecuador es un joven médico educado en Alemania, algo más joven que el señor Lamar y algo más viejo que yo. Este Presidente, creo ha continuado extirpando la influencia clerical en el gobierno.

***

La guerra iniciada en 1810 era ajena a *todo principio*, no ya democrático, sino liberal.

El Grito de Dolores acaeció en el año 1810. Liberal fue, porque las hordas de Hidalgo luchaban por la libertad, y democrático fue, porque el núcleo de la población en armas, el *demos*, eran indios (*gente abigarrada*) y mestizos. Los 6.000 indígenas de las tropas de Hidalgo aumentaron prodigiosamente en 100.000. Y que era ajena a todo *principio* democrático o liberal es también inexacto, pues es elemental en historia mexicana que Hidalgo era gran entusiasta de las doctrinas filosóficas de la revolución francesa. Lo mismo digo de Venezuela en que la *Junta* (junio de 1810) convocó un *Congreso General*, que discutió la organización nacional. Estos hechos no requieren citas, pues no acostumbro a citar lugares comunes que son del dominio de cualquier estudiante.

***

La democracia es una palabra sin sentido, que deriva en una *demagogia trascendente.*

La palabra democracia no tiene sentido para los que no han leído los principales libros que se han escrito sobre el problema. Como suelo dar a mis discípulos bibliografía sobre los temas que explico, alguno de éstos, que lea mi libro, puede estar necesitado de ella. Por eso, ahí va lo principal para iniciarse: 1. Aristóteles, *Política*; 2. Paul Janet, *Historia de la ciencia política*; 3. Tyzkiewicz, *Penseés sur la démocratie et la doctrine socialiste*; 4. Tocqueville, *La democracia en América*; 5. Montesquieu, *Espíritu de las leyes*. 6. Croiset, *Les démocraties antiques*. 7. Rowe, *Privilege and democracy*; 8. Mosser, *Democracy and social growth in America*. 9. Caudeville, *L'enseignement de la démocratie*. 10. Chaboseau, *Réalisations démocratiques*.

No todos estos estudios baten palmas por la democracia pura. Con estos libros, que no son poesías ni exposiciones de arte y deben, por tanto, *rumiarse*, el estudiante ya tiene material para aplicarse a esta parte de la sociología política, tan importante que se llama *Democratología* y que es una asignatura en todas las universidades de los países civilizados. La calificación de trascendente para la demagogia es una astracanada.

***

La libertad es un sueño irrealizable dentro del espíritu de *desorden*.

Nadie lo niega. Libertad y orden son dos ideas correlativas. Pero la fórmula del señor Lamar abogando por la dictadura, es poco propicia para el orden. La historia abre su gran libro para demostrar esta verdad. La dictadura no engendra orden sino violencia. Todos los individuos sellan sus labios y su conciencia. El orden debe nacer de un mandato, de una exigencia interior, de una afirmación interna de la solidaridad dentro del Estado. Por eso el orden es como pensaba Comte, el progreso en estado estático y el progreso el orden en estado dinámico. Yo añadiría que la libertad es el estado funcional del orden. La limitación de mi libertad por la libertad de otro es sólo posible por el orden. Esa coexistencia de libertades trae consigo la división del trabajo social. *la libertad como contenido del orden*: he ahí mi fórmula.

***

El espíritu *revolucionario, antiburgués,* de la juventud argentina, ha inyectado en la política elementos *nuevos* con matices *rojos* que fuerzan una lucha movida y seria de *ideologías, paso de avance político muy estimable.*

El necesario concepto de la patria cae en tierra, maltrecho por la copiosa argumentación bolcheviquista. No diré que el señor Lamar se siente bolcheviquista; pero a juzgar por su libro, los viejos partidos políticos, sin ideología, que sólo persiguen intereses materiales y egoístas —como dice muy reiteradamente—, están en quiebra, y el *espíritu revolucionario y antiburgués* ha inyectado en la política *serias ideologías*, tan serias que son un *paso de avance político* muy *estimable*. El señor Lamar no transige con espejismos, está por la realidad por recia y áspera que sea, el superhombre va adelante, nuevo Herakles, desguijarrando leones y desviando ríos de su cauce. El señor Lamar estima el bolcheviquismo como un paso de avance político y desviando ríos de su cauce, sosteniendo en todo su libro que el gobierno debe ser unipersonal, dictatorial, y que la masa o el pueblo, que para él es y será una misma cosa, debe relegarse a la nada, aunque esto no está muy de concierto con la tendencia *comunista*, como su nombre lo indica.

Para el señor Lamar, el problema está resuelto. Los partidos liberal, conservador, etc., carecen de ideología y he aquí que al pronto se nos aparece gritando: ¡Eureka! ¡Eureka! con la nueva fórmula, nueva en ideología y digna de ponerse en práctica. El señor Lamar hace bien en preparar su terreno para el futuro, cuando el régimen comunista se implante, él tendrá su parcela y como yo, que pienso ser especialista en sociología agraria, en aquel entonces, seré personaje de suposición, le enviaré al Lenin cubano mi recomendación por el señor Lamar (unida a su libro), como apologista del nuevo régimen. No pierda cuidado, señor Lamar, usted tendrá su parcela. Y como el principio del *soviet* es: *el que no trabaja no come*, no habrá quien se deje andar con remilgos ante el pretensor, porque éste, tapando las prolijas páginas dictatoriales de su libro, se dejará estar un buen por qué, ante el Trotsky cubano, mostrándole al punto las entrañas de su ideología, que puso en letra pequeña para evitar responsabilidades en el presente y contraer deudas para lo porvenir. No tema, señor Lamar, que usted cosechará su parcela... *To have seen what I have seen, see what I see!...* (Hamlet)

***

Sólo el dominio de un hombre por la sugestión o el terror puede dotar de relativa unidad a estos grupos históricamente desorganizados y biológicamnete anárquicos, anulando en ellos todo principio de libre determinación y toda facultad de discusión. El fenómeno político del Paraguay bajo Francia, más aun que el de Rosas en Argentina, consagra esta tesis.

¡Mira: esta es la guardia de la tarántula! ¿Quieres verla a ella misma? Aquí está su tela; tócala para que tiemble. ¡Mírala ahí, sin hacerse rogar! ¡Bienvenida tarántula! En tu espalda negra la marca triangular característica, y yo sé también lo que hay en tu alma. En tu alma anida la venganza; donde quiera que picas se forma una costra negra. ¡Torbellinos de venganza levanta en el alma tu veneno!

Oh, señor Lamar, me es imposible comentar vuestro párrafo sin el mayor respeto, pero cuando le vemos justificando el terror y la violencia, y la subyugación de la conciencia humana y la anulación de toda facultad de discusión y la consagración de Francia y Rosas —*cosas que no son justificables en ninguna circunstancia*—, nuestra tolerancia se agota casi.

¿Para qué dotar *así de unidad* a los pueblos? ¿La disciplina? ¡Oh, cuántos crímenes se cometen con el nombre de disciplina! Los hombres en sociedad no deben ser como las moléculas de un bloque de piedra; esa cohesión, *perinde ac cadaver*, es un pecado contra la humanidad. Un hombre puede ser un tirano y un civilizador (Pedro el Grande); pero, ¿*el hombre no es susceptible de error*? ¿Si todo un pueblo se somete a la voluntad de *un* hombre y *ese* hombre se equivoca, todos hemos de obedecerle, por disciplina? ¿Seremos voluntariamente co-partícipes de su falacia? ¡*Mi conciencia contra el mundo!* —decimos los fichteanos. Los hombres deben obedecer cuando hay una razón *moral* para obedecer. Cuando esta razón es puramente mecánica el hombre no es hombre, sino cosa, instrumento, esclavo. Y cuando la coacción le impone físicamente la obediencia, y él obra y se determina sin el dictamen de su libre arbitrio, entonces ese hombre no ha obedecido. Su conciencia sigue siendo tan libre como antes y brillará como un carbunclo. El niño puede obedecer la orden ciegamente; el sugestionado —como quiere el señor Lamar— *no obedece moralmente* nunca, porque en el sugestionado la conciencia está paralizada. Entonces el mandato *tienes* obra como necesidad mecánica, no como necesidad moral. Y tal estado de sugestión y tal deseo de terror como medio para imponer la unidad en pueblos anárquicos, no puede ser nunca una solución, porque de esa realidad enferma no se puede derivar como fórmula salvadora una criminal, como es el terror, e inmoral, como es la sugestión.

La obediencia absoluta nace de la ignorancia. Ningún hombre tiene el derecho ante su conciencia de obligarse, *absolutamente*, con otro hombre. Y si se ha obligado y el *otro* hombre se equivoca y obra contra la moral, el pacto absoluto tiene moralmente que romperse y entonces la moral no le censurará que haya roto un compromiso que él no *podía* concertar, sino el haberse comprometido, en *absoluto*, convirtiendo su conciencia en una cosa, en un instrumento. Sócrates, y luego Platón, decían que la moralidad es la sabiduría. La teoría moral es la teoría del conocimiento. El que obra contra la moral obra porque ignora. Error es ignorancia. Si un hombre comete un delito, ese hombre lo hace porque no es sabio. El sabio es el hombre moral por excelencia. Saber es poder. Un saber impotente no es saber. Examinando nuestro propio fondo sabemos lo que hemos de buscar y lo que hemos de evitar. *Conócete a ti mismo* y conocerás lo que te conviene. La moral es la organización sistemática del oscuro contenido de la conciencia humana, la determinación precisa del pensamiento que a todos es común. No hay que obrar según la opinión, sino según la razón. Obrar según la opinión o la acción es ir a ciegas, sin comprender *por qué*, ni *cómo se obra*. ¿No hay una ciencia de la felicidad? Los hombres suelen ignorar lo que más les importaría saber y creen saber lo que ignoran: la moral. Obrar bien no es tentar la fortuna, sino constituirse un bien por encima de los vaivenes de la suerte. Basta pensar bien para vivir bien. Conocer el bien es necesariamente realizarlo. Saber es poder y hacer. Nadie es malo voluntariamente. Nadie quiere el mal, pero muchos ignoran el bien. Nuestra acciones dependen únicamente de la opinión que tenemos de su *valor*. Nos adherimos a la opinión que tenemos de nuestro bien, en vez de constituir la ciencia de él. Cuando un tirano hace morir a alguien o lo destierra, ese tirano *no hace lo que quiere*. El vicio no es más que ignorancia. La virtud es el verdadero conocimiento de nuestra naturaleza y de sus necesidades. No es poseer la conciencia del bien haber oído enumerar los preceptos de la moral; el conocimiento de oídas, no es ciencia. Saber es *comprender*. De nada nos sirve hacer constar las opiniones ajenas, si no las *juzgamos*. La ciencia de la felicidad la constituye un examen reflexivo de las condiciones de la vida humana. La filosofía del bien se identifica con la vida misma, porque *filosofar es vivir, es vivir en plena conciencia y en plena felicidad. La ciencia es lo que hay de más fuerte en los hombres*. El contenido de una definición de la justicia no está dado por la experiencia de la *realidad material*; está por el contrario, propuesto por nuestro espíritu como un *ideal* que se debe realizar. *Saber* lo que es la justicia, la virtud, el valor es absolutamente necesario, no sólo para permitir afirmar con toda seguridad que Arístides es justo, que Platón es virtuoso, etc., sino sobre todo para ser uno mismo valiente, virtuoso, justo. La vida, como la ciencia, se compone de un conjunto de *definiciones* que nos damos a nosotros mismos y que determinan nuestra conducta. No hay sino un medio de instruir al hombre: despertar en él la reflexión. No se vierte la ciencia de un espíritu a otro. No se cambian las ideas como las cosas. El más hábil maestro no puede entregar a sus discípulos más que la *expresión* de su pensamiento, que no es *su* pensamiento. Las mismas palabras no significan las mismas cosas para todos, pues hay palabras que carecen de sentido para ciertos espíritus. Para dejarnos instruir es preciso que renunciemos a esa confianza instintiva que concedemos a todas nuestras opiniones, incluso las más injustificadas. Que brote en nosotros la duda sobre el valor de nuestros conocimientos. Que con el *conócete a tí mismo*, advirtamos que lo que sabemos mejor es que no sabemos nada. *A decir verdad, no sé más que una pequeña ciencia y es la del amor*, decía Sócrates. La virtud es una ciencia. Puede, pues, enseñarse. La idea de utilidad es esencialmente la idea de relación entre un medio y un fin; nada es útil de por sí; es útil para algo o para alguien. Ninguna cosa es buena en sí misma; todo bien es relativo. La felicidad no es más que la satisfacción de nuestras tendencias verdaderas, de nuestras voluntades positivas. El hombre es un alma y no un cuerpo. Si se quiere determinar el bien del hombre, es preciso considerar el bien del alma y no el del cuerpo. El alma es lo que manda al cuerpo y la facultad de mandar es esencialmente la razón. El respetar las leyes escritas y no escritas no implica falta de reflexión, pasividad, por parte del sujeto moral. ¿Qué es justicia? Justicia es el conocimiento sereno que debe presidir nuestras relaciones con nuestros semejantes. Es necesario a los gobernantes: es arte de los reyes. Desgraciadamente la mayoría de los políticos ignoran por completo la ciencia de la Justicia sin la cual no pueden ejercer útilmente el poder. Los estados, para ser felices, no necesitan murallas, ni barcos, ni arsenales, si carecen de virtud. El verdadero político no existe aún, será el hombre que comprenda su tarea de filósofo, y que quiera fundar la existencia y el desarrollo de la sociedad, no sobre el principio del interés material, sino sobre el derecho o el interés ideal.

¿Y el valor? No es valiente un animal o un ser cualquiera que por ignorancia no teme lo que es de temer: es insensato y temerario. Reflexionar y comprender que lo que es un peligro para el vulgo no lo es para el filósofo. Ser valiente no es ignorar el peligro, sino conocerlo y no evitarlo. Entonces el peligro deja de serlo. El mérito del sabio consiste en desprenderse de las ilusiones del sentido común, en distinguir el verdadero bien del verdadero mal.

¿La felicidad del filósofo? El sabio no renuncia a la dicha, pero su dicha el vulgo no puede comprenderla. Cultivar la propia razón y la de los demás: he ahí la verdadera dicha de la vida.

Todo hombre es un hombre. No decretemos temerariamente que un esclavo o una mujer no han nacido para la virtud, que su espíritu, impotente para la reflexión, está condenado de antemano al error y al vicio. —¿Por qué pegas a tu esclavo?, preguntaba Sócrates a uno de sus amigos. —Porque es un goloso, un holgazán que quiere dinero y no quiere trabajar. —¿Te has preguntado alguna vez quién merecía que le pegasen, tú o tu esclavo? En todo esclavo hay un hombre, porque en todo hombre hay un hombre.

Una bella muerte. Sócrates fue acusado por corromper a la juventud con estas doctrinas. Pudiendo haber huido no quiso quebrantar la sentencia de sus jueces. Es preferible sufrir la injusticia, que cometerla. Temer la muerte es creerse sabio sin serlo;

porque es creer conocer lo que se desconoce en absoluto. Nadie sabe lo que es la muerte; sin embargo, se la teme como si se supiera positivamente que es el mayor de todos los males. *Tengo la conciencia de no haber cometido una injusticia contra nadie*. La tranquila altivez de Sócrates dispuso contra él un tribunal acostumbrado a las adulaciones, a los lamentos, a las súplicas de acusados menos celosos de su dignidad. Fue condenado por una gran mayoría. No quiso huir. "Causar daño a los hombres, siempre es ser injusto, nunca debemos devolver mal por mal". "Critón —fueron sus últimas palabras— debemos un gallo a Esculapio; no se te olvide de pagar esta deuda". Tuvo un movimiento convulsivo y así murió, dice Platón, "el mejor de los hombres que en estos tiempos hayamos conocido, el más sabio y el más justo de todos los hombres".

***

La dictadura, aun cuando a veces se convierta en bárbara tiranía, va a ser en determinados momentos un mal necesario.

A veces un pueblo, en determinado momento, atraviesa una crisis política o moral y entonces hace falta cierta dosis de energía para salvar momentáneamente una crítica situación. Pero ¿bárbara tiranía? Bárbara tiranía como la de Sardanápalo o Nerón no puede justificar nunca el crítico de la historia sereno y conciso. Una bárbara tiranía no es nunca un mal necesario, es un mal innecesario. Porque cuando la tiranía, además de ser tiranía es bárbara, no puede ser nunca necesaria, puesto que la necesidad de una cosa es algo que debe justificarse. Los tiranos suelen decir: es necesario hacer tal cosa o tal otra. Y esta necesidad no es más que arbitrariedad, que suele encubrir lo más espeso de la sombra. El vicio se une al crimen en la tiranía bárbara y a veces la barbarie-tragedia se trueca en barbarie-sainete. Ahí está Andueza Palacio. Como dice Vargas Vila:

> He ahí el último: es la escoria del despotismo. Este no es un tirano, es un histrión. Ha sido el total eclipse de la virtud, el vicio estúpido, la espantosa sombra, la deformidad hecha poder. Una inmensa carcajada de ebrio sonando en el seno de la historia. Andueza no es el monstruo, es la larva. Aquella inmensa larva que hacía la pesadilla de Lucrecio. No es el crimen; es el vicio: *incredibilum Cupitor*. Hay hombres océanos, dijo Víctor Hugo. Hay hombres pantanos, diremos nosotros.

Lo único que es necesario en los gobernantes de una nación es la virtud política, síntesis de ese conjunto que forman los valores de carácter. Dante castiga a los más crueles suplicios en el octavo círculo a los que trafican con la Justicia: allí están sumergidos en un lago de pez hirviendo. Y en la octava fosa del octavo círculo se encuentran los malos consejeros, convertidos en llamas, en la décima y última fosa del octavo círculo, los charlatanes y falsarios, que están cubiertos de lepra, y en el noveno y último a los traidores, divididos en cuatro clases, de las cuales la del segundo recinto corresponde a los traidores a la patria o a sus juramentos políticos.

***

La democracia ha sido la oportunidad política de los inferiores, la relegación del saber y de la capacidad, rechazados por la ignorancia y la incapacidad que predomina en las masas.

Oportunidad de los inferiores. Oportunidad quiere decir posibilidad para aspirar a una posición. La afirmación del texto envuelve un sofisma de petición de principio. La democracia da oportunidad a todos, pero según las capacidades, pues el problema fundamental de la democracia —como no nos cansaremos de repetir— es la competencia. La que da oportunidad a los inferiores es la dictadura y la tiranía. Juan Vicente Gómez, realizando su oportunidad; el doctor Francia, Melgarejo, Andueza Palacio, etc., ¿han realizado sus oportunidades en democracias? Democracia es el gobierno del pueblo. Y esos tiranos han gobernado contra el pueblo. Las tiranías son, pues las que dan oportunidad a los inferiores y llamar democracia a una tiranía es inaceptable por el principio de contradicción. Rusia, a raíz de la revolución, odiando a los intelectuales, ¿hacía democracia? No. Hacía dictadura. Igual Mussolini y Primo. Oigamos a Scheler, que es filósofo sereno:

> Rusia: un *index librorum prohibitorum*, remedo del de la iglesia romana medieval, donde están incluídos los dos Testamentos, el Corán, el Talmud y todos los filósofos, desde Thales hasta Fichte. Ningún libro en que la palabra *Dios* figure, puede pasar la frontera. Sólo las ciencias inmediatamente utilizables, higiénica y económicamente, son admitidas, conforme a la desacreditada teoría marxista y pragmatista de la relación entre ciencia y economía. (He dicho muchas veces a mis buenos amigos, los comunistas puros, que es poco científico pensar con *Das Kapital*, como cosa inmoble, que no necesita revisión. En muchos de sus extremos las verdades son palmarias, en otros la dialéctica es muy forzada y a veces paradójica. Esto es natural en libro de tan enormes proporciones y contenido substratual. El marxismo, deshecho hoy más que nunca por la crítica (el propio Lenin le ha hecho reparos muy valiosos y en otros sectores también —economistas de peso— aunque es muy mucho decir que está deshecho por la crítica), es ceremoniosamente exaltado al rango de dogma de un gran imperio. Quémanse solamente los escritos de la vejez de Tolstoy.

¿Y en Italia?

> En Italia: un movimiento nacionalista, el *fascismo*, que, en nombre de cierto sedicente activismo o vitalismo, pueril y módico, cultiva violentamente, desde arriba, una filosofía de la historia, fraseológica, hueca y literaria; una filosofía que consiste en ensalzar sistemáticamente la historia italiana; una filosofía desprovista de todo nexo serio con las grandes tradiciones de la filosofía auténtica, la cual es algo más que literaria, y que con las ciencias positivas, pero llena de genuflexiones sin fe, que sus directores prodigan ante la iglesia romana, no como venerable instituto, depositario de la verdad y la salud universales, sino como simple elemento de la historia italiana y casa solar del Dante; todo según el modelo de la frase de Maurice Barrés: *Je suis athéiste, mais je suis catholique.*

¿Y España? En España, como dice Max Scheler:

> uno de los espíritus más nobles y veraces, Unamuno, expulsado del país; las universidades, luchando duramente por la existencia contra un arrogante clericalismo.

Y todo lo demás que el lector bien conoce.

La democracia es realizable. Pero esa oportunidad de los inferiores y esa incapacidad de las masas son contrarios a la democracia. Se preguntaba en cierta ocasión Clemenceau:

> ¿Qué es la democracia? —Por definición, el gobierno del pueblo. Suplico que se me enseñe el gobierno del pueblo, y que se me diga dónde, cómo, en qué lugar se encuentra. Lo que se denomina el pueblo, por comodidad de la expresión, es aparentemente la masa fluctuante de los intereses, que flota al viento de los prejuicios, de los ensueños atávicos, de las pasiones, de las esperanzas... En realidad lo que se entiende por democracia, en el lenguaje corriente, es el crecimiento fatal, provechoso, pero incoherente, de las minorías gobernantes... El pueblo es el soberano. *Reina, pero no gobierna*. Está envuelto, como los dioses homéricos, en la humareda de los sacrificios.

Ese es el problema que he tratado de plantear al hablar de la *representación funcional*. El pueblo *debe* gobernar. Cuando no ha gobernado es porque no ha habido democracia. Democracia no es demagogia. Democracia no es gobierno de plebeyos, ignorantes y vengativos; *democracia es gobierno del pueblo por el pueblo, en función de una aristarquía, para los intereses del pueblo;* en una palabra, es la exigencia cardinal de la justicia realizada por los hombres superiores, por los intelectuales, por los mejores, por los técnicos, teniendo como instrumento la cultura, la educación, la civilización y haciendo de los valores materiales meros instrumentos de realización de los más altos valores espirituales.

***

Una nueva *filosofía de política biológica* se construye con lentitud.

¿Qué es política biológica? Según el *Diccionario Manual de Filosofía* (Arnáiz y Alcalde, Madrid, 1915), Política, del griego *je politiké*, es la ciencia del gobierno o de los negocios públicos; *ciencia y arte del gobierno de los pueblos. Pertenece al grupo de las sociales, y tiene sus bases filosóficas en la ética y la filosofía del derecho.*

Al señor Lamar le bastaba para expresar su idea convenientemente: *una nueva política se construye con lentitud*. Existe la política criminal, que la justicia penal dirige hacia la represión teniendo en cuenta —como quiere Ferri— la temibilidad (peligrosidad) del delincuente, para llegar al cumplimiento de la predicción de Castejón, "al anunciar que el derecho penal se llamará en lo porvenir, *derecho de defensa y prevención social*". Existe una política agraria, por ejemplo, la determinación de los modos de convivencia de la organización rural adecuados a los resultados obtenidos por la experiencia agraria. Existe una política educacional, que aprovecha los resultados y experiencias de la sociología pedagógica, estudiando el influjo del medio sobre el grupo de educandos, las diversas adquisiciones que debe el niño al medio social, los elementos psicológicos cuyo desenvolvimiento dificulta la adaptación social, aplicando por fin a casos concretos en la comunidad educacional las teorías formuladas por la sociología pedagógica. Existe una política económica paralelizada a la economía aplicada o concreta, en muchos respectos, aunque no sean en realidad la misma cosa. Murray (*Lecciones de economía política*, Madrid, 1915), un economista dice:

> Hemos tratado del cambio desde el punto de vista de la economía *pura* y, naturalmente, aquellas consideraciones teóricas sólo podían darnos una idea lejana de lo que sucede *en concreto*.

Los fenómenos económicos se reducen a fenómenos de precios y habrá que partir de las condiciones abstractas de equilibrio para llegar a la comparación de las condiciones y modalidades concretas, llegando así *a las formas particulares concretas del cambio, es decir, la monetaria, la del crédito, la internacional*, etc. Una política económica hábil se orientará sobre los resultados teóricos de la economía pura y las rectificaciones y experiencias de la economía aplicada.

Pero pensar en una *política biológica* no diré que sea algo imposible, una especie de profilaxis social contra los elementos destructores de la vida, pero este término resulta forzado y además completamente inadecuado para lo que el señor Lamar quiso expresar. Tal vez hubiera convenido más el término *biología política* y así tener apoyatura en Novicow, que afirma que todo lo que no se basa en las ciencias *naturales* se basa sobre la arena. Sin embargo, todas estas *hibridaciones* terminológicas son perjudiciales.

> Hora es ya —dice Fournière (citado por J. Grasset, *Los límites de la biología*, Madrid, 1907)— de renunciar al hábito peligroso e impropio de aplicar a los hechos y a los individuos sociales la terminología de las ciencias naturales.

No se consigue con esto más que dar *una apariencia científica a las construcciones más fantásticas del espíritu*. No es conveniente hacer asimilaciones entre las ciencias sociales —y la política es una de ellas— y la biología. Dice el profesor Grasset (*ob. cit.*):

> Son ciencias distintas, especiales, que buscan los datos para constituirse en fuentes diversas: en la psicología de los individuos y de los grupos, en la psicología de los individuos y de las sociedades, y también en la evolución de la ciencia, de la litera-

tura y las artes. Tenemos, por consiguiente, un nuevo límite de la biología: el que separa esta ciencia de la historia y de la sociología.

¿Se podría hablar de una política matemática, de una política física, de una política química?... Evidentemente que no. Porque lo esencial en política es un sujeto consciente, y aunque admitamos la unidad estructural y funcional de la materia, la biología, la ciencia de la vida, no alcanza a explicar el fenómeno político, basado en la psicología, ciencia de la conciencia, del pensamiento y de la mente.

XXXVIII
FRANCISCO ICHASO

Nació en Cienfuegos en 1901 y murió, exiliado en México, en 1962. Abogado, político y ensayista, Ichaso cursó sus estudios superiores en la Facultad de Derecho de la Universidad de La Habana, donde se graduó de Doctor en Derecho. Fue miembro del Grupo Minorista y fundador y editor de la *Revista de Avance*. Durante la dictadura de Gerardo Machado fue miembro activo del partido ABC, director de *Denuncia*, su órgano clandestino de difusión y, más tarde, redactor de *Acción*. Tras la caída de la dictadura fue director de la Oficina de Prensa e Información del Palacio Presidencial, delegado a la Asamblea Constituyente que redactó la Constitución de 1940, y representante a la Cámara. Fue, además, director de Relaciones Culturales del Ministerio de Estado. Periodista destacado, recibió el premio *Justo de Lara*, fue profesor de la Escuela de Periodismo *Manuel Márquez Sterling*, redactor del periódico *Diario de la Marina* y colaborador de la revista *Bohemia*. Entre sus obras destacan: *En torno a Juan Sebastián Bach* (1927); *Góngora y la nueva poesía* (1928); *Crisis de lo cursi* (1935); *Lope de Vega, poeta de la vida cotidiana* (1935); *Martí y el teatro* (1935); *Defensa del hombre* (1937) y *Entre excelencias: los incidentes Braden-Santovenia* (1947).

El nuevo absolutismo político *

¿A QUÉ SE DEBE esta recaída en las formas más execrables de la imposición y la intolerancia?

La pregunta es demasiado compleja para hallarle respuesta colmadora. Fácil es advertir, sin embargo, que a la estandarización promovida por la técnica se ha superpuesto otra que tiende a uniformar políticamente al hombre. Así como existe un *standard* de producción en las fábricas y a él ha de atenerse el individuo consumidor, existe un *standard* filosófico-político, al cual ha de ajustar el hombre su interpretación del mundo, su concepto de la vida, sus aspiraciones a la belleza, a la justicia y a la felicidad.

Fracasado el *hombre universal* del Renacimiento, desacreditado el *homo faber* del positivismo, convencida la humanidad de que su *progreso* de cosas es inidóneo para borrar de la faz de la tierra la injusticia,

---

* Fragmento del libro de Francisco Ichaso: *Defensa del Hombre* (Editorial Trópico, La Habana, 1937).

la desigualdad, el odio y la miseria, surge la necesidad de buscar la salvación por otra parte o, por lo menos, de inventarle un consuelo nuevo a una angustia de siglos. Y ¿qué hace entonces el hombre? ¿Decide integrarse del lado del espíritu? ¿Se repliega prudentemente en sí mismo, para estudiar su propio terreno, para crearse una nueva estrategia de ancha y profunda base espiritual?

No. El orgullo fomentado por el antropocentrismo renacentista y llevado por el racionalismo del siglo XVIII a los más *irrazonables* extremos, hace que el hombre no se resigne a buscar la solución para sus problemas y la triaca para su angustia fuera de lo circunstante. A solas con su *universo*, con ese universo mecanizado, que hace más gris, más dura, más metalizada su soledad, el hombre va y viene, se agita, zigzaguea, ensaya toda suerte de virajes; pero rehúsa, por lo que pudiera haber en él de humilde contribución o de temerosa atrición, el viraje hacia sí mismo, hacia las galerías abandonadas de su propia conciencia. El *seréis como dioses* sigue resonando todavía con demasiada fuerza en sus oídos.

¿Cuál será, pues, su asidero, su refugio temporal? Uno que ya se había ensayado en otras épocas de confusión y desconcierto: el absolutismo político.

Decía Unamuno que la política primordial del hombre era salvar su alma. Pero esta concepción de lo político nos retrotraería a ese trascendentalismo a que renunció el hombre moderno para lanzarse con menos lastre de preocupaciones a la conquista del mundo. La política a la que el hombre actual ha confiado todas sus energías y en la que ha puesto todas sus reservas de esperanza no es ni más ni menos que la que vincula sus actividades a las luchas en torno al poder. Lo que la distingue de la inmediatamente anterior, a la vez que la enlaza con los períodos más tenebrosos de la historia, es el énfasis dogmático que se ha puesto en ella. El hombre se entrega hoy al juego político con la misma furia barbárica de los tiempos en que la política temporal era considerada como una filial de la eterna y el despotismo, la intransigencia y la violencia se justificaban por la misión divina —y, por tanto, infalible en sus aspiraciones— que alegaban los contendientes. La gran conquista del liberalismo fue suavizar las luchas políticas, dando a lo político su verdadero carácter relativista y contingente. Como ha dicho Ortega y Gasset, el liberalismo "es la suprema generosidad: es el derecho que la mayoría otorga a las minorías y es, por tanto, el más noble grito que ha sonado en el planeta", por cuanto "proclama la decisión de convivir con el enemigo, más aún, con el enemigo débil".

La política no manipula con verdades eternas. Ni siquiera con verdades temporales. Manipula con *realidades*, que no es lo mismo. La realidad es cambiante en esencia, y la política es una ciencia a la vez que un arte de la realidad. Dogmatizarla equivale a hacer de la realidad mudable a que se aplica una categoría absoluta.

Esta recaída en el absolutismo es la gran tragedia del hombre actual. No importa qué tipo de interpretación histórica o de concepción política-económica-social sirva de pretexto o de base a esa posición extrema de la mente, a ese desafuero del intelecto y de la voluntad. La gravedad del hecho no se aminora porque un materialismo o un espiritualismo *sui géneris* sirvan de sustento a esa nueva *torre de Babel* con que el hombre quiere perpetuar su orgullo. La fábrica está ahí, audaz, altiva, imponente a primera vista. Pero ha costado y cuesta libertad y sangre y si se la mira por dentro, se advierte que todo en ella es confuso como un *categoría* desligada de lo filosófico y de lo ético (casi todas las llamadas *filosofías políticas* del absolutismo contemporáneo son construcciones *a posteriori*, sin más propósito que justificar y sublimar los hechos consumados), colocados sus principios y su táctica *más allá del bien y del mal*, se explican perfectamente toda esas concepciones del Estado *totalitario*, la *clase mesiánica*, el *anarquismo libertario*, el *sindicalismo puro* y otras que, organizadas en partidos políticos propugnadores de la *acción directa*, se disputan el poder público, previa una sencilla y terrible condición: el exterminio de sus adversarios.

Un Estado de intimidación *

¿CUÁL debe ser la posición del hombre de conciencia frente a los progresos de este absolutismo que pretende encadenar su ser a postulados políticos y colocarlo exclusivamente al servicio de ordenamientos temporales, como si el sábado no hubiese sido hecho *por causa del hombre*, sino el hombre *por causa del sábado*. ¿Debe renunciar a su fuero interno para abrazar cualquiera de los dogmas en pugna? ¿Puede un hombre honrado, en la cabal acepción de la palabra, afiliarse a un credo político que tiene por condición primera, no ya la negación absoluta de todos los demás, sino su incapacidad de convivencia culta con ellos? ¿Con qué derecho podremos condenar el fanatismo religioso, si no condenamos, a la vez, ese fanatismo de nuevo cuño que esparce simientes de hostilidad por todas partes?

Huyendo de la transcendencia, el hombre actual ha sustituido el misticismo religioso por un misticismo político de base más endeble, de menor rango ético y de peligrosidad mucho mayor. La mística del estadismo, del colectivismo y del anarquismo ha creado en el mundo un ambiente de intimidación, no menos denso y vejaminoso que el producido por la persecución religiosa en cualquier época de la historia. Ya no se trata sólo de perseguir al adversario, sino también al que no es todavía un parcial, al que tiene aún sus dudas íntimas y desea resolverlas a solas con su conciencia. La fórmula es simplista: *en la línea o fuera de la línea, con nosotros o contra nosotros*. Están abolidos, pues, los escrúpulos de conciencia y las reservas mentales, de hecho está abolida la conciencia, ese poso de inquietud que hay en todo hombre verdadero, ese hontanar de angustia sobre el que se indica dramáticamente nuestra sed de verdad, pretende ser cegado en nombre de la felicidad humana. ¡Cómo si el hombre pudiera ser feliz sin la inquietud del conocer, sin la angustia constante de horadar el misterio!

En el orden intelectual esa intimidación se manifiesta por el ejercicio de una crítica dogmática, mucho más puntillosa y reglamentista que la más rancia crítica académica, pero cuyas normas no son estéticas, sino políticas. Al escritor o artista del propio bando se le exalta hiperbólicamente aunque se tenga la convicción de que es un mediocre. Al del bando opuesto se le denigra, aunque sea un genio. Las antiguas *capillas* literarias y artísticas, odiosas por su condición de círculos cerrados y por su aristocratismo minoritario y petulante, han sido suplantadas por otras tan herméticas como aquéllas, con la sola diferencia de que si a las primeras las vinculaba un propósito de selección y de rigor estéticos, a las segundas las aglutina solamente la ideología y la táctica política.

André Bretón, espíritu nada sospechoso de reaccionarismo, ha expuesto vigorosamente el problema en un párrafo de una carta publicada por Guillermo de Torre en *Sur*.

> Estamos —dice— en la hora de los enrolamientos ciegos, de las sumisiones a ultranza. Para el escritor que no se aviene a ellas, que no se resigna a hacer una dejación absoluta de su personalidad, poniéndola al servicio incondicional de un credo político, no hay ya sitio en Europa. Es necesario hacer profesión de fe comunista o fascista, si no se quiere ser lanzado por la borda. Pero este último destino, aun

---
* *Ibídem.*

con todos los riesgos de perdición, de extravío espiritual que implica para el escritor despaisizado, me parece preferible al de seguir viviendo aquí solo, o bien enregimentado, marcando el paso a los acordes de cualquier rataplán sectario.

En realidad se ha desnaturalizado la misión del intelectual, del *clerc*, en el sentido que Julien Benda confiere a esta palabra. El intelectual deserta de su misión y se traiciona a sí mismo cuando deja de ponderar las cosas por su cuenta y acepta, sin previa comprobación, ponderaciones extrañas y, en ocasiones, pugnaces con su conciencia. La coacción política es el hecho anticulto por excelencia. Y esto no es defender el apoliticismo de los intelectuales. El que esto escribe ha sido y es —todo el mundo lo sabe— hombre de partido. Nada más infecundo que el abstencionismo político de los hombres de pensamiento. Lo que recabo para el intelectual es el derecho a esclarecer por sí mismo las cosas y a decidirse políticamente sólo cuando su conciencia, libre de toda intimidación, le indica de qué parte está la verdad, la razón o la justicia. Lo que pido es que se reconozca el derecho del intelectual a no fanatizarse, a no ser más amigo de Platón que de la verdad, a no someterse de antemano e incondicionalmente a líneas tácticas o doctrinarias, a no hipotecar de por vida su conciencia a un credo político, falible como toda obra humana. Este *ordenamiento profano* del intelectual que el extremismo político está procurando por medio de la más opresiva intimidación y que, como el ordenamiento religioso, *imprime carácter*, es una forma de despotización que repugna necesariamente a todo hombre que tiene trato habitual con las ideas. Si el intelectual es un convencido, tome partido en buena hora y demande respeto para su posición, mientras ella sea, a su vez, respetuosa para con las demás. Pero el ser un convencido no autoriza a forzar el convencimiento de los demás ni mucho menos a excluir los convencimientos ajenos. Y en cuanto al que duda o al que no parece dispuesto a situarse en ninguno de los extremos de la gran pugna actual, tiene pleno derecho a ser garantizado en su posición expectante o en su eclecticismo de buena fe.

No ignoro que la palabra *eclecticismo* está desterrada del léxico político de los tiempos. Sé que las posturas intermedias y las soluciones conciliadoras se suelen diputar de ingenuas, de medrosas o de aprovechadas. Pero ésta es también una forma de intimidación contra la cual hay que reaccionar. Yo no veo por qué la justicia, la verdad o la razón tengan que estar forzosamente instaladas en los extremos. Yo no veo por qué es más vituperable intentar la convivencia y la armonía que azuzar la discordia y la guerra desde la tribuna o la hoja impresa. Yo no comprendo por qué la cordura y la templanza han sido desterradas de la política como hijas espurias, para emplazar en su lugar la ceguera y la cólera. Creo, en cambio, que una restauración del buen sentido puede todavía salvar al mundo.

Hay que volver, dígase lo que se diga, al relativismo en política. La apolítica será una actividad incivilizada, breñal, mientras no se ponga en ella cierta dosis discreta de escepticismo (como aconseja Bertand Russell), mientras los óleos de la ironía, de la comprensión y de la tolerancia no la humanicen.

El espíritu tiene jerarquizada su actividad. En su escala de manifestaciones, la política ocupa, sin duda, un lugar cimero. Pero la absorción total del espíritu por la política es un absurdo humano.

El hombre de partido es un hombre *parcial*, en las dos acepciones, como abanderado de una doctrina política y como representación fragmentaria de la totalidad de su ser. Por eso hablar de una política totalitaria carece de sentido. Es tanto como equiparar una parte al todo.

Hacia un nuevo humanitarismo *

A LA IMAGEN parcial del hombre que el sectarismo político de los extremos exhibe como *desideratum*, hay que oponer la imagen del hombre pleno, que da a la extensión lo que es de la extensión y al espíritu lo que es del espíritu. Jacques Maritain ha hablado de un *humanismo integral*; pero su base estrictamente confesional puede ser un obstáculo a su general aceptación. Debe propenderse a un humanismo nuevo, que atienda a lo corporal y a lo espiritual del hombre, pero para el cual el cuerpo no sea sólo la carne, como en el actual neopaganismo nazi, ni el espíritu sólo la inteligencia, como en el humanismo clásico. Un humanismo bajo cuya asistencia puedan convivir todos los hombres, cualquiera que sea su credo religioso o su filiación política, con tal de que afirmen la existencia y la independencia del espíritu y luchen por la integración de la persona humana en las direcciones de la verdad, la belleza y el bien.

Un humanismo así diferiría del clásico en su complementación por el lado de lo ético. Lo cual no significaría en modo alguno obliteración a rémora para el progreso técnico. Antes al contrario, ese humanismo tendería a dar a la técnica, a la máquina, un sentido nuevo, liberador para todos los hombres y no esclavizador, como hoy ocurre, para la inmensa mayoría de ellos. Como, por otra parte, su ideal humano no sería el *intelectual puro*, ni el epicúreo, ni el conquistador, sino el *todo-hombre* scheleriano, para el cual los valores morales son los primeros en la jerarquía de la persona y los que, en puridad, *califican* al hombre como *portador de espíritu*, tal humanismo asimilaría sin dificultad las limpias corrientes hacia la justicia social que fertilizan la parte más avanzada y noble de la política contemporánea.

Porque, desde luego, es una torpeza insigne, cuando no una infamia mortal, defender un retroceso de las actuales formas de vida a otras en que la distribución de los bienes terrenales era todavía más injusta de lo que lo es actualmente. La humanidad podrá hacer escalas más o menos prolijas en una oscuridad y una barbarie de la que se advierten ya señales y síntomas; mas, en definitiva, no perdurará ningún nuevo régimen que no tenga ancha y profunda base popular, humana, que no haga cabal justicia a los desposeídos de la tierra. Todos esos *retornos* de que ahora se habla (nueva Edad Media, neopaganismo, colectivismo primitivo, imperialismo a la romana) no tienen más valor, a mi juicio, que el de elaboraciones literarias o políticas más o menos aprovechadas o ingeniosas. Por los demás, muy rara vez los movimientos reaccionarios del presente responden a un conservadorismo filosófico-político celoso de la tradición y partidario de la evolución lenta y cautelosa de la sociedad. Las más de las veces obedecen a mera inercia espiritual o a grosero egoísmo.

Lo que sí me parece absurdo es pensar que el hombre pueda hacer justicia a sus semejantes cuando empieza por negársela a sí mismo. Mientras la conciencia humana se mantenga en crisis, todo esfuerzo por conjurar las demás crisis será vano. Este es el error de todas aquellas doctrinas sociales que niegan la autonomía de la conciencia, supeditándola a desarrollos puramente somáticos. No puede confiarse la justicia social a movimientos de fuera a dentro, a fórmulas más o menos eficaces en la teoría; pero

---

* *Ibídem.*

que en la práctica tropezarían siempre con resistencias invencibles, originadas en el estado actual de desintegración del hombre. La democracia liberal es, a mi juicio, un régimen no superado teóricamente. Creo, como Ortega y Gasset, que el tipo de vida que produce, *no será el mejor imaginable*, pero que *el que imaginemos, mejor tendrá que conservar lo esencial de sus principios*. Sin embargo, hoy se admite generalmente que el demoliberalismo no satisface *ya, en la práctica*, las ansias de justicia que alientan en el mundo. Pero ¿acaso no ocurrirá lo mismo, *en la práctica*, con otros regímenes que teóricamente parecen acertados? ¿No será, en definitiva, el hombre, el hombre incompleto de hoy, el verdadero obstáculo? Nada se conseguiría, en ese caso, cambiando los sistemas, si no cambiamos antes al hombre.

Cambiar al hombre, no acosarlo, no destruirlo, como hoy se intenta. Porque el fanatismo político de los extremos no vacila en ir contra el hombre para salvar al hombre. ¡Sarcástica esperanza! Por defender derechos de clase, de raza o de nación: por justificar la *razón de Estado* o la *necesidad social*, se niega el derecho fundamental del hombre: su derecho a la vida. Nunca la vida humana se había cotizado tan bajo en los conciliábulos de la intolerancia. Y he ahí por donde la defensa del hombre, que se hace cada día más urgente, se refiere no sólo a su espíritu, sino a su mera existencia corporal, al sitio más o menos grande que el bulto de su vida ocupa en el mundo. ¿Se ha pensado bien en lo que una vida es y significa? ¿Se ha meditado en la pasión del hombre vivo, a solas con su angustia, con su enfebrecida contumacia en el ser? Recuerdo ahora unas inspiradas palabras de un escritor alemán de los que asistieron a la tragedia inútil de la gran guerra. Son de Hermann Hesse en el prólogo de su novela *Demián:*

Hoy se sabe menos que nunca —dice— lo que es eso, lo que es un hombre realmente vivo, y se lleva a morir bajo el fuego a millares de hombres, cada uno de los cuales es un ensayo único y preciso de la naturaleza. Si no fuéramos algo más que individuos aislados, si cada uno de nosotros pudiese realmente ser borrado por completo del mundo por una bala de fusil, no tendría ya sentido alguno relatar historias. Pero cada uno de los hombres no es tan sólo él mismo: es también el punto único, particularísimo, importante siempre y singular, en el que se cruzan los fenómenos del mundo, sólo una vez de aquel modo y nunca más. Así la historia de cada hombre es esencial, eterna y divina, y cada hombre, mientras vive en alguna parte y cumple la voluntad de la naturaleza, es algo maravilloso y digno de toda atención. En cada uno de los hombres se ha hecho forma el espíritu, en cada uno padece la criatura, en cada uno de ellos es crucificado un redentor.

Estas altas palabras pudieran servir de credo al nuevo humanismo que la civilización requiere para no perecer. De credo y de arenga a un tiempo. En todas partes se habla de organización. La organización es el *sésamo ábrete* de los tiempos actuales. ¿Por qué no se organiza la defensa del hombre? Pero no del hombre como *objeto* de la filosofía, de la ciencia, de la religión o de la política, sino del hombre individuado, concreto, el *hombre vivo* de Hesse, el *agonista* de Unamuno, el *Juan, Pedro o Tomás* de Swift, el *asceta de la vida* de Scheler. No se trata, en suma, de defender al hombre, dicho así genéricamente, sino a *cada hombre*, porque en cada uno, con sus alternativas de bestia y de ángel, hay valores propios, peculiares, insustituibles, que a todos nos interesa salvar.

XXXIX
GOAR MESTRE

Nació en Santiago de Cuba en 1914 y falleció en Buenos Aires en 1994. Economista y empresario, realizó sus estudios primarios y secundarios en su país de origen. Más tarde partió a los Estados Unidos, donde se licenció en Economía en la prestigiosa Universidad de Yale. A principios de la década de los cuarenta compró la estación de radio CMQ y rápidamente la convirtió en la más importante del país. A partir de entonces su carrera fue vertiginosa. En 1951 fundó CMQ Televisión, estación que llegó a cubrir con sus señales el 80% del territorio nacional. En 1960 Mestre partió al exilio después que le fueran confiscados sus negocios por el gobierno de Castro. Entonces viajó a Perú, Venezuela y Argentina —instalándose en Buenos Aires— países donde fundó nuevas emisoras. Los últimos años de su vida los pasó entre Punta del Este y Buenos Aires. Pionero de la televisión en el mundo, por su incuestionable aportación a ella, Mestre fue galardonado en 1988 con el premio *Emmy a los Fundadores* —el más prestigioso en su campo a nivel internacional— que le fue otorgado por la Academia de Artes y Ciencias de la Televisión de los Estados Unidos.

El espíritu de empresa en el cubano de hoy [*]

MUCHO SE HABLA y escribe del espíritu de empresa y por ende del hombre de empresa y de la empresa privada. ¿Pero qué entiende el oyente de este Universidad del Aire por espíritu de empresa? ¿Cómo se define exactamente a un llamado hombre de empresa? ¿Se trata de un hombre distinto a los demás?

Me parece conveniente empezar esta charla tratando de contestar algunas de estas preguntas que yo mismo, en mi fuero interno, me he formulado más de una vez y que seguramente se han planteado también muchos de los oyentes de este programa.

Por espíritu de empresa debe entenderse, creo yo, la iniciativa, la acometividad, el afán creador, la

---

[*] Trabajo leído por Mestre en *La Universidad del Aire* (CMQ, La Habana, septiembre de 1956). Se encuentra contenido en el *Boletín de la A.N.I.C.* (núm. 17, La Habana, 15 de septiembre de 1956).

ambición constructiva, o más exactamente, una combinación de todas esas cosas. Así, pues, cuando nos referimos a un hombre de empresa, intentamos describir a un individuo emprendedor, activo, valiente, puesto que no existe empresa o negocio que no requiera valor y comporte riesgo, que en su afán de lucro legítimo crea industrias, comercios y otras fuentes de trabajo, o lo que es lo mismo, un individuo cuyas actividades industriales, comerciales o de índole semejante, lo llevan a crear o incrementar bienes o servicios útiles a la sociedad en que vive. En todo hombre hay o debe haber un emprendedor; pero por hombre de empresa no se entiende al profesional, al político, al profesor, al periodista ni a otras de las muchas ocupaciones necesarias, útiles y honorables que integran cualquier colectividad humana. Cuando nos referimos al hombre de empresa, señalamos específicamente al empresario en el campo industrial o comercial, al hombre de negocios que crea, fomenta o moviliza riqueza y que, al hacerlo, proporciona trabajo a un gran número de personas y contribuye a elevar el nivel económico de la comunidad.

En Cuba, el espíritu de empresa es cosa tan antigua como en cualquier otro país del orbe; pero es de observarse que ese espíritu se ha desarrollado y se ha manifestado en grado más apreciable durante los últimos 15 o 20 años que en ningún período anterior de nuestra vida republicana, y que se ha puesto mucho más de relieve en los últimos 3 o 10 años, posiblemente como consecuencia de ciertas instituciones creadas por los gobiernos con el propósito de estimular la iniciativa privada y mejorar las condiciones de vida del país.

A pesar de que pudiera crear en nosotros mismos un grado excesivo de complacencia, un optimismo enervante y sumamente peligroso por lo mucho que aún queda por hacer en materia de educación y preparación generales, es justo reconocer que el cubano de hoy no sólo es inteligente, competente y trabajador, sino que a diario da muestras de que cuando las condiciones imperantes en el ambiente que le rodea son ligeramente favorables, sabe *ser audaz*,en el buen sentido de la palabra, *responsable* y *emprendedor*.

Ahora bien, lo que a mi juicio resulta más interesante tratar aquí es qué actitud debemos tomar los cubanos para lograr imbuir de ese espíritu audaz, responsable y emprendedor a un mayor número de compatriotas y qué medidas debemos tomar para garantizarles el mayor éxito en sus empeños, dentro del régimen de libre empresa, pues nos engañaríamos a nosotros mismos si no reconociésemos francamente que ese régimen, único compatible con la organización democrática de la sociedad, afronta hoy muchos inconvenientes y obstáculos. El empresario cubano, cada vez que promueve un negocio, necesita vencer más dificultades en su propia tierra que el extranjero en la suya. Esta es, sin duda, la causa de que el espíritu de empresa no se desarrolle a escala con el modo de ser dinámico de nuestro pueblo y con las posibilidades reales del país, pues ese espíritu necesita de la libre concurrencia para dar de sí toda su capacidad.

Como nación, nos queda aún por definir con precisión qué tipo de régimen económico deseamos verdaderamente, porque hasta el presente hemos observado en esferas gubernamentales, y aquí no me refiero específicamente al gobierno actual, sino a todos los que hemos tenido durante los últimos 20 años, y aun en las esferas de la industria y del comercio privado, demasiadas contradicciones que engendran confusión y desaliento por una parte y graves trastornos en la economía misma por otra. Me refiero a esa duplicidad o hibridez según la cual, por un lado, se quiere que nuestra economía tenga como eje central al individuo, lo que equivale a un régimen de iniciativa privada y libre competencia, mientras que por otro lado se advierten tendencias, proyectos y fórmulas que implican un ingerencismo sistemático del Estado en los negocios particulares que tienden a destruir o a dislocar el normal desenvolvimiento de la empresa libre.

Esta es la tesis fundamental que desarrolla en su interesante trabajo *Planning for Freedom* el conocido economista austriaco Ludwig von Mises y éste es, a mi juicio, uno de los problemas fundamentales que muy pronto deberemos resolver nosotros los cubanos. Así como basándonos en nuestra limitada experiencia en el campo de los negocios hemos podido constatar hasta qué punto resulta fácil entrenar al cubano para desarrollar las labores más diversas y difíciles, precisamente por su inteligencia natural, su repentismo y, aunque esto les extrañe a muchos, su disciplina, debemos confesar, por otra parte, con toda franqueza, que en donde estamos como colectividad muy por debajo del nivel deseable es en conocimientos generales sobre materia económica. El cubano, en general, carece de la más elemental preparación en economía política y como éste es un mal que aqueja principalmente a los políticos profesionales, se explica la desorientación reinante en los círculos oficiales y privados, causa del estado de cosas a que he hecho referencia anteriormente. Esto no debe interpretarse como que yo creo que en Cuba no haya economistas capaces, bien preparados y con un enfoque muy claro de las cuestiones económicas; lo que quiero decir es que hombres de esas condiciones hay pocos y que nuestra cultura media en materia económica es bastante baja.

En materia económica o financiera existen ciertos principios básicos que podemos calificar, sin exageración, de inconmovibles. No se pueden desconocer esos principios so pena de incurrir en graves errores que indefectiblemente engendran reacciones en cadena, las cuales terminan por producir efectos contrarios a los que en un inicio se perseguían. El éxito del régimen de empresa libre depende del más absoluto y continuado respeto a una serie de esos principios básicos que son precisamente los que a diario ignora irresponsablemente el político, el gobernante, el legislador y lo que es aún peor, el propio hombre de negocios, ya bien sea por mera ignorancia y lamentable impreparación o por transitoria conveniencia política o comercial. El intentar enumerar estos principios básicos nos llevaría muy lejos fuera del tema que nos ha sido asignado, pero quede hecha la observación.

El régimen de empresa libre está reñido con cierto tipo de intervencionismo estatal porque es el único que toma en cuenta, por encima de todo, la fuerza creadora, la dignidad, la trascendencia y la autarquía del ser humano. Es el único que tiene fundamento verdaderamente democrático, por cuanto no sólo reconoce, garantiza y protege al hombre como individuo, lo cual es la esencia misma de la democracia, sino que brinda a todos los hombres por igual la oportunidad de superarse, elevando no sólo su nivel económico y social, sino también su rango cultural. Cada hombre de empresa con éxito constituye, dentro de ese régimen, una fuente de estímulo y de emulación altamente beneficiosa para la juventud. El niño, a lo largo de su vida, según se va desarrollando su mente, aspira a ser muchas cosas. De pequeño le gustaría, cuando grande, ser policía, bombero, *cowboy*, boxeador o pelotero, pero según madura más aspira a ser un gran médico, o un ilustre abogado o un importante hombre de negocios.

El que el muchacho mensajero de la CMQ, para citar un ejemplo, aspire algún día a ocupar la presidencia de esta Empresa, no sólo es lógico y posible dentro del régimen de libre empresa, sino que constituye el mejor aliciente para toda una generación de muchachos y hombres jóvenes. Pero aquí inmediatamente nos hallamos frente a otro gravísimo problema, frente a otro enorme obstáculo que se interpone en el camino del espíritu de empresa del cubano de hoy. La gran tragedia cubana reside precisamente en la posibilidad, o más exactamente diría yo, en la probabilidad de que ese muchacho mensajero no sueñe con ocupar algún día el puesto que yo ocupo, porque ve que para llegar hasta aquí el camino es largo y duro y la recompensa poco atractiva cuando se establece una comparación con lo que suelen obtener cientos y cientos de hombres conocidos que han desfilado por el panorama cubano desde que nuestro mensajero tiene uso de razón y que sin esfuerzo, sin preparación en muchos casos, sin perseverancia, sin firmeza de propósito y sin gran trabajo han logrado en pocos años y a veces en meses, desde un ministerio cualquiera y hasta desde cargos más modestos, hacerse de un nombre y de una fortuna que los sitúan en el orden material en posición mucho más ventajosa y en el orden social, si tienen un poquito de discreción y paciencia, en una tan buena como la mejor. Lamentablemente, en Cuba, en términos generales, no existe la sanción social y lo único que al parecer tiene importancia es hacerse de dinero, no importa cuáles hayan sido los procedimientos utilizados para esa finalidad.

Desde luego que, como ocurre en todas las cosas en la vida y para suerte del cubano, siempre ha habido, hay y habrá honrosas excepciones y es justo reconocer que muchos conciudadanos prestigiosos y capaces han observado una conducta ejemplar y han realizado una gran labor desde las posiciones políticas que han ocupado. Pero estos no influyen en el ánimo de nuestro hipotético mensajero, por la sencilla razón de que son los menos. La realidad es que nuestra juventud no encuentra grandes paradigmas morales en el panorama de nuestra vida política.

Hay otra faceta igualmente destructiva y entorpecedora del régimen de empresa privada y ésta es la que ofrece el individuo que va a un cargo público no para apropiarse de los fondos públicos puestos bajo su administración y custodia, ni para dejar de hacer un buen trabajo con absoluta honestidad, sino para especular en el propio campo de la empresa libre con las informaciones que recibe y las conexiones que procura por razón de ese cargo. Esto es aún más grave y más corriente. Sucede en todas partes del mundo, es justo reconocerlo, y ha dado lugar a grandes escándalos internacionales; pero en Cuba ha alcanzado a veces proporciones verdaderamente alarmantes, a pesar de lo cual no ha habido jamás consecuencia de ninguna clase en el orden penal. Y digo que esto es más grave, porque en esos casos se produce un tipo de competencia desleal que conduce al hombre de empresa a los más lamentables estados de decepción y desaliento.

Es necesario que comprendamos hasta qué punto están reñidos el régimen de libre empresa y el ingerencismo estatal. Este ingerencismo señala el estilo clásico de los regímenes dictatoriales, ya se llamen fascistas, comunistas, justicialistas o de cualquier otro modo. Estos sistemas, al restringir la libertad individual, al apresar al ciudadano en las redes de un estado absorbente, prescinden de la facultad creadora del hombre, de su inteligencia, de su imaginación, de su osadía legítima y se obstinan en hacer del progreso una consecuencia fatal de oscuras fuerzas colectivas que mecanizan y restan espiritualidad a la existencia. El único régimen económico que sirve de veras al progreso material y moral de los pueblos es el que se nutre de la capacidad, el ingenio, la acometividad y el trabajo de cada uno de los ciudadanos. La ambición es innoble cuando sólo aspira a satisfacer bajos egoísmos; pero se engrandece y sublima cuando a través de la ganancia lícita abre nuevos horizontes a la humanidad.

En Cuba se ha hecho mucho, no hay por qué negarlo; pero aún queda mucho por hacer, y es lástima que los cubanos no hayamos sabido recoger en todo lo que valen las enseñanzas que para nosotros encierran la historia del desarrollo económico y social del país que ofrece hoy a sus ciudadanos el más alto *standard* de vida del mundo: los Estados Unidos de Norteamérica. Con frecuencia le restamos importancia al aspecto cronológico de estas cuestiones y nos empeñamos en incorporar a nuestro régimen económico normas y procedimientos que no pueden tener éxito sino hasta después de haber alcanzado un país un grado de desarrollo muy superior al que todavía estamos muy lejos de alcanzar en Cuba. Los Estados Unidos lograron su mayor progreso económico bajo un régimen de iniciativa privada y de libertad de empresa que podemos calificar de *químicamente puro* y no fue sino hasta mucho después cuando se intentó cierto tipo de intervencionismo moderado que nosotros hemos querido imitar antes de tiempo o en forma impropia o desorbitada.

En vez de ponerle trabas al hombre de empresa, los cubanos haríamos bien en preocuparnos porque ese ejemplar humano se multiplique en nuestro suelo en la máxima medida posible, pues a través de él surgirían nuevas fuentes de trabajo y poco a poco iría obteniendo Cuba el capital que necesita para su propio desarrollo económico, ese capital que para nosotros es mucho más conveniente que el que pudiera venirnos del extranjero, del cual tanto se habla, pero nunca acaba de llegar.

Es urgente que nuestro pueblo vea en el hombre de empresa al mejor aliado de su mejoramiento económico y no a un monstruo egoísta, desconsiderado y esclavizante como ése que la demagogia imperante se obstina en pintar. Por cierto que esta pintura, o más exactamente, esta caricatura truculenta, tiende a enervar el espíritu de empresa en nuestro país y a cohibir muchas iniciativas que, estimuladas a tiempo, darían excelente resultado. Esa costumbre de creer que el hombre de empresa es un sujeto sin entrañas, a quien se debe rodear de un muro impenetrable de desconfianza y malquerencia, da lugar a que muchos inversionistas se arrepientan de acometer nuevos negocios, como sería su deseo, y prefieran emplear su capital en actividades financieras menos dinámicas, menos reproductivas, menos creadoras de riqueza y de bienestar colectivo, pero más sólidas, seguras y tranquilas. Es curioso que en Cuba el dinero guardado en bancos sea, por así decirlo, un dinero irresponsable, no sujeto ni a fiscalizaciones ni a gabelas de ninguna clase, y mucho menos a ataques de ninguna especie, mientras que el dinero que se pone en movimiento para una empresa agrícola, industrial o comercial se vuelve al punto el blanco de todas las inspecciones, imposiciones y ataques.

Hay por lo común una idea errónea: la de que el hombre de empresa debe perder dinero en sus negocios o ganarlo en forma muy restringida. Nada más falso. El hombre de empresa, mientras mayores sean sus ganancias y sus éxitos, más útil resulta a la comunidad, primero porque en su normal desenvolvimiento económico tributa ampliamente al fisco y cuando llega a alcanzar cierto nivel de utilidades tiene necesariamente que reinvertir éstas en nuevas empresas. Es importante, sin embargo, que se tenga presente, puesto que constituye una condición humana difícil de eludir, que a veces mientras más éxitos alcanza un hombre de empresas y mayores son sus utilidades, por lo cual puede ser más útil a la economía nacional, más conservador y cauteloso se torna debido, por una parte, a su deseo lógico y humano de preservar sus bienes, asegurándose el futuro, y, por otra parte, porque una vez satisfechas sus necesidades personales más perentorias y entregado a un tipo de vida más cómodo, ya no posee el mismo arresto y espíritu de lucha de antes. Es entonces cuando falla el sistema y esto se debe casi siempre a las condiciones ambientales, entendiéndose por ellas las de tipo laboral, fiscal, arancelario, periodístico, etc. Cuando estas circunstancias no sean propicias, el hombre de empresa, una vez logrado un éxito de cierta resonancia, tratará de evitar riesgos y problemas futuros y optará entonces por inversiones conservadoras, de poco rendimiento, pero de mucha seguridad, bien dentro del propio país o bien —y esto es lo más grave— en el extranjero.

¿Puede desarrollarse el espíritu de empresa en el cubano de hoy ante un cuadro de circunstancias que distan mucho de serles favorables? Posiblemente la mayor parte de los que me escuchan contestarán que no, pero yo entiendo que sí, que no obstante nuestra ignorancia y falta de madurez en materia de filosofía económica y al lastre enorme que para la nación ha representado y representa nuestro crónico desbarajuste político, el país progresa lenta pero positivamente.

Confieso que soy optimista. Entiendo que sí es posible desarrollar ese espíritu de empresa, porque a pesar del desorden económico y la confusión política, del peculado y de la falta de espíritu público en los profesionales de la lucha cívica, hay síntomas realmente alentadores. Para citar alguno, por ejemplo, nadie puede negar que la creación de instituciones como el Banco Nacional, el BANDES, el FHA y otras análogas han venido a llenar una necesidad extraordinaria en la evolución de la economía nacional. Y resulta también muy estimulante observar cómo la mayoría de esas instituciones se manejan con capacidad, pulcritud y patriotismo, lo cual establece un contraste confortador y representa una especie de contrapeso a ciertas taras que heredamos de la colonia y que todavía ciertamente no hemos logrado superar. Los estudios que se vienen realizando en materia arancelaria a los efectos de proteger de un modo efectivo a nuestra industria naciente constituyen otro hecho que hace concebir grandes esperanzas.

Para terminar: si los cubanos logramos mantener la fe en nosotros mismos y la confianza en nuestro destino colectivo, dentro de un marco de respeto y consideración al individuo, nuestras perspectivas serán cada día más halagadoras y el espíritu de empresa encontrará cada vez campo más ancho y propicio en que ejercitarse.

XL
LEVÍ MARRERO

Nació en Las Villas en 1912 y vive actualmente exiliado en Puerto Rico. Geógrafo e historiador relevante, fue catedrático universitario de ambas materias en las universidades de La Habana, Caracas y Puerto Rico y, a principios de los años sesenta, Embajador de Cuba ante la OEA. También periodista, Marrero escribió sobre los temas más disímiles en el diario cubano *El Mundo*. Sus artículos periodísticos han sido recogidos en el libro: *Escrito Ayer. Papeles Cubanos* (1992). Autor prolífico, entre las múltiples obras de Marrero destacan: *Historia Antigua y Medieval* (1940); *Elementos geográficos en la economía cubana* (1946); *Geografía de Cuba* (1950); *Historia económica de Cuba. Siglos XVI y XVII* (1956); *Venezuela y sus recursos* (1964); *Cuba en la década de 1950: un país en desarrollo* (1966); *Cuba: la forja de un pueblo* (1971); *El derrotero de Martí* (1973); *Raíces del milagro cubano* (1984) y su gran tratado en quince volúmenes: *Cuba: economía y sociedad* (1972-1992), obras para cuya realización contó con la colaboración de su esposa Enriqueta Vila. Por sus incuestionados méritos como investigador Marrero ha recibido muchos galardones. Entre ellos cabe mencionar el Doctorado *Honoris Causa* que hace poco le otorgó la Florida International University (FIU) en los Estados Unidos.

Nuestros bosques: revisión crítica *

EL FENÓMENO lamentable e innegable de que el área de bosques de Cuba se ha ido reduciendo de manera alarmante, es tema de relativa asiduidad en las páginas de nuestra prensa. Y como el mal no lleva camino de ser remediado, es como para pensar que nuestros problemas ni aún con un diagnóstico preciso e insistencia en la denuncia encontrarán nunca modo de liquidarse.

Un mensaje de la Sociedad Selvícola Nacional, que se ha organizado para lograr *la reconstrucción de los*

---

* Artículo publicado en el periódico *El Mundo*, de La Habana, el 10 de marzo de 1955. Se encuentra contenido en la obra de Leví Marrero: *Escrito Ayer. Papeles Cubanos* (Ediciones Capiro, Puerto Rico, 1992).

bosques cubanos, nos mueve a estos comentarios, que en algunos casos no han de concordar con las opiniones más generalizadas, pero que creemos podrían servir para hacer meditar a muchos de los responsables de *nuestra marcha hacia el desierto.*

Actualmente sólo el once por ciento del territorio nacional está cubierto por bosques. Como el promedio mundial es de 22 por ciento, encontramos que tenemos la mitad del promedio mundial. Solamente en Africa, el continente de los grandes desiertos y sabanas, el área promedio de bosques es ligeramente inferior a la de Cuba.

Antes de llegar a conclusiones sería bueno contestar esta pregunta ¿Cuál era el área de bosques de Cuba cuando llegaron los colonizadores españoles? La exageración admirativa de los primeros ocupantes llevó a extremos discutibles la extensión boscosa de la Isla. El Padre Las Casas, por ejemplo, repitió que *era posible ir de un extremo a otro de la Isla bajo árboles.* Ello sería posible siguiendo determinadas rutas, pero ¿poseyó Cuba una vegetación original de bosques en la casi totalidad de su territorio?

La existencia de grandes bosques primitivos está bien demostrada. Fue de ellos de donde se extrajo la madera destinada a los astilleros y cuyo usufructo se reservó el rey de España hasta que el progreso azucarero quebró su privilegio. Durante la fiebre azucarera de la Primera Guerra Mundial los grandes bosques de las llanuras camagüeyanas fueron talados rápida y casi siempre inútilmente, al ser abandonados pronto por la caída de los precios del azúcar. La extensión total de estos bosques es el dato a encontrar. Los esfuerzos de reconstrucción histórica realizados por el notable geógrafo alemán Leo Waibel, muerto no ha mucho, indicaban que el área total de bosques originales ocupaba en Cuba el 60 por ciento de la Isla.

El volumen forestal que tal dato sugiere es enorme, mucho más si tenemos en cuenta que Cuba, por su tipo de clima, matizado por la sucesión de las estaciones de lluvias y seca, no debe poseer una vegetación típica de bosques, sino de sabanas. La calidad de nuestros suelos, sin embargo, representa el elemento favorable, al punto de que la vegetación de sabana original se calcula en apenas el 26 por ciento.

Si aceptamos los datos disponibles, encontramos que desde el comienzo de la colonización a la fecha, *hemos destruído un área de bosques equivalente a la mitad de la superficie total de Cuba.* ¿Es esto un crimen? Para los amantes platónicos del bosque, para los que solamente ven en el árbol el amigo sombrío y mudo, la destrucción de bosques es un delito contra el espíritu; pero las consecuencias dramáticas del atentado contra la naturaleza puede traducirlas a pérdidas en dinero quien interesado solamente en los valores materiales ensaye un análisis de lo que la deforestación nos ha costado.

No basta, sin embargo, volver los ojos al pasado. La historia de la tala abominable no tiene ya remedio. Lo importante es ir hacia el futuro; o sea, hacia la geografía dinámica de nuestros bosques. Afortunadamente tenemos tierras suficientes para intentarlo y hay métodos científicos bien establecidos, a los que podrían unirse una firme voluntad nacional de restauración y un plan de largo y continuado aliento, como veremos en otra oportunidad.

Quiera Dios que en la disposición de restañar añejos yerros tuviéramos los cubanos un inicio de proyección amplia y disposición perseverante, en un plan de reforestación que —simbólicamente— fue uno de los pasos iniciales del viraje social del *New Deal* rooseveltiano en Estados Unidos.

El árbol: poesía y explotación *

LOS CÁLCULOS más confiables indican que desde la llegada de don Diego Velázquez a la fecha, los cubanos hemos destruido —con mayor o menor provecho, según las circunstancias— un área de bosques equivalente a la mitad de toda la superficie de nuestra Isla. Hoy queda apenas una décima parte de Cuba cubierta por los bosques y hay cuarenta y cuatro municipios en los que solamente un dos por ciento de su área ha escapado a la deforestación. De un total de 126 municipios, apenas diecisiete poseen más del veinte por ciento de áreas forestales, que es el mínimo razonable que podría esperarse de acuerdo con las opiniones expertas.

Dicho lo anterior simple y llanamente, podría considerarse la deforestación un crimen irreparable. Si analizamos nuestro desarrollo agrícola, la forma en que éste se produjo y las condiciones ecológicas de Cuba, la responsabilidad pasada se atenúa, pero en cambio se mantiene la responsabilidad presente, y sobre todo la dolosa incuria que habremos de exhibir ante el análisis histórico de las generaciones futuras.

La desaparición del árbol es para nosotros, gentes urbanas, tema de nostalgias poéticas. Para el colonizador que luchó a brazo partido contra la naturaleza, el árbol era un enemigo que le importunaba al ocupar las mejores tierras. El monte que existió originalmente en las zonas de mayores lluvias —especialmente en las montañas— y en los suelos llanos más fértiles, fue batido en las llanuras por el avance azucarero. Las extensas sabanas, abiertas y fáciles, poseían suelos menos propicios a la agricultura primitiva, y en cambio eran excelentes para la ganadería extensiva. En los primeros tiempos coloniales la ganadería sabanera salvó el bosque, que al mismo tiempo era considerado reserva real, con destino a la construcción de naves.

El auge azucarero, especialmente desde fines del siglo XVIII, trastornó la posición del bosque. Precisamente los montes de las llanuras cubrían los mejores suelos. Y roto el monopolio real, el cañaveral fue sustituyendo al monte firme. La leña era entonces el combustible del ingenio, y los ingenios, en su avance desde La Habana hasta Las Villas fueron consumiendo los bosques, en su marcha trashumante: desmonte, fuego, cañaveral, ingenio. Y después de unas cuantas zafras: leña y suelo *agotados* y en marcha hacia nuevos montes, con traslado del ingenio para volver a empezar.

Los treinta años de lucha por la independencia al paralizar el proceso azucarero retuvieron los bosques de Camagüey y Oriente, que debían caer luego bajo el hacha y el fuego en el período expansivo republicano de la industria azucarera, hasta los primeros años veinte. Hasta ese momento, mal o bien, el bosque había cedido el paso a la industria azucarera. Se habían cometido serios errores, desmontando suelos de valor agrícola inferior, pero la tala respondió a proyectos de más alta envergadura económica.

De entonces acá se han sumado dos nuevas responsabilidades a la destrucción provocada por el fomento azucarero: no se han restaurado los bosques en suelos preteridos por la agricultura después de algunos años de ensayo y se han talado sin control

---

* Artículo publicado en el periódico *El Mundo*, el 13 de marzo de 1955. Ibídem.

las reservas de las montañas. Apenas como excepción puede mostrarse en Cuba una zona de bosques cultivados o simplemente restaurados. No es por falta de leyes, que las cubanas son excelentes, sino por la carencia de espíritu de previsión, de respeto al futuro, y de sentido de continuidad, que caracterizan la irresponsabilidad *presentista* del cubano.

Sin reducir el problema de los bosques al tema poético, ni de beatería del árbol, como muchos *utilitarios* pretenden para restarle significación, y eliminando la fácil veta de la *culpa histórica,* asignando al pasado una deuda irredimible, precisa decidir una política forestal factible e inmediata. No es cuestión de ayer sino de hoy y de mañana. No es cosa de lamentar o incriminar a los que destruyeron, sino de construir nosotros, para provecho casi inmediato, como tendremos oportunidad de ver.

Hoy y mañana *

LA NECESIDAD de impedir la destrucción vandálica de los bosques públicos del nordeste de Oriente puede ser considerada por algunos como un tema poco urgente, si se advierten los caracteres dramáticos que dominan el presente de Cuba. Si limitamos nuestra perspectiva a lo inmediato, nos podría parecer así, pero mientras cada generación, en cada momento, da preferencia a lo contemporáneo, hace peligrar definitivamente el futuro. Y este futuro no espera. Cuando se combate la deforestación pueden esgrimirse muchos argumentos. Algunos resultan meramente románticos, como la belleza del bosque, o la venerable antigüedad de algunos ejemplares arbóreos. Otras veces se reiteran errores, como el de achacar las largas sequías a la destrucción del arbolado. En cambio, se olvida subrayar que sin una cobertura suficiente de árboles, en un clima como el nuestro, no es posible conservar el suelo en las áreas montañosas y que sin suelos suficientes Cuba está condenada a ser un país miserable.

En el manejo erróneo de la ecuación población-recursos, radica el más serio peligro del mundo actual. El tema es antiguo, tanto que Platón, como recuerda en un libro reciente Fairfield Osborn, ya se lamentaba de lo que habían hecho del Ática los

---

* Artículo publicado en el periódico *El Mundo*, el 2 de abril de 1957. Ibídem.

madereros predadores. Así pudo decir el discípulo de Sócrates: *las que ahora llamamos llanuras de cascajo eran ricas tierras, y las montañas se hallaban densamente pobladas de bosques.*

Hace veinticinco siglos, Platón había advertido ya el drama de Grecia, cuya pobreza ha ido aumentando con la pérdida de sus suelos, pero del mismo modo que su utópico gobierno de filósofos nunca ha tomado realidad, sus advertencias conservacionistas continúan sin encontrar eco en muchos países, a pesar del aval científico que las respalda en los últimos tiempos.

Retornando de Grecia a nuestro Oriente, resulta imperativo señalar que en el feroz ataque a las últimas reservas forestales cubanas funcionan dos factores de aceleración: el alto precio de la madera, en Cuba y fuera del país, consecuencia de una creciente demanda y de un abastecimiento cada día más difícil; y segundo, el avance de la frontera demográfica, estimulada por la apertura de nuevos caminos. Si Cuba necesita maderas y quedan bosques utilizables ¿habrá crimen en utilizarlos? En modo alguno. Dijimos en nuestro artículo anterior, que conservar los recursos a base de no tocarlos es más que antieconómico, ridículo. Nadie puede esperar que tal cosa ocurra. Lo que sí no debe per- mitir el pueblo de Oriente es la destrucción indiscriminada de sus bosques, sin que se apliquen métodos científicos de selección de los ejemplares adecuados y sin que los empresarios autorizados para la explotación se comprometan a resembrar y atender las pasturas. La legislación forestal cubana es excelente, sólo que también en esto la ley no trasciende a la realidad.

En el Nordeste de Oriente la conservación de los bosques es imprescindible, por varias razones. El relieve montañoso apresura la erosión de los suelos cuando falta la cobertura de los árboles, como todo el mundo sabe. Este peligro se agrava en la región de Nipe a Baracoa, donde las lluvias son muy intensas y de tipo torrencial. Los elementos nutritivos del suelo, aún bajo la protección del bosque, peligran y solamente los árboles con raíces profundas pueden sustituirlos, obteniéndolos de las capas profundas.

Baracoa ha podido desarrollar su riqueza aislada a través del cultivo, en gran parte de tipo primitivo, del cacao, café, bananos y cocos, pero la Vía Azul, que algún día habrá de terminarse, y el fomento de grandes plantas destinadas a la industrialización inicial de los minerales de baja ley de Nicaro, Moa y Mayarí, representan un peligro inminente para aquella región, que hace años consideramos como nuestra última frontera. En la Sierra de Cristal se ha iniciado a grandes pasos una gran tragedia cubana, cuyos prolegómenos tuvieron lugar en los hoy destruidos pinares de Mayarí. Si no se procede a la defensa, no ya de los árboles, renovables a cierto plazo, sino de los suelos —el más valioso de todos los recursos naturales—, y el agua, que el árbol no atrae del cielo, pero sí retiene en el suelo, las colinas peladas, resecas e inútiles, reproducirán en nuestro Oriente la tragedia de la antigua Ática descrita por Platón. Y esta será otra herencia maldita, que legaremos a las próximas generaciones cubanas.

Suplicio de la soledad *

EN UNA RECIENTE conferencia ofrecida en La Habana, Julián Gorkin, delegado del Congreso por la Libertad de la Cultura, bosquejó lúcidamente algunos de los dramáticos conflictos que vive hoy el europeo de ideario liberal o de conciencia socialista al estilo del siglo XIX. Con palabra nítida y en un tono que revelaba la confesión de muy íntimas angustias, Gorkin expuso las flagrantes contradicciones que para el hombre de pensamiento occidental ofrece el conflicto entre los dos gigantes: Estados Unidos y Rusia.

La primera de estas contradicciones, advirtió Gorkin, es la convicción de los socialistas y liberales europeos de que si hoy viven, lo deben a un hecho que estaban lejos de soñar unas décadas atrás; pues el poderío de un país capitalista, Estados Unidos, es la única fuerza que ha impedido que el avance implacable de una potencia, que se dice creada sobre las bases ideológicas del socialismo, haya dado buena cuenta de ellos.

A partir de esta anómala situación, Gorkin expuso con serena pasión la lucha del europeo libre, que ve en América —en Angloamérica y en Latinoamérica— la esperanza de libertad del mundo. Europa no es más que un pasado vivo, pero inerme ante la amenaza totalitaria; Asia, demasiado recién salida del colonialismo, no puede sentir simpatías hacia Occidente, y a lo sumo podrá ser neutral; África aún no tiene conciencia de sí misma. América es, pues, el único baluarte.

Al reconocer el papel preponderante que en el mundo actual representan los Estados Unidos, su voz no fue la del acatamiento y el elogio incondicional, pero sí advirtió como los norteamericanos —como antes los británicos— han logrado la más grande y fecunda revolución de nuestros tiempos sin sangre y sin destruir el decoro humano. Nuestra América, con una actitud de dignidad y de esfuerzo propio, debe luchar con firmeza para hacer realidad en el trabajo, en la convivencia y en la libertad, el derecho al respeto y a la grandeza futura.

Entre las vitales cuestiones sugeridas en su conferencia rica en conflictos esbozados y en material para largas meditaciones, Gorkin impresionó a su auditorio especialmente con su análisis de la angustia que crea en el hombre ruso la aplastante realidad del estado policíaco. Un régimen que surgió anunciando la dignificación del trabajo, la exaltación de las calidades humanas y la reafirmación de la libertad, ha devenido la más implacable tiranía de la historia. Una tiranía a la cual no escapan ni sus propios creadores. Rusia —que Gorkin conoce por largas estancias en ella durante su etapa de comunista y a través de los testimonios de muchos recientes fugitivos— es hoy un país de doscientos millones de solitarios. El terror creado por el aparato represivo ha ido distanciando a padres e hijos, a hermanos de hermanos, a amigos de amigos, y ha creado entre ellos murallas de temor y de recelos.

Un régimen cuyos propugnadores llegaron a llamar un nuevo humanismo ha destruido la base misma de la humanidad: el espíritu de colaboración, la capacidad de intercambio libre de las ideas y los sentimientos, sobre la que descansan las más nobles e imperecederas manifestaciones de la cultura (...)

---

* Artículo publicado en el periódico *El Mundo*, el 2 de junio de 1955. Ibídem.

La misma piedra [*]

EL SISTEMA democrático ha venido a alcanzar su posición más invulnerable a través de un hecho tan evidente, que nadie podría desconocer: sus ilimitadas posibilidades de rectificación, a través de las decisiones mayoritarias. El libre juego de la opinión, manifestado por medio de organizaciones, partidos y prensa, hecho ejecutivo en la realidad electoral, ha permitido a la Gran Bretaña, por ejemplo, pasar de un régimen conservador a un ensayo laborista, y más tarde, advertida de la inconsistencia de la política ensayada, retornar a sus cauces previos, sin desechar los saldos favorables de la etapa traspuesta.

La capacidad para montar un régimen de real democracia no puede ser obra de ocasión, ni de imposición, sino de un largo ejercicio. Por ello resulta criminalmente responsable toda opinión —y mucho más, toda acción— que haya tendido o tienda a obstruccionar el ejercicio de la democracia, a través de sus organismos básicos, que van desde la familia hasta el aparato estatal. Entre nosotros, ha sido construida la historia, en la realidad y en los textos, con tal encomio a la libertad y al héroe, que nadie osaría —sino en excepciones despreciables— venir a atacar nuestro liberalismo raigal, nuestro ideal democrático. Pero no escasean los totalitarios rezagados que, seguros de la repulsa popular a todo cuanto ellos aman, lanzan taimadas consignas de las épocas de oprobio, cantan las bienandanzas de las dictaduras, y elogian servilmente al *hombre fuerte*, como varón paradigmático, llamado a solventar todos nuestros males.

Esta propaganda que nunca ha faltado entre nosotros, unas veces en respaldo de una situación determinada, y otras en canto nostálgico, en los raros lapsos democráticos, contiene no solamente toxinas de efecto inmediato, sino que contribuye a prolongar un letargo cívico del cubano, y en muchos casos inficcionan los tejidos más sanos, y crean un cáncer moral de efectos imprevisibles. Para toda persona consciente políticamente, la *dictadura necesaria* y el hombre imprescindible son tópicos ridículamente inoperantes. Más la repetición constante de tales criterios falsos, llega a penetrar profundamente en ciertas capas, de las que surgen luego los grupos descreídos, incultos y agresivos, que forman las falanges antidemocráticas que han nutrido el totalitarismo en sus muy diversas manifestaciones.

En concordancia con los totalitarismos de izquierda, estos negadores de la democracia en la realidad, aunque la loan para consumo externo, en su ceguera política, limitada su aspiración a durar y sostenerse a contrapelo de todo estado de opinión adverso, destruyen no solamente las formas democráticas en el presente, sino que interfieren el proceso de liberación nacional. La contención y el obstáculo crean la violencia y la destrucción, tanto en el mundo físico como en el mundo moral.

Los cubanos que aún no hemos rebasado el medio siglo, pero que ya andamos cerca de él, hemos asistido a varias etapas dolorosas de nuestra historia republicana. De uno y otro bando hemos visto repetirse los mismos errores, las mismas tácticas, y más de una vez hemos asistido a idénticos descenlaces. Es lamentable aceptar que se dé en Cuba esa rara especie que tropieza dos veces con la misma piedra; pero no queda más remedio que admitirlo. Los que no tenemos otra aspiración que alcanzar a contemplar algún día —y ya nos va quedando menos tiempo— una Cuba no sólo próspera, sino también libre, alegre, segura, comenzamos a desesperar ante la ceguera —tal como si Dios quisiera perderlos—, de tantos que parecen cerrar los ojos ante realidades evidentes. Una de ellas: la historia; nuestra historia.

---

[*] Artículo publicado en el periódico *El Mundo*, el 13 de marzo de 1957. Ibídem.

XLI
GASTÓN BAQUERO

Nació en Banes, provincia de Oriente, en 1918. Cursó estudios de Agronomía y Ciencias Naturales, pero abandonó su carrera para dedicarse a la literatura. Poeta, ensayista y periodista, colaboró en las revistas literarias *Verbum* y *Espuela de plata*, ambas de La Habana, y allí fundó la revista *Clavileño*. Su nombre aparece vinculado a *Orígenes*, revista y nombre de una generación literaria cubana que se desarrolló bajo el magisterio de José Lezama Lima. Durante 30 años, Baquero fue el Jefe de Redacción del periódico cubano *Diario de la Marina*. En 1959 salió de Cuba y se instaló en España, donde ha sido Redactor Jefe de la revista *Mundo Hispánico* durante casi 20 años, y asesor para asuntos hispanoamericanos del Presidente del desaparecido Instituto de Cultura Hispánica por igual período. Baquero ha publicado tres libros de ensayos: *Ensayos* (1948), *Escritores hispanoamericanos de hoy* (1961), *Darío, Cernuda y otros temas poéticos* (1969); y cinco libros de poesía: *Poemas* (1942), *Saúl sobre la España* (1942), *Poemas escritos en España* (1960), *Memorial de un testigo* (1966) y *Magias e invenciones* (1984). Su obra poética es considerada como una de las más importantes de este siglo en lengua castellana, razón por la cual ha recibido múltiples premios y distinciones. Baquero reside actualmente en Madrid.

La isla donde nunca muere la esperanza [*]

UN TESTIMONIO PARA AMÉRICA

Los testimonios vivos y directos sobre la tragedia de Cuba deben resultar apasionantes para quienes en todos los países, particularmente en los hispánicos, con tantos trazos comunes y tantas razones históricas, económicas, educacionales y políticas parecidas, se preocupan por el inmediato futuro de su tierra y del mundo occidental.

Cuba se ha convertido, en lo positivo y en lo negativo, en un ejemplo singular. Ese ejemplo se ha producido en el momento histórico más oportuno, o sea, en el umbral de una crisis general, y por ello

---

[*] Prólogo al libro de Aurelio Martínez Arizala: *Un infierno rojo en el Caribe* (Madrid, 1961).

puede servir de toque de atención, de alerta, para todos los pueblos de la América Española. Lo ocurrido allí puede repetirse mañana en cualquier otro sitio.

En esos pueblos recorridos hoy por una intensa efervescencia, por una especie de fiebre y de ímpetu ciego, aparecen, con variaciones más o menos acentuadas pero no esencialmente distintas, las mismas condiciones psicológicas, históricas, internacionales que predominaban en la Cuba anterior a la catástrofe. Las diferencias económicas cuentan poco, porque el origen del problema cubano no fue económico sino político. Particularmente, en el terreno humano, todos esos pueblos están habitados por una creciente legión de jóvenes que se adelantan al escenario político de sus respectivos países, se angustian hasta la hiperestesia por la existencia de tantos problemas injustificados e injustos y quieren luchar contra ellos. El sentido, la orientación a dar a la lucha de la juventud por la conquista de la justicia y del bienestar de toda la nación, es el magno problema de la América hispana. Ya tiene los problemas bien reconocidos y ya tiene los jóvenes empeñados en resolverlos. Pero a esos jóvenes, idealistas, por lo general, les falta un fuerte quicio ideológico, un rumbo bien definido para conducir sus empeños.

Itinerario de la desilusión

Cuando los jóvenes cubanos de los años 52 al 58 iban a la lucha contra el Gobierno, no hacían sino seguir la tradición sucesiva e ininterrumpida de los jóvenes que desde el mismo año 1902 comenzaron a sentirse defraudados por el rumbo de la República y por las costumbres que ponían en práctica desde el poder aquellos políticos que conquistaban el fervor público cuando desde la oposición denunciaban las lacras y proponían el remedio de ellas.

Pocos países han tenido, como Cuba, una denuncia tan constante de sus males desde los primeros años del siglo XIX. Los males de la Colonia fueron examinados a fondo, y el análisis produjo el fermento ideológico de la Guerra Grande, la de 1868, que culminó en una desilusión. Los males que supervivieron a las concesiones y reformas del Zanjón y se agudizaron en los años sucesivos, fueron desmenuzados por José Martí, y el convencimiento que éste supo llevar a los corazones cubanos decidió la lucha entre autonomismo y separatismo en favor de éste. El autonomismo era la manera conservadora de afrontar y rechazar los males de la Colonia, pero era también una denuncia de los males. Y cuando se inicia la Guerra de Independencia, la de 1895, llegan a tal punto las ilusiones, las esperanzas, los entusiasmos del cubano por la patria libre que tendrá, que aun los más inteligentes y prudentes varones creyeron de veras que bastaría con cambiar la forma de gobierno, la estructura política de Cuba, para que lloviera sobre ésta las bendiciones y las perfecciones. Se creyó, cosa muy de Hispanoamérica, que una forma de gobierno lleva implícita una moral y una seguridad de grandeza. Tanto se había dicho que los males eran *de la Colonia*, que nadie paró mientes en que es en los hombres y no en las formas de gobierno donde residen las fuentes de los males públicos.

Corsi e recorsi de la esperanza

El entusiasmo por la República en sí impidió comprender a tiempo que una República puede ser tan mala o deficiente como una Colonia, si los ciudadanos que pueblan aquélla tienen los mismos defectos que los pobladores de ésta. Pero la gran ilusión con que se echó a andar impidió ver la realidad. ¿Poca preparación o mala historia personal de éste o de aquél? ¡No importaba! Lo urgente era cambiar al gobernante, poner a éste en lugar de aquél, y ya las cosas, las ideas, vendrían por sí solas. Hace sesenta años, en medio de los campos cubanos, el gran Jesús Rabí abrazaba emocionado a Estrada Palma, ya a pocos días de tomar posesión de la Presidencia de la República, y le decía: *¡Ahora sí se ve claro!*, dijo el ensueño juvenil de Rabí, y lo que se vio fue otra gran desilusión. Así se inició el desfile incansable de la esperanza nacional puesta en un hombre, y la más o menos rápida desilusión ante la obra de ese hombre. El cubano ha vivido perpetuamente ilusionado en que *éste sí lo hará*. A cada Gobierno que llega al poder parece abrirle las puertas aquella frase dicha por Máximo Gómez, el 20 de mayo de 1902, teniendo fuertemente abrazado a José Miguel Gómez: *Creo que ya hemos llegado*. ¡Y poco después el cubano siente desplomarse otra vez el edificio de sus esperanzas y comprende que no ha llegado, que se no se ve claro, que eso no era lo que él quería!

La respuesta a esa desilusión la dan unos retirándose a sus hogares, cargándose de pesimismo o renunciando a los ideales de la juventud y aceptando todas las *impurezas de la realidad*. Pero otros, ¡los jóvenes casi siempre!, dan una respuesta activa, dinámica: se ponen en pie para combatir, por todos los medios disponibles, al gobernante desilusionador, al frustrador de las esperanzas.

La rúbrica de los muertos

Por eso no ha habido en Cuba un solo Gobierno al que no se le haya hecho una revolución, victoriosa o fracasada, de un signo o de otro, pero representativa siempre de un descontento, de una desilusión, de una amargura. De la habilidad o del carácter del gobernante ha dependido que todo se precipite hacia una salida más o menos civilizada y humana o más o menos sangrienta y bárbara.

Los que, como Zayas, no pierden la cabeza y *tramitan* o torean la revolución, sin darle el cuerpo a la violencia, terminan sus días en paz. Los que como Machado o Batista, se plantan, caen bajo el peso terrible que tienen los frutos de la violencia y una suma de muertos, compuesta por el tributo de adversarios y de seguidores, es a los ojos del pueblo el resultado supremo de aquella gestión gubernamental o de aquel período de mando. Machado hace el Capitolio y la Carretera, pero no se ve: lo que se ve son los muertos. ¿Por injusticia del pueblo hacia la obra material de los gobernantes? No. Porque esa violencia y esos muertos representan la desilusión, la rúbrica funeral que los jóvenes ponen a su protesta por haber sido decepcionados de nuevo, porque, una vez más, como en 1902, en 1910, en 1915, en 1925, ¡siempre!, la conducta del gobernante en el poder desmiente las promesas del aspirante en la oposición. ¿Qué extraño sino es éste? Estrada Palma, en la manigua, fue el más implacable juez de Carlos Manuel de Céspedes, acusándolo de dictador, de orgulloso, de aspirante a perpetuarse en el mando. Estrada Palma, Presidente de la República, peca precisamente de aquello que denunciaba en Céspedes. Diríase que el tema central de los discursos para la campaña contra el poder, por una especie de contagio, o de castigo, se transforma en el ser mismo del discurseador si llega a sucesor. *Boca no habló que Dios no castigó*, decimos los guajiros cubanos.

El relevo de las generaciones

Al calor, y al dolor de ese largo sufrimiento, de esa sucesión de desilusiones, ha ido desarrollándose la conciencia de la ciudadanía cubana. Los jóvenes, por turno, se llenan de fe, muéstranse puros y resplandecientes y repiten, en forma más o menos intensa, según las circunstancias, los mismos gestos y las mismas actitudes, hasta las mismas palabras de los que a través de los años vivieron a su turno la ilusión y la esperanza.

(...) Fidel Castro ha sido la más grande desilusión en la cadena de desilusiones que es la historia de Cuba republicana. Por ese natural desdén que los jóvenes sienten por los hombres de las generaciones anteriores a la suya, sobre todo cuando lo han hecho muy mal, la presencia de un joven como Fidel Castro al frente de un grupo de oposición concitó la admiración de los jóvenes en grado sumo. Los otros dirigentes de la oposición eran, para ellos, más o menos, viejos políticos *camajanes* que estaban contra Batista por motivos de rivalidad, de simple aspiración al poder.

Pero allí estaba Fidel, el joven, el que, por definición y prejuicio de los jóvenes, tenía bastante con no peinar canas ni mostrar arrugas para ser el mejor, el más valiente, el más honrado, el Único. Que a pesar de sus pocos años tuviese un pasado tenebroso era cosa que importaba poco a sus coetáneos —y hasta a los mayores—, porque en esa especie de diástole y sístole, a ritmo, que es en Cuba el pasar de la desilusión a la ilusión, ya estaban todos los corazones batiendo a todo motor bajo el ensueño de que vendría una renovación.

La necesidad de engañarse y de soñar

El cubano se engañó porque quería engañarse, porque necesitaba engañarse otra vez —el mundo quiere ser engañado por la poesía, dijo Horacio—, ya que sin ilusiones no es posible vivir. Y a pesar de todos los antecedentes sombríos de Castro y de sus lugartenientes, a pesar del procedimiento empleado, a pesar de todos los pesares, ya la juventud y la ciudadanía en general querían un cambio, salir a otra cosa, ensayar otro hombre...

Por eso nadie razonaba, nadie admitía revisar la historia del personaje ni nadie quería preguntarse por su preparación, por su cultura, por su experiencia. ¿No habían sido gobernantes en más de una ocasión, por otra parte, hombres sin preparación alguna para el cargo? ¿Por qué allí, en el país donde se había perdido toda noción de jerarquía, selección, calidad, se le iba a exigir a su Fidel que fuese de veras un hombre maduro, experimentado, culto, humanitario?

Una sociedad acostumbrada a mirar con desdén o menosprecio a los viejos, a los *ocambos* y que culpa a la gerontocracia de males que no tienen nada que ver con la edad, es lógico que se deje tentar por la efebocracia. Al *las mujeres mandan* tenía que suceder un *los jóvenes mandan*, que venía muy bien aderezado por una serie de antecedentes que van desde lo mal, casi siempre, que lo han hecho los viejos, hasta el instinto propio de naciones ricas y jóvenes de huir de la vejez como de la muerte. Aquellos imberbes de la Sierra eran tan imberbes, que paradójicamente se dejaban crecer las barbas para darse un poco de respetabilidad en el rostro, presentarse como no tan niños como eran, y quitar la impresión de que Cuba iba a ser gobernada por una sección de los boy-scouts.

El infantilismo, que en materia histórica es un padecimiento del cubano, ayudado por el halo, siempre atrayente, de Robin Hood, Guillermo Tell, Tarzán, y rematado por esa animadversión que el cubano le toma al gobernante en cuanto lleva en el poder un poco de tiempo, condujo a una especie de divinización precoz de Castro, quien, además, era el Macho, el Valiente, el que daba la cara. ¿En nombre de qué iba la juventud a negarse a seguirlo? E incluso toda aquella ciudadanía de las más variadas edades, que tenía también, más o menos archivadas, sus ilusiones políticas, sus viejas esperanzas de una renovación y de acierto, ¿por qué no iban a seguirlo o a desear su victoria?

La llama sobre la nieve

Sólo algunos viejos pesimistas, contumaces desilusionados, y encima opuestos sistemáticos a los procedimientos de violencia, podíamos negarnos a simpatizar con quien tendría muchos defectos, pero al menos había dado pruebas de convicción al exponer su vida y desafiar con un puñado de hombres a un ejército inmenso. Y hasta nosotros, los viejos reaccionarios, los que creemos que la revolución conduce siempre a un crimen mayor que el que quiere evitar, y a nosotros, los que prematuramente perdimos la fe en la capacidad de nuestras masas para elegir gobernantes, pensamos que dadas las circunstancias de la accesión al poder, y dada la unánime voluntad de cooperación que demostraron todas las clases cubanas, había llegado por fin una ocasión histórica para gobernar a Cuba más allá de las clases y de los partidos políticos, más allá de los compromisos y transigencias innecesarias.

Prescindiendo del record policíaco de Castro y de la mayoría de sus conmilitones, pensábase que aquello podía funcionar en un sendero de grandeza, de justicia, de comprensión para lo que Cuba había sido desde 1902 hasta la fecha, y actuar en consecuencia. La actuación obvia que derivaría de la comprensión del proceso republicano obligaba a rectificar los procedimientos y hábitos que habían deformado la estructura de la República, enviciando a los políticos en la concepción mercantil de sus menesteres y confundiendo a los ciudadanos sobre el verdadero papel de los Poderes en la sociedad.

Se esperaba eso que vulgarmente se compendia en la expresión *borrón y cuenta nueva*, para recomenzar depurados y limpios el camino, porque se sabía que el castigo parcial a un gobernante y sus partidarios, con olvido de los precedentes inmediatos o lejanos de él, era una comedia de justicia. Y llevar la revisión de las conductas hasta donde alcanzasen las pruebas y memorias era echar tan hacia atrás el enjuiciamiento, que prácticamente *no quedaría títere con cabeza* y sería la República, la patria misma, quien más que los hombres infieles padecería en su honor y en su prestigio. Esperábase una aurora, una nueva conducta, una abolición de cuantos errores y defectos habían lastrado hasta allí el avance de la nación y por ende la práctica de una justicia social, como es entendida hoy por las doctrinas que, rectificando, sin destruir, tienden a transformar radicalmente la sociedad contemporánea.

Si hasta en el frío corazón de los ancianos pesimistas prendióse una llama de esperanza, ¿qué no ocurriría en materia de entusiasmo, de enardecimiento, de ciega fe, en los corazones juveniles? El crédito que se abrió a Fidel Castro fue, en lo material como en lo espiritual, ilimitado. Nunca la ilusión de que Cuba viviría al pie del esquema soñado por Martí para la nación cubana llegó tan alto ni tan lejos...

El ídolo sin cabeza

La caída fue, por ello, más espantosa que en anteriores ocasiones. Como se soñó más, el despertar fue más triste que de costumbre. Ese joven sólo era notable por su capacidad histriónica. Pero su falta de caridad, su regodeo en el crimen y en la sangre, su desprecio total por el pasado de Cuba, bueno y malo, y, sobre todo, su falta de ideas propias, de doctrina acorde con la sustancia histórica, psicológica, económica y geográfica de Cuba, demostraban que el país había caído en manos, no ya de un dictador a la manera tradicional hispanoamericana, sino de un tirano adiestrado en la doctrina político-filosófica, que se distingue por su desprecio absoluto a los valores del hombre como individuo merecedor de libertad y a los valores sociales, jurídicos, económicos y culturales de Occidente como cimientos de una sociedad susceptible de ordenación cristiana.

Lo que había aparecido en el escenario político de Cuba, en el puente de mando, era un trasnochado repetido de los obsoletos análisis marxistas de la sociedad, era un anticuado y poco instruido papagayo, que repetía las mismas cantilenas que hacia 1926 entraron en circulación en el torrente verbal e ideológico de la América hispana. Treinta años de retraso mental hacían a Fidel Castro utilísimo para servir los inmediatos objetivos de la Unión Soviética en América, que no son por cierto mejorar la vida de los campesinos y de los obreros, sino combatir el creciente poder de los Estados Unidos en el Nuevo Mundo y *sabotear* los planes de acercamiento económico, político y cultural que dan fisonomía a la nueva actitud norteamericana.

Fidel Castro, hombre de muy reducida preparación, de ideas gastadas, de consignas y frases en desuso, comenzó, desde enero de 1959, a hablar de un *imperialismo yankee* y de una conducta norteamericana que pudieron tener vigencia, de haberla tenido alguna vez, en los tiempos de la anexión de Texas. Castro creía ser un Sandino que llegaba al poder gracias a su condición de enemigo de los Estados Unidos, y olvidaba que precisamente estaba en el poder gracias a la protección ilimitada que los norteamericanos le dieron al creerlo un demócrata.

Cuba comenzaba a vivir otra etapa de tragedia: había caído en manos de un ser incapacitado, vanidoso, que recibía homenajes mil veces superiores a sus merecimientos, y que, por resultarle favorables las apariencias, recibía además, de todo el Continente, una especie de encomienda tácita para que dijese al mundo de las esperanzas y necesidades de la América hispana. Del mismo modo que los cubanos aplaudieron en él, en los primeros días del mes de enero, a quien veían como un restaurador de la democracia en el sentido tradicional del término en Cuba, y llegaron hasta la indiferencia ante los crímenes de Fidel Castro y de su hermano, porque creyeron que se trataba de las inevitables y pasajeras acciones preliminares de una revolución triunfante, los pueblos de América aplaudieron los ataques iniciales de Castro a los Estados Unidos, porque creyeron que de veras él hablaba por su cuenta, para exponer los sufrimientos, necesidades y esperanzas de la América hispana. Creyeron que se erguía en líder continental en obediencia a una sensibilidad martiana o bolivariana y procurando que al unificarse esas naciones hispanoamericanas bajo un liderazgo radicado en Cuba, apareciese por fin un cuerpo de doctrina que no fuese panamericanismo oficial, sino una más moderna y más realista estructuración de las relaciones económicas y políticas de los Estados Unidos con los países al Sur del Río Grande, y de esos países entre sí y con los Estados Unidos.

Una ideología de contrabando

De una manera un poco misteriosa, y con una técnica que entonces no se descubría en su origen, de la noche a la mañana se convirtió en un hecho continental, internacional, la revolución de Cuba. A nadie llamó la atención el hecho de que tuviese un resonador tan fuerte cuanto dijesen en La Habana los barbudos, aun cuando lo que dijesen e hiciesen fuesen atrocidades y crímenes contra la humanidad. Castro aprovechó el fervor inicial para pasar de contrabando las peores mercancías ideológicas y los más reprobables actos. Cumpliendo una consigna de Nicolás Lenin, fusiló al ejército, desarticuló los restos que quedaron y una vez desprovista Cuba de una fuerza que defendiera su entidad republicana, su integridad ideológica permanente —que arranca de Guáimaro, no del *State Department*—, se lanzó a destruir todos los cimientos de la economía y de la sociedad cubanas.

Utilizando el entusiasmo teórico por la reforma agraria, que es uno de los temas de moda en América, echó a andar una reforma agraria que pocos comprendieron al principio que era lisa y llanamente una ley marxista peinada y disfrazada para consumo hispanoamericano, por la experiencia de China y de Checoslovaquia. Dio los pasos necesarios para la concentración absoluta del poder en sus manos, y luego de destruir la libertad de prensa, de información y de partidos políticos, avanzó ya resueltamente hacia prácticas marxistas, aunque sin confesar todavía que era consciente del significado ideológico de sus medidas.

Los papanatas, los *vivos*, los empeñados en creer que todo aquello pasaría, como un sarampión, y que las aguas volverían a su nivel, confiaban en que *dentro de dos o tres meses* ellos —magistrados y sacerdotes que protegían la colocación de bombas, catedráticos que sólo enseñaban indisciplina y desorden, capitalistas metidos a revolucionarios, políticos profesionales que no iban a las urnas— acabarían por *colársele* a Fidel en la revolución y le darían a ésta el sesgo habitual, útil a sus grupos o a sus personas.

Castro fue un verdadero genio en la simulación, en la conquista de plazos y más plazos de confianza y de espera. El conocía bien a cada uno y a todos como individuos y como grupo. Sabía dividir las clases económicas, lanzando al industrial contra el hacendado, al colono contra el banquero, al que ocultaba impuestos contra el que pagaba; sabía dividir a los grupos políticos de oposición; sabía dividir a la Iglesia, haciendo expulsar obispos y remover párrocos y rectores de Universidad. Jugaba con todos, como un Fra Diávolo, y aunque sólo muy tarde se supo que él era a su vez una marioneta en las manos de Kruschev, él convirtió en marionetas suyas, por mucho tiempo, por demasiado tiempo, a las más respetables entidades y personalidades del país. Como desde hacía tantos años nadie estaba en su sitio en Cuba, no se respetaban las jerarquías ni existía el más mínimo sentimiento de respeto a nada ni a nadie, a Castro le fue fácil destruir, derribar todo un edificio que parecía solemne, grandioso y sólido, pero que sólo conservaba sanas e intactas sus lejanas raíces. Cogió a todo el mundo *fuera de base*, como se dice en el *baseball*, y se robó impunemente el *home*.

El Partido se quita el antifaz

Fue muy lejos en la destrucción. Y, lo que es peor, lo hizo, no porque tuviese necesidad de ello ni porque tales fuesen los anhelos del cubano, sino porque ésa es la norma dictada por el marxismo para una revolución. Castro no tenía ideas propias, ya se ha dicho; era un simple agente aplicador de fórmulas elaboradas en la mente de los teóricos del marxismo. El se confesaría más tarde antiguo marxista, pero nadie cree que posea una formación seria, estable, congruente, sino que ha cumplido las orientaciones del comunismo, desde los días de la Sierra

Maestra, porque dada su falta de preparación y por ende su creencia de que el marxismo es el porvenir de la humanidad y la solución de todos los problemas económicos y sociales, aceptó poner en práctica todas las ideas y fórmulas que le suministraban los marxistas que le cercaron y guiaron desde los primeros momentos.

El marxismo, al conducirse del mismo modo en todos los países, descubre su mayor debilidad, que nace, paradójicamente, de su disciplina férrea y de su sentido de la obediencia. Para el marxista, la revolución ha de seguir el mismo sendero en China que en Cuba, y por esto ordenan aplicar los mismos procedimientos y leyes en un país que en otro. La fidelidad a sus dogmas es tal, que en Cuba, al principio de enero, cuando ya todo el país estaba entregado a Castro, ordenaron los comunistas una huelga general, pues para los marxistas no es concebible llegar al poder sin huelga general como paso previo. Y como ellos iban hacia el poder de una manera extraña, antimarxista, sorpresiva, el Partido Comunista decretó una huelga sin sentido y sin enemigo, una huelga contra el vacío, sólo para cumplir esa etapa y no dejar en mala postura ideológica a Lenin y a Marx, que hablan de la huelga general revolucionaria. Y así, el propio Castro, ya dueño o encargado provisional de Cuba, se encontró con que sólo la infinita candidez de las masas y la irremovible estupidez de las llamadas fuerzas vivas impidieron comprender, en los primeros diez días de enero de 1959, que el país había caído en manos del Partido Comunista. En aquel país podía hacerse cualquier cosa, hacerse todo. Y todo se hizo.

Falso David y Goliath impasible

El despertar de los jóvenes inteligentes, amantes de su patria, adversarios por ello del materialismo comunista, no pudo ser ni más violento ni más patético. Vieron que aquél a quien ellos tomaron por David enfrentándose solo con el gigante Goliath, no era sino un airado recadero de los comunistas rusos, un contumelioso, un enfermo de odio y de egolatría. Vieron que su país iba a pagar la desdicha de no haber llegado a un acuerdo pacífico para resolver su crisis política, al altísimo precio de la destrucción total de la historia y de los esfuerzos de siglos y de generaciones. Y esos mismos jóvenes, que creyeron como nadie en Castro, que se dieron a la embriaguez de pensar que su generación iba a ser la regeneradora y la salvadora de Cuba, se lanzaron a luchar de nuevo. Pero ya el dragón había tapiado todas las salidas, cortado todos los caminos. David arrojaba piedras a Goliath y Goliath parecía temerle o menospreciarle. Sólo quedaba la alternativa, la escogencia, como dicen en la América del Sur, entre el paredón de fusilamiento y la cárcel o el destierro.

Quien afirmara que iba a liberar a Cuba de unas supuestas cadenas y coyundas que la ataban al *imperialismo yankee*, entregaba Cuba a Rusia sin recompensa, sin obligación conocida alguna, sin tener siquiera el pretexto de agradecimiento por la ayuda en la independencia. Y la entregaba por dentro y por fuera, es decir, injertándole a los cubanos el sistema soviético y poniendo en manos de los soviéticos toda la riqueza del país. La República había dejado de existir para dar paso al Primer Satélite de la URSS en el Nuevo Mundo.

Moscovia veduta, fede perduta

En suma: Castro está hundido en el comunismo no porque hacia allí le hayan llevado a la fuerza, ni porque no haya tenido más salida que la de entregarse a Rusia. No. El está en el comunismo por su voluntad, porque era comunista, porque es comunista y porque, según su propia confesión, iba rectamente hacia la implantación del comunismo en Cuba desde el instante en que partió de México para internarse en la Sierra Maestra y aterrorizar desde allí a la oposición.

Cuando tomó el poder, no hizo sino obedecer a Lenin y actuar al principio cautelosamente, no confesar sus verdaderas intenciones, pero sin abandonar un solo instante su meta final, que era la implantación del comunismo, la sovietización de Cuba. Cuando perfiló y consolidó los aparatos de represión y de terror, llegó la hora de abrir paso franco a los agentes y técnicos de Moscú, que sigilosamente llegaban a Cuba desde enero de 1959.

Por eso la juventud cubana se ha levantado contra el régimen de Castro y da diarias pruebas de que no cejará en su combate hasta ver derribado al tirano y restituida la República a su esencia. Otra vez —¿cuántas en la historia breve de nuestro país?— los jóvenes están en pie de guerra. Quiere ello decir que vuelven a soñar, a llenarse de ilusiones, a confiar en el porvenir.

Es posible que tras tantos sufrimientos y caídas, tras pruebas tan difíciles, se llegue por fin un día a la República tal y como la veían nítidamente en sus figuraciones los hombres-raíces, los varones fundacionales de la patria. No se pide la perfección; se pide la búsqueda de la perfección. Nosotros, los que ya tramontamos la edad del entusiasmo, tenemos también mucho que aprender a no dimitir de las esperanzas a pesar de sufrir una honda desilusión.

Misión de este libro

Los defectos de la estructura social y económica de Cuba eran menores que los de otros muchos países de América y de Europa, y, sin embargo, día a día eran rectificados, no había indiferencia ante ellos, sino todo lo contrario. Paso a paso, gobierno tras gobierno, y pese a los errores y quiebras del espíritu público en su dimensión política, la nación avanzaba. Se necesitaba tan solo acentuar el aspecto moral de la política y llenar a ésta de un contenido ideológico serio y de una práctica eficaz, dones dignos de la época en que vivimos. Todo eso podía alcanzarse sin una revolución. Todo eso era lo esperado, y era lo necesario. Lo demás sobraba; era venenoso, era un riesgo de muerte. El comunismo ofrece para dentro de diez años lo que se tenía desde hace veinte años. El mecanismo mental del comunismo es tan diabólico y perverso, o tan infantil, que habla de dar, después de quién sabe cuánto tiempo, pan y libertad a quienes ha dejado sin el pan y sin la libertad que ya tenían.

Un pueblo que siempre comió, vistió, se distrajo, fue a la escuela, escogió libremente la educación de sus hijos y practicó sin temor sus creencias religiosas, no puede ser engañado con los tópicos que acaso sean bien acogidos por pueblos que siempre han vivido en la opresión y en la miseria. Cuando Kruschev informa a los obreros rusos que dentro de cincuenta años más de tiranía se habrá alcanzado para el trabajador soviético el nivel que tiene, con libertad, el trabajador norteamericano está ofreciendo en realidad algo que jamás se conoció en Rusia, y puede ser que los desdichados esclavos del Soviet se dejen adormecer por el canto de cuna.

Pero cuando Fidel Castro, o el Che Guevara, dicen a los cubanos, por humildes que sean, que si cortan caña, trabajan a destajo, pasan hambre, no tienen medicinas y *sirven lealmente a la revolución socialista*, dentro de cinco años podrán comer sin hacer colas, o tener zapatos cómodos, o disponer de abundantes medicinas y ropas, esos cubanos por fanatizados y cerebrilavados que estén, no tienen sino que comparar cómo vivían, sin socialismo, hace tan sólo tres años, para que respondan a los comunistas con una amarga sonrisa, cuando no con un acto de sabotaje y de rebelión.

Todo se ha perdido menos la esperanza

La desilusión de la juventud cubana tiene en escala mundial un antecedente, con signo contrario, pero de igual intensidad y de tan arrasadores efectos espirituales.

Este antecedente es el representado por la desilusión que sufrieron al descubrir lo que el comunismo era de veras aquellos jóvenes intelectuales y dirigentes obreros que habían ido al comunismo creyendo en los lemas de fraternidad, defensa del proletariado, igualdad de las naciones y de las personas, modificación de los sistemas de trabajo y redistribución de la riqueza. Los Arthur Koestler, los Panait Istrati, los André Gide, los Ignacio Silone, los Malraux, los Richard Wright, los Stephen Spender ¡y tantos nombres universales de las letras y de las artes!, padecieron en un momento de su vida una horrible decepción: fue cuando vieron, a través del rostro impasible y sanguinario de Stalin, la verdadera fisonomía del comunismo y comprendieron que lejos de estar trabajando ellos por el mejoramiento de la condición humana, lo que habían hecho era contribuir a multiplicar en escala mundial el proceso de esclavización del género humano para beneficio del imperialismo ruso.

En Cuba, el proceso ha sido a la inversa. Ya sabían los jóvenes lo que el comunismo era y no lo querían en modo alguno. Sólo una reducidísima minoría contaba el comunismo en universidades y medios obreros. La desilusión de aquellos grandes intelectuales consistió en descubrir su equivocación sobre el sentido del comunismo. En Cuba la desilusión apareció cuando se comprendió que alguien, fingiendo poseer una ideología estrictamente nacional, utilizó las llaves que pusieron en sus manos, para abrirle de par en par las puertas al odiado comunismo. Todo el sacrificio, todas las esperanzas vinieron a tierra; fueron, parecieron, inútiles...

Pero hay en la historia de esos grandes talentos defraudados por el comunismo un hombre, Arthur Koestler, que resumió su estado espiritual después del doloroso despertar, en la aplicación de una parábola o episodio del Antiguo Testamento. Volvió sus ojos hacia el Libro de los Libros, hacia el depositario de la sabiduría eterna, y escribió:

> Serví al Partido Comunista durante siete años, el mismo tiempo que Jacob cuidó de los rebaños de Laban para ganarse a su hija Raquel. Cuando llegó la hora, la novia fue conducida a su tienda, densamente oscura. A la mañana siguiente, descubrió que su ardor había sido dispensado no a la bella Raquel, sino a la poco agraciada Leah.

No sé si alguna vez se recuperó del choque de haber dormido con una ilusión. No sé si después creyó que alguna vez había creído en ella. No sé si el final feliz de la leyenda será repetido. Porque mediante el precio de otros siete años de trabajo, Raquel le fue entregada a Jacob y la ilusión se hizo carne. Y aquellos siete años le parecieron siete días; tanto era el amor que por ella sentía.

Koestler enseña que para vencer la desilusión y el desengaño, no hay sino persistir en la búsqueda del ideal, en el alimento cotidiano de la esperanza. Si siete años de sacrificios no fueron suficientes, será necesario sacrificarse otros siete años. La belleza de Raquel es tanta, que merece sea dedicado todo el tiempo de la vida a su conquista. Raquel es la República. Es la patria libre. Es la verdad. Es la libertad. ¡Todo el tiempo de la vida es poco para ella!

El tiempo es la sustancia suprema de la vida humana. Y la sustancia del tiempo es la esperanza.

XLII
OCTAVIO COSTA

Nació en Pinar del Río en 1915. Abogado, historiador y periodista, en 1940 obtuvo del título de Doctor en Derecho en la Universidad de La Habana. En 1948 ingresó en la Academia de la Historia de Cuba y en 1952 presidió, también en Cuba, el PEN Club. Entre 1944 y 1954 publicó ocho libros, entre los que destacan sus biografías premiadas de *Antonio Maceo, Juan Gualberto Gómez, Emeterio Santovenia y Manuel Sanguily*. Ha escrito también los libros *Diez cubanos, Rumor de Historia, Suma del Tiempo, Hombres y Destinos* y *Variaciones en torno a Dios, el Tiempo, la Muerte y otros temas*. Mientras estuvo en Cuba, publicó en los más importantes diarios y revistas del país. En el exilio desde 1960, Costa ha ejercido el periodismo en San Antonio, Texas, desde las páginas del periódico *La Prensa*, y en la ciudad de Los Angeles, desde las de los diarios *La opinión* y *Noticias del Mundo*. Actualmente vive en Los Angeles.

Americanismos [*]

ANTE su dramática situación, ¿cómo reaccionan los hispanoamericanos? Hay una respuesta unánime. La culpa la tienen los americanos. Los americanos son los responsables de la pobreza de la América Latina, de sus atrasos, de su analfabetismo, de sus enfermedades, de sus golpes de estado, de sus dictaduras, de sus situaciones caóticas, y, claro está, con toda seguridad, de sus terremotos, erupciones volcánicas, huracanes y desastres de todo tipo. Si los precios del plátano, del café, del algodón, del cobre, del estaño, del petróleo no responden a las aspiraciones

---

[*] Se trata de dos artículos publicados en Los Angeles, el 15 de noviembre de 1965 y el 14 de abril de 1984, respectivamente. Se encuentran contenidos en la sección *Americanismos* del libro *Variaciones en torno a Dios, el Tiempo, la Muerte y otros temas* (Ediciones Universal, Miami, 1987).

de los países exportadores, la culpa es de los gringos. Si los militares dan un golpe de estado, si hay un dictador que se mantiene en el poder, si se produce una situación despótica o anárquica, son ellos los que tienen la culpa. Y suya es también la culpa si Cuba cae en la red del imperialismo soviético, cuando es bien sabido el visible apoyo que gran parte de la sociedad, especialmente en sus altos niveles, y nunca el pueblo, le ofreció al guerrillero de la Sierra Maestra.

Si hay inflación, un desequilibrio en la balanza de pagos, un proceso inflacionista, un alto desempleo, la culpa es de los americanos. Palos porque actúan, palos porque no actúan. Y por encima de todos esos severos cargos, la calificación de tontos, estúpidos, egoístas, ignorantes... En fin, estamos ante una enconada hostilidad de nuestros pueblos contra los Estados Unidos.

¿Qué hay de verdad y de razón en todo esto? ¿Hasta dónde alcanza a los Estados Unidos efectivamente la responsabilidad de los problemas hispanoamericanos? ¿O hasta dónde estamos frente a un peregrino proceso psicológico, a través del cual el hispano-americano aspira a engañarse a sí mismo y a engañar a los demás, haciendo como el avestruz, para no tener la grandeza de reconocer sus faltas, sus errores, su deficiencias, sus incapacidades para el gobierno de nuestros pueblos?

Realmente, la acusación contra los Estados Unidos es tan masiva que resulta burda, ante el espectáculo que ofrece el hispanoamericano al exonerarse de toda responsabilidad. Esta actitud es inadmisible a la luz de la historia y de la lógica. Del más elemental sentido común. ¿No estaremos ante un caso de compartida responsabilidad? ¿O no caerá la mayor parte de los pecados sobre los propios hombres de Iberoamérica?

Porque, cualesquiera que sean los errores y desmanes de los Estados Unidos frente a los pueblos hispano-americanos y en sus relaciones económicas, lo cierto es que la gente iberoamericana presenta modalidades y hechos de carácter y de conducta que no podemos desconocer, y que es posible que puedan influir en el rosario interminable de los males que queremos atribuir solamente a Norteamérica.

¿Qué parte de culpa pueden tener los americanos en los pecados políticos de los hispanoamericanos? En la falta de una seria formación cívica en nuestros ciudadanos. En la ausencia de partidos políticos que sean auténticos instrumentos de la nacionalidad. En los vicios y defectos de nuestra Administración Pública. En la carencia de un genuino y fecundo espíritu público, de una conciencia sensible, alerta y activa ante el destino nacional. En nuestra irrefrenable vocación hacia el menor esfuerzo. En que no tengamos espíritu empresarial, hábito de ahorro, un sentido más austero de la vida. En que seamos emotivos y pasionales unas veces, excesivamente ambiciosos cuando nos ponemos en contacto con las arcas del tesoro público. En que los ricos quieran ser más ricos, y los pobres no quieran dejar de ser pobres si para ellos necesitan de supremos sacrificios y de enorme voluntad. En que no hayamos sido capaces de redimir a las masas indígenas, en su caso, a pesar de los siglos transcurridos. En que haya tanta tierra en poder de una oligarquía que no quiere soltar pedazo de la misma, aunque la tenga improductiva, y en que no haya gobernantes capaces de afrontar este hecho y resolverlo, definitivamente. En que nuestros jóvenes, por décadas, sólo hayan querido ser abogados, médicos, políticos de éxito, con una clientela burocrática. En que hayamos traficado con la educación, con la salud del pueblo, con las obras públicas. Que en todo préstamo internacional hayamos visto la posibilidad de un aprovechamiento personal. Que, por todas las áreas oficiales campeen la corrupción, el peculado, la irresponsabilidad, la incompetencia, el favoritismo. En que nuestros sistemas fiscales sean inadecuados, injustos, y en que el contribuyente viva con la obsesión de burlar los impuestos y el gobernante con el tenaz propósito de conducir las recaudaciones a sus bolsillos.

No quiero exagerar la realidad iberoamericana, en débil, pero firme proceso de madurez, con pueblos y hombres que dan base para muy legítimas esperanzas. Porque no es posible negar la brillantez del hombre de la América española. Ni desconocer sus virtudes. Ni lo mucho que ha sido capaz de hacer. Pero cualquiera que sea la constelación de valores positivos que haya que acreditarle, nadie puede negar que todo lo otro es una realidad que no puede desconocerse. Como no es posible tampoco, echar la culpa de esos hechos a los americanos.

Por muy graves que sean los hechos justamente imputables a los Estados Unidos, no puede adjudicarse a los mismos la responsabilidad de todos los problemas de la América Hispana. En todo esto hay una grave cuestión que no creo que haya sido antes señalada. Es una flagrante y nada loable falta de sinceridad. La raíz más honda, la causa más profunda de la tremenda crisis iberoamericana consiste en este hecho moral, que tienen las más diversas manifestaciones. La primera consiste en eso de eludir toda responsabilidad para echarla a los americanos. Eso no es elegante. Podría descenderse y llegar a la conclusión de que se está frente a un caso de cobardía moral que no tiene sentido. ¿Por qué, además, esa contradicción que existe entre las constituciones y el incumplimiento de las mismas?

Con esto comenzó el drama hispanoamericano. Se está frente a una deslealtad histórica, ante el escamoteo de un ideal en pos de una realidad, desvinculada de la grandes necesidades de la nación, pero positivamente fructífera desde el punto de vista personal. El hispanoamericano, con su fulgurante inteligencia, su palabra elocuente, con su ardorosa dialéctica, ha sido capaz de hacer magníficas pragmáticas. Pero una vez que han sido plasmadas en la letra y promulgadas, en ese mismo momento empezó a movilizarse, con todos los ardides pertinentes, para violarla. Bajo esta conducta, constante a través de la décadas, aunque con las naturales excepciones, la consecuencia es que haya un largo siglo de problemas acumulados. Y frente a esa secular montaña de pobreza, de enfermedades, de analfabetismo, de vicios, de precariedad financiera, de inestabilidad, no hay otra salida que decir: *La culpa la tienen los americanos.*

En esta insinceridad incurren todos. Los hombres que llegan al Poder Ejecutivo han publicado las más brillantes páginas en torno a los problemas de sus respectivos países. En ellas están los más fabulosos programas, las más fantásticas soluciones a todos los problemas. Y están las más emocionantes protestas de servir a la nación como mandan los próceres y manda Dios. Pero no hacen nada, o sólo lo necesario para salir el poder muy bien provistos. Y es justo declarar que hay no pocas excepciones. Lo mismo ocurre en las otras áreas oficiales. Y a esos efectos, se ha inventado un aparato electoral en el que la insinceridad campea desde su más primario soporte hasta la más alta culminación de la estructura. Nada ni nadie escapa a esa simulación, que se traduce en una desolada insensibilidad para las calamidades del pueblo en cuyo nombre se habla, que se dice querer gobernar y servir en sus más urgentes intereses.

Así es como han transcurrido las décadas. Unas tras otras. Sin que, con las excepciones de siempre, se haya promovido la solución de los problemas que dejó la Metrópoli, ni los que a su vez fueron inevitablemente surgiendo a compás del tiempo.

La prueba de esta afirmación está evidente en hechos como el de la tierra. En la corrupción administrativa que ha perdurado y se ha acrecido a través del tiempo. El peculado, forma ostentosa de esta corrupción, deviene en institución nacional. Y lo peor de todo esto es que la ciudadanía, al cabo de tantos años, ha asimilado esta situación como cosa natural.

Bajo esta realidad, superada a medias, y no en todas partes, hay que comprender la problemática hispanoamericana. Hay quienes atribuyen la realidad política a causas económicas. Hay, por otra parte, quienes invierten la cuestión y afirman que la situación económica se debe al estilo que tiene la política iberoamericana. Es posible que la mala política se deba a la inadecuada organización, que la condiciona.

Pero no menos posible es también que la pésima política, que gira en torno a una falsa democracia sea la causa de la montaña de problemas sin resolver que constituyen en parte la dolorosa situación económica. Mas es posible buscar una raíz más honda a unos y otros problemas: a los políticos y a los económicos. Y de la cual aquéllos sean el primer reflejo y éstos la consecuencia final.

A esa conclusión conduce especialmente la observación de la mecánica política que se ha desarrollado a través de las décadas. Como el personaje famoso de la tragedia de Shakespeare: *Palabras, palabras, palabras... Simples apariencias.* En el fondo, un escamoteo de lo que debería ser. La democracia hispanoamericana, con sus excepciones, ha sido una farsa. Mentira el sufragio, con el que se trafica. O el que se viola, por el uso de la fuerza, o por medio de los más peregrinos ardides. Mentira no pocos partidos. Mentira frecuentemente los comicios. La mítica soberanía del pueblo se esfuma ante la poderosa maquinaria electoral que funciona de espaldas a los más auténticos intereses nacionales. En consecuencia, el proceso electoral más aparentemente correcto no siempre conduce a un honesto y verdadero resultado. La verdadera voluntad popular quedó incapacitada de traducirse. Quedó atrapada en los hilos de una enmarañada tramoya, en la que no sólo se enredan sus brazos inútiles, sino hasta su más pura emoción.

Ante esta realidad, la mayor parte y lo mejor acaso de la ciudadanía (frívola, irresponsable, inconsciente, cobarde, acomodaticia, cómplice) se sitúa en una postura de indiferencia o de inhibición. Se produce entonces uno de los más negativos fenómenos de la vida pública hispanoamericana. Ya lo dijo el genio de José Martí hace ocho décadas: "Cuando los hombres honrados se quedan en sus casas, los pillos se apoderan en la casa del gobierno... Y cuando los pillos se apoderan en la casa del gobierno, (siendo el gobierno, según el propio Martí, la faena más complicada y sutil, la cosa que requiere más práctica del mundo, más sumisión y ciencia) ocurre, tiene que ocurrir lo que ha ocurrido." Los pueblos hispanoamericanos han estado mal gobernados. Y por estar mal gobernados, su política está muy lejos de responder a los genuinos lineamientos democráticos que fijan sus constituciones, y su economía tiene que ser lo que es, y sus pueblos tienen que estar con un mundo de problemas sin resolver. Han faltado con la ciencia la sensibilidad necesaria para comprenderlos y la voluntad imprescindible para afrontarlos.

Yo no soy político, no me interesa la política, la política es cosa de los políticos. Allá ellos. Estas y parecidas expresiones son comunes en las tierras de Hispanoamérica. Y revelan una situación sociológica que es la causa primera del drama hispanoamericano, desembocado en una casta política que se enriquece deshonestamente, en una oligarquía económica que se aprovecha egoístamente de ese estado de cosas, y en un pueblo mísero, impotente, sin esperanzas, que se encuentra entre esas dos fuerzas, tan insensibles como impúdicas.

Esto no es así en toda la América Latina. Ni acaso ha sido siempre igual en todas partes. El mapa hispanoamericano presenta muchas excepciones. Especialmente en estos tiempos, pero éstas han sido las líneas generales del proceso político que se ha dibujado a lo largo de nuestra historia.

En consecuencia, la raíz de los problemas de nuestra América está en el hombre. Ya Martí afirmó que los problemas de América Hispana eran una cuestión de moral personal.

Muchos años después, un sociólogo argentino, Carlos Octavio Bunge, volvió al tema, en un ensayo tan interesante como valiente, para hacer la disección del hombre hispanoamericano. Si la naturaleza americana es espléndida, si las leyes son buenas, si la historia ha aportado un mundo de experiencias que comenzó por ofrecer la propia colonización española, hay que llegar a la conclusión que lo que falta es el hombre.

El hombre que no ha sabido explotar los recursos naturales, porque le han faltado la iniciativa, la voluntad, la constancia, la ambición, la capacidad y las virtudes, que así supo movilizar el hombre del Norte frente a un medio menos propicio que el nuestro. El hombre, que ha aspirado a solucionar su problema personal por la vía de la política dentro del ámbito del Estado.

Sobre esta base, ¿cuál es la solución del problema o de los problemas hispanoamericanos? Hay que ir hacia un hombre nuevo, con una inédita conciencia, con una inestrenada actitud ante el destino de su pueblo. ¿Es ello posible? Sí, ya lo ha empezado a ser. Ya hay síntomas de esta reacción en muchas partes. El hombre hispanoamericano, por su inteligencia, por la claridad de su espíritu, tiene todas las condiciones y virtudes necesarias para ser lo que debe ser y lo que no ha sido. Es ésta la tarea que tienen que asumir los que ya han reaccionado positivamente.

Ellos tienen que colocarse en la vanguardia de un largo proceso de educación democrática, de educación cívica, de educación moral, que debe llegar a todos los rincones del Continente. Pero para ello es menester una declaración de fe. En vez de decir una y otra vez, como un ritornelo, *la culpa de nuestros problemas la tienen los americanos*, hay que proclamar con plena sinceridad: *nosotros, los hispanoamericanos tenemos la responsabilidad mayor de la problemática de nuestra América.* Entonces comenzará para la América española el destino de esperanza y de grandeza a que tiene derecho.

HOY, 14 de abril, es el Día de las Américas. ¿Quién cree en la celebración de esta fecha? ¿Tiene sentido alguno en estos tiempos oscuros y torcidos en que todo está al revés de lo que debe ser? Germán Arciniegas en su interesantísimo libro *El continente de los siete colores*, al enumerar los aportes de América a Europa, concluye con la alusión a la república que, efectivamente, nació en este hemisferio, concretamente en los actuales Estados Unidos.

Es decir, aquí fue primero, y a pesar de todo, lo fue más ampliamente que allá, porque ante el ejemplo del norte, los pueblos hispanoamericanos, según fueron independizándose, tomaron como modelo, para su organización política, a la Constitución de Filadelfia, que se mantiene incólume al cabo de dos largos siglos.

¿Qué es una república? Es la forma de gobierno representativa en la que los poderes públicos proceden de la voluntad popular expresada a través de una elección. No la hay, donde los gobernantes no hayan emanado de una legal decisión del pueblo. Su base está en la democracia, que es el sistema político que reconoce el principio de que toda autoridad es una delegación hecha libremente por los ciudadanos.

Una consecuencia de la concepción democrática de la sociedad es la igualdad de los ciudadanos ante la ley. Pero, esto no basta. Es menester otro principio, que es el de la libertad. Sin libertad no hay democracia posible, ni puede funcionar ninguna república. Es decir, estamos ante condiciones consustanciales al concepto de la república. Son partes de su misma entraña. Como sus ejes diamantinos.

El concepto de la libertad es anterior a la igualdad, y es que precisamente cuando los viejos liberales luchaban por las libertades del hombre, por lo que consideraban sus intrínsecos derechos como individuo, como persona humana, uno de sus objetivos era precisamente la igualdad frente a la ley.

Fue el gran movimiento liberal el que se anticipó tanto a la Revolución de las Trece Colonias como a la Revolución Francesa, pues éstas fueron la consecuencia de aquellas luchas por los objetivos que van a desembocar en la república. Por eso es que históricamente se confunden e identifican los conceptos de república, de democracia y liberalismo. Son tres esencias de una misma realidad.

El Liberalismo luchó por la libertad del ciudadano en sus diversas manifestaciones: la libertad de pensamiento, la libertad de conciencia, la libertad de expresión, la libertad económica, la libertad de locomoción, la libertad de reunión y todo el amplio repertorio de libertades clásicas que aparece en una constitución liberal y democrática.

Además de estos objetivos fundamentales, irrenunciables, el Liberalismo trabajó por el derecho al sufragio, por la división de poderes y por la consagración de todos éstos y otros derechos en una constitución, asimismo elaborada por ciudadanos electos por el pueblo en el uso irrestricto de su soberanía y dentro de un ambiente de total libertad y de absoluta independencia.

¿Por qué repaso estos conceptos políticos clásicos que aparecen en cualquier texto de la materia? Para señalar una vez más la confusión semántica en que estamos viviendo, porque un liberal del siglo diecinueve o de las primeras décadas de esta centuria era un ciudadano partidario del liberalismo, es decir, de un sistema basado en las libertades. Entonces, ¿cómo es posible, que se llamen liberales en los Estados Unidos a quienes están en favor de todas las manifestaciones totalitarias de izquierda, es decir marxistas, que se producen sobre la atribulada faz del planeta?

Los liberales americanos se opusieron a la guerra de Viet Nam en la que los Estados Unidos aspiró a evitar que el Viet Nam comunista del norte se apoderara del Viet Nam del sur ¿A cuál de los dos Viet Nam apoyó Rusia? Al del norte. Se perdió la guerra y los dos países, más Cambodia, están en poder del Comunismo, bajo la directa y bien notoria influencia rusa.

Y ¿qué pasa dentro de nuestra América? ¿Qué dijeron sobre el totalitarismo cubano, tan atroz como criminal, esos liberales que condenaban la intervención en Asia para franquearle el camino a Rusia? Después que efectivamente sucedió lo que Moscú quería, ¿qué han dicho? ¿Qué dicen de una Nicaragua caída bajo el control cubano en tanto que Moscú controlaba La Habana? ¿No hay una voz liberal que denuncie la presencia norteamericana y no la intromisión comunista? Aquélla es para salvar a los pueblos de la América Central de correr el triste destino de Cuba, en tanto que ésta es para establecer colonias del Kremlin a pocas millas de las costas americanas.

¿Qué clase de liberales son éstos de ahora que están en tácito o expreso permanente apoyo de expresiones intrínsecamente antiliberales? Si los Estados Unidos es el más elocuente símbolo de la defensa del individuo y de sus derechos, Rusia es le testimonio más trágico que conoce la historia de negación de la persona humana. ¿Hay libertad de cátedra en Rusia, hay libertad de expresión en Rusia, hay libertad para la expresión artística en Rusia, hay libertad de pensamiento y de conciencia en Rusia? ¿Cómo puede entenderse que estén al servicio del totalitarismo marxista tantos profesores, tantos periodistas, tantos artistas, tantos escritores, tantos religiosos?

Estamos ante el más alarmante hecho que registra la historia. Hasta hay capitalistas que están en contra del capitalismo americano y favorecen el colectivismo marxista, donde no hay propiedad privada, ni libre empresa. ¿Qué explicación tiene eso? ¿Es que el capitalismo de estado ha sido un éxito? Es un fracaso total, en Cuba, en Nicaragua, en los países satélites de Europa, en Rusia. ¿Es que el pueblo vive más feliz en esas tierras que en las gobernadas por la democracia liberal dentro de las estructuras capitalistas?

Yo sé perfectamente que dentro de estos últimos países hay muchas cosas injustas que extirpar totalmente, sé que hay mucha falsa libertad y todo lo malo que se quiera, pero nunca la situación resulta peor que dentro del Comunismo. ¿Por qué la gente huye de Rusia? ¿Por qué a ningún liberal americano se le ha ocurrido trasladarse a la Unión Soviética? ¿Quién está dirigiendo lo que ocurre aquí y en tantas áreas de la América Hispana?

XLIII
ILEANA FUENTES

Nació en La Habana en 1948 y desde 1961 reside en los Estados Unidos de Norteamérica. En 1975 se licenció en Historia en la Universidad de Fordham, New York. Entre 1976 y 1978 fue vicedirectora del Centro Cultural Cubano de Nueva York. En 1979 fue nombrada directora de la Oficina de Artes Hispánicas de la Universidad de Rutgers (New Jersey), donde llevó a cabo el proyecto internacional sobre la plástica y la literatura del exilio cubano que quedó contenido en la obra: *Outside Cuba / Fuera de Cuba: artistas cubanos contemporáneos* (1989), obra de la cual es coautora. Especialista en temas feministas, Fuentes es graduada del Hispanic Women Leadership Institute y actualmente dirige la Fundación de la Mujer Cubana. Es además autora de varios ensayos sobre dicha temática, y del libro: *Cuba sin caudillos. Un enfoque feminista para el siglo XXI* (1994).

La erradicación del machismo en la vida cubana [*]

ANTE TODO, quiero advertir que este trabajo no refleja ninguna agenda amazónica, ni ningún afán de revancha, ni mucho menos un diseño extremista como solución a los problemas de nuestra sociedad. Lo único que pretendo es enfocar la crisis de nuestra nación mediante un planteamiento polémico y diferente, que analice desde una perspectiva humanista y feminista la siguiente hipótesis: que nuestra nación está contaminada de un virus antiquísimo y omnipotente, al que se le ha dado el nombre de *machismo*, que se nutre, se regenera, y se fortalece a diario de la psiquis individual y colectiva del pueblo cubano.

Nuestro dramaturgo y actor, René Ariza, exiliado hoy en Miami, nos ha advertido (en el documental *Conducta Impropia*) que lo importante no es lo que sucede, sino por qué sucede. Hay algo, según Ariza, *dentro del carácter del cubano... que no es privativo de Castro... hay muchos Castros...* principalmente el que la nación misma lleva por dentro. Ese *algo*, visto

---

[*] Se trata de una ponencia presentada por la autora en el simposio *Hacia el Renacimiento de la Nación Cubana*, celebrado en el Hudson County Community College, Gutemberg (New Jersey). Está contenido en *Linden Lane Magazine* (octubre-diciembre 1989).

desde una óptica muy personal, muestra todas las características que conforman el machismo.

Ante un tema tan poco abordado entre nosotros, estimo necesario esclarecer estos dos términos mediante definiciones escuetas. Cuando se habla de machismo se habla de la presencia excesiva y extrema de lo masculino, lo que *A Feminist Dictionary*, publicado en Londres en 1985, describe como: *extreme maleness, masculinity or male dominance*. El diccionario añade que el término implica una configuración de actitudes, valores y comportamientos que de por sí establecen el dominio y la superioridad del ser masculino, garantizándole privilegios en la sociedad y en la familia, típicos del sistema patriarcal. La definición más académica de feminismo —y la que concierne a este trabajo— es una que también se incluye en ese diccionario y que fue formulada por (...) Nancy Harstock:

> El feminismo es un modo de analizar, una metodología para estudiar la vida y la política; es una forma específica de indagar y de buscar respuestas...

Charlotte Bunche, profesora de la Universidad de Rutgers, propone, en el mismo diccionario, que: *feminismo es una perspectiva para lograr cambios políticos, culturales, económicos y espirituales en el mundo*.

Esa perspectiva es la que yo quiero compartir con ustedes esta tarde, y no para que en un par de horas podamos lograr cambios en el mundo, sino para (...) captar la urgencia de sanar radicalmente la imagen pública y el espíritu privado de la nación cubana.

El machismo institucionalizado por la Revolución no ha sucedido de la noche a la mañana. Muy por el contrario, es el resultado de la falsificación en la práctica de nuestra real composición social y demográfica, que tiene sus raíces en el catolicismo y la Corona española, y que es un legado que arrastramos desde los albores mismos de nuestra nación en el siglo pasado. Casi nadie se percata de ese machismo. Las mujeres lo vivimos, lo comentamos, nos quejamos; muchas antes que nosotras arriesgaron el confort de sus vidas para lograr algún adelanto, como (...) aquellas mujeres adelantadas a su época que lograron en 1934 el derecho de la mujer al voto. Pero por lo general, el machismo se ha impuesto, se ha absolutizado, y ha insistido en no reconocer abiertamente los aportes del 50% femenino de la nación. Simple y sencillamente, el estado machista no cuenta con la mujer para nada, excepto para que ella lo apuntale en su papel de madre, ama de casa y esposa. Y lo que es aun más irónico: tampoco se cuenta con el ciudadano común del sexo masculino. El estado machista cuenta solamente con los intereses de los estadistas machistas, con nadie más. La evidencia histórica lo corrobora.

En el caso de Cuba, el machismo ha arrastrado un lastre adicional: el de glorificar no sólo al caudillo, sino también al militar. Combinación nefasta para los destinos de cualquier pueblo. La conocida escritora estadounidense Susan Sontag habla de esto en el documental *Conducta Impropia*. Nos dice:

> ...la militarización de la cultura es un fenómeno que vemos en muchos países, y sobre todo, en los países comunistas. En todas partes se ve una evolución de la cultura comunista hacia el ideal militar

Pero Fidel Castro y el aparato revolucionario no introdujeron este fenómeno en Cuba. Nuestra historia ha estado minada de militares.

Cuando Cuba nace república en 1902, el espíritu de docenas y docenas de comandantes, generales, coroneles, mayores, y mayores generales marcó el fin de un siglo de guerra y de una intervención militar por parte de los Estados Unidos. Si bien nuestro primer presidente no vestía galones, el primer interventor norteamericano que le siguió inmediatamente —William Taft— era el Secretario de Guerra norteamericano. José Miguel Gómez, segundo presidente de Cuba (1909-13) era veterano de las tres guerras y tenía el rango de Mayor General. También era Mayor General el presidente N° 3, Mario García Menocal (1913-21). El historiador Guido Radelat, en el 9° volumen de la *Enciclopedia Cubana*, los describe como *generales de la gesta emancipadora, vehementes caudillos de poderoso magnetismo político, y verdaderos hombres de acción*. Les siguió Alfredo Zayas (1921-25), abogado; a éste le siguió Gerardo Machado y Morales (1925-33), quien había sido capitán, comandante, coronel, teniente coronel, y finalmente general de brigada. A Machado —como después a Batista— hubo que *darle candela* para que soltara las riendas de la presidencia en 1933.

Entre 1933 y 1940, Cuba tuvo 9 presidentes y 5 pentarcas —pentarca es algo así como cinco veces un monarca—. Entre pentarquía y anarquía, en 1934 ganan las mujeres el derecho al sufragio, el derecho a ser mandadas y ordenadas con su consentimiento y voto. De los 9 presidentes y 5 pentarcas, 4 fueron militares. Las estadísticas parecerían indicar un rayo de luz y progreso en el Palacio Presidencial, salvo por la presencia arrasadora de un nuevo militar en el horizonte: Fulgencio Batista, sargento con aspiraciones a general, y a la presidencia, que ocupó entre 1940 y 1944. A Batista le siguieron Ramón Grau San Martín (1944-1948) y Carlos Prío Socarrás (1948-1952), ambos civiles. En 1952 la República se viene abajo con un golpe militar —¿puede haber otro tipo de golpe?— y se instala en nuestra vida pública, por segunda vez, el ahora General Fulgencio Batista. ¿Es necesario continuar con esta letanía de uniformes? ¿Puede sorprendernos que los destinos de nuestra nación estén regidos hoy por un líder máximo, primerísimo militar?

Lo que ha sucedido a la cabeza de nuestros gobiernos es sintomático de las aflicciones del resto del cuerpo. Por ejemplo, ningún presidente prerrevolucionario —excepto Prío y Batista— incluyó una sola mujer en su gabinete. Prío nombró Ministro sin Cartera a Mariblanca Sabás Alomá, la única de un grupo de 56 ministros nombrados durante su gestión presidencial. Batista en su primer gobierno nombró a María Gómez Carbonell al cargo de Ministro sin Cartera entre 1942 y 1944. Gómez Carbonell fue la única mujer entre los 82 ministros que nombró Batista en sus cuatro años de gobierno, y vuelve a ser nombrada durante el segundo período de Batista, junto a otra militante, Julia Elisa Consuegra, también nombrada Ministro sin Cartera.

¿Qué pobre e inaceptable excusa podría haber dado Ramón Grau San Martín, autor del famoso lema *las mujeres mandan*, cuya maquinaria política —el Partido Auténtico— había contado con la colaboración de por lo menos cuatro mujeres prominentes (Josefina Pedrosa, María Teresa Freyre de Andrade, Conchita Castañedo y Otilia André)? ¿Qué del propio Prío Socarrás, quien desde sus días de fundador del Directorio Estudiantil Universitario (que ayudara a derrocar a Gerardo Machado) contó con la participación de las doctoras Sarah del Llano, Clara Luz Durán, Inés Bustamante y Silvia Martel Bracho? ¿Qué de las voces de los ilustres señores que fueron nombrados a flamantes ministerios durante años, que no exigieron la presencia de sus colegas del sexo femenino, como por ejemplo Alicia Hernández de la Barca, o Esperanza Sánchez Mastrapa, o María Esther Villoch Leyva, las únicas cubanas (de los 70 delegados) que formaron parte de la Asamblea Constituyente que nos dio la Constitución del 40?

Todo este recuento histórico nos trae al presente de hoy, día 10 de febrero de 1990, y al presente de los últimos 30 años, que son, a los efectos de nuestro desarraigo y de nuestra nostalgia, casi el mismo presente. Mucho se ha dicho y escrito sobre los datos empíricos que relatan lo acontecido el 1º de enero de 1959. Pero lo que no se ha descrito es lo intangible, lo que aconteció en el ámbito psicológico, en la conciencia nacional. En ese ámbito, culminó una trayectoria de cuatrocientos años: entronizamos el machismo. Como millones de Edipos, nos sacamos los ojos analíticos —los pocos ojos analíticos que teníamos— y desistimos de ver. Entronizamos el machismo y todos los demonios que lo acompañan: la intolerancia; el expansionismo territorial; la guerra; la mentira; el presidio; la inquisición política; el paredón; la tortura; la homofobia; la censura cultural y religiosa; la dictadura de la fuerza; la fuerza misma. Colectivamente, institucionalizamos un poder machista y militarista, con sus diversas estructuras: tribunales revolucionarios, Asamblea Popular, Partido Comunista cubano, Fuerzas Armadas Revolucionarias, Seguridad del Estado y G-2. Todos en concierto para gritar desesperadamente: *Ordene y mande, Comandante en Jefe.*

A pesar del tinglado propagandístico que ha convencido a la mayoría de la izquierda americana y europea de que Cuba es el paraíso femenino, la mujer cubana, hoy por hoy, está más manipulada que en toda la historia de la nación. La población masculina también es manipulada. Pero como suele suceder, el hombre, luego de someterse a las órdenes y prioridades del sistema (los 10.000 muertos en las guerras africanas fueron hombres comunes que acataron tales órdenes y prioridades), cuando llega a su casa, se convierte en el sometedor. Esto significa que la mujer tiene dos dictadores oficiales: el gubernamental y el doméstico. El doméstico lo tuvo siempre; pero el gubernamental es producto de la revolución. Las estadísticas son solamente una parte de la evidencia. Después de 30 años de revolución, la inclusión de las mujeres en la jerarquía del gobierno es pobrísima. (...) Sólo 45 mujeres han logrado penetrar las altas esferas del poder. Pero en Cuba hay 5.200.000 mujeres aproximadamente, o sea, el 50% de la población. Hay quien dirá que la mujer es representada mediante órganos locales del poder popular, etcétera. Pero verdaderamente, a nivel local lo único que interesa es cuán revolucionariamente opina una mujer —igual pasa con los hombres— y cuán revolucionariamente se comporta. ¿Hace trabajo voluntario? ¿Asiste a las sesiones de instrucción ideológica? ¿Recoge botellas en la cuadra una vez a la semana? ¿Asiste a los mítines políticos en su centro de trabajo? ¿Trabaja como es su deber revolucionario? ¿Hace guardia? ¿Está criando a sus hijos —según exige el Código de la Familia— de manera que crezcan fieles miembros de la sociedad socialista? Las mujeres cubanas hoy por hoy son las malabaristas de la supervivencia: hacen colas, hacen guardia, se reportan a los centros de trabajo, inventan comidas con comida que no hay, estudian, hacen trabajo voluntario, y siguen limpiando, fregando platos, almidonando camisas, y remendando calzoncillos. Yo me pregunto, ¿Hasta cuándo? ¿Hasta cuándo estarán las mujeres cubanas bajo el yugo psicológico que representa la Federación de Mujeres Cubanas, que preside Vilma Espín? ¿Qué es la Federación sino lo que dijo Ruth Lewis en la introducción a su obra sociológica *Four Women* (1977):

> ...una agencia del gobierno para movilizar a las mujeres hacia las campañas de educación, producción y defensa... no una voz de las mujeres cubanas en el gobierno, sino la voz del gobierno sobre ellas.

Si la verdadera liberación de la mujer es la única vía hacia la verdadera liberación de todo ser humano de los moldes y diseños de que nos hablaba René Ariza, ¿qué, en nuestro perfil de nación, nos lleva a seguir entronizando caudillos y cacicazgos? ¿Qué profundo condicionamiento psicosocial nos lleva a exaltar el machismo que nos oprime a todos?

El problema no se limita a la Cuba de *allá*. Una parte de ese machismo también pidió asilo en el consulado americano por los años 60, y ahora integra la Cuba de *acá*. Si en Cuba se ha perfeccionado el machismo de estado, en el exilio se ha perfeccionado el estado de machismo, en una mezcla de comparsa con pequeña burguesía que carga su ignorancia a la American Express. El millón de personas que componemos el exilio no nos escapamos de la crisis. La hemos alimentado con sandwiches cubanos y *chicken MacNuggets* durante esos mismos 30 años. Las lavadoras de plato, las comidas instantáneas, y las despensas atiborradas con productos del *Shop Rite* han hecho placentera la condición invisible de nuestras mujeres, pero no la han borrado. Nuestras sociedades siguen siendo las mismas; las organizaciones políticas siguen siendo de y para los hombres; las mujeres sirven de adorno, pero que no opinen, por favor; que preparen café, y adornen el ambiente con su presencia, que contribuyan con sus cuotas y con su trabajo no remunerado, pero que no opinen. Que compren en las miles de joyerías, que se tiñan el pelo en los cientos de peluquerías, que gasten lo que quieran con las masculinas tarjetas de crédito. Pero que no opinen.

Creerán que exagero, pero no es así. Cualquiera puede corroborarlo si consulta unos cuantos libros de historia y de referencia cultural sobre Cuba. Las mujeres que han ayudado a hacer la historia casi nunca aparecen en los índices. El movimiento sufragista cubano apenas recibe tres o cuatro líneas, cuando se le menciona. En libros de historia como el publicado hace unos años por Carlos Márquez Sterling (*Historia de la Isla de Cuba*, New York, 1975) y en otro más reciente de Herminio Portell Vilá (*Nueva Historia de la República de Cuba*,

Miami, 1986) se menciona a Isabel I de Inglaterra y a Eleanor Roosevelt (...) Pero ninguno menciona los nombres ni la labor de las innumerables mujeres cubanas que en todos los campos, desde el cultural hasta el político, han contribuido al desarrollo y enriquecimiento de la nación cubana.

El machismo nos quiere invisibles. Manipulables, contables para así perpetuarse en el poder, pero invisibles. Desde el exilio algunas de nosotras intenta a diario la liberación, la configuración de nuestra existencia, dispuestas a abochornar si es necesario a quien promueva nuestra ausencia, y nuestra invisibilidad. Tenemos muchos ejemplos, pero habría que aprovechar esta oportunidad para enfocar el caso específico de la más prestigiosa organización cubana del exilio: la *Cuban American National Foundation*. La Fundación pierde méritos (a pesar de todo lo meritorio que hace) mientras siga siendo una organización machista. A los 68 directores y fideicomisarios hombres que integran su junta, sólo recientemente se han añadido dos mujeres. Su comité asesor incluye otras dos mujeres, pero éstas no son cubanas. Igual que con el hábito de mencionar a Eleanor Roosevelt, la Fundación escoge a la exembajadora Jeanne Kirkpatrick y a la exsenadora Paula Hawkins, americanas ambas, para que le asesoren. Y para colmo, ignorando a la mujer cubana por completo, la Fundación ha escogido de nuevo no cubana, sino puertorriqueña, para directora ejecutiva. ¡El Comité Central del Partido Comunista tiene mejor *track record*! El alarde de objetivos democráticos se derrumba ante las estadísticas. Estos respetables individuos, pilares de sus respectivas comunidades, así reunidos en grupo para compartir su perspectiva masculina sobre Cuba, no representan a la familia nacional cubana. Este no es el modelo idóneo de un Cuban American National Foundation; más bien tiene todas las característica de un Cuban American Boys Club.

El momento histórico que vivimos —y el que se acerca— nos encuentra ineptos como comunidad para enfrentar los cambios y las rectificaciones que nuestra crisis requiere. Los machistas de aquí y los machistas de allá preparan inmutables sus similares agendas. Nosotros —mujeres y hombres feministas, que tenemos conciencia de las inequidades— tenemos que confeccionar una agenda humanista, justa y representativa con la cual reconstruir la nación. Por eso insisto en las sabias palabras de René Ariza. Tenemos que exorcisar los Castros que existen en nuestra psique nacional. Aunque sea tan sólo señalando la crisis, y despertando conciencia de ella. Es nuestro deber para con los 5 millones de mujeres cubanas que son nuestras compañeras —activas o pasivas— en esta lucha. Es nuestro deber para con los 5 millones de hombres cubanos que también son peones en este tablero. Tenemos que exorcisar el machismo de nuestra psique nacional, porque todos somos sus víctimas; el ama de casa en Hialeah, o la ingeniero en Cienfuegos que no resisten la asfixia; el escritor en Guttenberg, que aún no se sabe victimizado, o el infeliz soldado —probablemente un joven negro o mulato— que fue utilizado para carne de cañón en la guerra expansionista de Angola. Necesitamos un psicoanálisis colectivo —los cubanos de aquí y los cubanos de allá— que nos ayude a sanar, para que la historia, la misma historia, no se repita jamás.

XLIV
MARIO PARAJÓN

Nació en La Habana en 1929. Allí realizó sus primeros estudios y se doctoró en Filosofía y Letras en la Universidad. Continuó su formación en Francia, donde cursó estudios superiores en La Sorbona, El Colegio de Francia y el Instituto Católico de París. Durante esa época fue corresponsal en Francia del periódico cubano *El Mundo*, donde, en Cuba, era columnista y crítico literario. En la Isla, Parajón fue también director teatral. En dicha actividad ganó los premios *Talía, Prometeo* y *ARTYC*. Fue, así mismo, director del Centro de Investigaciones Literarias del Consejo Nacional de Cultura y profesor de la Escuela Nacional de Arte. En 1971 salió de Cuba y se instaló en España, donde ha ejercido como profesor en el Instituto de Cooperación Iberoamericana, en el Real Monasterio del Escorial, en la Universidad Pontificia de Comillas, en el Instituto de Formación Profesional San Baudilio de Llobregat de Barcelona y en los cursos de verano dirigidos por Julián Marías en Soria. Actualmente vive en Chinchón, comunidad de Madrid, y trabaja en el Instituto de Bachillerato, donde es jefe del Seminario de Filosofía. Entre sus libros destacan: *Eugenio Florit y su poesía, El Monasterio del Escorial, Santa Teresa de Lisieux, Visita a Segovia* y *Cinco escritores y su Madrid*, obra por la cual obtuvo el premio *Mesonero Romanos*.

El pensamiento liberal [*]

MAL SE COMPRENDE el pensamiento liberal si no se tiene en cuenta algo que ocurrió en la antigua Grecia cuando su cultura se hallaba en vísperas de dar su primer fruto maduro. Aparecieron unos hombres que iban de ciudad en ciudad, enseñaban, persuadían y cobraban en moneda sonante sus clases orales dictadas por plazas y caminos. Se decía que parecían más atentos a las costumbres, los comportamientos sociales, la vida de familia, la educación y el arte de procurarse el éxito por parte de los que se proponían llevar adelante alguna empresa.

---

[*] Palabras leídas en un acto organizado por la Asociación de Amigos de Gabriel Marcel, con motivo de su centenario (París, 13 de mayo de 1989).

Todo esto predisponía favorablemente a los espíritus inquietos. Pero no se limitaba el coro a las alabanzas. También había reproches. Aquellos hombres no se interesaban por el ser que Parménides había descubierto; ni por el devenir; ni por el agua y el aire como principios de la totalidad de lo real según Tales y Anaxímenes. Y se decía que tenían más en cuenta la fuerza de la razón que la verdad de la misma. No necesito añadir que estos hombres eran los sofistas.

Se me preguntará: ¿qué tiene que ver todo esto con el pensamiento liberal? Mucho más de lo que parece. Para verlo claro y de paso averiguar la esencia del liberalismo, conviene fijar la vista en lo que haya de común en doctrinas enemigas. No sería mala idea interrogar a tres personajes nada literarios: a Torquemada, a Stalin y a Hitler. Los tres profesaban ideologías distintas, pero Torquemada mataba a los herejes, Stalin a los desviados y Hitler a los que no pertenecían o no estaban al servicio de la raza elegida. En los tres casos había un hombre-vector que se constituía en ídolo que recibía la orla de la reverencia fanática; y en los tres había un grupo privilegiado que no era el de los hombres, sino el formado por los católicos, los nazis o los comunistas, que tenía todo el derecho a imponerse sobre el resto de los mortales. ¿En nombre de qué? Torquemada, Stalin y Hitler contestarían al unísono: en el nombre de la verdad que abre el camino de un futuro feliz donde se realizarán nuestras esperanzas. Para Torquemada, para Stalin y para Hitler no importaba el hombre concreto que ahora y aquí quiere gozar de su pan, su vino, su tertulia, su amor, su luna y su fiesta. A ése le cortan la cabeza si estorba lo que ellos creen que es la marcha recta hacia el porvenir. Quien cuenta es el Hombre con mayúsculas, por una parte un concepto y por otra un ser que no ha nacido aún.

Esta manera de pensar es exaltante y embriagadora. Se nutre de actos heroicos, desfiles impresionantes, barbas de utilería, ovaciones compactas, uniformes, accesos de pánico, poetas con los ojos en blanco y oratoria de verborrea incontenible. Un talante así no resiste ni el humor, ni la crítica, ni la duda, ni el diálogo, ni la existencia de una ley que proteja el ciudadano de los desmanes de quienes los mandan.

Ahora regresamos a los sofistas. Se interesaban por el hombre concreto, por el hombre en situación, por toda esa humanidad que es humana antes de ser blanca, negra, burguesa, proletaria, católica, atea, campesina o budista; pero —recordémoslo— se desentendían de la pregunta relacionada con las cuestiones últimas. Querían saber lo que debe hacer el hombre, pero no les importaba quién era el hombre.

En su *Antropología Metafísica*, Julián Marías ha hecho una distinción admirable. Nos ha dicho que el hombre es un quién y un qué. Cuando yo veo a un hombre, lo escucho, le hablo, le estrecho la mano y me intereso por él, estoy ante su quién. Cuando pienso en él, cuando lo juzgo, cuando sé que es socialista, yoga, ingeniero, padre de familia o aficionado al fútbol, me enfrento con lo que él es. Para un liberal es menester que el qué se subordine al quién. Se puede ser católico, protestante, ateo; se puede ser partidario de una economía basada en la oferta y la demanda o de una economía socialista, si se parte del respeto a todas las otras creencias no tanto por su validez objetiva como porque provienen de hombres. Dicho de otra manera: se admiten todas las ideologías, menos la que pretende ser única.

Y aquí viene la gran pregunta: en una sociedad regida por Stalin, Hitler o Torquemada, es evidente quién dicta la pauta del comportamiento colectivo: ellos tres o sus representantes. La verdad es la verdad no porque la sostenga tal razón o tal otra, sino porque así la proclama el ídolo o el *dirigente*.

¿Y en el pensamiento liberal? El ídolo no existe; todo el mundo tiene derecho a criticar al resto del planeta. ¿Cómo se pone la gente de acuerdo? Hay una sola manera: mediante la razón. Si el instrumento de la razón no se afina, si se pierde la serenidad que requiere la actividad reflexiva y si la insensatez y el acto injustificado se convierten en vigencias sociales, naufragará el liberalismo por muy firme que sea la intención de conservarlo.

Pero son necesarios otros dos requisitos para que la razón se ponga en marcha. El primero de ellos es nada menos que el planteamiento de las cuestiones últimas. El sofista fracasa en última instancia porque se amputa el órgano de la trascendencia. Todo aquel que razona necesita poseer una figura del universo, la cual requiere no poca fatiga y no poco valor, sobre todo porque quien la construye sabe que no pasa de ser una hipótesis.

Y aquí aparece el segundo requisito de la puesta en marcha de la razón. Aquellos que piensan de verdad, saben que lo hacen porque la vida consiste en ir del presente al futuro y porque éste es siempre incierto. Ni Torquemada, ni Stalin, ni Hitler, admiten la incertidumbre del futuro. Se autoengañan proclamando que fabrican el paraíso. Un liberal está o puede estar casi seguro de algo, pero raras veces lo estará por completo. Y cuando tenga la razón, sabrá que dispone de la suficiente, pero no de toda ella, que de alguna manera la suya se complementará con la razón del otro. Porque la razón es un plato roto que se redondea pegando los pedazos.

Por último: un liberal sabe que soñará con la felicidad abstracta, el amor ideal, la belleza sin mancha, la amistad fidelísima y la honradez sin quiebra. Nunca renunciará a estos sueños, pero no caerá ni en la exasperación ni en la amargura si la realidad no se rinde a su entusiasmo tal y como esperaba. A cambio de ese esfuerzo, recibirá una recompensa: la de sentirse humano. Y lo humano es precario, insuficiente, relativo, aproximado, dijo una vez Ortega. Por eso ser liberal es ser hombre y ser radical es ser bestia emergente.

XLV
UVA de ARAGÓN CLAVIJO

Nació en La Habana en 1944 y allí vivió hasta 1959. A temprana edad comenzó a publicar en los rotativos de su ciudad natal. Desde entonces, ha publicado extensamente en diarios y revistas literarias. Es autora de siete libros entre los cuales destacan: *Entresemáforos, Poemas escritos en ruta, No puedo más y otros cuentos* y *El caimán ante el espejo,* y una obra de teatro: *Con todos y para el bien de todos.* Graduada de la Universidad de Miami donde obtuvo una Maestría y un Doctorado en Literatura Hispanoamericana, ha recibido varias distinciones, entre las que destacan: el premio de cuentos *Alfonso Hernández Catá,* el de poesía *Federico García Lorca,* el periodístico *Sergio Carbó* y el de ensayo, *Simón Bolívar*. Recibió también la *Beca Cintas*. De Aragón Clavijo se ha desempeñado también como activista a favor de los derechos humanos y de la libertad de Cuba. Es miembro fundadora de la organización *Of Human Rights* y de la *Unión Liberal Cubana*. Actualmente vive en Miami y trabaja en la Universidad Internacional de la Florida (FIU), donde imparte clases en el Departamento de Lenguas Modernas y ocupa el cargo de Directora de Relaciones Públicas. Es además columnista del *Diario de las Américas.*

La Cuba soñada [*]

SIEMPRE me ha conmovido la historia del exiliado español que durante largos años, hasta el día de su muerte, llevaba puestos dos relojes. Un reloj marcaba la hora de Argentina, donde vivía, y el otro, la de España, por la que se desvivía. La anécdota comprueba que el desterrado también vive a destiempo. Por eso aquellos republicanos se agrupaban en torno a las tres F —*Franco, fabada y fábula*— mientras los cubanos lo hacemos alrededor de *Fidel, frijoles y fábula*.

Porque el desterrado necesita de la fábula para sobrevivir. No en balde nos hemos inventado un pasado mitológico en el cual la Cuba republicana se torna en una visión tropical del paraíso. El tiempo, sin embargo, continúa tendiéndonos trampas. Ya ese pasado fabuloso se tiñe de olvido y hay momentos en que

---

[*] Artículo publicado en el *Diario de las Américas* (Miami, 23 de marzo de 1989).

hasta sentimos nostalgia por los primeros años del exilio —cuando éramos tanto más pobres, tanto más jóvenes, tanto más confiados en el regreso.

Heredia, ante la grandeza del majestuoso Niágara, añora sus palmas. De igual modo, no importa cuán bello sea el paisaje ajeno, los desterrados de todos los tiempos añoran el suelo patrio. Nuestra literatura refleja el sentimiento de desarraigo y de nostalgia de los hijos ausentes.

El exiliado no sólo vive de recuerdos sino de ilusiones. Y la mayor de todas, la única, es regresar. Nos movemos entre la bruma de las memorias y el horizonte impreciso del futuro. El presente nunca es permanente. Martí lo precisó bien. Hay algo de buque en toda casa en suelo extranjero.

Como tantos otros, a lo largo de un exilio de casi ya treinta años he soñado mucho con Cuba. En los primeros años, cada noche, en ese último momento de la conciencia alerta, pensaba siempre en el regreso al hogar, al colegio, a las playas, a la adolescencia que había quedado tronchada.

A medida que los años han ido pasando, y que ya no está aguardando mi regreso, ni el hogar, ni el colegio, ni la adolescencia, a medida que el tiempo va desdibujando el contorno de las imágenes y la visión física de la Isla se me llena de brumas, y se me alarga, como un cuadro del Greco, se hacen más claras en mi mente las condiciones éticas, morales, espirituales de la Cuba que tercamente sueño. Es como si al borrárseme la configuración geográfica de mi Patria, se me hiciera transparente el alma que le sueño.

Yo sueño con una Cuba alegre, rumbera y feliz, pero trabajadora, sensible al dolor de los demás, capaz de altos y serios pensamientos. Sueño con una Cuba donde la educación sea una de las preocupaciones principales de todos, con universidades que impartan programas que combinen el humanismo renacentista con la tecnología más avanzada. Sueño con intelectuales que no crean que el rigor académico es señal de pedantería ni que la improvisación puede suplantar el estudio y la investigación.

En la Cuba de mis sueños se practica un verdadero pluralismo, que no es una fórmula para darle cabida al marxismo, sino un programa de vida pública donde conviven diversos matices de la democracia. En esta república se discute y polemiza en periódicos y por la radio, sin caer en insultos personales ni en mezquindades. Se intercambian ideas con pasión y dialéctica; se rechaza el epíteto, el ataque personal, la violencia innecesaria. Los enfoques podrán ser subjetivos y emotivos, pero son sinceros y libres de vulgaridades.

En esta Cuba onírica la intolerancia está abolida. Nadie se cree en posesión de toda la verdad. No hay ayatolás de la poesía, ni de la gramática, ni de los carnavales.

Claro que no se trata de una Cuba anarquista, sin leyes ni moral ni valores. Por el contrario, una estructura de instituciones gubernamentales y cívicas es su base más sólida. Pero estas instituciones no están congeladas, inmóviles, incapaces de regenerarse a sí mismas de acuerdo a los tiempos. Son dinámicas y modernas.

En esta Cuba que yo sueño no se cree en caudillos de turno, sino en ideas. Y se puede hablar en cada esquina, y se puede dialogar y se puede ceder y pactar, y negociar, y equivocarse, y arrepentirse, y postularse, y ganar o perder, y volver a empezar. Porque se puede fundar un partido político y se puede uno comer un mango. Se puede abrir un negocio y se puede pintar un cuadro y se puede comprar un cuadro de alguien que no piensa como uno y tenerlo uno en su casa o donarlo a un museo o venderlo y no pasa nada.

Yo sueño con una Cuba sin terror y con errores y la capacidad de rectificarlos. Con una Cuba sin un Tirano y sin mil tiranuelos. Con una Cuba sin un Partido único y sin mil partidos políticos.

Soñar esa Cuba es ardua labor. Es mucho más fácil soñar su mar y sus palmas. Recordar mis playas y mi colegio. El dulcero y sus pregones. La Cuba del ayer y de la infancia. Pero soñar es también crear. La Cuba del futuro y de la madurez está por hacerse. A veces me entristezco porque pienso que mis compatriotas sueñan cosas distintas. Y la patria no es otra cosa que un sueño colectivo.

El lado feo de la democracia *

LA CORTE SUPREMA de los Estados Unidos ha tomado recientemente algunas decisiones polémicas. Ninguna, sin embargo, parece haber despertado mayor reacción en la comunidad hispana que la relacionada con la quema de la bandera. Figuras muy prestigiosas, cuya trayectoria y pensamiento respeto y admiro, han alzado sus voces en protesta por este ultraje al símbolo de la patria de George Washington. Algunas han visto en esta decisión un síntoma de la decadencia americana.

Hemos meditado profundamente sobre el tema. Más que respuestas nos han surgido un sinfín de interrogaciones. Si la decisión es incorrecta, si se debiera en efecto prohibir que en un acto de protesta política se quemara la bandera, ¿dónde está la línea que divide el derecho de expresión del derecho de una Corte de proteger sus símbolos? La bandera americana se utiliza de muchas maneras que me parecen más ofensivas que la fogata de marras. Hemos visto el emblema nacional reproducido en los shorts de un boxeador o en el bikini de una modelo. No hay *picnic* del 4 de julio donde falten los platos de cartón con la bandera tricolor. Platos en los que se come, y que luego, llenos de sobras, van a dar al cesto de la basura. La bandera por la que han luchado y muerto tantos norteamericanos y que para tantos significa el símbolo de la mayor democracia occidental, aparece asimismo en miles de productos. O sea, tiene un uso comercial, y no patriótico. La misma Primera Dama la ha utilizado recientemente como bufanda.

El joven que en 1984 quemó la bandera entendía al menos que la misma era un símbolo, y, por su desacuerdo con la política del país que esa bandera representa, optó por sacrificarla para dramatizar su protesta.

Claro que no es algo bonito. Claro que es algo moralmente censurable. Claro que se trata de un acto que contradice los valores éticos en que creemos. Pero hay una zona turbia entre lo que puede ser moralmente reprochable y lo que puede ser legalmente castigado. No es cuestión sencilla definir las imprecisas fronteras de este nebuloso territorio.

Es muy fácil defender el derecho de expresión de los que piensan igual que nosotros, de los que dicen cosas gratas e inteligentes. Tan fácil es que me parece que no serían ni siquiera necesarias las garantías constitucionales para defender este derecho. Proteger el derecho de libre expresión de nuestro adversario, del que no piensa como nosotros, del que expresa cosas desagradables de escuchar, inclusive hirientes, no sólo es difícil, sino arriesgado. Pero este lado feo de la democracia es también, me temo, su mejor garantía. De lo que sí estoy segura es de que no se puede sacrificar lo que la bandera significa por la bandera misma. Los símbolos son la representación concreta de una abstracción. En este caso esa tela de listas rojas y blancas con sus 51 estrellas significa, para usar palabras martianas, la libertad de cada hombre de pensar y hablar sin hipocresías. Esta libertad se me antoja mucho más valiosa que los símbolos que la representan. También en nombre de las banderas se han cometido muchos crímenes.

Me han preguntado en estos días como nos sentiríamos los cubanos al respecto, si, en vez de un comunista, el pirómano hubiera sido un cubano enardecido porque los Estados Unidos hubiera deportado a Orlando Bosch a Cuba. Cuando hace un año y medio, los detenidos de Atlanta y Oakdale quemaron la prisión, nadie en su sano juicio aplaudió, pero muchos pudimos comprender el derecho del hombre víctima de una injusticia a protestar del modo a su

---

* Artículo publicado en el *Diario de las Américas* (Miami, 13 de julio de 1989).

alcance. Y Monseñor Román Rafael Peñalver y otros líderes comunitarios se echaron sobre los hombros la causa de estos cubanos.

No recuerdo en nuestra comunidad muchas protestas por la en un momento famosa y ya olvidada quema del cuadro. En este caso, no se trataba de un símbolo del arte, sino de una obra de arte en sí, lo cual me parece infinitamente más grave. Todas estas son contradicciones en las que hay que pensar.

Comprendo que los latinoamericanos somos muy dados a dejarnos llevar por la emoción. Los símbolos patrios están cargados de resonancias emocionales. Nos devuelven melancólicos a las aulas de primaria donde aprendimos a amar nuestra bandera, el contorno de la patria, las imágenes de nuestros prohombres, la música de nuestro himno nacional.

Decir bandera es decir patriotismo, es decir héroe, es creer que los mártires de tantas guerras inútiles no han muerto en vano.

Por eso un acto de agravio a la bandera nos llena de justa ira. Es bueno que así sea. Pero también es bueno que, especialmente nosotros, nosotros que no hemos logrado construir democracias que perduren, y que vivimos refugiados en esta bicentenaria nación, meditemos un poco antes de intentar darle lecciones de democracia a la Corte Suprema de los Estados Unidos. Después de todo, si la decisión hubiera sido lo opuesto, habría más razón para preocuparse. Siempre es preferible el riesgo de no castigar a un hombre moralmente culpable si lo ampara la ley, que establecer una ley que limite injustamente el derecho a la libertad de muchos hombres.

La opción liberal *

EL COMUNISMO se desploma. Las pruebas están a la vista. La aleccionadora metáfora del juego de dominó ha funcionado al revés. Uno a uno los países no han caído en garras del marxismo tiránico, sino que uno a uno se han ido liberando. Sólo quedan algunos rezagados anacronismos. Cuba es el más obvio y el más doloroso. Pero por ley de gravitación histórica los fantasmas que Marx veía recorrer Europa pronto se acomodarán en sus tumbas para el sueño final. Y lo mismo pasará en el Caribe donde los fantasmas han sido demasiado revoltosos para arraigar en la psiquis nacional.

Siempre me ha parecido que ser anti-comunista no bastaba. No es suficiente gritarle que no a la tiranía. Hay que buscarle fórmulas a la democracia. Hay que ordenar la sociedad de acuerdo con un proyecto nacional vital. Hay que tener cuatro ideas —al menos cuatro ideas— sobre lo que se quiere para un pueblo, por qué y cómo alcanzarlo.

Estoy convencida de que los experimentos colectivistas han fracasado. Y no quiero decir sólo bajo el

---

* Artículo publicado en el *Diario de las Américas* (Miami, 28 de marzo de 1991).

comunismo. Aun los estados paternalistas dentro de los países democráticos han tenido poco éxito. Contrario al dictamen popular, siempre he tenido y tengo gran simpatía por la figura de Lyndon B. Johnson. Pero su Great Society no funcionó. Otro tanto pasó en Inglaterra cuando se hicieron intentos similares de fortalecer el estado y ofrecer una amplia gama de beneficios sociales a la población.

Todo esto nos lleva a la idea fundamental del liberalismo moderno: la libertad individual por encima de todo. En otras palabras, es necesario descentralizar el poder. En vez de concentrar mucho poder en pocas manos, hay que hacerlo al revés, darle a muchos un poco de poder.

El segundo precepto del liberalismo democrático es: las sociedades son más felices y más prósperas dentro de un estado de derecho. Y este estado tiene que garantizar a los ciudadanos igualdad de oportunidades. Lo cual incluye seguridad frente a los riesgos de enfermedad, desempleo, invalidez y ancianidad.

Hace años que aprendí con dolor que las riquezas en este mundo nuestro están mal distribuidas. Pero eso no quiere decir que la riqueza de los ricos sea la causa de la pobreza de los pobres. Ni que repartiéndoles a los pobres lo que tienen los ricos alcance para todos. Pero ello no exenta de responsabilidad a los que tienen más con respecto a los que tienen menos. Y hablamos a nivel nacional e internacional. De la misma manera que el estado debe preocuparse por ofrecerles oportunidades de prosperar a sus ciudadanos desamparados, los países industrializados deben poner en práctica políticas comerciales que tengan en cuenta las necesidades de los países pobres del mundo. De igual modo, deben concederles la ayuda técnica y financiera requerida para el establecimiento de los sistemas de educación y de seguridad social y de las infraestructuras indispensables para su expansión económica, agrícola e industrial. En otras palabras, la justicia es otra de las ideas básicas del liberalismo.

Claro que la libertad individual conlleva una gran responsabilidad. "Para que las instituciones libres sean eficaces —la frase es del Manifiesto Liberal de Oxford de 1947— todos los ciudadanos deben tener clara conciencia de su responsabilidad moral frente a los demás y deben participar activamente en las tareas de la colectividad".

Durante las últimas décadas hemos observado, tanto en Moscú y La Habana, como en Boston o Savannah, un embotamiento de la conciencia cívica. La indiferencia creciente de los jóvenes hacia la vida pública es un síntoma alarmante. El conformismo es generalizado. Hay asco por la política. Y los grandes asuntos sociales han quedado en manos de los peores. La cultura se ve amenazada. A diario los medios de comunicación difunden productos semiculturales que adormecen la imaginación y las actitudes críticas.

Sin embargo, la democracia liberal sólo puede funcionar con la participación de los ciudadanos y con la tolerancia y la crítica como sus mejores guardianes.

Algunos miran con desdén la propuesta liberal para una Cuba futura. Asocian peyorativamente el liberalismo con el partido de el gallo y el arado, con la famosa llamada a correr a los liberales del Perico, con un banderín político carente de ideología que coloreó por algunos años el escenario de nuestra República. Ven estas ideas, que nacen de lo mejor del pensamiento europeo, ajenas a nuestro ámbito caribeño. Aseguran que nada dicen al cubano de hoy.

Yo creo todo lo contrario. Creo que el cubano de hoy está cansado de retórica vacía y ansioso de soluciones. Hay toda una generación de jóvenes educados en Europa del Este para quienes estas ideas no pueden ser foráneas. Desilusionados por el fracaso de un tristemente célebre experimento colectivista, es posible que el pueblo cubano vea con buenos ojos la opción liberal. Al menos, me parece importante ofrecerle la alternativa. Es mucho mejor que cruzarse de brazos paralizados por el dañino escepticismo, o que continuar en una posición de trasnochado anticomunismo que nada aporta a la reconstrucción ideológica, tan importante como la económica de Cuba.

XLVI
ANDRÉS REYNALDO

Nació en Calabazar de Sagua, Las Villas en 1953. Desde niño residió en la capital de la Isla. Allí estudió sus primeras letras y la carrera de Literatura Hispanoamericana en la Universidad de La Habana. En 1969 comenzó a publicar artículos y poemas en revistas cubanas, y en 1978, con el libro *Escrito a los 20 años*, obtuvo el Premio *David* de Poesía, otorgado por la Unión de Escritores y Artistas de Cuba (UNEAC). En mayo de 1980 salió al exilio a través del puente marítimo Mariel-Cayo Hueso. Ya en Estados Unidos, obtuvo el Premio *Letras de Oro* con el poemario *La canción de las esferas*, otorgado por la Universidad de Miami. Desde 1980 colabora con varios periódicos y revistas de Estados Unidos, América Latina y Europa. Reynaldo es subdirector de noticias locales del periódico *El Nuevo Herald*, donde también publica una columna semanal. Actualmente radica en Miami.

El precio de los puentes *

EL XV CONGRESO de la Asociación de Estudios Latinoamericanos LASA, que finalizó anteayer en Miami, tuvo 401 paneles y cientos de participantes de Estados Unidos y América Latina.

Sin embargo, será recordado por lo ocurrido en un par de paneles y en los pasillos entre un puñado de cubanos que viven a uno y otro lado del brevísimo Estrecho de la Florida pero, principalmente, en opuestas márgenes de la historia.

Algunos han presentado a LASA como una organización pantalla de los comunistas. Ese género de simplificaciones acerca de foros internacionales donde predomina una visión del problema cubano menos profunda, sincera o combativa que la nuestra, sólo ha servido para cerrarnos puertas.

Muchas veces, respecto al mundo académico norteamericano, hemos dormido en una extraña posición: con la conciencia tranquila y la lengua en el bolsillo.

---

* Artículo publicado en *El Nuevo Herald* (Miami, 8 de diciembre de 1989).

Cierto que, por lo general, nadie escuchaba. No es injusto decir que en otras ocasiones nadie supo hablar. LASA ha ignorado durante años la tragedia cubana. En sus congresos se ha estudiado y condenado a todas las dictaduras del Continente, excepto la nuestra y la nicaragüense.

Esto se debe, en primer lugar, a la superficialidad y perversidad del pensamiento liberal norteamericano que ha triunfado en la vida universitaria. Los hijos de Thomas Jefferson y Ralph W. Emerson quedaron a merced de Noam Chomsky.

Aun así, el ámbito académico cuenta con suficiente espacio para emplazar nuestras baterías, siempre que se escoja bien el campo de batalla y se apunte con precisión. Un mitin de repudio en medio de un panel es un disparo a ciegas. No nos extrañe si ocasiona bajas en nuestras propias filas.

Lenguaje neutro, argumentación sólida o aparentemente sólida, capacidad para asimilar criterios antagónicos, son recursos de los que no se puede prescindir en este juego. Los invitados que vinieron de la Isla no lo olvidaron por un instante.

A diferencia de eventos anteriores, ahora parecían traer la consigna de no rehuir el debate amplio y franco, sobre todo el incontrolable debate en los bolsillos.

Los exiliados no tenemos que temer a la discusión inteligente y civilizada con representantes del gobierno cubano. Menos todavía cuando nos favorecen las circunstancias.

A ninguno se le escapa que Cuba atraviesa una crisis económica y estructural irreversible. A Fidel Castro se le desmorona un modelo basado en la confrontación con los Estados Unidos y la absoluta comunidad de intereses con la Unión Soviética. Cualquier solución a la vista, incluida la albanización, implica una amenaza a su poder personal.

En la Isla ya están apostados los hombres de las transición. Por muy atípico que sea el castrismo, se halla sujeto a la influencia de la situación internacional. Tanto más si consideramos la dependencia cubana del exterior.

No hay que esperar milagros, aunque sí es hora de tender los puentes. El futuro de la nación depende de un colosal borrón y cuenta nueva.

Durante la conferencia de LASA vi a intachables ex presos políticos fraternizar con funcionarios cubanos, al cabo de discusiones donde la cordialidad no anuló las diferencias, y viceversa. Quizás estos hombres vayan siempre por diferentes caminos. ¿Quién asegura que no podrán compartir un mismo destino; Ese apretón de manos, que no selló ninguna complicidad, conspira sin embargo contra Castro.

Tanto en Cuba como en el exilio alguna gente rechaza el diálogo por temor a ser derrotado en justa lid. Se encubre la incapacidad con la dignidad. Reacios por tradición a la convivencia, pensamos que dialogar significa inevitablemente claudicar.

La actitud conciliadora y receptiva de los enviados de La Habana denota que Castro, o importantes fuerzas en su gobierno, necesita un reajuste de sus relaciones con los exiliados y, cuanto antes, con Estados Unidos.

La oferta es peligrosa y limitada. Pero hoy contamos con la ventaja para fijar el precio.

Exilios *

ESTA SEMANA hizo 13 años que estoy exiliado; la mitad del tiempo que viví en Cuba. Un año y otro toman su particular carácter. De presión: 1981. Euforia: 1985. Regreso a las fuentes: 1987. El exilio como camino del alma.

El exiliado no puede vivir sin mirar atrás. La pérdida del país lo libera en el espacio y lo encadena en el tiempo. Esa mirada incómoda y constante a través de la neblina nos corrompe o exalta. La negación o la sublimación del origen es una pose que encubre la carencia de contenido. Como todo acto de fe, la patria es de índole interior e inefable.

En los últimos años se me revela la condición ética del exiliado; el ausente que transforma en amor las energías oscuras. En el plano de las categorías superficiales, esa ausencia es un desgarramiento. Para el que sabe mirar, es una elevación. Observar el país desde lejos impulsa un proceso de cristalización o de ruptura. En el caso excepcional de una vista aguda y no enajenada, se pasa de la mirada inmóvil a la mirada total. En tal punto sólo tenemos a José Martí. El exiliado que escribe *Versos sencillos* es un prisma en que los colores se intensifican hasta la disolvencia. Años después, los poemas de *Flores del destierro* y *Versos libres* retratan a un hombre que naufraga en la luz. En ese instante, Cuba ya no es memoria sino angustia. La patria como arquetipo.

Se percibe una atmósfera fantasmagórica en los días finales de Martí en los montes de Oriente. Ese hombre, que encarnará la dimensión ética del país, tiene el asombro de un extranjero. A su lado se nota el vacío. Los hechos pierden su connotación primera a medida que pasa el tiempo; tanto más si son sometidos a un intenso comentario. Al igual que las monedas, pierden su faz de mano en mano. En la muerte de Martí hay una lectura inmediata que espanta y, quizás, alivia a sus compañeros de armas. Para mí, éste es uno de los grandes misterios de nuestro ser nacional. Su diario de campaña es el epílogo de una perturbadora soledad, de una altura irremediable. Amó a Cuba como ningún otro, pero allí parece descubrir que no se le asemeja. Su idealismo, sus expectativas desmesuradas sobre el futuro de la Isla, son planos de su espíritu que no pueden cobrar cuerpo en la historia.

Las principales claves martianas solamente son accesibles desde la experiencia del exilio. Alguna vez habrá que estudiar con ánimo descarnado la tensión entre Martí y el brigadier general Antonio Maceo. Eran dos cuerpos que se movían en diferentes gravedades. Cuando no había de por medio una distancia equilibradora, cada cual sucumbía a la masa del otro.

Durante largo tiempo he sacado una conclusión parcial de este conflicto entre dos hombres que, a fin de cuentas, se esforzaron por quererse. En principio, puede decirse que hubo discrepancias sobre el papel de la autoridad civil. Visto con más seriedad y con mayores dudas sobre algunos valores formales de la democracia moderna, agrego otra perspectiva. La Cuba de Martí no era la de Maceo; y la de Maceo era la real.

Al morir Martí se frustra un proyecto intelectual que nos hubiera curado de algunos males. El contacto con la Cuba profunda le hubiera permitido al poeta moderar con las reflexiones del estadista su tesis parnasiana de lo cubano. Digo...

---

* *Ibídem*, 22 de mayo de 1993.

Al fundarse la República en 1902, muy pocos saben en cuál Cuba estábamos, si es que podía saberse. Más allá de la política y del vaivén entre caudillismo y sociedad civil, se advierte una indefinición de lo cubano que persiste hasta 1959. Entonces, la dictadura surge como elemento unificador, pero en un sentido demoníaco. Los cubanos de la Isla no se rebelan por falta de coraje sino de cohesión espiritual. Todos buscan la salida con mapas fragmentados, contradictorios. La nacionalidad se torna suicida y hedonista. Una viñeta: hay jóvenes que se han inoculado el virus del sida para poder disfrutar de tres comidas diarias y cómodo alojamiento en un sanatorio. Esa descomunal energía, orientada por derroteros precisos, bastaba para ejecutar a mil tiranos.

Ante tales circunstancias, la figura del exiliado adquiere una importancia vital como referencia ética. Esa figura sigue vinculada a lo martiano; es decir, al país irreal. De vuelta al ciclo del error. De modo que tras la caída de Fidel Castro (que, en teoría, ya cayó) no vislumbro al Senado sino a un Sila. En el ejército se incuban las potencias de nuestra refundación o de nuestra desaparición en el caos.

¿Cómo asegurar que no moriré de viejo en el exilio? La imposibilidad del pronóstico es otro atributo de nuestra irrealidad. Regresar al país que ya no existe; he ahí un amargo anhelo. Intactos en mí, el olor de la ropa blanca que mi abuela tendía en el patio, la luna duplicada en las aguas del Almendares. Me ilusiona recordar que, en el apogeo de su poder, Sila abdica.

El dólar de la discordia *

ESTA SEMANA todo el mundo tiene la percepción de que en Cuba se avecinan grandes cambios. La III Cumbre Iberoamericana de Salvador de Bahía y la conferencia de Euromoney en Cancún han servido de plataforma (y no precisamente democrática) a cuantos se afanan en darle a Fidel Castro el beneficio de la duda.

La anhelada posibilidad de una transición pacífica se torna más lejana incluso a la luz de los cambios anunciados. La *dolarización* de la economía y el permiso para que los exiliados viajen libremente tienen a corto plazo consecuencias desestabilizadoras que el gobierno sólo podrá tratar con la represión, que es su recurso natural.

Las comparaciones de Cuba con China son propias de quienes ignoran lo que está pasando en ambos países. Cualquier cambio económico de importancia en la Isla ha de comenzar por la liberación del mercado campesino, por lo menos. Ahora bien, eso se traduce en una pérdida del control sobre un enorme sector de la población que tradicionalmente ha sido anticastrista. La breve experiencia de los mercados campesinos en la década de 1980 demostró una

---

* *Ibídem*, 17 de julio de 1993.

vez más en qué medida el mercado es un feroz enemigo del poder totalitario; y en qué medida Castro le teme.

La cuestión de la comida en Cuba implica, además un mecanismo de subordinación social que apenas llegó a practicarse en unos pocos países comunistas y en circunstancias sumamente críticas. La pérdida del discurso político, la acelerada disminución de su base de apoyo y, sobre todo, la depauperación de los medios represivos, debilitan el dominio de la dictadura. En este contexto, si el ciudadano es liberado de los menesteres de la supervivencia lo asaltan los diablillos de la subversión. El desempleo es una ventaja relativa cuando hay que dedicar 12 horas diarias a buscar un poco de arroz. Las angustias de un estómago vacío sirven de paradójica anestesia a la asfixia espiritual y moral. En la receta del represor no deben abundar las proteínas.

Hasta el momento, Castro ha tratado de abrir la economía en las áreas donde no tiene que abrir la cerca. Hace un par de años había puesto todas sus bazas en el turismo y en el sector biotecnológico. En el primer frente ha conseguido moderadas inversiones extranjeras, aunque según los expertos todavía está muy lejos de alcanzar una infraestructura competitiva. En el segundo vemos las improvisaciones típicas de su genio. No se venden vacunas como si fueran zapatos. Suponiendo que el país contara con la capacidad tecnológica para ofrecer algo que valga la pena, hay todo un entramado de patentes, períodos de experimentación y licencias que pueden poner una distancia de varios años entre el laboratorio de producción y la vidriera de una farmacia.

En la conferencia de *Euromoney* las autoridades cubanas tratan de tirar un anzuelo que, lamentablemente, carece de mucha carnada. Cierto que cualquier futuro gobierno tendría que respetar las inversiones concertadas bajo el castrismo, pero ninguna inversión está asegurada contra un estallido popular; posibilidad que, con frecuencia, paraliza el ánimo de inversionistas europeos y latinoamericanos. Tanto más porque esos hoteles vedados al ciudadano común y corriente, esas tiendas con policías en la puerta, esas oficinas con letreritos de neón en barrios donde no hay apagones, son también identificados como símbolos de la opresión.

Las declaraciones en Brasil del ministro de Relaciones Exteriores cubano, Roberto Robaina, no dejan mucho espacio a las gestiones de los mandatarios iberoamericanos que favorecen un proceso de transición democrática en la Isla. Si algo se está cocinando es a fuego lento y sobre una lejana hornilla. La Cancillería cubana ha adquirido con Robaina un estilo de adolescente anacronismo que, cuando no navega en el mal gusto, naufraga en la cantinflada. Este Canciller que habla en consignas y se viste como un *marimbero* es un signo casi suicida de voluntad aislacionista.

La *dolarización* sin apertura política introducirá el descontento en la base última del castrismo. Ese sector incondicional y recalcitrante se va a quedar sin una esfera de influencia inmediata y, en algunos casos, sin dinero para la compra. Las tiendas van a ser de los gusanos, quienes en vez de reciclar sus lealtades se verán felizmente confirmados por la realidad. La visita de decenas de miles de exiliados circulando libremente por el territorio nacional parece una iniciativa de la CIA antes que de la dictadura. Las convulsiones que traerá esa política solamente serían encauzadas por la liberación del mercado y el albedrío civil. Dudo que Castro sea capaz de tanta generosidad. De momento, me alegro por las *jineteras*.

XLVII
MIGUEL GONZÁLEZ PANDO

Nació en La Habana, en 1941. Dramaturgo, historiador y periodista, desde su adolescencia ha estado dedicado a las causas cubanas. Fue preso político en tiempos de la dictadura de Batista, y también durante la dictadura de Castro por pertenecer a la Brigada 2506 que llevó a cabo la invasión de Bahía de Cochinos. Liberado, fue a los Estados Unidos y cursó estudios de postgrado en la prestigiosa Universidad de Harvard. Desde 1973 es miembro de la Facultad de Historia de la Universidad Internacional de la Florida (FIU), donde dirige el *Proyecto de Historia de Cuba en Vivo*, cuya misión es documentar la experiencia cubana y cubanoamericana a través del testimonio de figuras protagonistas. En 1978 participó en el controvertido Diálogo con el gobierno de Cuba que trajo como consecuencia la liberación de 3,600 presos políticos. En 1989 fue uno de los fundadores de la *Unión Liberal Cubana*, grupo que compone la Plataforma Democrática. En el exilio ha publicado varias obras de teatro, ha producido un documental sobre la *Historia de la República* y ha sido columnista de *The Miami Herald*. Actualmente reside en Miami.

El rol histórico de la Revolución *

CON EL PASO de los años he aprendido a desconfiar en las revoluciones como instrumentos de cambios. Y a pesar de la exaltada tradición revolucionaria que es parte del legado político a mi generación, he llegado a la conclusión de que prefiero los lentos cambios evolutivos antes que la riesgosa ruptura de la continuidad histórica. Ahí está el secreto de la democracia liberal.

¿Era necesario un cambio revolucionario en la Cuba de 1959? Quizás esta interrogante resuma el juicio histórico fundamental que hoy divide a nuestro pueblo. Dentro del complejo reto de la reconciliación nacional, el debate en torno al tema requiere la más serena reflexión de un extremo al otro del espectro político y generacional. Porque la verdadera reconciliación debe estar encaminada a conciliarnos con el pasado —es decir, con nosotros mismos.

* Publicado en *El Nuevo Herald*, el 22 de julio de 1993.

Habría, entonces, que desentrañar las causas y consecuencias de nuestra tradición revolucionaria, y evaluar los llamados logros de la revolución *vis-a-vis*, el progreso que hubiera sido probable a través de otras opciones violentas. Plantearse las interrogantes fundamentales resulta más iluminador que llegar a respuestas definitivas.

Para quienes hemos dejado de creer que las revoluciones constituyen la panacea de la humanidad, la violenta ruptura del hilo de la historia que todo cambio revolucionario implica, nos impone otras preguntas de carácter práctico. ¿Cuál es la fórmula menos dolorosa para concluir una revolución como la que ha arruinado nuestra Patria? ¿Con otra revolución de signo opuesto? ¿Tiene sentido asumir el gran riesgo de un brinco al vacío inherente en la reacción contrarrevolucionaria?

Desde una perspectiva continuista o evolutiva, el rechazo a las transformaciones violentas que barren con las estructuras de una sociedad se fundamenta, principalmente, en la nefasta evidencia histórica: la Revolución Francesa parió la guillotina de Robespierre y el militarismo de Napoleón, la Revolución Rusa dejó como legado el modelo estalinista, la Revolución contra Machado gestó al Sargento Batista, y ya sabemos la larga tragedia que la Revolución de Castro ha significado para los cubanos.

No es que los continuistas nieguen la necesidad —o aun la urgencia imperiosa— de cambios en el ritmo y dirección de una sociedad, sino que insistimos en que tales transformaciones se realicen mediante reformas a las estructuras establecidas. Porque la noble aspiración revolucionaria de superar los males presentes a través del proverbial *borrón y cuenta nueva*, casi siempre conduce al radicalismo. Rotas las estructuras existentes, el vacío institucional parece demasiado tentador al despotismo personal y al totalitarismo.

El enfoque continuista no está desprovisto de cierta ironía histórica que, en la actualidad, pone a prueba la convicción reformista liberal. ¿Puede enderezarse gradualmente el torcido destino nacional, o será necesario romper de forma radical con el pasado para establecer un nuevo punto de partida? Claro, cortar por lo sano requiere una decisión *a priori* acerca de lo que es rescatable de nuestra historia. ¿Desde qué momento comenzar a cortar, desde el primero de enero de 1959, desde el 10 de marzo de 1952, desde la Constitución de 1940 o, acaso, tendremos que remontarnos al 20 de mayo de 1902 para comenzar de nuevo la experiencia republicana? ¿Dónde si no hoy termina la Cuba de ayer?

Por inquietante que parezca, la opción continuista busca el desenlace menos traumático a la crisis. ¿Sería posible en el caso cubano intentar una transición hacia la democracia a través de reformas que transformen las opresivas estructuras de la tiranía castrista? ¿Pudiera Castro iniciar las *reformas políticas, sociales, ideológicas y económicas, ajenas al modelo socialista*, como ha sugerido recientemente? ¿Se avecina la nueva etapa reformista que algunos opositores esperan? Quizás, quizás, quizás...

Tal proceso de reformas es lo que proponen Elizardo Sánchez, Vladimiro Roca y otros disidentes de corte reformista. Poniendo su fe en aquello de que *no hay peor cuña que la del mismo palo*, la Corriente Socialista Democrática Cubana parece intentar abrirse paso a través del carcomido tronco revolucionario en busca de un mínimo espacio político dentro de la Isla. Su difícil tarea de promover reformas pacíficas que garanticen la esencia de los logros sociales del proyecto revolucionario parece más difícil, precisamente, porque amenaza tanto a la tiranía comunista como al exilio histórico.

Era de esperar: la propia cúpula comunista percibe que estos reformistas están incubando el virus de un movimiento capaz de contagiar a la clase gobernante de un sistema que ha desilusionado a ambos, *nomenclatura* y disidencia, mientras que en el exilio la oposición reformista es desacreditada por su pasado historial en favor del régimen comunista. De ahí que se enfrenten a la paradójica situación de ser perseguidos en Cuba por propugnar la democracia y combatidos aquí por defender el socialismo.

Para los cubanos de mi generación que rechazan los cambios violentos, este movimiento reformista provoca un interesante conflicto entre tácticas e ideología. Porque no es necesario identificarse con el socialismo para apoyar la gestión política de estos socialistas democráticos. Al menos por el momento.

Y para quienes desde sus cargos en el Partido Comunista ahora encuentran que la posición socialista democrática ofrece una opción ideológica congruente en este momento de desilusión, el continuismo histórico les recuerda que no existen revoluciones traicionadas, sólo revolucionarios arrepentidos. Esa es la dolorosa lección para quienes creyeron en el error revolucionario.

A la búsqueda de una conciencia generacional *

EL INMINENTE FINAL del castrismo nos mantiene a todos especulando acerca de nuestro posible papel en una Cuba democrática. ¿Cuál será la contribución del exilio al futuro cubano? ¿Qué puede aportar mi generación a la urgente reconstrucción de los fundamentos sociales, políticos, morales y económicos de la depauperada nación?

Se asume siempre que el aporte de mi generación, la última cuyos recuerdos están enraizados en la tierra natal antes de la revolución aunque se haya formado en el exilio, radica en el conocimiento que hemos adquirido del mundo de los negocios, en la capacidad para triunfar en esta competitiva economía de mercado. Esa noción me parece en extremo limitada y poco exigente, ya que desestima la totalidad de nuestra experiencia como seres libres y, en particular, el potencial que está a nuestro alcance a través de las aspiraciones superiores del intelecto.

Para mí existe todo un caudal de experiencias que nuestra generación ha ido adquiriendo a través de tres décadas de destierro. Estas vivencias son más importantes que nuestra capacidad empresarial y de mucha mayor trascendencia que nuestro aporte económico. Porque el exilio ha sido una experiencia vital y enriquecedora, no sólo en la evidente dimensión material y profesional, sino en el plano de las ideas a las que hemos estado expuestos fuera de nuestra patria.

En el exilio mi generación ha asimilado valores liberales propios de la sociedad democrática donde nos hemos hecho adultos, desarrollando una perspectiva que permite, simultáneamente, reflexionar sobre los factores positivos y negativos que caracterizan nuestro legado histórico, y escoger lo mejor de las tradiciones cubanas y norteamericanas.

Este complejo proceso de análisis y selección —lo que los sociólogos denominan *aculturación*— no se

---

* *Ibídem*, el 25 de octubre de 1993.

ha llevado a cabo de forma consciente o premeditada. Sin embargo, el mero hecho de vivir en los Estados Unidos ha ido modificando nuestra visión de nosotros mismos, de nuestro pasado y del mundo que nos rodea. De ahí que hoy día, culturalmente, nos hayamos convertido en una generación de cubanoamericanos.

El proceso de aculturación al cual hemos estado expuestos en el destierro desde nuestra adolescencia es lo que distingue a mi generación, tanto de aquella que nos precede, quienes llegaron ya formadas al exilio, como de la generación del Mariel, formada en la Cuba revolucionaria. De hecho, compartir aquel pasado en la Cuba de nuestra infancia y este presente en el destierro sólo define la identidad cubanoamericana, pero sin una visión de futuro, sin una orientación hacia un mismo ideal, no puede surgir una clara y coherente conciencia generacional.

Además de experiencias compartidas, el concepto de generación, en rigor, también requiere una toma de conciencia que se nutre de aportes intelectuales que logran influir y sentar pautas, no sólo a nivel de la alta cultura, sino en el ánimo popular. Son tres, pues, las condiciones fundamentales que posibilitan una conciencia generacional: el impacto de la historia común en un grupo coetáneo, la comunicación entre sus miembros y el reconocimiento de cierta corriente intelectual que *genere* una coincidencia en las actitudes hacia los destinos futuros.

Las dos primeras condiciones están presentes entre los cubanoamericanos aquí en Miami. La tercera, la capacidad iluminadora, la autoridad orientadora del pensamiento, apenas logra distinguirse de forma fragmentaria en el quehacer de una reducidísima élite.

En mi caso particular, puedo reconocer, entre otras influencias de mi generación, las indagaciones feministas de la poeta y ensayista Uva Clavijo, la crítica sin condescendencias geográficas ni ideológicas de Norma Niurka, la profunda dimensión espiritual de la escritora Dora Amador, las inspiraciones musicales de Marisela Verena y Pedro Tamayo, y la pintura de Humberto Calzada, cuya obra combina la nostalgia del paisaje cubano y la alienación del destierro. Y aunque no esté radicado en Miami, también debo incluir la extensa producción periodística de Carlos Alberto Montaner, quizás el más influyente escritor político de mi generación.

Estos valiosos esfuerzos en el campo cultural, sin embargo, por hallarse desvinculados entre sí y aislados del ámbito donde se desarrollan los exitosos profesionales, académicos y empresarios cubanoamericanos en quienes se asoman las mismas inquietudes, no llegan a adquirir la masa crítica imprescindible para hacer cristalizar una conciencia generacional que pueda ser reconocida como tal por todo lo largo y ancho del exilio. Desafortunadamente, el divorcio de la gestión cultural y la actividad económica entre nosotros continúa limitando el aporte potencial de nuestra generación al futuro de Cuba.

Todavía resulta imposible predecir si estos aportes individuales lograrán nuclearse por el sentido y el alcance de las ideas para hacer germinar un verdadero movimiento generacional, como siempre ha ocurrido a través de la historia entre los pueblos que desarrollan ese apogeo deslumbrador que se conoce como la alta cultura. De ello pudiera depender la naturaleza de nuestra contribución a la reconstrucción de Cuba. Sólo entonces sería posible trascender la lamentable noción de que aquí lo que importa es el *cash*.

Cultura y fortuna
en la reconstrucción de Cuba *

ES DIFÍCIL PRECISAR cómo comenzó a desaparecer aquella corriente patricia que desde principios del siglo XIX tanto contribuyó al desarrollo del espíritu nacional. Porque la Cuba que amamos más existió, esencialmente, en el proyecto de nación de un grupo iluminado de criollos de fortuna que se dieron a la tarea cívica de idear una patria, tarea que hoy se nos muestra dolorosamente inconclusa.

El tema es escabroso, porque en el exilio resulta atrevido parecer elitista. De ahí que las razones de la decadencia intelectual de la élite económica activa en nuestra vida pública sean ignoradas, aunque su estudio pudiera ayudar a interpretar el proceso histórico que ha sumido a Cuba en la presente crisis. Evitar el tema, sin embargo, no cambia lo que sí es lamentablemente obvio: la profunda brecha cultural que se observa entre aquellos grandes patriotas del pasado siglo y los hombres que hoy influyen sobre el destino de nuestro pueblo, tanto en la Isla como en el destierro.

Y qué triste contraste nos muestra la historia. La primera expresión del espíritu cívico en la rica colonia tiene lugar con la fundación de la Sociedad Económica de Amigos del País, y ya en los albores del siglo XIX se distinguen los primeros destellos que iluminarían el nacimiento de una conciencia nacional. Pero aun entonces, hablar de la *sociedad cubana* en las décadas que preceden al Grito de Yara, es confundir la noción de sociedad con la *superposición de pueblos altamente diferenciados por sus características étnicas y por su diferente situación jurídica*, como nos recuerda meticulosamente Leví Marrero.

Es en medio de aquella colonia de plantaciones, tan rica como injusta, donde salta la primera chispa que pronto haría estallar la gesta independentista en La Demajagua. Porque es ahí donde los ricos hacendados toman conciencia de clase, e imbuidos por las ideas liberales a que sus viajes y lecturas les permiten acceso, desarrollan la sensibilidad para distinguir la opresión política y social prevalente en la Cuba colonial. Y de un mismo golpe, aquel puñado de criollos logra reconocer que, tanto ellos como los esclavos que sustentan su propia riqueza, son víctimas de un sistema oprobioso a cuya desaparición dedicarían sus recursos intelectuales y materiales.

Quizás nunca más en nuestra historia volvió a brillar con tanta intensidad la influencia de los cubanos más cultos y más ricos, iluminando el camino a Martí y a otros *aristócratas* de cuna humilde. Desde entonces, el centro de gravedad política fue desplazándose hacia otras capas sociales y el discurso político, lejos de volverse auténticamente democrático, deterioró en populismo.

La marginación de las clases altas parece comenzar con el empobrecimiento de la aristocracia azucarera que participó en la Guerra de los Diez años y el encandilamiento del autonomismo de fin de siglo. Porque los grandes héroes del 95, con notables excepciones, no fueron hombres de alcurnia o profundos conocimientos, sino valientes combatientes de pueblo que ganan sus méritos por la fuerza del machete en la manigua redentora. En todo caso, con la reanudación de la guerra, queda ignorada entre los mambises la sabia advertencia que hiciera Martí a Máximo Gómez en vísperas del Grito de

---
* *Ibídem*, el 7 de julio de 1993.

Baire. *No, general, un pueblo no se funda como se manda un campamento.*

Bajo la influencia de esos caudillos se estrena la República, ya sujeta a la nefasta tradición de alzarse en la manigua como primer recurso de la oposición. Poco logran Mañach (*La Crisis de la Alta Cultura en Cuba*) y los ilustrados *Abecedarios* en su intento por imponer la razón y la inteligencia frente a la gente de acción y los políticos de barricadas que llevaron al país de revolución en revolución hasta la caída del General Machado.

La nueva generación que toma el poder en 1933, los sargentos y los estudiantes, sumen a la nación en uno de sus más convulsionados períodos, quedando abiertas las puertas al populismo demagógico con su secuela de violencia política y gangsteril. Bastaba entonces invocar la retórica revolucionaria para mantener a raya a la élite pensante de la nación.

Ni siquiera el breve interludio que hizo posible la Constitución de 1940 logra reconciliar las profundas grietas que ya oponían a los grupos gobernantes contra la élite del país. No es que desaparecieran los hombres cultos y de fortuna, sino que simplemente se apartaron de la gestión pública —y lo hicieron de forma permanente. *El desdén de los ricos por la cultura, y el resentimiento de nuestros hombres cultos frente a ellos, es la mayor tragedia de nuestra presente realidad nacional*, como observa con característica lucidez Vicente Echerri en *La Señal de los Tiempos*.

Con estos antecedentes no debiera sorprender que a la llegada de Castro el cauce intelectual del país estuviera integrado principalmente por la izquierda ni que, bien por moda, tradición o resentimientos, arremetieran contra las clases vivas abonando el paso de las confiscaciones y otros excesos revolucionarios que socavaron la ya debilitada sociedad civil.

La decapitación de *ancien régime* —la *siquitrilla*, en el lenguaje del momento— precipitó la huida de los capitalistas y empresarios que ahora Castro añora en vano atraer. Paradójicamente, la mutua sospecha entre la élite económica y los intelectuales ha persistido aquí en el exilio, fragmentando los esfuerzos por liberar la Patria.

En esta interminable hora final del castrismo, es imprescindible la reconciliación de ambos sectores para hacer realidad el proyecto de nación concebido por aquellos patricios del siglo pasado. Porque una nación no se reconstruye como se administra una empresa.

XLVIII
ADOLFO RIVERO CARO

Nació en La Habana en 1935. Cursó la carrera de Derecho en la Universidad de La Habana donde fue profesor de Filosofía Marxista. Participó en la lucha contra la dictadura de Fulgencio Batista, y al triunfo de la revolución de 1959 ocupó un alto cargo en la Unión de Jóvenes Comunistas de Cuba. En 1968 fue expulsado del Partido Comunista cubano. Poco después fundó, junto con Ricardo Bofill, el Movimiento de Derechos Humanos en Cuba. En dos ocasiones fue encarcelado por el régimen de Castro. En 1988 emigró a Francia, donde se le concedió asilo político. Un año después se trasladó a Miami donde actualmente reside. Trabaja como analista político y comentarista de *Radio Martí*.

La angustia de la libertad *

DURANTE treinta años todas las noticias que el pueblo cubano acostumbraba a recibir sobre los países socialistas eran agradables, sedantes, placenteras: se inauguró un círculo infantil en Praga, ganó el equipo húngaro de esgrima, acordaron una campaña por la paz en Sofía, se reunieron los cosmonautas en Moscú. Mientras tanto, todas las noticias sobre los países capitalistas tenían un carácter tétrico, crispado, maligno: robaron un banco en Nueva York, violaron una niña en París, se suicidó un anciano en Madrid, efectuaron un ensayo atómico en Nevada, se murió de hambre una familia en Colombia. Se pretendía de esta forma asociar lo positivo con el socialismo y lo negativo con el capitalismo —algo así como el condicionamiento de los perros de Pavlov. Los gravísimos problemas económicos, políticos y sociales de los países socialistas eran deliberadamente *ocultados* —como, por ejemplo, la catastrófica contaminación ambiental que existe en todos ellos— hasta que un buen día todos aquellos supuestos paraísos se revelaron como lo que eran: una estafa histórica sin precedentes. Y de paso, el pueblo cubano que gusta de reflexionar, pudo comprobar por su propia experiencia que había sido sistemáticamente desinformado durante 30 años. Los famosos expertos tenían razón cuando decían que la revolución era inminente. En lo que se equivocaron fue en donde.

---

* Comentario leído en *Radio Martí*, en 1990.

Hoy, el pueblo cubano comienza a percibir un brusco cambio: todos los problemas que, al parecer, no existían en Polonia, en Hungría, en Alemania Oriental, en Checoslovaquia, en Rumanía o en Bulgaria ahora empiezan a realizar un súbito acto de presencia. La sensación que tratan de dar los medios de comunicación oficiales es que los viejos paraísos se han convertido en nuevos infiernos. Quienes tratamos de comprender las complejidades del mundo moderno no debemos ceder a la tentación de ignorar o minimizar los problemas que esos antiguos países socialistas tienen por delante. Su desastre económico y ecológico no será fácil de superar. El tránsito a una economía de mercado será doloroso y conflictivo. Y sólo cuando la productividad del trabajo consiga elevarse verticalmente podrá comenzar a discutirse sobre la mejor repartición de la nueva riqueza creada.

Pero no se trata solamente de detalles técnicos, hay algo más. Se trata de tomar una conciencia clara sobre los problemas y las *angustias de la libertad*. La libertad es la esencia misma de la vida humana, pero esa esencia es profundamente dramática. En el mundo sólo el hombre tiene el privilegio y la responsabilidad de tener que escoger *constantemente*. Yo escojo hablarle a ustedes y ustedes escogen escucharme. Tanto ustedes como yo pudiéramos estar haciendo otra cosa porque escoger implica *renunciar* a un infinito número de opciones posibles. En esto consiste el dramatismo y, si se quiere, la obligada heroicidad de vivir. No es de extrañar que, aunque renunciar a la libertad signifique sufrimiento, entrañe también reposo, descanso y alivio. Porque se nos alivia de esa carga agotadora de tener que estar tomando decisiones constantemente. Yo, que he estado preso, conozco de muchos que encuentran en la cárcel una ambigua aunque inconfesada felicidad. Allí no hay que tomar decisiones ni arriesgar nada, la casa, la comida y la ropa están aseguradas. Casa y comida: mi perro no le pide más a la vida. Pero el hombre es distinto: la libertad está inscrita en su naturaleza. Sí, yo quiero ser libre, y acepto la soledad, el hambre, el vicio y el fracaso como los riesgos de mi libertad. Porque no es la recompensa del triunfo sino la conciencia de haber tenido el valor de desafiar sus peligros lo que nos afirma a todos como hombres, y le da sabor a esta vida.

Xiaoping y la fría contrarrevolución de China *

AUNQUE parezca extraño decirlo, el ala reformista en la dirección del Partido Comunista chino, encabezada por Deng Xiaoping, sigue llevando adelante una de las contrarrevoluciones más importantes del Siglo XX. Es una contrarrevolución extraña, fría, desprovista de ideología. Más que voluntaria, ha sido impuesta por las circunstancias pero su desarrollo pudiera abrir nuevas perspectivas a los tambaleantes gobiernos comunistas y, quizás también, a futuras revoluciones en el Tercer Mundo.

---

* Publicado en *El Nuevo Herald*, el 6 de julio de 1993.

En 1976, Mao Tse Tung vacilaba en terminar la Gran Revolución Cultural Proletaria que se prolongaba desde hacía 10 años. Ningún centro de enseñanza había funcionado durante ese tiempo, cuatro millones de personas habían sido asesinadas y las hambrunas asolaban el país. Sus vacilaciones fueron afortunadamente interrumpidas por la muerte. Eso permitió que los partidarios de la normalización, encabezados por Deng Xiaoping, lograran imponerse a la llamada *Banda de los Cuatro*, que pretendía prolongar el caos revolucionario.

Deng necesitaba obtener éxitos económicos rápidos para consolidar su posición de dirigente y poder reconstruir al país. La liberación productiva del campesinado chino era la solución obvia aunque políticamente heterodoxa. El veterano de la *Gran Marcha* no vaciló: ordenó la disolución de las comunas y estableció los llamados contratos de responsabilidad familiar. Los campesinos establecían sus propios compromisos de venta de granos al estado y podían vender el resto de su producción a los precios que determinara el mercado. La recuperación agrícola fue sorprendentemente rápida.

Deng no se detuvo ahí. Se permitió el desarrollo de las empresas privadas o casi privadas que producen bienes y servicios independientemente del plan estatal. Se fueron liberando los precios, la moneda avanzó hacia la convertibilidad y el país se abrió al comercio exterior y las inversiones extranjeras. El éxito de la apertura económica fue impresionante. Ha permitido un crecimiento anual que actualmente oscila alrededor del 10 por ciento. En 1990, las empresas privadas, cooperativas o con participación del capital extranjero representaban el 70 por ciento del crecimiento industrial del país. Es obvio que estos brillantes éxitos económicos se deben a la expansión del sector capitalista y a la contracción del sector socialista. En la práctica, el Partido Comunista chino lleva casi 20 años construyendo el capitalismo.

No es tan extraño como parece. Desde la NEP hasta Lieberman, la eterna fórmula para estimular las exangües economías socialistas fue siempre la introducción de elementos capitalistas. Los dirigentes marxistas siempre han sabido que la economía capitalista es la más productiva de la historia. Esta realidad se vio oscurecida durante muchos años por la influencia y el aparente poderío de la URSS. Pero el súbito colapso soviético la ha puesto de relieve de una manera cruda y casi brutal: la ineficacia socialista conduce a la ruina. ¿Qué hacer entonces? ¿Qué opciones quedan? ¿Acaso puede una dictadura comunista dirigir el desarrollo de una economía capitalista? ¿No es esto una contradicción de términos?

Las relaciones entre el capitalismo y la democracia no son directas ni inmediatas. Ha habido un intenso desarrollo capitalista bajo férreas dictaduras en Taiwan, Corea del Sur, Singapur y Chile, por sólo citar algunos casos. Es cierto que, a largo plazo, el capitalismo requiere democracia pero también es cierto que puede coexistir con una dictadura durante mucho tiempo. En China, el PC está reforzando la represión e impulsando, al mismo tiempo, el desarrollo capitalista. No tiene alternativas. Una tercera parte de las empresas industriales socialistas deja pérdidas. Y por otra parte, los resultados han sido elocuentes: el paso al capitalismo ha significado una prosperidad sin precedentes. Es precisamente el incremento de las expectativas lo que está generando inquietud política entre las masas campesinas. Y la presión hacia la intensificación del desarrollo capitalista no hará sino aumentar.

Pero un Partido Comunista dirigiendo un desarrollo económico capitalista no sería la única sorpresa.

El Partido Comunista chino puede estar liquidando la economía socialista pero se mantiene como partido totalitario: no ha renunciado a su carácter leninista. Y, sin embargo, *esta transformación tampoco es imposible*. En la Europa del Este, *la mayoría de los partidos comunistas ya la han hecho*. Esos partidos están apoyando el tránsito al capitalismo y se han convertido en organizaciones de corte populista, democrático. Es esto, precisamente, lo que les ha permitido ganar un espacio dentro del espectro político nacional.

Los partidos comunistas que trataron de democratizarse desde el poder acabaron perdiéndolo. Era lógico. Tratar de avanzar hacia la democracia política *sobre la base de una economía socialista estancada e ineficiente*, de la que los comunistas eran responsables, tenía que conducir inevitablemente a la pérdida del poder político. Esta fue la experiencia de la Unión Soviética y de los países de la Europa del Este. Pero ¿qué sucedería si un partido comunista tratara de efectuar ese tránsito político después de haber conseguido un exitoso desarrollo capitalista? ¿Y qué imagen tendrían entonces las masas de ese partido?

Hasta ahora, por supuesto, nadie lo ha hecho. Ningún partido comunista en el poder ha propiciado el tránsito hacia la economía capitalista y se ha transformado luego en partido populista, abriendo el camino a la democracia política. Pero, ¿sería imposible que sucediera? ¿No lo intentarían futuros dirigentes del PC chino? Y ¿no pudiera abrir esto nuevas perspectivas políticas en el mundo? Preguntas fascinantes, sin dudas.

No creo que ningún partido comunista se esté moviendo, deliberada y conscientemente, en este sentido pero, ante el definitivo fracaso de la economía socialista, la tendencia hacia la empresa privada y el libre mercado se refuerza espontáneamente. Y una vez que se haya progresado lo suficiente, cualquier partido estaría en condiciones óptimas para hacer el tránsito de la dictadura comunista a la democracia. Esto implicaría que el propio partido comunista hiciera el tránsito de partido del leninismo al populismo, es decir, el cambio de partido de corte totalitario a partido democrático. Ciertamente, en el mundo de hoy a los dirigentes comunistas no les faltarían estímulos para hacerlo. Y sería muy extraño que esta posibilidad no se le ocurriera a alguno de ellos.

Una perspectiva lejana, sin duda. Pero curiosamente posible.

XLIX
JUAN MANUEL CAO

Nació en La Habana en 1961. Fue preso político entre 1982 y 1985, acusado de redactar *propaganda enemiga*. Salió de Cuba rumbo a Panamá en 1986. Desde 1988 reside en Estados Unidos donde trabaja como periodista. Publica periódicamente en *El Nuevo Herald* una columna de análisis político. Los textos que recoge esta Antología aparecieron en esta publicación. Ha representado a la ULC en asambleas internacionales convocadas por las Juventudes Liberales Centroamericanas.

La democratización de la privatización *

PRIVATIZAR. Algo con lo que posiblemente la suficiente mayoría esté de acuerdo. ¿Cómo privatizar? Un punto en el que seguro costará trabajo llegar a un consenso.

Cuba y su futuro de por medio

Como por ahora no podemos —quiero decir, inmediatamente— precipitar ese futuro, no es mala idea imaginarlo, pensarlo. Adelantar un debate que será, sin duda, prioritario. Ya sé que antes se debe derrocar a la tiranía, pero no está demás averiguar para qué se le quiere derrocar.

La variedad de propuestas que se escuchan en torno al tema de las propiedades son una señal de lo candente que estará la discusión cuando la inminencia de la realidad acerque las teorías a los hechos. No vengo pues, a dar la última palabra. Inútil pretensión. Sólo agrego. Y si sirve, aporto. A esa aspiración no he renunciado. Empecemos.

La manzana de la discordia marxista ha sido sin duda los medios de producción. El cuestionamien-

---
* Publicado en *El Nuevo Herald*, el 18 de diciembre de 1992.

to: ¿en manos de quién deben estar éstos? El comunismo no fue más que una reacción extremista a las injusticias sociales creadas por el sistema de propiedad privada sobre los medios de producción. El dis-urso político parecía coherente: acabar con los monopolios de las grandes empresas, evitar la excesiva acumulación de capital en manos de unos pocos en detrimento de las mayorías e impedir las desigualdades sociales y la llamada explotación del pobre por el rico. Había que poner los medios de producción en manos del pueblo. Ya lo digo, el discurso sonaba bien. Y parecía coherente porque el diagnóstico es relativamente cierto. La falla está en la receta. En el frasco marxista había veneno y no medicina. Por eso hay que sospechar siempre de esos medicamentos con instrucciones revolucionarias: agítese antes de usarse. La historia ha demostrado que están contraindicadas.

Formol aparte. El comunismo sólo sustituyó unos propietarios por otros. Los medios de producción no pasaron a manos del pueblo sino a las del estado y quienes manejan el estado son los nuevos amos y señores. Pero la derrota del comunismo no debe significar de ninguna manera el fin de la aspiración a un mundo más equitativo. El reto es anterior a Marx y sigue en pie.

Cierto que las sociedades más democráticas han encontrado mecanismos civilizados para aminorar las desigualdades, pero el desafío de las nuevas generaciones será tratar de perfeccionar aún más esos mecanismos y salir a la búsqueda del punto más cercano de equilibrio entre desigualdad y libertad. La igualdad o la libertad absoluta ya hemos aprendido que son sólo aspiraciones ingenuas. Sin embargo, el punto de equilibrio entre ambas es posiblemente el mejor de los ideales dables.

En este espíritu es que debemos enfrentarnos a la difícil misión de la reconstrucción en Cuba. Y es este planteamiento ético el que debe guiar el futuro y obligado proceso de privatización en nuestro país. No basta con privatizar, debemos asegurarnos de que la privatización forme parte del proceso democrático.

Tendremos por primera vez la oportunidad de poner realmente los medios de producción en manos del pueblo, entregando al menos el 51% de las acciones de las empresas ahora en poder del estado a sus empleados y también fomentando leyes que insten a los creadores de nuevas empresas a darle participación a sus trabajadores. Por ejemplo: ofreciéndole al obrero la oportunidad de comprar acciones de la empresa en que trabaja proporcionalmente a los años laborados en ella. No es nada nuevo: se ha probado a pequeña escala en algunos países desarrollados con resultados relativamente positivos. Es, por supuesto, un mecanismo legalmente complejo, pero no imposible. Estoy convencido de que vale la pena tomarlo en cuenta.

Testigos de la subasta

El disparate es poner el país a la venta alegremente y marginar para ello a la gran población cubana que no tendrá ni los medios ni el capital para comprar empresas o riquezas potenciales. Condenarlos a participar como simples testigos de la mayor subasta de la historia nacional.

Se debe restablecer el derecho a la propiedad privada y a la libre empresa, pero hay también que democratizar la privatización. De lo contrario no habrá democracia verdadera.

El objetivo no es regresar sino salir adelante. Piénsenlo dos veces.

De la economía libre, las hadas y las brujas[*]

LO EXPLICARÉ a mi manera. Como voy a hablar de economía me parece prudente, en nombre de la claridad, renunciar al lenguaje económico oficial. La economía, como la política, la cultura, el deporte, o el amor, tiene su lenguaje oficial, casi siempre el más alejado de la realidad de su materia en cuestión. Y hablando de cuestión, voy a ella.

Cuando la televisión cubana exhibe a los niños famélicos de América Latina como muestra de los resultados del mercado libre, está estafando a su público. Y no es que uno quiera negar a esas desdichadas criaturas infladas de parásitos. Esas, desgraciadamente, las hay en demasía. Lo que no ha habido nunca en nuestro dolido continente, es un mercado libre. En eso radica la estafa.

Salvo en algunos períodos de relativa libertad comercial, como por ejemplo en la primera treintena de la Cuba republicana o la Argentina preperonista, lo que ha primado en nuestro continente es una suerte de mercado de estado. No hemos tenido nunca, de manera sostenida, aquello que se conoce popularmente como capitalismo. Esos niños famélicos, esa imperdonable acumulación de miserias, esas favelas y ese abismo humillante entre ricos y pobres, se debe precisamente a la ausencia de un mercado auténticamente libre.

El mercado de estado, con sus gravámenes, su ridículo proteccionismo, su burocracia y su corrupción, sólo ha servido para frenar la capacidad creativa de la sociedad extraestatal y la de sus propios empleados. A los patriarcas de la demagogia populista no les ha convenido entender, ni hacer entender, que la prosperidad es una consecuencia de la libertad y no a la inversa.

Tomemos como ejemplo a Panamá, donde en 1986 el 60% de los medios de producción y servicios estaban en manos del Estado. En 1992 la situación no ha variado mucho. No es el peor caso, pero resulta curioso que sobre el otro 40%, integrado por una pujante clase empresarial, descansa el grueso de la economía del país. En Panamá, la mayoría ha estado viviendo de una minoría que ha luchado a brazo partido contra la infinidad de trabas, coacciones, impuestos injustificados y chantajes políticos a que los ha sometido el Estado con toda su corte de sindicatos corruptos, jueces comprados, partidos procastrenses y ministerios parasitarios. Pues a pesar de semejante lastre este minoritario porcentaje de la población alcanzó insospechados logros en cuanto a crecimiento económico se refiere.

Si el Estado panameño se decide de una vez a reducirse, a retirarse a sus fronteras naturales, estos resultados podrían multiplicarse y favorecer a las mayorías que de otra manera tienen que defenderse de un empleador monopolista en cuyas manos están, además, todos los resortes judiciales y políticos.

Es sumamente difícil negociar con un patrón que es a la vez tu policía, juez, carcelero, educador, repartidor de agua y cobrador de la luz.

A fin de cuentas ni el más capacitado de los gabinetes ministeriales compite en eficiencia y creatividad con la libre iniciativa ciudadana. Se sabe: no se pueden repartir las riquezas que no se han creado. Y esa búsqueda de la equidad no puede hacerse a costa del

---

[*] *Ibídem*, el 25 de septiembre de 1992.

sector de la sociedad que se aventura en el riesgoso mundo de la oferta y la demanda. La responsabilidad social no es un deber exclusivo de quienes ganan, hacen producir u ofrecen servicios. Lo es también de quienes simplemente consumen.

No existe educación gratis, ni salud pública gratis, ni recreación gratuita. Eso es un cuento. Cada uno de estos servicios sociales tiene un costo y un bolsillo pagador.

Diferencia matemática

La diferencia matemática entre comunistas y capitalistas radica en que para los comunistas dos más dos son cinco. Y para los capitalistas dos más dos son tres. Son expresiones diferentes de la plusvalía. Por el camino del máximo denominador se llega a la bancarrota, por la del mínimo a la acumulación de capital. La sabiduría consiste en acercarse al mágico cuatro, no en alejarse. América Latina ha apostado casi siempre por la fórmula equivocada.

Es por ello que estoy convencido de que el éxito económico de la Cuba futura no depende ni de la ayuda exterior, ni de los inversionistas, ni de ningún factor global. El éxito depende, fundamentalmente, del grado de libertad económica con que se doten los propios cubanos de la Isla, de la capacidad que demuestren para echar a andar la destartalada maquinaria que hereden y del sistema jurídico y político que puedan crear para garantizar ese ambiente de libertad y tolerancia tan necesario para que la sociedad toda, al margen del estado, con cada uno de los ciudadanos, pueda tomar la mayor cantidad de decisiones dentro del mayor número de opciones. Lo demás es sólo cuento de hadas. Digo, de brujas.

CARLOS VARONA

Nació en Camagüey en 1924. Jurista y sicólogo, se graduó de Doctor en Derecho en la Universidad de La Habana, y de Doctor en Sicología en la Universidad de Puerto Rico. En 1959 y hasta 1960 fue Viceministro de Trabajo en Cuba. Partió al exilio en la década de los sesenta y, desde entonces, es catedrático de Sicología en la Universidad Interamericana de Puerto Rico. Varona fue miembro fundador de la *Unión Liberal Cubana* y es ahora miembro de su Dirección. Ha sido columnista durante años del periódico *El Nuevo Día*, y es autor de numerosos artículos y de varias obras de temas sicológicos entre las que destacan: *Introducción a la sicología* (1985), *La sicología en broma y en serio* (1994) y *La sicología de la sensatez* (1994). Vive actualmente en Puerto Rico.

La visión liberal de la Sociedad y el Estado *

DENOMINACIÓN

Hemos adoptado la denominación de *Unión Liberal Cubana* como una manera de definir que creemos en tres ideas fundamentales que expondremos en subsiguientes párrafos.

La primera es la idea de que la sociedad cubana es una —sólo una— que existe fragmentada por sucesos históricos determinados por la minoría gobernante en Cuba que, al imponer un sistema despótico, ha propiciado un éxodo de más de un millón de cubanos que se encuentran en lugares tan distantes unos de otros como diversos estados de los Estados Unidos, países de las Américas Central y Sur, Rusia, España y los países escandinavos, por citar los más prominentes. Pero las familias cubanas dentro de Cuba y las que se encuentran en tierras extranjeras, han mantenido sus tradiciones y creencias nacionales. En Cuba hay socialistas, individualistas, liberales y conservadores, cristianos, judíos, musulmanes y ateos, y lo mismo ocurre en los países en los que se encuentran diseminados los que han salido de la Isla. Todos tienen en común el conjunto de características culturales que convierten a un pueblo en nación: la nación cubana.

---

* Folleto publicado por la *Unión Liberal Cubana* (Madrid, 1992).

La segunda idea es la de que el liberalismo existe como fuerza creciente en el mundo de hoy, fines del siglo XX y que, posiblemente, llegará a ser dominante en esta década y en las del próximo siglo.

La tercera idea es la de que es posible que los liberales cubanos, de dentro y fuera de Cuba, nos unamos en una tarea común en un partido político que defienda los principios que han estado presentes en los documentos jurídicos fundamentales de nuestro desarrollo histórico, desde la constitución de Guáimaro hasta la de 1940, y aun en preceptos —inoperantes en la realidad— de la constitución socialista formalmente vigente en Cuba.

Filosofía liberal

La filosofía liberal hunde sus raíces en las ideas de los griegos presocráticos que comprendieron la esencia racional del ser humano. Los liberales de hoy partimos de una creencia básica: el ser humano es un ente libre que posee la capacidad de tomar decisiones racionales que le permiten o facilitan el logro de los fines o metas que él libremente escoge. La cultura en que vive, la sociedad en que se desarrolla, las otras personas con las cuales se relaciona, le proporcionan a cada uno las opciones que puede escoger, pero la selección es el fruto del libre albedrío.

Es importante señalar que la filosofía liberal rechaza todo determinismo y todo fatalismo que, al suponer que fuerzas ajenas a la persona individual determinan sus pensamientos, sentimientos y procederes, esclavizan al individuo a las instituciones o poderes que controlan tales fuerzas como los partidos políticos, el Estado y sus agencias educativas y hasta hospitalarias. Explícitamente, la filosofía liberal rechaza el marxismo (determinismo económico) y los sicologismos sicoanalíticos y conductistas (determinismos basados en lo inconsciente instintivo y en el ambiente).

Política liberal

El filósofo inglés John Locke intentó señalar los límites del conocimiento posible del hombre y los límites del poder legítimo del soberano (gobernante) y puso así las bases teóricas más firmes del Estado de Derecho en el cual deben existir reglas obligatorias que definan los recíprocos derechos y deberes de gobernantes y gobernados. La tradición inglesa y los pensadores de Europa y Estados Unidos continúan esa línea de pensamiento y de acción liberales que culmina con los trabajos de John Stuart Mill, de Adam Smith, de Montesquieu, de Cesare Beccaria y de Madison y los federalistas americanos. Las ideas filosóficas, jurídicas, económicas que constituyen el caudal del liberalismo, se realizan en la práctica política en la monarquía inglesa y en su sistema parlamentario. En Francia los enciclopedistas habían señalado la naturaleza esencialmente libre del ser humano y la necesidad de lograr un sistema político que reconociera esa libertad y la propiciara. Montesquieu había desarrollado la idea de que los poderes deben limitarse unos a otros de modo que existan un Poder Legislativo para generar las leyes, un Poder Judicial para decidir las controversias que surjan en torno a la aplicación de las leyes y un Poder Ejecutivo para imponer su cumplimiento. El liberalismo francés culmina en la *Declaración de los Derechos del Hombre y del Ciudadano* y en la formalización de los sistemas republicanos luego de los fracasos del terror y del imperio. En los Estados Unidos de América las ideas básicas del liberalismo aparecen en los escritos federalistas de Madison y sus compañeros y se plasman jurídicamente en la Constitución Americana y en sus enmiendas, que generan un Estado de Derecho democrático que hace descansar el poder en el voto del pueblo; se establecen procedimientos para evitar el abuso de las mayorías sobre las minorías; se consagra la división de los poderes del Estado y se establecen procesos para que los viejos principios se puedan ajustar a los nuevos requerimientos de un mundo en constante evolución. El pensamiento y la actitud liberales, en su concreción jurídica, aparecen en normas escritas, con pretensión de validez universal, en la *Declaración de los Derechos Humanos* de las Naciones Unidas.

En Cuba, la Constitución de Guáimaro y la de 1901 fueron documentos de amplio y profundo sentido liberal, ambas se inspiraban en el mismo repudio a la concentración del poder que pone en peligro o anula la libertad del individuo. La Constitución de 1940 también toma del liberalismo la división de poderes y los límites que establece al Poder Ejecutivo y al Legislativo, pero desciende a diseñar un programa de legislación con contenido socialista que, en algunos aspectos, puede considerarse reñido con el pensamiento liberal.

Es oportuno señalar que el pensamiento y la actitud de Martí coinciden plenamente con las ideas y la praxis del liberalismo que se basan en la libertad esencial del ser humano, en los límites del poder público, en el respeto a las minorías y en el derecho a disentir, ideas, actitudes y creencias que aparecen en la obra y en la vida del Apóstol.

En síntesis, el liberalismo es un pensamiento, una actitud y una praxis. Como pensamiento, desarrolla la creencia de que el hombre es libre y el Estado debe limitarse jurídicamente; como actitud, desarrolla la tolerancia y el respeto a las disidencias minoritarias e individuales; como praxis, desarrolla una ética basada en el respeto a la ley. El liberalismo es un fino producto de la cultura occidental que en Cuba se ha cristalizado en el pensamiento de los próceres como Varela, Luz Caballero y Martí y, jurídicamente, en sus leyes penales, civiles y laborales prerrevolucionarias.

Realmente, el liberalismo se nutre de las ideas filosóficas y políticas que florecen en el humanismo, aunque para muchos es el economista Adam Smith el que más influye en su concreción práctica con sus investigaciones sobre la riqueza de las naciones. Verdaderamente Adam Smith no fue sólo un economista sino un filósofo humanista y profundísimo sicólogo que, aunque reconoció pasiones en el ser humano, también postuló que su esencia racional le permite controlar sus acciones para lograr objetivos o metas inteligentemente propuestas. El hombre económico de Smith no es un animal instintivo irracional, sino un ser pensante cuyo egoísmo no lo lleva a la guerra de todos contra todos que había descrito Thomas Hobbes, sino a la competencia económica que propicia la riqueza de las naciones. Sobre tales postulados desarrolló Smith su crítica al proteccionismo económico que regía en su época y que enfrentaba a las naciones en guerras de aranceles que solían terminar en conflictos armados, y su defensa tenaz del mercado libre como mecanismo regulador de la producción y los precios, tanto en el orden nacional como en el internacional.

La teoría del mercado libre jamás ha funcionado plenamente. El proteccionismo nunca ha desaparecido, pero en el siglo XX, las revoluciones marxistas y demás utopismos socialistas han enfrentado a las naciones en conflictos casi universales que culminan en la guerra fría y en el desastre económico y político de la Unión Soviética y sus satélites de la Europa Oriental.

Ahora, casi sin excepción, los pueblos que han experimentado el socialismo y han sufrido sus quiebras económicas, sociales y políticas vuelven sus ojos al mercado, a la economía libre, que es como decir al liberalismo económico cuyas bases cimentó Adam Smith, que propuso que fueran los hombres de negocios, los empresarios, los que decidieran qué se produce y cómo se produce, según la demanda cuyo juego con la oferta determina los precios de los bienes. El papel del Estado en la economía de Smith (liberal) se reduce a eliminar todo proteccionismo y a cuidar la libertad de la producción y el cambio.

Podría objetarse que la competencia libre en los mercados libres llevó al mundo a las crisis económicas de principios y mediados del siglo XX por lo que las diversas formas de intervención socialista surgieron como una respuesta racional a las crisis de miseria, pero por una parte reiteramos que la libertad completa de mercado no ha existido jamás y, por otra, que la creencia del liberalismo en que el hombre es libre y digno le permite establecer límites jurídicos válidos o reglas de mercado que no lo invaliden y que salvaguarden la libertad y la dignidad de las personas. Hoy día tales límites aparecen bosquejados en la *Declaración Universal de los Derechos Humanos* de las Naciones Unidas, que los liberales acatamos y defendemos.

En otras palabras, la economía del liberalismo actual plantea que la producción dependa de la empresa privada y no de los gobiernos; que los precios se determinen por el libre juego de la oferta y la demanda y no por dictámenes gobiernistas; que se propenda a eliminar toda forma de proteccionismo económico nacionalista; que el Estado sólo regule materias tales como salarios mínimos, jornada máxima, seguridad social y otras semejantes que propicien la garantía de los derechos humanos universalmente reconocidos.

Derecho liberal

La filosofía liberal, la teoría liberal del Estado, la economía liberal y hasta la sociología y la sicología liberales se concretan en el derecho liberal que implica: los derechos civil y mercantil liberales, el derecho penal liberal, el derecho laboral liberal y el derecho constitucional liberal.

La Constitución liberal entraña el diseño jurídico de un estado democrático en el que el gobierno se elija por medio del voto universal, directo y secreto; en el que se respeten los derechos de las minorías y se asegure su participación en los procesos públicos; se garantice la igualdad de los seres humanos ante la Ley; se establezca la división de los poderes (Ejecutivo, Legislativo y Judicial); se reconozcan y salvaguarden los derechos humanos reconocidos por la Organización de las Naciones Unidas.

Los códigos civil y mercantil liberales han de reconocer y regular la propiedad privada de las tierras, de los inmuebles, muebles y mercancías de todas clases; la libertad de contratación con la menor cantidad posible de límites; la libertad de iniciativa empresarial para personas individuales y para personas colectivas nacionales y extranjeras por igual; el reconocimiento del matrimonio y la familia; la regulación sin trabas de los derechos de sucesión hereditaria, asegurándole a la voluntad del testador la mayor libertad posible; la regulación de los procesos civiles de modo tal que se asegure la rapidez en sus trámites y el predominio de la determinación del fondo sobre las formas.

El derecho penal ha sido una de las ramas del derecho más afectada por los gobiernos totalitarios de izquierda y de derecha. Los pretextos han venido de las sociologías y las sicologías *científicas* que han postulado el determinismo instintivo o social y, en consecuencia, han postulado sustituir la idea de la pena por la de la rehabilitación y la de la culpa por la de peligrosidad. En resumen, el derecho penal totalitario plantea la posibilidad de encerrar a las personas ilimitadamente, luego de su diagnóstico como peligrosas y de que el Estado, en su función de defensa social, pueda disponer de la vida de las personas que constituyen amenazas para el orden social y político.

El derecho penal liberal parte de la creencia básica de que los seres humanos son libres y dignos y deben considerarse iguales ante la Ley. Algunas de sus ideas fundamentales nacieron en el derecho romano, pero fueron defendidas y explicadas cabalmente por Cesare de Beccaria en 1764 y desarrollados luego por penalistas liberales italianos, alemanes, ingleses y norteamericanos. Algunos de los principios del derecho penal liberal aparecen consagrados en la *Declaración de los Derechos Humanos* de las Naciones Unidas y en las constituciones de la mayoría de las democracias occidentales. Quizás puedan resumirse tales principios en los pilares de la *Declaración de los Derechos del Hombre y del Ciudadano* de la Revolución Francesa: libertad, igualdad y fraternidad. El primero se concreta en el conocido apotegma *nullun crimen, nulla poena sine lege*. El de la igualdad se plasma en la construcción de la teoría de la tipicidad que exige que para castigarse al autor de una acción, ésta ha de estar exactamente descrita en la definición objetiva de tal delito que aparezca en una ley anterior al acto que se le imputa. El principio de fraternidad, en derecho penal, se realiza en la humanización de la pena y en la benignidad de las sanciones establecidas.

No resistimos a la tentación de exponer algunos de estos principios en las palabras del marqués de Beccaria:

> Sólo las leyes pueden decretar las penas contra los delitos y no la voluntad del juez. El fin de las penas no es atormentar ni afligir sino impedir al reo causar nuevos daños y retraer a los demás de la comisión de otros iguales.

Las penas deben ser las mismas para el primero que para el último de los ciudadanos, para los nobles que para los vasallos. Las leyes deben favorecer menos las clases de los hombres que los hombres mismos.

Nos parece excusado precisar en detalles cómo el Código Penal de Cuba socialista, así como los códigos penales de la desaparecida Unión Soviética y de la Alemania nazi contradicen todos los principios del derecho penal liberal.

Derecho laboral

Los regímenes socialistas de modelo estaliniano, como el de Cuba, alegan ser Estados de trabajadores; sin embargo, en la realidad ocurre que eliminan los derechos básicos que le han reconocido a los obreros las leyes de casi todos los países occidentales y que han llegado a formar parte de protocolos, tratados y convenios patrocinados por la Organización Internacional del Trabajo con sede en Ginebra.

El derecho obrero liberal se fundamenta en los principios de respeto a la libertad y a la dignidad del ser humano y en la aceptación de los derechos humanos reconocidos en la *Declaración Universal de los Derechos Humanos* de la Organización de las Naciones Unidas, que han venido a formar parte de la filosofía liberal.

El liberalismo propone la codificación de los procedimientos laborales y de los derechos sustantivos obreros. El principio básico es el de libertad de contratación, con reconocimiento de la personalidad de los sindicatos y uniones de trabajadores, pero partiendo de la fijación legal de salarios mínimos compatibles con la dignidad de la familia trabajadora, de jornadas máximas racionales y de la regulación de medidas de seguridad y condiciones de trabajo adecuadas.

LI
CARLOS ALBERTO MONTANER

Nació en La Habana, en 1943. Es graduado de Master of Arts por la Universidad de Miami. Ha realizado estudios doctorales en las universidades de Puerto Rico y Madrid, ciudad esta última en la cual reside desde 1970. Ha publicado 13 libros entre los que destacan sus novelas *Perromundo* (1972) y *Trama* (1989), los libros de ensayo: *Para un continente imaginario* (1976); *Cuba: claves para una conciencia en crisis* (1978); *Informe secreto sobre la revolución cubana* (1975); *Fidel Castro y la revolución cubana* (1984); *La agonía de América* (1990); *Víspera del final* (1992); *Cómo y por qué desapareció el comunismo* (1994) y *La Libertad. Clave de la prosperidad* (1994). Varios de sus libros han sido publicados en Estados Unidos por *Transaction Press* (Rutgers University) y traducidos al ruso y al italiano. Además, Montaner escribe una columna periodística que se publica en docenas de periódicos de Europa, Estados Unidos y América Latina y hace habitualmente comentarios de carácter político y cultural para la televisión de varios países de América. Es también Director de la *Editorial Playor* y de *Firmas Press,* agencia internacional de prensa. En 1990 fundó la *Unión Liberal Cubana*, partido político que preside, y que está afiliado a la *Internacional Liberal*. Montaner es Vicepresidente de la IL.

La palabra.
Entre la libertad y el totalitarismo [*]

UNA DE LAS POLÉMICAS más interesantes sobre el origen del lenguaje humano divide a los lingüistas entre quienes piensan que la facultad de hablar es innata al hombre, lo que ha dado lugar a la aparición inconexa de muchos lenguajes diferentes, y quienes creen que se trata de un bien común conquistado tras un largo proceso evolutivo que generó una lengua única y primigenia, de la cual se derivan todos los idiomas de la humanidad. De ser cierta la última hipótesis, el español, el lenguaje de estas reflexiones, sería un vástago más de esa remota lengua madre de

---

[*] Publicado en la *Revista del Pensamiento Centroamericano* (vol. XLVI, núm. 211, abril-junio 1991).

la que todos somos tributarios, lengua mantenida viva por el esfuerzo ininterrumpido de múltiples generaciones sucesivas.

Probablemente esa disputa académica nunca podrá ser tajantemente resuelta. Hay argumentos en las dos direcciones de los que se pueden derivar conclusiones a un tiempo contradictorias pero convincentes.

Lengua y libertad

No obstante, hay algo en el fenómeno del habla sobre cuya naturaleza acaso convenga indagar con sumo cuidado. Sería ahora repetir un lugar común decir, por ejemplo, que es el habla, la capacidad de articular sonidos y de domar con ellos el pensamiento abstracto, lo que determina y hace posible la existencia humana, y es también una verdad evidente insistir en que el hombre es el producto de la palabra, de ahí que tal vez interese más señalar un aspecto mucho menos visitado: es la peculiar anatomía del lenguaje lo que permite que el hombre sea libre. La adquisición de la palabra, con sus múltiples variables, es el campo de adiestramiento para el ejercicio de la libertad. Esa libertad que se nos asegura constituye un derecho inalienable de toda persona viviente desde el momento en que nace, aunque no se nos advierte que ese derecho previo no puede ejercerse sin la existencia del lenguaje y sin tomar en cuenta las limitaciones que se le impongan a nuestra capacidad de comunicación.

Es cierto que todo lenguaje se da dentro de unas reglas, es verdad que la palabra siempre está sujeta a una sintaxis, atada a una estructura interna, contenida por un molde al que tenemos que someternos para hacer inteligible nuestro mensaje, pero ese arnés deja siempre espacio para el juego imaginativo, para una variedad combinatoria que se perfila en función de las características del mundo que nos rodea. Sabemos, por ejemplo, que los esquimales tienen en su simple idioma cientos de matices del blanco, y también sabemos que los hombres de la selva, de todas las selvas, distinguen innumerables calidades del verde.

Porque la palabra nos es dada para escudriñar, para describir la realidad, pero también para matizarla, para inventarla, para adornarla. Se empieza a ser libre precisamente cuando se empieza a utilizar el lenguaje. Cuando escogemos el adjetivo *hermoso* en lugar de *bello* o de *magnífico*. Cuando seleccionamos la expresión *estoy triste* en lugar —por ejemplo— de *melancólico*. Cuando le damos determinado énfasis a una palabra para expresar nuestro enojo, nuestra ironía o un desdeñoso punto de vista.

Con la adquisición de la palabra comenzamos a ejercer nuestra libertad. Aprendemos a ser libres en la selección del vocablo indicado para expresar nuestro yo, nuestra voluntad personal, nuestro estado de ánimo en un momento dado. Pero ese don y esa posibilidad de ser libres están sujetos a una necesidad de coherencia interna mínima entre lo que se cree y lo que se dice. En inglés se habla de *integrity*, y me parece que en español ésa también puede ser la palabra adecuada: integridad. Cohesión en una sola pieza del carácter, las creencias y el discurso que las expresa. Sujeción del verbo a la verdad íntima por encima de todas las cosas.

Pero conviene advertir que la integridad es tanto una virtud de las personas con fortaleza espiritual como una necesidad imperiosa de la naturaleza humana. El hombre necesita ser íntegro. Necesita que no haya fisuras entre su conciencia y su palabra. Y cuando rompe esta regla, ya sea por conveniencias personales o por imposiciones externas, se produce lo que popularmente se conoce como *mala conciencia*. Y la mala conciencia, cuando se sufre (o se ejerce) por períodos prolongados, puede llegar a somatizarse en neurosis, depresiones o en una profunda tristeza.

Palabra y coerción

El asunto es grave, porque al asumir el legado del lenguaje, ese don heredado de millones de otros hombres, que nos viene del más remoto pasado, con él nos llega también una singular contrariedad: la sociedad, el medio en el que adquirimos la posibilidad de comunicarnos, esto es, de ser libres, nos comienza a regatear ese magnífico patrimonio casi en el momento mismo en que comenzamos a apoderarnos de él.

El primer síntoma de esta contradicción viene dado en los tabús léxicos de la tribu a la que pertenecemos. Enseguida aprendemos que hay palabras que no se pueden decir porque con ellas se denominan objetos, simples cosas o partes del cuerpo inmencionables por el grupo. El grupo tiene un orden, unas reglas, y por lo tanto unos límites y unas prohibiciones. Los niños deben aprender rápidamente lo que pueden o no decir, o escuchar, porque hay palabras *malas* que andan sueltas revoloteando como demonios en el seno del grupo.

Esa es nuestra primera evidencia de que la palabra sirve para darnos la libertad, y al mismo tiempo para demostrarnos la frontera entre la autoridad —el yo colectivo de los otros, impuesto por la fuerza—, y nuestro yo todavía vacilante, balbuciente.

A partir de ese momento el combate entre nuestra voluntad de utilizar la palabra sin límites ni temores, y la voluntad de la sociedad de ponerle puertas a nuestra capacidad expresiva, no terminará nunca, y quizás ése es el territorio y el campo de batalla donde han transcurrido siempre las más memorables aventuras espirituales del hombre. ¿Qué fue, si no, una batalla por callar o decir ciertas palabras el episodio de Galileo frente a los inquisidores? Galileo, como antes Copérnico, sabía que el sol y no la Tierra estaba inmóvil en el espacio, y que describía su órbita en torno al sol, pero no podía decirlo, porque violaba los textos sagrados de su grupo. Al cabo, por miedo, Galileo cedió. Rindió su discurso y aceptó la falsedad. De ahí el melancólico sentido de su famosa frase: *y sin embargo se mueve*. Galileo no pudo, realmente, callarse, porque callarse del todo le rompía la coherencia íntima, le destrozaba esa integridad moral que el hombre necesita para andar por la vida.

La hipocresía y el miedo

José Martí decía que la libertad era el derecho que tenía todo hombre honrado a pensar y hablar sin hipocresía. Y a mí me parece que de los miles de apotegmas que Martí escribió a lo largo de su vida éste es uno de los más exactos, de los más inteligentes, de los más sorprendentemente sintéticos.

Pero si hurgamos un poco más bajo la piel de esta definición también nos encontraremos frente a una de las más profundas y destructivas raíces del totalitarismo: la hipocresía, la negación descarada de la verdad evidente. Porque la hipocresía es la columna de fuste sobre la que siempre se sustenta la tiranía. La tiranía, y especialmente cuando alcanza los límites monstruosos del totalitarismo, siempre tiene una verdad sesgada, unos inapelables textos sagrados con los que interpreta y explica la realidad. Y ante ellos sólo es posible la repetición mecánica del discurso oficial. Ante ellos sólo es posible la hipocresía o la rendición de la palabra, el silencio.

¿Cómo consiguen los tiranos esa forma monstruosa de obediencia abyecta? La experiencia es contundente: se logra mediante el miedo a los castigos. Primero se recurre al lenguaje para *demonizar* al transgresor. Se le llama *traidor, divisionista, hereje, revisionista, gusano*, o cualquier otro epíteto previamente dotado de una connotación ominosa que lleva implícita el castigo. La sanción moral es sólo la advertencia previa, el heraldo negro de la sanción física que le sigue.

El miedo, entonces, pasa a presidir las relaciones entre los seres humanos sometidos a la tiranía. Un miedo que no tiene otro objeto que inducir una conducta hipócrita entre los hombres. Una conducta trenzada con palabras impronunciables, falsos gestos de adhesión y la mutilante supresión de la espontaneidad. Un mundo en el que la verdad no importa. La integridad de las personas tampoco. Lo único que al tirano le interesa es escuchar el coro unánime de sus subordinados para hallar en ese vago rumor la legitimidad que necesita para justificar sus acciones. Porque él y sus cómplices también requieren de una cierta coherencia formal, de una racionalidad. La fuerza bruta no existe en estado puro desde que el hombre consiguió hablar y articular su mensaje. Para ejercerla hay que construir un mensaje falso, contrario a la realidad, pero dotado de su propia lógica, de su *otra* verdad.

¿Nos movemos en un plano demasiado abstracto? Descendamos, pues, a ejemplos concretos, tristemente concretos. Descendamos, incluso, a una anécdota esperpéntica para ilustrar estas reflexiones.

La palabra y la muerte

Hace poco tiempo, durante el juicio que se le siguió a los militares argentinos, una de las víctimas, una mujer conmovida por el horror, contó cómo, desde su celda, pudo contemplar las palizas brutales y las torturas que le infligieron a un joven detenido, con el solo objeto de que repitiera en voz alta la siguiente oración: *mi madre es una puta*. Lo golpearon durante horas, le quebraron los huesos, probablemente lo mataron, pero el detenido no abrió la boca; murió, no entregado a la valentía de los gestos heroicos concebidos para alimentar la admiración exterior, sino murió defendiendo su integridad, su autoestima, su coherencia íntima de ser humano. Murió defendiendo su derecho y su necesidad de escoger sus propias palabras.

No creo que en nuestra especie existan conflictos más profundos que éste. No se me ocurre un dilema mayor que el de tener que escoger entre la muerte absurda, sin remedio, en la oscuridad de un calabozo, defendiendo la dignidad personal, y la vida lacerada por la hipocresía, por el dolor de tener que mentir para que no nos aplasten.

La verdad es que los estados totalitarios modernos no inventaron este drama terrible. Esta tragedia está implícita dondequiera que existen mecanismos escolásticos, es decir, verdades axiomáticas y autoridades con capacidad represiva que verifican su estricto acatamiento.

Pero si bien es cierto que no son los estados totalitarios del siglo XX quienes crearon estas monstruosidades, ha sido en ellos donde ese horror ha alcanzado el mayor grado de sistematización durante los juicios ideológicos llevados a cabo contra los revolucionarios aparentemente desviados de la secta. No vale la pena detenerse en ellos, pero desde Bujarin hasta mi amigo Heberto Padilla hay suficiente material como para llenar los capítulos más terribles de aquella historia universal de la infamia que a Borges se le quedó necesariamente inconclusa.

Lenguaje y tabú

Mas no dejemos que el rechazo a este fenómeno nos aleje de la indagación. Es casi una ley inexorable que la más enérgica represión léxica siempre va a ser ejercida por la sociedad en la zona donde descansan los fundamentos básicos del grupo. Cuando la religión es el principal elemento cohesionador, el discurso peligroso será siempre el que afecte a ese mundo particular. Un pueblo como el judío, por ejemplo, cuya esencia es la creencia religiosa, llegará a prohibir la mención del nombre de Dios en hebreo. Jehová es eso mismo: el innombrable. Porque nombrarlo ya comenzaba a ser una forma de retar su poder absoluto.

Pero donde este fenómeno se hace totalmente transparente es en ciertas comunidades cristianas de la Edad Media que subrayaban su piedad y su subordinación al Todopoderoso con el más patente y tremendo de los sacrificios: el voto de silencio. Callaban para no ofender a Dios, y porque eliminar la palabra era la prueba suprema de la total servidumbre. Para estos cristianos, como para los israelitas, Dios estaba en el centro de sus vidas y a Él le rendían el más preciado de los dones humanos.

¿Por qué la blasfemia, o el juramento en vano del nombre de Dios, pueden ser considerados, en determinados períodos de hegemonía religiosa, una ofensa tan grande como para acarrear la muerte a quien se atreva a pronunciar las palabras prohibidas? Porque para ese particular grupo, en cierto momento de la historia, la creencia religiosa era un pilar fundamental al que se quería proteger para impedir el desplome de la fábrica social. Y todavía hoy mismo, como ha comprobado con enorme perplejidad Salman Rushdie, en las culturas en las que la religión es la piedra miliar de la sociedad y el núcleo de su discurso oficial, las palabras de contenido religioso se vuelven singularmente peligrosas. A veces letales.

Y es que la autoridad siempre está apuntalada por palabras. Sin ellas no es posible reconocerla. Las *excelencias*, *majestades*, *señores*, *vuecencias* y demás categorías del linaje humano, siempre han requerido un vocablo especial que las designe. Sin esas palabras no existirían las jerarquías. Esas palabras, incluso, se otorgaban (y hasta se compraban), mediante regulaciones cuidadosas, especialmente en los siglos XVI y XVII, cuando resultaban frecuentes las riñas entre espadachines por un *don* o un *señor* mal endilgados. Naturalmente, son siglos en los que se afianzan las monarquías europeas y en los que la estructura aristocrática necesita sustentar su poder y levantar barreras.

Mucho tiempo después, con el advenimiento de los períodos revolucionarios y el surgimiento de las democracias, el lenguaje encontrará otros campos minados. Entonces lo peligroso será decir *conde* o *marqués*, porque la palabra mágica en un grupo que gire en torno al igualitarismo tiene que ser *ciudadano*.

Lenguaje e incertidumbre

El orden siempre busca el rígido sometimiento de las palabras porque toda regla violada precipita al grupo a la incertidumbre. Y lo primero que se pretende es domar las palabras, sujetarlas por la cola para impedir cambios imprevistos. Sólo que la naturaleza misma del lenguaje es la incertidumbre. Ese poder elegir esta frase o aquélla. Ese tono irónico o aquel otro destemplado o solemne. El lenguaje siempre es sospechoso para el orden establecido.

Sin embargo, esa incertidumbre implícita en la naturaleza misma de la lengua, en su cuasi infinita variedad combinatoria, se compadece milimétricamente con el ejercicio de la libertad. La libertad es también elección, incertidumbre, riesgo. Se es libre cuando se puede decir esto o lo otro, cuando se puede escoger entre opciones diversas. No se obra bien cuando se sigue el curso impuesto por los otros, aunque sea correcto, sino cuando se puede obrar mal y se selecciona la alternativa opuesta.

Las sociedades más cerradas son precisamente aquellas que más estrechan el círculo de las palabras utilizables. Las que reducen nuestra posibilidad de tomar decisiones o nuestra libre selección de opciones hasta no dejarnos más que un estrecho sendero por el cual transitar.

Obviamente, la libertad no puede ser absolutamente cercenada, porque siempre existe la posibilidad última de tomar la libérrima decisión de no seguir vivo, pero la asfixia moral a que los seres humanos nos vemos reducidos cuando nos privan de la potencialidad de utilizar libremente nuestro pensamiento es un fenómeno terrible y cotidiano.

El Ministerio de la Verdad

Yo vengo de un país en el que se utiliza la mayor violencia posible contra el lenguaje. Cuba comparte con otras sociedades totalitarias ese tristísimo signo. Más aún: es exactamente eso lo que la hace totalitaria, lo que le permite ejercer el resto de las violencias.

En el mundo totalitario hay una forma unívoca, cierta, espantosamente cierta, de analizar la realidad. En el mundo totalitario los comisarios, los dueños de la verdad, se han apoderado de las palabras y nos obligan a repetir, como en una letanía infinita, el discurso de los libros sagrados. En esas sociedades se sabe exactamente cómo es el pasado. Se sabe, sin matices, cómo es el presente, y lo que es más horrible, se sabe cómo será el futuro. No hay espacio sin riesgo para las interpretaciones. A las interpretaciones se les llama herejías, o desviacionismo, o se les califica con cualquier epíteto lleno de malos presagios.

Este control sobre la palabra llega a ser tan tremendo en las sociedades totalitarias, que se crean verdaderos *ministerios de la verdad* dedicados a teñir de blanco o negro todas las zonas grises de la realidad. Ese organismo diabólico en Cuba se llama DOR (Departamento de Orientación Revolucionaria). Ahí se nos dice lo que se puede leer, lo que se puede escribir, lo que se puede creer de todo lo humano y divino, sin infringir las certidumbres revolucionarias. El DOR redacta el discurso oficial sobre todo acontecimiento humano, pasado, presente o futuro, sobre el que sea necesario o posible emitir una opinión. No hay hecho inocente en la historia humana. Corea, los hermanos Graco, el conflicto de Irak, las transformaciones en la URSS o la pobreza de Bangladesh tienen todos su epígrafe definitivo, su inscripción meticulosa. Y quien se salga de esos límites, quien se deje llevar por la duda y convoque a la incertidumbre, puede provocar las represalias de los dueños de la verdad, de los amos de la palabra.

La batalla definitiva

La batalla por la libertad siempre se ha dado y se dará en el terreno del lenguaje. Los misiles, los cañones, toda la parafernalia desplegada, no son más que las expresiones finales de un fenómeno cuyo corazón radica en la posibilidad que tiene el hombre de decir o escribir ciertas cosas.

Y donde esta realidad se nos mostró sin ningún recato fue en la URSS de Gorbachov. En cierta medida la *glasnost* es la lucha por ampliar los horizontes de la palabra. La sociedad se abre cuando consigue examinar sin miedo su pasado y su presente para lograr, al cabo, intuir el futuro, o uno de los mil futuros posibles.

La lucha de los rusos hoy en día consiste en el esfuerzo por conquistar el derecho a la incertidumbre. El derecho a tener opiniones vacilantes, distintas y modificables sobre lo que ha ocurrido o sobre lo que sucede. El derecho bendito a no tener que predecir de manera infalible el curso de los acontecimientos, porque cuando la incertidumbre anida en el corazón de todos los hombres, el futuro se va haciendo de una manera azarosa, aleatoria, sin que afortunadamente seamos capaces de encontrar una verdad absoluta y definitiva, pues si tal cosa existiera sería el fin de la naturaleza humana, sería la *robotización* de una criatura hecha por el azar y para el azar.

Por otra parte, el melancólico hallazgo de los reformistas soviéticos, el más revolucionario de todos, es que la prosperidad y el desarrollo son también consecuencias de la libertad. Sólo cuando nos es dable examinar sin temor lo que acontece podemos corregir los errores y mejorar las circunstancias prevalecientes.

Es muy importante tener en cuenta esta secuencia porque demasiadas veces se nos ha dicho que sólo pueden tener acceso a la libertad los que han alcanzado un cierto índice de prosperidad. Y eso es radicalmente falso. La libertad precede, antecede, al desarrollo. Lo potencia de una manera definitiva. No acertaban quienes vinculaban cierto *per cápita* a lo que en la década de los 60 se llamó *el umbral de la democracia*. Mientras más libertad de expresión y análisis, mientras más libertad exista de ejercer la crítica y de tomar decisiones, mayores serán las posibilidades de desarrollo individual y colectivo.

La palabra como vacuna

Por eso es nuestro deber luchar contra todo intento de restringir el uso de la palabra. Y no sólo porque constituya una posición de ser humano amable y tolerante, sino porque el discurso libre, fluido, sin escollos, donde todo pueda ser examinado sin temores y criticado sin piedad, incluso injustamente criticado, es la mejor vacuna que existe contra el totalitarismo. Más aún: si esta hipótesis es cierta, debería convertirse en política de los estados liberales. Sólo son convenientes las relaciones generosas y entrañables con aquellas naciones en las que no se le pone límites a la expresión de la palabra.

Y no es que una sociedad libre no pueda parir monstruos agresivos que pongan la paz en peligro, sino que es mucho más probable que los aborte durante el proceso de gestación. Al fin y al cabo no hay otra vacuna contra el totalitarismo que las palabras libres salidas de las conciencias y de los corazones de los hombres sin miedo. Ojalá que ése sea el panorama que nos depare el futuro. Lo opuesto es, simplemente, intolerable.

El socialismo, el mercado y la naturaleza humana *

SITUÉMONOS como en los guiones que acompañan las obras de teatro. Verano de 1992. Moscú. Oficina suntuosa si se juzga por los cánones de la pobre estética soviética. Frente a mí, un anciano ruso con gran personalidad que habla y piensa en inglés brillantemente. Se trata de Alexander Yakovlev, principal teórico de la *perestroika*. Fue el verdadero poder intelectual tras el trono político de Gorbachov. Durante dos horas hemos discutido sobre la historia del comunismo ruso. La conversación se hace densa, pero —al mismo tiempo— comienza a dispersarse en anécdotas. Le pido que volvamos al corazón del debate: por qué fracasó el comunismo; por qué se hundió tras conquistar el espacio y expandirse por todos los continentes. Yakovlev se queda pensando. *¿Quiere usted que mencione una sola causa?* —me pregunta con cierta ansiedad. Implacable, no le dejo otra opción: *Sí, dígame la razón fundamental de este fracaso*. Yakovlev hace una larga pausa, me mira a los ojos, y dice lo siguiente: *El comunismo no se adapta a la naturaleza humana*. Lo afirmó en un tono francamente melancólico.

Sicología individual y sistema político

Es en este punto en el que yo quiero comenzar mis reflexiones sobre el mercado, la libertad y el socialismo. El tema de este seminario, por encima o por debajo del nombre que se le haya dado, tiene que ver con el modelo de sociedad en el que deseamos vivir. Y se supone que todos, conservadores, liberales, socialdemócratas y comunistas, o cualesquiera de sus múltiples combinaciones, queremos vivir en sociedades prósperas y justas, pero no nos ponemos de acuerdo en la forma de alcanzar esos objetivos. De lo que se trata, entonces, es de explicar, con la mayor claridad posible, por qué una fórmula es mejor o peor que otra.

¿Por dónde comenzar a ordenar las ideas? Yo diría que por esa misteriosa entidad nombrada por Yakovlev: *la naturaleza humana*. Por el sujeto que tiene que actuar de una manera o de otra. Es decir, comenzaría por acercarme a la sicología de los seres humanos para tratar de encontrar algunos elementos que luego me sirvan para proponer un modo de comportamiento social.

No debe ser muy descabellado pretender que las aptitudes naturales encajen más o menos adecuadamente en las *actitudes* que luego se demanden. A los olmos no se les piden peras porque está visto que se niegan obstinadamente a complacernos. Pedirles a las personas cosas que contrarían su propia naturaleza es algo que, generalmente, no da buenos resultados.

¿Qué había en el comunismo que no se adaptaba a la naturaleza humana? Yakovlev nunca me contestó esa pregunta, porque no se la hice, pero yo me atrevo a esbozar una respuesta: porque negaba la esencia del individuo. Porque apelaba a la Humanidad en abstracto y se olvidaba de los individuos concretos. Se olvidaba de que el rasgo más notable e inquietante que distingue a las personas del resto de las criaturas del planeta, es la fuerte conciencia de

---

* Ensayo contenido en el libro *Libertad: la clave de la prosperidad* (Fundación Liberal José Martí, Madrid, 1994).

un *yo* individual que domina nuestros actos. Un *yo* que demanda esfuerzos extraños y extraordinarios, día a día, minuto a minuto, desde que abrimos los ojos en la mañana, hasta que los cerramos en la noche, y así hasta el momento en que alguien nos extiende la piadosa cortesía de bajarnos los párpados para siempre.

Cada uno de nosotros —al contrario de las abejas o de las panteras, gobernadas por instintos mecánicos— tiene que alimentar emocionalmente ese yo insaciable e incansable. Es decir: estamos obligados a construir una imagen íntima de nosotros mismos y a proyectarla entre la multitud de los otros *yo* que nos rodean. Para eso vivimos. Para eso trabajamos. Para eso amamos y odiamos, porque las emociones no son otra cosa que la expresión de esa batalla incesante que mantiene nuestro yo con el yo no siempre hospitalario y cooperador de los demás.

Es a partir del humilde y taciturno reconocimiento de esta premisa que podemos comenzar a proponer un modelo de interacción social que sea verdaderamente realista. Y ese realismo de inmediato nos alerta sobre la existencia de unas individualidades irreductibles. Unos *yo* que se resisten a la uniformidad porque su vocación y su destino biológico son ser distintos, diferentes, claramente identificables entre la enorme abundancia de congéneres.

El individuo, la libertad y la utopía

Bien: ¿qué tiene que ver el reconocimiento de que la sociedad está formada por individuos que luchan por desplegar su *yo* sobre el yo de los demás con el tema de este seminario? Tiene que ver mucho. Y tiene que ver, porque esa batalla se da en el terreno de la competencia, se da, precisamente, en el terreno del mercado.

Cuando los economistas hablan de mercado y de competencia suelen referirse a empresas que venden ciertos productos a ciertos precios, y a consumidores que los adquieren o los rechazan, pero el concepto se puede extender a un ámbito muchísimo más amplio y complejo. Al extremo de que tal vez sea posible afirmar que casi todos los actos voluntarios que llevan a cabo las personas se enmarcan dentro de una relación de oferta/demanda que nos permite hablar de mercado. Todo lo que hacemos —elegir una carrera, proponer una relación amorosa, incluso seleccionar el ocio, la inactividad— es, o debe ser, el resultado de seleccionar una opción entre varias que se nos brindan, y casi siempre el resultado de esa selección es la consecuencia de haber identificado racional o instintivamente lo que creemos que nos *conviene*. Lo que creemos que nos conviene *ofrecer* o lo que creemos que nos conviene *aceptar*.

La libertad, en último análisis, es eso: poder tomar sin interferencias la mayor cantidad de decisiones en todos los ámbitos concebibles. Y mientras más decisiones tomemos, más estamos expresando nuestro yo íntimo. Más estamos perfilando nuestra infatigable individualidad.

Es posible que esta necesidad sicológica de prevalecer, de afirmarnos constantemente, que caracteriza a nuestra especie, exija una cruel carga de esfuerzo y energías, pero también es posible que todo el progreso humano acaso se deba a esta extraña y oscura urgencia interior que nos impulsa a actuar de una manera diferente y a cambiar la realidad con cada uno de nuestros actos.

Por eso se equivocaban los marxistas cuando pretendían, en nombre de unas supuestas leyes históricas, que un pequeño grupo de elegidos —la vanguardia del proletariado, el partido comunista— tomara las decisiones económicas y políticas en representación del resto de sus ciudadanos. Marx seguramente no descubrió *las leyes* que regulan el curso de la historia —entre otras cosas porque no existen— pero atentó contra el delicado mecanismo interior de quienes debían ser los agentes de su epopeya. Marx no se dio cuenta de que las personas *necesitan* tomar sus decisiones libremente, en el terreno de las opciones múltiples, porque la vida de los seres racionales consiste en participar individualmente en un inacabable proceso de tanteos y errores, el que muy bien puede concebirse como una especie de mercado infinito en el que todos los hechos que acaecen se interrelacionan y afectan mutua y constantemente.

Por eso las utopías políticas son tan dañinas y peligrosas, tan contrarias a la naturaleza humana. Los utopistas, los ingenieros humanos, pretenden saber lo que les conviene a las personas, y definen y deciden cómo debe ser la sociedad, lo que los condena a tratar de extirpar a todos los seres *malignos* que se oponen a ese destino radiante. De ahí que los sueños utópicos invariablemente terminen en sangrientas pesadillas.

Los utopistas, los ideólogos convencidos de que saben de dónde viene la humanidad, y —lo que es más grave— hacia dónde le conviene marchar, ignoran que el barro primigenio con que el hombre está hecho es el de la incertidumbre, la indeterminación, la falta, precisamente, de un destino unívoco, porque su vida cambiante la va construyendo lentamente con trillones de decisiones instantáneas que escapan a cualquier formulación esquemática, circunstancia que contribuye, al mismo tiempo, al enriquecimiento, la variedad y el permanente estímulo creativo. La gran aventura humana es eso: no conocer lo que hay detrás del horizonte, pero salir todos los días a perseguirlo, aun a sabiendas de que el mañana, como nuestra sombra, siempre se desplaza junto a nosotros y a la misma inseparable distancia.

Schumpeter y la destrucción creadora

Algo de esto intuyó y dejó escrito un economista mucho más sabio y atinado que Marx, el austriaco Joseph Schumpeter. Para Schumpeter, detrás de cada éxito empresarial estaba la mano enérgica del capitán de industrias. Estaba la mano del hombre. Había una inteligencia perspicaz que descubría oportunidades en el mercado, y una voluntad tenaz capaz de coordinar todos los factores para convertir esa oportunidad en una manera de obtener beneficios, éxito social y reconocimiento público: es decir, alimentos para la voracidad incurable y beneficiosa del ego al que nos hemos referido.

En los sistemas en los que se persigue la individualidad y se les cierra el camino a los espíritus más audaces y creativos —como ocurre con el socialismo—, lo que se consigue no es una sociedad más justa e igualitaria, sino una sociedad más pobre, porque se priva al conjunto de ciudadanos de los efectos benéficos que suelen aportar los más enérgicos líderes de la comunidad.

Es cierto que esa tensión competitiva puede dar origen a *estrés* o a comportamientos neuróticos en quienes la sufren fuertemente, pero no debe olvidarse que los que han elegido luchar por ser los primeros en la política, en la empresa, o en la creación artística, sometiéndose a unas tormentosas presiones interiores, también lo han hecho de una manera libre. Han optado por eso. Han querido vivir esas vidas porque les complace esa agobiante tensión interna.

Esto es importante subrayarlo, dado que entre los críticos de la economía de mercado y de la libre empresa, no faltan quienes censuran este modelo de sociedad alegando razones morales, y calificando de *rat race*, de carrera de ratas, la voluntad de competir, presentando a los empresarios triunfadores como gente despiadada, sin alma, olvidando que, en gran medida, a ellos se debe el despegue económico del conjunto de la sociedad.

Hay cierta benevolente insolencia en los ingenieros humanos cuando nos predican lo que es moral o inmoral en nuestro comportamiento con relación al trabajo, cuando pretenden dictarnos lo que es *anómalo* o lo que es *normal*, partiendo de prejuicios ideológicos artificialmente consagrados en los libros de las sectas, olvidando los fundamentos de la sicología individual, pero ese error de juicio —no exento de arrogancia— no es menor que el terror que suele inspirarles no ya la competencia entre personas, sino la competencia entre empresas.

El argumento contra la libre competencia entre las empresas unas veces lo asumen los sindicatos y otras veces los propios gremios empresariales. Unos porque temen que la quiebra de las compañías en las que trabajan los deje sin empleo, y otros porque defienden sus intereses económicos particulares a dentelladas, aunque escudándose tras la excusa del bien común que supuestamente se verá afectado con el cierre de las empresas. Y de la misma manera que ante el temor a la competencia individual surge la expresión rencorosa de *carrera de ratas*, el miedo a la libre competencia empresarial provoca la expresión, cargada de amargos tintes, de *capitalismo salvaje*.

No es cierto. El capitalismo y la competencia no son salvajes. Son riesgosos, pero ahí, en ese riesgo a desaparecer, a ser superados por otros, y a veces a ser barridos del mercado, radica, precisamente, el elemento *perfeccionador* de la sociedad.

Cuando los sindicatos les ponen trabas a la competencia para proteger puestos de trabajo, lo que están haciendo es obstruir el mecanismo básico sobre el que descansa el progreso de la humanidad y la prosperidad colectiva; obstruyen, paradójicamente, el elemento esencial para generar ahorro, mejoras en las formas y niveles de vida, y —por ende— la propia creación de empleo.

En un mercado libre, en el que las empresas puedan competir, las preferencias de los consumidores se encaminarán a seleccionar los productos que tengan mejor precio, más calidad, o que contengan innovaciones que, de alguna manera, nos hacen la vida más placentera. Eso determina un clima de constante emulación, en el que la búsqueda de la excelencia es un imperativo empresarial para poder sobrevivir.

¿Por qué todos los observadores de la triste realidad económica de los países socialistas invariablemente nos hablan de sociedades grises, incómodas, atrasadas, llenas de artefactos de inferior calidad que los que se podían obtener en el Occidente? ¿Por qué —por ejemplo— los coches que se fabricaban en la Alemania comunista eran peores a los que se fabricaban en la Alemania Federal, pese a que los obreros, todos alemanes, gozaban de las mismas características culturales?

Sencillamente, porque los automóviles fabricados en la Alemania occidental estaban sometidos a una agónica competencia interior y exterior. Los *Volkswagen* tenían que competir con los *Opel*, los *BMW* o los *Mercedes*, y luego con el resto de la industria exterior, proponiéndole al consumidor su mejor oferta disponible. Los *Trabant*, en cambio, podían ser todo lo malos que quisiera el fabricante, porque el consumidor era su cautivo y no su amo.

Es verdad que dentro de la economía de mercado un fallo en las finanzas, en la ingeniería, en la distribución o en el marketing puede provocar el cierre de la fábrica y el despido de miles de obreros, pero ese riesgo permanente es lo que mantiene en mejora constante los niveles de precio y calidad y lo que le confiere al mercado la distinción de ser el único sitio donde, efectivamente, se lleva a cabo la revolución permanente.

Es, desde luego, una ingenuidad de los sindicatos tratar de proteger puestos de trabajo librando a las empresas de la competencia. Es posible que temporalmente, por estas presiones, ciertas personas no pierdan su empleo, pese a trabajar en compañías ineficientes, pero de ahí se deriva el empobrecimiento general de la sociedad. Exactamente por eso las viviendas en el mundo socialista son más oscuras, pequeñas e incómodas. Exactamente por eso sus ropas están peor manufacturadas y espantosamente diseñadas. Exactamente por eso el nivel científico y tecnológico de los países comunistas resulta considerablemente más bajo que el de Occidente. Cometían el inmenso error de omitir el riesgo y la competencia en su sistema de producción.

No hay duda de que los alemanes que derribaron el muro de Berlín querían repetir el éxito económico de sus compatriotas y vecinos, accediendo a un modo de vida rico y fulgurante, pero *objetivamente* lo que conquistaban al cambiar de sistema de producción era el derecho a competir, porque ésa era la clave principal de la riqueza lograda en Occidente. Derecho que, cuando se asume el papel de consumidor, está lleno de recompensas, pero derecho que sólo se legitima cuando también se aceptan las responsabilidades y los riesgos de la competencia en el momento en que nos toca jugar el rol de productor. Obviamente, lo que no debemos pretender es consumir con el ademán exigente de la economía de mercado, y querer producir, sin embargo, con la mentalidad proteccionista y temerosa de la economía socialista. Es indispensable la coherencia y la aceptación de los dos polos del modelo elegido. Si queremos la prosperidad, el progreso y el desarrollo, tenemos que aceptar el riesgo.

¿Estamos defendiendo una especie de *darwinismo* económico, en el que sólo sobreviven los productores más alertas y eficaces? Sin duda alguna, pero no hay que temerle demasiado a las palabras. Afortunadamente, también podemos volver los ojos al citado Schumpeter y encontrar en sus textos lo que este economista llamaba la *perenne tempestad de la destrucción creadora*. Es verdad que los más ineficientes caen y desaparecen, pero otros mejores los reemplazan sin que sufra demasiado el cuadro general de la economía.

Un ejemplo concreto puede explicarnos este fenómeno: es cierto que la *IBM* —por citar un caso de nuestros días— comienza a tambalearse y pierde cuotas de mercado que a medio o largo plazo pudieran provocar su desaparición, pero los empleos que se evaporan de la nómina de este gigante, aparecen reflejados y aun multiplicados en las de *Apple*, *Dell*, *Microsoft* o el resto de las compañías surgidas al calor de la competencia. Por otra parte, *IBM* sabe con total precisión lo que tiene que hacer para sobrevivir en el mercado: reducir costos, agudizar la imaginación, y crear mejores productos a precios más ventajosos, porque —de lo contrario— el implacable consumidor lo va a castigar seleccionando otras firmas más complacientes en el momento de adquirir los productos que necesita.

Mercado y nacionalismo

Además, ese proceso de selección —si los gobiernos no lo obstaculizan— no va a tener en cuenta el origen del producto, porque otra de las virtudes del mercado es que pone fin a las supersticiones del nacionalismo. Los norteamericanos, por citar el caso más notorio, aunque están sometidos a un constante y demagógico bombardeo para que elijan los automóviles nacionales en lugar de los japoneses, argumento que, en abstracto, pudiera resultarles simpático, cuando llega el momento de elegir el coche, no se guían por la emoción patriótica, sino por la relación precio/calidad de lo que les ofrecen los japoneses y europeos con respecto a lo que les brinda la industria americana. Es obvio que el patriotismo, como la caridad, comienza por casa.

De este comprensible hecho se derivan dos lecciones que vale la pena retener. La primera nos reitera que, pese a la mitología del nacionalismo, son mucho más determinantes los intereses personales que los supuestos intereses colectivos. Y la segunda nos sugiere la tremenda ventaja potencial de ese egoísmo indestructible que la especie exhibe constantemente y de mil diferentes maneras.

En efecto: la forma más adecuada de armonizar a las naciones consiste en estimular intereses comunes, vincularlas comercialmente, someterlas a los rigores de la competencia internacional, y dejar que la creciente trama de transacciones económicas vaya aunando lo que suele desunir la irracionalidad de los nacionalismos patrióticos.

Este elemento pacificador que se deriva del mercado no impide, como era fatalmente predecible, que quienes denuestan la *carrera de ratas* producida por el individualismo creador, y quienes, por miedo a la competencia, predican contra los supuestos horrores del *capitalismo salvaje*, también censuren la existencia e implantación de las multinacionales, clamando contra los peligros de que estos poderes económicos se desplacen al campo de las decisiones políticas, desdibujando los perfiles nacionales de los países en que se instalan. De esta suerte, en España, donde vivo, es frecuente escuchar frases llenas de desprecio contra la *Europa de los mercaderes*, y contra el espíritu de integración y colaboración económica, en un Continente que comenzó a unirse con la creación de un mercado común para el acero y el carbón, fórmula que parece haber relegado al pasado muchos siglos de guerras espantosas.

Nada más injusto que esta acusación. Es cierto que la internacionalización de la economía contribuye a crear una cierta uniformidad en las sociedades, uniformidad contraria a los rasgos particulares de las naciones, pero es difícil pensar que esta consecuencia del comercio sea negativa. Quienes se yerguen contra la economía de mercado en el plano internacional, alegando una misteriosa superioridad espiritual de muy difícil definición, olvidan que el mejor garante de la paz y el progreso son esos negociantes capaces de crear fuertes lazos supranacionales. Seamos francos: no son las compañías que operan en Belgrado y Sarajevo —a veces las mismas— las que están en guerra. Y si por ellas fuera, nunca se habría desatado ese conflicto, porque no hay nada que repugne más a las actividades económicas que el estallido de las guerras.

Los politólogos y los historiadores suelen afirmar, con toda razón, que las democracias jamás comienzan las guerras, pues esa bárbara actividad siempre requiere la mano iniciadora de una persona o de un grupo de personas totalmente divorciadas de los intereses de la comunidad, pero a esa certera aseveración se le podía añadir que los comerciantes y los productores —no obstante las frecuentes opiniones contrarias— tampoco suelen propiciar los conflictos. Existe, por supuesto, la leyenda de países que recurren a la guerra para escapar de sus crisis económicas —leyenda propagada por los enemigos del mercado— pero es imposible demostrar tal cosa cuando se examina el verdadero origen de los enfrentamientos bélicos. Por el contrario, todos los síntomas apuntan en la otra dirección: si algún día logramos que ceda la locura del nacionalismo fratricida y se establezca un clima realmente pacífico en el mundo, eso acaso sólo podrá ocurrir cuando los vínculos económicos y las fuerzas del mercado hayan debilitado notoriamente las fronteras políticas.

Al fin y a la postre, hay algo demencial en colocarles gentilicios a los artefactos que construyen las personas. Hablar de un automóvil japonés o americano es atribuirles a esos objetos con ruedas y motor un elemento perturbador que sólo tiene sentido en el ámbito humano. Lo importante es que el automóvil sea bueno y tenga un mejor precio. Y tal vez cuando sólo sean ésas las categorías que rijan las relaciones económicas entre las personas, es cuando podremos esperar la desaparición de las guerras entre naciones. Para entonces, el mercado —los intereses económicos individuales— habría puesto fin a las guerras entre naciones, como —por ahora— parece que sucede en esa siempre mal comprendida *Europa de los mercaderes*.

La batalla intelectual

En todo caso, no tiene demasiado sentido intentar destruir los mitos de los adversarios del mercado o revelar las miserias del socialismo en el transcurso de una breve conferencia. Sin éxito popular, incluso sometido a todo tipo de escarnios y burlas, pero con mucha más autoridad, rigor y certidumbre, esa tarea ya la llevó a cabo el también austriaco, Premio Nobel de Economía, Ludwig von Mises, primero en un libro titulado *Socialismo*, en el que demostraba la imposibilidad material de dirigir eficientemente desde el gobierno las actividades económicas en sociedades complejas, y cuatro décadas más tarde, en su obra maestra, *La acción humana*, implacablemente traducida al castellano, pero definitiva para todo aquel que quiera entender cómo y por qué la economía de mercado es más eficaz, justa y generadora de riquezas que cualquier otro de los modelos que nos han propuesto el socialismo marxista o sus epígonos menos inquietantes.

Tampoco sería muy útil repetir aquí los argumentos de Hayek en los *Fundamentos de la libertad* o en *Camino de servidumbre*. Este brillante economista y jurista, inevitablemente austriaco, también Premio Nobel, muerto recientemente, dejó escritos en estos dos libros —y especialmente en el primero mencionado— todos los razonamientos necesarios para desmontar los sofismas de los enemigos de la libertad económica. Es, pues, tan aburrido y reiterativo el debate, que si no fuera un gesto hostil y desdeñoso, al que no tenemos derecho quienes creemos en el respeto a las ideas ajenas, bastaría con levantar un inventario de los argumentos socialistas y los demoledores contrargumentos liberales, para zanjar las disputas con una breve referencia bibliográfica.

A quien prescriba la tontería de querer hacer justicia mediante el control de precios, se le remite al capítulo y página correspondiente para que se eduque y abandone su error conceptual. Y lo mismo se le hace a los arcangélicos ciudadanos que pretendan acceder al reino de la igualdad por medio de la creación de subsidios estratégicos, a los que le asignan al estado el papel de motor de la economía, o a esos nobles seres, persuadidos de que el desarrollo y la justicia social son la consecuencia de decisiones tomadas por partidos políticos transidos de benévolas intenciones.

Lo que quiero decir es que en las obras de Schumpeter, Mises, Hayek, Buchanan, Friedman, Berlin, Coase, Kirzner, Hazlitt, Becker, Popper, y otra veintena de pensadores, como antes en las del padre Adam Smith, está todo el aparato conceptual para no tener que perder más tiempo refutando insensateces y costosos disparates. No hay duda: casi todo está dicho, fatigosamente dicho y demostrado, unas veces con argumentos lógicos, otras con complicadas fórmulas matemáticas, y siempre con una dosis aplastante de sentido común. Lo que no impide —hay que aceptarlo— la cíclica reaparición de inmortales tonterías, inmunes, por lo visto, a los embates de la verdad o al constante asedio de la experiencia práctica.

Sin embargo, pese a la evidente superioridad intelectual de las ideas en las que descansa la economía de mercado, no podemos declarar nuestra victoria y abandonar el debate político. Pese a lo aburrido que pudiera resultar, estamos condenados a insistir una y otra vez en la defensa de la libertad económica, hasta que un número abrumador de nuestros ciudadanos comprenda las razones básicas que explican nuestro atraso relativo y el éxito de otros, pues nuestros pueblos sólo podrán actuar de forma política sensata cuando entiendan las causas reales de la pobreza que nos aflige, y descubran que nuestro subdesarrollo no se debe a la economía de mercado, sino a la violación, precisamente, de las reglas de este modelo, y a otros factores culturales violentamente enquistados en nuestra tabla de valores. Hay, pues, que explicar una y otra vez el corpus teórico sobre el que se sustentan la libertad y el progreso hasta que los ciudadanos descubran la verdad y marginen el error; pues sólo quienes comprenden bien, pueden elegir bien y actuar bien.

¿Quiénes pueden llevar adelante esa inmensa tarea pedagógica? Por supuesto que el gobierno, a través de las instituciones de enseñanza pública, o a través de la radio y la televisión educativas, pero quien mejor la puede hacer y a quien mejor le corresponde esa tarea es a la empresa privada. Más aún: constituye un acto mayor de irresponsabilidad no hacerlo. Y no sólo por el servicio que se le presta a la comunidad, sino para que podamos disfrutar de un clima de seguridad y sosiego en el que las transacciones económicas puedan llevarse a cabo con todas las garantías de que un cataclismo social no va a destruir nuestros esfuerzos.

Comencé estas reflexiones por afirmar que los sistemas económicos deben tener en cuenta la misteriosa naturaleza sicológica del ser humano, y quiero terminarlas con otras observaciones sobre el mismo asunto: ese *yo* irrepetible que construye la historia día a día está cargado de una cierta información que luego se traduce en modos de acción. No hay ningún enigma: todos sabemos que las ideas tienen consecuencias. De lo que se trata, entonces, es de propagar las ideas correctas, difundir los valores más útiles, y confiar en que sólo eso —la carga informativa que poseen— es lo que determina que unos pueblos sean inmensamente más ricos, pacíficos y felices que otros.

LII
FERNANDO BERNAL

Nació en Santiago de Cuba, en 1937, y es miembro de la Junta Directiva de la *Unión Liberal Cubana*. Empresario y diplomático, estudió en la Escuela de Altos Estudios Internacionales de París y en el Instituto de Empresa de Madrid. Además de artículos periodísticos, casi siempre sobre temas económicos, ha publicado dos monografías de caracter histórico: *Calixto Bernal. Su vida y obra*, y *Salvador Cisneros Betancourt, Marqués de Santa Lucía y presidente de la República de Cuba*. Bernal vive actualmente en Madrid.

La moneda.
Un problema urgente del poscastrismo *

ENTRE LOS PROBLEMAS de la Cuba poscastrista es difícil encontrar uno más decisivo que el monetario. Sólo remedios económicos liberales podrán resolverlo sin hipotecar la Cuba del futuro.

En nuestro acervo de economistas hay uno, Leopoldo Cancio, que bien podría orientar nuestra política monetaria futura. Autonomista, diputado a Cortes y miembro de la Sociedad Económica de Amigos del País en tiempos de España, fue luego secretario de Hacienda de la primera intervención estadounidense y del presidente Menocal, dejando una impronta como economista teórico y práctico de la que, sobre todo a finales de este siglo, los cubanos nos podemos sentir orgullosos. En una era de fuertes corrientes mundiales nacionalistas que desarrollarían tendencias como el fascismo, el nazismo, el comunismo, el aprismo o el peronismo que, invocando motivaciones diversas, coincidían en un proteccionismo arancelario que abrigara el desarrollo de una industria nacional, el librecambista Cancio proclamaba la lógica de la división especializada internacional de la producción y denunciaba el embrión maligno que ocultaban las industrias subsidiadas, aunque lo fueran con un eufemismo llamado arancel.

Las teorías de Cancio, además, encajaban en la realidad económica cubana. Durante largo tiempo Cuba fue una de las tres naciones americanas con mayor monto *per cápita* de comercio exterior y nuestra balanza comercial nos fue favorable durante casi cada año de la era republicana. Desde luego que esto no quería decir que Cuba sólo debería producir azúcar,

---

* Artículo publicado en la revista *Próximo*, núm. 3, Madrid, 1991.

tabaco y algún otro producto habitual: Cuba debería promover cualquier tipo de producción siempre y cuando no fuera artificialmente rentable. En fin, que el ideal de Cancio, y el nuestro, se puede resumir en que sean las cuentas de resultado de las empresas y no las aduanas las que decidan sobre la conveniencia de su existencia. Después de muchos vientos y mareas económicos es ésta la fórmula que ha terminado por imponerse en las naciones bien administradas.

Coherente con su manera de pensar, Cancio inspiró en la ley monetaria de 1914 la creación de una moneda seria —el peso oro— equivalente al dólar, que sirviera de instrumento eficaz en el próspero comercio internacional de Cuba. El peso cubano no fue una moneda patriotera dedicada a exhibir esfinges de próceres. Por sus reservas, su administración, su valor fiduciario y nuestro comercio exterior fue una moneda fuerte y útil. Cuba y Portugal fueron ejemplos de cómo monedas de pequeñas naciones podían ser internacionalmente respetadas.

Durante el último gobierno de Batista ya se empezó a amenazar la solidez del peso cubano. A pesar de que la situación económica era satisfactoria, una constante fuga de divisas, en buena medida producto de la corrupción política, redujo las reservas de la nación a una sexta parte de 1952 a 1958. Las salidas de capitales, especialmente en este último año, fueron alarmantes; en diciembre de 1958 se vio claro que a aquel ritmo en poco tiempo no quedaría un dólar en las arcas de la nación, con el consiguiente escándalo a escala internacional y el perjuicio que el mismo causaría a nuestra moneda. Fue el propio Martínez Sáenz, presidente del Banco Nacional en tiempos de Batista, el que se vio obligado, pocas horas antes de que éste huyera, a firmar la célebre y lamentable orden que establecía en Cuba el control de cambios, lo que nos rebajaba a una categoría de naciones que hacía tiempo habíamos superado. Antes el cambio era libre, sólo limitado por una pequeña tasa —el 2%— cuando se trataba de dinero líquido. Aun así pocos la pagaban, ya que si se sacaba el dinero físico, debido a su gran prestigio, era aceptado por bancos extranjeros, que luego lo remitían a Cuba, donde el Banco Nacional lo liquidaba en divisas.

Con el triunfo de Castro volvió a ocupar la presidencia del Banco Nacional Felipe Pazos, fundador de esta institución. El antiguo alumno de la Universidad de Columbia contaba con una experiencia impresionante en el terreno monetario que incluía su paso por el FMI y su participación en las conferencias de Bretton Woods. Pazos, como era de esperar, no intentó establecer la libertad de cambios, pero sí puso en práctica una política tradicional de mantenimiento del peso. La sovietización de la Isla lo alejó del cargo, que fue ocupado por Che Guevara. El peso se ha convertido en un pedazo de papel pobremente impreso sin ningún valor fuera de Cuba y, aun dentro de ésta, menospreciado por las pocas cosas que puede adquirir en una economía rabiosamente regimentada. El comercio exterior, principalmente con una nación pobre y lejana, la Unión Soviética, en su mayoría no es más que trueque decimonónico disimulado bajo unos convenios de precios.

La Cuba poscastrista debe inmediatamente dar un golpe de timón a nuestra calamitosa política monetaria. Muchos sugieren una dolarización similar a la que existió de 1899 a 1914, simplemente sustituyendo el peso actual por el dólar. Esto no es posible, por las siguientes razones:

> *1.* Agotadas en buena medida las fórmulas keynesianas, la doctrina liberal moderna se inclina por el monetarismo como medio idóneo para que el gobierno influya en la economía modificando los tipos de interés, los coeficientes de caja de la banca privada, la masa de dinero circulante o las facilidades de crédito. Para eso se precisa de una moneda nacional.

> *2.* En el despilfarrador aunque menesteroso capitalismo de estado cubano los compromisos de gasto público son gigantescos y su reducción será necesariamente lenta por razones sociales. ¿De dónde sacaría el gobierno de la nación dólares para hacer frente a esos compromisos?

La única forma posible, y aun así audaz, es volver a la libertad de cambios anterior a la orden de Martínez Sáenz de diciembre de 1958. El peso caería en picado hasta alcanzar su valor real y esto atraería a turistas, importadores e inversores foráneos, que con sus remesas beneficiarían la economía. Cuando el peso se estabilice en un cambio determinado, garantizado por nuestra balanza de pagos, se iría a una simple modificación del guarismo de cambio contra el dólar, llevándolo a la unidad; de esta forma el nuevo peso tendría paridad con el dólar igual que antes, y también igual que antes sería tarea del Banco Nacional mantenerla.

Se hace cada vez más evidente que con el tiempo las monedas nacionales serán sustituidas por monedas regionales pactadas en comunidades económicas. Hasta la orgullosa libra británica, madre de todas las monedas modernas, parece haber aceptado su próxima desaparición. Mientras Cuba no incorpore a su economía alguna de esas monedas regionales, que espero sea la del mercado común en América del Norte, dediquémonos a devolver su prestigio a ese septuagenario caballero criollo que es el peso cubano.

LIII
MIGUEL SALES

Nació en La Habana en 1951, donde realizó sus primeros estudios. En 1967 —a la corta edad de 16 años— ingresó en una cárcel cubana por motivos políticos, y en ella estuvo hasta 1972. Poco después partió al exilio y se radicó en Estados Unidos. Estudió en la Universidad de Miami, y en ella obtuvo una Maestría en Literatura Hispanoamericana y Española. Poeta y periodista, Sales trabajó durante un tiempo como columnista del periódico *The Miami Herald*. De su obra poética destacan los siguientes títulos: *Poemas previos, Tario, 15 alotropías para una soledad* y *Celular y tema con variaciones*, poesía esta última incluída en la antología: *Escrito en Cuba. Cinco poetas disidentes* (Madrid, 1978). Sales vive actualmente en París y trabaja para la UNESCO.

La agonía del castrismo *

DESDE QUE en 1985 Mijail Gorbachov emprendió la reforma del comunismo soviético, menudean en la prensa y los debates académicos los diagnósticos sobre la agonía del régimen de Fidel Castro. Privado de los subsidios que mantenían en funcionamiento la maltrecha economía de la Isla, despojado de su papel de condotiero al servicio de la estrategia planetaria de Moscú, el dictador cubano —nos dicen— es un personaje anacrónico que tiene las horas contadas. Las campanas de la *glasnost* y la *perestroika* doblan en el Kremlin por su distante y exótico vasallo caribeño: un anciano ex guerrillero, veterano de la guerra fría, que ve azorado cómo la historia, en lugar de absolverlo, lo ningunea. En La Habana, la sabiduría popular ha acuñado un chiste para describir la situación: *el gobierno ya cayó* —afirman—; *ahora estamos en el papeleo.*

Sin embargo, pese a todos los pronósticos fatales, pese a las partidas de defunción que se le extienden por anticipado y al cúmulo de fracasos políticos, económicos y militares que lo abruman, el castrismo se niega a morir. Cubanólogos y periodistas nos explican que la agonía puede alcanzar su desenlace

---

* Artículo publicado en la revista *Próximo* (núm. 4, Madrid, primavera de 1991).

ineluctable en cualquier momento, lo mismo pasado mañana que dentro de cinco años. Parafraseando la *boutade* de Ortega y Gasset sobre la reconquista, cabe preguntarse cómo es posible llamar agonía a una cosa que dura tanto tiempo.

A fin de explicar la supervivencia de la dictadura cubana tras el hundimiento del socialismo real en el este de Europa y la propia Unión Soviética, los analistas suelen enumerar como factores esenciales la represión policial, el grado de control totalitario, la condición de insularidad del país, la proximidad de Estados Unidos y la militarización integral de la sociedad. A estos rasgos se añade el carácter autóctono de la revolución de 1959 y el hecho de que la oposición haya podido siempre exiliarse con relativa facilidad. Pero ni siquiera la suma de todas estas características proporciona una explicación convincente al fenómeno de la interminable agonía del castrismo.

El sistema implantado en Cuba es básicamente análogo al que durante cuatro décadas padecieron los países de Europa oriental. Quizá la diferencia más relevante entre ambos sea el grado de militarización y el uso (y abuso) de la amenaza norteamericana, que desde 1962 ha sido más imaginaria que real. La paranoia oficial, que proclama la inminencia de la *agresión imperialista*, ha convertido al cubano de a pie en una versión tropical del teniente Drogo, aquel personaje de Buzzati que se pasa la vida escrutando el desierto a la espera de unos tártaros invasores que nunca llegan. Pero en esto como en otros aspectos, se trata de divergencias de grado y no de naturaleza entre las varias formas posibles de organizar y ejercer la dictadura sobre el proletariado.

Sin embargo, a pesar de esa similitud esencial, la sociedad antillana no ha segregado, en tres décadas de comunismo, nada comparable en magnitud e importancia al movimiento disidente de los países del Este. No hay agrupaciones de campesinos autónomos, como en Hungría, ni sindicalistas libres como los de *Solidarnosc*, ni intelectuales críticos organizados al estilo de Carta 77. La única expresión visible de oposición interna es un puñado de activistas de los derechos humanos que sobreviven heroicamente a las sesiones alternas de cárcel y *actos de repudio* que las autoridades les infligen.

De hecho, la sociedad cubana parece hoy un cuerpo anémico, desvitalizado, sobre el que malvive parasitariamente un enorme aparato estatal. Al examinarla detenidamente se tiene la impresión de contemplar una comunidad apática, extrañamente indiferente a su propia suerte. Ya en los años cincuenta, Czeslaw Milosz (*El pensamiento cautivo*, Barcelona, Tusquets, 1981) percibió esa apatía subyacente bajo el febril simulacro de adhesión que se organiza en toda sociedad totalitaria y la describió como *un aura de fuerzas e infelicidad, de parálisis interna y movilidad externa*.

Esta pasividad resulta aún más insólita si se tiene en cuenta la sucesión de insurrecciones, golpes de estado, alzamientos, conspiraciones y huelgas sangrientas que jalonaron la historia de la Isla de 1810 a 1960.

Grosso modo, la ideología dominante en ese siglo y medio fue la fe colectiva en un destino nacional grandioso, sólo alcanzable mediante la revolución. En un célebre discurso pronunciado en 1891, mientras organizaba la segunda guerra de independencia, José Martí llamó a esta creencia *el culto de la revolución*. Por qué el nacionalismo cubano se identificó de manera tan excluyente con el revolucionarismo, y cómo llegó un país pobre y pequeño a concebir una idea tan desmesurada de su relevancia en los asuntos mundiales, son cuestiones aún pendientes de explicación. Pero basta una ojeada a los manifiestos y documentos políticos del período —desde los opúsculos incendiarios del cura Félix Varela, de 1824, a la *Declaración de La Habana*, de 1960— para comprobar que esta noción de ser un pueblo predestinado a alcanzar un destino glorioso mediante la lucha insurreccional se repite con ligeras variantes en partidos y movimientos de las más diversas filiaciones ideológicas.

Ya a mediados del siglo XIX los teóricos del anexionismo auguraban a la Isla *una grandeza indestructible, basada (...) en el equilibrio y regulación de los más valiosos intereses del mundo moderno*. La excelsa predestinación y el papel destacado que

Cuba habría de desempeñar en el planeta sería un *leitmotiv* en las décadas siguientes. Céspedes invocaría *la grandeza de nuestros futuros destinos* al inicio de la primera rebelión separatista y Martí reivindicaría a finales del siglo la importancia de la Isla *para el equilibrio aún vacilante del mundo*.

El culto de la revolución como medio de alcanzar tan altos fines fue un mito eficaz en ese período. Alimentó las insurrecciones separatistas de 1868 y 1895, la rebelión contra las dictaduras de Gerardo Machado (1933) y Fulgencio Batista (1958), así como un sinnúmero de conspiraciones, alzamientos, revueltas y asonadas de menor cuantía. El ideal revolucionario fue el horizonte histórico que definió la actuación pública de sucesivas generaciones de cubanos.

La cuestión consiste, pues, en averiguar por qué no germina en el ánimo de los cubanos de hoy esa fe en el potencial liberador de la revolución que brotaba de manera casi espontánea en el espíritu de sus antecesores. Uno de los supuestos implícitos en la pregunta es la sospecha de que las circunstancias antes señaladas —represión, militarización, insularidad— no resultan suficientes para explicar la ataraxia del cuerpo social y la aparente indiferencia que la gente manifiesta hacia el destino colectivo.

El poder de la corona española era en 1868 formidable en proporción a los recursos de que disponían los conspiradores que desencadenaron la primera guerra de independencia. Los estudiantes y la clase media que en 1927 se enfrentaron a la dictadura de Machado tenían ante sí el ejército, la policía y la casi totalidad de los grupos políticos con representación parlamentaria. Sin embargo, en ningún caso la desproporción de fuerzas impidió la insurrección. Para el pensamiento revolucionario, utópico por excelencia, el problema nunca se plantea en términos del número de creyentes o del poderío del opresor; la eficacia del mesianismo insurreccional depende —como señalara Martí— de que esté vivo en las almas el culto de la revolución. A su vez, la vigencia de la fe revolucionaria se ve afectada por las vicisitudes de los luchadores de carne y hueso, sin que los reveses de éstos lleguen a vulnerar de manera decisiva el ideal que los anima.

Así, el fracaso de las fuerzas independentistas en 1878, la muerte prematura de Martí, la entrada de Estados Unidos en la guerra hispano-cubana de 1895-98, la ocupación militar que siguió al conflicto y la injerencia norteamericana en los sucesos de 1933-34, no hicieron más que consolidar el mito, en su variante de revolución traicionada o inconclusa. Cada derrota, cada frustración revolucionaria reforzó la idea de que el movimiento insurgente no había cumplido su trayectoria natural debido a una conjunción adversa de factores o a la injerencia de fuerzas extrañas; de modo que la fabulosa promesa de justicia y libertad que la revolución encarnaba había quedado incumplida y como en suspenso, a la espera de que un nuevo empeño redentor diese término a la empresa.

El mito de la revolución traicionada o inconclusa alcanzó especial virulencia en los años cuarenta y cincuenta de este siglo. Por razones cuya exposición excedería el marco de este trabajo, la frustración revolucionaria de los años 1933-34 y la evolución posterior del país reforzaron las creencias en la eficacia de la violencia como herramienta de transformación social. Fue este clima ideológico el que hizo posible, en gran medida, la victoria de la rebelión antibatistiana de 1957-58.

Pero al contrario de lo ocurrido con los movimientos anteriores, la revolución que triunfa en 1959 aparece como el cumplimiento cabal de ese profetismo mesiánico tan arraigado en amplias capas de la sociedad cubana. La victoria de Castro no se vio mediatizada por injerencias extranjeras, pactos o componendas de ningún tipo. Las instituciones más vinculadas a la dictadura simplemente se desplomaron y las demás fueron barridas poco después por el vendaval renovador. Nunca había sido tan poderosa la ilusión —común a todas las revoluciones triunfantes— de que era posible empezar de cero, abolir el pretérito, reinaugurar la historia. Julián Marías (*La estructura social*, Madrid, Revista de Occidente, 1972) ha explicado lo que suele ocurrir cuando este tipo de expectativas generalizadas se satisfacen:

> A medida que la pretensión colectiva de una sociedad se va cumpliendo y satisfaciendo, se va agotando; el *horizonte* se

aproxima y en el mismo momento en que aparece como accesible, deja de ser horizonte y se convierte en el muro de una prisión. Esta es la forma radical de crisis en que se repara muy pocas veces: la crisis de la ilusión.

Como resultado de este hecho, las generaciones que han accedido al escenario histórico después de 1959 no han tenido como referente immediato otra revolución frustrada o inconclusa, sino la revolución, la transformación más súbita y radical jamás sobrevenida en la Isla. Paradójicamente, el triunfo de la rebelión castrista consiguió lo que no habían logrado los semifracasos anteriores: herir de muerte al revolucionarismo, que había llegado a ser consustancial con la cubanidad. El culto de la violencia política, la fe en la virtud palingenésica de la revolución, se ha evaporado en el ánimo de los cubanos, sobre todo de los más jóvenes. Víctimas o beneficiarios de la primera revolución triunfante de su historia, están hoy de vuelta de las utopías gregarias.

Esta mutación de la sensibilidad generacional determina, a su vez, otra paradoja: el fracaso del modelo castrista ha llevado a la población a aceptar la necesidad de un cambio sociopolítico radical, pero esta convicción choca con la repugnancia por la retórica y los métodos del revolucionarismo tradicional, que se sienten como un anacronismo irremediable. Quizá sea ésta la razón de la falta de sintonía entre los dirigentes del exilio y el pueblo de la Isla. Si el discurso de los líderes de Miami suena caduco en los oídos del cubano que hoy tiene treinta años, no es porque aquéllos propongan una vuelta al pasado (en rigor, nadie propone seriamente tal cosa) sino porque su retórica está anclada en un conjunto de ideas, prejuicios y creencias que dejaron de tener vigencia en Cuba desde hace por lo menos dos décadas.

Es posible que esta mutación ideológica, este abandono del mito de un destino nacional grandioso sólo alcanzable mediante la revolución, sea una de las claves de la perduración y la relativa estabilidad del castrismo. Si las nuevas generaciones de cubanos no logran salvar la contradicción actual entre la conciencia del cambio necesario y el íntimo rechazo de los medios de lograrlo, es probable que la agonía del castrismo —el papeleo, como dicen en la Isla— se prolongue durante mucho, mucho tiempo todavía.

LIV
LUIS AGUILAR LEÓN

Nació en Manzanillo en 1925 y creció en Santiago de Cuba. Se educó con los jesuitas: en el colegio Dolores de Santiago y en el de Belén de La Habana. Abogado, historiador y sociólogo, estudió Derecho en la Universidad de La Habana, Filosofía y Letras en la de Madrid y Ciencias Sociales en la de Toulouse, doctorándose en Relaciones Internacionales por American University de Washington, D.C. Aguilar León ha sido profesor en la Universidad de Oriente, Cuba, y en dos universidades neoyorkinas: Columbia y Cornell. Actualmente enseña en Georgetown University, Washington, D.C. Exiliado político, Aguilar León es asesor de la Fundación Nacional para la Democracia y miembro de la Junta Directiva de *Of Human Rights*. Autor prolífico, ha colaborado en la *Cambridge History of Latin America* y en *The Classics in Latin America*. Es además columnista del *Diario las Américas* y de otros periódicos latinos y norteamericanos. Entre sus obras destacan: *Pasado y Ambiente en el Proceso Cubano* (1957), *Marxism in Latin America* (1967), *Cuba, Conciencia y Revolución* (1971), *Cuba 1993: Prologue to Revolution* (1972), *Operation Zapata* (1982), *De Cómo Se Me Murieron las Palabras* (1984) y *Reflexiones sobre Cuba y su Futuro* (1992).

Cuba como proyecto [*]

ESE VÉRTIGO de abismo que provoca el futuro de la Isla, incita a plantear el drama de Cuba en una visión de conjunto. Cuba requiere, además de útiles proyectos parciales sobre los problemas de la reconstrucción, un proyecto general que oriente la acción colectiva.

Un pueblo, como un individuo, puede sufrir una crisis de futuro, un no saber hacia dónde encaminarse, un desfallecer ante la aparente inutilidad de todo esfuerzo. Tales desalientos suelen ocurrir tras el derrumbe de un proyecto anterior que había concitado una alta tensión de entusiasmo: la guerra o una revolución. El fracaso, si es aplastante, deja sin alientos ni esperanzas.

En 1815, tras la disolución y la desilusión del huracán revolucionario y napoleónico, Francia pasó por

---
[*] Contenido en: *Reflexiones sobre Cuba y su futuro* (Ediciones Universal, Miami, 1992).

uno de esos momentos de pausa y crisis de proyecto. *¿Cuál es el futuro?* se preguntaba Alfredo de Musset, *¿qué vamos a hacer ahora con esta Francia empequeñecida y sin gloria?* Con típica exageración romántica, Musset llamó a ese desaliento *Le mal du siècle,* el mal del siglo.

Ciento treinta años más tarde, en 1945, tras el colapso y la ruina del sueño hitleriano, los alemanes cayeron también en ese paralizante estupor de futuro. La generación de Adenauer y Erhard, encontró un proyecto, *la recuperación del orgullo nacional,* que infundió el *Selbstvertrauen,* la confianza colectiva, en el pueblo alemán. *Alemania no tiene que ser imperial para ser grande,* era el lema favorito de Adenauer.

Dentro de unos meses, o unos años, el pueblo de Cuba ha de constatar lo que ya conoce parcialmente, la plenitud del fracaso del proyecto castrista. Un pueblo al cual se le pidió exorbitantes sacrificios para crear un futuro mejor, se encontrará sumido en un pasado peor. La generación más vieja, la que creyó en Fidel y proporcionó el entusiasmo inicial, está agotada y diezmada. Las dos que la siguen están inficionadas por el cinismo que ha provocado la enorme hipocresía del régimen. Por sobre el miedo a la represión, el sistema castrista navega a la deriva y al desastre sobre la indiferente docilidad que crea una prolongada dictadura.

Si tal es la circunstancia, y no veo cómo, a pesar de heroísmos individuales o de grupo, pueda ser registrada de otra forma, resulta claro que, una vez derrumbada la *Muralla Castrista,* una de las más urgentes urgencias del pueblo cubano va a ser el encontrar un proyecto nacional que estimule y unifique las letárgicas energías.

De ahí el que señale la necesidad de estudiar a Cuba como proyecto. De indagar qué fórmula de futuro se le puede ofrecer a un pueblo anonadado por el fracaso.

Pensar en Cuba como proyecto tiene dos grandes ventajas: la primera es que las variaciones circunstanciales de la caída del castrismo afectan poco a la idea. Es decir, esas terribles incógnitas que se agazapan en el futuro de Cuba, el grado de deterioro económico y moral, no hacen mella en un proyecto general que asume la posibilidad de iniciar la marcha a nivel cero.

La segunda ventaja es que los ideales que rigen el proyecto no dependen de la *cronología* de la caída de Fidel. Hacer planes contando con que el régimen castrista se va a derrumbar a plazo corto y fijo es tarea sumamente arriesgada. Las variables del evento son infinitas, y van de un golpe militar *pacífico* a una convulsión sangrienta. Hay que intentar, por tanto, configurar un proyecto que pueda guiar la acción nacional lo mismo dentro de cinco meses que dentro de cinco años.

La tarea es sumamente difícil, pero no imposible. La independencia, el gran proyecto cubano del siglo XIX, tardó décadas en gestarse y se mantuvo firme frente a derrotas, fracasos y querellas internas, precisamente porque el ideal guiador volaba por encima de los cambios en las circunstancias históricas.

Ese tipo de proyecto capaz de dar largo salto sobre el presente, esa motivación colectiva que pueda superar la coyuntura más terrible y aunar las energías del pueblo cubano para reanudar la penosa marcha hacia un futuro mejor, pudiera basarse en la potencial energía de tres estímulos: nacionalismo, democracia y reconciliación.

Nacionalismo, porque ésa ha sido una fuerza constante y vital en el proceso cubano. Desde 1868 a nuestros días, pocos pueblos han sufrido más y han logrado más en su marcha nacional que el pueblo cubano. Castro usó, abusó y dilapidó ese caudal de ímpetu, ese orgullo de ser cubano, en descabelladas aventuras imperiales que satisfacían su ego. Los que lo sucedan tienen que tratar de movilizar esa fuerza en pos de objetivos más nobles, de inyectarle al pueblo el orgullo de trabajar por su propia felicidad, y por la prosperidad, la justicia y la libertad de una isla que puede ser ejemplar en la ínclita tarea de la reconstrucción.

Democracia, porque a pesar de todas las degradaciones, escamoteos y tergiversaciones que ha sufrido esa palabra, el concepto sigue siendo la mejor esperanza de los pueblos. Democracia en su sentido integral, es decir, no limitada al voto, o a la proclamación de leyes y constituciones, sino basada en el respeto a la disidencia y a la legislación, eliminadora, en todo lo que sea posible, de la corrupción privada y pública, que aspire a darle a cada cubano la oportunidad de abrirse camino en la vida.

Reconciliación, porque tras el vendaval de odios y divisiones que ha sembrado Castro, es preciso hacer un esfuerzo colectivo para sepultar los rencores y los abismos que han surcado hondamente la conciencia cubana. Sé muy bien que la cadena de abusos y crímenes del régimen hace rechinar los dientes de la conciencia, pero los heroicos mambises lo hicieron en 1898, cuando, siguiendo la pauta que trazaron Martí, Varona y los propios generales de la guerra, se esforzaron en solidificar la independencia y el futuro, y no en vengarse de los españoles y de los guerrilleros que se habían quedado en Cuba. *La guerra ha terminado*, aconsejó generosamente Máximo Gómez, *la paz va a necesitar del esfuerzo de todos*.

Ese ideal de reconciliación requiere, sin embargo, una aclaración esencial. La reconciliación no exime de culpa a los responsables de los crímenes del régimen, los cuales deben de ser juzgados por tribunales apropiados y justos. Ni implica permitir la supervivencia de ninguna organización vinculada al sistema totalitario actual. Reconciliarse con los castristas, con los cubanos que por razones inevitables trabajaron con el régimen, es necesario para salvar el futuro, reconciliarse con el castrismo es traicionar ese futuro. El ejemplo de Nicaragua y los sandinistas es aleccionador: al menos inicialmente, la democracia cubana no puede permitir la existencia de un partido, organización, grupo o fuerza que pretenda continuar la tradición fidelista. Llegar a un compromiso con cualquiera de esos grupos es comprometer la paz y condenar a Cuba a otra lucha fratricida.

Esa necesidad de ser justos con los castristas no merma el objetivo esencial de la reconciliación. La muy humana tentación de vengar agravios personales y hacer del odio una pasión dominante implica concederle al gran hincador de odios que hoy ahoga a Cuba la victoria final. Mientras no haya una genuina reconciliación nacional, la sombra de Fidel Castro seguirá rigiendo los destinos de Cuba desde más allá de la tumba.

Es hora de alzar un nuevo y esperanzado lema de futuro. Frente al grito nihilista de *¡Socialismo o muerte!*, debemos proclamar, como han hecho ya los disidentes cubanos que se niegan a marchar hacia el Apocalipsis, un lema mucho más fecundo y positivo: ¡Democracia y Vida!

La crisis ética del pueblo cubano[*]

TODAS las noticias que llegan de Cuba, y aun las irritadas denuncias de los voceros del régimen, señalan la realidad de un profundo declinar de la ética del pueblo cubano. Entendamos aquí por ética simplemente el conjunto de valores no materiales que guían o influyen en la conducta de una colectividad.

En Cuba, lo que pudiéramos llamar la *ética burguesa-católica* que había sobrevivido, con infinitas flaque-

---

[*] *Ibídem.*

zas, durante la República y hasta 1959, fue sustituida a golpes de mando por la *ética marxista* proclamada por el *Máximo Líder*. Esa ética se basaba en un vago sentimiento socialista o *revolucionario*, en una educación materialista, en ser y sentirse parte de proyectos nacionales que mejoraban a Cuba e impactaban al mundo.

Hasta aproximadamente 1970, el año del fracaso de la zafra de los diez millones, esa ética, ese entusiasmo por la conducta revolucionaria, se mantuvo bastante firme entre los adeptos al régimen.

A partir de ese gran fracaso, causado más por los errores del régimen que por la falta de entusiasmo del pueblo, se comienza a notar un progresivo desaliento popular y una correspondiente pérdida de confianza en los dirigentes. A medida que los esfuerzos se malograban y toda crítica o autocrítica entre los mismos fieles era aplastada por el régimen como contrarrevolucionaria, el vínculo entre el pueblo y el liderazgo de la Revolución aceleró su desintegración.

Irónicamente, fue el propio Ernesto Guevara, máximo defensor de los *incentivos morales* y del *nuevo hombre socialista*, el que bien temprano advirtió los síntomas del morbo que iba a descomponer la viabilidad del Estado socialista. En 1965, en un párrafo de su famosa carta al editor del periódico uruguayo *Marcha*, Guevara escribió:

> El Estado se equivoca a veces. Cuando una de esas equivocaciones se produce, se nota una disminución del entusiasmo colectivo... y el trabajo se paraliza hasta quedar reducido a magnitudes insignificantes: es el instante de rectificar.

El *Che* asumía, o quizás aspiraba a advertirle a Castro que, frente a evidentes errores, el Estado socialista tenía que ser capaz de rectificar. Lo que se le escapaba al guerrillero argentino era que la propia naturaleza del régimen castrista, estructurado sobre una dictadura personal e inapelable, lo hacía incapaz de rectificaciones. La infalibilidad del líder obligaba, o a negar los yerros o a culpar de los mismos a una infinita lista de subalternos y causas. Así, mientras se trituraba a ministros y funcionarios y se impu-

taba a ciclones, sequías, o al *bloqueo imperialista*, todos los males, los costosos desatinos económicos (¿no intentó Castro una vez plantar viñedos para competir con los vinos franceses?) se multiplicaron y sobrevivieron.

Con su usual agudeza, el pueblo percibió pronto que las proclamadas *rectificaciones de errores* no eran más que pantallas para *ratificar los errores*. Inevitablemente, la caída del entusiasmo colectivo, que Guevara asumía temporal y rectificable, se hizo definitiva e irreversible, hundiendo la productividad a los *niveles insignificantes* que el argentino había previsto.

La evidencia de yerros repetidos, la represión de toda advertencia o crítica, y la emergencia de una nueva clase de privilegiados que usufructuaban todas las ventajas, expandieron el proceso desintegrador. La *parálisis* mencionada por Guevara se esparció de lo material a lo moral, creando una superestructura de disimulo colectivo donde sobrevivir es la motivación primaria y la hipocresía una careta esencial. Se aprende a trabajar poco y a *lucir* que se trabaja mucho, y se sabe cómo utilizar las infinitas regulaciones del régimen para evadir responsabilidades y obtener ventaja ilícita y personal. La pasividad de una burocracia inerte y la corrupción de un *sociolismo* (como lo denuncian los voceros del régimen) irreductible, puesto que del propio régimen emana, fueron las respuestas del pueblo a un líder que no oye ni rectifica.

Por su parte, la sensibilidad paranoica de Castro a toda crítica, y la defensa a ultranza de los desaciertos (...) se ha vuelto irracional en los últimos tiempos. No hace mucho, en una entrevista concedida a la revista española *Cambio 16*, un exasperado Castro culpó a la *haraganería* del pueblo cubano de los fallos económicos de *su* régimen. Un poco más tarde, el *Máximo Líder* provocó una peligrosa crisis con el régimen español, en respuesta a una supuesta actitud crítica de un funcionario hispano.

En contraste con tal escapismo irresponsable, unos meses antes, en un número de *El Caimán Barbudo* dedicado a los problemas de la juventud, a una estudiante cubana se le permitió expresar una crítica que evidencia las consecuencias de esa fatal tozudez:

> Debemos combatir al disimulo en que vivimos. Aquí nadie cree en lo que dicen los profesores y los profesores no creen en nada de lo que dicen. Pero todo el mundo pretende creer en el socialismo.

Bajo el peso del miedo, los fracasos públicos y la enorme mentira oficial, la *ética* revolucionaria se había disuelto en una gigantesca artimaña, en un permanente disfraz de oportunismo y corrupción, en un carnaval de carteles y caretas.

Conviene recordar que, aunque en forma infinitamente menos honda, el pueblo cubano había sufrido antes dos momentos de desaliento ético, de pérdida de confianza en su destino y en los valores que habían alentado su esfuerzo. Uno ocurrió cuando la segunda intervención norteamericana (1906-1908), la cual, precisamente porque había sido provocada por los propios gobernantes cubanos y no por ninguna voracidad del vecino norteño, alentó, sobre todo en la política, un ambiente de cinismo y ácida burla que duró hasta la década de los veinte, cuando la dictadura de Machado y el emerger de una nueva generación galvanizaron las energías nacionales.

El otro respondió a la gran desilusión que afligió a Cuba, sobre todo a la juventud, cuando la deshonestidad en el manejo de los fondos públicos del gobierno de Grau San Martín abatió las ilusiones alzadas por la *jornada gloriosa* de 1944 (...)

Si esos tropiezos parciales acarrearon graves males, es fácil imaginarse lo hondo que ha calado el colapso de un régimen que en cierto momento movilizó entusiasmos en Cuba, y que lleva más de treinta años defraudando a sucesivas generaciones, mintiendo y obligando a mentir, corrompido y corruptor. Un gobierno que justifica todo crimen con la criminal excusa de ser el último defensor de una bandera ideológica, desgarrada en todas partes por los vientos de cambio y libertad que imperan en el mundo occidental.

Es, pues, evidente que uno de los grandes objetivos de todo proyecto sobre el futuro de Cuba ha de relacionarse con el encontrar la forma, o las formas, de devolverle al pueblo cubano una razón de ser, un resorte de entusiasmo, un sistema de valores que ayude a superar el profundo cinismo que ha de dejar tras sí el total fracaso del marxismo y la revolución. Bien certeramente apunta Ortega en su *Ocaso de las revoluciones*, (*Obras Completas*, vol. III, Madrid, 1962): *En la historia, al alma revolucionaria no le sigue un alma reaccionaria sino un alma desilusionada.* En 1990, confirmando tal diagnóstico, y escribiendo desde el corazón de un pueblo que luce extrañamente paralizado, Roberto Luque Escalona (*Fidel: el juicio de la historia*, México, 1990) ha tenido el coraje de sentar este amargo juicio: *Si quebrantar el espíritu de un pueblo que siempre fue rebelde es un éxito, si someter es gobernar, no cabe duda que Fidel ha sido un gobernante exitoso.*

Ahora bien, si tal es el pavoroso caso, si la doblez e hipocresía a que obliga el régimen ha logrado quebrantar el espíritu del pueblo y ha llegado a convertirse en estructura anímica, si de tanto hincársela en la faz la careta ha terminado por convertirse en cara, y la máscara se ha vuelto personalidad, ¿dónde encontrar una reserva de valores morales que insufle ánimos en un pueblo sometido y quebrantado?, ¿dónde los ejemplos y los guías? Topamos aquí con un tema tan hondo y sensible como el supremo compromiso, o la más grave deserción, del exilio cubano.

Nacionalismo y soberanía*

EN LA EUROPA DEL ESTE, cuya comparación con el proceso cubano se puso de moda hace unos meses, existía un factor detonante que tiene en Cuba diferente signo: el nacionalismo.

En Polonia, en Rumanía, en Checoslovaquia, se podía contar siempre con que el nacionalismo de esos pueblos, tradicionalmente orientado contra Rusia, sirviera de fuente a la resistencia a la Unión Soviética. Apenas las fallas ineludibles del sistema comunista, impuesto en esos países por las tropas rusas, se hicieron visibles, y el centro opresor de Moscú, envuelto en sus propios abismales problemas relajó su tradicional control, las masas nacionales enfocaron sus reformas contra el enemigo común y barrieron con el sistema comunista. Las dictaduras marxistas eran doblemente odiadas, por su intrínseca brutalidad e incapacidad para mejorar el nivel de vida, y porque eran un símbolo de la opresión rusa.

En Cuba, el sentimiento nacionalista ha estado tradicionalmente orientado contra los Estados Unidos, cuya presencia en la Isla ha sido siempre conflictiva. Cualquiera que sea el nivel de antiamericanismo que late en Cuba, y tiendo a creer que es muy bajo, ese sentimiento o, si se quiere, esa dosis de desconfianza, sigue apuntando hacia Washington, no hacia Moscú. De ahí que, a diferencia de lo ocurrido en la Europa del Este, y considerando el nivel actual de las relaciones ruso-cubanas, sea absurdo imaginar hoy una rebelión nacionalista incitada por un deseo de *liberar* a la Isla de la *tiranía* rusa.

Esa corriente nacionalista, cuya profundidad es difícil de sondear, ha sido exacerbada a su favor por Castro, quien mantiene el fantasma de la agresión militar de los Estados Unidos a Cuba como un factor aglutinante del pueblo. De todas formas, su presencia obliga a considerar pausadamente el grado de ayuda o participación que se le reserve a los Estados Unidos en el futuro de Cuba. El retorno a la libre empresa y la indudable ventaja de la cercanía del enorme mercado norteamericano no pueden llevarnos a que se confunda nuestro amor y necesidad de este gran país con una voluntad de retrotraer a Cuba a la época de Sumner Welles o de Caffery.

Por otra parte, resulta indispensable proponerse cambiar el signo del nacionalismo cubano, del frenético agredir a otros pueblos, de la mentalidad numantina de defender a la Isla contra el universo, a la verdadera solidaridad internacional que reina en el mundo de hoy. Cuba ha de abrirse a la época, integrarse al Continente y luchar por la prosperidad de su pueblo y de otros pueblos. La era de las guerrillas y las cruzadas internacionales, que regó sangre cubana por toda la tierra, debe terminar al caer el castrismo. Cuba puede y debe ser, como lo planearon los fundadores de nuestra nacionalidad, la isla de los brazos abiertos.

Frente a ese objetivo de paz y nacionalismo fecundo, hay todavía individuos y grupos que, en una oblicua defensa del régimen socialista, yerguen un nacionalismo anacrónico y feroz que comienza por argüir que toda futura concesión comercial a empresas norteamericanas o extranjeras es un retorno a la *república mediatizada* de la era pre-Castro y una traición a la *soberanía nacional* lograda por la Revolución.

Esa postura comienza por desconocer lo mucho que se *desmediatizó* la República de 1934 a 1959, cuando,

---

* *Ibídem.*

después de abolida la Enmienda Platt, se inició un proceso de recuperación económica, expansión del dominio cubano sobre la tierra y el azúcar, y una creciente defensa de la soberanía nacional. Peor aun, asume que, como afirma el régimen castrista, la nación es hoy plenamente soberana y dueña de su destino.

Lo cierto es que para mantener la fachada de la *soberanía* el gobierno castrista endeudó a Cuba mucho más gravemente que ningún previo gobierno, y que las alabanzas y el sometimiento a la Unión Soviética, incluyendo la vergonzosa declaración de amor a Moscú que se insertó en la Constitución Socialista, no tienen paralelo con la actitud anterior hacia los Estados Unidos. Recordemos que sólo cuando la Unión Soviética decidió abandonarlo, Fidel Castro inició su actual retirada de la *solidaridad socialista* a la oportunista defensa de la soberanía nacional.

En la historia del mundo Cuba ha sido la única colonia que alza protesta contra el imperio que la domina no por voluntad de liberación, sino porque el imperio desea liberarla. Fue Castro el que tronó contra el *glasnost* y la *perestroika*, fue él quien, como un viejo *cipayo*, le rogó al imperio soviético que mantuviera sus tropas en Cuba.

Por otro lado, la *soberanía* castrista está integrada a un proceso histórico que aún no ha concluido y que se sigue deteriorando. En su desesperación por encontrar recursos, el gobierno socialista ha hecho concesiones a los inversionistas extranjeros que rebajan a límites increíbles la soberanía nacional.

(...) resulta absurdo desvincular a esa falsa *soberanía* del desastre que se cierne sobre la Isla. Para salvar ese fementido éxito, Castro repite que es preferible hundir a Cuba antes que perderlo. ¿Y qué distorsionada idea de la soberanía de un pueblo es ésa que plantea la monstruosa posibilidad de aniquilar al propio pueblo que la sustenta? ¿Es esa concepción anacrónica y suicida la que se quiere preservar?

La soberanía de un Estado está hoy condicionada por las circunstancias internacionales que vive el mundo. Los japoneses compran compañías norteamericanas y dependen del petróleo árabe; Alemania y Francia se integran como aliados en el Mercado Común Europeo; la América Latina hace esfuerzos por formar un bloque regional. Si nos atenemos al concepto de la soberanía esbozado en el siglo XVI por Jean Bodin, todos esos esfuerzos implican una merma de la soberanía de esos pueblos. Pero no estamos en el siglo XVI. Todos esos pueblos ganan en progreso económico lo que pierden en vagas nociones de soberanía.

No hace mucho, en una conferencia de prensa, el presidente de México dio una aleccionadora respuesta a la pregunta de si la creciente integración económica de México con los Estados Unidos no representaba un rebajamiento de la soberanía del país. *Ya los mexicanos hemos aprendido* —respondió Salinas— *a no confundir los términos. Nosotros seguimos siendo soberanos, pero la soberanía no se defiende perpetuando la miseria.*

La Cuba del futuro debe recordar esa enseñanza. La soberanía nacional, el inalienable derecho a que las decisiones internas de un gobierno no sean dictadas por ningún gobierno extranjero es meta justa y alcanzable. Pero en nombre de esa soberanía no se pueden violar a mansalva los derechos humanos, aniquilar a un pueblo y perpetuar la miseria.

Las condiciones y factores anteriormente citados, explican, al menos parcialmente, por qué en Cuba no ha surgido un movimiento como *Solidaridad*, ni se han galvanizado grupos para rescatar la soberanía de una presencia rusa que se esfuma.

Tampoco ha sido, hasta ahora, la Iglesia Católica capaz de realmente brindar un refugio y una postura que permita aglutinar el fervor religioso y el descontento de las masas. Débil antes de Castro, y más debilitada aún por la represión religiosa del régimen, y por la inicial conducta vacilante cuando no sumisa (sobre todo bajo la influencia de monseñor Cesare Zachi) del Vaticano frente a la Revolución, la Iglesia ha vivido sobreviviendo en Cuba. Es posible que una renovación de la fe popular, como la demostrada recientemente por el peregrinaje de la Virgen de la Caridad del Cobre, y una dirección más firme por parte del Vaticano, le permitan a la Iglesia erguir y ampliar su influencia, pero, por el momento, el movimiento católico es sólo una potencialidad.

Por su parte, el régimen ha desplegado recientemente una muy tenue voluntad de apertura a los católicos, y un significativo acercamiento y tolerancia hacia las organizaciones yorubas, cuya posición hacia Castro es harto difícil de valorar. Pero la necesidad del gobierno de imponer medidas draconianas para afirmar su poder en este llamado *Período Especial en Tiempo de Paz*, no auguran buen futuro a tales concesiones.

Hoy, a mediados de 1992, la oposición en Cuba se presiente intensa y general, pero no se puede hablar de un frente más o menos visible, de una reserva social catalogable, que se oponga a una dictadura que ha eliminado sistemáticamente toda posibilidad de alternativa.

LV
BEATRIZ BERNAL

Nació en La Habana, en 1935. En 1960 se graduó de abogado en la Universidad de La Habana donde fue Premio Extraordinario *José Hernández Figueroa* y Premio Nacional *Ricardo Dolz*. A partir de 1961 vivió en México, donde obtuvo una Maestría en Derecho Romano en la Universidad Nacional Autónoma de México (UNAM). En España continuó sus estudios y obtuvo el título de Doctor en Derecho en la Universidad Complutense de Madrid (UCM). Ha sido catedrática de la Facultad de Derecho de la UNAM e investigadora del Instituto de Investigaciones Jurídicas, de esa misma universidad. Actualmente vive en Madrid y es profesora de la UCM. Es autora de varios libros de texto e investigación, entre los cuales destacan: *Prudencio A. de Palacios. Notas a la Recopilación de Leyes de Indias* (1979); *Historia del Derecho Romano y de los Derechos Neorromanistas* (1981) y *Alonso de Zorita. Cedulario de 1574* (1985); así como de múltiples artículos, ensayos y comentarios sobre temática histórico-jurídica. También de una novela: *Rabo de Nube* (1991). Fue distinguida en México con la categoría de Investigador Nacional, y en España, con la de Académica Honoraria de la Real Academia de Jurisprudencia y Legislación. Bernal es miembro de la Dirección de la *Unión Liberal Cubana*.

Las constituciones liberales de Cuba en armas [*]

EL OBJETO de este breve estudio es analizar las partes dogmática y orgánica de los tres textos constitucionales promulgados en Cuba en la segunda mitad del siglo XIX, durante las guerras de independencia contra España. También, destacar las circunstancias históricas que les sirvieron de marco de referencia.

La primera constitución que se expidió en la Cuba insurgente fue la de Guáimaro. Producto de un compromiso entre las huestes orientales de Carlos Manuel de Céspedes y las camagüeyanas de Ignacio Agramonte, esta constitución entró en vigor seis meses después de que Céspedes, el 10 de octubre de 1868, diera el *grito de Yara* en su ingenio de la

---

[*] Ensayo contenido en: *Boletín del Comité Cubano Pro Derechos Humanos (España)*, núm.8 (Madrid, invierno de 1993).

Demajagua e iniciara, con su Declaración de Independencia, la Guerra de los Diez Años. En dicho manifiesto el patricio, acorde con los principios imperantes en la época, sentaba las bases de una constitución de corte liberal para la futura Cuba independiente. Así, el documento alude a una *legislación vigente interpretada en sentido liberal* que regularía el sufragio universal, el sistema representativo de gobierno, el respecto a la propiedad privada, el libre cambio entre las naciones y, sobre todo, *la libertad e igualdad entre todos los hombres*. Sin embargo, estos dos últimos principios estuvieron condicionados a una *emancipación gradual y bajo indemnización de la esclavitud* y fueron seguidos, meses después, por un *Decreto sobre la Esclavitud* en el cual, a pesar de declararse que *Cuba libre es incompatible con Cuba esclavista*, no sólo se estableció a favor de los propietarios de esclavos *el derecho a la indemnización que la nación decrete*, sino que retrasó la declaración abolicionista a posteriores tiempos al estipular, en su apartado séptimo que: *los propietarios que faciliten a sus esclavos para el servicio de la revolución sin darlos libres por ahora, conservarán la propiedad mientras no se resuelva sobre la esclavitud en general*. Esto no era de extrañar, igual que sucediera décadas antes en el resto de América Latina, la guerra de independencia del 68 se planteó en sus momentos iniciales como una lucha entre peninsulares y criollos. Así, fue la población blanca de la Isla la destinataria del manifiesto y del decreto expedidos en su día por los insurgentes orientales.

Pero no pensaban de igual forma los insurrectos camagüeyanos que emularon de inmediato a sus vecinos en la lucha armada. Ni sus fuerzas estaban compuestas de la misma manera. Estos, bajo el mando del ganadero Ignacio Agramonte, contaban entre sus huestes con una minoría del blancos y una mayoría de negros libres. De ahí que, desde que se levantaron en armas el 4 de noviembre de 1868, adoptaron una actitud más liberal en torno al álgido problema esclavista. Por eso, el 26 de febrero de 1869, pocos meses después del levantamiento, dictaron un decreto de abolición plena de la esclavitud. Ahora bien, a pesar de sus diferencias, las dos fuerzas insurgentes, a la sazón con dos gobiernos y dos banderas distintas, se unieron y convocaron a una Convención Constituyente en el *pueblo libre* de Guáimaro. De ella surgió la primera constitución de origen mambí.

La carta fundamental de Guáimaro fue votada el 10 de abril de 1869 por Céspedes y por otros catorce *ciudadanos diputados* que integraron la primera *Asamblea de Representantes* de alcance nacional. Aunque se preveía en ella la posibilidad de enmienda, su período de vigencia estaba dado de antemano: la duración de la contienda bélica. En efecto, en el artículo 15, se estipuló que la Cámara de Representantes debía constituirse en Sesión Permanente desde el momento de la ratificación de la ley fundamental hasta el final de la guerra. Y así sucedió.

Contenía la Constitución una parte dogmática en su artículo 28. Este establecía libertades de culto, imprenta, reunión pacífica, enseñanza y petición, así como los demás derechos *inalienables del pueblo*. También, en su artículo 24, declaraba la abolición de la esclavitud. *Todos los habitantes de la República* —dice el artículo— *son enteramente libres*. Sin embargo, tres meses después se daría un paso atrás mediante la expedición de un reglamento de libertos que regularía la vida del esclavo manumitido y su relación con el antiguo amo. Aún quedaban muchas amarras del antiguo sistema esclavista en la provincia de Oriente y otras zonas azucareras de la Isla.

En cuanto a la parte orgánica, la Constitución de Guáimaro estableció la clásica división de poderes. El Poder Legislativo radicaba en la Cámara de Representantes, integrada por diputados de los cuatro estados —Oriente, Camagüey, Las Villas y Occidente— en los que dividía la isla la propia Constitución. Dicho poder elaboraba y promulgaba las leyes. Tenía además la facultad de nombrar al Presidente y al General en Jefe de las Fuerzas Armadas, y la de ejercitar sobre ellos un cierto control judicial, ya que ambos, Presidente y General en Jefe, podían ser acusados ante el Legislativo por cualquier ciudadano. El Poder Ejecutivo radicaba en el Presidente de la República, quien tenía a su cargo tanto la política exterior como la bélica, sujetas ambas a la ratificación de la Cámara, y en los Secretarios del Despacho, quienes debían ser nombrados por ésta a propuesta del Presidente. El Poder Judicial, cuya regulación se dejó a una ley posterior, fue declarado independiente.

Fue pues la Constitución de Guáimaro el resultado del choque entre dos corrientes contrapuestas que, aunque surgidas de antemano, se enfrentaron en el seno de su Asamblea Constituyente. La una defendida por Agramonte, quien propugnó el establecimiento de un gobierno civilista de carácter parlamentario, en el cual se subordinarían todas las actuaciones del Poder Ejecutivo a la leyes, acuerdos y decisiones de la Cámara Legislativa, no sólo en problemas de orden institucional, sino también bélico. La otra abanderada por Céspedes, quien fue partidario de una jefatura militar centralizada con el fin de impedir la atomización de la autoridad, impropia para una República en tiempos de guerra. Los hombres de aquel entonces le dieron la razón a Agramonte y elaboraron una constitución civilista. Pero la guerra se perdió. La historia, por consiguiente, le ha dado la razón a Céspedes.

El otro punto de desacuerdo entre Céspedes y Agramonte, la abolición irrestricta de la esclavitud, no fue resuelto debidamente mientras duró la guerra. Ahora bien, terminada ésta a favor de España y firmado el Pacto del Zanjón, los cubanos reformistas se agruparon en un partido político para asegurar el cumplimiento de dicho pacto. Así se creó, el 1 de agosto de 1878, el Partido Liberal que, tres años más tarde (1881) se convertiría en autonomista. El autonomismo había tenido sus primeras manifestaciones en Cuba desde las primeras décadas del siglo XIX, sólo que sus partidarios no habían sido oídos. Ahora las circunstancias habían cambiado y, finalizado el siglo, los autonomistas pudieron presionar a las autoridades de la Metrópoli y lograr, aunque paulatinamente, la abolición de la esclavitud en Cuba. Así, y desde España, el 13 de febrero de 1880 se dictó una *Ley de Abolición de la Esclavitud para la isla de Cuba* como respuesta al programa del Partido Liberal que solicitaba la *emancipación indemnizada de los que queden en servidumbre...* Y quedaban muchos. En el Pacto del Zanjón, la Monarquía española había reconocido la libertad de los esclavos insurrectos, pero había mantenido en esclavitud a aquéllos que le habían sido fieles. Sin embargo, la *Ley de Abolición* de 1880, también llamada *Ley de Patronato* porque era este régimen de semiesclavitud el que establecía, no satisfizo a los liberales autonomistas quienes, en 1882, acordaron solicitar la *libertad inmediata y absoluta de los patrocinados* entendiéndose como tales los libertos de la *Ley de Patronato*. Esta se obtuvo, por fin, en 1886, mediante un artículo adicional a la *Ley de Presupuestos del Estado para la isla de Cuba*, donde se estipuló que: *queda autorizado el Gobierno para decretar en breve plazo, la libertad de los actuales patrocinados de Cuba...*, cosa que se hizo a través de la expedición de una Real orden de 29 de octubre de 1886 que suprimió el patronato. Abolida la esclavitud, en parte gracias a las presiones y campañas de prensa libradas por el ilustrado mulato cubano Juan Gualberto Gómez, España dio importantes pasos legislativos hacia la integración racial en Cuba. Así, a partir de 1887 no se pudo excluir a nadie del servicio público por motivos raciales; en 1889 se permitió la entrada de negros y mulatos en los teatros, cafés y bares, y en 1893 fueron admitidos en las escuelas públicas, junto a los blancos, los niños *de color*.

Las constituciones de Jimaguayú y La Yaya corresponden a la guerra hispano-cubana de 1895 y deben analizarse juntas, dado que la una es presupuesto de la otra. Ambas tienen como antecedentes tres importantes documentos martianos: las *Bases del Partido Revolucionario Cubano* (PRC), el *Manifiesto de Montecristi* y una carta al mexicano Manuel Mercado interpretada como el *testamento político* de José Martí. El PRC fue fundado por éste en el sur de los Estados Unidos, donde vivían numerosos emigrados cubanos desde la guerra del 68. En Tampa redactó Martí unas primeras Resoluciones que serían el germen de las Bases de PRC. Y en Cayo Hueso expuso las Bases mismas, que fueron aprobadas el 5 de enero de 1892. En ellas, además de llamar a su compatriotas a una guerra *generosa y breve*, insistía en la unión de todos *los elementos de revolución hoy existentes* con *los cubanos residentes en el extranjero*, advertía sobre la necesidad de establecer buenas relaciones *con los pueblos amigos*, y propugnaba el establecimiento de una *sincera democracia,* y de una República eficaz en sus instituciones cuando llegara el momento de la liberación de Cuba. El *Manifiesto de Montecristi,* datado el 25 de marzo de 1895 en Santo Domingo, patria del viejo luchador de la Guerra de los Diez Años Máximo Gómez, fue firmado por ambos, sobre la base de sus respectivos cargos de Delegado del PRC, el primero, y de General en Jefe del Ejército Libertador, el segundo. Dos meses antes en Nueva York, se había dado la *orden de alzamiento* que fue cumplida de inmediato por los grupos rebeldes. En el *Manifiesto de Montecristi* —modelo del género en cuanto a su estilo— se hace patente el americanismo de Martí, asi como su republicanismo, su sentido de solidaridad, sus recomendaciones de tolerancia con el enemigo y su cabal conocimiento, apoyo y confianza en ese pueblo integrado no sólo por blancos, sino también por negros y mulatos que era y es Cuba. Por último, en la carta a Manuel Mercado, Martí esboza la creación de un gobierno en armas *útil y sencillo... sin las trabas que antes le opuso una Cámara sin sanción real, o la suspicacia de una juventud celosa de su republicanismo, o los celos y temores de excesiva prominencia futura de un caudillo puntilloso o previsor,* aunque sin renunciar a una *sucinta y respetable representación republicana.*

Apoyándose en el pensamiento martiano y con al experiencia del fracaso anterior, los dirigentes de la nueva lucha armada, integrados en Asamblea Constituyente, se reunieron en Jimaguayú y promulgaron, el 16 de septiembre de 1895, una Constitución donde se declaró *solemnemente* la escisión de Cuba de la Monarquía Española. En ella, los nuevos constituyentes se cuidaron de no incurrir en los errores cometidos en el pasado y acordaron separar el mando civil del militar. Para el primero se estableció un organismo colegiado, el Consejo de Gobierno, integrado por un Presidente, un Vicepresidente y cuatro Secretarios de Estado (Interior, Exterior, Hacienda y Guerra) que comprendía tanto al Ejecutivo como al Legislativo. El Poder Judicial procedería con *entera independencia,* aunque su organización y reglamentación estarían a cargo del Consejo de Gobierno. El mando militar quedaría a cargo del General en Jefe y el Consejo de Gobierno solamente intervendría en las operaciones militares cuando fuera *absolutamente necesario.* La Constitución de Jimaguayú fue un texto constitucional sencillo, corto y de carácter provisional. Careció de parte dogmática y aspiró sólo a servir de instrumento para regular el gobierno mientras duraba la lucha armada. Su provisionalidad quedó contenida en el último de sus artículos, que limitaba su vigencia a un período de dos años. *Trascurrido este plazo* —dice— *se convocará a la Asamblea de Representantes que podrá modificarla y procederá a la elección de nuevo Consejo de Gobierno, y a la censura del saliente.* Y así se hizo. Dos años después, la Asamblea de Representantes, convertida de nuevo en Constituyente, se reunió en el potrero de La Yaya, territorio de Guáimaro; y dio a luz a la última de las constituciones de Cuba en armas, promulgada el 29 de octubre de 1897.

La Constitución de La Yaya fue la primera denominada *Constitución de la República de Cuba.* Los constituyentes anteriores, conscientes de la provisionalidad de su obra, había llamado *Constitución Política que regirá lo que dure la Guerra de Independencia* a la de Guáimaro y *Constitución del Gobierno provisional de Cuba* a la de Jimaguayú. Sus innovaciones con respecto a la anterior fueron: *1)* incluir y desarrollar la parte dogmática, regulando en 11 artículos los derechos individuales y políticos (libertad religiosa, de enseñanza, de pensamiento, reunión, asociación y comunicación, derecho de petición o audiencia, inviolabilidad de correspondencia, sufragio universal, principio de *nullum crimen sine lege,* etc), propios todos ellos de las constituciones liberales de la época; *2)* ampliar, desarrollar y tecnificar la parte orgánica en los títulos III y IV, *Del Gobierno de la República* y *De la Asamblea de Representantes* donde se establecieron las competencias y funciones de los poderes públicos; y *3)* consolidar el gobierno civil omitiendo el cargo de General en Jefe, cuyas funciones asumiría el Consejo de Gobierno. El texto constitucional de La Yaya vislumbra ya el fin de la guerra. Por tal razón establece que el tratado *de paz con España ha de ser ratificado por la Asamblea y no podrá ni siquiera iniciarse sino sobre la base de la independencia absoluta e inmediata de toda la isla de Cuba*. Tratan así los constituyentes de evitar posibles acuerdos entre las autoridades de la Metrópoli y los autonomistas, o entre Estados Unidos y España a instancias de los anexionistas, grupos ambos que contaban con destacados partidarios cubanos desde décadas anteriores. Estipula además que de pactarse dicha paz o de producirse la retirada de las tropas españolas será la Asamblea de Representantes la que designe el Gobierno hasta su futura reunión en Asamblea Constituyente.

Pero la guerra no terminó en la forma prevista por los insurrectos del 95. Cuando ya las fuerzas libertadoras dominaban la mitad oriental de la Isla, los norteamericanos intervinieron. Comenzó entonces la corta guerra hispano-americana del 98 que culminaría con la capitulación de los españoles en el verano de ese mismo año. Pocos meses más tarde, el 10 de diciembre, se sellaba el Tratado de París, mediante el cual España renunciaba a todo derecho de soberanía sobre Cuba, quedando la Isla ocupada temporalmente por los vencedores hasta mayo de 1902. En este período de ocupación norteamericana se promulgó, el 21 de marzo de 1901, una nueva constitución de corte liberal para la República de Cuba. El análisis de dicho texto constitucional queda ya fuera de los límites de este estudio.

LVI
ARMANDO DE LA TORRE

De padres cubanos, nació en Nueva York. Hizo sus estudios primarios y secundarios en Cuba, en el Colegio de los Hermanos De La Salle. Estudió también en la Escuela de Periodismo y en la Facultad de Derecho de la Universidad de La Habana. Más tarde ingresó en la Compañía de Jesús e hizo los estudios de Lenguas Clásicas, Filosofía y Teología en diversos centros y universidades europeos: Comillas en España, Francfort en Alemania y Saint Martin d'Ablois en Francia. Continuó su formación en la Universidad de Munich, donde obtuvo un doctorado en Filosofía. En Roma fue Prefecto de Estudios del Seminario Pío Latinoamericano. Después dejó la Orden y regresó a los Estados Unidos, donde enseñó Sociología y Filosofía en las universidades de Princeton (New Jersey) y Hampton (Virginia). Llegó a Guatemala a fines de 1976. Allí trabajó por algún tiempo en la Universidad Rafael Landívar, donde fue Director de Investigación Científica. Poco después ingresó en la Universidad Francisco Marroquín, como Director de la Escuela Superior de Ciencias Sociales, cargo en el que continúa. De la Torre ha escrito y dado conferencias en numerosos países de Europa y América sobre temas filosóficos, sociales y educacionales, y ha obtenido varios galardones académicos como los premios *Stillman* y *Ludwig Von Mises*. Entre sus publicaciones destacan: *La Ética del Lucro*; *El punto olvidado*; *Las pretensiones del desarrollo*; *La agonía del exilio* y *El roce con el Misterio*, publicadas todas en Guatemala. También: *El desafío de la Teología de la Liberación* (Caracas) y *¿Por qué se generan las crisis económicas y cómo se curan?* (México).

Ética y Libertad *

VIKTOR FRANKL, en su precioso opúsculo *La Búsqueda del Significado* (Editorial Herde, Madrid, 1971), sugiere que por simetría a la Estatua de la Libertad de Nueva York se debería erigir otra a la Responsabilidad en San Francisco.

---

* Este artículo se presentó, el 1 de julio de 1994, al IX Concurso Internacional de Ensayo *Ludwig von Mises*. Contenido en: *Acta Académica* (San José de Costa Rica, noviembre de 1994)

Con ello nos recuerda el autor que libertad y responsabilidad son el anverso y el reverso de una misma experiencia. Sólo el libre puede ser hallado responsable, así como el llamado a responder sólo lo puede hacer en cuanto es o fue libre.

La responsabilidad es la esencia de lo que en un sentido más restringido se conoce como conducta ética. Somos llamados a responder de lo bueno moral o de lo malo moral por el que hayamos optado, sea por acción u omisión.

Uso aquí indiscriminadamente los términos de moral y ética, aunque para el estudioso y el filósofo connoten profundas diferencias. Bástenos para el propósito de este breve ensayo recordar que aunque lo moral (del latín *mores*, costumbres) entraña un conjunto de normas y valores que son de la posesión colectiva de una cultura, y la ética (del griego *étos*, carácter) se toma modernamente más bien en un sentido individualista y racional, ambas acepciones coinciden en referirse a un conjunto de juicios de valor que giran alrededor del bien y del mal rechazable en los actos humanos.

Un punto esclarecedor de la relación entre libertad y responsabilidad como compendio de la ética se encuentra en la debatida cuestión acerca de ante quién y de qué debemos responder.

En líneas generales se puede afirmar que respondemos ante Dios de nuestras intenciones cuando actuamos y ante los hombres de las consecuencias de esas actuaciones. La línea divisoria entre ambas vertientes de la acción humana (el *fuero interno* y el *externo* de la terminología jurídica) puede tornarse muchas veces borrosa o porque Dios no entra en las premisas humanas o porque el juicio moral de un hombre sobre lo actuado por otro haya de penetrar, la mayoría de las veces para hacerlo inteligible, más adentro del mero fuero externo hasta el mundo interno de las motivaciones.

Por ello el consenso entre los moralistas tiende hacia una fusión de consecuencias e intenciones en cuanto sean atribuibles, más allá de toda duda razonable, a una causa necesaria (contrapuesta a suficiente) que actúe con libertad de opciones.

No quiero extenderme aquí en el espinoso tema de la libertad metafísica. A manera de excusa, permítaseme indicar que a la controversia multisecular entre el indeterminismo (como referencia a lo que pueda acaecer fuera de toda serie causal) y el determinismo (como inclusión de cualquier acto humano en una serie causal que lo determina) la considero desafortunada por la interpretación usualmente dada a esos términos. Creo, personalmente, que de todo acto humano deliberado somos responsables precisamente porque el acto está determinado por toda la historia personal que lo precedió, que incluye nuestros hábitos, creencias, aspiraciones, aprendizajes, percepciones situacionales y otros elementos espirituales que integran el todo que conocemos como *carácter*.

Me atengo, por tanto, en esta breve síntesis, a la definición de la libertad individual como una ausencia, al decidir, de la fuerza, o de la amenaza del uso de la fuerza, o también del engaño, por voluntad arbitraria de otro, como lo ha hecho de curso común F. A. von Hayek desde la publicación de sus *Fundamentos de la Libertad* (Unión Editorial, Madrid, 1975). Es decir, me ceñiré de ahora en adelante a tratar de la libertad exterior, en la que metodológicamente podemos prescindir de la metafísica (el *libre albedrío* de los escolásticos medievales), como también lo hizo Luwig von Mises en un *opus magnum*: *La Acción Humana* (Unión Editorial, Madrid, 1991).

II

Por otra parte, porque el hombre es libre, su conducta no es genéticamente predecible, como lo es la de las demás especies animales. La función de lo instintivo y lo reflejo de las bestias se llena en el hombre primordialmente a través de normas que el individuo incorpora a su conciencia y que hace suyas durante ese largo proceso de crecimiento y maduración exclusivamente humanos que identificamos con la minoría de edad. Prefiero, en este punto, dejarme guiar por William Graham Sumner (*Folksways*, Londres, 1904) en su iluminadora clasificación de las normas en cuanto folclóricas*, morales y legales.

Las primeras (como las del vestido o la cortesía) buscan hacer la convivencia humana más placentera; las segundas, asegurar la supervivencia física o social, a largo plazo, de los individuos y los grupos; las terceras, respaldadas por la autoridad pública, a facilitar la consecución del bien común.

Las normas folclóricas y morales varían según las culturas; las legales son deliberadamente uniformes dentro del ámbito jurisdiccional de un Estado. Las sanciones respectivas a sus violaciones son, a su vez, también variadas, aunque en el caso de las folclóricas sus sanciones sean de tenor leve y en el de las morales de tenor severo, en ocasiones el más severo humanamente posible.

En cuanto a las normas legales, las sanciones a sus violaciones se suponen, además de hipotéticamente uniformes, leves o severas, según la voluntad de quien las legisló. *Lo importante es la conclusión de que todo acto libre sólo se da en sociedad y sujeto a normas.*

Ciñéndonos ahora al área de las normas morales, conviene resaltar que están enderezadas a la protección de los valores más caros y universales para individuos y grupos. Por ejemplo, la prohibición de matar se endereza a proteger la vida; la de robar, la propiedad; la de mentir, la verdad, y así sucesivamente. Es oportuno puntualizar, además, que la formulación de las normas morales resulta preferiblemente negativa (como prohibiciones), no positiva (como mandatos) porque, a diferencia de las folclóricas y muchas de las legales, no serán encaminadas a *logros* específicos sino a una *conducta justa* en general.

Es, adicionalmente, muy importante subrayar que las normas morales se nos ofrecen siempre jerarquizadas (como los valores que correlativamente protegen) y que es esta jerarquía, no tanto el contenido de lo prohibido o de lo mandado, lo que varía de cultura a cultura o de individuo a individuo. El relativismo moral, por consiguiente, no es problema tanto de la relatividad de los mismos valores cuanto de las jerarquías en las que estén engarzados.

Todo ello (valores, normas, jerarquías) está sujeto a la libre escogencia del hombre *adulto* que se realice cada vez más como agente autónomo, aun cuando las normas le hubieren llegado en un principio heterónomamente, a lo largo del interminable proceso de socialización en el que en las diversas etapas de la vida nos hallamos, unas veces más, otras veces menos, siempre inmersos.

III

Las escuelas de pensamiento ético o moral han sido múltiples a lo largo de la historia, sobre todo de Occidente, aunque el Oriente también ha acumulado un enorme acervo de sabiduría que se toca, a veces, con escuelas semejantes de Occidente.

El primer criterio de diferenciación entre los sistemas éticos gira alrededor de la fuente de la obligación moral, es decir, de dónde nos vienen que estemos obligados a evitar el mal y a hacer el bien.

Esta pregunta ha sido el resultado, en Occidente, de la inserción en las corrientes morales y éticas heredadas del mundo greco-romano de la fe monoteísta según la visión de los profetas del Antiguo Testamento y, muy en particular, de la prédica de Cristo y sus Apóstoles.

Un Dios que se revela a los hombres les impone normas de conducta contra las que no cabe apelación racional alguna. Por eso se juzga a la visión

---

* Cuando el autor habla de normas *folclóricas*, se está refiriendo a aquellas que, en la tradición jurídica en lengua castellana, se denominan *normas de uso o trato social*. (Nota del editor)

judeo-cristiana una típica visión *categórica*, muy distinta de las paganas griegas y romana que la antecedieron y que, al igual de muchas otras corrientes del pensamiento de hoy, son meramente prudenciales.

En una visión categórica cristiana la fuente de la obligación moral se retrotrae al mismo Dios que se revela a los hombres y que les habla a lo más íntimo de sus conciencias. Su voluntad se rige por la regla absoluta a la cual ha de conformarse toda la conducta volitiva del hombre.

En las éticas llamadas prudenciales, en cambio, no se puede hablar en estricto sentido de *obligación moral* porque no hay una autoridad que obligue absoluta y categóricamente y que esté infinitamente por encima de lo que a cada hombre le es dable entender y decidir, sino tan sólo de una meta conceptual hipotética, más allá de la conducta actual pero siempre al alcance del entendimiento humano o, en el mejor de los casos, de la naturaleza racional del hombre, tal cual el placer o la felicidad o el deber o el orden de la naturaleza o la cooperación o el poder político o cualquier otro fin que se aprenda como último y para cuya consecución la conducta ética no resulta más que un medio sugerido por la experiencia.

Por eso, con razón se afirma que el cristianismo interiorizó la vivencia de la moral, pues a través de ella el hombre se descubrió a sí mismo como un ente responsable, en lo más privado de su mundo secreto, frente a un Dios que lo *creó* responsable y ante el cual habrá de rendir cuentas, independientemente del aplauso o el rechazo de los hombres.

De ahí se ha derivado en esta ética de corte judeocristiano la prioridad de la *intención* de conformar la propia conducta a lo mandado por Dios minusvaluando los resultados, rasgo devenido característico de la vida moral de un verdadero creyente. El Evangelio es clarísimo al respecto y sobre ello ha fundamentado la imponente estructura de los consejos de perfección, en ocasiones tan contrarios a los preceptos de la prudencia meramente humana, y que van mucho más allá de los mandamientos, análogamente al amor que se eleva sobre el llamado a la justicia.

Lo mismo digamos de la propensión a valorar la autenticidad del bien cuando se hace en silencio y sin vanagloria. *Virtud que se paladea, apenas si es ya virtud...*, que nos recuerda José María Pemán en su *Divino Impaciente*.

Esta visión categórica se ha mostrado en los hechos, la que más firmeza y solidez ha acarreado al comportamiento ético frente a las múltiples tentaciones del diario vivir y se ha convertido en el hontanar de inauditos heroísmos morales, como vemos ejemplificado en las vidas de tantos hombres y mujeres que la Iglesia ha declarado santos.

Immanuel Kant propuso otra visión categórica que no hace a Dios la fuente de la obligación sino la misma racionalidad del hombre. Para él, una falta moral es a un tiempo una contradicción lógica a evitar.

Pero las visiones éticas prudenciales (eudaimonismo, hedonismo, estoicismo, utilitarismo...) han sido las que más han enriquecido la reflexión racional sobre medios y fines y las que se han mostrado más flexibles para enfrentar la acelerada complejidad del tejido social contemporáneo, ya sea de cara al mercado, ya sea a las ciencias naturales y sociales, a la tecnología o al Derecho positivo.

IV

Estas consideraciones nos llevan a tratar otro punto no menos importante: ¿qué entendemos por vida del hombre libre en sociedad?

Siguiendo a K. R. Popper (*La sociedad abierta y sus enemigos*, Editorial Paidós, Buenos Aires, 1967) y al ya citado Hayek, la podemos visualizar en dos marcos grupales muy diferentes: como en la sociedad cerrada o tribal, o como en la sociedad abierta o de mercado. Esta relativamente reciente dicotomía conceptual de la vida social se remonta un siglo a la explícita distinción originariamente avanzada por un eminente sociólogo alemán, Ferdinand Toennies, entre comunidad (*Gemeinschaft*) y sociedad (*Gesellschaft*).

En la primera predominan las relaciones llamadas por los sociólogos *primarias*, que son las interacciones entre el todo de una persona y el todo de otra (entre padres e hijos, entre esposos, entre amigos...) En la segunda predominan las llamadas relaciones *secundarias*, interacciones entre segmentos de una persona y de otra (médico-paciente, vendedor-comprador, actor-audiencia, maestro-discípulo, jefe-secretaria...) o, como lo prefieren algunos, entre *roles* sociales.

Hoy es evidente que esa disfunción de Toennies se traduce fundamentalmente a la vida en familia y a la vida del trabajo remunerado contablemente en el mercado. Ambas las vive el hombre *simultáneamente*, bajo conjuntos respectivos de reglas que se suponen éticamente apropiadas.

La trascendencia que esto tiene para la vida moral radica en que el hombre, desde sus orígenes más remotos, ha vivido en *comunidad*, y sólo desde la tímida aparición de la división no sexual del trabajo y su expansión, primero en la agricultura, después, más vigorosa, en los centros urbanos y, desde hace unos trescientos años, con aceleración exponencial, en las especializaciones de la industria, vive en *sociedad*, y, casi sin poderlo evitar, ha tendido a proyectar el criterio moral del grupo primario al que siempre ha pertenecido a los grupos secundarios de formación mucho más reciente.

Ahora bien, si el mundo de la comunidad, donde todos nos conocemos y donde cada uno se siente llamado a reír con el que ríe y a llorar con el que llora, está gobernado por la solidaridad, en los grupos secundarios, sobre todo en el de la gran sociedad abierta del mercado, donde somos recíprocamente anónimos, nos gobernamos por el espíritu competitivo. Más aún, si en el mundo de la comunidad el *étos* distributivo funciona de acuerdo al mérito individual que una autoridad (usualmente la paterna) estipula, en el mundo de la sociedad la distribución se hace anónimamente de acuerdo al automatismo impersonal de los principios de la oferta y la demanda y de las utilidades marginales agregadas.

Es esto la raíz del fracaso de esos ensayos, unas veces moderados y benignos, otras totalitarios y destructivos, de querer moldear la vida moral de la sociedad competitiva según los criterios solidarios de la sociedad tribal o cerrada. Basten, como botón de muestra, los debates en torno a la justicia *social* que, en cuanto principio moral, sólo bien entrado el siglo quedó incorporada al vocabulario doctrinal.

No pretendo aquí analizar la carga conceptual de esta novísima versión de la justicia distributiva sino intentar conciliar su surgimiento con el evidente fermento imperante en el Occidente desde el Renacimiento.

La tendencia maestra entre los hombres ha ido, por todos estos últimos siglos, hacia una progresiva disminución de su involucramiento en los grupos primarios y de un verse envueltos cada vez más, en los secundarios.

Dado que en los grupos primarios el hombre encuentra apoyo emocional para sus crisis personales y en su seno le ocurren los eventos más significativos de su vida (el amor filial, la eclosión de la pubertad, el deleite conyugal, el nacimiento de los hijos, la muerte de sus seres queridos...) su libertad individual queda, por eso mismo, menoscabada, pues el grupo que emocionalmente motiva a una conducta determinada también controla la observancia de la misma.

En los grupos secundarios, en cambio, a los que además casi siempre se integra el hombre por propia iniciativa, el individuo se sabe más libre, aunque al precio de una mayor pobreza emocional.

Los grupos secundarios se nos ofrecen, así, por excelencia, *modernos*, esto es, utilitarios, racionales y afectivamente fríos. A medida que los procesos racionalizadores de la vida (la ciencia, la tecnología, la burocracia, el mercado...) nos empujan hacia ellos y las relaciones primarias reclaman menos de nuestra atención y esfuerzo, nos volvemos ciertamente más libres para escoger pero al costo de una mayor soledad a la hora de hacer decisiones difíciles, como muy acertadamente lo diagnosticaran Max Weber y Jacob Burckhardt a principios de este siglo.

A un fenómeno paralelo aludía Henry Maine (*Ancient Law*, Londres, 1864) cuando mostraba que la tendencia maestra en el mundo Occidental, desde la Edad Media, ha sido un movimiento de desplazamiento desde la forma básica de organización social del *status* hacia la del *contrato*, o sea, del vasallaje a la igualdad, de lo comunal a lo individual, de lo impuesto a lo libre.

Pero el hombre de hoy no se siente con frecuencia preparado para afrontar con criterios éticos esa complejísima urdimbre de relaciones secundarias en la que ha desembocado su vida de relación. La ansiedad ante esta versión de anomia le lleva muchas veces a escapar hacia negaciones irracionales de su entorno social en las drogas, las ideologías, el poder, la promiscuidad sexual o el dinero, los contemporáneos *ídolos de la caverna* a que había aludido Francis Bacon siglos atrás.

Su desafío, entonces, consiste hoy en establecer libremente, a la escala de sus individuales necesidades emocionales, un equilibrio ético entre sus relaciones primarias y secundarias, equilibrio cuyo fiel de la balanza nunca cae exactamente igual entre dos personas; desafío que hasta la Revolución Científica del siglo XVII en alguna forma se lo habían tenido resuelto su *status* adscrito al nacer y las tradiciones religiosas que hacían su identidad cultural.

V

Esto nos lleva a otro planteamiento: desde Sócrates sabemos que la vida moral no se constituye de actos aislados, sino que se edifica sobre eslabones de actos que se repiten, es decir, de hábitos, que de estar enderezados a fines moralmente buenos se les llama *virtudes* y de estarlo a fines moralmente malos *vicios*.

Qué duda cabe que esas virtudes y esos vicios serán muy diversos según el hombre se desenvuelva en *comunidad* o en *sociedad*. Tómese, como ejemplo, la piedad filial comparada con la implacabilidad del guerrero en el combate o con la eficiencia del cálculo de un vendedor en el mercado de bienes y servicios. Responden a actitudes muy diferentes. El elogio, en coplas inmortales, que hiciera Jorge Manrique de la figura de su padre fue una exaltación poética de virtudes todavía de relativa simpleza en ambas esferas de la vida social. Mayor finura de matices recogió la hipótesis, hecha oda, de Rudyard Kipling, *If*, para el cúmulo de virtudes que hacen al hombre de carácter en ese mucho más complejo mundo dual de hoy.

Platón había hecho una asignación, idealmente también simplista, de la virtudes por estamentos: la templanza, para los que producen; la valentía, para los que mantienen el orden; la sabiduría, para los que legislan. Y para todos, la justicia, el saber reconocer a cada estrato lo que le corresponde.

Aristóteles, sin embargo, más empírico, las multiplicó y distribuyó hasta un nivel individual pero con un fin común: la felicidad del todo social (la eudaimonia de la pólis).

Epicuro las redujo a un cálculo hedonístico, mientras Zenón y demás estoicos las elevaban a restauradoras del orden natural por el cumplimiento inflexible del deber de cada cual.

El cristianismo las recoge de todos, con amorosa preferencia por el venero estoico, pero también por el platónico y el aristotélico, siempre subsumidas bajo el nuevo gran mandato categórico: *Amáos los unos a los otros*, que pareciera, en último análisis, hacerlas superfluas (el *ama et fac quod vis* de San Agustín).

Por otra parte, las diversas culturas las alinean sucesivamente a lo largo de ejes axiológicos diferentes: el de la *areté*, el culto a la excelencia, entre los griegos; de la *gravitas*, serenidad ante las crisis, entre los romanos; de la *treue*, la fidelidad o lealtad al jefe hasta la muerte, entre los germanos (y de cuya herencia, por cierto, nos legara el Dante ese aterrador noveno círculo del Infierno, el de los traidores).

Las virtudes de la sociedad abierta, esto es, de la sociedad competitiva, son reflejo eminente de la prudencia y dejan a la esfera privada de cada uno la elección adicional de refinarlas con preceptos de la ética categórica (incluido, si así se prefiere, el imperativo categórico kantiano).

Desde esta perspectiva prudencial, tres virtudes sobresalen en el comportamiento del hombre competitivo: la prudencia, o la mejor adecuación de los medios a los fines en la persecución del *propio interés*; la benevolencia, o la inclusión del interés del *otro* en mis cálculos racionales de costos/beneficios; y la justicia, o el permanente *respeto* al reclamo exclusivo de alguien sobre un bien o un servicio (incluido su propio cuerpo y su extensión en los frutos de su trabajo) que comúnmente llamamos *propiedad*.

Ser benevolente se constituye en parte integral de la prudencia; el bien ajeno se torna meta a ser incluida entre las propias. La razón obvia para ello es que los demás controlan las fuentes principales tanto de nuestro bienestar como de nuestro malestar, así como cada uno de nosotros controla, a nuestro turno, en parte, la fuente del bienestar o malestar ajenos.

Es este el sentido más hondo de aquella *mano invisible* del mercado de que nos habla el filósofo moral Adam Smith en el cuarto libro de su *Riqueza de la Naciones* (FCE, México, 1958).

Es esta también la justificación *utilitaria* de todo servicio a otro; mi éxito en un mundo cualquiera competitivo (bien entendido, bajo reglas iguales) pasa siempre por la satisfacción de una necesidad ajena, y a la recíproca. Aquí no se da la efectividad intencional a que nos invita el Evangelio pero el *resultado* es el mismo: descubrir al prójimo, que es todo aquél que pueda necesitar de nosotros.

David Hume añadió, con razón, la suprema importancia de la virtud de la justicia entendida como el respeto, sin excepciones, a la propiedad ajena. Sin la justicia, no se cerrarían contratos ni se generaría riqueza al precio de ese dispendio fatigoso de energías que llamamos *trabajo*. Sin ella, ni siquiera las más elementales formas de cooperación —clave de toda mejora— no serían pacíficamente asequibles.

Pero la justicia no basta. Ha de darse un impulso generoso que se *anticipe* al de los demás. Jean Baptiste Say recogía como un hecho que *la oferta crea su propia demanda*. George Gilder lo confirma con su juicio de conjunto de que *todo capitalismo empieza por dar* (*Riqueza y pobreza*, Ed. Sudamericana, Buenos Aires, 1982). Israel Kirzner (*Competencia y función empresarial*, Unión Editorial, Madrid, 1975), nos llama la atención sobre el empuje exploratorio del empresario que se lanza al riesgo de intentar llenar carencias ajenas desde la información imperfecta del mercado.

Esta actitud de adelantarse a dar u ofrecer conforma la virtud del espíritu de servicio, cuya eficacia la determinará la realidad de la agregación de innumerables manifestaciones libres por parte de los consumidores, a cuyos ojos, y a los de nadie más, se decidirá de los méritos respectivos entre diversos oferentes (la honestidad en el servicio no excluida). En todo este proceso, el mutuo respeto al derecho ajeno es la paz, como lo tomara de lema Benito Juárez.

De nuevo la libertad individual se nos muestra la única vía pacífica de acceso a una conducta ética, aunque sea solamente por consideraciones prudentes y no categóricas, en este mundo anónimo, competitivo y pluralista de la *Gesellschaft* industrial que, hoy, además, se globaliza.

Por eso el temple ético de una sociedad urbano-industrial es proporcional a la libertad de mercado de su seno e inversamente proporcional a la multiplicación de los monopolios y regulaciones por parte del Estado, que privan a los individuos del ejercicio pacífico de su libertad prudencial de elegir.

VI

Pero a este último propósito no puedo dejar siquiera de aludir a la urgencia adicional por un marco jurídico, esto es, por la existencia de normas legales, para que pueda lograrse una mejor armonización del ejercicio ético (que quiere decir responsable) de la libertad de cada cual con la de los demás.

G. Jellinek (*Allgemeine Staatslehre*, Berlín, 1900) recogió en una frase feliz que *el Derecho es un mínimo de moral*. Efectivamente, sin un monopolio público de la coacción —que descanse en el acatamiento pacífico de todos y cada uno a reglas iguales para todos— no es posible, a largo plazo, mantener la libertad de acción individual en una esfera que se vea protegida frente a la violencia arbitraria de otros. Es esto, en último análisis, lo que nos aporta el marco jurídico.

Aquí conviene regresar a la distinción de Sumner y añadir que una norma legal puede o no coincidir con una moral o folclórica; es más, en la legislación positiva se da a veces el caso de una contradicción entre las normas morales y las legales. En tales casos surge la diferenciación ulterior de una norma meramente *penal*, es decir, de aquella norma del Derecho positivo a la que en conciencia no se está obligado a someterse. Incluso puede darse la obligación moral de desobedecerla (lo que en teoría política se ha llamado el derecho a la desobediencia civil).

Pero el hombre libre y a un tiempo moralmente responsable siempre se sabrá requerido en conciencia a pagar la *pena* por su infracción deliberada de la norma positiva, una vez vencido en juicio. De lo contrario, quedaría impunemente al alcance del capricho individual qué leyes obedecer y cuáles no, y con esto se vería minada fatalmente la estructura moral de la sociedad civil.

El concepto de norma legal meramente penal es sólo posible desde el ángulo de la existencia de una instancia superior a la ley positiva, sea del orden de la naturaleza, sea de la fuerza de la costumbre.

Por eso, el abandono de la concepción filosófica del Derecho natural, o el menosprecio sistemático por el consuetudinario —en aras del positivismo jurídico triunfante—, ha tenido efectos devastadores en el siglo XX para la libertad del individuo y de su sentido de responsabilidad moral. Los errores y horrores de los totalitarismos de nuestro siglo han fluido del poder sin límites que el positivismo jurídico ha reconocido a la autoridad del Estado. Lo mismo digamos de esa negación masiva, pero más sutil, de la obligación de laborar por el propio bienestar, que encarnan los principios del estado tutelar o benefactor (*Welfare State*).

Hoy, que lamentamos tanto la corrupción en el sector público, a la escasa ética de los profesionales, los abusos de autoridad y las violaciones a diestra y siniestra de los derechos humanos (incluidos los de los aún no nacidos), la irresponsabilidad paterna y hasta la perversión de la familia, olvidamos que nos hemos dejado arrebatar poco a poco, porque nos resultaba más cómodo, nuestra libertad y nuestro sentido de la responsabilidad con el manoseo corrosivo de la legislación positiva. Hemos echado en saco roto, a fin de cuentas, la sabia amonestación de Benjamín Franklin: *El precio de la libertad es una eterna vigilancia.*

VII

¿Qué hacer? A las perplejidades de siempre se han añadido las nuevas de la ingeniería genética, del trasiego ilegal en los centros financieros de información privilegiada, de la invasión por medios electrónicos de la privacidad de cada uno, de los usos tan peligrosos de la energía nuclear, de la boga de estilos de vida francamente irreconciliables con la moral categórica, de la manipulación criminal de la moneda por políticos inescrupulosos, de la venta de narcóticos a mujeres adultas en edad fértil, etc., etc...

En la maraña de una realidad social que tanto nos confunde no nos queda más salida que el retorno a lo básico: a la *responsabilidad individual*. La regla de oro de toda conducta moral reza (en la formulación de Confucio): *No hagas a otro lo que no deseas que te hagan a ti.* Esto excluye de inmediato el recurso arbitrario a la fuerza, lo mismo digamos del engaño, por parte de cualquier individuo.

Implica, contrariamente, que cada uno se familiarice a fondo con las obligaciones éticas de su llamado conyugal y del profesional y se atenga estrictamente a ellas. Supone, además, en todo adulto, el cuidado constante por no devenir carga para nadie, antes más bien ser alivio y apoyo para otros.

Entraña la creatividad —muchas veces dolorosa y nunca garantía de la felicidad—, de sumar al bien privado y al común algo de la verdad, la belleza o la bondad que seguramente duermen en el fondo de cada uno y que *...una voz, como Lázaro, espera que le diga: ¡Levántate y anda!*.

Instrucciones morales más pormenorizadas, producto de la reflexión y la experiencia, nos pueden proporcionar alguna mayor certeza a la hora de hacer decisiones en circunstancias imprevistas. Las multinacionales, por ejemplo, han sido pioneras en la redacción de códigos de ética corporativa que todos haríamos bien en imitar en nuestras respectivas empresas. Pero no hay atajo al Bien fuera de ese seminal sentido de obligación de responder por mis actos y sus consecuencias.

José Ortega y Gasset (*La rebelión de las masas*, Espasa Calpe, México, 1937) nos aclaró que en todo grupo humano hay selectos y masa; los primeros se exigen más a sí mismos de lo que ellos exigen a los demás; los segundos esperan más de los demás de lo que esperan de sí mismos.

No cabe duda de qué lado de la divisoria florece la auténtica libertad ética; allá, en la aristocracia del espíritu, donde la nobleza obliga... aunque no haya quien demande.

David Riesman (*The Lonely Crowd*, Yale University Press, New Haven, 1950) nos coloca al hombre de la tradición en la sociedad agraria, al hombre orientado hacia adentro de la sociedad que despega y al hombre orientado hacia los demás de la sociedad post-industrial en nichos paralelos; los dos primeros, anclados firmemente en valores absolutos; el último, a la deriva sobre valores relativos; y, de nuevo, no quepa duda de que el *ideal* ético se sitúa hacia el centro, donde los principios se beben en la niñez y quedan para siempre grabados en la conciencia como paradigmas de la persona libre y honesta, por lo mismo, fecunda, cual el epónimo de José Martí que *siembra un árbol, escribe un libro y procrea un hijo*.

El omnipresente étos competitivo de la sociedad civilizada disciplina el carácter aun más que el de la sociedad tribal, porque se hace a golpes de un largo rosario de renuncias libremente buscadas, sin el beneficio de la compasión o la ternura. Competir resulta así la hora de la verdad para quienes usan de veras ser libres, con esa libertad interior que hace nuestras vidas dignas de ser vividas y las de los demás enriquecidas por haberse cruzado con las nuestras en cualquier encrucijada.

Nosotros arrastramos en nuestra América hispana un déficit multisecular de adultez, producto en parte del paternalismo centralista de la Corona de España, del dogmatismo, por siglos, de católicos devotos que no crecieron religiosamente más allá del catecismo tridentino, del autoritarismo de los caudillos republicanos, del mercantilismo de nuestros empresarios o del simple, visceral miedo a la libertad competitiva del individuo que marca a nuestros intelectuales de izquierda.

Hora es de volver por los fueros de quien sabe que *es mejor dar que recibir*, y no se arrepiente.

VIII

Con un *caveat emptor*: *Dios ama al que da con alegría*.

Por ello, y su experiencia personal, concluyó aquella extraordinaria castellana que veneramos como Santa Teresa de Jesús: *Un santo triste es un triste santo*. Nada más ajeno al recio espíritu del libre que las quejumbres sobre el estado de una sociedad que sólo a nosotros compete transformar.

Ya Séneca (*De Vita Beata*) comentaba, hace dos mil años, del gozo sereno del estoico frente a la melancolía del epicúreo, inevitablemente decepcionado del placer.

El mundo precisa de nuevo de la serena alegría de quien se abnega, es decir, del que está dispuesto a negar con prudencia sus intereses particulares a largo plazo en favor del interés de todos, en las raras ocasiones que se requiera.

Así lo soñó la Ilustración en sus mejores momentos *whig*, esto es, liberales, antes de despeñarse por los vericuetos violentos de apasionamientos jacobinos durante las revoluciones políticas y sociales de los últimos dos siglos.

Es *la sonrisa de la Razón* que busca convencer y no imponerse, que Houdon esculpiera en el rostro de

Voltaire, que Schiller hiciera rima sonora en su *Oda a la Alegría* y a la que Beethoven colocara sobre ondas de esperanzada melodía polifónica en su *Novena Sinfonía*.

Serenidad alegre, tan refractaria a las tentaciones de la riqueza fácil como renuente a una condena apocalíptica de los que no la comparten, como tampoco proclive a capitular con cada derrota.

Si se me diera a escoger un monumento ideal para ese hombre tenazmente libre y risueño escogería al Cristo de Emaús, dejada atrás su crucifixión.

A falta de un símbolo más accesible en este mundo neopagano, me resignaría a una segunda opción, una sola línea de un poeta lírico romano (Cátulo) que cantó a la madre abnegada, dolida y paciente y exhortó al hijo *...aprende, niño, a reconocer a tu madre en su sonrisa...*

LVII
ARMANDO RIBAS

Nació en Cuba en 1932. Abogado y economista, estudió Derecho en la Universidad de Santo Tomás de Villanueva, en La Habana, y se graduó de abogado en ella en 1956. Continuó sus estudios en la Southern Methodist University (SMU) de Dallas, Texas, donde en 1960 obtuvo el título de maestría en *Comparative Law*. En 1969 realizó estudios de economía en Columbia University. Entre 1967 y 1972 fue Economista-Jefe de la Fundación de Investigaciones Económicas Americanas (FIEL); y entre 1972 y 1976, Eco- nomista Staff del Fondo Monetario Internacional. Desde la década de los setenta vive en Argentina donde fue asesor del Ministro de Economía en 1976, y es actualmente consultor económico. En 1978 ingresó en la Escuela de Economía y Administración de Empresas (ESEADE), donde es profesor de Filosofía Política. Ciudadano argentino, Ribas fue diputado de la Nación entre 1989 y 1990. Banquero destacado, fue director del Banco Santander, y lo es ahora del Banco Extrader. Además, Ribas escribe ensayos sobre filo- sofía, política y economía en los diarios *El Cronista, La Nación y La Prensa*. Entre sus libros y ensayos destacan: *Teoría Monetaria. Tasas de Interés e Infla- ción* (1975); *El Rol del Empresario* (1977); *La Inflación en Argentina* (1979); *Pensamientos para pensar* (1981); *El Príncipe y El Principito* (1985); *Política Fiscal y Teoría Monetaria. Un nuevo enfoque* (1986); *El Retorno de Luz del Día* (1987) y *Entre la Libertad y la Servidumbre* (1992).

La Revolución Francesa desde el año 2000 *

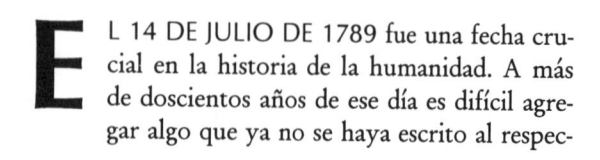

EL 14 DE JULIO DE 1789 fue una fecha crucial en la historia de la humanidad. A más de doscientos años de ese día es difícil agregar algo que ya no se haya escrito al respecto; sin embargo, vamos a hacer la prueba. Viajando desde Los Angeles a San Francisco se me ocurrió una nueva respuesta o quizás una nueva pregunta. Ante lo inhóspito del paraje y su belleza, era inevitable

---

* Ensayo contenido en el libro: *Entre la libertad y la servidumbre* (Editorial Sudamericana, Buenos Aires, 1992).

pensar que la creatividad del hombre había hecho posible que yo estuviera allí. Una carretera serpenteaba por la montaña al filo de los acantilados. ¿Qué era lo grandioso? ¿La belleza del paisaje o la llegada del hombre a través de su propia creación? Así como Einstein descubrió la relatividad del tiempo ante la limitación de la velocidad, dándole al movimiento una dimensión humana, así vi que la belleza no tiene más de humano que el observador. Y lo más humano del observador no es su esencia natural, sino la capacidad de trascenderla por el conocimiento y el esfuerzo. Así regresaron a mí las palabras de Locke y me pregunté entonces, frente a esta realidad, qué aportó la Revolución Francesa. Esta es la pregunta relevante que, a más de doscientos años de la denominada Gran Revolución, está pendiente de respuesta.

Evolución y presente

En un trabajo de esta naturaleza es imposible descartar todo juicio de valor, y por ello la forma de acercarse a la objetividad no es otra que hacer explícitos los juicios implícitos. En tal sentido, para evaluar la Revolución Francesa es imprescindible comenzar por evaluar el presente y concretamente responder si el mundo en que vivimos es mejor o peor que el que vio finalizar el siglo XVIII. Desde mi punto de vista, no cabe dudar: es decididamente mejor. En este sentido, vale recordar la contribución de Karl Popper en *The history of our time: an optimist view* (en *Conjectures and refutations*, London, 1972) quien dice:

> A pesar de nuestros grandes y serios problemas y a pesar de que la nuestra no es seguramente la mejor sociedad posible. Yo digo que nuestro mundo libre es por mucho la mejor sociedad que ha existido a través del curso de la historia de la humanidad.

Otro aspecto que es necesario dilucidar es si el bienestar material de una sociedad en su conjunto es una meta valiosa o, por el contrario, si ésta conlleva inexorablemente la disolución de las costumbres y la decadencia moral. Si éste fuera el caso, toda teoría del mejoramiento social sería contraria a la moral y nos ubicaría ante un dilema de hierro. Aceptar esta dicotomía implica volver a la concepción medieval, en que la vida es sólo un tránsito a la eternidad y los objetivos de una y otra se contraponen. Tal no es mi posición. Por las mismas razones expuestas anteriormente, pienso que el logro de un mayor bienestar para la sociedad no significa un retroceso moral. La moral está regida por la posibilidad. En otras palabras: la no comisión de los pecados por falta de oportunidad no refleja una moral superior, sino la indefensión del individuo frente al medio.

En mi concepto, la libertad es un bien preciado, cualquiera sea el uso que de ella se haga en el orden individual. Asimismo, creo que de sus resultados deriva una estructura moral superior que refleja incuestionablemente la realidad de lo posible. En otros términos, la posibilidad real, en lugar de la hipocresía de una ética que en rigor no es más que la encubierta imposibilidad fáctica de acción.

En los últimos años, el denominado mundo occidental ha experimentado una favorable evolución que ha permitido al hombre común alcanzar un nivel de vida impensable para los poderosos de 1789. Si bien el mal no ha desaparecido de la Tierra, creo que tampoco se ha incrementado con las mayores libertades, ni la moral —tal como sostenía Bertrand Russell— ha seguido un paso diferente del de nuestros conocimientos científicos. Volviendo entonces al punto de partida, el interrogante es si la Revolución Francesa contribuyó en algo al mundo que vivimos hoy en Occidente.

El concepto de revolución y su significado ético

Para contestar la pregunta anterior, es imprescindible primeramente definir la función de las revoluciones en el avance social y su costo. ¿Es ético aceptar los actos más atroces en una revolución, en pos de alcanzar un estadio superior que no sería posible sin tales procedimientos? Si la respuesta es afirmativa, la pregunta relevante que sigue es si logró o no el resultado perseguido. Aún más, se puede preguntar: ¿es acaso que todo cambio social debe atravesar irremisiblemente por un período tormentoso en el cual se pierde toda noción de límite? Y luego, si una vez concluido el desenfreno, por sí solo su resultado produce un mayor bienestar que el preexistente. En este mismo sentido, es necesario discernir si las ideas que originan una revolución son las que provocan apodícticamente el período tumultuoso o si, por el contrario, éste representa sólo un proceso fáctico que culmina cuando aquellas ideas se imponen en la práctica. Admitir que la revolución *per se* es un expediente necesario para el cambio social implica sujetar a la sociedad a una permanente amenaza que destruye la creatividad y el esfuerzo en el trabajo. Por ello me parece que cada revolución tendría que ser analizada en función de la dinámica de sus acciones y de los beneficios de sus resultados. En otras palabras, la pregunta que nos hemos venido haciendo respecto de la Revolución Francesa podría formularse de la siguiente manera: ¿fueron la tragedia de los actos del terror y la guillotina los instrumentos necesarios para lograr los beneficios sociales que se esperaban de la libertad, la igualdad y la fraternidad? Y segundo: ¿se lograron estos beneficios?

El Iluminismo y la naturaleza de la Revolución

El más somero análisis histórico revela que entre los siglos XVII y XVIII se había dado una verdadera revolución del pensamiento. Los nombres de ese amanecer se agolpan en mi mente: Francis Bacon, Descartes, Galileo Galilei, Isaac Newton, John Locke, David Hume, Adam Smith, Voltaire, Montesquieu, Rousseau, Turgot, Kant, Hegel, Leibniz. Esta lista es por supuesto incompleta y se encuentran en ella confundidas las filosofía, la política, la economía y la ciencia. Esta confusión no me preocupa, pues aquéllos son sólo estamentos del fenómeno humano que, desarrollado en la mente y más tarde condicionado por la acción de los hombres, ha transformado la vida sobre el planeta en los últimos doscientos años. Más aún, que seguirá alterando la vida de nuestros herederos.

Existe sin embargo otra ambigüedad en esa enumeración de pensadores y es la que omite las direcciones que cada uno habría de imponer al futuro de la humanidad. Esa confusión en el Iluminismo es la misma que ha permitido ignorar diferencias semejantes, dentro del pensamiento griego, entre los filósofos de Mileto y Sócrates, por una parte, y los seguidores de Platón y Aristóteles, por la otra.

Es indudable la influencia de la Ilustración en la Revolución Francesa, pero lo importante es definir cuál es el rumbo que aquélla le imprimió. Mi propósito es entonces determinar la deuda del mundo moderno para con el asalto a la Bastilla, la guillotina, el terror y la Marsellesa.

Hasta aquí, el planteo se diría poco novedoso, ya que mi deuda con Hayek y Popper es inmensa. Es mi intención un análisis que, respondiendo a aquella cuestión, contribuya al estudio contemporáneo del fenómeno *revolución*, aporte que creo puede ser de interés en la consideración de los últimos acontecimientos socio-políticos de Rusia y China.

La Revolución Francesa: su desarrollo

Aceptando, pues, el anterior esquema analítico, se puede pasar a los hechos de la Revolución Francesa. El 14 de julio de 1789 fue atacada la fortaleza de la Bastilla. Más allá de su importancia en sí, este hecho fue el símbolo de que la estructura del poder real había sido rota. Luego se daría un proceso por el cual el sistema monárquico y aristocrático de los Borbones fue reemplazado en Francia por otro supuestamente distinto.

Cuando el 5 de octubre de ese mismo año el pueblo entraba en los aposentos de la reina en las Tullerías, la suerte ya estaba echada. La cabeza de Luis XVI había de ser el pago por el cambio de la monarquía en república. Tal como había de exponer Robespierre, la cabeza de Luis XVI o el ciudadano Luis Capeto, simbolizarían que el oprimido Tercer Estado había pasado de la nada al todo. El pueblo no necesitaba del monarca para existir, tal como años más tarde Karl Marx respondería a Hegel. En su *Filosofía del derecho* (México, 1975), el filósofo de Stuttgart había aceptado la voluntad general de

Rousseau como el epíteto de la soberanía, y ésta volvía a las sienes del rey.

Girondinos y jacobinos disputaban el poder de la Convención que originalmente había previsto como solución una monarquía constitucional. Era indudable que a través de los más variados personajes la Convención reflejaba los resentimientos y las ambiciones que Rousseau había desatado en su *Discurso sobre el origen de la desigualdad entre los hombres* y luego había tratado de organizar a través de los principios de su *Contrato Social*

Las ideas de Rousseau no podían sino traer más confusión a la Convención, que sentía representar al pueblo aunque aquél había hecho explícita la imposibilidad de tal representación. Al mismo tiempo, se sentía soberana y, como tal, cada vez encontraba menos cabida para un soberano que, lejos de ser elegido por el pueblo, había sido impuesto precisamente por el sistema que se pretendía sustituir.

En esta disyuntiva filosófico-política se movían los hombres que representaban, quizá por los caprichos del destino, sistemas antagónicos. Y el destino así quiso que en Luis XVI se encontraran calidades humanas desconocidas por la mayor parte de sus antecesores. El rey hombre quería el bienestar de su pueblo, en tanto que la Convención veía en la monarquía, cada vez más, las causas de todos los males. La corona del rey sólo podía rodar juntamente con la cabeza del hombre que la sustentaba.

Y tal fue la sentencia dictada por la Convención. En su seno, se dieron entonces las acciones más viles de quienes esperaban hacer la moral del pueblo y el bienestar de la sociedad. Felipe de Orleans, primo del rey, votaba por el regicidio, esperando con este acto de lesa humanidad, como señala Alfonso de Lamartine en su inolvidable *Historia de los girondinos* (Buenos Aires, 1945), salvar su propia vida. El republicano príncipe no logró su propósito y perdió su cabeza ante la guillotina poco tiempo después de que la monarquía desapareció de las Tullerías por primera vez.

Por otra parte, el hombre posiblemente más briIlante de la Revolución, líder de los girondinos, igualmente violentó sus principios para salvar la Gironda y con ella su propia vida. Fue Vergniaud quien con mayor claridad y valentía había denunciado los crímenes de la Revolución, mas su voto por la muerte determinó la caída definitiva de la monarquía en la cabeza del rey. Los girondinos que se oponían a la muerte votaron por ella a instancias de su jefe y la muerte fue el destino del partido y el triunfo de los jacobinos bajo la égida del incorruptible que representaba un nuevo fanatismo que, como dijo Adam Smith, era la mayor de las corrupciones, pues era la corrupción del alma: Maximiliano Robespierre. Trescientos ochenta y siete votaron por la muerte y trescientos treinta y cuatro por el destierro o la prisión. Por cincuenta y tres votos, la corona cae juntamente con la cabeza del ciudadano Luis Capeto. Tal como observa Lamartine, *la muerte, deseo de los jacobinos, fue el acto de los girondinos.*

Finalmente, el 9 Termidor cobraba la cabeza del líder jacobino y con él terminaba el terror. La guillotina había igualado la legitimidad y el crimen. A través de ese período, como señala Edmund Burke (*Reflexiones sobre la Revolución Francesa y otros escritos*, Buenos Aires, 1980):

> ...siguiendo aquellas luces falsas, Francia adquirió calamidades patentes a un precio más alto que el pagado por ninguna otra nación por bendiciones inequívocas. ¡Francia compró con el crimen la pobreza! No sacrificó su virtud a su interés, sino que abandonó su interés para poder prostituir su virtud.

Esa ilustrada descripción del proyecto revolucionario francés trae a la memoria, en el mejor estilo denominado por George Orwell el nuevo lenguaje (*newspeak*), el *slogan* de la Revolución: *Libertad, igualdad y fraternidad.* Un magnífico *slogan* convertido en sus opuestos: el despotismo, el terror y el odio fueron los elementos para lograr, en los términos de Burke, que Francia abandonara su interés para prostituir su virtud.

Las palabras de Madame Roland camino del patíbulo, *Libertad, cuántos crímenes se cometen en tu nombre*, son la expresión más real del distorsionado rumbo de la Gran Revolución. Aquella mujer que leía a Locke y era el alma de los girondinos, llevaba a Rousseau en su corazón y con él un apasionado resentimiento hacia la nobleza. Cerca de la muerte, cuando después de haber salvado la vida de Robespierre no pudo pedirle el perdón, finalmente vio la luz que se había extraviado en las tinieblas revolucionarias.

Generales y mariscales

La República en armas, frente a la amenaza de las coronas europeas, bajo la dirección de Carlos Francisco Dumouriez, pronto se convirtió en la amenaza imperial de Bonaparte. Dumouriez era francés y como tal pretendió estar del lado del cambiante poder de la Convención. Llegado de América, igualmente La Fayette pretendió un equilibrio entre la Corona y la República, equilibrio ya condenado al fracaso. Era evidente que este aristócrata desconocía la naturaleza de la revolución americana, en la que la república era el origen del poder como respuesta al sistema federal.

Años después, en su obra magna, *Historia de los girondinos,* Alfonso de Lamartine definió esta actitud como carencia de inteligencia. Error permanente del Iluminismo es creer que la inteligencia es el camino de la verdad. La inteligencia no se hizo esperar: Rivoli y Arcola abrieron el camino al consulado y el 18 Brumario la Revolución, sin saberlo, daba el primer paso hacia el imperio. Habiendo hecho saltar los parámetros de los privilegios la Revolución permitió competir sin sujeción a reglas por las mismas posiciones en que se asentaba la nobleza en la Corona de los Borbones. Napoleón aprovechó el intersticio que abrió la lucha por la igualdad para obtener su propia desigualdad. Una nueva aristocracia se instalaba en las Tullerías, sustentada por la victoria de las armas y la respuesta de las masas.

Napoleón comenzaba así lo que más tarde se conocería como el cesarismo y que sin duda constituyó los prolegómenos del fascismo que asoló a Europa en el siglo XX. La dictadura jacobina se había generado en la confusión del pensamiento de Rousseau. El *Discurso sobre el origen de la desigualdad entre los hombres* y el *Contrato social* habían logrado esa simbiosis letal de romanticismo y racionalismo que plagaría la historia de Francia y se extendería por toda Europa continental, atravesando los Urales de la mano de Hegel y Marx. En el primero de estos ensayos, Rousseau había pontificado:

> El primer hombre que habiendo cercado un pedazo de tierra y se le metió en la cabeza decir esto es mío y encontró gente suficientemente simple como para creerle, fue el verdadero fundador de la sociedad civil.

La sociedad humana se habría librado de crímenes interminables, guerras, asesinatos y horrores si alguien hubiera arrancado las estacas o llenado los agujeros y hubiera gritado a sus compañeros: "No escuchen a este impostor. Ustedes están perdidos si se olvidan de que los frutos de la tierra pertenecen a todo el mundo y la tierra a nadie".

A ese proyecto se dedicó el jacobinismo. Ante el alza del precio del pan, llevó a los panaderos a la guillotina juntamente con los nobles, mientras el precio del pan seguía aumentando. Y ese poder derivó de la soberanía inalienable e indivisible del pueblo, que había encontrado en Robespierre la expresión misma de la voluntad general, hasta que entre el 9 Termidor y el 18 Brumario cambió de nombre y procedimientos. Así había dicho Rousseau en el *Contrato social*:

> De la misma manera que la naturaleza le ha dado a cada hombre poder absoluto sobre las partes de su cuerpo, el pacto social da al cuerpo político el poder absoluto sobre sus miembros, y es este mismo poder el que bajo la dirección de la voluntad general, lleva el nombre de Soberanía, tal como ya he dicho.

La aparición de Napoleón en la escena política de Europa constituyó así la primera manifestación de las alternativas del poder político que se ofrecieron a los europeos desde 1789 hasta el segunda Guerra Mundial: el jacobinismo socialista y el cesarismo fascista. El poder soberano es o tiende al absoluto en ambos regímenes. En el primero, la propiedad privada debe desaparecer; en el segundo, es absolutamente dependiente del poder soberano. Como apuntó Alexis de Tocqueville en su obra clásica *Democracia en América*: "los pueblos odian a los tiranos pero aman la tiranía".

El imperio napoleónico nació de las cenizas de la Revolución. Napoleón sólo podía haber surgido de la Revolución y fue él mismo quien determinó su fin. Proveniente de las entrañas del terror, la nueva Francia se diferenciaba de la vieja por el origen bastardo de las testas coronadas. Lejos de significar un fenómeno que eliminara la posibilidad de nuevas revoluciones, 1789 había sido tan solo la primera de una larga sucesión que alteraría la vida política francesa en el siglo XIX.

La realidad era que los objetivos *nacionales* no se habían modificado y en el imperio los mariscales que sustituyeron a los generales eran más eficientes bajo el genio militar de Napoleón. El propósito social de la igualdad sólo había logrado la desigualdad y la guerra seguía siendo el fin por antonomasia de la actividad política. A ella se sometió la economía y el denominado Sistema Continental empobreció a Europa bajo el peso de las bayonetas triunfantes del águila imperial.

Feudalismo y Revolución

La Revolución produjo la derrota definitiva del régimen feudal en una gran parte de Europa, pero en Francia el feudalismo había sido destruido desde los tiempos de Richelieu. El absolutismo de Luis XIV determinó luego la existencia de una aristocracia privilegiada y dependiente del rey. El imperio napoleónico siguió basándose en el mismo principio absoluto del poder; el comercio y los intereses económicos, en los cuales se manifiestan los derechos individuales, permanecieron conculcados como en el antiguo régimen y en el período revolucionario. Indudablemente, Napoleón demostró mayor capacidad administrativa que sus antecesores y el sistema impositivo fue mejorado en equidad y eficiencia. Lamentablemente, las arcas fiscales continuaron siendo el objetivo del gobierno, más allá de la riqueza de la nación.

Tal como señala Alberdi en *Conferencia de luz del día*, Napoleón daba la tónica del concepto latino de libertad:

> ¿Cuál es la índole y condición de la libertad latina? Es la libertad de todos refundida y consolidada en una sola libertad colectiva y solidaria, de cuyo ejercicio exclusivo está encargado un libre emperador o un zar libertador. Es la libertad del país personificada en su gobierno y su gobierno todo entero personificado en un hombre. Es la libertad autoritaria; y el hombre autoridad en quien se personifica, al estilo romano o latino, puede con razón decir: la libertad soy yo, como aquel patriota rey que dijo: la patria o el Estado soy yo.

La Revolución Francesa hablaba de los derechos del hombre, pero no había encontrado el único camino de acceso a ese carácter de la civilización. Por ello, la destrucción del sistema feudal no significó en la práctica más que derechos teóricos que se confundieron en sus expresiones con los logros de otra revolución que sí había cambiado, o que estaba cambiando, los destinos de la humanidad. Esa no fue otra que la Revolución Norteamericana de 1776, que había encontrado sus raíces filosóficas en Locke y sus antecedentes históricos en la Revolución Gloriosa de 1688, en Inglaterra.

El rumbo elegido había ignorado en Francia la verdadera revolución filosófica que marcó el camino de la libertad. Ese fue el descubrimiento, o más, el reconocimiento eticopolítico, de la falibilidad del hombre más allá de los postulados religiosos. A partir de esta aceptación, que gravitaría sobre la sociedad aún más que el descubrimiento de la física cuántica, surge la concepción ética de la política, en la que los intereses particulares no son necesariamente contrarios al interés general. La ausencia de ese principio en el proceso revolucionario, fundado precisamente en el criterio rousseauniano de la voluntad general como expresión unívoca de la soberanía, impediría que el fin del feudalismo modificara sustancialmente la relación del individuo con el poder político. En el supuesto republicano, la división de los poderes quedaba éticamente desvalorizada frente a la representación de una virtual voluntad general que, en su esencia fáctica, desconocía los intereses particulares que proclamaba defender.

Como resultado, después de la Revolución, siguió imperando el principio bélico sobre la sociedad de intercambio y producción. Napoleón sería la expresión histórica de los designios del Geist y éste, como Alejandro y Julio César, habría de significar un nuevo hito en el cual Hegel fundamentaría su *Filosofía de la historia*. La ética del gran hombre y de la razón de Estado se imponían filosóficamente en Europa, en desmedro de los intereses individuales, que quedaban reducidos, en las propias palabras de Hegel, a la incomprensión de los hombres para percibir su verdadero interés. El despotismo, tan antiguo como el hombre, había sido convertido, por obra del pensamiento que generó la Revolución Francesa, en totalitarismo. Este no era otra cosa que la intelectualización de aquél: Europa sufrió el flagelo de la razón de Estado tanto de la mano de los revolucionarios como de la de sus opositores. La guerra siguió siendo el objetivo de los Estados y el Estado la razón de ser del hombre. En esta doble sentencia, quedaban pulverizados los derechos del ciudadano como expresión sofisticada de los derechos del hombre. Burke se refirió a este equívoco con elocuencia: "Esta especie de gente está tan absorbida por su teoría sobre los derechos del hombre, que ha olvidado enteramente su naturaleza".

Revolución y revoluciones

¿Fue entonces la Revolución Francesa de 1789 el comienzo de una etapa de estabilidad y de progreso para el curso de la propia historia de Francia y para el de la historia de Europa? Los acontecimientos posteriores parecen convalidar la inquietud de Burke (ob. cit.) al referirse a la Revolución Gloriosa en Inglaterra:

> Muestra la preocupación de los grandes hombres que influyeron en la dirección de los negocios en aquel gran acontecimiento por hacer de la Revolución la base de estabilización y no criadero de futuras revoluciones.

La historia ha probado que la Revolución francesa estuvo lejos de ser un comienzo de estabilidad y de moderación en el continente europeo. Las sabias palabras de Alexander Hamilton respecto de las revoluciones explicaban los excesos del terror. Escribía en *El federalista* (*The Federalist Papers*, Nueva York, 1961):

> Era algo que difícilmente podía esperarse que en una revolución popular la muerte de los hombres se detuviera en ese feliz medio que marca la saludable frontera entre poder y privilegio y combina la energía del gobierno con la seguridad de los derechos privados.

Es evidente que la Revolución Francesa traspuso en exceso ese feliz medio. Así tenía que ser, porque los principios que efectivamente la impulsaron confundían, por una parte, privilegios y poder y, por la otra, propiedad y privilegios. Asimismo, en otro ámbito no menos importante, no había comprendido las diferencias entre la religión como instrumento del poder político y la religión como aspiración trascendente del hombre.

En esas circunstancias, forzosamente la Revolución Francesa, tanto en un campo como en otro, distó de producir resultados como los de la Revolución Gloriosa de 1688 y su expresión republicana, la Revolución Norteamericana de 1776. Alexis de Tocqueville observa esta realidad con gran lucidez en *El antiguo régimen*:

> No era tanto su parlamento, su libertad, su publicidad, su jurado, lo que hacía ya entonces a Inglaterra tan distinta de Europa, cuanto algo más peculiar todavía y mucho más eficaz. Inglaterra era el único país donde se había no ya alterado, sino eficazmente destruido, el sistema de castas. Los nobles y los plebeyos se dedicaban juntamente a los mismos negocios, abrazaban las mismas profesiones y, lo

que es mucho más significativo, se casaban entre sí.

En la aguda observación de Tocqueville, podemos apreciar que la supresión de los privilegios había permitido la seguridad de la propiedad privada. Era ésta, y no el descarnado poder político, la que posibilitaba el acercamiento de las clases sociales. La sociedad inglesa había hecho suyas las palabras de Locke en *The Second Treatise on Civil Goverment* (Nueva York, 1947): ...*sin propiedad no hay justicia*. Más tarde y en ese mismo sentido, Hume (*Tratado sobre la naturaleza humana*, México 1977) establecería los principios sobre los cuales se funda la sociedad libre y que son *la seguridad en la posesión, la transferencia por consenso y el cumplimiento de las promesas*.

El equívoco de Rousseau, más tarde repetido por Marx, surgía de la confusión en la relación de causalidad entre propiedad y privilegio. En el mundo aristocrático, donde la guerra era la función fundamental del hombre, la propiedad no era la causa sino el resultado del poder político alcanzado por las armas. Las armas otorgaban el privilegio, éste el poder político, y la propiedad era el premio y la consecuencia del privilegio. Concebida así la sociedad, la revolución no podía menos que destruir la propiedad privada como instrumento para destruir el privilegio. La propiedad era el origen de las desigualdades del hombre en los términos de Rousseau: abolida la propiedad, pues, advertirían el reino de la igualdad y la abolición de los privilegios.

Pronto los revolucionarios, más allá de los instintos sanguinarios que despertó la Revolución Francesa en las entrañas de ese mismo pueblo al que pretendían seducir, se dieron cuenta de que el poder en sí mismo no necesita de la propiedad para establecer sus propios privilegios. Y aquel poder había surgido de la violación de los más sublimes sentimientos del hombre en la búsqueda de una racionalidad e ignorante de su misma naturaleza.

Es adecuado recordar aquí las palabras más que elocuentes de Alfonso de Lamartine (ob. cit.) respecto de los crímenes del 2 de septiembre perpetrados por Dantón desde el Ayuntamiento de París:

Tales fueron las jornadas de septiembre. Las sepulturas de Clamart y las catacumbas de la barrera de Santiago fueron los únicos que supieron el número de las víctimas. Unos cuentan diez mil y otros las reducen a dos o tres mil; pero el crimen no está en el número sino en el acto de estos asesinatos. *Una teoría bárbara ha pretendido justificarlo* (el destacado es propio). Las teorías que sublevan las conciencias no son sino paradojas del espíritu al servicio de las aberraciones del corazón. Algunos piensan engrandecerse elevándose en los mal llamados cálculos del hombre de Estado, por encima de los escrúpulos de la moral y de la ternura del alma. Con esto se creen superiores al hombre y se engañan, porque lo único que logran es degradarse a sí mismos y rebajarse de la dignidad de tales. Todo lo que cercena al hombre parte de su sensibilidad, le quita una parte de su verdadera grandeza. Todo el que niega su verdadera conciencia le quita una parte de su luz. La luz del hombre está en su espíritu, pero sobre todo en su conciencia. Los sistemas fascinan: sólo el sentimiento es infalible como la naturaleza. Disputar la criminalidad de las jornadas de septiembre es sostener una falsedad contra el sentimiento general de la especie humana, es negar la naturaleza, que no es más que la moral en el instinto. Nada en el hombre es más grande que la humanidad. A los gobiernos, como a los individuos, no les es permitido asesinar: la cantidad de las víctimas no cambia el carácter del asesinato. Si una gota de sangre mancha la mano de un asesino, los torrentes de ella no purifican la de Danton. La magnitud del delito no lo transforma en virtud. Las pirámides de cadáveres levantan a una gran altura a ciertos hombres, pero aun sube mucho más arriba la execración de los hombres a quienes las forman.

La humanidad estaba por ver crímenes aún mayores de la mano de los herederos de los jacobinos, los bolcheviques, sustentados en principios similares.

Frente a éstos, las palabras de Lamartine suenan como una severa admonición. Los derechos privados eran una y otra vez conculcados en el continente europeo, tanto por los herederos de la Revolución Francesa como por sus supuestos opositores. A Napoleón habrían de sobrevenir los Bismarck, los Hitler, los Lenin, los Stalin, los Mao, hasta tocar nuestras playas y erigirse en Cuba la dictadura de Fidel Castro.

A la Revolución Francesa le debemos aun otro crimen histórico, cual es el de apropiarse del proceso de libertad del hombre como resultado de aquellas jornadas de septiembre. Ese crimen de lesa humanidad fue luego considerado anecdótico frente a los trascendentes objetivos del Iluminismo escondido en la razón. La teoría bárbara que pretendía justificarlo, a la cual se refiere Lamartine, ha tenido quizás un mayor éxito que el que le auguró este poeta de la historia.

La Revolución y el capitalismo

La historia de Francia muestra a las claras que la Revolución no alcanzó el medio feliz de Hamilton ni se convirtió en la base de la futura estabilidad política requerida por Burke. La República, o el intento de República, estuvo en manos de Danton desde el Ayuntamiento de París, primero, y definitivamente bajo la dictadura de Robespierre hasta el 9 Termidor (julio 27, 1794). El Directorio que surgió este día pronto dio paso al Consulado el 18 Brumario (noviembre 9, 1799), cuando Napoleón Bonaparte se apoderó del poder. En mayo de 1804, se proclamó emperador y una nueva dinastía sin nobleza se adueñaba de las coronas europeas bajo el imperio del miedo y rediseñaba el mapa de Europa.

Finalmente, Waterloo determinó la definitiva caída del imperio después de los cien días y el retorno de los Borbones al trono de Francia. En 1814, Luis XVIII, hermano de Luis XVI, era proclamado rey de Francia bajo una Constitución que limitaba los poderes del rey. Su sucesor, Carlos X, intentó reinstaurar el absolutismo y fue depuesto por la Revolución de 1830. Con el auxilio de los republicanos, Luis Felipe, hijo de Felipe de Orleans, accedió al trono francés en un régimen más liberal, no sólo en lo político sino también en lo económico. No obstante, sus primeros cinco años de gobierno se caracterizaron por revueltas que eran la expresión de la inestabilidad política.

El 22 de febrero de 1848, el gobierno de Luis Felipe enfrentó una revuelta popular apoyada por la Guardia Nacional que produjo la caída del rey. Un nuevo gobierno provisional tomó posesión y dio paso a la Segunda República. Sólo la elocuencia de Lamartine impidió que ya entonces la bandera tricolor fuera sustituida por la roja de la izquierda. Ese día ya se había publicado el *Manifiesto comunista* y en Francia el jacobinismo pervivía en Saint-Simon y en Fourier como hijos predilectos de Rousseau.

Las elecciones de ese mismo año llevaron al poder a Carlos Luis Napoleón, hijo del hermano de Napoleón, Luis Bonaparte. En 1852 y siguiendo los pasos de su tío, Luis Napoleón dio un golpe de estado, proclamándose emperador bajo el nombre de Napoleón III. La guerra de Crimea y sus manejos en Italia le dieron mayor popularidad. Su gobierno se sustentó en los principios corporativos establecidos por Napoleón I, que se apoyaba en los sectores militar, administrativo, judicial, religioso y financiero. La autocracia había sustituido nuevamente los intentos republicanos y el nuevo imperio se mantuvo hasta 1870, cuando en Sedan las tropas de Moltke y de Bismarck destruyeron al emperador.

Este es el inicio de la Tercera República, con el gobierno de Thiers, quien ya en 1871 tenía que enfrentar la revolución de las comunas de París. Una vez más, la República Francesa se encontraba ante el ataque de la Iglesia y de los militares, desde la derecha, y desde la izquierda con la fuerza de las comunas. Consecuentemente, el nuevo sistema de gobierno se caracterizó por un parlamento escindido en múltiples luchas partidarias, cuyo signo era de oposición al gobierno y, además, de oposición al sistema político que la República entrañaba. Así, estaban los monárquicos y los socialistas minando desde distintos ángulos la estructura misma del Estado republicano. En tales circunstancias, no era extraño que la Tercera República se perfilara en una profunda inestabilidad política. Entre 1871 y 1914, salvo raras excepciones, los gobiernos se sucedían en más de dos por año.

Durante la Primera Guerra Mundial, en medio del terror, hubo un período de estabilidad que finalizó juntamente con la guerra, en 1918, conflicto en el cual Francia fue salvada por Estados Unidos de tener un nuevo Sedan a manos del Kaiser. Europa seguía sin enterarse de los supuestos principios de libertad e internacionalismo de la Revolución Francesa y la década del treinta vio la lucha entre la izquierda marxista y la derecha fascista. La Segunda Guerra Mundial fue el holocausto, la conflagración europea a la que se sumaron las tradicionales luchas entre naciones (Hegel) y la lucha de clases (Marx). Una vez más, Europa era salvada de sus propios hombres por una fuerza extraña proveniente del otro lado del Atlántico, los Estados Unidos de América.

La diferencia entre los principios que rigieron la idea de libertad, derivados de la Revolución Gloriosa y posteriormente de la Revolución Norteamericana, por un lado, y el jacobinismo de la Revolución Francesa, por el otro, originó dos sociedades muy distintas. En el primer caso, se imponían la estabilidad política, la libertad religiosa y la libertad de expresión y se garantizaban los derechos privados. Nada de esto se verificaba en Francia y mucho menos en el resto de Europa, que se suponía influida por la Revolución Francesa a través de las tropas napoleónicas.

En el orden económico, Inglaterra seguía siendo el país más industrializado de Europa y ya en 1914 el Producto Nacional Bruto de Estados Unidos igualaba al de los principales países europeos sumados (Gran Bretaña, Alemania, Francia, el Imperio Austrohúngaro, Italia y Rusia). El sistema capitalista que imperaba en el mundo anglosajón enfrentaba al nacionalismo y al socialismo en Europa. La distribución como objetivo entre países del nacionalismo y la distribución entre países del estatismo socialista resultaban en el eterno imperativo bélico europeo: la guerra y la lucha de clases. En medio, entre la muerte y la pobreza, quedaba atrapado el ciudadano, que se suponía destinatario de los propósitos del bien, hasta que los tanques Sherman, en la Segunda Guerra, determinaron un nuevo curso político y económico en Europa, aún inmersa en el pensamiento contrario a sus principios.

La Revolución Francesa y Marx (jacobinos y bolcheviques)

De la historia anterior, se puede colegir que los principios que formaron a la Revolución Francesa, no dieron lugar a un mundo mejor. En este sentido, es necesario hacer una distinción entre los principios o valores que se proclaman y los instrumentos empleados para alcanzar los objetivos. Se puede decir, entonces, que los principios de libertad, igualdad y fraternidad ni siquiera parten de la Revolución Francesa: constituyen el elemento esencial del cristianismo. No obstante, no se impusieron en la época feudal, cuando la Iglesia reinaba sobre Europa. Tampoco sus fines se lograron cuando el racionalismo intentó colocarse en el lugar de Dios y violentar la conciencia de los hombres con verdades contingentes pretendidamente sostenidas como absolutas.

Es un hecho manifiesto que los principios de la Revolución Francesa se sustentaban en gran parte en los escritos de Juan Jacobo Rousseau. Ellos influyeron en los conceptos de libertad, de igualdad y de fraternidad. El ateísmo insuflado a la Revolución abrevaba en otras fuentes: Voltaire y Diderot. La concepción del poder absoluto en función de un objetivo social trascendente se inspiraba en el *Contrato social* y en el romanticismo de *Discurso sobre el origen de la desigualdad entre los hombres*. Maximiliano Robespierre es quien encarna políticamente ese pensamiento, el cual —como dije en acápites anteriores—, al confundir privilegios con propiedad privada, dejaba al ciudadano inerme frente a la arbitrariedad del poder político. El *incorruptible* convirtió la fraternidad en odio, mientras la guillotina daba cuenta de la libertad en su infructuosa búsqueda de la igualdad, búsqueda que surgía de la desigualdad del poder político.

En 1848, Marx y Engels publicaban el *Manifiesto comunista*, cuya visión respecto de la propiedad privada sólo modificaba la de Rousseau en que el sistema denominado capitalista por Marx creaba otros medios de producción, además de la tierra. Rousseau escribió considerando la economía como un dato, mientras vivía en un medio donde la economía se estancaba. Marx alcanzó a ver el crecimiento económico producido por el acceso al poder de la burguesía, pero lo tomó como un dato de la historia, cuya dinámica propia había de producir. Rousseau percibía el feudalismo económico como un dato y pretendía la modificación política que conllevaba una distribución distinta de los frutos de la tierra. Marx vio la caída del sistema económico-político del feudalismo y, tomando en cuenta el curso del crecimiento económico, pretendía una apropiación diferente de la riqueza. Ambos concebían un sistema de distribución *racional*, en función de la idea romántica de la igualdad y fraternidad entre los hombres. Para ello, admitieron la soberanía como un absoluto, en el cual la totalidad se reflejaba en sus intereses comunes.

La soberanía como entelequia no iba a satisfacer la realidad política, tal como señalaría Hegel en su *Filosofía del Derecho*. La voluntad general personificada en el monarca, según su concepción, ya había tenido su realidad política en el *incorruptible*. Marx, dependiente de las ideas de ambos, trató de encontrar una nueva entelequia que diera lugar concreto a la voluntad general. Consciente de la falacia del pueblo como entelequia y contrario a la monarquía, halló en la dictadura del proletariado el sustrato político en que debía fundarse la voluntad general rectora de los intereses comunes de la clase social por antonomasia: la clase trabajadora, en clara oposición a la burguesía, supuestamente ociosa y dueña de los medios de producción.

La dictadura del proletariado, conceptualmente una entelequia como el pueblo, había de encarnarse necesariamente en su realidad política. Y en 1917 esa realidad política fue Vladimir Ilich Ulianov (Lenin). Los intereses particulares, o sea, los derechos privados, eran —tanto para Marx como para Rousseau— el origen de las desigualdades que la *voluntad general* debe eliminar. El bien común es así concebido en abstracto y el absoluto político de la soberanía toma la dimensión de un hombre cuyo poder, como diría Alberdi, significa la libertad absoluta. No fue otro que el propio Lenin quien, en *Dos tácticas de la socialdemocracia*, (*The Lenin Anthology*, Nueva York, 1975) describió a los bolcheviques como los jacobinos contemporáneos. Así profetizó que:

> Si la revolución gana una victoria decisiva, entonces arreglaremos cuentas con el zarismo en la forma jacobina o, si ustedes prefieren, en la forma plebeya.

Y continuó:

> Ellos (los bolcheviques) quieren que el pueblo, el proletariado y el campesinado, arregle sus cuentas con la monarquía y la aristocracia en la forma plebeya, cruentamente, destruyendo a los enemigos de la libertad, destrozando su resistencia por la fuerza, sin hacer concesiones...

En estos términos estaba escrita la muerte del zar y de la aristocracia rusa, junto con la burguesía que podría oponerse a la dictadura.

Así como Robespierre había concebido la República sin el rey y su cabeza era el símbolo de esta independencia, así Marx pensó al monarca en su *Crítica de la filosofía hegeliana del derecho* (*Writings of the young Philosopher on Society*, Nueva York, 1967). Allí escribió:

> Si el monarca es la soberanía real del Estado, el monarca tendría que ser considerado un Estado independiente también en relación con los otros, aun sin el pueblo. Si él fuera el soberano; sin embargo él representa la unidad del pueblo y él es entonces solamente un representante, el símbolo de la soberanía del pueblo. La soberanía del pueblo no existe a través de él, sino que él existe a través de ella.

Nuevamente, dice Lenin en el ensayo citado: *Los revolucionarios vulgares dejan de ver que las palabras son acciones también*. Lo que Marx había escrito era acto en Lenin, de la misma manera que Robespierre era la acción de las palabras de Rousseau. Los crímenes del monarca de la aristocracia y de la burguesía cerraban la brecha entre la palabra y la acción. Los jacobinos habían mostrado el camino; los bolcheviques lo siguieron; la sangre y la muerte fueron las realidades de la libertad concebida por Rousseau y Marx y asesinadas por Robespierre y Lenin.

La Revolución Francesa y América del Sur

La historia política y económica de Francia y del resto de Europa evidencia el fracaso de los postulados de la Revolución Francesa para conseguir la libertad, la igualdad y la fraternidad. Sin embargo, tal vez en ninguna parte del mundo el fracaso republicano de la Revolución Francesa fue tan notorio como en la evolución política de la América del Sur. La emancipación de las colonias españolas del Continente se llevó a cabo sin duda bajo la égida de sus principios republicanos. Más aún, la invasión de España por el Águila Imperial y el acceso al trono de Pepe Botella (José Bonaparte, hermano de Napoleón) fueron sucesos determinantes en la separación política y que, inclusive, facilitaron o permitieron la separación en el campo militar.

Mientras la lucha por la independencia política triunfaba y una por una las colonias españolas en América se iban separando internamente de la Metrópoli, las Leyes de Indias seguían rigiendo, como observa Alberdi con agudeza. La emancipación inspirada en los principios racionalistas del Iluminismo, con innegable componente jacobino, ganaba la batalla a España, pero internamente el triunfo era del feudalismo nacional y de la Iglesia.

Una y otra vez, la libertad se agotaba en la independencia política, como había ocurrido en Europa. Los derechos privados eran desconocidos, tanto por los elementos tradicionales como por sus opuestos revolucionarios. Después de la escisión política, la revolución y los golpes de Estado plagaban la sociedad de América del Sur. El propio Bolívar (*Una mirada sobre América Española* en *Discursos, proclamas y epistolario político*, Madrid, 1981), escribía en 1823:

Observamos en toda la generosidad de la América un solo giro en los negocios públicos: épocas iguales según los tiempos y en circunstancias correspondientes a otras épocas y circunstancias de los nuevos Estados. En ninguna parte las elecciones son legales; en ninguna se sucede el mando por los electos según la Ley. Si Buenos Aires aborta a un Lavalles, el resto de la América se encuentra plagado de Lavalles. Si Dorrego es asesinado, asesinatos se perpetran en México, Bolivia y Colombia; el 25 de septiembre está muy reciente para olvidarlo. Si Pueyrredón se roba el tesoro público, no falta en Colombia quien haga otro tanto. Si Córdoba y Paraguay son oprimidos por hipócritas sanguinarios, el Perú nos ofrece al general José La Mar cubierto con una piel de asno, mostrando la lengua sedienta de sangre americana y las uñas de un tigre. Si los movimientos anárquicos se perpetúan en todas las provincias argentinas, Chile y Guatemala nos escandalizan de tal manera que apenas nos dejan esperanza de calma...

Las palabras de Bolívar no son sólo elocuentes para su momento histórico, sino para la historia de América del Sur casi hasta nuestros días. La inestabilidad y la pobreza han sido el resultado de intentar establecer sistemas republicanos sin asegurar los derechos privados y con un Estado que recurrentemente pretende el rol que les niega a las personas. En este sentido, y con toda lucidez, Alberdi sostuvo —como cité arriba— que las Leyes de Indias seguían imperando en América del Sur después de la emancipación. La otra opción siempre fue la Revolución Francesa, que había robado el vocablo *liberal*, cuando en realidad fue la generadora del racionalismo político y del socialismo económico, tanto en los postulados como en los hechos.

La confusión entre libertad externa o independencia y libertad interna o derechos privados fue la causa de este desasosiego histórico en que se repetía como farsa lo que había constituido la tragedia de la historia europea. Alberdi escribió que América del

Sur se liberaría el día que se liberase de sus libertadores. Sólo Argentina llevó a cabo un proyecto distinto y fue así la única república americana que incorporó en su Constitución de 1853 los principios de la Revolución Gloriosa de 1688 y de la Revolución Norteamericana de 1776. Así logró salir de la trampa en que estaba sumido el resto de la América del Sur, entre las Leyes de Indias y el jacobinismo revolucionario recibido de Francia. Se adelantaba a Europa en casi cien años y, en consecuencia, a fines del siglo XIX había pasado a ocupar uno de los primeros lugares del mundo. Lamentablemente, a partir de la década del treinta, la Argentina vuelve a remedar a Europa continental. La izquierda marxista disputa el poder a la creciente influencia fascista y el fascismo gana la batalla política, tras haber sido derrotado en 1945 en Europa. Su triunfo marca la declinación argentina y la frustración de los argentinos, quienes, durante todo ese tiempo, tuvieron como única alternativa aquella que ofrecían los descendientes de los jacobinos, con indudables malas intenciones y posibilidades reales ciertamente exiguas.

Conclusiones

La Revolución Francesa, pues, no sólo ha sido un crimen en sus actos, sino que en ningún caso podía esperarse que a partir de sus fuentes la libertad y el bienestar que hoy disfruta el denominado mundo de las democracias occidentales, fueran posibles. Ha confundido la historia. La humanidad pensó que, a partir de ese asesinato colectivo, ha tenido acceso a la libertad con la eliminación de los privilegios. Ante tal equívoco, la palabra *liberal* fue vilipendiada y despreciada, pues había sido dotada de una significación reñida con los más elementales principios éticos.

Creó el problema más que acuciante de enfrentar en una lucha sórdida y fratricida, al ateísmo y al clericalismo como antítesis, cuando en realidad ambos niegan la libertad de conciencia, el elemento fundamental del cristianismos, como apuntó Locke en su imperecedera *Carta sobre la tolerancia*.

Ni la libertad de conciencia ni los derechos individuales, hoy llamados derechos humanos, surgieron de la Revolución Francesa. Tampoco el principio de la libertad de expresión y mucho menos el del progreso económico nacido de la denominada Revolución Industrial. Si tal crimen fuera justificado en función de estos logros, se habría cometido el doble error de creer que el crimen los ha producido o, lo que es casi lo mismo, que en razón de tales objetivos tal crimen es justificable. En rigor, los efectos de la Revolución Francesa deben buscarse hoy en sus herederos de atrás de la Cortina de Hierro.

La República proyectada se escapó entre las notas de La Marsellesa y la bandera tricolor. Había ignorado los límites expuestos por Madison dos años antes del 14 de julio en *El Federalista*:

> Por lo tanto, esas democracias han sido siempre espectáculos de turbulencias y desacatos. Siempre se han encontrado incompatibles con la seguridad personal o los derechos de propiedad: y generalmente han sido tan cortos en su vida como violentos en su muerte. Políticos teóricos que han patrocinado esta especie de gobiernos, han supuesto erróneamente que, reduciendo a la humanidad a una perfecta igualdad en sus derechos políticos, ella sería al mismo tiempo perfectamente igualada y asimilada en sus posesiones, sus opiniones y sus posiciones.

En Luis XVI se consumó un crimen de lesa humanidad. Se rebajó la ley para satisfacer las ambiciones de poder de hombres sin alma, que en su soberbia habían olvidado el alma de los hombres.

LVIII
RAFAEL ROJAS

Nació en La Habana, en 1965. Se licenció en Historia en la Universidad de La Habana y fue profesor del Instituto Superior de Arte, donde dictó un curso de *Estética*. Ensayista e historiador, ha publicado en revistas especializadas de Cuba, México y Estados Unidos. Actualmente reside en la ciudad de México donde estudia un doctorado y realiza trabajos de investigación en El Colegio de México.

Viaje a la semilla.
Instituciones de la antimodernidad cubana [*]

ALEJO CARPENTIER (*Entrevistas*, Ed. Letras Cubanas, La Habana, 1986), en uno de sus cruces habituales entre signos arquitectónicos y escalas musicales, imaginó la narración de la historia de una casa a partir de sus ruinas. La reconstrucción de la casa a través del recuerdo implicaba para Carpentier un repaso de los abandonos, los olvidos y los maltratos que habían desfigurado aquel recinto y una suerte de inversión forzosa del sentido histórico para alcanzar la imagen originaria de las ruinas. Según sus palabras, ese cuento, al que tituló *Viaje a la semilla*, le reveló los secretos de un método narrativo que se iniciaba con la reconstrucción imaginal de objetos históricos y culminaba con la aglomeración de esos objetos en un espacio limitado, de manera tal que configuraran un escenario barroco donde se moverían los personajes.

Como la casa de Carpentier, la Revolución cubana se encuentra en el momento impostergable de viajar a su semilla. En sus orígenes ese régimen popular y autoritario que, para conservar su inmutabilidad, identifica nociones tan abstractas como patria, revolución, socialismo, independencia, soberanía, nacionalidad..., y se acomoda en la vulnerable legitimidad de las imágenes unitivas pseudomonárquicas de José Martí y Fidel Castro, fue un movimiento democrático y constitucionalista en contra de la dictadura batistiana. Entre 1953 y 1958, Castro y sus partidarios visiblemente no buscaron otra cosa que la

---

[*] Contenido en la revista: *Apuntes postmodernos* (vol. IV, núm. 1, Miami, 1993). Gran parte de los documentos utilizados por el autor fueron tomados de la obra de Hortensia Pichardo: *Documentos para la Historia de Cuba* (6 vols., La Habana, 1973-80).

restauración de la República liberal y democrática de 1940. De hecho, el primer acto político de esa generación fue una denuncia presentada el 11 de marzo de 1952 ante el Tribunal Supremo de Justicia, por el joven abogado Fidel Castro, en la que se acusaba a Fulgencio Batista y a 17 de sus cómplices de atentado contra la Constitución y alteración violenta del sistema de gobierno, por lo cual se exigía la aplicación del castigo penal correspondiente, según el Código de Defensa Social. Este acto jurídico y político fue una de las tantas manifestaciones de la cultura liberal y democrática que se abría paso en la sociedad cubana desde la Revolución de 1933. El *Movimiento 26 de Julio* articuló esta cultura como enunciado político cardinal de la movilización popular contra Batista.

¿Cómo fue posible, entonces, la fluída conversión de ese proyecto a la aventura sino-guevarista en los años 60, y luego al sistema soviético en los 70? Para responder a esta pregunta preferimos renunciar al enfoque recurrente de la caída de Cuba en el centro de la competencia imperial entre la Unión Soviética y los Estados Unidos durante la guerra fría. Ese enfoque ha establecido dos interpretaciones de la génesis del totalitarismo en Cuba: primera, Fidel Castro y sus hombres eran falsos liberales demócratas que buscaban una alternativa extrastaliniana de introducción del comunismo en Cuba; segunda, la elección cubana de la llamada *vía socialista de desarrollo* correspondió a la expansión del bloque soviético en América Latina y se impuso como la única variante de protección económica y militar frente a los Estados Unidos.

La ideología oficial cubana manejó la primera interpretación desde mediados de los años 60 hasta fechas recientes. En los libros de Antonio Núñez Jiménez, Mario Mencía y Martha Harnecher y en testimonios de los propios protagonistas de la insurrección antibatistiana se promovían un Fidel Castro, un Raúl Castro y un Abel Santamaría marxistas-leninistas desde 1952, que, conscientes del deterioro político del Partido Socialista Popular, decidieron camuflar sus objetivos comunistas bajo una retórica liberal y democrática. Paradójicamente, esta visión del período soviético de la élite revolucionaria coincide con la de anticomunistas viscerales del primer exilio, como José Domingo Cabús en *Castro ante la historia* y el propio Fulgencio Batista, en *Piedra y leyes*. La segunda interpretación, menos especulativa, puesto que desecha la posibilidad de una afiliación política invariable y metahistórica de Castro y sus partidarios, y presenta la incorporación al bloque soviético como una elección pragmática, es la que prevalece en nuestros días.

Ambas interpretaciones eluden una reconstrucción de los motivos institucionales y discursivos de la cultura política cubana que gravitaron sobre la alineación del poder en una zona resistente al capitalismo. Al aventurar aquí una explicación de la irreverencia del poder cubano al liberalismo y la democracia y de su asfixiante búsqueda de una condición en los márgenes de la modernidad se adoptarán como coordenadas las tensiones diacrónicas entre un principio instrumental de asimilación de las instituciones modernas y un principio moral de rechazo a las mismas, que se dieron a lo largo de la historia política y discursiva de Cuba. No sería desacertado afirmar que el devenir de la ideología cubana se cifró en esa tensión desde el *Discurso sobre la agricultura de La Habana* (1792) de Francisco J. de Arango y Parreño y la *Filosofía electiva* (1797) de José Agustín Caballero.

Entre las ruinas actuales de la nación cubana se pueden descifrar y recomponer los elementos de un proyecto republicano liberal y democrático que fue segregado hacia la marginalidad del saber y el poder por una secular voluntad antimoderna. La recomposición de la estructura demoliberal de la nación cubana debe ejecutarse junto a la recomposición de esa voluntad segregadora. Así, restableciendo el cuerpo y su enemigo, quizás se pueda experimentar la elección de la imagen primigenia, ignorando los espejos que la distorsionan. Los espejos de la racionalidad moral cubana reflejan una ínsula intocada por el mundo, multiplicada en su insularidad, de espaldas a la moneda y al mercado, justificada desde su excepcionalidad para el ejercicio de cualquier orden, convertida en un organismo autotélico e indiferenciado y abandonada a un holismo sin fractura ni retorno que convierte a sus criaturas en engranajes. Es preciso desplegar esa racionalidad compulsiva para desactivar sus efectos sobre la racionalidad instrumental. De no hacerlo, la modernidad quedará sumergida para siempre en los litorales que bordean y tocan levemente la Isla.

Liberalismo residual

Desde que don Francisco de Arango y Parreño escribió en 1792 el *Discurso sobre la agricultura de La Habana y medios de fomentarla*, con *La riqueza de las naciones* de Adam Smith y el *Informe sobre la ley agraria* de Gaspar Melchor de Jovellanos a cada lado, la ideología cubana se introdujo en el corpus doctrinal del liberalismo. Arango fundó el discurso político y económico cubano adhiriéndose a un proyecto nacional basado en la modernización tecnológica de la agricultura —esfera generadora de la *verdadera riqueza*—, la pequeña propiedad, la libertad de comercio, la desfiscalización arancelaria en los puertos insulares, el fomento de la inmigración europea, la representación política según el modelo constitucional gaditano y la secularización de la cultura. Con Arango apareció en Cuba la racionalidad instrumental del liberalismo, es decir, el principio reproductivo de los instrumentos de la modernidad. Frente a esta racionalidad instrumental se colocó la formación discursiva de la moral cubana, cuyos primeros representantes fueron a su vez los fundadores del saber teológico y filosófico: José Agustín Caballero y Félix Varela. De esta forma la cultura del siglo XIX quedó apresada en la tensión entre las dos racionalidades que fundamentan la experiencia de la modernidad.

La fundación del discurso y las instituciones criollas a finales del siglo XVIII fue impulsada por el compromiso de las élites notabiliarias con el proyecto económico liberal de la plantación azucarera. Este compromiso obligó a un arreglo entre la sacarocracia cubana y la burocracia borbónica que permitió la localización del mercado norteamericano como destino natural para los productos insulares. La Corona no pudo hacer mucha resistencia al arreglo, entre otras razones, porque necesitaba del auxilio de una potencia naval como los Estados Unidos, conocedora de la empresa esclavista, para abastecer de africanos las plantaciones azucareras. De ahí que Cuba durante el siglo XIX haya experimentado un doble tutelaje: el de la metrópoli político-militar española y el de la metrópoli económico-comercial norteamericana. Un doble poder que promovía al interior del espacio público insular el desdoblamiento del saber cubano en dos intelecciones enemigas: la del metarrelato instrumental de la riqueza y el progreso y la del metarrelato moral de la emancipación y la justicia. El primero abre la perspectiva etiológica de la mentalidad cubana, el segundo cifra en los orígenes la teleología insular.

Hacia 1825 se concertó la continuidad de la soberanía española en la Isla por medio de un pacto diplomático entre Estados Unidos, Inglaterra, Francia, la Santa Alianza, México y Colombia. Los norteamericanos, verdaderos artífices del pacto, convencieron a las potencias partidarias de la caída del dominio español en Cuba de que cualquier intento en ese sentido provocaría una costosa guerra por el control de la plaza caribeña. Defendiendo el *statu quo* colonial en el Caribe, los Estados Unidos protegían el régimen de ventajas mercantiles que España les concedía. Desde Cuba, la Corona española había colaborado en favor de la independencia norteamericana, enviando refuerzos y pertrechos de guerra a las tropas de Washington. Ahora los Estados Unidos, después de apoyar abiertamente los movimientos separatistas en el Continente, correspondían a los españoles haciendo una excepción con el caso cubano. La colocación geográfica, comercial y militar de Cuba en el cruce de las voluntades atlánticas ha identificado su cuerpo con una suerte de topografía descubierta, en perpetua exhibición. Así ha sido el cuerpo de Cuba desde la crisis de la dominación española hasta la crisis de la dominación soviética: una isla transparente, impúdica, cuyos eventos interiores nunca logran ocultarse a la mirada mundial. Por ello la historia política cubana ha sido sumamente teatral, ha sido un épico *strip-tease*.

Los grandes hacendados y comerciantes insulares, durante el *boom* azucarero de la primera mitad del siglo XIX, alcanzaron una identidad grupal pragmática que pronto se tradujo en reclamos de mayor representatividad política. El historiador Manuel Moreno Fraginals (*El Ingenio*, t. IV, Ed. Ciencias Sociales, La Habana, 1978) ha descrito la forma en que el auge de la plantación azucarera y su ancilar cultura oligárquica pusieron en crisis la funcionalidad de instituciones borbónicas como el Consulado de La Habana, la Intendencia de Hacienda y la Sociedad Económica de Amigos del País, concebidas por la Corona para lograr un reconocimiento político indirecto de las élites criollas. La petición de espacios políticos por parte de la sacarocracia derivó durante los años 30 en una campaña política contra el régimen de facultades omnímodas, otorgado a la Capitanía General de la Isla, y en favor de la representación cubana a las Cortes. Con esta campaña se inició la actividad política del autonomismo reformista, que sería, en intensa rivalidad con el anexionismo, el programa ideológico de los hacendados y comerciantes notables hasta 1898.

La guerra de independencia de los *Diez Años* (1868-1878) no contó con el apoyo pleno de la sacarocracia, ni de los grandes hacendados cafetaleros y tabacaleros. Las tropas mambisas, compuestas en su mayoría por negros desencadenados, mulatos libres, sitieros, estancieros y campesinos pobres, fueron lideradas por propietarios de pequeños ingenios, vegueros arruinados, ganaderos afectados por la expansión cañera y profesionales e intelectuales de provincia. Ramiro Guerra en su insuperable estudio *Guerra de los Diez Años* (t.I, Instituto Cubano del Libro, La Habana, 1972) demostró que las cinco jurisdicciones del Departamento Oriental que apoyaron el pronunciamiento de Carlos Manuel de Céspedes en *La Demajagua* eran las de menor productividad cafetalera y azucarera y, por consiguiente, las de menor índice de población negra. El entorno social de Carlos Manuel de Céspedes, Ignacio Agramonte, Pedro Figueredo, Francisco Vicente Aguilera, e incluso de Salvador Cisneros Betancourt, Marqués de Santa Lucía, no era el de los grandes sacarócratas de Santiago de Cuba, Guantánamo y del Departamento Occidental, como tampoco era el de Francisco de Arango y Parreño, Claudio Martínez de Pinillos, José Antonio Saco, el Conde de Pozos Dulces, José Morales Lemus, José Antonio Echeverría y Miguel Aldama, fundadores y ejecutores de las instituciones criollas ilustradas. Estos eran convencidos partidarios de la opción reformista autonómica, cuya viabilidad demostraron en la malograda Junta de Información de Madrid en 1867. De ahí que las soluciones políticas de los insurgentes se orientaran en un sentido contrapuesto al de las élites notabiliarias.

La fricción pública entre ambos grupos y sus alternativas políticas está condensada en la polémica entre Martí y los autonomistas habaneros a inicios de los años 90. En seis artículos publicados por Martí en *Patria*, entre 1892 y 1894 (*La agitación autonomista, Autonomismo e Independencia, Política insuficiente, Ciegos y desleales, ¿Con que consejos, y promesas de Autonomía?* y *El lenguaje reciente de ciertos autonomistas*) la autonomía aparece identificada con una creencia inútil en la evolución natural de Cuba hacia el autogobierno. Pero lo más peligroso, según Martí (*Obras Completas*, Ed. Lex, vol. I, La Habana, 1953), era que esa creencia era incapaz de integrar los elementos sociales del país —como sí lo haría una guerra *inevitable y leve*—, y convertiría la Isla en *el funesto imperio de una oligarquía criolla... con el poder de la inmoral riqueza*. La percepción martiana del autonomismo, que es una profecía de la República de 1902, se confirma ya con el hecho de que en la guerra de 1895 el reparto social de las opciones políticas no se alteró substancialmente: las huestes independentistas se formaron con negros libertos, campesinos pobres, pequeños y medianos propietarios azucareros, cafetaleros y ganaderos y la clase media urbana. Mientras, en La Habana, Santa Clara y Santiago de Cuba, los notables persistían en argumentar ante la opinión pública, la administración insular y las cortes, las ventajas de un autogobierno provincial dentro de la monarquía española.

Los ingenios y cafetales de los hacendados insurgentes de las dos guerras no producían azúcar y café para las redes de comercio que desembocaban en los Estados Unidos, Gran Bretaña o España, ni estaban comunicados a través de ferrocarriles con los puertos importantes. Alguno, como el de *La Demajagua*, trabajaba con máquina de vapor, pero las tierras de que disponía no eran suficientes para incorporar su producción en un mercado de gran demanda y altos precios. De modo que, en marcado contraste con el resto de los países latinoamericanos, la independencia de Cuba, ni siquiera en 1898, llegó a ser propiamente la opción oligárquica. En enero de ese año la Metrópoli concedió la autonomía colonial a la Isla, pero ya para esa fecha los insurrectos cubanos dominaban la mitad del territorio y las tensiones entre los Estados Unidos y España estaban a punto de estallar. Los notables cubanos pusieron sus esperanzas en un régimen autónomo de gobierno provincial dentro del reino español, quizás porque desde esa condición podían experimentar mayor libertad política sin quedar totalmente indefensos ante la hegemonía norteamericana.

Como en los movimientos continentales de independencia entre 1810 y 1820, la insurgencia separatista cubana fue la respuesta a la terca resolución española de no conceder la autonomía política. Sin embargo, a diferencia de aquellos, el proyecto autonómico de las élites no tuvo oportunidad de traducirse en una voluntad de Estado-Nación. De ahí que la independencia, en tanto desenlace militar de la guerra entre España y las tropas aliadas de cubanos y norteamericanos, haya sorprendido y contrariado a los beneficiarios del gran capital azucarero, tabacalero, cafetalero y ganadero. Durante la ocupación norteamericana de la Isla (1898-1902), el gobierno interventor trató de compensar el malestar de las élites criollas y peninsulares, pero su conflictiva alianza con la jerarquía del Ejército Libertador y con los intelectuales republicanos vinculados a la causa independentista provocó una recomposición ideológica y oligárquica. Así, tanto el proyecto político radical del separatismo, la República Martiana, como el proyecto moderado de las élites notabiliarias, la Provincia Autónoma, quedaron postergados y cancelados por la República de 1902.

La nueva oligarquía, reclutada de la sociedad civil autonomista y de la oficialidad del Ejército Libertador, conformó lo que Carlos Loveira, un novelista de la época, llamara la *República de Generales y Doctores*. El orden de esta primera República fue diseñado jurídicamente en la Constitución de 1901, documento que consagraba las libertades democráticas de manera abstracta. Desde los primeros gobiernos se evidenció que ese orden constitucional democrático estaba reñido con el orden histórico derivado del mundo colonial y de los años de insurgencia. De las jerarquías coloniales, la primera República recibía una inercia de notabilidad corporativa que era irreconciliable con la igualdad política del sistema democrático. Del régimen militar de la insurgencia, la República heredaba el caudillismo y la confusión de los partidos con los campamentos mambises. El discurso de los dos primeros decenios republicanos se concentró fundamentalmente en esta falta de correspondencia entre las estructuras constitucionales y la sociabilidad política. Roque E. Garrigó, Francisco Figueras, Manuel Márquez Sterling, Fernando Ortiz, Jorge Mañach, José Antonio Ramos y Enrique Gay Calbó coincidían en que la República había nacido *degradada o muerta* y alertaban, con vehemente temor a la certeza, sobre una posible incapacidad congénita de la criatura cubana para actuar dentro de instituciones liberales y democráticas. Fue éste el discurso de la cubanidad negativa y de la decadencia republicana, cuyas máximas expresiones se encuentran en *La convulsión cubana*, 1906, de Roque E. Garrigó, *Cuba y su evolución colonial*, 1907, de Francisco Figueras, *El manual del perfecto fulanista*, 1916, de José Antonio Ramos, *La decadencia cubana*, 1924, de Fernando Ortiz, *La indagación del choteo*, 1929, de Jorge Mañach y *El cubano, avestruz del trópico*, 1934, de Enrique Gay Calbó.

El discurso de la decadencia cubana fue desplazado a finales de los 20 por el discurso de la renovación nacional. En este cambio de acento, que conservaba el mismo fondo de zozobra, se inscribieron la revista *Cuba Contemporánea*, la *Revista de Avance*, la Sociedad Económica de Amigos del País, la Junta de Renovación Nacional y el Grupo Minorista, instituciones culturales que prepararon el terreno a las organizaciones políticas que protagonizaron la Revolución de 1933. En el movimiento contra la dictadura de Gerardo Machado se inauguraron formas de sociabilidad política hasta entonces inéditas en la historia de Cuba. De él surgieron el Partido

Revolucionario Cubano (Auténtico), primera organización política que sostuvo un programa constitucional basado en la doctrina y la ejecutoria del liberalismo democrático, y la Joven Cuba, modelo organizativo y programático de la violencia política encaminada a realizar un proyecto de socialismo liberal.

El programa de los auténticos consagraba plenas garantías y derechos civiles y políticos a todos los individuos, otorgaba a la nación la propiedad originaria sobre tierras, aguas, subsuelo y litorales del territorio cubano, enmarcaba el derecho de propiedad dentro de una función social y contemplaba su limitación o afectación por causa de utilidad pública, señalaba la nacionalización de las vías de comunicación y los puertos y reservaba a los cubanos la capacidad de apropiación en las esferas agraria y minera. Este programa incluía además una detallada legislación de trabajo y previsión social, familia, educación, justicia y sistema de gobierno. Sobre este último, el Partido Auténtico, además de admitir la clásica separación y compensación liberal de los tres poderes supremos, enfatizaba la necesidad de garantizar la autonomía de los poderes locales, municipales y provinciales.

El programa político redactado por Antonio Guiteras para la Joven Cuba reproducía en términos generales la plataforma de los auténticos, pero aportaba una nueva fundamentación y una nueva retórica. Guiteras partía de la idea de que Cuba había alcanzado las *unidades* o *identidades* requeridas para constituirse en *nación*, sin embargo no era propiamente una *nación*. Las identidades alcanzadas eran la *unidad física*, la *unidad demótica*, la *unidad policial* y la *unidad cultural*, pero carecía de una *unidad funcional* en su economía, necesaria para presentarse como un todo capaz de bastarse a sí mismo. Para lograr la autosuficiencia económica Guiteras proponía adoptar el principio del intervencionismo estatal, en su doble versión keynesiana y marxista. Por tanto, el programa de la Joven Cuba buscaba la ejecución de un proyecto de acumulación nacional de capitales que reajustara las relaciones comerciales y financieras de Cuba con los Estados Unidos. Sin embargo, este reajuste, a pesar de exigirse bajo los términos de *antiimperialismo* y *socialismo*, no se verificaba fuera del *corpus* doctrinal y constitucional del liberalismo. Prueba de ello es la conservación de las estructuras primordiales del mercado interno y la propiedad privada no latifundaria y la identificación con un régimen de representación democrática, basado en el *enlace desde el nivel municipal de las tres grandes energías sociales: la riqueza, la intelectualidad y el trabajo*.

Estas dos organizaciones, además de anunciar nuevas formas de sociabilidad política liberal y democrática, ilustran el temperamento de congregación ideológica que caracterizó los años previos al Congreso Constituyente de 1940. Temperamento confirmado con la abrogación de la Enmienda Platt y la legalización del Partido Comunista. La Constitución de 1940 fue la coronación de este proceso en tránsito de una cultura política liberal-notabiliaria, que predominó durante la primera República, a una cultura política liberal-democrática, generada por la Revolución de 1933. Pero tanto la Constitución como la cultura política fueron incapaces de promover gobiernos fieles al *corpus* doctrinal que los legitimaba. Así, se dio a finales de los 40 una típica crisis de legitimidad, es decir, una fractura del consenso político dentro de la sociedad civil provocada por la certeza de que los gobiernos no cumplían con las bases legítimas de la República.

Eduardo Chibás y el Partido del Pueblo Cubano (Ortodoxo), formado por una amplia disidencia de auténticos radicales en 1947, fueron los intérpretes de esa crisis. En una carta al Presidente Provisional Carlos Mendieta, de mayo de 1934, Chibás había señalado que la *debilidad civil* era la causa de la demagogia política, la corrupción administrativa y los excesos militares. Chibás mantuvo este principio y tomándolo como fundamento creó el Partido. Su esfera de acción fue siempre la opinión pública y desde ella denunció la malversación de los fondos estatales, la demagogia y el acomodo de las élites en una estructura económica dependiente de los Estados Unidos. Poco a poco sus ataques cívicos a la corrupción y al robo de los políticos fueron adoptando un tono martiano y místico, al contraponer la *dignidad de la pobreza* y la *vergüenza* al *dinero*, la *ambición* y *los negocios*.

El misticismo sacrificial de Chibás alcanzó su expresión última al suicidarse en la CMQ, luego de la trasmisión de su *último aldabonazo* a las puertas de la República para alertar sobre la pérdida de civismo y decencia pública. En Chibás desembocó a nivel político toda la tradición de la racionalidad moral cubana del siglo XIX: Caballero, Varela, Luz y Martí. Por el hecho de haber sido el intérprete de una crisis de legitimidad, sus discursos confundían a menudo las bases legítimas con el desapego gubernamental a las mismas. Los jóvenes y radicales ortodoxos que lo seguían heredaron esta perspectiva, que en sus mentes muy pronto presentó las primeras señales de un jacobinismo históricamente irresponsable. Pero el golpe de Estado del 10 de marzo reactivó el liberalismo democrático de los ortodoxos radicales. Batista había interrumpido un proceso de definición democrática, liberal y nacionalista. Frente a su intervención en nombre de una política *dura* para evitar la anarquía —pretexto habitual de la derecha latinoamericana para obstruir las democratizaciones— los valores que estaban en juego eran los que daban legitimidad a la República. De ahí que a diferencia del Partido Ortodoxo, el *Movimiento 26 de Julio* no haya sido el intérprete de una crisis de legitimidad, sino de una crisis de legitimación. Batista no podía legitimar constitucionalmente su cuartelazo, en cambio la *Generación del Centenario* sí podía justificar la Revolución como el único camino para restablecer el orden constitucional.

El golpe de estado del 10 de marzo de 1952 contra el Presidente Carlos Prío Socarrás, encabezado por Fulgencio Batista, fue la solución que encontró un segmento derechista de la oligarquía cubana para evitar el triunfo en las elecciones de ese año del Partido Ortodoxo, que era un desprendimiento nacional-populista del partido oficial. Después del cuartelazo, la neutralización de los grupos oposicionistas y las suspensión de las garantías constitucionales cerraron las puertas de la legalidad a los políticos *formales* que, como el joven abogado Fidel Castro, reclamaban un espacio en las instituciones parlamentarias.

Eduardo Chibás, líder indiscutido del Partido Ortodoxo y candidato aventajado a las elecciones de 1952, se había suicidado durante una transmisión de radio haciendo un gesto heroico a favor del civismo martiano y la decencia administrativa, en agosto de 1951. La pérdida del líder y el ímpetu represivo de Batista generaron en un grupo de jóvenes miembros y simpatizantes del Partido Ortodoxo la decisión de derrocar militarmente la dictadura y restablecer el orden constitucional. Este grupo, que se llamó a sí mismo *Generación del Centenario*, en alusión al año del centenario de José Martí (1953), con su ideología decididamente democrática, liberal, agraria, nacionalista, reformista y modernizadora, asaltó el cuartel Moncada en julio e inició el movimiento político más popular de la historia de Cuba. La autodefensa de Fidel Castro en el juicio contra los asaltantes del Moncada, que luego se convirtió en el texto programático de la Revolución y circuló por toda Cuba con el nombre de *La historia me absolverá*, consistió en una justificación negativa de la ilegalidad del asalto. Según el joven abogado, cualquier acción violenta contra el régimen estaba amparada por la ilegalidad previa del golpe militar y la inconstitucionalidad de la dictadura. El alegato presentaba además un conjunto de leyes que tomaría el movimiento en caso de llegar al poder y un cuadro de la nueva República que aspiraban a fundar los revolucionarios. Las cinco leyes fundamentales eran en síntesis: restablecimiento de la Constitución de 1940 (documento donde cristalizó por primera vez el liberalismo político en Cuba); concesión de propiedad a colonos, subcolonos, arrendatarios, aparceros y precaristas que ocupaban parcelas de cinco o menos caballerías de tierra; derecho de los obreros y empleados a participar de un 30% de las utilidades económicas en todas la empresas industriales, mercantiles y mineras; derecho de los colonos azucareros al 55% del rendimiento de la caña; confiscación de bienes malversados por los gobiernos republicanos a través de tribunales concebidos especialmente para este fin.

Los dos elementos claves del programa moncadista fueron el constitucionalismo democrático y el reformismo agrario. De ahí que el doble sentido político del movimiento haya sido la restauración del antiguo régimen constitucional y su activación efectiva, es decir, el restablecimiento de la Constitución de 1940 y la traducción de su proyecto de derecho en una ejecutoria de hecho. Los jóvenes moncadistas no sólo estaban convencidos de que con Batista se había inaugurado la inconstitucionalidad, también manifestaban abiertamente su decepción con los gobiernos emanados de la Carta del 40 por considerarlos generadores de corrupción administrativa, malversación del tesoro público, elitismo democrático y demagogia politiquera. Pero la ruptura fundamental con la República prebatistiana que planteaba el movimiento era en materia agraria. La Constitución de 1940, de acuerdo con el principio de redistribución de la propiedad del liberalismo económico, en su artículo 90, proscribió el latifundio y anunció su desaparición por medio del señalamiento de una extensión máxima para la posesión agropecuaria y la limitación de las propiedades territoriales de compañías extranjeras. Sin embargo las leyes complementarias que debía reglamentar este precepto constitucional no garantizaron su aplicación inmediata. De ahí que la discontinuidad del programa moncadista con la tradición política cubana, más que ideológica, haya sido pragmática.

Por eso, al observar la historia política cubana, lo primero que salta a la vista es la tardía definición de un proyecto liberal democrático. Habría que cuestionarse, incluso, hasta qué punto ese proyecto llegó a definirse. En los años 40 los gobiernos constitucionales se desentendieron de la expectativa democrática, en los 50 Batista lo interrumpió con su dictadura militar y en los 60 el poder revolucionario lo abandonó por el modelo socialista. De modo que de la transición del liberalismo notabiliario al liberalismo democrático de los años 30 quedó una suerte de liberalismo residual, acumulado en la ideología cubana, pero sin un enlace orgánico con las instituciones y los discursos. La segregación de ese liberalismo residual se debe al peso del otro lado de la ideología cubana, es decir, el lado de la racionalidad moral y emancipatoria.

Esta residualidad del liberalismo cubano se experimenta en los sucesivos desencuentros entre la sociabilidad política integradora de la voluntad nacional y los sistemas de poder. En otras palabras, las tres revoluciones de la historia de Cuba han partido de una unificación política en torno a una imagen del destino insular y han culminado en una estratificación oligárquica que destierra esa imagen. Las guerras de independencia se desplegaron bajo el señuelo de una *República con todos y para el bien de todos* estrictamente soberana, pero desembocaron en la *República de generales y doctores* mediatizada por la Enmienda Platt; la Revolución de 1933 aspiró al desplazamiento de un régimen notabiliario, oligárquico y propenso a la dictadura por un orden liberal, democrático y desvinculado constitucionalmente de los Estados Unidos, pero generó una clase política que se reproducía desde la demagogia, la malversación y el peculado; por último, la Revolución de 1959 apareció como el acto que devolvería la constitucionalidad al régimen, que redistribuiría la propiedad agraria y que haría efectivas las instituciones democráticas, pero significó la incorporación de Cuba en el bloque imperial de la Unión Soviética, la clausura del mercado interno y el espacio público, la estatalización de la propiedad, la dogmatización de la cultura y la violenta unanimización de la política.

A finales de los años 40 Cuba contaba con cuatro elementos primordiales para la evolución hacia un orden liberal y democrático efectivo: espacio público (esfera de opinión, relativamente desagregada de las estructuras políticas, y academias autónomas del saber, concentradas en la definición histórica y teórica de la cultura nacional), mercado interno creciente, capas sociales medias demandantes de intervención en la política e instituciones parlamentarias formalmente plurales. De esta cultura política surgieron dos tendencias autodestructivas: una militarista, que buscaba una recomposición oligárquica en el sentido del liberalismo notabiliario, y otra civilista, que promovía la decencia pública y administrativa dentro de un orden moral de desacumulación capitalista. La primera tendencia cristalizó en Batista y la segunda en Chibás. Esta encrucijada histórica abrió, entonces, la posibilidad de un tercer camino, concebido como una revolución social para el restablecimiento de las instituciones democráticas, pero destinado a culminar con la destrucción del orden liberal. Es por eso que la Revolución de 1959 debe entenderse como la señal última de la cultura política moderna en Cuba. Señal que anunciaba transformación del liberalismo residual en liberalismo orgánico y de la democracia formal en democracia real y que, contra todo pronóstico, no hizo más que desbordar las resistencias a la modernidad reservadas por más de un siglo en la moral cubana.

Moral vs. Instrumento

En una carta de enero de 1939, José Lezama Lima decía a Cintio Vitier (*Lo cubano en la poesía*, Ed. Universidad Central de Las Villas, Las Villas, 1958): *ya va siendo hora de que todos nos empeñemos en una Teleología Insular, en algo de veras grande y nutridor.* Para Lezama, el empeño en una Teleología insular representaba la creación de una imagen de la génesis y el destino de la Isla, una suerte de *Suma Poética* que incorporara la travesía ontológica de Cuba desde sus orígenes hasta su consagración. Lezama tenía la certeza de que semejante imagen encarnaría en la historia, a través de la *metáfora que participa*, y con esa hipóstasis estética y ética de la sustancia insular, el destino de Cuba quedaría a salvo de frustraciones, desvíos y estancamientos. Diez años después, en su *Señal: La otra desintegración*, aparecida en el número 21 de *Orígenes*, Lezama (*Imagen y posibilidad*, Ed. Letras Cubanas, La Habana, 1981) desglosó esa creencia:

> Un país frustrado en su esencial político puede alcanzar virtudes y expresiones por otros cotos de mayor realeza. Y es más profunda, como que arranca de las fuentes mismas de la creación, la actitud ética que se deriva de lo bello alcanzado, que el simple puritanismo, murciélago de los sentidos y decapitador de sus halagos.

Se elige aquí la salvación moral por lo bello. Un camino tan antiguo como Sócrates e insertado en la tradición hispánica desde Séneca. Pero contrapuesto al puritanismo *murciélago de los sentidos*, o sea, generador de desdoblamientos morales al estilo del *extraño caso de Dr. Jekyll y Mr. Hyde*, adquiere otra connotación: la de enfrentar el hedonismo del cálculo de beneficios con el hedonismo desbordado del placer estético. En una página de *Ariel*, José Enrique Rodó (*Ariel*, Espasa-Calpe, México, 1992) criticó de manera similar la moralidad puritana. Hablaba del puritanismo como *la secta triste perseguidora de la fiesta y segadora de las flores*, que *veló indignada la casta desnudez de las estatuas*. Rodó recordaba un pasaje de la *Historia de Inglaterra desde el reinado de Jacobo II* en el que Lord Macauley declaraba preferir la grosera *caja de plomo* donde los puritanos guardaban el *tesoro de la libertad* al primoroso cofre de refinamientos de la Corte de Carlos II. Entonces el uruguayo refutaba al inglés con una simple frase: *ni la libertad ni la virtud necesitan guardarse en caja de plomo.* Cuatro años después de la publicación de *Ariel*, Max Weber lamentaba, en su obra precursora *La ética protestante y el espíritu del capitalismo*, que la leve túnica del ascetismo puritano se hubiera trocado en el *duro cofre* de la compulsiva acumulación capitalista.

Así, Lezama se registra con Martí, Rodó, Caso y Vasconcelos (*La raza cósmica*, Espasa-Calpe, México, 1982) en el grupo de defensores de lo que éste último llamó la *ley derivada del goce de las funciones más altas*, esto es, la ley que garantizará para América Latina el tránsito del racionalismo capitalista al *sentimiento cultural* con la catolicidad latina barroquizada por el mestizaje, frente al protestantismo crematológico de los anglonorteamericanos. Esta tradición genésica de la cultura latinoamericana se orienta definitivamente hacia el difícil engranaje de una moral crítica del capitalismo con el proyecto de modernidad, o mejor dicho, se orienta hacia la definición de una ética moderna alternativa.

El proyecto histórico-poético de la *metáfora participante*, que gravitaría hacia la génesis de una *tradición por futuridad*, era la respuesta tangencial a la frustración política de la República cubana. Esa frustración para Lezama, como para la mayoría de los intelectuales cubanos de nuestro siglo, había comenzado el 20 de mayo de 1902, es decir, el mismo día del advenimiento republicano. La República había nacido con el *áspid de Cleopatra* —como le llamaba Manuel Márquez Sterling (*Los últimos días del Presidente Madero*, INEHRM, México, 1985) a la Enmienda Platt— en su Constitución, dispuesto *a morderle el brazo desnudo* en cualquier oportunidad. Había nacido muerta de la intervención norteamericana para volver a morir en cada intervención norteamericana. Pero la frustración no sólo era el reflejo en la sensibilidad cultural de una soberanía limitada, también lo era, y en mayor grado, del establecimiento de un régimen liberal republicano, ajeno a las pautas de la utopía moral del siglo XIX, cuya última definición había sido la *República con todos y para el bien de todos* de José Martí.

La teleología insular de Lezama (*Imagen y posibilidades*, ob. cit.) debe considerarse como una prolongación poética de la racionalidad moral del siglo XIX cubano. Así lo sugería al afirmar:

> Lo que para nosotros fue integración y espiral ascensional en el siglo XIX, se trueca en desintegración en el siglo XX. Aún los *jouisser* más optimistas tendrán que reconocer que las fuerzas de desintegración han sido muy superiores a las que en un estado marchan formando su contrapunto y la adecuación de sus respuestas.

Cintio Vitier, intérprete y expositor por excelencia de las ideas de Lezama, fue el único que asumió la teleología insular como misión. Las palabras finales de *Lo cubano en la poesía,* un ciclo de conferencias publicado en 1958, cuando arreciaba la oposición militar a la dictadura de Fulgencio Batista, son la expresión más elocuente del proyecto poético-moral de Lezama. Vitier hablaba con vehemencia de una *ausencia de finalidad en la vida de la República*, de un *círculo vicioso entre frustración y sacrificio*, de una *volatilización del destino*, en fin, de una cultura fatigada por la *ronda sombría y a ratos pintoresca de los frustrados republicanos.* Como Lezama, Cintio Vitier volvía los ojos al patriciado cubano del siglo XIX, fundador de la utopía ética insular, y se preguntaba con angustia: ¿dónde están los muros que prometieron esas generaciones? El poeta miró a su alrededor, vio la arquitectura moral de la República en ruinas y devolvió el ser de la Isla a su envoltura utópica con una frase: *lo cubano como imposible*.

En 1949 José Lezama Lima presentaba el siglo XIX como la *espiral ascensional de la integración*. Ya en 1915, Enrique José Varona, en su Discurso de recepción en la Academia Nacional de Artes y Letras (*Textos Escogidos*, Porrúa, México, 1974) usaba una figura parecida para expresar una idea diferente y a la vez idéntica. Decía Varona:

> El monstruo que pensamos haber domeñado resucita. La sierpe de la fábula vuelve a reunir fragmentos monstruosos que los tajos del héroe habían separado. Cuba republicana parece hermana gemela de Cuba colonial.

La tardía sociedad colonial cubana, como todo modelo social de Antiguo Régimen, era un sistema holístico. Cada corporación y estamento recibía de la Corona, esa sede distante del poder, los límites jurídicos de su acción y los fueros que los distinguían. La sociabilidad era, por tanto, de tipo comunitaria o corporativa y los valores cívicos que predominaban remitían a un mundo de clientelas, despotismo militar, marginación del criollo y esclavitud del negro. En eso pensaba Varona al hablar de la subsistencia del sistema colonial bajo el régimen republicano. Varona constataba en la Cuba de 1915 lo que había sido la mayor inquietud de los políticos liberales latinoamericanos del siglo XIX, a saber: la falta de correspondencia entre un Estado constituido por élites portadoras de instituciones formalmente modernas y una sociedad tradicional arrellanada en vínculos y solidaridades corporativas y comunitarias. Pero cuando Lezama aludía a la *integración del siglo XIX* no pensaba tanto en el holismo colonial como en la configuración de la imagen unitiva del destino insular, es decir, en la integridad de la idea nacional.

La posibilidad de una teleología insular actuó en el discurso cubano desde su nacimiento con el padre Félix Varela. El teólogo habanero del Seminario de San Carlos y San Ambrosio, que dominaba el latín como su propia lengua y el racionalismo cartesiano como su propio método, para 1818 ya había publicado sus *Instituciones de filosofía ecléctica* y sus *Lecciones de filosofía*. De éstas, la decimoséptima lección, incluida en el *Tratado del hombre*, se presentaba bajo un extraño título: *De la naturaleza de la sociedad y el patriotismo*. ¿Alguien en el mundo de

1818 concebía la patria como motivo de reflexión filosófica? Quizás, sólo el presbítero cubano Félix Varela (*Obras*, Editora Política, La Habana, 1991, t.I). La voz patria había resonado en los discursos de Robespierre ante la Convención y en los versos de *La Marsellesa*, pero nunca en las doctrinas especulativas. Varela definió el sentimiento patriótico como la máxima expresión de la virtud cívica, *que suele no tenerla el que dice que la tiene*, y contrapuso el ciudadano patriota al *que no cesa de pedir la paga de su patriotismo, que lo vocifera por todas partes y deja de ser patriota cuando deja de ser pagado*. A estos los llamó con abyección *especuladores y traficantes de patriotismo*.

La imagen despectiva del comerciante y el especulador es manejada recurrentemente por Varela. Contra la gestión mercantil se esgrime el sentimiento patriótico, en tanto eje de la moral insular. En varios de sus textos, Varela reclama el concurso del *primer hombre* para expulsar a los mercaderes de la vida civil y política de Cuba. Vemos aquí el origen de una retórica de la intransigencia, en el sentido que le da Albert O. Hirschman (*Retóricas de la intransigencia*, FCE, México, 1991), frente al avance acelerado de las relaciones monetario-mercantiles en Cuba. Esta retórica que sacraliza la Isla, que prefiere la metáfora monacal de la isla-templo al sueño pirata del tesoro enterrado, y que sataniza el dinero, el mercado y la ciudad fue reformulada por Varela en los siete números del periódico *El Habanero*, publicado en su destierro neoyorkino entre 1824 y 1826. En uno de ellos alentaba el fomento de una *opinión política* en Cuba que desarticulara la predominante *opinión mercantil*. *En los muelles y almacenes*, decía indignado, *se resuelven todas las cuestiones de Estado*. Así, desde Varela, la ética cubana concibió idealmente la Patria, el Estado y la cultura política como instituciones enemistadas con el Mercado, el Dinero, la Ciudad y la racionalidad capitalista.

En sus primeras *Cartas a Elpidio*, de 1835 (BAC, Universidad de La Habana, La Habana, 1944), Varela desarrolla la idea de que la *impiedad* es el fundamento moral del despotismo político. Pero *impiedad* es para el presbítero habanero toda cristalización mental o institucional de una *falsa doctrina* puesta en boga: el liberalismo. Al arquetipo del impío, *hombre del momento*, Varela contrapone el del justo, *hombre de la eternidad*; a la filosofía política moderna (Hobbes, Locke, Montesquieu, Rousseau, Voltaire, Bentham y Constant), Varela contrapone la teología política de los Padres de la Iglesia (San Agustín, Santo Tomás y San Ambrosio). Un argumento clave de su *retórica intransigente* lo esgrime al aludir a la democracia como *el más cruel de los despotismos, porque se ejerce bajo la máscara de la libertad*. Y para sellar su posición, Varela identifica los sistemas políticos basados en la competencia de partidos con la institucionalización de la discordia y el mutuo recelo entre los hombres, o sea, con el régimen político de la *impiedad*.

> Si los partidos tuvieran —escribió en 1835— el derecho de expulsión, y si pudieran ser conocidos todos los que la merecen, sin duda que llegarían a formarse cuerpos políticos homogéneos. Mas un partido es una casa abierta y sin propietario, donde entra y sale el que le parece, y donde muchos suponen haber estado, sin que pueda probárseles su impostura...como el género humano está necesariamente compuesto de partidos, resulta que la impiedad, enemiga de la virtud, siembra la desconfianza en los pueblos e impide su felicidad. Sólo un vínculo interno puede unir a los hombres cuando no pueden ser sometidos a los extremos.

En el *cuerpo político homogéneo*, la *casa cerrada y con propietario* y el *vínculo interno* Varela cifraba el holismo de la teleología insular. Desde aquí la cultura política cubana emprendió la búsqueda de una integración totalitaria de la sociedad civil. Pero en el siglo XIX esa integración podía lograrse de manera natural dentro de la génesis socio-política de la nacionalidad insular. Por eso Martí, realizando el programa vareliano, pudo fundar el Partido Revolucionario Cubano sin más condición, principio doctrinal o plataforma política que la independencia de Cuba. Un partido político como ése, concebido sólo para convencer a todos los cubanos de que la independencia era la única forma política adoptable por la identidad nacional y para organizar la guerra, no podía dejar de aspirar a ser *único*.

Entre el inicio y el fin del siglo XIX, la herencia del padre Varela abrió una discursividad moral y emancipatoria que vemos claramente articulada por José de la Luz y Caballero, Domingo del Monte, Manuel González del Valle, José Manuel Mestre y José Martí. Luz y Caballero escribió en su *Elenco* de 1840: *el hombre no nació para el egoísmo, sino para la expansión* (J. Mañach, *Luz y "El Salvador"*, Academia de la Historia de Cuba, La Habana, 1948). Por *expansión* entendía el enlace de todas las formas espirituales en el sentimiento de fraternidad y justicia, *ese sol del mundo moral*. En sus *Aforismos* (J. de la Luz y Caballero, BAC, Ed. Universidad de La Habana, La Habana, 1950) sobre ética positiva y negativa, Luz presentó el utilitarismo y la racionalidad instrumental como fundamentos de la *moral de la tiranía*. La utilidad, según Luz, era un criterio de valoración de los medios o instrumentos destinados a la consecución de fines civiles. Pero el utilitarismo funcionaba como una doctrina de supeditación de la finalidad al instrumento, de lo ideal a lo real, cuando los medios debían actuar como encarnaciones de los fines. De ahí que Luz enfrentara la moral utilitaria con la moral religiosa, entendida esta última como el único sistema valorativo que permitía una comunión diaria con el ideal. Las *armonías del mundo moral* debían traspasar los *horrores del mundo físico*, aunque esa penetración fuera sacrificial, pues *el alma se ensangrienta tropezando con los puñales de la realidad*.

El duelo entre moral utilitaria y moral religiosa, o entre racionalidad instrumental y racionalidad emancipatoria, se estableció, entonces, en las eruditas polémicas filosóficas de La Habana. Colocados frente a la pregunta: *¿es la conducta moral la ley del deber o la máxima de la utilidad?*, Manuel González del Valle, apasionado discípulo del padre Luz y Caballero (*La polémica filosófica*, BAC, Universidad de La Habana, La Habana, 1948), argumentó la primera posibilidad, mientras Francisco Ruiz lo refutó con la segunda. González del Valle insistió en que doctrinas liberales, como la de Jeremías Bentham, hacían imposible la fijación en la conducta humana de una ética positiva. Ruiz demostró, con admirable precisión teórica, que la moral utilitaria era un componente imprescindible del jusnaturalismo moderno. Según Ruiz, representante de esa tradición sumergida de la racionalidad instrumental cubana, *la institución misma del poder judicial demostraba del modo más palpable que la utilidad de los asociados era cabalmente la base y fin de la justicia*. El 15 de septiembre de 1853, otro discípulo de Luz y Caballero, el filósofo José Manuel Mestre (*Obras*, Ed. Universidad de La Habana, La Habana, 1965), leyó una conferencia titulada *Del egoísmo* en la Universidad de La Habana. El texto contenía una detallada e intensa crítica a la tradición doctrinaria del utilitarismo liberal, desde Hobbes hasta Bentham. En sus palabras finales Mestre invitaba al auditorio a echar una ojeada en torno.

> ¿Qué es lo que divisáis? —se preguntaba—. Al individuo haciéndose centro único de sus acciones, al fuerte oprimiendo al débil, al rico volviendo desdeñoso el rostro cuando el mendigo le alarga una mano trémula, a las naciones engrosando sus ejércitos y procurando repartirse los despojos de las menos poderosas, al mercantilismo sobre un tronco de oro y a la humanidad moviéndose como para llegar algún día a la completa absorción del elemento social por el elemento individual.

Mestre describía con amargura como el hombre se postraba ante el *ídolo de Baal*, el Dios de los fenicios, aquel pueblo industrioso y culto de navegantes y mercaderes del Mediterráneo antiguo. *Pero alguna vez*, agregaba, *lo destrozará con desprecio y lavará después sus manos para purificarse*. La purificación se daría armonizando el *elemento individual* y el elemento social y colocando a la fraternidad y a la justicia en la base de los sistemas morales modernos. Si no era posible propagar estos principios en todas las sociedades, había una dada a su aplicación por naturaleza: la sociedad cubana. Y concluía Mestre con esta interrogación a los utilitaristas.

> ¿Utopista yo? ¿Utopista porque no quisiera que se arrebatase a las acciones humanas la más bella aureola que pueda

adornarlas, porque no quisiera que para verificarlas necesitásemos de cómputos matemáticos antes que todo?

Con Martí, la teleología insular, formulada en términos morales, adquirió cuerpo político. En la poesía de Martí abundan las representaciones negativas de la moneda, la ciudad y el mercado y la exaltación de la figura del mártir asceta destinado al sacrificio. Desde la adolescencia Martí se identificó con una noción profundamente cristiana de la *apostasía* en la que la traición a la patria era equivalente a la traición a la fe. En ella el traidor no era el que claudicaba, sino el que se vendía como Judas, no era el que desistía de la contienda, sino el que renunciaba a la fe por dinero. Varela había dicho *quiero ver a Cuba tan Isla en política como lo es en su naturaleza*. Era el proyecto del aislamiento de la Isla, de la duplicación política y moral de su naturaleza insular, el programa, en fin, de la salvación de la criatura cubana fuera de la órbita del mercado. Martí, en consonancia con esta teleología insular, diseñó una república que junto con su independencia política de España lograría su independencia económica y cultural de los Estados Unidos.

La eticidad cubana del siglo XIX, tan bien caracterizada por Cintio Vitier en *Ese sol del mundo moral* (Ed. Siglo XXI, México, 1975) configuró el *corpus* programático de la teleología insular. Sin embargo, esta racionalidad moral emancipatoria, que anunciaba un destino coronado por la utopía, no actuó sin resistencias dentro del discurso cubano, sino que tuvo que imponerse sobre otra racionalidad de tipo instrumental, articulada por el liberalismo reformista, autonomista y anexionista. Cuba era desde el siglo XVI el crucero del comercio euroamericano. En torno a sus funciones portuarias se había desarrollado una mecánica interna de producción y mercado agropecuario que autoabastecía la demanda generada por las instituciones militares y comerciales. Esta prometedora confluencia insular de mercado interno y externo había sido destacada por todos los viajeros ilustrados, desde Nicolás Joseph de Ribera hasta Alexander von Humboldt.

A fines del siglo XVIII las élites criollas que ocupaban las instituciones coloniales resolvieron la adopción en la Isla del sistema de plantación esclavista azucarera. El documento programático de esta elección, *El discurso sobre la agricultura en La Habana y medios de fomentarla*, escrito por Francisco J. de Arango y Parreño en 1892, comenzaba con la siguiente frase: *nada es tan falible y equívoco, como las esperanzas humanas*. Tan sólo esta escéptica declaración nos advierte de los contenidos radicalmente pragmáticos del discurso. Arango elaboraba aquí la contrautopía de Varela. Para él el destino de la Isla estaba amparado por el doble tutelaje político y económico de España y los Estados Unidos. Mientras la primera garantizaba la libertad de comercio y las tarifas arancelarias favorables a la Isla, el segundo ofrecía mercado preferencial al azúcar cubano. De la prosperidad material de la isla se derivaría a la larga, según Arango, un régimen natural de libertades públicas. El *Discurso*, escrito con Smith y Jovellanos a cada lado, inauguró la racionalidad instrumental en la ideología cubana. Sus herederos fueron Claudio Martínez de Pinillos, José Antonio Saco, el Conde de Pozos Dulces, Francisco Ruiz, defensor de la idea benthameana de la *utilidad como fin* y los autonomistas de los años 80. Aún cuando algunos llegaron a aceptar y defender la opción separatista, siempre se mantuvieron más atados a la lógica de reproducción de la riqueza insular que a la teleología moral.

La independencia no constituía en sí misma una finalidad liberal. Es perfectamente imaginable y demostrable la existencia de un liberalismo colonial en la cultura política cubana, como la de un liberalismo monárquico en las culturas políticas inglesa, francesa y española. Lo más cercano a un liberalismo colonial en el siglo XIX cubano es la tradición criolla del reformismo y el autonomismo, desde Arango hasta Rafael Montoro y Eliseo Giberga. Pero esto no significa que no existieran justificaciones liberales del separatismo. Por ejemplo, Ignacio Agramonte (Jorge Ibarra, *Ideología mambisa*, Instituto Cubano del Libro, La Habana, 1972) a diferencia de Céspedes y Martí que veían en la guerra separatista el modo más eficiente de unificación política de los cubanos, en su discurso de graduación de Leyes en la Universidad de La Habana, presentó la independencia como un acto de confirmación de los derechos del individuo libre y la sociedad civil frente al Estado.

> El gobierno —decía Agramonte— que con una centralización absoluta ... detenga la sociedad en su desenvolvimiento progresivo no se funda en la justicia y en la razón, sino tan sólo en la fuerza; y el Estado que tal fundamento tenga, podrá en un momento de energía anunciarse al mundo como estable e imperecedero, pero tarde o temprano, cuando los hombres, conociendo sus derechos violados, se propongan reivindicarlos, irá el estruendo del cañón a anunciarles que cesó su letal dominación.

De modo que el choque entre eticidad e instrumentalidad no sólo se dio en el ámbito del discurso ideológico y las instituciones coloniales, sino también en el interior de la ejecutoria política del separatismo. A la manera del padre Luz y Caballero, que prefería la destrucción de los astros al sacrificio de la justicia, Carlos Manuel de Céspedes, en octubre de 1869, decretaba la tea incendiaria con estas palabras:

> Las llamas que destruyen las fortunas y señalan las regiones azucareras con su surco de fuego y ruinas son los faros de nuestra libertad ... Si la destrucción de los campos de caña no bastare, llevaremos la antorcha a los poblados, villas y ciudades. Mejor para la causa de la libertad humana, mejor para la causa de los derechos humanos, mejor para los hijos de nuestros hijos, que Cuba sea libre aun cuando tengamos que quemar todo vestigio de civilización, desde la punta de Maisí hasta el cabo de San Antonio.(Ibarra, *ob. cit.*)

Vemos aquí un motivo más de esta tradición moral intransigente que asume la barbarie como alternativa y apela al sacrificio de la riqueza nacional en situaciones límites. En su polémica con los autonomistas Martí hablaba de una *inmoral riqueza* que servía de fundamento a los evolucionistas para negar la Revolución. La riqueza natural de la Isla, como el mercado, el dinero y el progreso urbano, era uno de los ejes de la historia nacional. La lógica insular, desde finales del siglo XVIII, se movía en el sentido de la modernidad y el precio de este devenir era la limitación de la soberanía política. La intransigencia moral frente a la modernidad, de Varela a Martí, fue el resultado de una reacción política extrema contra los obstáculos a la independencia de la Isla.

A pesar de que la ideología cubana se vio atravesada por esta tensión entre racionalidad ética emancipatoria y racionalidad técnica instrumental, la cultura política se fue desplazando íntegramente hacia la independencia. Los liberales aspiraron a un régimen autonómico de gobierno provincial, según el modelo canadiense. Pero, como señalara Francisco Figueras en 1906, haciendo gala de su implacable lógica campesina, Cuba no era Canadá, ni España era Inglaterra. Luego de la *Paz del Zanjón*, mientras los autonomistas esperaban por la política descentralizadora de la Corona, los partidarios de la independencia fueron ganando la opinión con la alternativa separatista. La teleología insular encarnó finalmente en la utopía republicana de José Martí.

La naturaleza utópica de la República martiana reside, desde la perspectiva instrumental, en su indefinición económica. Es posible reconstruir idealmente la afanosa política social que Martí reservaba para el gobierno republicano. Es posible, incluso, imaginar la República como una democracia laica de partidos, representación bicameral, división de poderes y Ejército despolitizado. Pero es imposible representarse el tentativo sistema económico del régimen proyectado. Sobre cuestiones de propiedad, Martí parecía seguir a Henry George en la idea de una posesión natural de los bienes por parte de la nación y trasmitida al Estado y a particulares, en formas pequeñas de tenencia privada. En cuanto a fuentes de riqueza y prioridades productivas lo poco que habló fue en términos de un trasnochado agrarismo fisiocrático. No hay en Martí referencias suficientes para precisar su posición sobre mercado interno, comercio exterior, estrategias financieras, reproducción del capital nacional y fomento. La dimensión económica de la República martiana es un misterio y como tal ha ejercido un efecto desorientador sobre las ideologías intransigentes de nuestro siglo, en particular sobre la Revolución de 1959.

Como estudiamos en otro ensayo (R. Rojas, *El discurso de frustración republicana en Cuba* en *El ensayo en América Latina en el siglo XX: su fuerza epistémica*, UNAM, México, 1993), entre 1902 y 1933 se acumuló el discurso de la frustración republicana en la cultura política insular. Figueras, Garrigó, Márquez Sterling, Ortiz, Mañach y Gay Calbó articularon una autorrepresentación negativa de la cubanidad que contrastaba con la tradición ética de la teleología insular. Martí (*Obras completas*, ob. cit. t. I.) se refería al cubano como un *pueblo de mente contemporánea y superior capacidad* y auguraba para Cuba un porvenir de gloria. Los intelectuales republicanos, en cambio, consideraban a la criatura cubana escasamente dotada para el comercio, la industria y la democracia y grotescamente proclive al ocio, el vicio, la arrogancia, el juego, el despilfarro, el robo, la anarquía y la dictadura.

Esta mentalidad, como ya señalamos, se alteró a mediados de los años 20. Jorge Mañach en *Pasado Vigente* (Ed. Trópico, La Habana, 1939) reconocía, hacia 1929, que la cultura cubana estaba rebasando la *crisis de ilusión* que sufría desde 1902. Para la rearticulación del civismo, Mañach proponía llenar los márgenes de la voluntad nacional de:

> ... afirmaciones morales —que a veces suelen ser sólo silencio— pues es tal vez el único recurso que nos queda para poner nuestra ilusión, sino en pie de guerra, al menos en pie de espera. Y para granjearnos, en último trance, el hermoso ademán de caer sobre el escudo.

Estas afirmaciones morales no podía encontrarse en otra tradición que no fuera la de la teleología insular del siglo XIX. Dos años antes de que Mañach escribiera su excitativa, Ramiro Guerra, en *Azúcar y población en Las Antillas* (Instituto Cubano del Libro, La Habana, 1970) sugería la recuperación del proyecto económico liberal de los reformistas y autonomistas criollos para descomponer el sistema latifundario y monoproductor de la República. Guerra veía la interpolación de los Estados Unidos en los destinos de Cuba como la circunstancia propagadora de ese sistema que dominaba el agro cubano y que amenazaba con descomponer las bases sociales de la nacionalidad. Frente a ella recomendaba una economía que se levantara sobre la pequeña propiedad, la inmigración de braceros blancos, la diversificación de la agricultura y el desarrollo de las comunicaciones. En esencia, el remedio que Ramiro Guerra proponía a la injusticia económica de la República era la recomposición de la estructura de propiedad agropecuaria ideada por el liberalismo criollo.

En las recuperaciones de la cultura política colonial que defendían Jorge Mañach y Ramiro Guerra vemos otra muestra de la tensión entre racionalidad instrumental capitalista y racionalidad moral emancipatoria. Mañach indicaba la conveniencia de una reintegración política nacional en torno a la teleología ética de la Isla. Guerra concebía el proyecto criollo instrumental como una referencia indeclinable para cualquier redistribución de la propiedad agropecuaria que emprendiera el gobierno republicano. La misma contraposición, pero en un nivel académico, puede apreciarse confrontando la *Colección de Libros Cubanos*, organizada por Fernando Ortiz a finales de los años 20 y principios de los 30, y la *Biblioteca de Autores Cubanos*, coordinada por Roberto Agramonte, Elías Entralgo, Medardo Vitier, Rafael García Bárcena y Humberto Piñera a mediados de los 40. Mientras la primera priorizaba la publicación de obras de Arango y Parreño, Alejandro de Humboldt, José antonio Saco, Domingo del Monte y el Conde de Pozos Dulces, la segunda se concentraba en la reedición de José Agustín Caballero, Félix Varela, José de la Luz y Caballero y José Martí.

El triunfo de la razón moral sobre la razón instrumental en la cultura cubana viene a confirmar la inmanencia de una orientación utópica antimoderna en nuestra historia política. La teleología de la imagen primigenia de la Isla, intocada por Occidente, cifró el destino de Cuba en un lugar desprendido del eje de la modernidad, en una zona resistente al liberalismo. A esto contribuyó la función de la insularidad, como elemento de discontinuidad espacial y temporal, en las representaciones utópicas del mundo clásico. Utopía, Bensalem, Barataria, la Ciudad del Sol, Basilíada, Liliput y los escenarios sin nombre de *La Tempestad* y *Robinson Crusoe* son islas circundantes de los nuevos mundos. La racionalidad utópica clásica siempre escoge una isla para la representación de mundos alternativos. No así la racionalidad utópica moderna del siglo XIX europeo, que como bien señala Paul Ricoeur (*Ideología y utopía*, Gedisa, México, 1986), prefiere los micromundos industriosos del continente norteamericano. *New Harmony* de Robert Owen y el *Viaje a Icaria* de Etienne Cabet son los ejemplos más socorridos. Las antiutopías de nuestro siglo, como *Un mundo feliz* de Aldous Huxley y *1984* de George Orwell, ya no buscan siquiera una referencia espacial en el planeta.

Jean Jacques Rousseau en su *Discurso sobre el origen de la desigualdad* (Michel Butor, *Repertorio*, Seix Barral, Barcelona, 1970) aludía con entusiasmo a la posibilidad de que insulares atlánticos hubieran introducido el uso de la palabra en Europa. *Es muy probable*, decía, *que la sociedad y las lenguas hayan nacido en las islas*. Años después, Rousseau intentaría aplicar los principios del *Contrato Social* en Córcega, la patria insular de Napoleón. El mejor estudio de esta paralela gravitación de la utopía hacia las islas y de las islas hacia la utopía nos lo ofrece Michel Butor en un hermoso ensayo sobre Rousseau, titulado *Una isla al fin del mundo*:

> El perímetro de una isla, dice, impone a sus habitantes un límite que sólo podrán franquear de mutuo acuerdo. Una isla es un lugar donde, por decirlo de alguna manera, podemos esperar que vuelva a empezar la historia humana.